# 공기업

# 합격을 위한 추가 혜택 5종

## 본 교재 인강
### 20% 할인쿠폰

**A04AA2C6K337B000**

## 기초 행정학 강의
### 30% 할인쿠폰

**CF9CA2C5EE897000**

**이용방법** 해커스잡 사이트(ejob.Hackers.com) 접속 후 로그인 ▶ 사이트 메인 우측 상단 [나의 정보] 클릭 ▶ [나의 쿠폰 - 쿠폰/수강권 등록]에 위 쿠폰번호 입력 후 강의 결제 시 쿠폰 적용

* ID당 1회에 한해 등록 및 사용 가능
* 본 교재 인강 외 이벤트 강의 및 프로모션 강의에는 적용 불가, 쿠폰 중복 할인 불가합니다.

## NCS 온라인 모의고사
### 응시권

**K692A2C7K74DF000**

**이용방법** 해커스잡 사이트(ejob.Hackers.com) 접속 후 로그인 ▶
사이트 메인 우측 상단 [나의 정보] 클릭 ▶
[나의 쿠폰 - 쿠폰/수강권 등록]에 위 쿠폰번호 입력 ▶
[마이클래스 - 모의고사]에서 응시 가능

* ID당 1회에 한해 등록 가능
* 쿠폰 등록 시점 직후부터 30일 이내 PC에서 응시 가능합니다.

## 시험장까지 가져가는
## 행정학 핵심이론/OX 정리노트
### (PDF)

**T597D46531AGDFAR**

**이용방법** 해커스잡 사이트(ejob.Hackers.com) 접속 후 로그인 ▶
사이트 메인 중앙 [교재정보 - 교재 무료자료] 클릭 ▶
교재 확인 후 이용하길 원하는 무료자료의
[다운로드] 버튼 클릭 ▶ 위 쿠폰번호 입력 후 다운로드

* 이 외 쿠폰 관련 문의는 해커스 고객센터(02-537-5000)로 연락 바랍니다.

## FREE

## 무료 바로 채점 및 성적 분석 서비스

**이용방법** 해커스잡 사이트(ejob.Hackers.com) 접속 후 로그인 ▶
사이트 메인 상단 [교재정보 - 교재 채점 서비스] 클릭 ▶
교재 확인 후 [채점하기] 버튼 클릭

* ID당 1회에 한해 이용 가능

▲ 바로 이용

**취업강의 1위, 해커스잡 ejob.Hackers.com**

헤럴드 선정 2018 대학생 선호 브랜드 대상 '취업강의' 부문 1위

# 해커스공기업

## 쉽게 끝내는

# 행정학

기본서

해커스

## 송상호

**약력**

- (현) 해커스공무원 행정학 강의
- (전) 제일고시학원 행정학 강의
- (전) KG패스원 행정학 강의
- (전) 아모르 이그잼 행정학 강의

**저서**

- 해커스공기업 쉽게 끝내는 행정학 기본서
- 해커스군무원 15개년 기출복원문제집 명품 행정학
- 해커스공무원 명품 행정학
- 해커스공무원 해설이 상세한 기출문제집 명품 행정학
- 행정사 1차 행정학개론, 새롬에듀
- 행정사 1차 행정학개론 적중예상문제집, 새롬에듀

# 공기업 행정학 전공 시험 합격 비법,
# 해커스가 알려드립니다.

"비전공자한테는 어렵지 않을까요?"

"많은 양의 행정학 공부는 어떻게 해야 하나요?"

많은 학습자들이 공기업 행정학 전공 시험의 학습방법을 몰라 위와 같은 질문을 합니다.
방대한 양과 어려운 내용 때문에 어떻게 학습해야 할지 갈피를 잡지 못하고
막연한 두려움을 갖는 학습자들을 보며 해커스는 고민했습니다.
해커스는 공기업 행정학 전공 시험 합격자들의 학습방법과 최신 출제 경향을
면밀히 분석하여 단기 완성 비법을 이 책에 모두 담았습니다.

---

『해커스공기업 쉽게 끝내는 행정학 기본서』
## 전공 시험 합격 비법

1. 시험에 항상 출제되는 주요 이론을 체계적으로 학습한다.
2. 다양한 출제예상문제를 통해 실전 감각을 키운다.
3. 최신 출제 경향과 난이도를 반영한 기출동형모의고사로 마무리한다.
4. 시험 직전까지 '시험장까지 가져가는 핵심이론/OX 정리노트(PDF)'
   로 핵심 내용을 최종 점검한다.

---

이 책을 통해 공기업 행정학 전공 시험을 준비하는 수험생들 모두
합격의 기쁨을 누리시기 바랍니다.

## PART 1 행정학 총설

### 제1장 행정의 기초



### 제2장 현대행정의 이해



### 제3장 행정이념



### 제4장 행정학의 발달과정과 접근방법

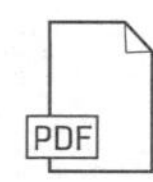

[온라인 제공]
**시험장까지 가져가는
행정학 핵심이론/OX 정리노트(PDF)**

# 공기업 행정학 전공 시험 합격 비법

## 1 시험에 항상 출제되는 주요 이론을 체계적으로 학습한다!

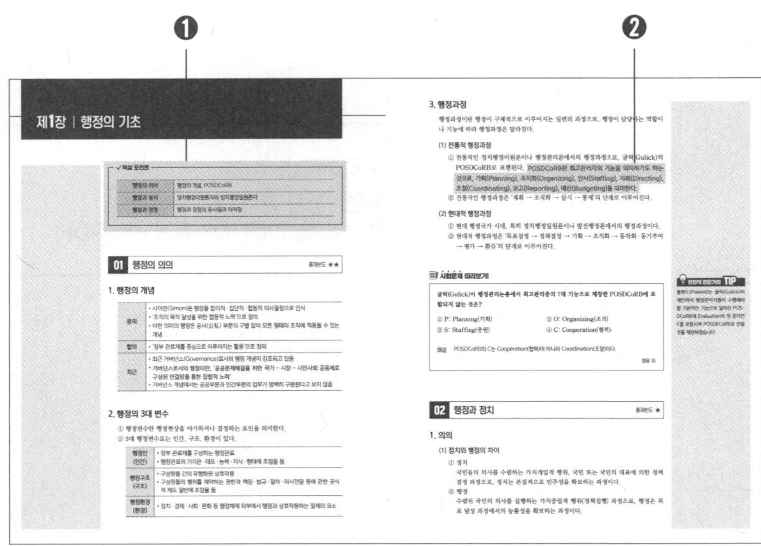

**❶ 핵심 포인트**

앞으로 공부할 내용이 무엇인지 한눈에 파악할 수 있도록 표로 정리하였으며, 이론 학습 전후로 읽고 넘어가면 자연스레 포인트를 익힐 수 있다.

**❷ 중요한 내용 표시**

시험에 꼭 나오는 중요한 내용은 보라색 글씨로 표시하였으며, 표시된 내용은 다음 페이지로 넘어가기 전에 확실하게 이해·암기 후 넘어가면 더욱 효과적으로 학습할 수 있다.

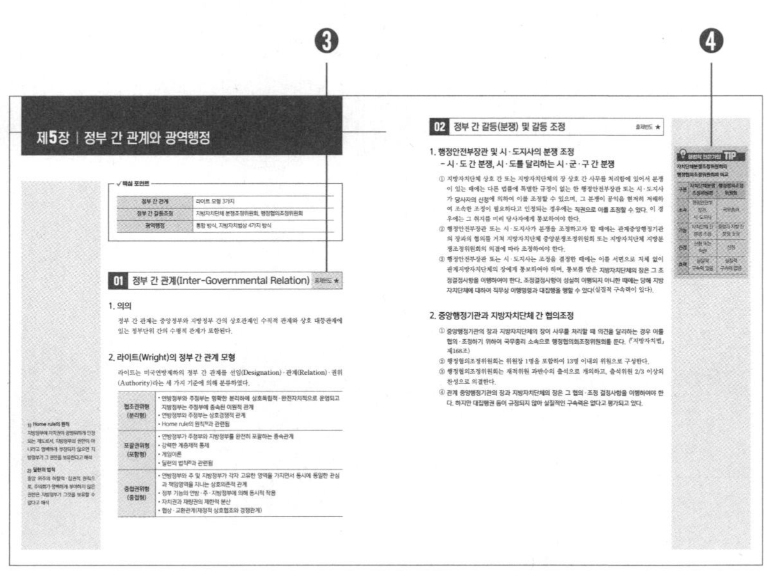

**❸ 출제빈도 표시**

출제빈도를 ★~★★★로 표시하여 방대한 양의 행정학 중 어느 부분을 더 중점적으로 공부할지에 대한 전략을 세울 수 있다.

**❹ 행정학 전문가의 Tip & 용어 설명**

행정학 전문가인 저자 선생님이 제안하는 이론 이해에 도움이 되는 Tip으로 이론을 재미있고 풍부하게 배울 수 있다. 또한, 생소한 전문 용어의 뜻도 함께 수록하여 처음 보는 용어도 누구나 쉽게 이해할 수 있다.

# 2 시험문제 미리보기와 다양한 출제예상문제로 실전 감각을 키운다!

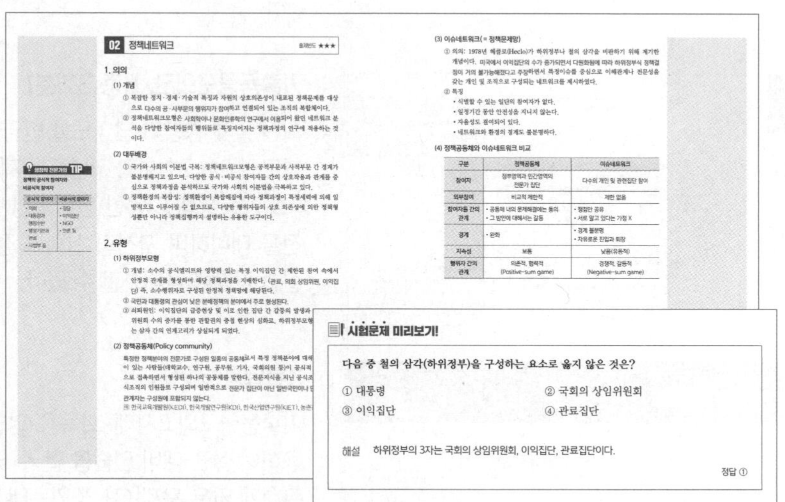

## 시험문제 미리보기!

핵심이론에 대한 대표문제로 이론이 실전에 어떻게 적용되는지 바로 확인하고 이론을 정확히 이해하였는지 점검할 수 있다.

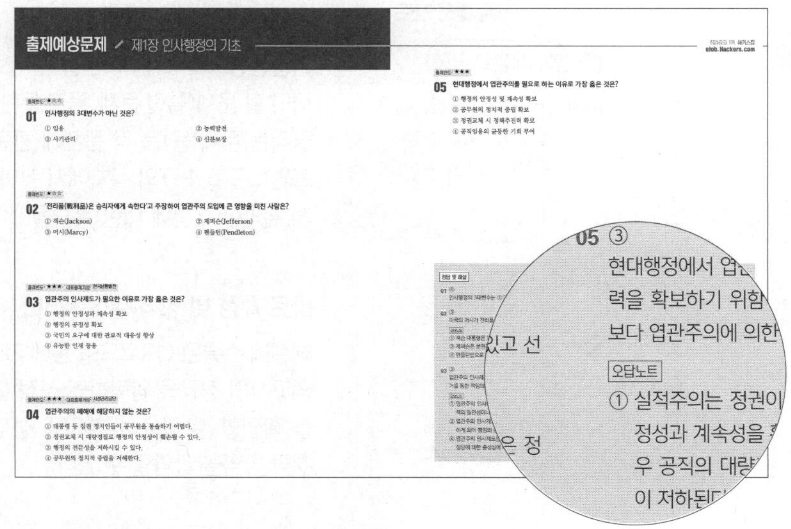

## 출제예상문제

공기업 행정학 전공 시험에 출제될 가능성이 큰 다양한 유형과 난이도의 문제를 풀어보며 실전 감각을 키울 수 있다. 정답에 대한 상세한 해설뿐 아니라 오답에 대한 해설도 꼼꼼히 수록하여 모든 문제를 내 것으로 만들 수 있으며, 출제빈도와 대표출제기업을 분석하여 기업별 출제 경향도 확인할 수 있다.

## 3 최신 출제 경향과 난이도를 반영한 <u>기출동형모의고사로 마무리</u>한다!

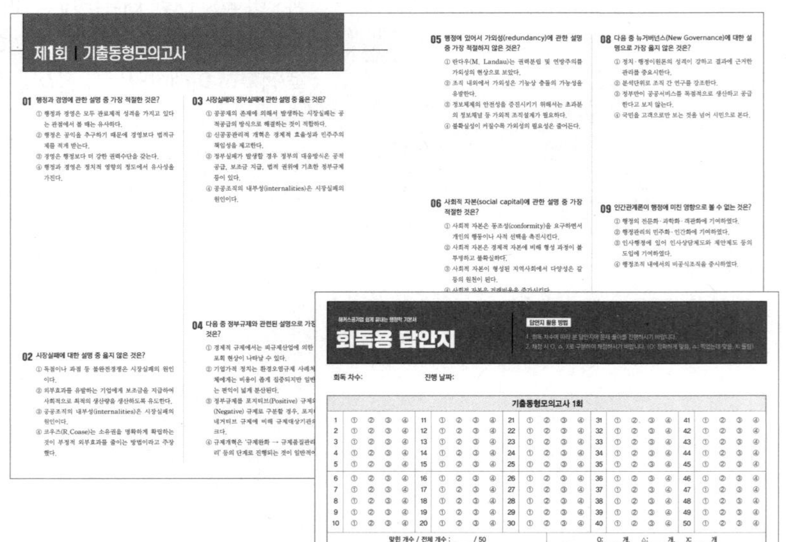

### 기출동형모의고사(총 3회분)

최신 출제 경향과 난이도를 반영한 기출동형모의고사 2회분과 고난도 문제로 구성된 1회분을 통해 다양한 난이도의 문제로 실전을 대비하며 자신의 실력을 점검해보고 실전 감각을 극대화할 수 있다.

### 3회독용 답안지

기출동형모의고사에 회독용 답안지를 활용하여 실전 대비 연습을 할 수 있으며, 정확하게 맞은 문제[O], 찍었는데 맞은 문제[△], 틀린 문제[X]의 개수도 체크하여 회독 회차가 늘어감에 따라 본인의 실력 향상 여부도 확인할 수 있다.

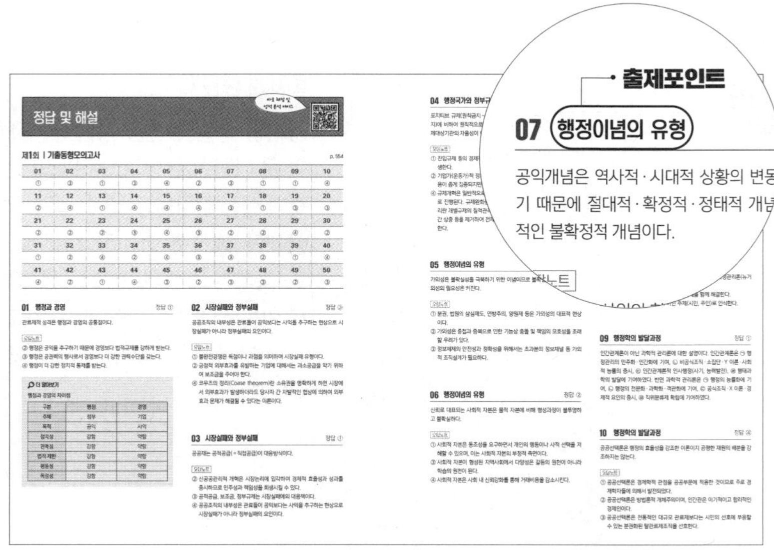

### 출제포인트 활용 방법

기출동형모의고사 3회분을 풀어보며 다시 봐야 할 문제(틀린 문제, 풀지 못한 문제, 헷갈리는 문제 등)는 각 문제에 관련된 출제포인트를 p.4~7의 목차에서 찾아 보다 쉽게 취약한 부분에 대한 복습을 할 수 있다.

### 바로 채점 및 성적 분석 서비스

해설에 수록된 QR코드를 통해 기출동형모의고사의 정답을 입력하면 성적 분석 결과를 확인할 수 있으며, 본인의 성적 위치와 취약 영역을 파악할 수 있다.

## **4** 시험 직전까지 **PDF 자료집**으로 **핵심 내용을 최종 점검**하여 행정학을 정복한다!

### 시험장까지 가져가는 행정학 핵심이론/OX 정리노트(PDF)

해커스잡 사이트(ejob.Hackers.com)에서 제공하는 '시험장까지 가져가는 행정학 핵심이론/OX 정리노트(PDF)'의 핵심이론과 O/X 문제로 시험 직전까지 시험에 자주 출제되는 내용을 최종 점검할 수 있다.

## 공기업 행정학 전공 시험이란?

대다수의 공기업·공사공단 채용 시 직무능력평가를 치르며 직무능력평가를 전공 시험으로 대체하는 기업이 있습니다. 전공 시험은 대체로 행정학, 경제학, 경영학, 법학 등으로 구성되며, 기업마다 단일 전공으로 보는 경우와 통합 전공으로 여러 전공에 대해 시험을 보는 경우가 있습니다. '행정학'은 공기업 특성상 다수의 기업이 전공 시험에 포함하는 과목이며, 양이 방대하고 문제가 지엽적인 편이므로 꼼꼼히 학습해야 합니다.

## 공기업 행정학 전공 시험별 특징 및 최신 출제 경향

| | | |
|---|---|---|
| **통합 전공 시험** | 통합 전공 | '상경 분야'와 '법정 분야'를 같이 응시하며, 행정학, 법학, 경제학, 경영학 4과목을 모두 평가하거나, 3과목 중심(행정 or 법, 경제, 경영)으로 평가하는 경우가 많습니다. 통합 전공 시험은 과목 수가 많은 만큼 단일 전공보다 출제 수준은 낮지만 여러 과목을 평가하므로 더욱 많은 학습량이 요구됩니다. 행정학 총설, 정책학, 행정조직론의 비중이 높은 추세입니다. |
| | 법정 통합 전공 | 공기업 업무 특성상 전공 시험에서 행정학과 법학을 동시에 평가하는 법정 통합 전공을 도입하는 추세입니다. 보통 법학과 행정학의 출제 비중이 비슷하며, 통합 전공보다는 어렵고 단일 전공보다는 쉬운 원론 수준의 문제가 주로 출제됩니다. 출제 범위가 지정된 경우 지엽적이고 난도 높게 출제될 가능성이 있으므로 꼼꼼하고 세부적인 학습이 필요합니다. |
| **단일 전공 시험** | | 단일 전공을 보는 곳은 많지는 않습니다. 출제 난이도는 보통이거나 조금 높은 수준입니다. 또한, 경쟁률이 높은 기업은 출제 난도가 매우 높은 경우가 있어 지원하려는 기업의 출제 난이도를 확인하고 이에 맞춰 준비해야 합니다. 행정학, 정책학, 행정조직론의 비중이 높은 추세이나 행정학 원론 수준이면 전반적인 출제가 이루어질 수도 있습니다. |

## 공기업 행정학 전공 시험 활용 기업

### ■ 단일 전공 시험 시행 기업

| 기업 | 직무/직렬 | 시험 정보 | 행정학 출제 문항 수 |
|---|---|---|---|
| 공무원연금공단 | 사무 | 행정(행정학원론, 정책학)/법학 중 택 1 | 40문항 내외 |
| 소상공인시장진흥공단 | 행정사무 | 행정학/법학/경영학/경제학 중 택 1 | 40문항 내외 |
| 국민체육진흥공단 | 사무(행정) | 행정학원론 전반 | 40문항 내외 |
| 한국도로교통공단 | 일반행정 | 행정학/경영학/회계학/법학 중 택 1 | 50문항 내외 |
| 서울주택도시공사 | 경영지원 | 행정학(행정학 전반)/법학/경영학/경제학/회계학 중 택 1 | 50문항 내외 |
| 인천교통공사 | 사무 | 행정학원론/경영학원론/경제학원론/법학개론/통계학개론/전산학개론, 전자일반 중 택 1 | 40문항 내외 |

## ▌법정 통합 전공 시험 시행 기업

| 기업 | 직무/직렬 | 시험 정보 | 행정학 출제 문항 수 |
|---|---|---|---|
| 국가철도공단 | 사무 | 법정/경영 중 택 1 | 약 15문항 내외 |
| 서울시설공단 | 법정 | 행정학, 행정법 혼용 | 50문항 내외 |
| 중소벤처기업진흥공단 | 행정 | 행정·법학, 경영, 경제, 통계 중 택 1 | 40문항 내외 |
| 한국남부발전 | 사무 | 법정 분야(행정학, 법학)/상경 분야 중 택 1 | 50문항 내외 |
| 한국보훈복지의료공단 | 행정 | 행정, 법 혼용 | 25문항 내외 |
| 한국환경공단 | 사무(법정) | 행정학, 행정법 통합 | 20문항 내외 |

## ▌통합 전공 시험 시행 기업

| 기업 | 직무/직렬 | 시험 정보 | 행정학 출제 문항 수 |
|---|---|---|---|
| 건강보험심사평가원 | 행정직 | 행정학, 법학, 경영학, 경제학 등 통합전공지식 | 약 10문항 내외 |
| 경기문화재단 | 일반행정 | 행정학, 회계원론 | 20문항 내외 |
| 국민연금공단 | 사무직 | 행정·법·경영·경제, 국민연금법 등 사회보장론 관련 지식 | 약 10문항 내외 |
| 근로복지공단 | 행정직 | 행정학, 법학, 경영학, 경제학, 사회복지학 | 6문항 내외 |
| 한국가스기술공사 | 사무분야 | 행정학, 경영학, 경제학, 법학, 회계학 개론 수준 | 10문항 내외 |
| 한국국토정보 | 기획 행정 | 행정학, 경제학, 기초통계학 | 20문항 내외 |
| 한국도자재단 | 경영지원 | 행정학, 경영학 | 20문항 내외 |
| 한국수력원자력 | 사무 | 행정학, 법학, 경제학, 경영학(회계학 포함) | 약 6문항 내외 |
| 한국중부발전 | 사무 | 행정, 법, 경영, 경제, 회계 등 | 10문항 내외 |
| 한전KDN | 사무 | 행정학·법학/경영·경제 | 25문항 내외 |

*공기업 행정학 전공 시험 활용 기업은 2023년 상반기~2024년 하반기에 시행된 기업의 채용정보를 기준으로 하였으며, 기업별 채용정보는 변경될 수 있으므로 상세한 내용은 기업별 채용공고를 반드시 확인하시기 바랍니다.

## 공기업 행정학 전공 시험을 대비하는 학습자의 질문 BEST 5

공기업 행정학 전공 시험을 준비하는 학습자들이 가장 궁금해하는 질문 BEST 5와 이에 대한 행정학 전문가의 답변입니다. 학습 시 참고하여 공기업 행정학 전공 시험에 효율적으로 대비하세요.

행정학 전공 시험은 어떻게 공부해야 효과적일까요?
광범위해서 대비하기가 막막해요.

**이론과 문제를 여러 번 회독하여 반복적인 학습을 통해 정확한 암기를 하는 것이 중요합니다.**

행정학은 이론을 정확히 암기하는 것이 가장 중요합니다. 또한, 양이 많기 때문에 한 번에 다 외우려고 하는 것보다는 전체적인 흐름을 보며 한 번 이해하고, 중요한 이론을 중심으로 두 번 암기하는 등 반복적인 학습을 통해 충분히 암기하시는 것이 필요합니다. 다만, 통합 전공을 대비하거나 시간이 부족하다면 출제빈도가 높은 부분을 중점적으로 학습하는 것도 전공 시험 합격의 큰 전략이 될 수 있습니다.

공기업 행정학을 전공으로 하는 공기업은 어디가 있을까요?

**2023년 상반기~2024년 하반기 기준으로 국민연금공단/근로복지공단/한국가스기술공사/한국국토정보공사/한국수력원자력/한국중부발전/한전KDN/공무원연금공단/도로교통공단/인천교통공사 외 15개 등의 기업에서 행정학 전공 시험을 시행하고 있습니다.**

다만, 기업마다 단일 전공/법정 통합 전공/통합 전공 여부와 출제 문항 수가 다르니 p.12~13의 '공기업 행정학 전공 시험 안내' 정보와 기업의 채용공고를 꼭 확인하시고, 원하시는 기업의 난이도, 과목, 문항 수에 맞게 전략을 수립하여 준비하시기 바랍니다.

행정 분야에 대해 무지한 비전공자도 충분히 독학할 수 있을까요?

**비전공자도 충분히 독학할 수 있으니 중간에 포기하지 않고, 끝까지 노력하는 것이 중요합니다.**

비전공자의 경우 처음에는 이론 학습이 버겁거나, 이론 학습 후 바로 문제를 풀기 어려울 수 있습니다. 이때는 해커스잡(ejob.Hackers.com) 사이트에서 제공하는 동영상강의의 도움을 받으며 꾸준히 복습하고, 처음 공부 시에는 해설과 문제를 함께 읽으며 내용을 이해한 후 다시 문제를 풀어보는 방법을 추천합니다. 회독 차수를 늘려가며 같은 이론과 문제를 반복 학습하다 보면 본인도 모르게 어느새 유형별 문제 풀이법을 터득할 것입니다.

행정학 전공 시험 단기 합격을 위해서는 얼마나 공부해야 할까요?

**본인의 실력 및 학습 성향에 맞는 회독별 학습플랜에 따라 대체적으로 약 60일 정도 공부하면 충분합니다.**

보통 전공 시험의 경우 1년이나 그 이상을 잡고 학습하는 수험생이 많으나, 본인의 실력 및 학습 성향에 맞는 회독별 학습플랜에 따라 반복 학습하면, 더욱 짧은 기간에 공기업 행정학 전공 시험에 대비하여 합격을 기대할 수 있습니다.

행정학 전공 시험을 공무원 수준으로 준비해야 한다는 사람들이 있는데,
전공 시험의 난이도가 어떻게 되나요?

**전공에 따라 9급 공무원/군무원부터 7급 공무원/군무원 정도의 난이도로 생각하시면 됩니다.**

기업마다 출제 난이도는 다르지만, 보통 통합 전공 시험은 9급 공무원/군무원, 법정 통합 전공 시험은 9급과 7급 공무원/군무원의 중간, 단일 전공 시험은 7급 공무원/군무원 정도의 난이도로 볼 수 있습니다. 본 교재는 공무원/군무원 기출문제를 바탕으로 한 다양한 난이도와 유형의 문제를 수록하여, 대부분의 기업에서 시행하고 있는 통합 전공 시험은 물론, 난도가 높고 지엽적인 문제가 출제되는 단일 전공 시험까지 모두 대비할 수 있습니다.

# 공기업 행정학 합격을 위한 회독별 학습플랜

자신에게 맞는 학습플랜을 선택하여 본 교재를 학습하세요.
해커스잡 사이트에서 제공하는 시험장까지 가져가는 행정학 핵심이론/OX 정리노트(PDF)는 복습 혹은 시험 전 단기 공부 시 이용하시길 바라며, 더 효과적인 학습을 원한다면 해커스잡(ejob.Hackers.com)에서 제공하는 동영상강의를 함께 수강해보세요.

## 3회독 학습플랜

👍📱 **행정학 비전공자 또는 행정학에 입문하시는 분에게 추천해요.**

3회독 학습이 목표이며, 행정학 기본기가 부족하여 이론을 집중적으로 학습해야 하는 분은 이론을 정독하며 반복 학습 후 출제예상문제를 풀며 정리한다면 60일 안에 시험 준비를 마칠 수 있어요.

| 1일 ☐ | 2일 ☐ | 3일 ☐ | 4일 ☐ | 5일 ☐ |
|---|---|---|---|---|
| **PART 1 학습** | | | | **PART 2 학습** |
| 제1장 학습 | 제2장 학습 | 제3장 학습 | 제4장 학습 | · 제1장 학습<br>· 제2장 학습 |
| **6일 ☐** | **7일 ☐** | **8일 ☐** | **9일 ☐** | **10일 ☐** |
| | | | **PART 3 학습** | |
| · 제3장 학습<br>· 제4장 학습 | 제5장 학습 | 제6장 학습 | 제1장 학습 | 제2장 학습 |
| **11일 ☐** | **12일 ☐** | **13일 ☐** | **14일 ☐** | **15일 ☐** |
| | | **PART 4 학습** | | |
| · 제3장 학습<br>· 제4장 학습 | 제5장 학습 | · 제1장 학습<br>· 제2장 학습 | 제3장 학습 | · 제4장 학습<br>· 제5장 학습 |
| **16일 ☐** | **17일 ☐** | **18일 ☐** | **19일 ☐** | **20일 ☐** |
| | **PART 5 학습** | | | |
| 제6장 학습 | 제1장 학습 | 제2장 학습 | 제3장 학습 | 제4장 학습 |
| **21일 ☐** | **22일 ☐** | **23일 ☐** | **24일 ☐** | **25일 ☐** |
| **PART 6 학습** | | | **PART 7 학습** | |
| 제1장 학습 | 제2장 학습 | 제3장 학습 | · 제1장 학습<br>· 제2장 학습 | 제3장 학습 |

| 26일 ☐ | 27일 ☐ | 28일 ☐ | 29일 ☐ | 30일 ☐ |
|---|---|---|---|---|
| | | **실전 대비 학습** | | |
| · 제4장 학습<br>· 제5장 학습 | 제6장 학습 | 제1회 기출동형모의고사 풀이 | 제2회 기출동형모의고사 풀이 | 제3회 기출동형모의고사 풀이 |

| 31일 ☐ | 32일 ☐ | 33일 ☐ | 34일 ☐ | 35일 ☐ |
|---|---|---|---|---|
| | | **[2회차] PART 1 학습** | | **PART 2 학습** |
| PART 1~3<br>틀린 문제 이론 복습 | PART 4~7<br>틀린 문제 이론 복습 | · 제1장 학습<br>· 제2장 학습 | · 제3장 학습<br>· 제4장 학습 | · 제1장　· 제3장 학습<br>· 제2장 |

| 36일 ☐ | 37일 ☐ | 38일 ☐ | 39일 ☐ | 40일 ☐ |
|---|---|---|---|---|
| | **PART 3 학습** | | **PART 4 학습** | |
| · 제4장　· 제6장 학습<br>· 제5장 | · 제1장 학습<br>· 제2장 학습 | · 제3장　· 제5장 학습<br>· 제4장 | · 제1장　· 제3장 학습<br>· 제2장 | · 제4장　· 제6장 학습<br>· 제5장 |

| 41일 ☐ | 42일 ☐ | 43일 ☐ | 44일 ☐ | 45일 ☐ |
|---|---|---|---|---|
| **PART 5 학습** | | **PART 6 학습** | | **PART 7 학습** |
| · 제1장 학습<br>· 제2장 학습 | · 제3장 학습<br>· 제4장 학습 | 제1장 학습 | · 제2장 학습<br>· 제3장 학습 | · 제1장　· 제3장 학습<br>· 제2장 |

| 46일 ☐ | 47일 ☐ | 48일 ☐ | 49일 ☐ | 50일 ☐ |
|---|---|---|---|---|
| | **실전 대비 학습** | | | **[3회차] PART 1 학습** |
| · 제4장　· 제6장 학습<br>· 제5장 | 제1회 기출동형모의고사<br>풀이 및 틀린 문제 이론 복습 | 제2회 기출동형모의고사<br>풀이 및 틀린 문제 이론 복습 | 제3회 기출동형모의고사<br>풀이 및 틀린 문제 이론 복습 | 전체 학습 |

| 51일 ☐ | 52일 ☐ | 53일 ☐ | 54일 ☐ | 55일 ☐ |
|---|---|---|---|---|
| **PART 2 학습** | **PART 3 학습** | **PART 4 학습** | **PART 5 학습** | **PART 6 학습** |
| 전체 학습 | 전체 학습 | 전체 학습 | 전체 학습 | 전체 학습 |

| 56일 ☐ | 57일 ☐ | 58일 ☐ | 59일 ☐ | 60일 ☐ |
|---|---|---|---|---|
| **PART 7 학습** | **실전 대비 학습** | | **마무리 복습** | |
| 전체 학습 | 제1~3회 기출동형모의고사 풀이 | 틀린 문제 이론 복습 | PART1~3 복습 | PART4~7 복습 |

## 2회독 학습플랜

👍 행정학 기본기가 있는 분에게 추천해요.

2회독 학습이 목표이며, 행정학 기본기가 어느 정도는 있고 취약한 부분 위주로 학습해야 하는 분은 문제 풀이 후 취약한 부분을 파악하여 관련 이론을 반복 학습한다면 40일 안에 시험 준비를 마칠 수 있어요.

| 1일 ☐ | 2일 ☐ | 3일 ☐ | 4일 ☐ | 5일 ☐ |
|---|---|---|---|---|
| **PART 1 학습** | | | | **PART 2 학습** |
| 제1장 학습 | 제2장 학습 | 제3장 학습 | 제4장 학습 | 제1장, 제2장 학습 |
| **6일 ☐** | **7일 ☐** | **8일 ☐** | **9일 ☐** | **10일 ☐** |
| | | | **PART 3 학습** | |
| 제3장, 제4장 학습 | 제5장 학습 | 제6장 학습 | 제1장 학습 | 제2장 학습 |
| **11일 ☐** | **12일 ☐** | **13일 ☐** | **14일 ☐** | **15일 ☐** |
| | | **PART 4 학습** | | |
| 제3장, 제4장 학습 | 제5장 학습 | 제1장, 제2장 학습 | 제3장 학습 | 제4장, 제5장 학습 |
| **16일 ☐** | **17일 ☐** | **18일 ☐** | **19일 ☐** | **20일 ☐** |
| | **PART 5 학습** | | | |
| 제6장 학습 | 제1장 학습 | 제2장 학습 | 제3장 학습 | 제4장 학습 |
| **21일 ☐** | **22일 ☐** | **23일 ☐** | **24일 ☐** | **25일 ☐** |
| **PART 6 학습** | | | **PART 7 학습** | |
| 제1장 학습 | 제2장 학습 | 제3장 학습 | 제1장, 제2장 학습 | 제3장 학습 |
| **26일 ☐** | **27일 ☐** | **28일 ☐** | **29일 ☐** | **30일 ☐** |
| | | **실전 대비 학습** | | |
| 제4장, 제5장 학습 | 제6장 학습 | 제1회 기출동형모의고사 풀이<br>틀린 문제 이론 복습 | 제2회 기출동형모의고사 풀이<br>틀린 문제 이론 복습 | 제3회 기출동형모의고사 풀이<br>틀린 문제 이론 복습 |

| 31일 □ | 32일 □ | 33일 □ | 34일 □ | 35일 □ |
|---|---|---|---|---|
| PART 1 복습 | PART 2 복습 | PART 3 복습 | PART 4 복습 | PART 5 복습 |
| 전체 복습 | 전체 복습 | 전체 복습 | 전체 복습 | 전체 복습 |

| 36일 □ | 37일 □ | 38일 □ | 39일 □ | 40일 □ |
|---|---|---|---|---|
| PART 6 복습 | PART 7 복습 | 실전 대비 복습 | | 마무리 복습 |
| 전체 복습 | 전체 복습 | 제1~3회 기출동형모의고사 풀이 | 틀린 문제 이론 복습 | 전체 복습 |

## 1회독   학습플랜

### 👍 행정학 전공자 또는 이론에 자신 있는 분에게 추천해요.

1회독 학습이 목표이며, 행정학 기본기가 충분하여 문제 풀이 능력을 집중적으로 향상시켜야 하는 분은 이론을 간단히 학습 후 문제 풀이에 집중한다면 20일 안에 시험 준비를 마칠 수 있어요.

| 1일 □ | 2일 □ | 3일 □ | 4일 □ | 5일 □ |
|---|---|---|---|---|
| PART 1 학습 | | PART 2 학습 | | |
| · 제1장 학습<br>· 제2장 학습 | · 제3장 학습<br>· 제4장 학습 | · 제1장 학습<br>· 제2장 학습 | · 제3장 학습<br>· 제4장 학습 | · 제5장 학습<br>· 제6장 학습 |

| 6일 □ | 7일 □ | 8일 □ | 9일 □ | 10일 □ |
|---|---|---|---|---|
| PART 3 학습 | | | PART 4 학습 | |
| · 제1장 학습<br>· 제2장 학습 | · 제3장 학습<br>· 제4장 학습 | 제5장 학습 | · 제1장 학습<br>· 제2장 학습 | · 제3장 학습<br>· 제4장 학습 |

| 11일 □ | 12일 □ | 13일 □ | 14일 □ | 15일 □ |
|---|---|---|---|---|
| | PART 5 학습 | | PART 6 학습 | |
| · 제5장 학습<br>· 제6장 학습 | · 제1장 학습<br>· 제2장 학습 | · 제3장 학습<br>· 제4장 학습 | · 제1장 학습<br>· 제2장 학습 | 제3장 학습 |

| 16일 □ | 17일 □ | 18일 □ | 19일 □ | 20일 □ |
|---|---|---|---|---|
| PART 7 학습 | | | 실전 대비 학습 | |
| · 제1장 학습<br>· 제2장 학습 | · 제3장 학습<br>· 제4장 학습 | · 제5장 학습<br>· 제6장 학습 | 기출동형모의고사 1, 2회<br>풀이 및 틀린 문제 이론 복습 | 기출동형모의고사 3회<br>풀이 및 틀린 문제 이론 복습 |

## 출제비중 & 출제기업

2023년 ~ 2024년 필기시험 기준으로 서울주택도시공사, 시설관리공단, 인천교통공사, 한국농어촌공사, 한국마사회, 한국보훈복지의료공단, 한국철도공사 등의 기업에서 출제하고 있습니다.

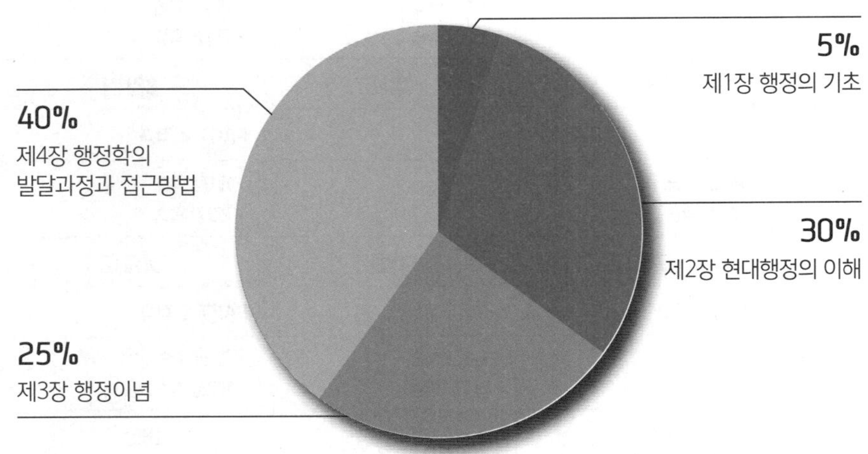

# PART 1

# 행정학 총설

| | |
|---|---|
| 행정의 의의 | 행정의 개념, POSDCoRB |
| 행정과 정치 | 정치행정이원론자와 정치행정일원론자 |
| 행정과 경영 | 행정과 경영의 유사점과 차이점 |

## 01 행정의 의의

출제빈도 ★★

### 1. 행정의 개념

| | |
|---|---|
| 광의 | • 사이먼(Simon)은 행정을 합리적·집단적·협동적 의사결정으로 인식<br>• '조직의 목적 달성을 위한 협동적 노력'으로 정의<br>• 이런 의미의 행정은 공사(公私) 부문의 구별 없이 모든 형태의 조직에 적용될 수 있는 개념 |
| 협의 | • '정부 관료제를 중심으로 이루어지는 활동'으로 정의 |
| 최근 | • 최근 거버넌스(Governance)로서의 행정 개념이 강조되고 있음<br>• 거버넌스로서의 행정이란, '공공문제해결을 위한 국가 – 시장 – 시민사회 공동체로 구성된 연결망을 통한 집합적 노력'<br>• 거버넌스 개념에서는 공공부문과 민간부문의 업무가 명백히 구분된다고 보지 않음 |

### 2. 행정의 3대 변수

① 행정변수란 행정현상을 야기하거나 결정하는 요인을 의미한다.
② 3대 행정변수로는 인간, 구조, 환경이 있다.

| | |
|---|---|
| 행정인<br>(인간) | • 정부 관료제를 구성하는 행정관료<br>• 행정관료의 가치관·태도·능력·지식·행태에 초점을 둠 |
| 행정구조<br>(구조) | • 구성원들 간의 유형화된 상호작용<br>• 구성원들의 행위를 제약하는 권한과 책임·법규·절차·의사전달 등에 관한 공식적 제도 일반에 초점을 둠 |
| 행정환경<br>(환경) | • 정치·경제·사회·문화 등 행정체제 외부에서 행정과 상호작용하는 일체의 요소 |

# 3. 행정과정

행정과정이란 행정이 구체적으로 이루어지는 일련의 과정으로, 행정이 담당하는 역할이나 기능에 따라 행정과정은 달라진다.

## (1) 전통적 행정과정

① 전통적인 정치행정이원론이나 행정관리론에서의 행정과정으로, 귤릭(Gulick)의 POSDCoRB로 표현된다. POSDCoRB란 최고관리자의 기능을 의미하기도 하는 것으로, 기획(Planning), 조직화(Organizing), 인사(Staffing), 지휘(Directing), 조정(Coordinating), 보고(Reporting), 예산(Budgeting)을 의미한다.

② 전통적인 행정과정은 '계획 → 조직화 → 실시 → 통제'의 단계로 이루어진다.

## (2) 현대적 행정과정

① 현대 행정국가 시대, 특히 정치행정일원론이나 발전행정론에서의 행정과정이다.

② 현대적 행정과정은 '목표설정 → 정책결정 → 기획 → 조직화 → 동작화·동기부여 → 평가 → 환류'의 단계로 이루어진다.

---

### 📋 시험문제 미리보기!

귤릭(Gulick)이 행정관리논총에서 최고관리층의 7대 기능으로 제창한 POSDCoRB에 포함되지 않는 것은?

① P: Planning(기획)  ② O: Organizing(조직)

③ S: Staffing(충원)  ④ C: Cooperation(협력)

해설  POSDCoRB의 C는 Cooperation(협력)이 아니라 Coordination(조정)이다.

정답 ④



폴랜드(Poland)는 귤릭(Gulick)이 제안하여 행정관리자들이 수행해야 할 기본적인 기능으로 알려진 POSDCoRB에 Evaluation의 첫 문자인 E를 포함시켜 POSDECoRB로 만들 것을 제창하였습니다.

---

## 02 행정과 정치

출제빈도 ★

## 1. 의의

### (1) 정치와 행정의 차이

① 정치

국민들의 의사를 수렴하는 가치개입적 행위, 국민 또는 국민의 대표에 의한 정책결정 과정으로, 정치는 본질적으로 민주성을 확보하는 과정이다.

② 행정

수렴된 국민의 의사를 실행하는 가치중립적 행위(정책집행) 과정으로, 행정은 목표 달성 과정에서의 능률성을 확보하는 과정이다.

### (2) 정치와 행정 구분의 상대성

(1)과 같은 정치와 행정의 개념적 구분에도 불구하고, 현실적으로 행정은 불가피하게 정치와 연계되어 있어 정치와의 구별이 곤란하다.

## 2. 정치 - 행정 관계에 대한 이론의 변천

### (1) 정치행정이원론

행정에 대해 정치가 우위를 차지하였던 엽관주의 시대의 병폐를 극복하기 위해 정치로부터 행정의 분리를 주장하였다. 또한 행정을 정책의 효율적 집행을 위한 관리의 영역으로 파악하였다.

① 윌슨(Wilson), 『The study of administration(1887)』
행정학의 아버지로서 행정은 사무의 분야(Business field)라고 주장하였다.
② 굿노(Goodnow), 『Politics and administration(1900)』
'정치는 국가의사 결정이고, 행정은 국가의사의 집행작용'이라고 주장하며, 정치행정이원론을 체계화하고 시정개혁운동에 크게 기여하였다.
③ 기타: 귤릭(Gulick), 어윅(Urwick)

### (2) 정치행정일원론

1930년대 경제공황과 2차 대전을 겪으면서, 행정의 전문화·신속한 정책결정의 필요성이 대두되었다. 이로 인해 행정부가 정책결정에서 적극적인 역할을 수행할 수밖에 없다는 논거로 정치와 행정이 밀접·불가분의 관계에 있다는 정치행정일원론이 주장되었다.

① 디목(Dimock), 『Mordern politics and administration(1937)』
기계적 능률성에서 사회적 능률성 개념을 분리하였으며, 정책형성과 정책집행을 모두 포함하는 개념으로 보아 두 과정은 배타적이라기보다는 협조적인 연속선상하에 있다고 주장하였다.
② 애플비(Appleby), 『Policy and administration(1949)』
정치와 행정의 과정은 연속적·순환적 과정이므로 결합관계를 중요시하여야 한다고 주장(정치행정융합론)하였다.

## (3) 정치 – 행정 관계의 변천

| 시대 | 이론 | 특징 | 행정이론 |
|---|---|---|---|
| 1880~<br>1930년대 | 정치행정<br>이원론 | • 엽관주의의 폐단극복을 위함<br>• 정치(정당정치)로부터 행정의 분리를 주장<br>• 행정을 정책의 효율적 집행을 위한 관리의 영역으로 파악 | • 행정관리론<br>• 기술적 행정학 |
| 1930년대 | 정치행정<br>일원론 | • 1930년대 경제공황 극복을 위함<br>• 행정의 정책결정(정치영역) 기능을 강조 | • 통치기능설<br>• 기능적 행정학 |
| 1940~<br>1950년대 | 새이원론 | • 논리실증주의에 입각한 과학적 행정학 수립을 위함<br>• 행정의 연구대상을 가치판단(정치) 영역이 배제된 사실판단 영역으로 국한 | • 행정행태론 |
| 1960~<br>1970년대 | 새일원론 | • 국가발전을 위한 발전목표수립을 강조(발전행정론)<br>• 현실의 사회문제 해결을 위한 적실성과 실천을 강조하는 가치지향성을 강조(신행정학) | • 발전행정론<br>• 신행정론 |
| 1980년대 | 신정치행정<br>이원론 | • 행정의 경영화, 시장화 | • 신공공관리론 |
| 1990년대 | 신정치행정<br>일원론 | • 시민의 정치적 참여 중시<br>• 조정과 타협 중시 | • New Governance |

## 📋 시험문제 미리보기!

**행정학자와 그 이론을 연결한 것으로 옳지 않은 것은?**

① 굿노(Goodnow) – 정치행정이원론

② 윌슨(Wilson) – 정치행정이원론

③ 애플비(Appleby) – 정치행정이원론

④ 디목(Dimock) – 정치행정일원론

해설    애플비는 현실의 정부에서 정치와 행정의 연속성을 강조한 정치행정일원론의 대표적 학자이다.

오답노트
① 굿노는 행정을 '국가의사의 집행작용'이라고 주장하며, 정치행정이원론을 체계화하였다.
② 윌슨은 행정의 탈정치화를 강조한 정치행정이원론의 대표적 학자이다.
④ 디목은 행정을 정책형성과 정책집행을 모두 포함하는 개념으로 보는 정치행정일원론자이다.

정답 ③

## 1. 의의

### (1) 행정(공행정)

정치권력을 배경으로 공공기관이 특정목표를 달성하기 위하여 행하는 활동이다.

### (2) 경영(사행정)

사기업이나 민간단체가 조직목표달성을 위하여 행하는 활동이다.

## 2. 행정과 경영의 차이점 및 유사점

### (1) 차이점

행정과 경영에 있어서 차이가 나는 근본적인 원인은 행정의 목적이나 행정이 지니고 있는 공공성과 정치권력성 등의 특징 때문이다.

① 목적
행정은 그 목적으로 공익을 추구하는 반면 경영은 사적 이윤의 극대화를 목적으로 한다.
② 법적 규제
근대국가의 법치행정 원리의 측면에서 행정은 경영보다 엄격한 법적 규제를 받는다.
③ 정치성, 권력성, 독점성, 평등성
행정은 경영과 달리, 국민·정당·이익단체 등의 투입정치에 의한 정치성, 정치권력 행사를 토대로 하는 권력성, 활동에 있어서 경쟁상대가 존재하지 않는 독점성, 서비스 공급에 있어서 평등성을 지닌다.

### (2) 유사점

① 수단성
행정이나 경영은 모두 실현하고자 하는 목표의 성격은 다르지만, 목표를 달성하기 위한 수단이라는 점에서 유사하다.
② 관료제적 성격
관료제를 대규모의 복잡한 조직구조라 할 때, 행정과 경영의 조직은 모두 관료제적 성격을 지니고 있다.
③ 관리적 성격
비록 공공조직은 상대적으로 권력적인 측면이 강하게 나타나기도 하지만, 관리적 성격도 중요한 요소를 구성하고 있다. 특히 두 조직은 모두 목표달성 과정에서 능률성을 강조하므로, 여기에 적용되는 관리기술 또한 동일한 경우가 많다.

**행정과 경영의 차이점**

| 구분 | 행정 | 경영 |
| --- | --- | --- |
| 주체 | 정부 | 기업 |
| 목적 | 공익 | 사익 |
| 정치성 | 강함 | 약함 |
| 권력성 | 강함 | 약함 |
| 법적 제한 | 강함 | 약함 |
| 평등성 | 강함 | 약함 |
| 독점성 | 강함 | 약함 |
| 공개성 | 강함 | 약함 |

④ 집단적 협동행위

공동 목표를 달성하기 위한 협동적인 인간의 합리적 집단행동이라는 점에서, 행정과 경영은 동일하다. 즉, 모든 인간 조직에서 협동은 가장 핵심적인 요소이기 때문이다.

⑤ 의사결정

능률적·합리적인 기준에 따라 여러 대안 중 최적대안을 선택·결정하는 과정이다.

## 3. 행정과 경영의 관계에 대한 이론

### (1) 공사행정일원론(공통점을 강조)

공사행정일원론은 행정과 경영은 수단적 측면에서 '관리'를 토대로 하고, 관리의 효율성을 목적으로 하는 점에서 행정과 경영의 유사성을 주장한다.

### (2) 공사행정이원론(차이점을 강조)

공사행정이원론은 경영에 대한 행정의 특수성을 강조하는 측면에서 행정과 경영의 차이점 및 행정과 정치의 불가분성을 주장한다.

### ▤▎시험문제 미리보기!

공행정과 사행정의 공통점은?

① 평등성의 정도      ② 관료제적 성격

③ 법적 규제의 정도      ④ 정치적 성격

해설   공행정과 사행정 모두 관료제적 성격을 가지고 있다.

오답노트

①, ③, ④ 평등성, 법적 규제의 정도, 정치적 성격은 행정과 경영의 차이점이다.

정답 ②

출제빈도: ★☆☆

**01** 사이먼(H. Simon)이 생각하는 행정학의 중심 개념은?

① 정의　　　　　　　　　　　　　　② 관료제
③ 의사결정　　　　　　　　　　　　④ 일반법칙

출제빈도: ★☆☆

**02** 행정의 3대 변수가 옳게 연결된 것은?

① 인간 – 구조 – 기능　　　　　　　② 구조 – 재정 – 기능
③ 인간 – 환경 – 구조　　　　　　　④ 환경 – 수단 – 재정

출제빈도: ★★☆　　대표출제기업: 한국보훈복지의료공단

**03** POSDCoRB의 내용으로 옳지 않은 것은?

① Planning　　　　　　　　　　　② Budgeting
③ Reporting　　　　　　　　　　　④ Segments

출제빈도: ★★★　　대표출제기업: 시설관리공단

**04** 자신의 저서 『정책과 행정』에서 행정을 정책결정이라고 주장한 학자는?

① 윌슨(Wilson)　　　　　　　　　② 디목(Dimock)
③ 애플비(Appleby)　　　　　　　④ 굿노(Goodnow)

출제빈도: ★☆☆

**05** 공공행정에 관한 설명으로 옳지 않은 것은?

① 행정은 사회환경과 밀접한 관계를 갖고 있다.
② 행정국가는 정치행정일원론의 입장에서 설명할 수 있다.
③ 행정은 경영보다 엄격한 법적 규제를 받는다.
④ 국민의 권리를 제한하고 의무를 부과하는 것은 행정의 본질과 거리가 멀다.

출제빈도: ★★★　대표출제기업: 한국철도공사

## 06 경영과 구분되는 행정의 속성이라고 보기 어려운 것은?

① 행정은 사익이 아닌 공익을 우선적으로 추구한다.
② 행정은 모든 시민을 평등하게 대우하여야 한다.
③ 행정조직 구성원은 원칙상 법령에 의해 신분이 보장된다.
④ 행정은 효과적인 업무수행을 위해 관리성이 강조된다.

---

### 정답 및 해설

**01** ③
사이먼은 행정을 합리적·집단적·협동적 의사결정으로 인식하고 의사결정을 행정의 핵심으로 파악하였다.

**02** ③
행정의 3대 변수는 인간, 환경, 구조로 본다.

**03** ④
Segments는 7대 기능에 속하지 않는다. POSDCoRB에는 기획(Planning), 조직(Organizing), 인사(Staffing), 지휘(Directing), 조정(Coordinating), 보고(Reporting), 예산(Budgeting)이 속한다.

**04** ③
애플비는 『Politics and administration(정책과 행정, 1949)』에서 정치와 행정의 과정은 연속적·순환적 과정이므로 결합관계를 중요시하여야 한다고 주장(정치행정일원론)하였다.

오답노트
① 윌슨은 행정학의 아버지로서 행정은 사무의 분야라고 주장한 정치행정이원론자이다.
② 디목은 정치행정일원론자로 사회적 능률을 주장하였다.

④ 굿노는 정치는 국가의사 결정이고, 행정은 국가의사의 집행작용이라고 주장하며 정치행정이원론을 체계화하였다.

**05** ④
국민의 권리를 제한하고 의무를 부과하는 규제활동이 행정의 본질이며, 현실적으로 규제정책이 가장 많은 영역을 차지하고 있다.

오답노트
① 행정은 사회환경으로부터 영향을 받고 영향을 미치는 체제성을 띤다.
② 행정국가는 행정의 가치판단(정책결정)을 중시하는 정치행정일원론에 해당한다.
③ 행정법정주의가 적용되어 엄격한 법적 규제를 받는다.

**06** ④
관리성은 행정과 경영의 공통점이다. 행정과 경영은 모두 인적·물적 자원을 관리하여 목표를 달성하려는 협동행위이다.

오답노트
① 행정은 공익성이 있다.
② 공공재의 비배제성·무임승차성으로 인한 평등한 서비스가 제공된다.
③ 행정은 법적 제약이 강하다.

# 제2장 | 현대행정의 이해



| | |
|---|---|
| 국가와 행정의 변천 | 입법국가와 행정국가의 특징 |
| 시장실패와 정부실패 | 시장실패의 원인과 정부실패의 원인 |
| 행정국가와 규제 | 규제의 유형, 규제개혁방향, 윌슨의 규제정치이론 |
| 민영화 | 민영화 방식, 사회간접자본에 대한 민자유치제도 |
| NGO | NGO의 특징, 살라몬의 NGO 실패모형 |

## 01 국가와 행정의 변천 출제빈도 ★★

| 19C 근대 입법국가 | | 행정국가 | |
|---|---|---|---|
| **작은 정부 (Cheap Government)** | | **20C 현대행정국가** | **20C 말(1980~) 신행정국가** |
| 입법권 > 행정·사법권 | ⇧ **시장실패** 1930년대 세계 대공황 (대량실업) ⇩ 정부규제· 정부개입 필요 | 행정권 > 입법·사법권 | ⇧ **정부실패** 1970년대 석유파동 Stagflation ⇩ 정부의 효율성 요구 |
| • 최소의 행정이 최선의 행정<br>• 소극적 기능<br>(치안·외교·질서·국방·조세) | | • 최대의 행정이 최선의 행정<br>• **적극적 기능**(복지·급부·조정) | • 현실적 배경<br>– 정부실패<br>– 재정적자<br>• 정부와 민간 간 기능재분배<br>– 민영화<br>– 규제완화, 감축관리<br>• 거버넌스(Governance): 공공문제 해결을 위한 국가, 시장, 시민 사회 공동체로 구성된 연결망을 통한 집합적 노력 중시 |
| 애덤 스미스(A. Smith)<br>• **자유방임주의**<br>• 보이지 않는 손(가격기구, 시장)에 의한 자원배분의 효율성 달성 | | 케인스(Keynes)<br>• **개입주의, 유효수요이론**<br>• 정부의 적극적 개입에 의한 시장실패 치유 | |

# 1. 19세기 근대 입법국가

## (1) 자원배분 장치

'경제주체 간의 자율적·분산적 경쟁(보이지 않는 손: 가격기제)에 의한 자원배분'을 특징으로 하는 '시장'을 강조한다.

## (2) 정부의 역할 또는 기능

국가 기능은 국방·치안 등 최소한의 질서유지 영역으로 국한되어야 한다.

# 2. 20세기 초 행정국가시대

## (1) 자원배분 장치

'계서적 통제에 의한 자원배분'을 특징으로 하는 '국가·정부'를 강조한다.

## (2) 정부의 역할 또는 기능

정부의 적극적 역할을 강조하는 '적극정부론'을 주장한다.

## (3) 행정국가의 특징

| 양적 측면 | 질적 측면 |
| --- | --- |
| • 행정기능의 확대<br>• 행정기구의 확대<br>• 공무원 수의 증가<br>• 예산규모의 팽창 | • 행정의 전문화·기술화<br>• 기획기능의 강화<br>• 동태적 조직의 출현<br>• 예산제도의 변화<br>• 행정의 광역화와 신중앙집권화 |

# 3. 20세기 말 이후 신행정국가시대

## (1) 자원배분장치

'정부실패'를 극복하기 위해 다시 '시장'이 강조되고 있다.

## (2) 정부의 역할 또는 기능

정부기능의 축소·민영화·규제완화 등을 내용으로 하는 작은 정부론과 기업가적 정부론이 주장되고 있다.

## (3) 최근의 Governance(Network) 시대

① 자원배분장치

최근에는 자원배분기제로서 시장과 국가의 불완전성(시장실패와 정부실패)을 모두 인식하는 전제하에, 제3의 대안으로서 네트워크(Network)에 의한 자원배분이 제기되고 있다. 이는 거버넌스(Governance) 관점과 일치하는 것으로, '시장과 정부의 상호 협력과 보완'에 근거한 자원배분장치이다.

② 정부의 역할 또는 기능

새로운 자원배분장치로서의 네트워크에서는 정부는 공공서비스의 직접적 생산자·공급자에서 '공공문제 해결을 위한 연계망(Network)의 조정·관리자'의 역할을 강조한다.

**행정학 전문가의 TIP**

**애덤 스미스의 자유방임주의 (시장기능에 대한 신뢰)**

자유시장경제에서 시장가격기구(보이지 않는 손)의 자동조절기능에 대한 신뢰를 말합니다.

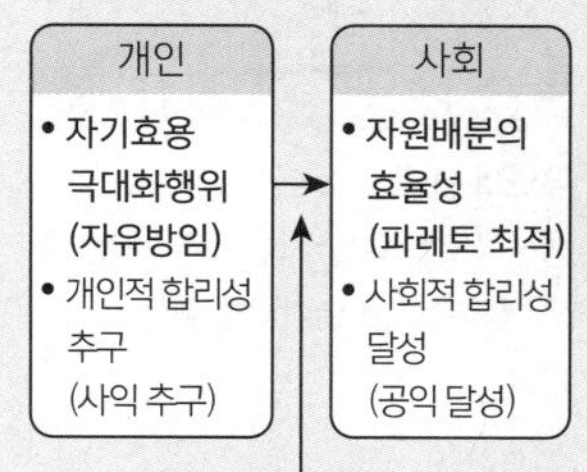



**케인스의 개입주의, 유효수요이론**

영국의 경제학자 케인스는 불황의 원인이 유효수요의 부족에 있다고 판단하였습니다.

유효수요는 소비, 투자, 정부지출, 순수출로 구성이 되는데 불황기에는 소비자의 구매력이 떨어져서 소비가 늘어날 수가 없고, 물건이 팔리지 않아서, 재고가 쌓이는 상황에서 기업들도 투자를 하려고 하지 않습니다. 결국에는 정부가 적극적으로 지출을 늘리는 방법으로 유효수요를 늘릴 수가 있다고 한 것이 케인즈의 유효수요이론입니다.

즉, 경제를 시장에만 맡겨서는 안 되고, 정부가 개입하여 해결해야 한다는 것이 케인스주의의 핵심입니다.

**규모의 경제**

생산규모를 늘릴수록 평균비용은 줄고, 평균수익은 늘어나는 현상을 말합니다.

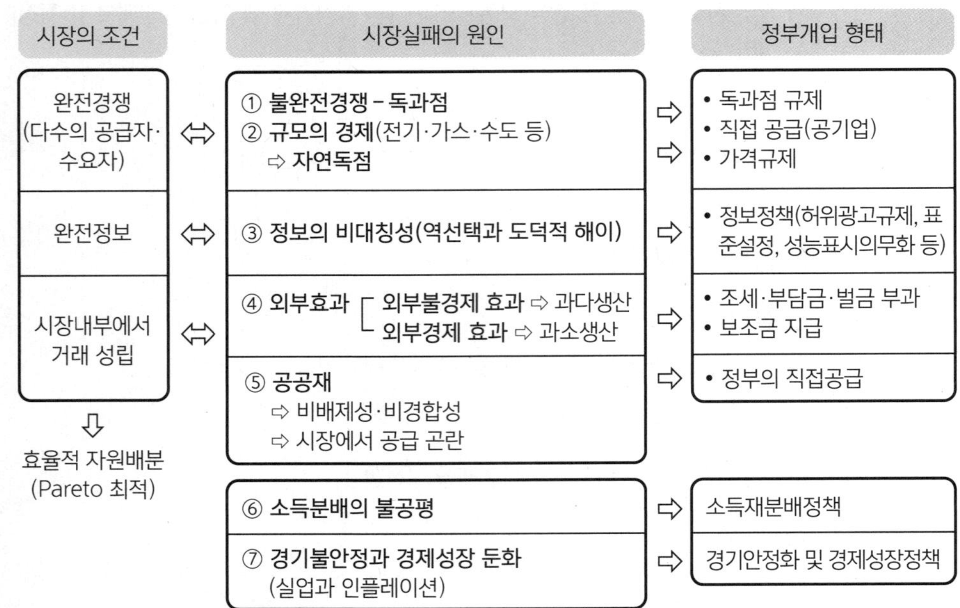


**파레토(Pareto) 최적**

이탈리아 경제학자 파레토가 제시한 자원배분이 가장 효율적인 상태입니다. 파레토 최적은 완전경쟁시장에서 달성되며, 자원배분에만 관여하고 소득분배에 대해서는 고려하지 않습니다.

## 1. 시장실패(Market failure)의 개념

시장실패란 시장에 의한 자원배분이 효율성과 형평성을 달성하지 못하는 현상을 의미한다.

## 2. 시장실패의 원인

시장실패 교정을 위해 경제와 사회에 대한 다양한 정부개입이 이루어지고 있다.

### (1) 독점 등 불완전경쟁의 존재

현실의 경제에서는 자연독점과 기타 불완전경쟁 상황이 광범위하게 존재하여 자원배분의 효율성이 달성되지 못하고 있다.

### (2) 공공재의 존재

① 일반적으로 재화(Goods)는 경합성과 배제가능성을 기준으로, ㉠ 공공재, ㉡ 민간재, ㉢ 공유재, ㉣ 요금재의 4가지로 구분된다.

② 시장거래의 전형이 되는 민간재(Private goods)란 경합성과 배제가능성을 모두 갖는 재화이며, 반면 공공재(Public goods)란 비경합성과 배제불가능성을 모두 지니는 재화를 의미한다.

③ 재화의 유형과 공유지의 비극
  • 재화의 유형 구분

| 구분 | 비배제성(평등성 · 무임승차성) | 배제성<br>(차별성 · 수익자부담 · 應益性) |
|---|---|---|
| 비경합성<br>(공동<br>소비성,<br>비분할성) | (순수)공공재 ·<br>집합재(Collective goods)<br>예 국방, 외교, 치안서비스, 등대 | 요금재 · 유료재(Toll goods)<br>예 전기, 가스, 수도 |
| | • 공급상 문제점: 무임승차<br>⇨ 시장에서 공급 곤란<br>• 정부개입: 공급문제 해결을 위해 정부가 직접 공급(무료)하며 공급비용은 세금 등 강제적 수단으로 징수 | • 공급상 문제점: 규모의 경제와 자연독점 우려<br>• 정부개입<br>㉠ 직접 공급<br>㉡ 공기업을 통한 공급<br>㉢ 민간의 참여로 공급 |
| 경합성<br>(개별<br>소비성,<br>분할<br>가능성) | 공유재(Common pool goods)<br>예 자연자원<br>(산, 강, 바다, 개울가 수석), 예산 | 사적재(私的財) ·<br>민간재(Private goods)<br>예 일상생활의 재화<br>(냉장고, 세탁기, 자동차 등) |
| | • 공급상 문제점: 과다사용과 자원손실(공유지의 비극), 비배제성에 따른 비용 회피<br>• 정부개입: 사유재산권을 설정하는 방법(원칙)과 사용량을 제한하는 규제(보충적, 최후적) | • 공급상 문제점: 별로 없음<br>• 정부개입: 원칙적으로 민간기업이 생산하도록 자율성을 보장 |

- 경합성

어떤 재화에 있어서 한 사람의 소비 증가는 그 재화에 대한 타인의 소비가능성을 감소시키는 성질로서, 시장에서 거래되는 대부분의 재화는 경합성을 지닌다. 반면, 국방서비스는 한 사람을 더 소비에 참여시킨다 해도 그 재화에 대한 타인의 소비가능성을 감소시키지 않는다는 측면에서 비경합성을 지닌다.

- 배제성

재화소비에서 그 대가를 지불하지 않은 자를 배제시킬 수 있는 성질을 의미한다. 공공재의 전형인 경찰서비스나 공유재인 강과 바다 등의 천연자원은 대가 미지불자를 그 소비로부터 배제가 불가능하므로, 양의 가격을 매겨 받으려 해도 받을 수 없는 배제불가능성을 지닌다.

• 공유지의 비극(Tragedy of the commons)

- 공유재는 재화의 유형에서 볼 때, 경합성과 배제불가능성을 지닌 재화이다. 공유재의 비배제성으로 인해, 합리적이고 이기적인 개인들은 자신의 이익극대화를 위해 공유지를 무분별하게 사용한다. 그러나 개인들의 공유지에 대한 무분별한 사용은 결국 공유지의 자원의 고갈이라는 '공유지의 비극'을 발생시켜 사회적으로는 바람직하지 않은 결과를 초래하게 된다.

– 공유지의 비극은 '개인적 차원에서의 최적행동이 사회적으로 비최적의 결과를 야기하는 현상'을 설명하는 개념이다. 이는 애덤 스미스의 주장(개인들의 자유로운 최적화 행위는 가격의 신호기능을 통해 자동적으로 사회적 공익달성을 결과한다)과 달리, 시장실패를 설명하는 대표적인 사례로 언급된다.

## (3) 외부효과의 존재

① 의의

외부효과란 가격기구(시장거래; 대가의 교환)를 통하지 않고 한 경제주체가 다른 경제주체에게 경제적 이익이나 불이익을 미치는 현상으로, 외부경제 효과와 외부불경제 효과가 있다.

② 외부경제와 외부불경제의 비교

| 구분 | 외부경제 | 외부비경제 · 외부불경제 |
|---|---|---|
| | 긍정적 외부효과,<br>정(正; ⊕)의 외부효과 | 부정적 외부효과,<br>부(負; ⊖)의 외부효과 |
| 의미 | 어떤 사람의 행동이 제3자에게 의도하지 않는 편익 · 이득을 주면서도 대가를 받지 않는 경우 | 어떤 사람의 행동이 제3자에게 의도되지 않는 손해 · 불이익을 주면서도 보상을 하지 않는 경우 |
| 예 | • 과수원과 양봉업자<br>• 지역개발사업 실시와 인근지역 지가 상승 | • 화학공장과 인근주민<br>• 도로건설에 따른 인근주민의 소음 피해 |
| 문제<br>(시장실패) | 자유로운 시장기구에 맡겼을 경우 **사회적 최적수준보다 과소 생산** | 자유로운 시장기구에 맡겼을 경우 **사회적 최적수준보다 과다 생산** |
| 정부개입 | 사회적 최적수준을 달성하기 위한 정부개입이 정당화됨 | |
| | 보조금 지급 | 조세 · 부담금(피구세), 벌금 부과 |

③ 코우즈의 정리(Coase theorem)

• 의의

전통적 시각인 피구세(Pigouvian tax)와 달리 현대적 시각에서 제시된 내용으로 ㉠ 소유권 · 재산권(Property rights)이 잘 정의되어 있고, ㉡ 민간 경제주체 간 거래비용(Transaction cost) 없이 자원배분에 관한 협상이 가능하다면, 외부효과로 인해 초래되는 비효율성을 정부개입 없이 시장에서 그들 스스로 해결하고 자원이 효율적으로 배분되게 된다는 것이다.

• 재산권

전통적인 재산권을 의미하는 것이 아니면서 청정권 · 혐연권 같은 재산권과 유사성을 지닌 권리를 말한다.

• 거래비용

교환에 있어 가격을 제외한 거래의 모든 수반비용으로 ㉠ 탐색비용, ㉡ 조직화비용, ㉢ 협상비용으로 구성된다.

• 실질적으로 재산권 설정이 곤란하고, 거래비용이 발생하므로 현실적인 적용상 한계가 있다.

**피구(Pigouvian)**
• 정부개입 찬성
• 조세, 부담금, 벌금 부과

**코우즈(Coase)**
• 정부개입 반대
• 규칙 정립: 재산권의 명확화

**거래비용**
거래비용은 교환에 있어 가격을 제외한 거래의 모든 수반비용으로, 거래비용의 발생으로 인해 시장실패가 발생한다고 봅니다.

## (4) 불완전한 정보

현실의 경제활동에서는 상품에 대한 정보나 거래상대방의 성질 등에 대한 정보가 불완전하거나, 거래의 일방 당사자만이 정보를 지닌 비대칭적 상황이 광범위하게 존재한다. 이러한 상황에서 정보를 지닌 당사자의 기회주의적 행동으로 인해, 정보를 갖지 못한 당사자가 불리한 상품을 선택하는 '역선택[1]'과 정보를 지닌 대리인이 정보를 갖지 못한 주인의 이익실현보다는 자신의 이익실현을 도모하는 '도덕적 해이[2]'가 발생한다. 이는 결국 자원배분의 비효율성을 초래한다.

## (5) 소득분배의 불공평성

① 의의

시장의 이상적인 조건을 갖춘 경우에도, 시장에 의한 자원배분은 공평한 소득분배를 보장하지 못한다.

② 소득분배의 불공평성에 대한 정부개입

정부의 개입은 소득재분배 정책(누진세·사회보장정책)으로 나타난다.

## (6) 거시적 시장실패로서 경기불안정 – 실업과 인플레이션

고용과 물가가 불안정해져 인플레이션 등이 발생하기 쉽다.

## (7) 시장실패 원인별 정부의 대응방식(이종수 외 공저『새 행정학』)

① 정부의 대응 방식

- 행정조직을 시장개입의 수단으로 활용하는 공적 공급 또는 정부의 직접 공급
- 보조금 등 금전적 수단을 통해 민간의 유인구조를 바꾸는 공적 유도
- 법적 권위에 기초한 정부규제 등

② 원인별 대응 방식

| 구분 | 공적 공급(조직) | 공적 유도(유인) | 정부규제(권위) |
| --- | --- | --- | --- |
| 불완전경쟁 |  |  | O |
| 자연독점 | O |  | O |
| 정보의 비대칭성 |  | O | O |
| 외부효과의 발생 |  | O | O |
| 공공재의 존재 | O |  |  |

※ 자연독점과 불완전경쟁에 대한 정부의 대응방식이 다름에 주의

**1) 역선택**

계약성립 전에 발생하는 것으로, 부적격자를 대리인으로 잘못 선임하는 것

**2) 도덕적 해이**

계약성립 후에 발생하는 것으로, 대리인이 자신의 이익을 추구하거나 게으름을 피우는 것

> **다음 중 시장실패의 원인이 아닌 것은?**
>
> ① 독과점                          ② 정보의 비대칭성
>
> ③ X - 비효율성              ④ 외부효과의 발생
>
> 해설   'X - 비효율성'은 정부실패의 원인 중 하나이다. 그 외에 정부실패 원인으로는 내부성(사적 목표), 파생적 외부효과, 비용과 수익의 절연, 독점성으로 인한 경쟁의 결여, 권력의 편재에 의한 분배의 불공평 등이 있다.
>
> 오답노트
> ①, ②, ④ 시장실패의 원인으로는 공공재의 존재, 외부효과의 발생, 자연독점(규모의 경제) 및 불완전경쟁, 정보의 비대칭성, 분배의 불평등성 등이 있다.
>
> 정답 ③

## 03   행정국가와 정부규제            출제빈도 ★★★

### 1. 정부규제의 의의

정부규제란 시장의 자원배분의 효율성 실패에 대한 교정, 시장의 소득분배의 형평성 실패에 대한 교정을 통해 바람직한 사회·경제 질서를 구현하기 위하여 정부가 시장에 개입하는 것이다.

### 2. 정부규제의 유형

#### (1) 영역별 분류 - 경제적 규제와 사회적 규제

① 경제적 규제
- 개념
  - 기업 등 민간경제 주체의 자유로운 판단에 의한 경제활동에 정부가 개입하여 사회적으로 바람직한 방향에 부합되도록 하는 인위적 제한이다.
  - 경제적 규제는 기업의 본원적 활동에 대한 전통적 규제로서 생산자 보호를 목적으로 경쟁을 제한하는 규제(협의의 경제적 규제)와 자원배분의 효율성을 위하여 경쟁을 촉진시키는 규제(독과점 규제)가 있다.

- 유형
  - 진입규제: 어떤 산업 또는 직종에 참여하여 사업을 할 수 있는 영역의 자유를 제한하는 규제이다.
  - 가격규제: 기업이 생산하는 제품이나 서비스의 가격을 규제하는 것이다.
  - 독과점 및 불공정거래에 대한 규제: 시장에서의 독과점적인 위치를 확보하여 불공정거래 행위를 함으로써 공정한 경쟁질서를 해치고 경제력 집중을 초래할 가능성이 있을 때, 이를 방지·시정하기 위해 이루어지는 규제이다.

② 사회적 규제
- 개념: 시장에서 적절하게 취급받지 못하는 이익이나 가치를 보호하기 위해 개인이나 기업의 행위를 통제하는 것으로서, 산업보건 및 안전·환경보호·소비자 보호 등을 목표로 한다.
- 유형
  - 소비자 보호규제: 기업의 부당행위로부터 사회적·경제적 약자인 소비자를 보호하기 위하여 불공정거래 행위를 막는 것을 말한다.
  - 환경규제: 환경오염을 방지하기 위한 규제로서, 부담금 부과와 같은 소극적 규제도 있지만 보조금 지원과 같은 적극적 규제도 있다.
  - 작업안전 및 보건규제: 안전하고 건강한 작업조건에서 일할 수 있도록 하는 규제이다.
  - 사회적 차별에 대한 규제: 고용기회나 임금에서의 차별에 대한 규제이다.

## (2) 규제수단에 따른 분류 – 직접적 규제와 간접적 규제

① 직접적 규제 – 명령·지시적 규제
- 직접적 규제는 강제수단에 의한 강력한 규제로서 '국가가 규제를 위한 규칙·기준을 설정하여 형성·발생되어야 할 행위는 의무화시키고, 금지·위축·방지·제한되어야 할 행위는 구체적으로 규정하여 억제하는 것'을 말한다.
- 직접적 규제수단
  - 직접 법령에 의한 규제
  - 행정처분에 의한 규제(하명·허가·인가·특허 등)
  - 기준설정에 의한 규제

② 간접적 규제 – 시장유인적 규제
- 간접적 규제는 강제수단에 의하지 않고 인센티브에 의하여 간접적·우회적으로 영향을 미치는 방법이다.
- 간접적 규제수단
  - 공해배출권 제도
  - 행정지도와 행정계획
  - 각종 재정적 유인책(보조금이나 금융지원, 부담금의 부과, 세제의 감면이나 중과세 등)
  - 시장의 선택에 의한 방식(가공식품의 성분 표시)

**공해배출권**
- 개념

  공해물질을 배출할 수 있는 권리를 기업 간에 사고팔 수 있도록 하는 제도
- 구체적인 예
  - 정부가 탄소 방출목표를 100t으로 정함
  - 기업에게 10t씩 나누어준 후 자유롭게 거래를 허용
  - 각 기업은 정화비용과 배출권 구입비용을 고려하여 선택

## (3) 규제의 대상 – 수단규제, 성과규제, 관리규제(『새 행정학 2.0』)

규제는 동일한 사회문제 해결에 대해 해결할 수단·관리방식·최종 성과를 대상으로 설계될 수 있는데, 이들을 각각 수단규제·성과규제·관리규제로 일컫는다.

| | | |
|---|---|---|
| 수단규제<br>(투입규제) | 개념 | 정부의 목표를 달성하기 위해 필요한 기술이나 행위에 대해 사전적으로 규제하는 것<br>예 환경오염을 방지하기 위해 기업에 특정한 유형의 환경통제 기술을 사용할 것을 요구하는 것, 작업장 안전을 확보하기 위해 안전장비를 착용하게 하는 것 |
| | 특징 | • 정부의 규제 정도와 피규제자의 순응 정도를 파악하는 데 용이함 |
| 성과규제<br>(산출규제) | 개념 | 정부가 특정한 사회문제 해결에 대한 목표달성 수준을 정하고 피규제자에게 이를 달성할 것을 요구하는 것으로, 규제가 의도한 최종 산출물을 강조함<br>예 대기오염 방지를 위해 공기 중 이산화탄소 농도를 일정 수준으로 유지하라는 것, 인체 건강을 위해 개발된 신약에 허용 가능한 부작용 발생 수준을 요구하는 것 |
| | 특징 | • 정부가 제시한 성과 기준만 충족하면, 수단과 방법은 피규제자가 자유롭게 선택함<br>• 사회경제적으로 바람직한 최적의 성과 수준을 찾기 어려움 |
| 관리규제 | 개념 | 수단과 성과가 아닌 과정을 규제하는 것으로, 정부는 피규제자가 만든 규제목표 달성계획의 타당성을 평가하고 그 이행을 요구함<br>예 식품안전을 위해 그 효용이 부각되는 식품위해요소중점관리기준 (HACCP: Hazard Analysis Critical Control Points) |
| | 특징 | • 수단규제와 성과규제가 갖는 단점을 극복할 수 있는 규제 방식<br>　– 수단규제보다 피규제자에게 자율성을 주어 피규제자 스스로 비용 효과적인 규제를 유연하게 설계하도록 함<br>　– 성과달성 정도를 정하고 이를 확인해야 하는 성과규제를 적용하기 어려울 때 적합함 |

## (4) 규제의 수행주체 – 직접규제, 자율규제, 공동규제(『새 행정학 2.0』)

규제의 주체는 정부가 일반적이지만 민간기관이 수행하는 경우도 있다.

① 정부의 규제 수행을 직접규제라고 한다.
② 민간기관에 의한 규제는 자율규제와 공동규제가 있다.

| | |
|---|---|
| 직접규제 | 정부의 규제 수행 |
| 자율규제 | 개인과 기업 등 피규제자가 합의된 규범을 만들고, 이를 구성원들에게 적용하는 형태의 규제 방식 |
| 공동규제 | 정부로부터 위임받은 민간집단에 의해 이루어지는 규제로, 자율규제와 직접규제의 중간 성격을 띰 |

다음 중 경제적 규제로 옳지 않은 것은?

① 가격규제 　　　　　　　　　② 진입규제
③ 불공정거래규제 　　　　　　④ 환경규제

해설　환경규제는 사회적 규제에 해당한다.

정답 ④

## 3. 정부규제의 폐단

### (1) 기회의 불평등 야기

인·허가 등의 규제는 신규사업자의 사업 참여기회를 박탈·제약하여 경제주체 간에 기회의 불평등을 야기한다.

### (2) 포획(Capture)과 관료부패 가능성

정부의 인·허가는 그 자체로 하나의 이권이 되므로, 이를 둘러싸고 규제기관이 어느 한 이익집단에 포획되기 쉽고 관료부패가 발생하기 쉽다.

### (3) 경쟁의 결여와 기술개혁에의 소홀

정부의 인·허가 등 규제는 시장에서의 진입장벽 구축과 독점적 지위 부여를 통해 경쟁을 저해한다.

### (4) 정부조직의 팽창

규제의 신설·강화는 규제담당기구와 인력을 팽창시킨다.

### (5) 규제의 역설(Regulatory paradox)

불합리한 규제는 민간의 행동을 비효율적으로 유도하고, 사회적 자원의 왜곡을 가져오는 부작용을 초래한다.

### (6) 끈끈이 인형 효과(Tar baby effect)

끈끈이 인형 효과는 해리스(Harries)의 소설에서 나온 것으로, 토끼 인형에 끈끈이 칠을 해 놓아두면 토끼들이 자기 동료인 줄 알고 계속 모여든다는 것이다. 이는 하나의 규제가 만들어지면 또 다른 규제가 발생한다는 '규제의 악순환 현상'을 의미한다.

## 4. 규제완화 또는 규제 개혁의 방향

### (1) 경제적 규제의 완화와 사회적 규제의 강화

경제적 규제는 국민의 자율성과 창의성 침해를 해소하도록 대폭 완화되어야 한다. 그러나 경제적 규제 중 독과점 규제와 사회적 규제는 오히려 강화되어야 한다.

---

### ❗ 행정학 전문가의 TIP

**우리나라의 규제완화**
**–「행정규제기본법」**

• **규제법정주의**
규제는 법률에 근거하여야 합니다.

• **규제 최소한의 원칙**
규제는 국민의 자유와 창의를 존중하고, 그 본질적 내용을 침해하지 않도록 하며, 규제의 목적달성에 필요한 최소한의 범위에 국한되어야 합니다.

• **규제의 등록 및 공표**
규제개혁위원회에 규제의 명칭, 내용, 근거, 처리기관 등을 등록하고 공표해야 합니다.

• **규제영향분석과 심사제**
규제의 신설·강화 시, 중앙행정기관의 장은 사전에 규제영향분석서를 작성하여야 합니다.

• **규제일몰법 도입**
규제의 존속기한(최소한의 기간으로 하되, 5년 초과 불가)을 설정하여 해당 법령에 명시하도록 하고 있습니다.

• **부처별 규제의 총량 규제**
한 부처에서 현재 규제하고 있는 규제의 총량을 정한 뒤, 그 상한선을 유지하도록 하고 있습니다. 부처별 총량 규제는「행정규제기본법」이 아닌 개별법(예「수도권정비계획법」등)에 규정되어 있습니다.

• **규제개혁의 담당기구**
대통령 소속하에 규제개혁위원회를 설치합니다.

**「행정규제기본법」의 내용**
• **제3조【적용 범위】**
② 다음 각 호의 어느 하나에 해당하는 사항에 대하여는 이 법을 적용하지 아니한다.
　1. 국회, 법원, 헌법재판소, 선거관리위원회 및 감사원이 하는 사무
• **제25조【구성 등】**
① 위원회는 위원장 2명을 포함한 20명 이상 25명 이하의 위원으로 구성한다.
② 위원장은 국무총리와 학식과 경험이 풍부한 사람 중에서 대통령이 위촉하는 사람이 된다.

## (2) 규제방식

원칙금지·예외허용 체제(Positive 규제)에서 원칙허용·예외금지 체제(Negative 규제)로 전환할 필요가 있다.

## (3) 윌슨(Wilson)의 규제정치이론

① 정치적 상황은 정부규제로부터 각각의 이익집단이 감지하는 비용과 편익의 분포에 따라 네 가지로 분류된다.
② 정치적 행동은 비용과 편익이 대규모의 이질적인 집단에게 분산되어 있을 때보다 소수의 동질적인 집단에 집중되어 있는 경우 더 쉽게 일어난다.

| 구분 | | 감지된 편익 | |
| --- | --- | --- | --- |
| | | 넓게 분산 | 좁게 집중 |
| 감지된 비용 | 넓게 분산 | 대중적 정치 (Majoriarian politics) | 고객정치 (Client politics) |
| | 좁게 집중 | 기업가적 정치 (Entrepreneurial politics) | 이익집단정치 (Interest group politics) |

- 고객정치: 수혜자의 강력한 영향력, 경쟁제한과 높은 진입장벽, 은밀하고 조용한 정책결정 등을 가지고 있다. 반면에 다수의 비용부담 집단에서는 집단행동의 딜레마가 발생한다.
  예 수입규제, 직업면허, 농산물 최저가격 규제, 택시사업 인가
- 기업가적 정치: 비용부담 집단들은 비용부담을 최소화하기 위하여 정치적으로 막강한 영향력을 발휘하는 데 반면, 다수의 수혜집단에서는 집단행동의 딜레마가 발생하여 활동이 미약하다.
  예 환경오염규제, 안전규제(원자력 안전규제, 자동차 안전규제 등)
- 이익집단정치: 대립되는 집단들 간의 타협의 산물로서 규제가 이루어지며, 정부는 중립적 심판자로서의 역할을 하게 된다.
  예 의약분업 정책에 있어서 의사와 약사의 대립, 노사규제, 중소기업 간 영역규제
- 대중적 정치: 비용과 편익이 모두 불특정 다수에게 분산되어 있어 쌍방이 집단행동의 딜레마에 빠지게 되므로, 공익집단의 역할과 사회적 이슈화가 요구된다.
  예 음란물 규제, 낙태 규제, 사회적 차별 규제, 종교활동 규제, 차량 10부제

### 시험문제 미리보기!

윌슨(Wilson)이 주장한 규제정치모형에서 '감지된 비용은 좁게 집중되지만, 감지된 편익은 넓게 분산되는 경우'에 나타나는 유형은?

① 대중적 정치　　　② 이익집단정치　　　③ 고객정치　　　④ 기업가적 정치

해설　기업가적 정치 유형은 비용은 소수의 동질적 집단에게 집중되나, 편익은 불특정 다수에게 확산되어 있는 상황에 나타난다.

정답 ④

## 04　정부실패: 작은 정부론의 논거　　　　출제빈도 ★★

## 1. 정부실패(Government failure)의 개념

① 정부실패란 시장실패를 교정하기 위해 진행된 정부개입이 시장실패의 교정에도 실패하고 오히려 새로운 비효율과 불공정성을 창출하는 현상을 의미한다.

② 정부실패 현상은 1960년대 이후 복지병으로 대표되는 복지국가의 위기와 스태그플레이션으로 인한 경제안정화정책의 실패, 재정적자의 격증으로 인한 정부부문의 낭비와 비효율성에 대한 인식으로부터 출발한다. 또한 정부실패는 사회에 대해 넓고 깊게 관여하는 행정국가의 비대응성, 비민주성의 측면에서 파악되기도 한다.

## 2. 경제적 비효율성 측면의 정부실패 원인

정부산출물의 수요적·공급적 특징으로부터 도출되는 정부실패 원인들은 다음과 같다.

### (1) 비용과 수입 간의 단절

시장산출물이 가격을 통해 수입과 비용이 연결된 것과 달리, 정부산출물은 조세를 일률적으로 징수하여 그 재원으로 사용하기 때문에 수입과 비용이 단절되어 있다. 어떤 활동에 있어서 수입이 비용과 연결되어 있지 않으면, 이윤(= 수입 − 비용) 개념이 부재하여 비효율이 발생할 수밖에 없다.

### (2) 내부성(조직의 내부 목표추구로 인한 사회목표와의 괴리) – 사적 목표의 설정

정부조직은 대개 추상적·궁극적인 사회적 목표보다 현실적·구체적인 활동지침이 되는 내부적 목표를 설정하고, 이를 기준으로 활동이 이루어진다. 이에 따라 관료들이 사회적 목표보다 내부적 목표를 중시함으로써 양자 간의 괴리가 발생하는데, 이를 내부성(Internality)이라고 한다.

### (3) 파생적 외부성

시장실패를 교정하려는 정부의 개입이 예상하지 못한 결과를 야기하는 현상이다. 즉, 정부정책의 부작용을 의미한다.

### (4) 권력과 특혜에 따른 분배적 불공평성

정부개입 그 자체가 특정인이나 집단에 대해 권력과 특혜를 야기하여 새로운 불공평성을 발생시킨다.

### (5) X – 비효율성

① 레이번슈타인(Leibenstein)이 제시한 개념으로 정부나 기업의 방만하고 나태한 경영으로 인하여 경영상의 효율성을 추구하기 위한 노력이나 유인(Incentives)이 감소되어 나타나는 비효율성으로서, 법적·제도적 요인이 아닌 **심리적·행태적 요인(사명감·직업의식의 부족)에 의해 나타나는 관리상·경영상 비효율성을 의미한다.**
　예 무사안일한 근무성향, 소극적인 근무태도, 시간 떼우기식 근무태도

② 정부의 독점성이 경쟁을 하지 않기 때문에 나타난다.

---

**💡 행정학 전문가의 TIP**

**파킨슨(Parkinson) 법칙
(상승하는 피라미드 법칙)**

• **개념**

'공무원의 수는 해야 할 업무의 경중이나 양에 관계없이 증가한다'는 법칙으로, '부하배증의 법칙'과 '업무배증의 법칙'에서 야기되는 것으로 봅니다.

• **법칙의 구성**

– 부하배증의 법칙: 공무원은 과중한 업무에 허덕일 때 자신의 동료의 보충을 받아 업무를 배분하기를 원치 않고, 자신을 보조해 줄 부하를 보충받기를 원합니다. 즉, 부하를 증가시킴으로써 위신을 높이려는 심리적 경향이 있다는 것입니다.

– 업무배증의 법칙: 부하가 배증됨으로써 지시·보고수령·승인·감독 등의 파생적 업무가 창조되어, 본질적 업무의 증가 없이 업무량의 배증 현상이 나타납니다.

# 3. 정부실패에의 원인별 대응방식(이종수 외 공저 『새 행정학』)

| 구분 | 민영화 | 정부보조 삭감 | 규제 완화 |
| --- | --- | --- | --- |
| 사적 목표 설정 | O | | |
| X – 비효율·비용체증 | O | O | O |
| 파생적 외부효과 | | O | O |
| 권력의 편재 | O | | O |

## (1) 민영화로만 가능

사적 목표 설정(관료들이 사회적 목표보다 내부적 목표를 중시함으로써 발생)

## (2) 민영화로는 불가능

파생적 외부효과(정부정책의 부작용)


### 📋 시험문제 미리보기!

**다음 중 정부실패의 원인으로 옳지 않은 것은?**

① 비용과 편익의 절연
② 내부 조직목표와 사회적 목표의 괴리
③ 정보의 불완전성
④ 파생적 외부효과

해설　정보의 불완전성은 시장실패의 원인에 해당한다.

오답노트

① 정부의 정책에서는 정책의 비용부담 집단과 편익수혜 집단이 서로 다르게 되는 절연(Decou-pling)이 존재한다. 이러한 편익과 비용 간의 절연으로 인해 정책 수혜 집단은 정치적 조직화 혹은 로비를 통해 과도한 정부개입을 창출하려고 시도하며, 정책 비용부담 집단은 정부의 비개입을 창출하려고 시도한다. 진정한 정책수요보다 이러한 과다·과소의 정부개입은 경제적 차원에서 비효율적일 수밖에 없다.
② 내부성(조직의 내부 목표추구로 인한 사회목표와의 괴리)은 정치인이나 관료가 사적 목표를 설정하고 추구하는 정부실패이다.
④ 파생적 외부효과는 시장실패를 교정하려는 정부의 개입이 예상하지 못한 결과를 야기하는 현상이다. 즉, 정부정책의 부작용이다.

정답 ③

## 1. 개념

① 감축관리(Cutback management)는 역기능적이거나 불필요·과다한 기능이나 조직, 정책을 정비 또는 종결하는 행위이다. 이러한 감축관리는 1970년대 석유파동 등으로 자원난 시대의 도래에 따라, 행정의 전반적인 효율성을 높이기 위해 추진된 행정개혁의 한 형태이다.

② 감축관리는 단순한 정책이나 조직의 폐지가 아니라, 조직 전반의 전체적인 효과성을 높이기 위한 정비운동이다.

## 2. 감축관리의 방법

### (1) 정책종결(Policy termination)

기술변화·행정수요의 변화로 필요성이 감소된 업무를 폐지한다. 이러한 정책종결의 방법으로 일몰법(Sunset law)이 있는데, 이는 정책이나 사업이 일정 기간이 지나면 자동적으로 종결되도록 하고, 존속시키려면 의회의 승인을 거치도록 하는 것이다.

### (2) 정부기능의 민간 이전

정부의 사업이나 공기업을 민간에 이전시키는 방법이다.

### (3) 예산의 감축

영기준예산제도나 일몰법의 적용이 대표적이다.

### (4) 조직과 정원의 정비

필요 이상으로 확장된 조직이나 정원을 축소·정리함으로써 감축관리를 시도한다.

### (5) 기타 감축관리 방법(오석홍)

업무나 조직의 폐지, 공무원 정원 동결, 임시직 해고, 사업시행의 보류, 자료의 구매가격과 서비스 수준의 하향조정, 예산의 획일적 감축, 감독과 규제의 폐지, 자발적 조직에 대한 공익사업 이관, 공기업화 또는 민영화, 조직 내 구조와 과정의 개선에 의한 비용절감 등이 있다.

**외부민영화 vs 내부민영화**
- **외부민영화**: 민간부문으로 넘길 수 있는 것은 넘겨주는 것
- **내부민영화**: 넘기기 곤란한 것은 민간방식을 도입하는 것

**공공서비스 생산방식의 유형**
- **일반행정형**: 정부가 직접 공급·생산해야 하는 공익 우선의 기본적인 일반행정사무
- **책임경영형**: 정부가 시장 논리에 따라 공급·생산하는 방식(공기업이나 책임운영기관 등)
- **민간위탁형**: 공급의 책임은 정부에 귀속되지만 생산은 민간이 수행하는 방식
- **민영화형**: 민간이 공급과 생산을 담당할 충분한 시장탄력성을 가진 경우

**면허**

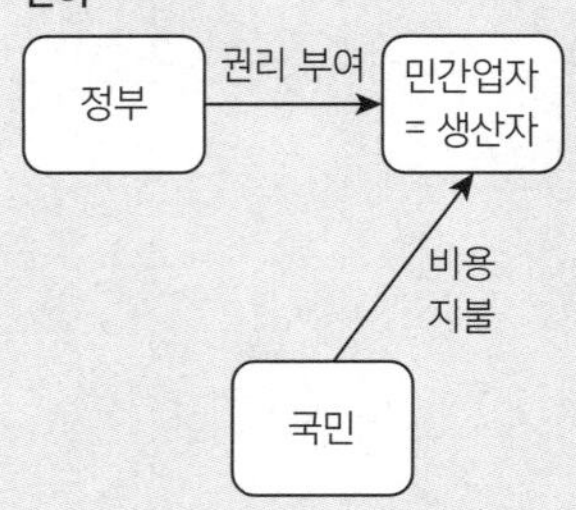


**행정학 전문가의 TIP**

**바우처(Voucher)의 유형**

| 기준 | 유형 |
|---|---|
| 구매대금 지급대상 | • 명시적 바우처<br>• 묵시적 바우처 |
| 바우처의 형태 | • 종이 바우처<br>• 전자 바우처 |

---



## 1. 민영화(Privatization)의 개념

민영화(광의의 민영화: Privatization)란, 정부가 그 기능의 일부를 민간에 넘기는 것을 의미한다. 즉, 공공서비스의 공급주체가 공공부문에서 민간부문으로 이동함을 의미한다.

## 2. 민영화의 방식

### (1) 외부 민영화

① **독점판매권의 부여(Franchising): 독점적 허가**

정부가 특정 재화나 서비스의 생산·공급에 대해서 일방적으로 민간에게 독점권을 부여(허가)하고, 소비자가 서비스의 대가를 지불하게 하는 방식이다. 주로 요금재에 적합한 것으로써 일정 기간 동안 정부가 가격이나 서비스의 양과 질을 규제하는 경우가 많다.

② **면허제(License, 허가제): 경쟁적 허가**

- **의의**: 민간조직에게 일정한 구역 내에서 공공서비스를 제공하는 권리를 인정하는 협정을 이용하는 것으로, **시민 또는 이용자는 서비스 제공자에게 비용을 지불하며 정부가 서비스 수준과 질을 규제한다.**
- **장점**: 정부가 서비스 수준 및 요금 체계를 통제하면서도 서비스 생산을 민간부문에 이양하는 장점이 있다.
- **단점**: 서비스 제공자들 사이에 경쟁이 미약하면 이용자의 비용부담이 과중하게 된다.

③ **보조금의 지급(Grants, Subsidy)**

- 서비스의 성격 자체는 공공성을 가지고 있으나 공공부문만으로는 서비스나 재화의 생산·공급이 수요에 미치지 못할 경우, **민간조직 또는 개인의 서비스 제공 활동에 대해 재정 혹은 현물을 지원하는 방식이다.**
- **공공서비스에 대한 요건을 구체적으로 명시하기 곤란하거나 서비스가 기술적으로 복잡하고 서비스의 목표를 어떻게 달성할 것인지가 불확실한 경우에 사용된다.**

④ **구입증서 방식(바우처, Vouching, 서비스 구매권의 제공)**

- **의의**: 저소득층과 같은 특정계층의 소비자에게 구매권에 명시된 금액만큼 특정 재화나 서비스를 구매할 수 있는 증서(쿠폰)를 제공하는 방식으로, 공공서비스의 생산을 민간부문에 넘기면서 시민들의 서비스 구입부담을 완화시키기 위해 금전적 가치가 있는 쿠폰을 시민들에게 제공하는 방식이다.
- **유형**
  - 구매대금의 실질 지급대상: 수혜자와 사용처·금액 등이 명시된 명시적 바우처와 그렇지 않은 묵시적(명목) 바우처로 구분된다.
  - 소비자에게 지급되는 바우처의 형태: 종이 바우처와 전자 바우처로 다시 구분된다.

- 최근에는 전통적인 종이 바우처 대신 바우처 관리와 투명성을 확보하기 위하여 전자 바우처(노인돌봄 서비스, 산모·신생아도우미 서비스 등)가 점차 확대되고 있다.
- 장점: 소비자들은 구입증서를 활용하여 어느 조직으로부터 서비스를 제공받을 것인가를 스스로 선택할 수 있다는 점과 저소득층에게 혜택이 돌아감으로써 재분배적 수단으로 활용할 수 있다는 장점을 가진다. 이로 인해 보수와 진보의 양 진영으로부터 모두 지지를 확보할 수 있다.
- 단점
  - 서비스 구매권이 다른 용도로 누출될 수 있다.
  - 바우처(Vouchers)는 관료와 서비스 제공자 간에 유착 등 부패가 발생할 우려가 있다는 점이 단점이다.

⑤ 자원봉사자 방식
- 서비스의 생산과 관련된 **현금지출에 대해서만 보상받고 직접적인 보수는 받지 않으면서 정부를 위해 봉사하는 사람들(자원봉사자)을 활용하는 방식**이다.
- 레크리에이션, 안전 모니터링, 복지사업 등의 다양한 분야에서 많이 활용된다.

⑥ 규제완화(자율화)·경쟁촉진
공기업에 대한 경쟁을 제한하는 여러 가지 법적 규제를 제거하거나 완화하고, 현재 정부 또는 공기업이 독점하고 있는 재화나 서비스의 공급을 민간 영역에서도 공급할 수 있도록 허용함으로써 경쟁이 가능하도록 하는 것이다.

⑦ 자조
주민 스스로가 이웃끼리 서비스를 계획하고 생산·소비하는 자급자족 활동으로, 보육이나 고령자 대책에서 이용된다.

## (2) 내부 민영화 – 민간위탁(Contracting out, 계약에 의한 민간위탁)

정부가 민간부문과 위탁계약을 맺고 비용을 지불하며 민간부문으로 하여금 공공서비스를 생산하게 하는 방식으로서, '정부가 민간과의 계약을 통해 국민들에게 서비스를 전달하는 것'이다. 즉, 행정기능을 민간에게 완전히 이양하지 않고 행정기관이 그에 관한 권한을 여전히 유보하고 있으면서 민간으로 하여금 자기의 명의와 책임하에 해당 행정기능을 처리하게 하는 계약을 체결하는 제도이다. 여기에서 **민간조직은 생산자가 되고, 정부는 생산자에게 비용을 지불하는 서비스 공급결정자가 된다.**

# 3. 민영화의 장단점

| 장점 | 단점 |
|---|---|
| • 행정기능 재분배를 통한 행정기능의 적정화<br>• 행정서비스의 효율성 제고<br>• 행정서비스의 질 향상<br>• 민간경제의 활성화<br>• 행정서비스 공급의 신축성 향상<br>• 주민의 선택폭 확대<br>• 작은 정부의 구현 | • 정부가 직접 생산하는 것에 비해 공공서비스 생산에 대한 행정책임 확보가 곤란<br>• 행정의 안정성과 계속성 저해<br>• 공공성의 침해 – 특히, 구매력 없는 소비자의 소외를 통한 형평성 저해 |

**전자 바우처( = 카드형태)**
바우처 사용의 실시간 모니터링이 가능하여 바우처 관리의 투명성 확보가 가능합니다.

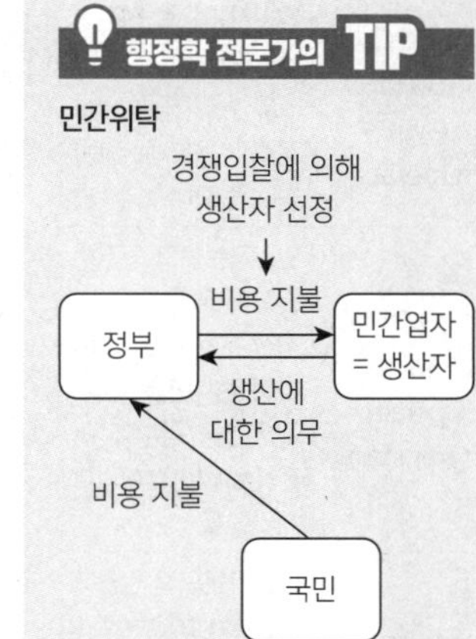


**민영화의 저해요인**
- Cream Skimming: 정부는 수익이 나지 않는 적자사업만 민영화하려고 하는 반면, 민간기업은 흑자기업만 인수하려 합니다.
- 민영화의 역대리 문제: 민간부문이 도덕적·기술적으로 성숙되어 있지 않은 경우, 정치권 또는 관련 공무원과의 결탁이나 이권에 연루될 소지가 큽니다. 또한 소비자인 국가가 민간업체에 대한 정보의 부족으로 서비스를 생산할 최적업체를 선정하지 못하거나 통제가 곤란하다는 역대리인 이론(도덕적 해이)의 폐단도 생길 수 있습니다. 정보격차로 인한 대리손실 문제는 정부와 국민 간에도 발생하지만, 소비자의 무지를 이용하여 영리를 창출하려는 기업의 속성상 시장에서 더욱 심해집니다. 즉, 민영화가 부패를 제거해 준다는 보장이 없습니다.

전통적으로 정부의 고유영역으로 간주되어 온 서비스를 민간에 위탁하는 경우가 있는데, 그 목적이라고 보기 힘든 것은?

① 행정의 효율성 향상 　　　　② 행정의 책임성 확보

③ 경쟁의 촉진 　　　　　　　　④ 작은 정부의 실현

해설　　민영화는 정부가 직접 수행하는 것보다 책임성이 저해된다.

정답 ②

## 4. 사회간접자본(SOC)에 대한 민자유치제도

### (1) 의의

① 사회간접자본 건설에 민간자본을 유치하는 BTL, BLT, BOT, BTO 등의 방식을 활용하는 것이다.

② SOC 투자에 드는 막대한 투자재원을 모두 국가재정으로 부담하는 것은 한계가 있으므로, 국가의 재정부담을 줄이면서 적절한 SOC 투자 수준을 유지해 나가기 위한 제도가 사회기반시설에 대한 민간투자법에 의한 민자유치이다.

### (2) 방식

민간투자사업의 추진 방식은 소유권 및 운영권을 민간과 공공부문 중에서 누가 보유할 것인가에 따라 다음과 같이 구분된다.

| 구분 | BOT | BTO | BLT | BTL |
|---|---|---|---|---|
| 전제 | 민간이 운영<br>(기업은 시설대상 자산으로부터 일정 기간 동안 사용료 수익을 소비자로부터 받는 방식) | | 정부가 운영<br>(기업은 일정 기간 동안 임대료를 정부로부터 받는 방식) | |
| 운영 기간 동안 시설 소유권 주체 | 민간 | 정부 | 민간 | 정부 |

---

## (3) BTO, BTO-rs, BTO-a 비교

| 구분 | BTO | BTO-rs<br>(risk-sharing)<br>위험분담형 | BTO-a<br>(adjusted)<br>손익공유형 |
|---|---|---|---|
| 민간 리스크 | • 손실, 이익 모두 민간<br>• 높음 | • 손실, 이익 정부와 민간<br>(5 : 5)<br>• 중간 | • 손실: 민간이 먼저 30% 손실, 30% 넘을 시 정부가 재정지원<br>• 이익: 정부와 민간이 공유(정부 7 : 민간 3)<br>• 낮음 |
| 정부 손익<br>부담주체<br>(비율) | 없음 | 정부부담분 투자비 및 운영비용 | 정부가 민간 투자금액의 70%에 대한 원리금 상환액을 보전 |
| 수익률 | 7~8% | 5~6% | 4~5% |
| 적용가능<br>사업 | 도로, 항만 등 | 철도, 경전철 등 | 환경 관련 사업 |
| 사용료 수준 | 협약, 물가 반영 | | 공기업 수준 |

## 07 3섹터      출제빈도 ★★

### 1. 의의

공공서비스 제공과 관련된 사회의 영역에서 순수한 공적 업무를 수행하는 정부부문(제1섹터: 법적으로 정부조직·공적기능)과 이윤추구를 목표로 하는 민간부문(제2섹터: 법적으로 민간조직·사적기능)을 일직선상의 양 끝에 두었을 때, 두 부문의 중간에 위치하는 부문을 '제3섹터(법적으로 민간조직·공적기능)·중간조직·준공공부문'이라 할 수 있다.

### 2. 준정부조직

#### (1) 개념

준정부조직(QUANGO)이란 법적으로 민간부문의 조직형태를 취하면서도 공공부문에 해당하는 공적인 기능을 수행하는 기관이다.

#### (2) 특징

① 민간과 공공영역이 연속선상에 있음을 보여준다.

② 정부에 의해 **의도적으로** 성립된 조직이기 때문에 정부로부터 어느 정도 독립성을 가지나, 공적 기능의 수행 측면에서 정부의 일정한 통제나 재정적 지원을 받는다.



### 행정학 전문가의 TIP

**섹터별 비교**

| 섹터 | 1섹터 | 3섹터 | 2섹터 |
|---|---|---|---|
| 구분 | 정부 | 중간<br>영역 | 시장 |
| 법적 | 정부<br>조직 | 민간<br>조직 | 민간<br>조직 |
| 기능 | 공적<br>기능 | 공적<br>기능 | 사적<br>기능 |

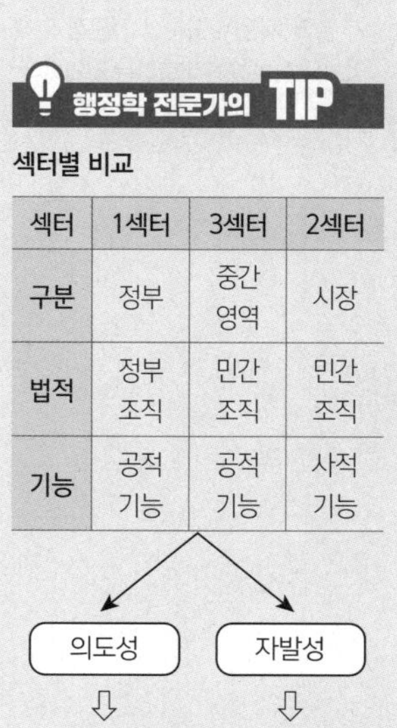

## 3. 비정부조직(NGO) – 시민사회 결사체

### (1) 개념

비정부조직이라는 의미의 NGO(Non – Governmental Organization)는 비영리조직(NPO: Non–Profit Organization), 자발적 조직(Voluntary Organization), 시민사회단체(Civil Society Organization)와 동일한 의미를 지닌다.

### (2) NGO의 특징

① 자발성(Voluntarism)에 입각하고 있다.
② 경제적 이익 대신에 공익을 추구한다.
③ 공식성과 지속성을 지닌다.
④ 민간 결사체로서 사적 조직이다.

### (3) NGO의 한계

기본적인 한계는 NGO가 시장실패와 정부실패를 치유할 수 있는 만병통치약은 아니며, NGO 자체도 실패할 수 있다는 것이다. 이는 아래의 구체적 요인들로부터 비롯된다.

① 취약한 재정력
  NGO 활동의 주된 재원은 회비·기부금·정부보조금 등이나 우리나라의 경우 심각한 재정난을 겪고 있다.
② 전문성 부족
  순전히 자원자들(Volunteers)로 구성되어 정책 분야에 대한 전문성이 부족하다.
③ 명망가 중심의 운영
  다수 시민의 참여를 본질로 하는 NGO에 시민참여가 저조하여, 결국 소수 명망가에 의해 조직이 운영되는 결과를 야기한다.
④ 무책임성
  NGO가 사회에 대해 어떠한 제도적 위임이나 대표성이 결여된 상태에서 정책에 대해 영향력을 행사한다는 문제점이 있으며, 시민단체의 정책관여에 상응하는 책임성 확보장치가 존재하지 않고 있다.

### (4) 정부와 NGO와의 관계

① 대체적 관계

국가가 제공에 실패한 공공재의 공급 역할을 NGO가 대신 맡게 된다.

② 보완적 관계

NGO가 생산하는 공공재나 집합재의 생산비용을 정부가 지원함으로써 정부와 NGO가 긴밀한 협조관계에 있는 경우이다.

③ 대립적 관계

정부와 NGO는 공공재의 성격이나 공급에 대해 근본적으로 시각의 차이를 보이고 있기 때문에 상대방으로 하여금 좀 더 투명하고 생산적이 되도록 상호 감시한다.

④ 의존적 관계

정부가 특정한 비정부조직 분야의 성장을 유도하는 관계로 개발도상국에서 주로 나타난다.

⑤ 동반자 관계

서로의 존재를 인정하고 상호협력적인 관계로, 가장 바람직한 모형으로 평가받는다.

## 4. 시민단체 해석의 관점

| | |
|---|---|
| 결사체 민주주의 | NGO 등 자원조직이 많이 생겨서 효과적으로 활동하며, 사회적 의미를 부여하는 형태가 이상적 사회라고 정의 |
| 공동체주의 | 공동체를 위한 책임 있는 개인의 자원봉사 정신을 강조하며, 개인의 자유를 중시하는 전통적 자유주의와 개인의 책임을 강조하는 보수주의를 절충한 입장 |
| 다원주의 | 사회적 다원성을 전제로 하는 시민사회와 시민단체의 등장을 효과적으로 설명 |
| 사회자본론 | 시민사회와 시민단체에 대해 의미 있는 해석을 강화하며, 사회자본을 시민의 자발적 참여에 의해 생산되는 무형의 자본으로 정의 |

**행정학 전문가의 TIP**

**사회적 기업(Social enterprise)**

사회적 기업이란 '취약계층에게 사회서비스 또는 일자리를 제공하거나 지역사회에 공헌함으로써 지역주민의 삶의 질을 높이는 등의 사회적(공익적) 목적을 추구하면서 재화 및 서비스의 생산·판매 등 영업활동을 하는 기업으로서 고용노동부장관의 인증을 받은 자'를 말합니다. (「사회적기업육성법」제2조)

고용노동부장관은 고용정책심의회의 심의를 거쳐 5년마다 사회적기업 육성기본계획을 수립·시행하여야 하며, 사회적 기업은 유급근로자를 고용하여 영리활동을 수행하므로 자원봉사자들로만 구성되는 NGO(비정부조직)와는 다릅니다.

출제빈도: ★☆☆

**01 현대행정의 기능적·질적 특성으로 옳지 않은 것은?**

① 행정조직의 동태화
② 행정기구의 확대 및 공무원 수의 증가
③ 행정의 전문화·기술화
④ 행정평가의 강화

출제빈도: ★★★  대표출제기업: 한국교직원공제회

**02 시장실패의 원인으로 옳지 않은 것은?**

① 자연독점
② 내부성
③ 공공재
④ 정보의 비대칭성

출제빈도: ★★★

**03 시장실패에 대한 설명으로 가장 옳지 않은 것은?**

① 자원배분의 효율성을 저해하는 불완전경쟁은 시장실패의 원인이다.
② 제3자에게 의도하지 않은 이득이나 손해를 주는 현상은 시장실패의 원인이 되기도 한다.
③ 공공조직의 내부성(Internalities)은 시장실패의 원인이다.
④ 시장실패에 대응하기 위해 정부는 공적유도를 통한 시장에의 개입을 시도한다.

출제빈도: ★★☆  대표출제기업: 인천교통공사

**04 '공유지의 비극(The tragedy of the commons)'에 대한 설명으로 적절하지 않은 것은?**

① 개인적으로는 합리적인 선택이 사회 전체적으로는 비효율을 초래한다.
② 소유권이 불분명하게 규정되어 자원이 낭비되는 현상이다.
③ 한 사람의 선택 행위가 다른 사람에게 긍정적인 외부효과를 초래한다.
④ 외부효과를 내부화함으로써 어느 정도 해결할 수 있다.

출제빈도: ★★☆

## 05 정부의 개입 활동 중에서 외부효과, 자연독점, 불완전경쟁, 정보의 비대칭 등의 상황에 모두 적절한 대응 방식은?

① 공적 공급

② 공적 유도

③ 정부규제

④ 민영화

---

### 정답 및 해설

**01** ②

행정기구의 확대 및 공무원 수의 증가는 현대행정의 양적 특성에 해당한다. 현대행정의 양적·질적 특성은 다음과 같다.

| 양적 특성 | 질적 특성 |
|---|---|
| • 행정기능의 확대<br>• 행정기구의 확대<br>• 공무원 수의 증가<br>• 예산규모의 팽창 | • 행정의 전문화·기술화<br>• 기획기능의 강화<br>• 동태적 조직의 출현<br>• 예산제도의 변화<br>• 행정의 광역화와 신중앙집권화 |

**02** ②

내부성은 공익과 무관한 내부조직 목표에 치중하는 현상으로, 정부실패의 원인에 해당한다.

오답노트

① 자연독점은 상품의 특성상 한 기업이 독점적으로 생산할 때 비용이 적게 들어 자연스럽게 생겨난 독점시장이다. 선발기업이 후발기업의 시장진입을 막아 자원이 효율적으로 배분되지 못해 시장실패가 일어나게 된다.

③ 공공재는 비배제성과 비경합성을 가지고 있어 무임승차의 문제가 발생하고 적정 수준의 생산량을 파악하는 것이 곤란하여 시장실패가 일어나게 된다.

④ 정보의 비대칭성은 정보의 불균형으로 인해 소비자의 합리적인 선택이 방해되어 대리손실의 문제가 발생하게 된다.

**03** ③

공공조직의 내부성은 관료들이 공익보다는 사익을 추구하는 성향을 말하며, 시장실패가 아니라 정부실패의 요인이다.

오답노트

① 독과점인 불완전경쟁은 시장실패의 요인이다.

② 제3자에게 의도하지 않은 이득이나 손해를 주는 현상은 외부효과로, 시장실패의 원인이다.

④ 공적유도(유인)를 통해 대응할 수 있는 시장실패의 유형은 정보의 비대칭성과 외부효과의 발생이 있다.

**04** ③

공유지의 비극은 부정적인 외부효과를 발생시킨다.

오답노트

① 공유지의 비극이란 개인의 합리적 선택이 사회전체의 합리성을 담보하지 않음을 설명하며 개인적 선호가 사회 전체적 이익으로 일치되지 않을 수 있음을 증명하는 이론이다.

② 공유재는 비배제성과 경합성을 가진다.

④ 정부의 규제를 통하여 해결 가능하고 내부화를 통해서도 어느 정도 해결이 가능하다.

**05** ③

정부규제는 문제의 일반적인 시장실패 원인에 대한 대응방식이 된다.

출제빈도: ★★☆　대표출제기업: 한국철도공사

**06** 정부의 개입 없이 당사자 간 자발적 협상을 통해 시장실패의 문제가 해결되는 것이 바람직하다고 한 이론은 무엇인가?

① 코우즈 정리　　　　　　　　　　② 불가능성 정리
③ 협상의 원리　　　　　　　　　　④ 차선의 이론

출제빈도: ★★★　대표출제기업: 시설관리공단

**07** 경합성과 배제성의 특징을 모두 가지고 있는 재화는?

① 시장재　　　　　　　　　　　② 공유재
③ 공공재　　　　　　　　　　　④ 요금재

출제빈도: ★★★　대표출제기업: 시설관리공단

**08** 비경합성과 배제성을 동시에 갖는 재화는?

① 요금재　　　　　　　　　　　② 집합재
③ 공유재　　　　　　　　　　　④ 시장재

출제빈도: ★★★

**09** 사바스(Savas)가 구분한 네 가지 공공서비스 유형과 내용의 연결이 옳지 않은 것은?

① 요금재(Toll goods) – 대가를 지불하지 않는 소비자를 배제할 수 없다.
② 집합재(Collective goods) – 무임승차의 문제가 생길 수 있다.
③ 시장재(Private goods) – 경합성과 배제성을 동시에 갖는 서비스이다.
④ 공유재(Common pool goods) – 과잉소비의 문제가 발생할 수 있다.

출제빈도: ★☆☆

## 10 다음 중 공공재(Public goods)의 특성과 가장 관련이 없는 것은?

① 무임승차의 문제　　　　　　　　② 축적성과 유형성

③ 비경합성　　　　　　　　　　　　④ 비배타성

---

### 정답 및 해설

**06** ①
코우즈 정리는 전통적 시각인 피구세(Pigouvian tax)와 달리 현대적 시각에서 제시된 내용으로 정부개입 없이 시장에서 그들 스스로 해결하고 자원이 효율적으로 배분되게 된다는 것이다.

오답노트
② 불가능성 정리는 투표라는 민주적 절차에 의해서는 국민의 합리적인 집단 선택 자체가 불가능하므로, 이것이 가능하다는 전제하에서 이루어진 행정국가의 정책개입은 국민전체의 의사를 반영하지 못하는 비민주적인 정책이 된다. 따라서 정부실패의 논거가 된다.
④ 차선의 이론은 이미 하나 이상의 효율성 조건이 위배되어 있는 상황에서 만족되는 효율성의 조건이 더 늘어난다고 하더라도 전체적인 효율성이 더 늘어난다는 보장은 없다는 것이다.

**07** ①
경합성과 배제성의 특징을 모두 가지고 있는 재화는 시장재이다.

오답노트
② 공유재는 비배제성과 경합성을 갖는다.
③ 공공재는 비배제성과 비경합성을 갖는다.
④ 요금재는 배제성과 비경합성을 갖는다.

**08** ①
비경합성과 배제성을 동시에 갖는 재화는 요금재이다.

오답노트
② 집합재는 비경합성과 비배제성을 갖는다.
③ 공유재는 경합성과 비배제성을 갖는다.
④ 시장재는 경합성과 배제성을 갖는다.

**09** ①
요금재는 배제성을 띠므로 대가를 지불하지 않는 소비자를 배제시킬 수 있다.

오답노트
② 집합재는 공공재로서 비경합성과 비배제성을 띠므로, 무임승차의 문제가 발생한다.
③ 시장재는 사적재로서 경합성과 배제성을 띠는 재화이다.
④ 공유재는 비배제성과 경합성을 띠므로, 과잉소비로 인한 비극이 발생할 수 있다.

**10** ②
공공재는 생산과 소비가 동시에 이루어지는 관계로 저장이 곤란한 비축적성과 계량화가 어려운 무형성을 특징으로 한다.

출제빈도: ★☆☆

## 11 공공재의 성격 중 비경합성에 대한 설명으로 옳은 것은?

① 공익에 우선한다.
② 특정의 재화에 대한 한 사람의 소비 증가가 타인의 소비가능성을 감소시키지 않는다.
③ 가격을 지불하지 않고서도 소비가 가능하다.
④ 비영리성을 가진다.

출제빈도: ★☆☆

## 12 가치재에 대한 설명으로 옳지 않은 것은?

① 가치재는 공공재의 일종이다.
② 가치재의 개념은 온정적 간섭주의로 소비자 주권이 침해될 수 있다.
③ 가치재의 예로는 의료서비스나 교육서비스 등이 있다.
④ 가치재는 국민들이 최소한 일정수준 이상 소비하는 것이 바람직한 재화나 서비스를 의미한다.

출제빈도: ★★★    대표출제기업: 시설관리공단

## 13 정부규제를 사회적 규제와 경제적 규제로 나눌 경우 경제적 규제의 성격이 가장 강한 것은?

① 소비자안전규제          ② 산업재해규제
③ 환경규제          ④ 진입규제

출제빈도: ★☆☆

## 14 다음의 개념에 가장 가까운 것은?

> 규제를 줄이기란 쉽지가 않다. 규제란 한 번 생기면 그 필요성이나 원인이 사라진 뒤에도 쉽게 없어지지 않고 규제가 규제를 낳는 악순환이 계속되기 쉽기 때문이다.

① 파킨슨의 법칙(Parkinson's law)
② 피터의 법칙(Peter's principle)
③ 피터슨효과(Peterson effect)
④ 끈끈이 인형효과(Tar baby effect)

출제빈도: ★ ★ ☆

**15** 환경규제를 위한 정책수단을 명령지시적 규제와 시장유인적 규제로 나눌 경우, 시장유인적 규제수단에 해당하지 않는 것은?

① 부과금제도

② 공해권제도

③ 성과기준제도

④ 보조금제도

---

**정답 및 해설**

**11** ②

비경합성은 특정의 재화에 대한 한 사람의 소비 증가가 타인의 소비 가능성을 감소시키지 않는다는 것이다.

오답노트

③ 비배제성의 설명이다.

**12** ①

가치재는 민간재의 일종이다. 가치재란 이윤추구의 목적으로 시장에서 공급·거래될 수 있는 재화(민간재임, 공공재 아님)이지만, 불충분한 정보 때문에 개인이 그 효용을 과소평가하거나 비효용을 과대평가하여 민간부분에서 충분히 소비·공급되지 아니하여, 정부가 그 사회적인 가치를 인정해 공급과정에 개입함으로써 생산과 소비를 장려하는 재화이다. 가치재는 기본 의료서비스, 교육, 주택, 공원, 문화체육시설 등 소득수준과는 상관없이 모든 사람들이 필요로 하며, 정부의 관점에서 볼 때 국민들이 최소한 일정수준 이상 소비하는 것이 바람직한 재화나 서비스이다. 따라서 '정부의 온정적 간섭주의'가 반영되어, 소비자인 국민의 선호와 상관없이 정부가 일정수준의 서비스를 반드시 공급하려 하므로 소비자주권과 충돌될 수 있다.

반대로 비가치재란 소비자가 그것이 주는 효용·쾌락을 과대평가하고 비효용·고통을 과소평가하는 재화나 서비스(술, 담배, 매춘, 마약 등)이며, 정부가 소비를 억제하기 위해 세금을 부과하거나 규제를 가한다.

**13** ④

진입규제는 경쟁을 제한하기 위한 경제적 규제에 해당한다.

오답노트

① 소비자안전규제, ② 산업재해규제, ③ 환경규제는 사회적 규제에 해당한다. 이는 시장에서 적절하게 취급받지 못하는 이익이나 가치를 보호하기 위해 개인이나 기업의 행위를 통제하는 것이다.

**14** ④

제시문은 규제의 악순환 현상을 설명한 끈끈이 인형효과(Tar baby effect)에 해당한다.

오답노트

① 파킨슨의 법칙은 '공무원의 수는 해야 할 업무의 경중이나 양에 관계없이 증가한다'는 법칙으로, '부하배증의 법칙'과 '업무배증의 법칙'에서 야기되는 것으로 본다.

② 피터의 법칙은 계층제적 관료조직의 구성원이 각자의 능력을 넘는 수준까지 승진한다는 원리로, 모든 직위가 무능력자로 채워지는 경향이 나타난다는 계층적 관료제의 병리현상이다.

**15** ③

명령지시적 규제는 강제수단에 의한 강력한 규제로서 국가가 규제를 위한 규칙·기준을 설정하여 형성·발생되어야 할 행위는 의무화시키는 규제이다.

오답노트

①, ②, ④ 시장유인적 규제에 해당한다.

**16** 규제는 해결할 수단, 관리 방식, 최종 성과를 대상으로 설계될 수 있는데, 이들을 각각 수단규제, 관리규제, 성과규제라고 한다. 다음 중 그 사례를 바르게 연결한 것은?

<보기>

ㄱ. 식품안전을 위해 그 효용이 부각되는 위해요소중점관리기준(HACCP: Hazard Analysis Critical Control Point)을 지킬 것을 요구하는 것
ㄴ. 인체건강을 위해 개발된 신약에 대해 허용 가능한 부작용의 발생 수준을 요구하는 것
ㄷ. 환경오염을 방지하기 위해 기업에 특정한 유형의 환경통제 기술을 사용할 것을 요구하는 것

| | 수단규제 | 관리규제 | 성과규제 |
|---|---|---|---|
| ① | ㄱ | ㄴ | ㄷ |
| ② | ㄱ | ㄷ | ㄴ |
| ③ | ㄷ | ㄴ | ㄱ |
| ④ | ㄷ | ㄱ | ㄴ |



**17** 규제기관이 규제대상 산업을 지배하기 보다는 오히려 규제대상 산업의 이익에 봉사하게 된다는 이론은?

① 하위정부(Sub-government)이론　　　② 지대추구이론
③ 포획모형　　　④ 철의 삼각 이론



**18** 정부규제에 대한 설명으로 옳지 않은 것은?

① 「행정규제기본법」은 규제법정주의를 규정하고 있다.
② 규제개혁위원회는 위원장 2명을 포함한 20명 이상 25명 이하의 위원으로 구성한다.
③ 규제영향분석이 필요한 이유 중 하나는 관료에게 규제비용에 대한 관심과 책임성을 갖도록 유도한다는 점이다.
④ 정부의 규제정책을 심의·조정하고 규제의 심사·정비 등에 관한 사항을 종합적으로 추진하기 위하여 국무총리 소속으로 규제개혁위원회를 두고 있다.



**19** 윌슨(Wilson)의 규제정치이론에 해당하지 않는 것은?

① 기업가적 정치　　　② 이익집단정치
③ 정당정치　　　④ 대중적 정치

출제빈도: ★☆☆

## 20 윌슨(Wilson)의 규제정치유형과 예시를 연결한 것으로 옳지 않은 것은?

① 고객정치 – 농산물에 대한 최저가격 규제

② 이익집단정치 – 신문·방송·출판물의 윤리규제

③ 대중적 정치 – 낙태에 대한 규제

④ 기업가적 정치 – 식품에 대한 위생규제

---

### 정답 및 해설

**16** ④

ㄱ. 식품안전을 위해 식품위해요소중점관리기준(HACCP)을 지킬 것을 요구하는 것은 관리규제에 해당한다.

ㄴ. 인체건강을 위해 개발된 신약에 허용 가능한 부작용 발생 수준을 요구하는 것은 성과규제이다.

ㄷ. 환경오염 방지를 위해 특정한 유형의 환경통제 기술 사용을 요구하는 것은 수단규제이다.

**17** ③

스티글러(Stigler)는 정부규제란 일반국민이나 소비자 보호라는 공익적 견지에서 이루어지는 것이 아니라, 사익을 추구하는 이익집단의 이익을 위해 수요되고 역시 사익을 추구하는 정치인 등에 의해 공급되는 것으로 본다. 그리고 이 과정에서 규제기관이 규제대상 산업을 지배하기보다는 오히려 그들에 의해 포획(Capture)되어, 규제기관은 사실상 규제대상 산업의 이익에 봉사하게 된다고 본다.

오답노트

①, ④ 철의 삼각(Iron triangle; 三頭馬車; 삼자연합) = 하위정부 이론은 의회의 해당 상임위원회, 관료, 이익집단이 정책을 좌우한다는 이론이다.

② 비합법적 방법으로 이익을 추구하는 정부실패에 관한 이론이다.

**18** ④

「행정규제기본법」 제23조(설치)에 따라 규제개혁위원회는 국무총리 소속이 아니라 대통령 소속으로 설치되어 있다.

오답노트

① 「행정규제기본법」은 '규제는 법률에 근거하여야 한다'는 규제법정주의를 채택하고 있다.

② 「행정규제기본법」 제25조 제1항에 의하면, 위원회는 위원장 2명을 포함한 20명 이상 25명 이하의 위원으로 구성한다.

③ 규제를 신설·강화할 경우, 중앙행정기관의 장은 사전에 규제영향분석서를 작성하여야 한다는 강행규정을 둠으로써 관료에게 규제비용에 대한 관심과 책임성을 갖도록 유도한다.

**19** ③

윌슨(Wilson)의 규제정치이론은 정부규제로부터 감지되는 비용과 편익의 분포에 따라 이익집단정치, 고객정치, 기업가적 정치, 대중적 정치로 규제정치의 유형을 구분하였다. 정당정치는 윌슨(Wilson)의 규제정치이론에 해당하지 않는다.

**20** ②

신문·방송·출판물의 윤리규제는 윌슨의 대중정치(다수정치)의 사례이다.

오답노트

① 농산물에 대한 최저가격 규제 등은 소수 생산자를 보호하기 위해 다수가 높은 가격을 지불하는 고객정치에 해당한다.

③ 낙태, 종교활동, 언론, 독과점, 음란물 등에 대한 규제는 비용과 편익이 모두 분산되어 있는 대중 정치에 해당한다.

④ 식품에 대한 위생규제, 환경오염규제, 각종 안전규제 등은 기업가(운동가)적 정치에 해당한다.

출제빈도: ★☆☆

**21** 윌슨(J. Q. Wilson)은 정부규제로부터 감지되는 비용과 편익의 분포에 따라 규제정치를 아래 표와 같이 4가지 유형으로 구분했다. ㄱ~ㄹ에 들어갈 유형의 명칭과 그 사례의 연결이 가장 적합한 것은?

| 구분 | | 감지된 편익 | |
|---|---|---|---|
| | | 넓게 분산 | 좁게 집중 |
| 감지된 비용 | 넓게 분산 | ㄱ. | ㄴ. |
| | 좁게 집중 | ㄷ. | ㄹ. |

① ㄱ. 대중적 정치 – 각종 위생 및 안전규제
② ㄴ. 고객정치 – 수입규제
③ ㄷ. 기업가적 정치 – 낙태규제
④ ㄹ. 이익집단정치 – 농산물에 대한 최저가격 규제

출제빈도: ★★☆

**22** 시장실패와 정부실패에 대한 설명으로 적절하지 않은 것은?

① 시장실패는 시장기구를 통해 자원배분의 효율성을 달성할 수 없는 경우를 의미한다.
② 비배제성과 비경합성을 가진 공공재의 존재는 시장실패의 주요 원인 중 하나이다.
③ X–비효율성으로 인해 시장실패가 야기되어 정부의 시장개입 정당성이 약화된다.
④ 정부실패는 시장실패에 대응하는 개념으로 행정서비스의 비효율성을 야기한다.

출제빈도: ★★★  대표출제기업: 인천교통공사, 한국마사회

**23** 파킨슨(Parkinson)의 법칙에 대한 설명으로 옳지 않은 것은?

① 조직의 구조적 특징이 조직의 규모를 결정한다.
② 상승하는 피라미드의 법칙(The law of rising pyramid)이라고도 불린다.
③ 공무원 수는 업무와 무관하게 일정 비율로 증가한다.
④ 부하배증의 법칙과 업무배증의 법칙을 핵심내용으로 한다.

**24** 전통적으로 정부는 시장실패의 교정수단으로 간주되었으나 수입할당제, 가격통제, 과도한 규제 등 정부의 지나친 개입은 오히려 시장을 악화시킬 수 있다는 주장이 대두되었다. 이러한 정부실패의 요인으로 옳지 않은 것은?

① 공공조직의 내부성(Internality)

② 비경합적이고 비배타적인 성격의 재화

③ 정부개입으로 인해 의도하지 않은 파생적 외부효과

④ 독점적 특혜로 인한 지대추구행위

---

**정답 및 해설**

**21** ②
감지된 비용이 넓게 분산되어 작게 느껴지고 감지된 편익이 소수에게 좁게 집중되어 크게 느껴지는 경우는 고객정치에 해당하며, 수입규제 및 진입규제 등이 이에 해당한다.

오답노트
① 각종 위생 및 안전규제는 대중적 정치가 아니라 기업(운동)가적 정치에 해당한다.
③ 낙태규제는 기업가적 정치가 아니라 대중적 정치에 해당한다.
④ 농산물에 대한 최저가격 규제는 이익집단정치가 아니라 고객정치에 해당한다.

**22** ③
X-비효율성은 정부실패의 원인이다.

오답노트
① 시장이 자원배분의 효율성을 달성하지 못할 경우 시장실패라고 한다. 이러한 시장실패를 극복하기 위해 진행된 정부개입이 오히려 새로운 비효율과 불공정성을 창출하는 현상은 정부실패이다.

② 공공재의 특징 중 비배제성으로 인한 무임승차는 시장실패의 원인 중 하나이다.
④ 정부실패는 행정서비스의 비효율을 야기한다.

**23** ①
파킨슨의 법칙이란 공무원 수는 업무와 무관하게 일정비율로 증가한다는 법칙으로 구조적 특징과는 관련이 없다.

오답노트
② 부하배증의 법칙에 의거하여 계층이 증가하며 이를 상승하는 피라미드의 법칙이라고 한다.
③, ④ 파킨슨은 부하배증과 업무배증의 법칙으로 공무원의 수는 업무와 무관하게 일정비율로 증가한다고 주장한다.

**24** ②
비경합성과 비배제성을 띠는 재화는 공공재이며 이러한 공공재의 존재는 시장실패의 이유이다.

출제빈도: ★☆☆

**25** 다음 중 민영화를 통해 효과적으로 해결하기 어려운 정부실패 유형에 해당하는 것은?

① 사적 목표의 설정

② X-비효율성

③ 파생적 외부효과

④ 권력의 편재

출제빈도: ★☆☆

**26** 감축관리 방안으로 적절하지 않은 것은?

① 영기준예산(ZBB) 도입

② 일몰법(Sunset law) 시행

③ 위원회(Committee) 설치

④ 정책종결(Policy termination)

출제빈도: ★★★　　대표출제기업: 대구도시철도공사

**27** 민간부문의 자율성을 높이고 그 역할을 확대하는 민간화(Privatization) 방법과 거리가 먼 것은?

① 진입규제 강화

② 바우처 제공

③ 정부계약(Contracting out) 활용

④ 보조금 지급

출제빈도: ★☆☆

## 28 다음 중 계약 및 면허 방식의 공통점에 대한 설명으로 가장 적절하지 않은 것은?

① 두 방식 모두 정부가 민간기업에 재화나 서비스의 공급권을 부여한다.

② 두 방식 모두 정부가 생산자에게 소요비용을 직접 지불한다.

③ 두 방식 모두 관련 행정업무 수행에 소요되는 경비를 절감할 수 있다.

④ 두 방식 모두 시장논리에 의한 민간부문의 경쟁을 유도할 수 있다.

---

### 정답 및 해설

**25 ③**

파생적 외부효과로 인한 정부실패는 정부보조의 삭감이나 규제완화의 방법으로 대응할 수 있으며, 원인별 대응방식은 다음과 같다.

| 구분 | 민영화 | 정부보조 삭감 | 규제 완화 |
|---|---|---|---|
| 사적 목표 설정 | O | | |
| X-비효율·비용체증 | O | O | O |
| 파생적 외부효과 | | O | O |
| 권력의 편재 | O | | O |

※ 출처: 이종수 외 공저 『새 행정학』

**26 ③**

위원회 설치는 행정국가 시대에 정부기구를 팽창시켰다. 따라서 감축관리하에서 남설된 위원회를 통합·정비하려는 움직임을 보였다.

오답노트
① 영기준예산은 예산을 감축하는 제도이다.

② 일몰법은 입법 과정에서의 감축 방식이다.
④ 불필요하거나 낭비적인 정책종결도 감축관리의 방식이다.

**27 ①**

진입규제를 강화하는 것이 아니라 완화하는 것이 민간화 기법이다.

오답노트
② 바우처는 저소득층과 같은 특정계층의 소비자에게 구매권에 명시된 금액만큼 특정재화나 서비스를 구매할 수 있는 증서(쿠폰)를 제공하는 방식이다.
③ 정부계약은 정부가 민간부문과 위탁계약을 맺고 비용을 지불하며 민간부문으로 하여금 공공서비스를 생산하게 하는 방식이다.
④ 보조금은 재정 또는 현물을 지원하는 민영화 방식이다.

**28 ②**

두 방식 모두 공급에 대한 책임은 정부가 지면서 서비스의 생산만 민간에 의뢰하는 방식이라는 점에서는 공통점이 있다. 그러나 계약(위탁)은 정부가 생산자에게 비용을 부담하지만 면허는 소비자가 생산자에게 비용을 지불한다는 점이 다르다.

출제빈도: ★★☆

**29** 민간위탁 방식에 대한 설명으로 옳지 않은 것은?

① 자조활동(Self-help) 방식은 서비스의 생산과 관련된 현금 지출에 대해서만 보상받고 직접적인 보수는 받지 않으면서 공익을 위해 봉사하는 사람들을 활용하는 것이다.

② 보조금 방식은 민간조직 또는 개인이 제공한 서비스 활동에 대해 정부가 재정 또는 현물을 지원하는 것이다.

③ 바우처(Voucher) 방식은 공공서비스의 생산을 민간부문에 위탁하면서 시민들의 구입부담을 완화시키기 위해 금전적 가치가 있는 쿠폰(Coupon)을 제공하는 것이다.

④ 면허 방식은 민간조직에게 일정한 구역 내에서 공공서비스를 제공하는 권리를 인정하는 것이다.

출제빈도: ★★★　대표출제기업: 한국농어촌공사

**30** 민간투자사업자가 사회기반시설 준공과 동시에 해당 시설 소유권을 정부로 이전하는 대신 시설관리 운영권을 획득하고, 정부는 해당 시설을 임차 사용하여 약정기간 임대료를 민간에게 지급하는 방식은?

① BTO(Build-Transfer-Operate)

② BTL(Build-Transfer-Lease)

③ BOT(Build-Own-Transfer)

④ BOO(Build-Own-Operate)

출제빈도: ★☆☆

# 31 준정부조직(Quango)에 대한 설명으로 옳지 않은 것은?

① 준정부조직이 확대되면서 국민이 인식하는 실질적인 행정의 기능과 범위는 축소된다.

② 준정부조직은 공공부문의 공익성과 민간부문의 수익성이 합리적으로 결합할 것이라는 이상에서 출발한 것이다.

③ 책임회피 수단이 되기도 한다.

④ 준정부조직의 구성원은 공무원이 아니다.

---

### 정답 및 해설

**29** ①

자원봉사자 방식에 대한 설명이다. 자조활동이란 공공서비스의 수혜자와 제공자가 같은 집단에 소속되어 서로 돕는 형식으로 활동하는 경우로, 정부의 서비스 생산 업무를 대체하기보다는 보조하는 방식이다.

**30** ②

BTL(Build – Transfer – Lease)은 민간사업자가 시설을 건설하고, 준공과 동시에 소유권을 정부로 이전하는 대신, 정부는 시설을 임차하여 약정기간 동안 임대료를 민간사업자에게 지급하는 민자유치방식이다. 사회간접자본에 대한 민자유치방식의 개념은 다음과 같다.

| BOO<br>(Build Own<br>Operate) | • 민간자본으로 민간이 건설(Build)<br>• 소유권을 가짐(Own)<br>• 직접 운용(Operate)하여 투자비 회수 |
| --- | --- |
| BOT<br>(Build Operate<br>Transfer) | • 민간자본으로 민간이 건설(Build)<br>• 직접 운용(Operate)하여 투자비 회수<br>• 소유권을 정부에 이전(Transfer)<br>→ 기부체납형식 |

| BTO<br>(Build Transfer<br>Operate) | • 민간자본으로 민간이 건설(Build)<br>• 완공 시 소유권을 정부에 이전(Transfer)하는 대신 직접 운용(Operate)하여 투자비 회수 |
| --- | --- |
| BTL<br>(Build Transfer<br>Lease) | • 민간자본으로 민간이 건설(Build)<br>• 완공 시 소유권을 정부에 이전(Transfer)하는 대신 일정기간 동안 시설의 사용 · 수익권한 획득<br>• 시설을 정부에 임대(Lease)하고 임대료로 투자비 회수 |

**31** ①

실질적으로는 공공기능이므로 국민들의 인식은 정부기능의 확대이다.

[오답노트]

② 준정부조직은 시장과 정부의 중간영역으로서 양자의 장점을 결합하려는 의도에서 출발했다.

③ 정부활동의 가시성을 낮춤으로써 정부의 책임회피 수단이 된다.

④ 준정부조직은 법적으로 민간조직이므로 구성원은 공무원이 아니다.

출제빈도: ★★☆

## 32 비정부조직(NGO)의 특성으로 옳게 짝지어진 것은?

<보기>

ㄱ. 임시적 조직  ㄴ. 제3영역의 조직
ㄷ. 자발적 조직  ㄹ. 자치적 조직

① ㄱ, ㄹ  ② ㄱ, ㄴ, ㄷ
③ ㄱ, ㄴ, ㄹ  ④ ㄴ, ㄷ, ㄹ

## 33 시민단체 해석의 관점에 대한 설명으로 가장 옳지 않은 것은?

① 결사체 민주주의 입장에서는 이상적인 사회란 NGO 등의 자원조직이 많이 생겨서 효과적으로 활동하며 사회적 의미를 부여하는 형태를 의미한다.

② 공동체주의에서는 공동체를 위한 책임 있는 개인의 자원봉사 정신을 강조한다.

③ 다원주의에서는 개인의 자유를 중시하는 전통적 자유주의와 개인의 책임을 강조하는 보수주의를 절충한 입장을 취하고 있다.

④ 사회자본론도 시민사회와 시민단체에 대해 의미 있는 해석을 강화하며, 사회자본은 시민의 자발적 참여에 의해 생산되는 무형의 자본을 의미한다.

---

**정답 및 해설**

**32** ④
비정부조직은 제3섹터, 자발적 조직, 자치적 조직, 사적 조직, 공식 조직, 비영리 조직이며, 임시적 조직은 아니다.

**33** ③
다원주의에서는 시민단체가 사회적 다원성을 전제로 한다고 보았다.

| | |
|---|---|
| 결사체 민주주의 | NGO 등 자원조직이 많이 생겨서 효과적으로 활동하며, 사회적 의미를 부여하는 형태가 이상적 사회라고 정의 |
| 공동체주의 | 공동체를 위한 책임 있는 개인의 자원봉사 정신을 강조하며, 개인의 자유를 중시하는 전통적 자유주의와 개인의 책임을 강조하는 보수주의를 절충한 입장 |
| 다원주의 | 사회적 다원성을 전제로 하는 시민사회와 시민단체의 등장을 효과적으로 설명 |
| 사회자본론 | 시민사회와 시민단체에 대해 의미 있는 해석을 강화하며, 사회자본을 시민의 자발적 참여에 의해 생산되는 무형의 자본으로 정의 |

## **01** 행정이념의 의의

출제빈도 ★

### 1. 행정이념의 의미

① 행정이념이란 '행정활동이 보편적으로 추구하는 가치, 행정의 지도원리'를 의미한다.
② 행정이념은 내용에 있어서 다양하게 구성되어 있는데, 기본적으로 그 우선순위를 엄격히 구별할 수 있는 것이 아니라 상호보완적·상대적 성격을 띠고 있으며, 역사적·정치적·상황적 요인에 따라 그 비중이나 상대적 우선순위를 달리한다.

### 2. 행정이 추구하는 가치의 분류

현대의 행정에서 존재하는 다양한 행정이념들은 일반적으로 그 도구성을 기준으로, 본질적 행정가치와 수단적 행정가치로 구분된다.

#### (1) 본질적 행정가치

① 의의: 행정을 통해 이룩하고자 하는 궁극적 가치이다.
② 유형: **정의, 공익, 자유, 평등, 사회적 형평** 등이 있다.

#### (2) 수단적 행정가치

① 의의: 행정이 추구하는 본질적 행정가치를 달성하기 위한 수단이 되는 가치로서, 실제적인 행정과정에서 구체적 지침이 되는 규범적 기준이다.
② 유형: **민주성, 능률성, 효과성, 합법성, 합리성, 투명성** 등이 있다.

### 3. 도덕적 가치의 절대적·상대적 여부

#### (1) 목적론(상대론)

보편적 가치판단 기준은 존재하지 않으며, 행위의 결과를 기준으로 옳고 그름을 판단해야 한다는 것이다. 최선의 결과를 가져오는 행위는 옳고, 그렇지 못한 행위는 그르다는 가치상대주의 입장이다.

---

**본질적 가치·수단적 가치**

| 본질적 가치 | 공익성, 형평, 정의, 자유, 평등, 사회적 형평 |
|---|---|
| 수단적 가치 | 합법성, 능률성, 민주성, 합리성, 효과성, 가외성, 생산성, 신뢰성, 투명성 |

### (2) 의무론(절대론)

결과에 관계없이 옳고 그름을 판단하는 보편적 원칙이나, 기준이 선험적으로 존재한다고 믿는 가치절대주의 입장이다.

## 4. 행정이념의 역사적 변천

| 19C 입법국가 시대 | 19C 말, 고전파 행정학 시대 (행정관리설, 과학적 관리론, 정치행정이원론) | 1930년대, 기능적 행정학 시대 | 1960년대, 발전 행정론 시대 | 1960년대 말, 신행정론 시대 | 1980년대, 신공공 관리론 시대 | 1990년대, 뉴거버넌스 시대 |
|---|---|---|---|---|---|---|
| 합법성 | 기계적 능률성 | 민주성 (사회적 능률성) | 효과성 | 사회적 형평성 | 생산성·효율성 | 민주성·참여 |

## 02 행정이념의 유형

출제빈도 ★★★

## 1. 공익

**공익 개념의 특징**

| 불확정 개념(O) | 확정적 개념(X) |
|---|---|
| 동태적 개념(O) | 정태적 개념(X) |
| 상대적 개념(O) | 절대적 개념(X) |

### (1) 의의

① 행정이 추구해야 할 본질적 가치인 공익(Public interest)이란, '공공의 이익, 불특정 다수인의 이익'을 의미한다.

② 공익은 시대와 장소에 따라 그 세부 내용이 달라진다. 즉, 공익은 절대적·확정적·정태적 개념이 아니라 포괄적·상대적·불확정적인 동태적 개념인 것이다.

### (2) 공익에 대한 접근방법

① 과정설(소극설)

- 특징
  - 개인주의·자유주의·다원주의에 입각한 공익관으로, 사익을 초월한 별도의 공익이란 존재할 수 없으며 공익이란 사익의 총합이거나 사익 간의 타협의 산물이다.
  - 사익 간의 갈등이나 대립이 있을 때 사익 간의 타협 또는 집단 상호작용의 산물 공익으로 본다. (다원주의적 공익론)
  - 과정설의 공익관하에서 정부와 관료의 역할은 소극적이다. (사회에서 결정된 공익을 정부는 그대로 받아들이는 중립적 심판자)
  - 사익과 공익은 본질적 차이가 없으므로 공익과 사익은 충돌한다고 본다.
  - 정책결정은 점증주의적으로 이루어진다.

• 문제점
- 규범적·도덕적 요인이 경시되고, 국가 이익이나 공동 이익의 존재를 고려하지 않는다.
- 개인 이익의 극대화가 전체 이익의 극대화를 달성하지 못하는 것처럼 지역이기주의나 집단이기주의를 극복하기 어렵다.
- 후진국, 개도국에 적용하기 어렵다.

② 실체설(적극설)

• 특징
- 공익이란 사익을 초월한 실체적·규범적·도덕적 개념으로서, 공익과 사익의 갈등이란 있을 수 없고 언제나 공익이 우선시된다고 본다. (공익과 사익은 충돌되지 않는다)
- 공익의 결정·실현 과정에서 국가나 정부의 역할을 강조한다. 구체적으로는 자연법, 정의, 형평, 복지, 인간 존중, 공동체의 기본적 가치 등 다양한 기준이 제시되고 있다.
- 개도국, 권위주의 모형이다.

• 문제점
- 공익 결정이 소수의 엘리트에 의해 주도되는 비민주적 공익관이다.
- 선진국·다원화된 사회는 적용이 어렵다.

## 2. 보수주의와 진보주의

| 구분 | 보수주의 | 진보주의 |
|---|---|---|
| 추구하는 가치 | • 소극적 자유(국가로부터의 자유) 강조<br>• 형식적 평등, 기회에서의 평등 중시<br>• 교환적 정의 | • 적극적 자유(국가에 의한 자유)를 열렬히 옹호<br>• 실질적 평등, 결과에서의 평등 중시<br>• 배분적 정의 |
| 인간관 | 합리적 경제인관(이기적 인간) | 욕구, 협동, 오류 가능성의 여지가 있는 인간관 |
| 시장관 | 애덤 스미스(A. Smith)의 보이지 않은 손(가격)에 대한 믿음 – 자유시장에 대한 신념 | 효율과 공정, 번영과 진보에 대한 시장의 잠재력을 인정하되 시장의 결함과 윤리적 결여 강조 |
| 정부관 | • 최소한의 정부 – 정부 불신<br>• 청교도 사상에 입각 | • 적극적인 정부 – 정부개입 중시<br>• 종교의 자유 강조 |
| 경제정책 | • 규제완화, 세금 감면, 사회복지정책의 폐지 등을 옹호<br>• 낙태 금지<br>• 공립학교에서 종교교육 찬성<br>• 총기 휴대 찬성 | • 소득재분배 정책, 사회보장정책, 공익 추구를 위한 정부 규제 등의 정책을 옹호<br>• 낙태 찬성(정부에 의한 낙태 금지 반대)<br>• 공립학교에서 종교교육 반대<br>• 총기 휴대 금지 |

# 3. 형평성(Equity)

## (1) 의의

① 형평성

사회정의(Social justice)·공정성(Fairness)으로 표현되며, 아리스토텔레스(Aristoteles)에 의하면 '사회관계에서 가치의 적절하고 마땅한 분배로 이루어진 공정한 평등'을 의미한다.

② 사회적 형평성(Social equity)

사회적으로 '동일한 경우에는 동일하게 취급하고(수평적 형평), 서로 다른 경우에는 서로 다르게 취급하는 것(수직적 형평)'이다. 정당한 불평등이나 합리적 차별의 개념이 내포되어 있으며, 특히 수직적 형평(아리스토텔레스의 배분적 정의·형평)에 초점을 두고 있다.

## (2) 롤스(Rawls)의 정의론(정의의 원리): 자유와 평등의 중도적 입장

사회적 형평의 실현을 위한 평등이론은 '롤스의 정의론'으로 대표된다. 그는 사회의 모든 가치, 즉 자유와 기회·소득과 부·인간적 존엄성 등은 기본적으로 평등하게 배분되어야 하며, 가치의 불평등한 배분은 그것이 사회의 최소 수혜자에게 유리한 경우에만 정의롭다고 본다.

① 정의의 제1원리(평등한 자유의 원칙)

모든 개인은 **다른 사람의 유사한 자유와 충돌하지 않는 범위 내에서 최대한의 기본적 자유에 대한 평등한 권리**가 인정되어야 한다.

② 정의의 제2원리
- 공정한 기회균등의 원리

  사회경제적 불평등은 그 원천이 되는 모든 직무와 직위에 대한 공평한 기회균등하에서 발생한 것이어야 한다.
- 차별의 원리
  - 사회경제적 불평등은 불평등이 가장 불리한 입장에 있는 사람에게도 이익이 되는 경우에만 정당화될 수 있다.
  - 롤스는 자신이 설정한 가설적 상황인 '원초적 상태'에서, 인간은 무지의 베일(Veil of ignorance)에 가려져 자신과 사회의 미래에 대한 불확실성하에 있다고 본다. 이러한 상황에서 **합리적 인간은 최소극대화(Maxmin principle) 원칙에 따라 행동하게 되므로, 자신이 제시한 정의의 원칙이 정당하다고 본다.**

③ 롤스는 2가지의 원리가 충돌할 때는 제1원리가 제2원리에 우선하고, 제2원리 내에서는 기회균등의 원리가 차별의 원리에 우선되어야 한다고 본다.

**가설적 상황의 특징**
- **원초적 상태**

  **(무지의 베일 상태: 인지상 조건)**

  자신이 속하는 신분·계급·계층·성별·직업·지능 등 모든 것에 대하여 아무것도 모르는 상태입니다. (원초적 상태에서 개인들은 동등한 선택 기회를 가짐)
- **상호무관심적 합리성 상태**

  **(동기상 조건)**

  인간은 자신이 어떠한 존재인지 모르는 상태에서도 합리성을 추구합니다. 즉, 원초적 상태에서의 참여자들이 일반적 의미에서 합리적이라는 것으로 이타적인 존재가 아니라는 것입니다.
- **최소극대화 원칙**

  **(Maxmin: 의사결정상 조건)**

  최소극대화의 원칙이란 저축의 원리와 양립하는 범위 내에서 대안들이 가져올 최악의 결과들을 비교하여 그중에서 가장 나은 대안을 선택하는 원리를 말합니다.
- **저축의 원리**

  사회구성원의 협동에 의하여 만들어진 산물을 사회구성원 모두가 공유할 수 있을 것입니다. 그러나 우리 세대가 모두 나누어 가질 수는 없고 장래 세대를 위한 투자가 이루어져야 하는데, 어느 정도까지 저축하는 것이 적절할 것인가를 규정하는 원리입니다.

결국 자신이 누구인지 전혀 모르는 인지상의 조건(무지의 베일)과 항상 자기의 이익을 위해서만 움직인다는 동기상 조건(무관심적 합리성)하에서는 인간은 최소극대화의 원리라는 의사결정상의 조건하에서 움직인다는 것입니다.

---

**행정가치에 대한 설명으로 옳지 않은 것은?**

① 공익 과정설은 현실주의적이고 개인주의적인 공익개념이다.

② 공익 실체설은 개인의 사익을 모두 합한 것이 공익이라고 보지 않는다.

③ 행정 이념으로서 사회적 형평성은 신행정론의 등장과 함께 강조되었다.

④ 롤스가 정의론에서 제시한 '기본적 자유의 평등원리'는 개개인의 권리가 다른 사람의 유사한 자유와 상충되더라도 최대한의 기본적 자유가 인정되어야 한다는 것이다.

해설   정의의 제1원리인 기본적 자유의 평등원리란 개개인의 권리가 다른 사람의 자유를 침해하지 않는 범위 안에서 최대한의 기본적 자유가 보장되어야 한다는 원리이다.

오답노트
① 과정설은 '사익의 합 = 공익'이다.
② 실체설은 '사익의 합 ≠ 공익'이다.
③ 형평과 정의 등은 신행정론의 주요 가치이다.

정답 ④

---

## 4. 합법성

행정의 합법성은 행정이 법에 근거를 두고 법을 준수해야 하며, 법을 떠난 자의적인 행정이 되어서는 안 된다는 이념이다.

## 5. 민주성

### (1) 의의

행정의 민주성은 행정과 국민과의 관계라는 대외적 민주성 차원과 행정조직 내부의 민주화라는 대내적 민주성 차원이라는 2가지 측면에서 논의된다.

### (2) 행정의 민주화 방안

| 대외적 민주화 | 대내적 민주화 |
| --- | --- |
| • 행정윤리의 확립<br>• 행정책임 확보를 위한 효과적 행정통제 확립<br>• 일반국민의 행정참여 확대<br>• 부당한 침해에 대한 행정구제장치의 확보<br>  [예] 행정쟁송제도, 옴부즈맨 제도 등<br>• 행정과 국민 간의 빈번한 의사전달 체제 정립<br>  (행정정보공개와 행정 PR의 활성화)<br>• 관료제가 국민 전체를 대표하는 관료제의 대표성 확립 | • 권위주의적인 상의하달적 의사전달의 지양과 자유로운 의사전달 확립<br>  [예] 하의상달 촉진, 제안제도, 고충심사<br>• 행정의 분권화<br>• 자발적 의사결정의 기회 확대<br>• 능력발전의 기회 부여<br>• 자아실현의 욕구가 충족되도록 조직관리<br>  (Y 이론적 인간관에 입각한 인간관리) |

# 6. 능률성과 효과성

## (1) 능률성(Efficiency)

'투입(Input)이나 비용에 대한 산출(Output)의 비율'로, 최소의 비용으로 최대의 산출을 나타내는 것을 의미한다.

$$능률성 = \frac{산출(Output)}{투입(Input)}$$

## (2) 효과성(Effectiveness)

① 의의
- 효과성은 '목표의 달성 정도'로, 발전목표의 계획적 설정과 목표의 최대한 달성에 관심을 두는 1960년대 발전행정에서 중시된 개념이다.
- 효과성 개념은 능률성과 달리, 비용이나 투입의 개념이 포함되어 있지 않아 비용을 전혀 고려하지 못하는 치명적인 약점이 있다.

② 효과성 측정 모형
- 경쟁적 가치접근법: 퀸과 로르보(Quinn & Rohrbaugh)는 어떤 조직이 효과적인가 하는 것은 가치판단적인 것이라고 지적하였다. 즉, 조직의 효과성을 평가하는 기준은 누가 평가하느냐, 어떤 이해관계를 대변하느냐와 관련되는 가치판단의 문제라고 본다.

| 구분 | 조직 | 인간 |
|---|---|---|
| 통제 | ㉠ 합리적 목표모형 | ㉢ 내부과정모형 |
| 유연성 | ㉡ 개방체제모형 | ㉣ 인간관계모형 |

  - 합리적 목표모형: 조직 내 인간보다는 조직 그 자체와 조직구조에 있어서의 통제를 강조하는 모형으로, 합리적 계획과 목표설정 및 평가를 통해 조직의 효과성이 증대된다고 보고 생산성·능률성을 중시한다.
  - 개방체제모형: 조직 내 인간보다는 조직 그 자체를 강조하고 환경과의 바람직한 관계를 유지하기 위한 조직구조의 유연성을 중시하는 모형으로서, 조직의 유연성과 신속성을 유지하는 것이 효과적이라고 보고 자원획득 등 환경과의 바람직한 관계에 중점을 둔다.
  - 내부과정모형: 조직구조에서는 통제를 강조하지만 조직 그 자체보다는 인간을 중시하는 모형이다. 이 모형은 정보관리와 의사소통을 통해 조직의 효과성이 증대된다고 보고 조직의 안정성과 균형 유지에 중점을 둔다.
  - 인간관계모형: 조직 그 자체보다는 인간을 중시하고 통제보다는 유연성을 강조하는 모형으로서, 구성원의 만족도와 구성원의 사기·응집력이 효과성을 높인다고 보고 조직 내 인적 자원의 가치를 인정하고 개발하는 것에 중점을 둔다.



**능률성의 유형**
- **기계적 능률**

  19C 말 행정국가시대에 정치행정이원론과 경영학에서 발달했던 과학적 관리론이 행정학에 도입되면서 중시된 능률관으로, 능률을 수량적으로 명시할 수 있는 기계적·금전적 측면에서만 파악한 개념입니다.
- **사회적 능률**

  디목(Dimock)이 강조한 개념으로, 과학적 관리론에 입각한 기계적·금전적 능률관을 비판하고, ⓐ 행정의 사회목적 실현과 다원적인 이익들 간의 통합·조정, ⓑ 행정조직 내부에서의 구성원의 인간적 가치의 실현 등을 내용으로 하는 능률관입니다.

• 퀸과 카메론(Quinn & Cameron)의 조직의 성장단계에 따른 조직효과성 측정 모형

| 조직성장단계 | 내용 | 모형 |
| --- | --- | --- |
| 창업 단계 | • 조직이 창업되어 성장하는 단계<br>• 조직 중심으로 운영되어 매우 비공식적이고 비관료적 | • 개방체제모형 |
| 집단공동체 단계 | • Owner 또는 외부에서 영입한 지도자가 조직의 목표 및 관리 방향을 적극적으로 제시하며, 강력한 리더십을 발휘하는 준관료적 성격을 띠는 단계 | • 인간관계모형 |
| 공식화 단계 | • 조직이 성장함에 따라 최고경영자는 직접통제의 한계를 느끼고, 권한위임과 아울러 규칙과 절차를 바탕으로 한 내부통제 시스템을 통해 내부의 효율성을 추구<br>• 관료적 성격을 갖게 되는 단계 | • 내부과정모형<br>• 합리목표모형 |
| 구조의 정교화 단계 | • 지나친 내부통제의 피해를 본 조직이 팀제·사업부서 조직·매트릭스 조직 등 소규모 또는 정교한 구조로 조직을 재설계함으로써 다시 활력을 찾게 되는 단계 | • 개방체계모형 |

## 7. 합리성

### (1) 의의

일반적으로 합리성이란 다음을 의미한다.

① 어떤 행위가 목표달성의 최적 수단이 되느냐의 여부를 가리는 합리성
② 의사결정과정이 이성적인 사유과정에 따라 이루어졌을 때 나타나는 합리성

### (2) 합리성의 관계

| 구분 | 내용 중심 | 과정 중심 |
| --- | --- | --- |
| 의미 | 목표달성에 순기능적 행위를 하는 수단적 합리성 | 이성적 판단을 통한 주관적 합리성 |
| 만하임<br>(Mannheim) | 기능적(Functional) 합리성 | 실질적(Substantial) 합리성 |
| 사이먼<br>(Simon) | 내용적(Substantive) 합리성 | 절차적(Procedural) 합리성 |

# 8. 가외성(Redundancy)

## (1) 의의

① 개념

- 가외성이란 일반적으로 '행정에서 초과분·잉여분'을 의미한다.
- 가외성은 '불확실성하에서 행정의 신뢰성 및 안정성을 높인다'는 측면에서 기본적 타당성이 인정된다.

② 예시

- 가외성 예: 권력분립, 양원제, 법원의 삼심제 등
- 가외성 예가 아닌 것: 만장일치, 집권 등

## (2) 내용

① 중첩성

어떤 문제나 사업에 대해 여러 행정기관이 상호의존성을 지니면서, 이를 중첩적으로 공동 관리하는 것을 말한다.

② 반복성

동일한 기능을 여러 기관이 독립적 상태에서 수행하는 것이다.

③ 등전위 현상(동등잠재력)

어떤 기관에서 주된 조직단위의 기능이 작동하지 않을 때 동일한 잠재력을 지닌 다른 보조적인 조직단위에 그 기능이 옮겨져서 수행되는 것으로, 이를 통해 당해 기관은 고도의 적응력을 발휘한다.

## (3) 효용

① 행정의 신뢰성 증진

가외성은 정보나 지식의 불완전성을 극복함으로써 오류를 최소화하여 행정의 신뢰성 증진에 기여한다. 불확실한 상황하에서 행정의 신뢰성 증진이 가외성의 최고 목표이다.

② 환경변화에 대한 적응성·대응성의 제고

가외성은 어느 한 요소에 결함이 있을 때 다른 요소가 그 역할을 대행함으로써 환경변화에 대한 적응성·대응성을 높여준다. 즉, 여유분이 있을 때 대응능력이 높아지므로, 유동적·불확실한 환경일수록 그 효용성이 증대된다.

③ 정보의 정확성 확보

정보를 입수하는 통로가 다원화되어 있을 때 정보 간의 비교분석이 가능해져 정보의 정확성이 확보된다.

④ 창의성 제고

중첩적이고 반복적인 상호작용으로 적당한 긴장감과 창의성이 유발될 수 있다. 혼자서 일을 하는 경우보다 여러 사람이 상의하여 일을 하는 경우 좀 더 창의적인 아이디어가 나올 수 있다.

### (4) 한계

① 중복된 기능의 수행으로 인한 비용의 문제(능률성과 대치)

　　비용이 중복으로 투입되므로 능률성, 효율성, 경제성과 충돌된다.

② 갈등 발생의 가능성

　　기능 중복으로 인한 갈등 및 마찰의 문제가 발생할 수 있다.



**행정에 있어서 가외성(Redundancy)에 대한 설명으로 옳은 것은?**

① 란다우(M. Landau)는 권력분립 및 연방주의를 가외성의 현상으로 보았다.

② 정보체제의 안전성을 증진시키기 위해서는 초과분의 채널이나 코드가 없는 비가외적 설계가 필요하다.

③ 불확실성이 커질수록 가외성의 필요성은 줄어든다.

④ 조직 내외에서 가외성은 기능상 충돌의 가능성을 없애는 역할을 한다.

해설　권력분립, 법원의 삼심제도, 연방주의 등은 가외성의 대표적 현상이다.

오답노트
② 정보체제의 안전성을 증진하기 위해서는 초과분의 채널 등 가외적 설계가 필요하다.
③ 가외성은 불확실성이 높을수록 필요하다.
④ 가외성은 중첩성으로 기능이 중복되므로 기능상 충돌이 발생한다.

정답 ①

## 9. 투명성

① 투명성은 '정부의 의사결정과 집행과정 등 다양한 공적 활동이 정부 외부로 명확히 드러나는 것'을 말한다.

② 단순한 공개의 수준에 머무는 것이 아니라, 정부 외부에 존재하는 사람들이 이러한 정보에 용이하게 접근할 수 있는 권한의 보장까지 포함하는 적극적 개념으로 파악된다.

③ 최근에 거버넌스를 강조하는 OECD 국가들이 공공부문의 핵심적 가치로 중요시하는 이념이다.

# 10. 사회적 자본 · 신뢰

## (1) 개념

개인이나 집단 간 상호관계에서 형성되는 것으로, 개인이나 사회의 발전에 이로운 신뢰 · 협력을 조장하는 규범과 네트워크를 통칭하는 공공재적 성격이 강한 사회적 역량(Capabilities)이다.

```
자본 ┬ 물적 자본
     ├ 인적 자본: 개인적 자질 · 능력
     └ 사회적 자본: 개인 · 집단 간 상호관계에서의 신뢰 · 규범 · 네트워크
                   (공동체 · 연계망)
```

## (2) 사회적 자본의 성질

① 친사회적 성질: 개인적 차원이 아닌 **사회적 관계** 속에서 형성되고 축적되는 특징이 있다. 이때 자발적으로 형성된 사회적 관계는 **공동체주의를 지향**하며, 상호신뢰와 호혜주의에 근거한 상호작용은 비공식적 · 사회적 통제력을 지닌 규범을 형성한다.

② 자기강화적이고 축적되는 경향을 갖는다. 즉, 사용하면 할수록 자본은 축적되며, 반대로 사용하지 않을 경우 감소한다.

③ 사회적 자본은 등가적 교환과 동시적 교환이 이루어지지 않는다.

④ 사회적 자본은 지역사회가 주도하는 상향적 속성을 가진다.

## (3) 사회적 자본의 순기능과 역기능

① 순기능
- **집단행동의 딜레마 극복과 민주적 제도 성취**: 집단행동의 딜레마(공유지의 비극, 죄수의 딜레마)는 홉스(Hobbes)의 제3자의 강제 개입보다는 구성원의 자발적 협력을 이끌어 내는 허쉬만(Hirschman)의 도덕적 자원에 의해 보다 유연하게 극복할 수 있다. 이때 사회적 자본은 전체적으로 나타날 뿐만 아니라 개인의 행동을 촉진하는 역할을 한다.
- **능률성 측면**: 거래비용 감소와 협력 증진을 통한 국력과 국가경쟁력의 실체로, 경제주체들 사이의 경제운영비용 · 정보획득비용 등 거래비용을 감소시킨다.
- 사회적 자본의 다양성은 갈등이 아닌 창의력과 학습의 원천이 된다.

② 역기능
배타성과 집단규범 준수 강요로 합리적인 기회 추구의 자유를 박탈한다.

출제빈도: ★☆☆

**01  행정에 대한 설명으로 옳지 않은 것은?**

① 행정은 정부의 단독행위가 아니라 사회의 다양한 주체들이 함께 참여하는 협력행위로 변해가고 있다.

② 행정은 사회의 공공가치 실현을 목적으로 한다.

③ 행정은 민주주의의 원칙에 따라 재원의 확보와 사용에 있어서 국회의 통제를 받는다.

④ 행정의 본질적 가치로는 능률성·책임성 등이 있으며, 수단적 가치로는 정의·형평성을 들 수 있다.

출제빈도: ★☆☆

**02  행정이념에 대한 설명 중 잘못된 것은?**

① 합법성은 법치행정을 추구하여 국민의 자유와 권리를 보호해야 한다는 이념이다.

② 민주성은 국민에 대한 대응성을 강조하여 국민이 주인이라는 의식을 고양시키고자 하는 이념이다.

③ 효율성은 행정목표의 달성도를 말하므로, 수단적이고 과정적이 아니라 목적적이고 기능적인 이념이다.

④ 사회적 형평성은 가치배분의 공정성을 높여 모든 국민이 균등하게 잘 살게 해야 한다는 이념이다.

출제빈도: ★★★  대표출제기업: 대구도시철도공사

**03  공익(Public interest) 개념의 실체설과 과정설에 대한 설명으로 옳은 것은?**

① 실체설은 집단 간 상호작용의 산물이 공익이라고 본다.

② 과정설의 대표적인 학자에는 플라톤(Plato)과 루소(Rousseau)가 있다.

③ 실체설은 공익이라는 미명하에 개인의 이익이 침해될 수 있는 위험요소를 내포하고 있다.

④ 과정설은 공익과 사익이 명확히 구분된다는 입장이다.

출제빈도: ★★★

## 04 롤스(J. Rawls)의 정의론에 대한 설명으로 옳지 않은 것은?

① 원초적 자연상태(State of nature)하에서 구성원들의 이성적 판단에 따른 사회형태는 극히 합리적일 것이라고 가정하는 사회계약론적 전통에 따른다.

② 현저한 불평등 위에서는 사회의 총체적 효용극대화를 추구하는 공리주의가 정당화될 수 없다고 본다.

③ 사회의 모든 가치는 평등하게 배분되어야 하며, 불평등한 배분은 그것이 사회의 최소 수혜자에게도 유리한 경우에 정당하다고 본다.

④ 자유와 평등의 조화를 추구하는 중도적 입장보다는 자유방임주의에 의거한 전통적 자유주의 입장을 취하고 있다.

---

### 정답 및 해설

**01** ④

능률성은 행정의 본질적 가치가 아니라 수단적 가치이며, 정의와 형평성은 수단적 가치가 아니라 본질적 가치에 해당한다.

| 본질적 가치 | 공익성, 형평, 정의, 자유, 평등, 사회적 형평 |
| --- | --- |
| 수단적 가치 | 합법성, 능률성, 민주성, 합리성, 효과성, 가외성, 생산성, 신뢰성, 투명성 |

오답노트

① 행정은 국가 – 시민사회 – 시장이 협력하는 거버넌스로 변화되고 있다.

② 행정의 목적은 공익 실현이다.

③ 행정은 재원확보에 있어서 조세법률주의와 예산이 국회의 심의·의결을 받는다는 점에서 국회의 통제를 받는다.

**02** ③

행정목표의 달성도는 효율성이 아니라 효과성이다. 능률성이나 효율성(좁은 의미)은 효과성에 비하여 수단적이고 과정적·기술적인 개념이다. 반면 효과성은 목적적이고 결과 중심의 기능적인 개념이다.

오답노트

① 법치행정은 국민의 기본권을 보호하기 위해 정립된 개념이다.

② 국민에 대한 대응성도 민주성의 유형이다.

④ 공정한 분배가 사회적 형평성이다.

**03** ③

실체설은 공익을 사익을 초월한 실체적, 규범적, 도덕적 개념으로 파악하며, 집단을 개인보다 우선시 하므로 개인의 이익이 공익이라는 미명하에 침해될 수 있는 여지가 있다.

오답노트

① 공익을 집단 간 상호작용의 산물이라고 보는 것은 과정설이다.

② 플라톤, 루소 등은 실체설의 대표적인 학자이다.

④ 과정설은 개인주의·자유주의·다원주의에 입각한 공익관으로 사익을 초월한 별도의 공익이란 존재할 수 없으며, 공익이란 사익의 총합이거나 사익 간 타협의 산물이다.

**04** ④

사회적 형평의 실현을 위한 평등이론은 '롤스의 정의론'으로 대표된다. 롤스의 정의론은 자유와 평등의 중도적 입장에서 정의의 원리를 도출한 것이다.

오답노트

① 원초적 상태에서 인간은 이기적이고 합리적인 인간을 전제한다.

② 총체적 효용이 아니라 공정한 분배를 정의로 본다.

③ 가장 약자에게 혜택을 주는 최소극대화의 원리를 정의로 본다.

출제빈도: ★★★

## 05 롤스의 사회 정의의 원리와 거리가 먼 것은?

① 원초상태하에서 합의되는 일련의 법칙이 곧 사회정의의 원칙으로서 계약 당사자들의 사회협동체를 규제하게 된다.

② 정의의 제1원리는 기본적 자유의 평등원리로서, 모든 사람은 다른 사람의 유사한 자유와 상충되지 않는 한도 내에서 최대한의 기본적 자유의 평등한 권리가 있음을 인정하는 것이다.

③ 정의의 제2원리의 하나인 차등원리는 가장 불우한 사람들의 편익을 최대화해야 한다는 원리이다.

④ 정의의 제1원리가 제2원리에 우선하고, 제2원리 중에서는 차등원리가 기회균등의 원리에 우선되어야 한다.

출제빈도: ★★☆　대표출제기업: 인천교통공사

## 06 진보주의 정부관을 설명하고 있는 것 중 가장 적절하지 않은 것은?

① 소극적 자유 선호

② 공익 목적의 정부규제 강화 강조

③ 조세를 통한 소득재분배 강조

④ 효율과 공정에 대한 자유시장의 잠재력 인정

출제빈도: ★☆☆

## 07 다음 중 행정이 추구하는 가치에 대한 설명으로 가장 적절한 것은?

① 기계적 효율성은 금전적 효율관을 비판하면서 제기된 효율관이다.

② Simon이 주장하는 실질적 합리성은 목표에 비추어 적합한 행동이 선택되는 정도를 의미한다.

③ 효과성은 투입 대비 산출의 비율로 표현된다.

④ 신행정론에서는 특히 합법성을 강조하였다.

## 08 사이먼(H. Simon)의 절차적 합리성(Procedural rationality)에 대한 설명으로 옳은 것은?

① 절차적 합리성은 행위자의 목표와 행위선택의 우선순위가 분명한 것을 말한다.

② 절차적 합리성은 객관적 합리성이라고도 하는데 주어진 여건 속에서 가능한 최선의 대안을 선택하는 합리성을 말한다.

③ 절차적 합리성은 행동 대안을 선택하기 위하여 사용된 절차가 인간의 인지능력과 여러 가지 한계에 비추어 보았을 때 얼마만큼 효과적이었는가의 정도를 의미한다.

④ 절차적 합리성은 결정이 생성되는 과정보다 선택의 결과에 더 관심을 갖는다.

---

### 정답 및 해설

**05 ④**

정의의 제2원리 중 기회균등의 원리가 차등의 원리에 우선한다.

[오답노트]

① 롤스(Rawls)의 정의의 원리는 원초적 상태라는 가상적 개념하에서 합의된 규칙이다.

② 제1의 원리 = 자유의 정의 = 동등한 기본적 자유의 원리

③ 차등의 원리 = Maximin principle = 최소극대화의 원리

**06 ①**

소극적인 자유 선호는 보수주의 정부관에 대한 설명이다.

| 구분 | 보수주의 | 진보주의 |
|---|---|---|
| 추구하는 가치 | • 자유(국가로부터의 자유) 강조: 소극적 자유<br>• 형식적 평등, 기회에서의 평등을 중시<br>• 교환적 정의 | • 자유(국가로의 자유)를 열렬히 옹호: 적극적 자유<br>• 실질적 평등, 결과에서의 평등을 중시<br>• 배분적 정의 |
| 인간관 | 합리적 경제인관 (이기적 인간) | 욕구, 협동, 오류 가능성의 여지가 있는 인간관 |
| 시장관 | 애덤 스미스(A. Smith)의 보이지 않는 손(가격)에 대한 믿음 – 자유시장에 대한 신념 | 효율과 공정, 변영과 진보에 대한 시장의 잠재력을 인정하되 시장의 결함과 윤리적 결여 강조 |

| 정부관 | • 최소한의 정부 – 정부불신<br>• 청교도 사상에 입각 | • 적극적인 정부 – 정부개입 중시<br>• 종교의 자유 강조 |
|---|---|---|
| 경제정책 | 규제완화, 세금감면, 사회복지정책의 폐지 등을 옹호 | 소득재분배정책, 사회보장정책, 공익추구를 위한 정부규제 등의 정책을 옹호 |

**07 ②**

사이먼(Simon)은 실질적 합리성은 목표에 비추어 적합한 행동이 선택되는 정도이고, 이성적 사유과정의 합리성은 절차적 합리성으로 본다.

[오답노트]

① 금전적 효율관을 비판하면서 제기된 효율관은 사회적 효율성이다.

③ 투입 대비 산출의 비율로 표현되는 것은 능률성이다.

④ 신행정론에서는 특히 형평성을 강조하였다.

**08 ③**

사이먼은 합리성을 내용적 합리성(Substantive rationality)과 절차적 합리성(Procedural rationality)으로 구분하였으며, 절차적 합리성에 대한 설명이다.

[오답노트]

①, ②, ④ 절차적 합리성이 아니라 내용적 합리성에 대한 설명이다.

출제빈도: ★☆☆

**09** 조직효과성의 경쟁가치모형(Competing Values Model)에서 조직의 성장 및 자원획득의 목표를 강조하는 관점은?

① 개방체제 관점

② 내부과정 관점

③ 인간관계 관점

④ 합리적 목표 관점

출제빈도: ★★★　대표출제기업: 인천교통공사

**10** 가외성에 대한 설명으로 옳지 않은 것은?

① 동일한 기능이 여러 기관에서 혼합적으로 수행되는 상태를 의미한다.

② 경제성과 능률성을 제고한다.

③ 불확실성에 대한 적응성을 제고한다.

④ 불확실한 상황하에서 행정의 신뢰성을 제고한다.

출제빈도: ★★★　대표출제기업: 대구도시공사

**11** 사회자본의 특징에 대한 설명으로 옳지 않은 것은?

① 사회자본의 사회적 교환관계는 동등한 가치의 등가교환을 말한다.

② 사회자본은 지속적인 교환과정을 거쳐서 유지되고 재생산된다.

③ 사회자본은 사회적 관계에서 거래비용을 감소시켜 주는 기능을 한다.

④ 사회자본은 사용할수록 감소하지 않는다.

출제빈도: ★★★

**12** 사회적 자본에 대한 설명으로 옳지 않은 것은?

① 사회적 자본이 형성된 지역사회에서 다양성은 갈등의 원천이 된다.

② 사회적 자본의 영향은 전체적으로 나타날 뿐만 아니라 개별적으로도 나타난다.

③ 사회적 자본의 측정지표는 지역 특성에 따라 달라져야 한다.

④ 사회적 자본의 형성과정은 상향적 속성을 지닌다.

해커스공기업 쉽게 끝내는 행정학 기본서

출제빈도: ★★★  대표출제기업: 서울주택도시공사

## 13  다음 중 사회적 자본에 대한 설명으로 가장 옳지 않은 것은?

① 개인 간의 사적인 신뢰를 중시한 개념이다.
② 높은 수준의 신뢰를 가진 집단 내에서는 사회적 관계에서의 거래비용이 낮아진다.
③ 대의민주주의의 결함을 보완하는 거버넌스 형성에 긍정적인 영향을 미친다.
④ 사회구조와 네트워크 내에서 개인 간의 협동을 촉진한다.

### 정답 및 해설

**09** ①
조직의 성장 및 자원획득의 목표를 강조하는 관점은 퀸과 로보그 [Quinn&Rohrbaugh(1983)]의 경쟁적 가치접근법 중 개방체제 관점(모형)에 해당한다.

오답노트
② 내부과정 관점은 안정과 균형, ③ 인간관계 관점은 구성원의 만족도, ④ 합리적 목표 관점은 효율성과 관련이 있다.

**10** ②
가외성은 중첩성으로 인하여 비용이 더 들기 때문에 경제성과 능률성을 저하시킨다.

오답노트
③, ④ 가외성은 초과분, 잉여분, 덤 등의 개념으로서 얼핏 보기에는 무용하고 불필요한 낭비적인 것으로 보이나, 특정 체제가 장래의 불확실성에 노출되었을 때 발생할지도 모를 적응의 실패를 방지함으로써 환경에 대한 신뢰성과 안전성을 제고시키는 것을 의미한다. (Landau, 1969)

**11** ①
물적자본의 교환이 등가교환이다. 반면 신뢰로 대표되는 사회자본의 교환은 동등한 가치의 등가교환을 의미하지 않는다.

오답노트
② 사회자본은 자기강화적이고 축적되는 경향을 갖는다. 즉, 사용하면 할수록 자본은 축적되며 반대로 사용하지 않을 경우 감소한다.
③ 사회자본은 협력 증진을 통한 국력과 국가경쟁력의 실체로, 경제주체들 사이의 경제운영비용·정보획득비용 등 거래비용을 감소시킨다.
④ 사회자본은 지속적인 교환과정을 거쳐서 유지되고 재생산된다. 따라서 사용할수록 감소하는 것이 아니다.

**12** ①
사회적 자본(Social Capital)은 종전의 인적·물적 자본에 대응되는 개념으로 '사회구성원들이 공동의 문제를 해결하는 데 자발적·적극적으로 참여하는 사회의 조건 또는 특성'을 지칭한다. 사회적 자본은 상호 신뢰, 믿음, 호혜적 규범, 친사회적 규범 그리고 협력적 네트워크 등을 특징으로 하므로, 사회적 자본에서 다양성은 갈등의 원천이라기보다는 오히려 창의성과 학습을 촉진시키는 긍정적인 작용을 한다.

오답노트
② 집단행동의 딜레마를 극복하는 사회적 자본은 전체적으로 나타날 뿐만 아니라 개인의 행동을 촉진시키는 역할을 한다.
③, ④ 사회적 자본은 지역사회로부터 형성되므로 사회적 자본의 형성과정은 상향적이며, 지역의 특성에 따라 다양하게 나타난다.

**13** ①
사회적 자본은 개인 간 사적인 신뢰가 아니라 개인이나 사회의 발전에 이로운 신뢰·협력을 조장하는 규범과 네트워크를 통칭하는 공공재적 성격이 강한 사회적 역량(Capabilities)이다.

오답노트
② 사회자본은 거래비용을 감소시켜 능률성을 높여준다.
③ 거버넌스는 사회적 자본에 의한 신뢰를 기반으로 한다.
④ 신뢰를 기반으로 한 협력으로 사회문제를 해결한다.

| | |
|---|---|
| 행정학의 학문적 성격 | 과학성과 기술성 |
| 행정학의 발달과정 | 행정학 이론들의 특징(행태론, 신공공관리론, 뉴거버넌스 출제비중이 큼) |

## 01 행정학의 학문적 성격

출제빈도 ★



### 1. 기술성과 과학성

#### (1) 행정학의 기술성

① 어떻게(How)에 대한 대답을 중심으로, 문제해결을 위한 실용성·실천성·처방성을 중시한다.
② 기술성이란 행정활동 자체를 처방하고 치료하는 행위를 의미한다.

#### (2) 행정학의 과학성

① 왜(Why)에 대한 대답을 중심으로, 행정현상에 대한 원인과 결과라는 객관적 인과관계 파악을 중시한다.
② 원인과 결과에 대한 객관적인 관찰을 통해 규칙성을 발견하고, 이에 근거하여 나온 일반이론을 통해 여러 행정현상을 설명·예측하고자 한다.

#### (3) 행정학의 종합적 성격

행정학은 기술이며, 동시에 과학으로서의 성질을 지닌다.

### 2. 보편성과 특수성

보편성과 특수성의 문제는 외국에서 개발된 이론의 도입 시에 나타나는 문제이다. 즉, 외국의 이론이 국내에서 적용 가능하다면 이는 이론의 보편성 때문이고, 적용이 불가능하다거나 상황의 유사성을 확인해야 한다면 행정이론의 특수성 때문이다.

#### (1) 행정이론의 보편성

과학적 연구를 통해 정립된 일반법칙이 시간과 공간을 초월하여 타당한 법칙으로 작용함을 의미한다.

### (2) 행정이론의 특수성

이론이 특수한 상황에서만 타당성과 적용가능성을 지님을 의미한다.

## 3. 가치중립성과 가치판단성

### (1) 행정학의 가치중립성

사회과학이 자연과학과 같이 객관적인 정밀과학이 되고자 할 때는 언제나 가치판단의 배제와 가치중립이 주장되어 왔다.

### (2) 행정학의 가치판단성

사회과학 연구에서 가치판단의 배제는 불가능하며 바람직하지도 않다고 보아, 행정학에서 적극적인 가치판단을 주장하는 입장도 있다.

## 02 행정학의 발달과정     출제빈도 ★★★

## 1. 과학적 관리론

### (1) 대두 배경

엽관제로 인한 부패와 비능률이 만연됨에 따라, 진보주의 운동이라는 공직개혁운동이 전개되었다. 그 결과 1883년 펜들턴법(Pendleton act)이 제정되어 행정의 정치적 중립과 실적주의 인사제도, 행정의 전문성 확보를 위한 공개경쟁시험이 실시되었다.

### (2) 윌슨(Wilson)의 정치행정이원론

펜들턴법으로 대표되는 공무원 인사제도 개혁의 이론적 뒷받침으로, 1887년 윌슨의 『행정의 연구(The study of public administration)』가 발표되었다. 윌슨은 절대군주제 아래서 발전한 유럽행정의 선진적인 면[베버(Weber)의 관료제론]을 받아들여 정치 영역으로부터 행정의 독자성을 확보하기 위해 정치행정이원론을 주장했다.

### (3) 테일러(Taylor)의 과학적 관리론

과학적 관리론의 목적은 조직에서 '시간과 동작 연구(Time & motion study)에 의한 구체적인 표준작업량 부과'를 통해 조직의 기계적 능률을 극대화하려는 것이었다.

### (4) 내용

① 최적의 공식구조가 최적의 업무수행을 보장해 준다고 봄으로써 계층제나 분업체계 등 **공식구조**를 강조하고 있다.
② 조직 속의 인간이란 **'합리적 경제인'**이다. 따라서 금전과 같은 경제적 유인에 의해 동기를 부여하고, 급여는 개개인의 성과에 입각한 성과급을 원칙으로 함으로써 개인별로 자기이익 추구에 몰입하게 한다.



**행정학 전문가의 TIP**

**테일러의 과업관리 원칙**
- **과업의 설정**
  시간·동작 연구를 통해서 노동자에게 명확하게 일일 과업을 설정하였습니다.
- **과업 수행을 위한 표준적 조건을 설정**
  업무 수행에 필요한 공구는 성능이 좋은 표준 공구로 교체하는 것이 필요하다고 하였습니다.
- **차별적 성과급 제도**
  작업량에 따라 성과급을 지급한다고 하였습니다.
- **예외에 의한 관리**
  관리층은 예외적이고 새로운 것만 관리한다고 하였습니다.

③ 외부환경을 고려하지 않는 **폐쇄적** 이론이다.

④ 조직이 추구하는 이념은 투입에 대한 산출의 비율을 극대화(**기계적 능률**)하는 데 둔다.

## 2. 인간관계론

### (1) 의의

① 인간관계론이란 조직의 능률향상을 위하여(목적) 인간의 정서적·감정적 요인에 역점을 두는 관리기술이라 할 수 있다.

② 인간을 비인간적인 합리성과 기계적인 도구로 관리하는 고전적인 과학적 관리이론에 대한 반발로 제기된 것이며, 인간을 생리적·기계적 존재가 아닌 사회적·심리적 존재로서 간주하는 것이다.

③ 대표적으로 메이요(Mayo)는 서부전기회사의 호오손 공장에서 '호오손 실험(Hawthorne experiment)'을 통해 작업집단의 사회적·심리적 요인이 관리에 있어서 중요한 것임을 밝혀냈다.

### (2) 기본 명제

① 조직 속의 인간은 **사회심리적 존재**이다.

② 조직구성원의 생산성은 그의 육체적 능력이 아니라, **사회적 능력이나 사회적 규범**에 의해서 결정된다.

③ **사회적·심리적 만족**과 같은 비경제적 보수가 조직구성원의 동기부여와 행복을 결정하는 데 중요한 역할을 한다.

④ 조직구성원은 개인으로서가 아니라 집단구성원으로서 조직의 규범과 보수에 반응한다.

⑤ 조직규범의 형성과 그 수행에 있어서 **비공식집단 및 비공식적 리더**의 역할이 중요하다.

### (3) 공헌

① 조직관의 변화: 과학적 관리론에서 조직은 곧 공식조직으로서 파악하였으나, 인간관계론 이후 공식조직 속의 비공식조직을 중시하게 되었다.

② 조직 내의 인간관의 변화: 과학적 관리론 등 고전적 관리이론의 생리적·기계적·X 이론적·미성숙한 인간관으로부터 사회적·Y 이론적·성숙한 인간관으로 변화를 초래하고, 관리에 있어서 민주적·인간적 관리가 중시되게 되었다.

③ 행태과학(Behavioral science)의 발전 계기: 조직이나 집단 속 인간의 행동을 연구하는 학문 발달에 공헌하여, 후기 인간관계론인 행태과학(성장이론, 동기부여이론, OD, MBO) 발전의 기초가 되었다.

### (4) 한계

① 지나치게 감정주의를 지향함으로써 조직의 합리적 운영과 의사결정을 저해할 수 있다.

② 조직에 대한 지나친 이원주의에 입각(경제인 vs. 사회인, 공식조직 vs. 비공식조직)하여, 경제인 가정의 지나친 부정과 함께 비공식집단의 역할에 대해 지나치게 강조하고 있다.

③ 여전히 조직 외부환경을 무시하는 폐쇄체제적 관점에 입각해 있다.

## 3. 과학적 관리론과 인간관계론의 비교

| 구분 | 과학적 관리론 | 인간관계론 |
| --- | --- | --- |
| 인간관 | 합리인·경제인: 경제적 유인 중시 | 사회인:<br>비경제적 유인, 사회심리적 동기 중시 |
| 조직관<br>(조직구조) | • 합리적·기계적 모형<br>• 공식적 조직 중시 | • 비합리적 모형<br>• 비공식조직·소집단 중시 |
| 환경관 | 폐쇄체제관 | |
| 행정변수 | 구조 | 인간 |
| 능률관<br>(행정이념) | • 기계적 능률성<br>• 단기적·공리적·물적·대차대조표적 능률 | • 사회적 능률성<br>• 장기적·인간적·질적·규범적 능률 |
| 관리방식 | • 권위적 리더십, X 이론적 관리<br>• 직무·업무·과업 중심 | • 민주적 리더십, Y 이론적 관리<br>• 인간·관계·부하 중심 |
| 궁극적 목적 | 생산성·능률성 향상 촉구(기계적 능률관 vs 사회적 능률관)<br>⇨ 정치행정이원론, 공사행정일원론 | |

## 4. 행태[1]론적 접근방법

### (1) 의의

① 개념

행태론적 접근방법이란 '사회·정치 및 행정을 연구함에 있어 이데올로기·제도 및 구조가 아닌, 개인이나 집단의 행태를 연구대상으로 하여 경험적으로 분석·설명하는 접근방법'을 의미한다.

② 심리학적 행동주의와의 차이

행태주의는 사회심리학적 접근법을 통하여 특정 질문에 따른 반응을 통해 파악해 볼 수 있는 태도·의견·개성 등도 행태에 포함시킨다.

### (2) 대두 배경 및 전개 – 행정원리론에 대한 비판과 행태론의 등장

① 정치행정이원론의 비현실성이 비판받자 이원론을 전제로 보편적인 원리를 탐구했던 행정원리론의 보편성과 과학성 또한 비판받았다. 특히 사이먼(Simon)은 행정원리 간의 상호모순성을 지적하면서, '이러한 원리들은 한 번도 과학적인 검증을 거치지 않은 격언(Proverb)에 불과하다'고 하였다.

② 사이먼은 행정학 연구에 있어서 **논리실증주의에 입각한 과학적 연구**를 강조하고, 과학으로서의 행정학은 가치와 사실을 구분하여 사실만을 다루어야 한다고 주장하면서 **행태주의를 행정학에 도입하였다.**



해커스공기업 쉽게 끝내는 행정학 기본서

**1) 행태**
• 인간이나 집단의 가치관, 사고, 태도, 의견 등을 총칭하는 것
• 행동하는 모양

**행정학 전문가의 TIP**

**행태주의**

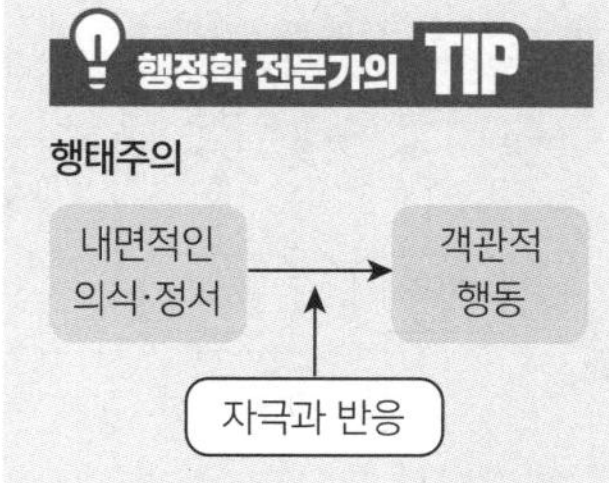


**독립변수와 종속변수**
• 독립변수: 원인변수
• 종속변수: 결과변수

**행정원리**

과학적 관리론자들은 공·사조직을 불문하고 보편적인 조직원리를 탐구한 행정원리론을 발전시켰습니다.
조직원리란 조직의 목표를 효율적으로 달성하기 위하여 복잡하고 거대한 조직을 합리적으로 적절하게 편성하고 통제하며 보다 능률적으로 관리하는 데 적용되는 일반원칙을 말하며, 이러한 조직의 원리에는 계층제 원리, 분업의 원리, 조정의 원리 등이 있습니다.

**논리실증주의**

- **논리적**: 검증하고자 하는 가설은 기존의 이론으로부터 논리적으로 도출되어야 한다는 것입니다.
  - 가설을 검증 → 참 → 기존 이론을 더 풍부하게 함
  - 가설을 검증 → 거짓 → 수정하여 타당성 있는 이론 구축
- **실증주의**: 과학은 경험 가능한 것, 검증 가능한 것을 기반으로 해야 하고, 따라서 검증 불가능한 것은 논의의 대상에서 제외해야 한다고 봅니다. 실증주의는 경험적 사실로부터 법칙을 세우는 데 초점을 두고 있습니다.

**정치행정새이원론 – 행태론**

행태론은 행정현상에 가치판단적 요소나 정책결정 기능의 존재를 인정하였으나, 과학으로서의 행정학은 가치와 사실을 구분하여 사실만을 다루어야 한다고 주장합니다.

**행태론의 가설**

행태론에서 가설은 기존의 이론으로부터 도출되므로 연역적이지만, 검증방법은 경험적 검증을 거쳐 이론을 도출하므로 귀납적입니다. 즉, 행태론은 연역적으로 도출된 가설을 귀납적으로 검증하는 것입니다.

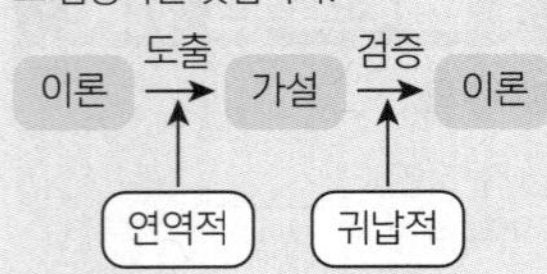


## (3) 특징

① 행정의 본질

행태주의를 행정학에 본격적으로 도입하여 행정의 과학적 연구에 기여한 사이먼은 행정을 합리적·집단적·협동적 의사결정으로 인식하고 의사결정을 행정의 핵심으로 파악하였다.

② 연구대상 – '행태'에 초점

행정의 구조적·제도적 측면보다 행정인이 조직 내에서 실제로 어떻게 행동하고 어떻게 상호작용하고 있으며, 행정인의 실제 행동에 영향을 미치는 가치관·신념·태도가 무엇인가에 분석의 초점을 둔다.

③ 분석수준 – 방법론적 개체주의(Methodological individualism)

집단이나 전체의 고유한 특성을 인정하지 않고, 개인의 행태를 통해 전체를 이해할 수 있다는 방법론적 개체주의에 근거하고 있다.

④ 논리실증주의에 근거한 연구

사이먼은 행정원리들에 대해서 '이러한 원리들은 한 번도 과학적인 검증을 거치지 않은 격언에 불과하다'고 비판하면서, 사회현상도 경험적 검증을 통하여 자연과학과 마찬가지로 엄밀한 과학적 연구가 가능하다는 전제에서 **자연과학적 방법**을 이용하여 일반 이론(법칙) 정립을 중시한다.

⑤ 가치와 사실의 분리

과학적·경험적 연구에서 관찰이나 검증이 불가능한 가치를 배제하고, 사실중심적 연구를 강조한다.

⑥ 계량적 분석

개념의 조작적 정의를 통해 객관적인 측정방법을 사용하며, 계량적 방법에 의한 분석을 중시한다.

⑦ 순수과학적·종합과학적 성격

자료의 입증을 위한 연구절차 등에서는 자연과학적·순수과학적 특성이 강하고, 자료의 수집이나 적용에 있어서는 심리학·사회학·문화인류학 등이 광범위하게 사용되는 학제적 연구를 중시한다.

## (4) 공헌과 한계

① 공헌: 행정연구의 과학화에 기여

행정현상을 사실에 토대를 둔 인과관계에 따라 명료하게 설명함으로써 행정학의 과학화에 기여하였다.

② 한계

- 가치판단 배제의 비현실성: 사회과학에서 가치와 사실을 분리시키고 가치판단을 배제하는 것은 비현실적이다.
- 폐쇄체제적 관점: 형태론은 연구범위와 대상을 내부관리로 제한하고 계량적·미시적 분석에 치중함으로써 외부환경적 요인을 고려하지 못하는 폐쇄체제적 이론이다.
- 경험적 보수주의 경향(보수성): 가치중립적 입장은 사회문제에 대하여 처방책을 제시하지 못하고 비현실적인 보수주의를 초래하게 된다. 행정인이 의사결정을 할 때 가치를 배제한다면 쇄신적 가치관에 의한 행정개혁이 이루어지기 어렵다.

- 행정의 특수성 과소평가: 권력성·정치성·강제성과 같은 공행정의 특수성을 과소평가함으로써 연구의 적실성이 떨어진다.



> **행태론적 접근방법의 특징으로 옳지 않은 것은?**
>
> ① 논리실증주의
> ② 계량분석법
> ③ 가치개입
> ④ 인간행태의 규칙성을 가정
>
> 해설　행태론적 접근방법은 과학적 연구를 위하여 가치개입을 배제한다. 즉, 가치중립적 연구이다.
>
> 정답 ③

## 5. 생태론적 접근방법

### (1) 의의

① 생태론적 접근방법은 '행정체제를 하나의 유기체로 파악하여 행정현상을 사회적·자연적·문화적 환경과 관련지어 이해하려는 접근방법'으로, 행정이 환경에 의해 결정된다는 환경결정론적 입장을 취한다.
② 환경적 요인이 행정에 미치는 영향을 강조함으로써 환경에 대한 행정의 종속변수적 측면을 중시한다.

### (2) 특징

① 행정환경과 행정체제의 개방성을 강조한다.
② 분석수준은 행위자 중심의 미시분석보다 집합적 행위나 제도에 초점을 두는 거시분석의 성격을 지닌다.

### (3) 공헌과 한계

① 공헌
- 행정환경에 의한 행정체제의 파악에 기여하였다.
- **후진국 행정현상**을 이해하는 데 크게 기여하였다.
- 유사한 행정문화권하에서 적용가능한 중범위 이론[2] 구축에 자극을 주어 행정학의 과학화에 기여하였다.

② 한계
- 환경결정론적 시각과 행정의 독립 변수성을 경시하여 환경에 대한 행정의 주체적 역할을 경시(신생국 발전에 대한 비관론·운명론 제시)한다는 한계가 있다.
- 정태적 균형이론: 결정론의 전제에서 환경과 행정체제의 관계를 정태적 균형관계로 파악하여 동태적 변동을 설명하지 못한다.

**2) 중범위 이론**
행태주의 접근법의 일반이론과 대비되는 이론으로 일반이론이 너무 포괄적이어서 경험적 내용이 결핍되었다고 비판하고 나온 이론

# 6. 체제론적 접근방법

## (1) 의의

① 체제론적 접근이란 '체제(System)'라는 개념을 기반으로 해서 연구대상을 파악하는 접근방법을 의미한다.

② 일반적으로 체제란 ㉠ '상호 관련되고 상호작용을 하는 부분 요소들로 구성된 하나의 전체'로서, ㉡ 환경과 경계를 지니며, ㉢ 항상 균형을 유지하려는 기본적 속성(Homeostasis)을 지닌다.

## (2) 체제의 특징

① 체제의 구성요소는 서로 기능적으로 연결되어 있으며, **하나의 체제는 전체체제 속의 하위체제로 인식된다.**

② 각 하위체제는 다른 하위체제와 구별되는 경계를 지니며, 전체체제는 그의 상위체제인 환경과 구별되는 경계를 갖는다.

③ 체제는 '투입 – 전환 – 산출 – 환류의 기능적 구조'를 지닌다.

④ 파슨스(Parsons)에 의하면, 체제는 '적응, 목표달성, 통합, 잠재적 유형유지'의 기능을 지닌다.

⑤ 체제는 환경과의 상호작용이 없는 자급자족적 실체인 폐쇄체제(Closed system)로 인식할 수도 있고, 환경과 상호작용을 하는 실체인 개방체제(Open system)로 파악할 수도 있다. 단, 일반적으로 체제란 개방체제를 의미한다.

## (3) 개방체제

① 개방체제의 특징

개방체제는 체제의 일반적 특징 외에 다음과 같은 특징을 갖는다.

- 항상성(Homeostasis)과 동태적 균형 유지

  개방체제는 환경과의 교호작용 속에서 변동해가나, 항상성으로 인하여 '동태적 균형상태'를 유지한다.

- 동일 종국성(Equifinality)

  개방체제의 변동에서는 같은 종국상태 또는 목표상태가 서로 다른 출발조건과 경로를 거쳐서도 나타날 수 있다는 특성을 지닌다.

- 부정적 엔트로피[3](Negative entropy)

  개방체제는 그 체제가 무질서해지고 쇠약해지는 현상(Entropy)을 막는 부정적 엔트로피 기능을 수행한다.

② 개방체제와 폐쇄체제의 비교

| 개방체제 | 폐쇄체제 |
| --- | --- |
| • 환경과 상호 작용 | • 환경을 고려하지 않음 |
| • 부정적 엔트로피 현상 | • 엔트로피 현상 |
| • 동태적 균형 | • 정태적 균형 |

**3) 엔트로피(Entropy)**
유기체는 필연적으로 해체·소멸된다는 현상

## (4) 체제의 기능 – AGIL

파슨스(Parsons)에 따르면 모든 체제는 그 존속 및 목표달성을 위하여 다음 4가지의 '필수적인 기능적 요건'을 수행한다고 보고 있다.

① 적응 기능(Adaptation)
- 체제가 의존하고 있는 환경에 적응하는 것, 즉 환경으로부터 자원이나 정보를 얻고 이를 체제를 통해 배분하는 것이다.
- 경제영역이 이에 해당된다.

② 목표달성 기능(Goal attainment)
- 체제의 공통된 가치하에서 체제가 성취하고자 하는 목표를 설정하고, 목표달성을 위해 시간과 노력을 기울이는 것이다.
- 정치영역이 이에 해당된다.

③ 통합 기능(Integration)
- 체제를 구성하는 각 부분 및 하위체제들의 활동을 조정하는 기능이다.
- 경찰·사법작용이 이에 해당된다.

④ 잠재적 유형유지 및 긴장관리 기능(Latent pattern maintenance)
- 체제가 자신의 기본적인 유형(Pattern)을 유지하고 자신의 가치와 규범을 재생산하는 것이다.
- 교육·문화작용이 이에 해당된다.

## (5) 행정체제의 이해

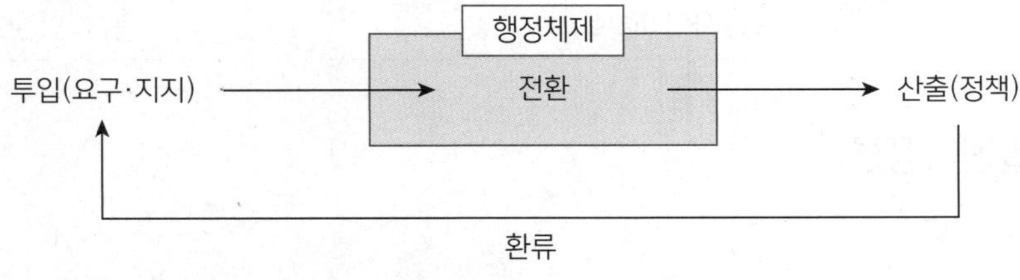


<행정체제의 투입 – 산출 모형>

## (6) 공헌과 한계

① 공헌
- 거시적·총체적인 관점에서 행정을 이해할 수 있게 하고, 체제와 환경 또는 부분(하위체제) 간의 관계를 분석하는 데 도움을 준다.
- 국가들의 행정체제 비교연구에 일반적인 틀을 제공하여 비교행정론 연구에 기여하였다.

② 한계
- 변화를 설명하는 '동태적 균형'의 개념을 지니고 있으나, 기본적으로 '균형이론'으로 **변동과 발전을 설명하는 데 한계**를 지니고 있다.
- 현상유지의 보수주의적 성격이 강하고, 변화와 발전이 요구되는 후진국 행정을 설명하기에는 한계가 있다. 따라서 급격한 변동의 소용돌이 속에 있는 **발전도상국가보다 안정된 선진국 사회의 연구에 보다 적절한 접근방법**이다.
- 환경에 대한 **행정의 독립변수적인 성격을 충분히 설명하지 못한다.**
- 행정의 중요한 요소인 권력, 의사전달, 정책결정의 문제, 이데올로기나 **가치문제를 고려하지 못한다.**

## 7. 비교행정론

### (1) 의의

미국의 행정이론을 환경적 요인을 달리하는 후진국에 적용함에 있어서 일정한 한계가 있다는 것이 대두되면서 미국 행정학의 과학성과 보편·타당성에 의문이 제기되었다. 이로 인해 선·후진국을 막론하고 보편·타당한 행정학을 정립하기 위해 등장한 것이 문화횡단적인 비교행정연구이다.

### (2) 리그스(Riggs)의 비교행정이론(일반체제모형): 사회삼원론

① 사회이원론이 발전도상국의 과도기적 상황을 설명하는 데 제약이 있다는 비판이 제기되었다.

② 이에 리그스는 농업사회를 융합사회로, 산업사회를 분화사회로 명명하고 융합사회에서 분화사회로 변모하고 있는 전이적·과도기적 사회로서 프리즘적 사회를 설정하여 이를 개도국에 적용하였다.

③ 융합사회, 프리즘적 사회, 분화사회의 비교

| 구분 | 융합사회<br>(Fused Society) | 프리즘적 사회<br>(Prismatic Society) | 분화사회<br>(Refracted Society) |
|---|---|---|---|
| 사회구조 | 농업사회(Agraria) | 전이사회(Transitia) | 산업사회(Industria) |
| 관료제<br>모형 | • 안방 모형<br>(Chamber Model)<br>• 공·사의 미분화 | • 사랑방 모델<br>(Sala Model) | • 사무실 모델<br>(Office Model)<br>• 공·사의 분화 |

## 8. 발전행정론

### (1) 개념

비교행정이 각국의 행정의 실제를 비교·분석하는 것으로 다분히 실증적이고 가치판단을 배제한 사실분석에 초점을 둔 것이라면, 발전행정은 후진국 발전을 위한 행정을 구축하려는 목적을 지니고 연구가 진행되기 때문에 다분히 처방적이다.

### (2) 특징

① 정치행정일원론(행정우위론)

발전행정론은 행정이 국가발전 목표의 달성을 위한 정책과 계획의 수립·집행과정에서 주도적 역할을 해야 한다고 강조하는 행정우위론적 정치행정일원론이다.

② 효과성 중시

발전행정론에서는 발전사업의 목표달성을 강조함으로써 행정이념 중에서 효과성의 이념을 중시한다.

③ 행정인의 적극적 역할 강조

발전지향성을 지닌 행정인의 독립변수의 역할을 강조한다.

④ 불균형 성장전략 강조

행정이 주도적인 경제성장 중심의 불균형 성장을 추구한다. 행정이 발전을 유도하는 행정의 독립변수적 성격을 강조한다.

### (3) 한계

① 지나친 처방적·규범적 성격으로 과학성이 결여되었다.

② 발전목표의 달성을 위한 관료주의적 합리성을 강조하고, 민주성 결여로 투입 기능을 경시한다는 비판을 받는다.

③ 행정의 비대화를 초래한다.

④ 불균형 성장전략에 의한 사회적 부작용이 발생할 수 있다.

## 9. 신행정학

### (1) 시대적 배경

① 1960년대 월남전과 흑인폭동 등 다양한 사회문제에 대해 기존의 행태주의에 입각한 사실 중심의(가치문제가 배제된) 사회과학이 문제해결능력을 상실함에 따라, 행태주의에 대한 비판과 함께 행정학에서 학문적 방향 전환이 요구되었다.

② 즉, 과학적 설명을 강조하는 실증적 연구보다는 현실문제를 해결하는 처방적 연구가 중시되어야 한다는 것이었다.

### (2) 신행정학 운동의 의의

신행정론은 기성의 행태주의 중심의 행정이론에 불만을 품었던 미국의 소장학자들, 특히 왈도(Waldo)가 주도한 1968년 미노브룩(Minnowbrook) 회의에 참여하였던 젊은 학자들을 중심으로 하여 주장되었던 행정학의 새로운 경향에 관한 이론이다.

### (3) 특징

① 사회적 형평

현재 불리한 위치에 있는 사람들에게 더 많은 혜택을 주어야 한다는 것이다. [롤스(Rawls)의 정의론에 입각]

② 행정인의 적극적 역할 강조

격동의 시대에 있어서는 **행정인이 적극적·독립변수적 역할**을 수행해야 함을 강조한다.

③ 고객지향성과 참여의 확대

행정권의 종국적 근원을 시민으로 보고, 고객의 참여를 강조한다.

④ 반(反)계층제를 주장 – 전통적 계층제의 수정 주장

- 계층제의 비민주적 성격의 타파와 조직구성원이나 외부인의 참여를 촉진하기 위해 **분권화된 조직구조**가 필요하다.

- 변화에 대한 동태적 적응성과 조직의 쇄신을 도모하기 위해 **탈관료제 조직**이 대두되게 된다.

⑤ 행정의 가치지향과 행정책임 강화

공정하고 합리적인 가치결정의 능력을 강조한다. 그에 따라서 행정책임의 강화가 수반된다.

⑥ 행태론의 지양과 규범주의·가치주의 추구

가치중립적·보수적인 행태론이나 논리실증주의를 비판하고, 가치지향적인 현상학적 접근을 강조한다.

### (4) 공헌과 한계

① 공헌
- 가치의 중요성 부각: 윤리, 철학, 공익과 같은 가치의 중요성을 부각시켰다.
- 행정의 방향 제시: 기존 이론의 비적실성을 비판하고 새로운 방향을 제시하였는데, 이는 공공선택론·비판행정학 등으로 발전하게 된다.
- 연구의 적실성 제고: 인간의 주관적 관념, 동기, 의식 등을 적절히 다룸으로써 연구의 적실성 제고에 기여하였다.

② 한계
- 행정권의 비대화와 관료주의화의 문제: 행정인의 적극적 역할을 강조함으로써 행정권이 비대해지고 관료주의화 될 우려가 있다.
- 고객참여로 인해 행정의 전문성이 저해되고 특수이익을 추구할 우려가 있다.

## 시험문제 미리보기!

신행정학의 특징으로 가장 옳지 않은 것은?

① 정치행정일원론보다는 정치행정이원론에 가까운 입장이다.

② 행정학 연구에 있어 적실성을 강조한다.

③ 행정의 고객지향성을 강조한다.

④ 분권화와 참여를 강조한다.

해설　신행정학은 적실성과 실천성을 강조하며, 행정이 적극적으로 현실의 사회문제를 해결할 것을 주장하는 정치행정일원론적 관점이다.

오답노트
② 후기행태주의 계열의 신행정학은 행정의 적실성을 강조한다.
③, ④ 고객지향적인 신행정학은 고객의 참여를 강조한다.

정답 ①

# 10. 현상학적 접근방법

## (1) 의의

현상학적 접근방법에서 사회현상(Social phenomena) 또는 사회적 실재(Social reality)란 자연현상처럼 삶과 동떨어진 객체로 존재하는 것이 아니라, 그 속에 참여하는 사람들의 의식·생각·언어·개념 등으로 구성되며 그들의 상호주관적인 경험으로 형성되는 것으로 본다.

## (2) 주요 내용

① 반논리실증주의: 표출된 행위와 의도된 행위는 다르므로 인간의 외면적 행태만의 연구는 무의미하다. 인간행동의 주관적 가치와 의도가 인간행동에 미치는 영향을 분석하지 않고는 인간행동의 완전한 고찰은 불가능하다.

② 물화(物化; Reification): 물화는 인간의 주관적인 의지와 가치·목적성을 객관적인 형체에 함입시킴으로써 인간상실을 유도하게 된다는 것이다. 여기서 현상학은 조직의 탈물화를 강조하게 된다.

③ 상호주관성(Intersubjectivity): 현상학에서 인간은 의식과 의도를 가진 능동적 존재로서 파악된다. 조직은 인간이 조직에 부여하는 의미의 맥락에서 그 존재 의의를 갖게 되며, 개개인이 상호주관적으로 나누어 갖는 경험을 바탕으로 구성된다고 본다. 즉, 현상학에서 인식하는 조직은 간주관적(間主觀的)으로 공유된 의미의 집합이다.

④ 하몬(Harmon)의 행위이론(Action Theory): 하몬은 인간의 의도된 행위(Action)와 표출된 행위인 행태(Behavior)를 구별하고, 의도된 행위를 중시한다.

### (3) 공헌과 한계

① 공헌: 과학적 연구방법을 통해서 규명하지 못하였던 인간의 주관적인 의식·동기 등의 의미를 더 잘 이해할 수 있게 한다.

② 한계
- 사회현상으로서 조직을 이해하는 데 보다 폭넓은 철학적 사고방식과 준거의 틀을 제공하지만, 지나치게 사변적·주관주의적 철학에 의존한다.
- 개별적인 인간행위와 개인 간 상호작용의 해석에 초점을 두어 접근방법이 지나치게 미시적이다.

### (4) 전통적 접근과 현상학적 접근의 비교

| 구분 | 전통적 접근(행태론, 실증주의) | 현상학적 접근(후기행태론) |
|---|---|---|
| 존재론 | 실재론(實在論; Realism), 객관주의·외면주의 | 유명론·명목론 (唯名論·名目論; Nominalism), 주관주의·내면주의 |
| 인식론 | 논리적 실증주의(과학적) | 反실증주의(철학적) |
| 설명 양식 | 객관적 인과관계의 규명, 체제의 기능·목적 | 행위자의 동기 파악 |
| 관찰법 | 몰주관성 | 상호주관성(간주관성) |
| 연구방법론 | 일반법칙적 연구 | 개별사례·문제 중심적 연구 |
| 설명의 초점 | 표출된 행태 (Behavior, 객관적·외면적 모습) | 의도된 행동 (Action, 주관적·내면적 의도) |
| 인간 | 결정론(Determinism), 수동적·원자적 자아 | 임의론·자발론(Voluntarism), 적극적·능동적·사회적 자아 |
| 도구성 | 물화(Reification, 인간소외) 우려 | 탈물화 (De-reification, 인간성 회복) |
| 사회관 | 사회현상 = 자연현상 | 사회현상 ≠ 자연현상 |

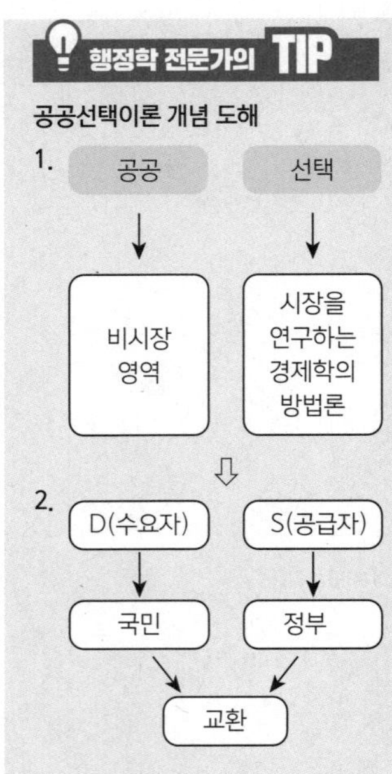

# 11. 공공선택론적 접근방법

## (1) 의의

공공선택론은 '비시장적 의사결정(Non-market decision-making)에 대한 경제학적 연구 또는 정치학에 경제학을 응용하는 것'이라 정의하고 있다.

## (2) 대두 배경과 방법론상의 특징

① 대두 배경
- 전통적인 정부 관료제의 한계(정부실패): 공공서비스를 독점적으로 공급하는 전통적인 정부 관료제는 시민의 요구에 민감하게 반응을 보일 수 없는 제도이며, 공공서비스의 독점적 공급은 소비자인 시민의 선택을 억압한다고 인식한다.
- 공공부문의 시장경제화: 공공선택론에서는 정부를 공공재의 생산자로, 시민들을 공공재의 소비자로 규정하고 시민의 편익을 극대화할 수 있는 서비스의 공급은 공공부문의 시장화를 통해 가능하다고 본다.

② 방법론상의 특징
- 방법론적 개체주의: 개인의 행동을 기본적 분석단위로 하여, 정치·경제 및 행정현상을 분석하려 한다.
- 합리적·이기적 경제인 가정: 공공선택론에 있어서 개인이란 합리적이고 이기적인 존재이며, 자기의 효용극대화를 목표로 한다.
- 연역적 이론화와 수학적 공식의 사용: 행위자들의 합리적·이기적 선택행위에 관한 연역적 추론을 통하여 일관성을 지닌 이론을 구축하며, 가능한 경우는 수학적 공식화를 사용하는 것이 특징이다.
- 제도의 조정: 공공선택론에서는 공공재와 공공서비스의 결정과 전달을 위한 이상적인 체제가 무엇인지를 밝히고, 그것을 위한 최적의 제도나 절차에 관한 정책적 제언을 포함한다.

## (3) 주요 이론

① 비용을 고려한 효율적인 집합적 의사결정규칙
의사결정비용곡선과 외부비용곡선이 교차하는 점(여기서 두 가지 비용을 합한 총비용은 최저수준이 됨)에 부합되는 의사결정규칙이 바람직하다고 본다.

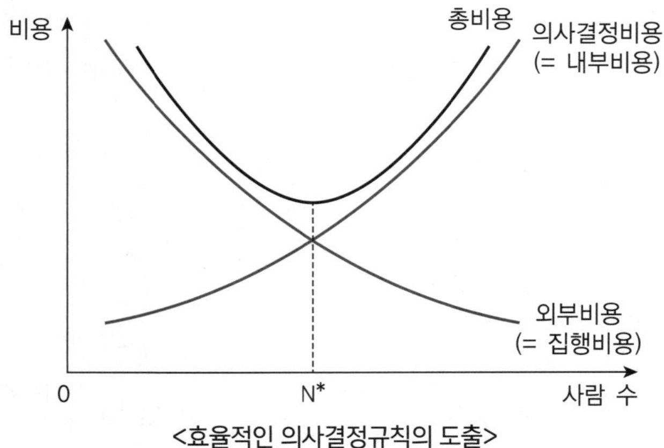


<효율적인 의사결정규칙의 도출>

② 중위투표자 정리

정당은 선거에서의 승리를 위해 투표로 계산되는 유권자의 지지극대화를 도모하고, 유권자는 자신의 효용극대화를 추구한다. 유권자의 **선호가 단봉**이고 양대정당 하에서 두 정당은 집권에 필요한 **과반수의 득표 획득을 위해 중위투표자 선호에 맞춘 정강정책을 제시한다. 이 결과 **양당의 정강정책은 거의 일치**하게 된다.

③ 관료제 분석이론

- 니스카넨(Niskanen)의 예산극대화 모형

  관료들은 자신의 사적인 이익만을 추구하는 전형적인 경제인들이며, 그들은 필연적으로 그 소속기관의 예산을 극대화시켜서 궁극적으로 사회적 낭비를 초래하게 된다.

- 던리비(Dunleavy)의 관청형성모형

  - 던리비는 니스카넨의 예산극대화 모형을 비판하면서 예산극대화 동기는 기관의 성격과 예산의 유형에 따라 달라진다고 주장하였다.
  - 합리적인 고위직 관료들은 예산과 같은 금전적인 효용보다는 업무와 관련된 효용을 더 추구한다.
  - 관청형성전략이 이루어짐에 따라 일상적인 기능은 준정부조직이나 외부계약 등으로 넘기고 **결정기능이나 참모기능만을 수행**하려 한다.

## 시험문제 미리보기!

다음 행정학의 접근방법 중 공공선택론의 특성에 해당하지 않는 것은?

<보기>

| | |
|---|---|
| ㄱ. 방법론적 개체주의 | ㄴ. 국가의지의 강조 |
| ㄷ. 부서목표의 극대화 | ㄹ. 합리적 경제인 |
| ㅁ. 교환으로서의 정치 | ㅂ. 예산극대화 |

① ㄱ, ㄹ      ② ㄴ, ㄷ

③ ㄷ, ㅁ      ④ ㄷ, ㅂ

해설   공공선택론은 개개인의 이익을 중시하는 방법론적 개체주의로서 합리적 경제인을 가정한다. 따라서 '국가의지의 강조' 및 '부서목표의 극대화'는 공공선택론의 특성으로 옳지 않다.

오답노트

ㄱ. 공공선택론은 방법론상 개체주의이다.

ㄹ. 공공선택론의 인간관은 이기적·합리적인 경제인이다.

ㅁ. 공공선택론은 정치나 행정을 공급자와 수요자의 교환으로 본다.

ㅂ. 이기적이고 합리적인 관료는 예산을 극대화하고자 한다.

정답 ②

④ 오스트롬(Ostrom)의 민주행정 패러다임

공공재와 공공서비스의 효율적 공급을 위한 조직적 장치로 '권한의 분산과 관할권의 중첩'을 제시하여 이렇게 하면 각 권력기관은 경쟁을 통하여 고객에 대한 서비스를 만족시킬 수 있다고 주장한다.

- 다원조직제와 비계서적 조정: 조직 설계의 획일주의를 타파하고 상황적응적 조직구조를 강조한다. 또한 다양한 공공재 공급조직들은 높은 자율성을 누려야 한다. 조정에서 계서적 권한의 행사는 제한되어야 하며, 내부조정기제를 우선 활용할 필요가 있다고 본다.
- 관할중첩의 활용: 주민복지와 급변하는 환경에 적응할 수 있기 위해서는 의사결정센터를 다원화시키는 권한의 분산과 관할권의 중첩이 필요하다고 본다.

⑤ 티부 가설(Tiebout hypothesis)

- 의의
  - 각 지역에서 제공하는 공공서비스와 조세 간의 묶음을 주민들의 선호도에 따라 자율적으로 선택하게 하여 자신이 원하는 공공서비스를 제공해 주는 자치단체로의 진입·퇴장을 보장함으로써 지방정부 간 경쟁을 유도하고 서비스 공급의 효율성을 높일 수 있다는 가설이다.
  - 티부 가설은 '발에 의한 투표(Vote by foot)'라고도 불린다.
- 전제조건(김동건 외)
  - 다수의 지방정부: 주민들이 선택할 수 있는 지방정부의 수가 많아야 한다.
  - 주민의 완전한 이동가능성: 주민은 자신의 선호에 맞는 지방정부로 자유롭게 이동할 수 있어야 한다. 이는 이동비용이 없어야 함을 의미한다.
  - 완전한 정보: 모든 지방정부의 공공재와 조세에 대한 정보가 공개되어 주민이 그 내용을 알 수 있어야 한다.
  - 외부효과의 부존재: 공공서비스로 인한 외부경제나 불경제가 없어야 한다. 즉, 당해 지역의 프로그램의 이익은 당해 지역 주민들에게만 돌아가며 이웃 지역의 주민들에게 이익이나 불이익을 주지 말아야 한다. 외부효과가 존재하면 지역 간 이동이 불필요해질 수 있기 때문이다.
  - 배당수입에 의한 소득: 모든 시민은 지역 내 소득과 재산에 의한 배당수입(Dividend)에 의존하여 생계를 유지한다. 이는 지방정부의 재원이 조달되는 방식과 연관되어 있다. 지방자치단체의 재원은 지방소비세가 아니라 재산세(Property-tax)에 의하여 충당되는 것으로 상정된다. 즉, 비슷한 재산과 소득을 가진 사람들이 모여 살게 된다는 것이다.
  - 동일한 단위당 평균비용: 공공재 생산을 위한 단위당 평균비용이 동일해야 한다. 이는 규모의 경제가 작용하지 않아야 한다는 '규모수익 불변의 원리'를 의미한다.

## (4) 공헌과 한계

① 공헌

- 행정학의 연구범위 확대: 경제학적 접근을 활용한 정치·행정연구로 행정학의 연구범위를 확대시켰다.
- 민주행정 구현에 기여: 시민들의 다양한 요구와 선호에 민감하게 반응할 수 있는 제도적 장치의 마련에 관심을 두어 민주행정 실현에 기여하고 있다.
- 정부실패의 대응책으로 공공부문에 시장원리 및 경쟁개념을 도입하였다.

② 한계
- 제도적 유산이나 문화 또는 상징체계 등을 간과함으로써, 이러한 제도가 인간 행위를 구속하는 측면을 설명하지 못한다.
- 경제인 가정에 대한 비판: 정치적 의사결정을 개인의 이익충족만으로 설명하기에는 다소 무리가 있다. 즉, 개인의 선택은 경제적 이익 이외에 개인의 가치관이나 사회적 상호작용의 영향을 받는다는 측면을 도외시하고 있다.
- 정부 역할을 간과: 시장의 불완전성으로 부패의 확산과 빈부격차의 심화를 초래할 우려가 있으며, 공공서비스의 윤리성을 저해할 우려가 있다는 한계가 있다.

## 12. 신제도론적 접근방법

### (1) 의의

① 신제도주의는 인간의 행위와 정치·경제·사회현상을 설명하는 데 있어서 ⊙ '제도의 중요성·독립변수성을 인식'하며, ⓒ '제도와 개인의 행태 간 관계', 그리고 '제도의 발생·변동'에 초점을 두는 일련의 연구방법이라 할 수 있다.
② 신제도주의 이론은 아래와 같이 상호 대립되기도 하는 다양한 분파로 이루어져 있다.
- 경제학에 기초한 합리적 선택 신제도주의
- 정치학을 모태로 하는 역사적 신제도주의
- 사회학적 시각에서 접근하는 사회학적 신제도주의

### (2) 구제도론, 행태론, 신제도론 비교

| 구제도론 | ① 공식적인 법령 ⇩ 정부조직 ② 제도의 정태성 ― 제도의 종속 변수성(O) / 제도의 독립 변수성(X) |
|---|---|
| 행태론 | 원인 ⇨ 결과 ⇩ 직선적 인과관계 |
| 신제도론 | ① 공유하는 규범과 규칙이 제도 ― 공식적(O) / 묵시적(O) ② 제도의 동태성 ― 제도의 종속 변수성(O) / 제도의 독립 변수성(O) ③ 행태론의 직선적 인과관계를 비판 |

**행태론과 신제도론의 차이**
행태론은 원인과 결과 간 직선적 인과관계를 지지하나 제도의 독립변수성을 강조하는 신제도론은 개인의 선호와 행위 결과 간 직선적 인과관계에 의문을 제기합니다.

### (3) 합리적 선택 신제도주의의 주요 특징

① 행태적 가정(합리적 선호체계와 전략적 행동): 행위자들은 주어진 선호체계하에서 자신의 선호나 이익을 최대로 달성하기 위해 전적으로 전략적인 행동을 한다.
② 방법론적 개인주의: 제도를 효용극대화를 추구하는 인간들이 만들어 낸 산물로 인식한다. 그러나 일단 형성된 제도는 인간의 행위를 제약하게 된다고 본다.
③ 집단행동의 딜레마의 해결책으로 제도: 행위자들이 집합적으로 더 나은 결과를

**합리적 선택 신제도주의**
- 개인의 선호 형성: 외생적
- 접근방법
  - 연역이론
  - 방법론상 개체주의
- 내용
  - 집단행동의 딜레마 극복
  - 거래비용 감소

낳는 행동이나 대안을 선택하지 않는 이유는 적절한 제도적 메커니즘이 존재하지 않기 때문이라고 보아, 집단행동의 딜레마를 해결하기 위한 방편으로 의도적인 제도 설계를 강조한다.
④ 제도의 생성·유지에 대한 연역적 설명: 합리적 선택 신제도주의자들은 제도의 영향을 받는 행위자에게 제도가 주는 가치를 설명함으로써, 그러한 제도가 생성되고 유지되는 이유를 설명한다.
⑤ 외생적 선호: 개인의 선호체계는 주어진 것으로 가정한다.

## (4) 역사적 신제도주의의 주요 특징

① 제도의 독립변수성과 종속변수성
- 역사적 신제도주의는 독립변수로서의 제도가 종속변수인 개인의 행위나 선택을 어떻게 '형성하고 제약'하는지를 설명하고자 한다. 그리고 개인의 선호와 그에 따른 의사결정은 '제도의 산물'로 간주한다.
- 그러나 역사적 산물로서의 제도가 행위를 제약하기는 하지만, 제도가 인간의 행위를 결정하는 결정론은 아니며 단지 행위자의 선택을 제약하는 맥락을 제공할 뿐이다.
- 동시에 제도 자체가 인간의 의도적 또는 비의도적인 전략, 갈등, 선택의 산물임을 부인하지 않는다.

② 역사적 접근방법의 강조: 역사적 접근방법이란 제도가 형성된 과정의 특수한 상황을 이해하고, 이를 사회적 맥락에서 인식하는 것을 의미한다. 즉, 종속변수인 사회현상이나 정책을 설명하기 위하여 역사적 전통·문화·제도 등의 맥락하에서 장기간에 걸쳐 형성된 구조적 틀을 독립변수로 채택한다.

③ 제도의 경로의존성[4]과 지속성, 의도하지 않은 결과: 역사적 제도주의에서는 제도의 중요성과 함께 제도가 형성된 역사적 맥락을 강조한다. 이러한 제도의 역사적 맥락은 구체적으로 경로의존성(Path-dependency)이라는 용어로 표현된다. 경로의존성에 따르면 제도의 변화는 역사적으로 확립된 제도의 경로에 따라 이루어지기 때문에, 기존 제도는 새로운 제도가 취할 모습을 제약한다는 것이다. 새로 도입된 제도가 기존의 경로의존성과 부합되지 않아 '의도하지 않은 결과와 제도의 비효율성'이 발생할 수 있음을 강조한다.

## (5) 사회학적 신제도주의의 주요 내용

① '문화'를 제도의 개념에 포함: 사회학적 신제도주의에서 제도는 단지 공식적인 규칙이나 절차 또는 규범뿐만 아니라 '인간행동을 지도하는 의미의 틀(Frame of meaning)을 제공하는 상징체계, 인지적 각본, 도덕적 전형 등을 모두 포함하는 것'으로 보고, 문화 그 자체도 하나의 제도로 파악하는 입장이다.

② 제도의 인지적 차원 강조: 사회학적 신제도주의에서 제도는 규범적 측면보다 인지적 측면을 강조한다.

③ 사회적 적절성의 논리 강조: 조직에 새로운 제도적 형태나 관행이 채택되는 이유는 새로운 제도적 형태나 관행이 조직의 목적·수단의 효율성을 증진시키기 때문(도구성의 논리)이 아니라, 조직이나 참여자들의 사회적 정당성을 제고하기 때문(적절성의 논리)이라는 것이다.

**역사적 신제도주의**
- **개인의 선호 형성:** 내생적
- **접근방법**
  - 귀납이론
  - 방법론상 총체주의
- **내용**
  - 권력의 불균형
  - 국가·정치 권력의 자율성 강조
  - 역사적 우연성 강조
  - 비효율적 제도의 존재 설명
  - 정책의 의도하지 않는 결과의 설명

**4) 경로의존성**
한번 일정한 경로에 의존하기 시작하면 나중에 그 경로가 비효율적이라는 사실을 알고도 여전히 그 경로를 벗어나지 못하는 경향성

**사회학적 신제도주의**
- **개인의 선호 형성:** 내생적
- **접근방법**
  - 귀납이론
  - 방법론상 총체주의
- **내용:** 제도의 규범적 측면보다 인지적 측면을 강조

④ 제도적 동형화(Institutional isomorphism): 조직변화는 합리성이나 효율성 증진과는 무관하며, 조직을 사회적 정당성과 더 유사해지도록 하는 과정, 즉 동형화(Isomorphism)의 결과로 나타난다고 본다.

# 13. 신공공관리론(NPM)

## (1) 개념과 대두 배경

① 개념

신공공관리론(NPM)은 일반적으로 '신관리주의'와 '시장주의'의 결합으로, ㉠ 작은 정부의 구현(정부의 기능과 규모 축소)과 ㉡ 전통관료제의 행정운영방식 개선(성과주의 실현)을 내용으로 한다.

② 대두 배경: 신보수주의 · 신자유주의 등장

1980년대 이후 서구 선진국에서 출현한 신보수주의 · 신자유주의는 그 당시 심각한 경기침체와 재정적자를 겪고 있던 영국, 미국 등의 국가들에게 최소비용으로 최대효과를 산출하는 작은 정부로의 움직임을 재촉하는 계기가 되었다.

## (2) 정부혁신 내용

① 인력 감축 및 조직 구조의 개편

기존의 정치 · 관료적인 이해관계를 탈피하고 정부 기능의 축소 및 폐지, 민영화 또는 민간위탁, 계층제적 구조의 경직성을 탈피하기 위한 자율팀제나 책임운영기관 등의 도입을 강조한다.

② 성과 중심 체제 지향

**투입과 절차 중심이 아닌 산출과 결과에 중점을 두며**, 이를 위하여 조직 목표의 명확화 · 자율성 부여와 적절한 인센티브 제공 · 성과 측정 및 평가체제의 확립을 강조한다.

③ 지출가치(Value for money)의 증대

정부의 성과를 집약해서 나타내는 '지출가치'는 경제성(Economy), 능률성(Efficiency), 효과성(Effectiveness)을 반영한 예산이 결과나 성과로 나타나야 함을 의미한다. 즉, **지출가치를 높여 능률성을 증가시키고 낭비를 줄이며 효과성을 향상시키자는 것이다.**

④ 권한 위임과 융통성의 부여

정부 관료제의 지나친 통제가 행정의 비효율을 야기하였다는 인식하에 조직과 관리자들에게 권한을 부여함으로써 혁신과 창의를 고취한다.

⑤ 성과를 통한 책임과 통제의 강화

관리자에게 권한을 주고 성과를 통해 그에 따른 책임과 역할을 확보하고자 한다.

⑥ 경쟁과 고객서비스 지향

내부규제의 완화 등 내부지향적일 뿐만 아니라, 외부의 고객과 서비스 중심의 공동체계를 확립하고 고객에 대한 대응성을 향상시키는 것을 중시한다.

⑦ 정부규제의 개혁과 정부 간 협력 강조

신공공관리론적 정부개혁은 규제의 비용효과분석을 통하여 경제적 규제의 완화와 사회적 규제의 강화를 기본 방향으로 한다. 한편, 지방정부로의 권한이양과 정부 간 파트너십이 강조된다.



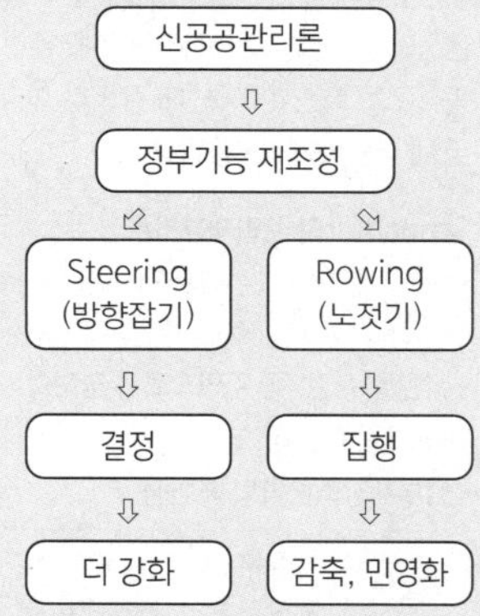

⑧ 정책능력의 강화

신공공관리론에 따른 행정개혁의 방향은 정책결정과 집행의 분리를 전제로, 노젓기(Rowing)보다는 방향잡기(조타, Steering)에 집중하는 중앙정부의 정책능력 강화를 강조한다. 즉, 정책과 관련하여 기획 및 결정기능은 중앙에서 담당하고, 집행기능은 책임운영기관화를 도모한다.

## (3) 한계

① 행정의 책임성 확보의 곤란

관료에 대한 자율성 및 재량의 확대·성과 중심의 책임운영기관화 등은 의회와 대통령의 통제를 어렵게 하여, 대의민주주의의 기본원리인 **행정의 정치적 책임성 확보를 어렵게 한다.**

② 형평성 악화

능률성·효과성 중심의 시장주의나 성과지향의 행정은 수익자 부담 원칙을 채택하여 **사회계층 간의 형평성을 악화시킨다.**

③ 공행정과 사행정의 근본적 차이 무시

정부의 실패를 해결하기 위해 경영기법만을 강조한 나머지 관료에 대한 불신을 가중시키며 국가의 역할이나 공공행정의 특수성을 부정하고 있다.

④ 공무원의 사기 저하

맹목적인 감축개혁과 경쟁으로 공무원의 사기가 저하된다.

⑤ 소비자관의 한계

- 국민을 시민으로서가 아닌 소비자로 보게 되는데, 시민형과 달리 소비자형에서는 개인주의를 강조한다.
- 소비자의 권리는 강조되지만, 시민으로서의 의무는 거의 무시하게 된다.

⑥ 정책과 집행의 분리 문제

- 정책과 집행 기능의 분리는 기술적으로 곤란한 측면이 있다.
- 가능하다고 하더라도 집행현장의 문제점 파악 등이 곤란하고, 정책의 환류 기능을 차단하여 오히려 정책역량을 약화시킬 수 있다.

## (4) Osborne과 Gaebler의『정부재창조(Reinventing government, 1992)』

| 신공공관리 원칙 | | 정부재창조 | 전통적 관료제 | | 기업가적 정부 |
|---|---|---|---|---|---|
| 목적달성 수단의 제고 | | ① 촉매적·촉진적 정부 | 노젓기(Rowing), 사공 | ⇨ | 방향키(Steering), 조타수 |
| | | ② 시장지향적 정부 | 행정 메커니즘 (인위적 질서체제) | ⇨ | 시장 메커니즘 (자율적 질서체제) |
| 통제의 위치 전환 | | ③ 분권적 정부 | 집권적 계층제 (명령·통제) | ⇨ | 분권·참여·팀워크· 협의·Network |
| | | ④ 지역사회가 주도하는 정부 | 서비스 직접 제공 | ⇨ | 권한의 부여[5] (Empowering) |

| | | | | |
|---|---|---|---|---|
| **성과의 향상** | ⑤ 성과·결과지향 정부 | 투입 중심 예산 | ⇨ | 성과·결과 중심 예산 |
| | ⑥ 경쟁적 정부 | 독점적 공급 | ⇨ | 경쟁 도입 (민영화, 민간위탁) |
| | ⑦ 기업가적 정부 | 지출 지향 | ⇨ | 수익 창출 |
| **목표의 명확화** | ⑧ 사명·임무 중심 정부 | 규칙·규정 중심 관리 | ⇨ | 임무·사명 중심 관리 |
| | ⑨ 고객지향 정부 | 관료(행정) 중심 | ⇨ | 고객(국민) 중심 |
| | ⑩ 미래지향적·예견적 정부 | 사후 치료·치유 | ⇨ | 예측·예견과 사전예방 |

## (5) Osborne과 Plastric의 5C 전략

| 전략 | 정부개혁수단 | 접근방법 |
|---|---|---|
| 핵심 전략 (Core strategy) | 목적(Purpose): 명확한 목표를 설정하라 | 목적·역할·방향의 명확성 |
| 결과 전략 (Consequence strategy) | 유인체계(Incentive): 직무 성과의 결과를 확립하라 | 경쟁관리, 기업관리, 성과관리 |
| 고객 전략 (Customer strategy) | 책임성(Accountability): 고객을 최우선하라 | 고객의 선택, 경쟁적 선택, 고객품질 확보 |
| 통제 전략 (Control strategy) | 권한(Power): 권한을 이양하라 | 하위조직·조직구성원·지역 사회에서의 권한 이양 |
| 문화 전략 (Culture strategy) | 문화(Culture): 기업가적 조직문화를 창출하라 | 관습타파, 감동정신, 승리정신 |

### 📋 시험문제 미리보기!

**신공공관리론에 대한 내용으로 옳지 않은 것은?**

① 기업가적 정부의 실현　　　　② 수익자 부담원칙 강조

③ 민영화　　　　　　　　　　　④ 투입중심의 행정

해설　신공공관리론은 투입과 절차가 아닌 산출과 결과에 중점을 두며, 이를 위하여 조직 목표의 명확화·자율성 부여와 적절한 인센티브 제공·성과 측정 및 평가체제의 확립을 강조한다.

오답노트
① 신공공관리론자인 오스본(Osborne)과 개블러(Gaebler)는 『정부재창론』에서 정부는 기업가적 정부의 실현을 목적으로 하여야 한다고 주장한다.
② 신공공관리론은 시장기제를 기반으로 하여 수익자 부담원칙을 강조한다.
③ 신공공관리론은 신관리주의와 시장주의의 결합으로 민영화 등을 통한 작은 정부의 구현을 그 내용으로 한다.

정답 ④

# 14. 탈신공공관리론

## (1) 개념

① 탈신공공관리론은 신공공관리론의 역기능적 측면을 교정하고 통치 역량을 강화하며, 정치·행정체제의 통제와 조정을 개선하기 위해 재집권화와 재규제를 주창하는 것이다.

② 탈신공공관리론은 신공공관리론의 대체가 아니라 조정이다. (『새 행정학 2.0』)

## (2) 특징

① 구조적 통합을 통한 분절화의 축소

② 재집권화와 재규제의 주창

③ 총체적 정부 또는 합체된 정부의 주도

④ 역할 모호성의 제거 및 명확한 역할 관계의 안출

⑤ 민간·공공부문의 파트너십 강조

⑥ 집권화 역량 및 조정의 증대

⑦ 중앙의 정치·행정적 역량의 강화

⑧ 환경적·역사적·문화적 요소에의 유의 등

# 15. 신국정관리론(뉴거버넌스)

## (1) 의의 및 대두 배경

① 의의

- 행정학에서 거버넌스란 새로운 국가통치 행위 및 방식을 의미하는 국정관리로 해석된다. 거버넌스에 대한 행정학적 접근은 최광의, 광의, 협의가 있다.
- 협의: 거버넌스를 공공서비스 연계망(Network)으로 파악하는 입장이다. 이러한 공공서비스 연계망은 ㉠ 정부기관만이 아니라 다수의 비정부조직과 개인들이 공공서비스 공급에 참여하고, ㉡ 이들 간에 계층제적 위계가 아닌 연계망(Network)이 형성되고, ㉢ 연계망의 참여자들은 상호 신뢰(Trust)의 기반 위에 **협력의 관계를 유지한다는 특징을 갖는다.**

② 대두 배경

- 신공공관리접근법의 한계: 지나친 시장주의 행정운영으로 인한 공무원의 사기 저하, 행정문화와의 괴리 문제, 책임성, 민주성 측면에서 문제가 노정되었다.
- 환경변화로 인한 네트워크의 강화: 정부실패와 시장실패에 대한 대안으로서 신뢰를 바탕으로 한 네트워크의 강조와 관련된다.

## (2) 피터스(Peters)의 거버넌스 개념 유형

피터스는 거버넌스를 정부가 행정행위를 관장해가는 과정이라고 전제하면서 '전통적' 거버넌스인 전통적 정부 모형에 대한 대안으로, '뉴'거버넌스에 기초한 4가지의 정부개혁 모형을 제시하고 있다.



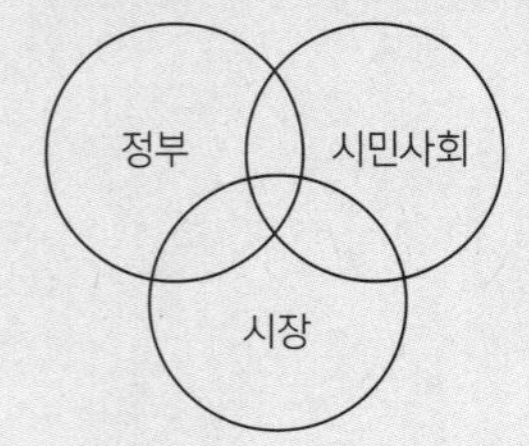

| 구분 | 전통모형 | 시장모형<br>(Market<br>gov't) | 참여모형<br>(Parcipative<br>gov't) | 신축모형<br>(Flexible<br>gov't) | 탈규제모형<br>(Deregula-<br>tory gov't) |
|---|---|---|---|---|---|
| 문제<br>진단 | 전근대적 권위 | 對 민간 독점<br>정부내부 독점 | 계층제 | 영속성 | 내부규제에<br>따른<br>감사대비 행정 |
| 구조의<br>개혁 방안 | 계층제 | 분권화 | 평면조직<br>(계층제 완화) | 가상조직<br>(네트워크 형성) | 제안 없음 |
| 관리의<br>개혁 방안 | 직업공무원<br>내부규제 | 성과급, 민간<br>기법을 도입 | 총체적 품질<br>관리(TQM),<br>팀(team)제 | 직업공무원제를<br>탈피하여 임시<br>적 관리를 활용 | 예산, 인력, 조직<br>등의 관리상<br>재량권 확대 |
| 정책<br>결정의<br>개혁 방안 | 정치·<br>행정이원론 | 내부시장,<br>시장적 유인을<br>통한 경쟁유발 | 협의, 협상 | 실험 | 기업가적 정부 |
| 공익의<br>기준 | 안정성(지속성),<br>평등 | 저비용, 고효율 | 참여, 협의 | 저비용, 조정 | 창의성,<br>활동주의 |

- 시장적 정부 모형

  전통적 관료제에 대한 불신(주로 정부 관료제의 독점성)을 전제로, 시장의 효율성에 대한 신뢰를 기초로 한다. 따라서 정부개혁은 정책결정과 집행의 분권화를 추구하며 민간 또는 준민간조직의 이용을 적극 권장한다.

- 참여적 정부 모형

  시장모형과는 거의 반대의 입장으로, 시장을 거부하며 정부에 대해 시민들이 적극적으로 의견을 투입하는 정치적·민주적인 집단적 기제, 즉 참여를 모색한다. 시장모형이 전통 관료제에서 독점이 가장 중요한 저해 요인으로 지적하는 반면, 참여모형은 계층제를 최대의 해악으로 지적한다.

- 신축적 정부 모형

  전통 관료제의 영속성에 대한 비판적 입장에서, 변화에 대한 효과적 대응(신축성)에 초점을 두어 임시조직 또는 가상조직과 같은 정부 내의 구조적 변화를 대안으로 제시한다.

- 탈규제적 정부 모형

  정부 내부의 규정이나 규칙 등의 규제를 철폐함으로써 공공부문에 내재하고 있는 잠재력과 독창성을 분출시키는 것이다. 이는 내부의 번문욕례 등의 제약요인을 제거함으로써 조직구성원들이 새롭고 창의적인 활동을 할 수 있도록 하여 효과적인 행정을 달성하고자 하는 것이다.

## (3) 신공공관리론과 신국정관리론의 비교

① 유사점

- 정부역할에 대한 인식: 서비스 전달이라는 노젓기(Rowing)는 민간부문이나 준정부부문으로 외부화시키고(Rolling out of the state power), **정부는 방향잡기(Steering)**를 위한 도구와 기법을 중시한다.
- 공공부문과 민간부문 구별의 상대화: NPM에서는 정부부문의 효율성 제고를 위해 민간부문의 경영·관리 기법을 사용해야 한다는 측면, 신국정관리론(신거버넌스)에서는 양 부문의 행위자들이 네트워크를 통해 함께 일한다는 측면에서 양자 모두 **공공부문과 민간부문의 구별에 대해 상대적**이다.
- 정부실패의 극복을 위해서 대두된 이론: 정치행정과정에서 사람들의 의사반영을 위한 대표 선출(대리인 체제)이 필요하지 않게 된다. NPM에서는 시장 메커니즘을 통한 고객으로서의 직접적 선호 표출이 이루어지고, 신국정관리론(신거버넌스)에서는 시민들의 직접 참여가 이루어지기 때문이다.
- 투입보다는 산출에 대한 통제 강조: 두 이론 모두 투입보다는 **산출에 대한 통제**를 강조한다.

② 신공공관리, 신국정관리의 비교

| 구분 | 신공공관리 | 신국정관리<br>(New governance) |
|---|---|---|
| 인식론적 기초 | 신자유주의 | 공동체주의 |
| 국민 | 고객(수동적 존재) | 주인 = 시민(능동적 존재) |
| 관리 기구 | 시장 | 서비스 연계망<br>(공동체) |
| 관리 가치 | 결과<br>(효율성·생산성) | 신뢰·과정<br>(민주성·정치성) |
| 정부 역할 | 방향키(Steering) | |
| 관료 역할 | 공공기업가 | 조정자 |
| 작동 원리 | 경쟁체제<br>(시장 메커니즘) | 신뢰와 협력체제<br>(파트너십) |
| 서비스 | 민영화, 민간위탁 | 공동공급<br>(시민, 기업 등 참여) |
| 관리 방식 | 고객 지향 | 임무 중심 |
| 분석 수준 | 조직 내 | 조직 간 |

# 16. 포스트모더니티(Post – modernity) 행정이론

## (1) 대두 배경

지금까지의 주류 행정이론은 근대 이후 형성된 산업사회의 기본 정신인 '인간의 주체성과 이성 및 합리적 사고에 대한 무한한 믿음을 가정하는 합리주의, 과학주의, 기술주의'를 신봉하는 모더니즘(Modernism)에 뿌리를 두고 있다. 그러나 최근 모더니즘에 대한 회의와 비판을 의미하는(서구의 합리주의를 배격) 포스트모더니즘(Post-modernism)의 등장과 함께 행정학 분야에서도 포스트모더니티 행정이론이 대두하고 있다.

## (2) 포스트모더니티 행정이론

① 파머(Farmer)의 포스트모더니티 행정이론
- 상상(Imagination): 상상이란 소극적으로는 규칙에 얽매이지 않는 것을 말하며, **적극적으로는 문제의 특수성을 인정하자는 것이다.**
- 해체(Deconstruction: 탈구성): 포스트모더니티에서 말하는 해체라는 것은 텍스트(언어, 몸짓, 이야기, 설화, 이론)의 **근거를 파헤쳐 보는 것이다.** 예를 들면 '행정의 실무는 능률적이어야 한다는 것'은 하나의 설화인데, 이러한 설화들을 당연한 것으로 받아들이지 않고 해체해 보면, 설화를 더 잘 이해할 수 있게 된다고 할 수 있다.
- 영역 해체: 지식의 고유영역과 경계를 타파하는 것이다. 행정학의 고유영역이라고 믿는 지식의 성격이 변화하고, 행정조직의 계층성 등이 약화된 탈관료제화된 모습을 나타내게 될 것으로 본다.
- 타자성(Alterity): 타자성이란 타인을 하나의 대상이 아닌 **도덕적 타자로 인정**하고, 다양성에 대한 선호와 함께 타인에 대해 개방적인 태도를 가져야 한다는 것이다. 행정에서 타자성은 다양성에 대한 선호와 함께 행정의사결정의 개방성을 의미한다.

② 폭스(Fox)와 밀러(Miller)의 민주행정을 위한 담론이론
- 공공행정의 주체가 종전의 관료기구에서 정책네트워크, 기관 간 정책연합, 시민단체 등 다양한 사회세력으로 구성된 에너지 영역으로 대체해야 된다.
- 에너지 영역은 구성원 간의 평등한 의사소통인 담론을 가능하게 하는 운동장이다.
- 행정은 소수 전문관료제에 의한 합리적 분석이 아니라 국민과의 민주적이고 자유로운 담론을 통해서 국민이 원하는 의미를 포착하여 정책에 반영하는 것이다.



**모더니티와 포스트모더니티**

| 모더니티 | 포스트모더니티 |
| --- | --- |
| • 서구의 합리주의 신봉 | • 서구의 합리주의 배격 |
| • 소품종 대량생산 | • 다품종 소량생산 |
| • 대의 민주정치 | • 직접 민주정치 |
| • 관료제 | • 탈관료제 |

**포스트모더니즘의 지적 특징**
- **구성주의**: 포스트모더니즘은 우리가 발견할 수 있는 객관적 사실이 있다고 보는 객관주의를 배척하고, 사회적 현실은 우리들의 마음(내면)속에서 구성된다고 보는 구성주의(Constructivism)를 지지합니다.
- **상대주의 및 다원주의**: 보편주의와 객관주의를 추구하는 것은 헛된 꿈이라고 비판하고 지식의 상대주의를 주창합니다. 즉, 절대 유일의 가치는 존재하지 않으며 다양한 가치가 존재한다고 봅니다.
- **해방주의**: 포스트모더니즘은 해방주의적(Emancipatory)인 성향을 지닙니다. 개인들은 조직과 사회적 구조의 지시와 제약으로부터 해방되어야 한다고 주장합니다.
- 포스트모더니티는 진리의 기준을 맥락 의존적이라고 보고 있으며, 거시이론·거대한 설화·거시 정치 등을 부인합니다.

**도덕적 타자의 개념**

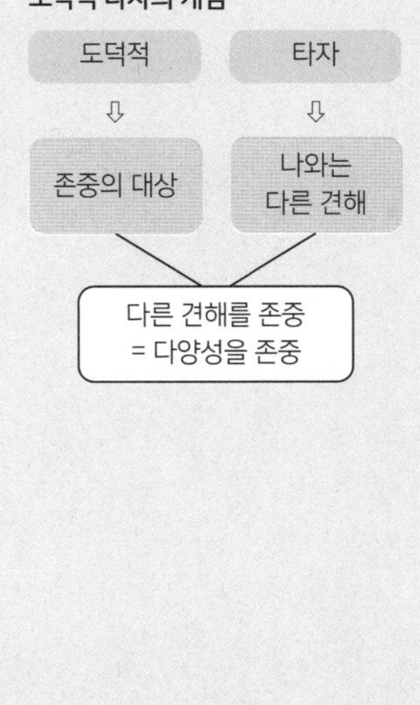

## 17. 신공공서비스론

### (1) 대두 배경 – 신공공관리론의 오류에 대한 반작용

① 행정가가 책임져야 하는 것은 행정업무 수행에서 효율성이 아니라, 모든 사람에게 더 나은 생활을 보장하는 것으로 본다.

② 민주적 시민이론, 지역공동체와 시민사회 모형, 조직인본주의와 담론이론, 포스트모더니즘 등에 기초한다.

### (2) 신공공관리론, 신공공서비스론의 비교

| 구분 | 신공공관리론 | 신공공서비스론 |
|---|---|---|
| 이론 및 인식론적 토대 | 신고전학파 경제이론 | 민주주의 이론, 실증주의, 해석학, 비판이론, 포스트모더니즘 등 복합적 |
| 공익의 개념 | 개인 이익의 총합 | 공유가치에 대한 담론의 결과 |
| 공무원의 반응 대상 | 고객 | 시민 |
| 정부의 역할 | • 방향잡기<br>• 시장의 힘을 활용한 촉매자 | • 봉사<br>• 공유된 가치 창출을 위해 시민, 지역공동체 집단들과 이익을 협상하고 중재 |
| 정책목표 달성 기제 | 민간기관 및 비영리기구 활용해 정책목표를 달성할 기제와 유인 체계의 창출 | 상호 합의한 필요를 충족시키기 위한 공공기관, 비영리 및 민간기관 연합 |
| 책임성 확보 방법 | • 시장 지향적<br>• 사익의 총합은 시민에게 바람직한 결과 창출 | • 다면적<br>• 법, 공동체, 정치규범, 전문성, 시민이익 존중 |
| 행정재량 | 기업가적 목표 달성을 위해 폭넓은 재량 허용 | 재량이 필요하지만 제약과 책임 수반 |
| 기대하는 조직 구조 | 조직 내 주요 통제권이 유보된 분권화된 조직 | 리더십을 공유하는 협동적 조직구조 |
| 공무원 동기유발 수단 | • 기업가 정신<br>• 정부 규모를 축소하고자 하는 이데올로기적 욕구 | • 사회봉사<br>• 사회에 기여하려는 욕구 |

# 18. 레짐(Regime)이론

## (1) 의의

레짐은 비공식적 실체의 통치연합(Governing coalition)으로서, 자발적 결사체인 이익집단이 사안에 따른 이합집산을 통하여 정책결정을 하는 것이 아니라, 도시정부라는 제도적 기제를 매개체로 하여 비공식적이지만 일정한 세력 집단으로서 그 중추적 역할을 담당한다는 것이다.

## (2) 레짐의 유형: Stone의 유형(1993) - 도시 레짐을 유형화한 대표적인 이론

① 현상유지 레짐: 친밀성이 높은 소규모 지역사회에서 나타나는 유형으로 근본적인 **변화 노력 없이 일상적인 서비스 전달을 통치 과정으로 삼는다.** 관련 행위 주체 간 갈등이나 마찰이 작으며, 생존 능력이 강한 편이다.

② 개발 레짐: 지역의 성장을 추구하는 레짐으로 재개발, 공공시설의 확충, 보조금 배분, 세제 혜택 등의 수단을 통해 **지역개발을 적극 도모한다.** 관련 행위 주체 간 갈등이 심하며, 레짐의 생존능력은 비교적 강한 편이다.

③ 중산계층진보 레짐: 중산계층의 주도로 **자연 및 생활환경보호, 삶의 질 개선, 성적·인종적 평등 같은 이념을 지향하는** 형태이다. 정부의 강력한 기업규제가 실시되어 개발 부담금 제도와 같은 수단이 도입되며, 시민의 참여와 감시가 강조된다. 생존능력은 보통 수준이다.

④ 하층기회확장 레짐: 저소득층의 기본적인 경제욕구 충족과 이익 확대를 지향하는 유형으로 직업교육 같은 교육훈련을 확대하고, 주택소유 기회배분, 소규모 사업 실시를 수단으로 삼는다. 대중동원이 가장 큰 통치과제로 대두되며, 레짐의 생존능력은 약하다.

# 19. 넛지이론

## (1) 개념 및 대두배경

① 넛지이론은 실제의 인간행동에 관한 행동경제학의 통찰을 정부의 정책 설계 및 집행에 적용, 응용하기 위한 이론이다.

② 인간은 제한된 합리성으로 인해 불확실한 상황에서 이루어지는 판단과 선택을 효율적으로 수행하기 위해 휴리스틱이라는 의사결정 방법을 활용한다. 이 과정에서 발생하는 인지적 오류와 행동편향으로 인한 비합리적 의사결정을 행동경제학에서는 행동적 시장실패라고 정의한다.

③ 넛지이론은 행동적 시장실패를 해결하기 위한 정부 역할의 필요성에 관한 규범적 근거와 이에 적합한 정책 수단을 제시하고 있다.

## (2) 정부의 역할

정부는 선택설계자로서의 역할을 수행해야 하고, 이를 위해 전통적인 정책 수단인 법률과 규제, 경제적 유인 수단 등과 구별되는 새로운 정책 수단인 넛지를 활용해야 한다.

## (3) 시험과 관련된 주요 예시

① 전통적 시장실패에서는 외부효과, 즉 제3자에게 긍정적·부정적 파급효과를 창출하는 것이 시장실패의 핵심요인으로 본다.
② 행동경제학에서는 휴리스틱과 행동편향에 따른 영향이 개인의 의사결정과 선택에 영향을 미쳐 자신의 후생손실을 초래하는 내부효과가 행동적 시장실패의 핵심요소이다.

## (4) 신공공관리론과 넛지이론의 비교

| 구분 | 신공공관리론 | 넛지이론 |
| --- | --- | --- |
| 이론의 학문적 토대 | 신고전학파 경제학, 공공선택론 | 행동경제학 |
| 합리성 | 완전한 합리성, 경제학 합리성 | 제한된 합리성, 생태적 합리성 |
| 정부 역할의 이념적 기초 | 신자유주의, 시장주의 | 자유주의적 개입주의 (넛지를 통한 정책은 강제적이지 않고 정책 대상자에게 선택의 자유를 보장한다) |
| 정부 역할의 근거와 한계 | 시장실패와 제도실패, 정부실패 | 행동적 시장실패와 정부실패 |
| 공무원상 | 정치적 기업가 | 선택설계자 |
| 정부 정책의 목표 | 고객주의, 개인의 이익 증진 | 행동 변화를 통한 삶의 질 제고 |
| 정책 수단 | 경제적 인센티브 | 넛지 |
| 정부개혁 모델 | 기업가적 정부 | 넛지 정부 |

출제빈도: ★★☆

**01** 1887년 행정학의 시발점이 된 『행정의 연구(The study of public administration)』를 쓴 저자는?

① 윌슨(W. Wilson)
② 화이트(L. White)
③ 사이먼(H. Simon)
④ 굿노(F. Goodnow)

출제빈도: ★★☆

**02** 미국 초기의 정부이념 중 연결이 틀린 것은?

① 매디슨: 다원주의
② 잭슨: 엘리트주의
③ 제퍼슨: 자유주의
④ 해밀턴: 연방주의

출제빈도: ★☆☆

**03** 미국 민주주의의 규범적 관료제 모형에 대한 설명으로 옳은 것은?

① 제퍼슨주의(Jeffersonianism)는 개인의 자유를 극대화하기 위한 행정책임을 강조하고, 소박하고 단순한 정부와 분권적 참여과정을 중시한다.
② 잭슨주의(Jacksonianism)는 행정의 탈정치화를 통해 정당정치의 개입으로부터 자유로운 행정을 강조한다.
③ 매디슨주의(Madisonianism)는 국가이익의 증진을 위해 강한 행정부의 적극적 역할과 행정의 유효성을 지향한다.
④ 해밀턴주의(Hamiltonianism)는 다원적 과정을 통한 이익집단 요구의 조정과 이를 가능하게 하는 견제와 균형을 중시한다.

출제빈도: ★☆☆

**04** 윌슨(Wilson)의 『행정연구(The study of administration, 1887)』에 대한 설명으로 옳지 않은 것은?

① 정부개혁을 통해 특정 지역 및 계층 중심의 관료 파벌을 해체하고자 했다.
② 행정과 경영의 유사성을 강조했다.
③ 정치와 행정을 분리하고자 했다.
④ 효율적 정부 운영에 관심을 두었다.

출제빈도: ★☆☆  대표출제기업: 인천교통공사

## 05  테일러(F. Taylor)의 과학적 관리론에 대해 설명하고 있는 것은?

① 생산성을 향상시킬 수 있는 상황에도 불구하고 생산량이 향상되면 표준작업량이 높아지면서 임률이 하락하여 누군가는 해고된다고 인식하여 생산량의 억제를 통해 근로자의 해고를 막자는 집단의 규범에 의해 작업량을 억제하는 힘이 존재한다.

② 만족한 젖소가 더 많은 우유를 생산해내듯 만족한 근로자들이 더욱 많은 생산을 한다는 식의 논리를 주장한다는 측면에서 '젖소 사회학'이라는 비판을 받기도 한다.

③ 조직 내부의 합리적 계획은 조직 구성원의 특성이나 외부적 환경에 의해 제약을 받거나 의도한 것과 전혀 다른 결과를 초래한다.

④ 직무를 분석하여 각 직무마다 표준화된 작업 방법을 개발하고, 노동자의 생산량을 기준으로 임금을 지불하는 새로운 보수 체계를 도입했다.

---

### 정답 및 해설

**01** ①
윌슨은 1887년 『행정의 연구』를 저술하였으며 『정치와 행정』은 1900년 굿노가 저술한 것으로 정치와 행정의 구분을 주장하였다.

**02** ②
잭슨 – 엽관주의(민주주의)

오답노트
① 매디슨 – 다원주의(이익집단 간 조정과 균형)
③ 제퍼슨 – 자유주의(지방분권에 의한 민주행정)
④ 해밀턴 – 연방주의(중앙집권에 의한 능률행정)

**03** ①
제퍼슨주의는 자유주의로서 개인의 자유를 극대화하기 위한 행정책임을 강조하고, 소박하고 단순한 정부와 분권적 참여과정을 중시한다.

오답노트
② 잭슨주의는 민주주의로 엽관주의를 통한 행정이 가장 민주적인 행정이라고 주장한다.
③ 매디슨주의는 다원주의로 이익집단 요구의 조정과 이를 가능하게 하는 견제와 균형을 중시한다.
④ 해밀턴의 연방주의는 강한 행정부의 적극적 역할과 행정의 유효성을 지향한다.

**04** ①
잭슨(Jackson)이 제창한 엽관주의의 성립배경에 해당한다. 잭슨(Jackson)은 기존의 동부 출신 또는 상류 출신 위주의 관료 파벌을 타파하고 한정된 공직을 만인에게 개방하려는 민주주의의 신념으로 엽관주의를 제창하였다.

오답노트
②, ③ 윌슨(Wilson)은 정치로부터 행정의 분리(정치행정이원론)를 주장하면서 행정의 본질을 '효율적인 정책집행을 위한 행정관료 조직 내부의 관리와 경영의 영역'으로 규정했다.
④ 관리의 효율화를 위하여 테일러(Taylor)의 과학적 관리법 및 공·사조직을 불문하고 공통적으로 적용될 수 있는 보편적인 조직 원리를 탐구한 귤릭(Gulick), 화이트(White), 어윅(Urwick) 등의 행정원리론이 발달하게 된다. (행정관리설)

**05** ④
테일러는 시간연구와 동작연구를 통해 직무를 분석하여 각 직무마다 표준화된 작업 방법을 개발하고, 노동자의 생산량을 기준으로 임금을 지불하는 성과급을 도입했다.

오답노트
① 해고에 대한 불안감이 생산량을 억제했다고 보는 것은 인간관계론이다.
② 인간을 관리의 대상으로 보는 학문을 비판하는 용어가 '젖소 사회학'이다. '만족한 젖소'에서 '만족'이란 개념은 심리적 개념으로, 인간관계론을 의미하는 개념적 징표이다.
③ 과학적 관리론이나 인간관계론 모두 환경을 고려하지 않는다.

**06** 다음 중 호오손실험에 대한 내용으로 가장 옳은 것은?

① 인간관계론의 이론적 틀을 마련하였다.

② 테일러의 과학적 관리법을 계승한다.

③ 개인의 생산성 향상을 위해서는 물리적 작업환경이 중요하다는 점을 발견하였다.

④ 본래 실험 의도와 다르게 작업의 과학화, 객관화, 분업화의 중요성을 발견하였다.



**07** 고전적 조직이론의 기계적 조직관을 비판하고 조직 내 인간의 사회적 관계의 중요성을 주장하며 등장한 인간관계론의 궁극적인 목표로 옳은 것은?

① 조직의 성과 제고　　　　　　　　　② 조직 운영의 민주화

③ 조직 구성원의 자아실현　　　　　　④ 조직 내부의 비공식집단의 활성화



**08** 행태적 접근방법에 대한 설명으로 옳지 않은 것은?

① 집단의 고유한 특성을 인정하지 않는 방법론적 개체주의의 입장을 취한다.

② 행태의 규칙성, 상관성 및 인과성을 경험적으로 입증하고 설명할 수 있다고 본다.

③ 연구에서 가치와 사실을 구분하지 않는다.

④ 사회현상을 관찰 가능한 객관적 대상으로 보며, 인간의 주관이나 의식을 배제하고 인식론적 근거로서 논리실증주의를 신봉한다.



**09** 행태론의 특징으로 옳지 않은 것은?

① 종합학문성　　　　　　　　　　　　② 과학적 연구방법의 적용

③ 자율적 인간관　　　　　　　　　　④ 가치와 사실의 분리

출제빈도: ★★★

**10** 사이먼(H. Simon)이 주장한 행정과학의 내용이 아닌 것은?

① 조직 및 소속 구성원의 행태를 주된 연구대상으로 한다.

② 의사결정의 측면을 중시한다.

③ 논리실증주의 연구방법을 따른다.

④ 원리주의 접근을 중시한다.

---

**정답 및 해설**

**06** ①
호오손실험은 인간관계론의 이론적 기반이 된 것으로, 인간을 사회적 존재로 보며 사회적 능률을 강조한다.

오답노트
② 인간관계론은 과학적 관리론을 비판하면서 대두된 이론이다.
③ 호오손실험은 생산성 향상을 위해 인간관계의 사회심리적 요인이 중요함을 제시한 이론이다.
④ 작업의 과학화, 객관화, 분업화의 중요성을 발견한 것은 테일러 (Taylor)의 시간 및 동작 연구이다.

**07** ①
인간관계론은 조직의 능률성 확보를 통한 조직의 성과 제고가 궁극적 목표이다. 그러나 인간관계론이 인간적·사회적 요인을 부각시키고 비공식적 구조에 관심을 가진 것은 사실이지만 인간의 복잡한 측면을 보지 못했고, 여전히 하향적 통제를 추구하는 관리원칙이 중시되었다. 이는 만족한 젖소가 더 많은 우유를 생산해내듯 만족한 근로자들이 더욱 많은 생산을 한다는 식의 논리를 주장한다는 측면에서 '젖소 사회학'이라는 비판을 받았다.

**08** ③
행태주의는 가치와 사실을 구분하고, 과학적·경험적 연구에서 관찰이나 검증이 불가능한 가치를 배제하고 사실중심적 연구를 강조한다.

오답노트
① 행태주의는 집단의 고유특성을 인정하지 않는 방법론적 개체주의를 취한다.
② 행태주의는 사회현상도 경험적 검증을 통하여 자연과학과 마찬가지로 엄밀한 과학적 연구가 가능하다는 전제에서 자연과학적 방법을 이용하여 일반이론(법칙) 정립을 중시한다.
④ 행태주의는 인간행태에 존재하는 규칙성과 인과성을 발견하고자 논리실증주의를 적용한다.

**09** ③
행태주의는 피동적이고 수동적인 인간관에 입각하고 있다.

오답노트
① 인간행태를 연구하기 위해서 종합학문적 성격을 가진다.
② 가치판단을 배제하는 과학적 연구방법의 적용을 강조한다.
④ 가치와 사실을 분리하고 가치판단을 배제하는 가치중립성을 강조한다.

**10** ④
사이먼은 고전적 원리는 경험적 검증을 거치지 않은 속담이나 격언에 불과하다며 원리주의 접근을 비판하였다.

오답노트
① 행태론은 구조나 환경이 아닌 인간의 행태를 연구대상으로 한다.
② 사이먼은 행정을 집단적·협동적 의사결정으로 본다.
③ 행태론은 논리실증주의를 방법론으로 채택한다.

출제빈도: ★★★　대표출제기업: 한국마사회

**11** 행정학의 방법론 중 행태주의(Behavioralism)의 특징과 가장 거리가 먼 내용은?

① 사회현상도 자연과학과 마찬가지로 엄밀한 과학적 연구가 가능하다고 본다.

② 인식론적 근거로서 논리실증주의를 신봉한다.

③ 지식인은 사회문제를 해결하는 데 자신의 지식을 적극적으로 활용해야 한다.

④ 연구에서 가치와 사실을 명백히 구분하고 가치중립성을 지킨다.

출제빈도: ★☆☆

**12** 생태론의 등장으로 인하여 현대 행정에서 중요하게 여기게 된 행정변수는 무엇인가?

① 구조　　　　　　　　　　　　　　② 인간
③ 환경　　　　　　　　　　　　　　④ 기능

출제빈도: ★★☆　대표출제기업: 한국남동발전

**13** 파슨스(T. Parsons)는 조직을 그 조직의 사회적 필요성을 충족시키기 위해 수행하는 기능에 따라 분류하였다. 다음 중 사회적 기능에 의한 분류가 아닌 것은?

① 목표달성기능　　　　　　　　　　② 자원배분기능
③ 통합기능　　　　　　　　　　　　④ 적응기능

출제빈도: ★★☆

**14** 개방체제의 요소에 포함되지 않는 것은?

① 총체주의관점　　　　　　　　　　② 정(+)의 엔트로피
③ 환경적 자각　　　　　　　　　　④ 동일 종국성

출제빈도: ★☆☆

## 15 발전행정에 관해 틀린 설명은?

① 행정에서 정치보다 경영을 중시한다.
② 행정에 의한 적극적인 사회변동기능을 중시한다.
③ 효과성을 중시한다.
④ 능동적 행정인을 강조한다.

---

### 정답 및 해설

**11** ③

행태론은 행정인이 사회문제를 해결하는 데 자신의 지식을 적극적으로 활용해야 한다는 행정학의 적실성을 인지하지 못하였다. 따라서 과학을 위한 과학으로 전락했다는 비판을 받았다.

오답노트
①, ② 행태론은 논리실증주의를 철학으로 하기 때문에 자연과학의 방법론과 사회과학의 방법론은 동일하다고 보면서 사회과학도 엄밀한 과학적 연구가 가능하다고 본다.
④ 행태론은 가치와 사실을 이분법적으로 구별하고 가치영역을 연구대상에서 제외한 가치중립이다.

**12** ③

생태론적 접근방법은 행정을 하나의 유기체로 파악하고, 행정과 환경과의 상호작용 관계를 중심으로 행정현상을 연구하는 이론이다. 이는 행정에 영향을 미치는 환경과의 관계를 처음으로 연구한 거시적 접근방법으로, 환경에 대한 행정의 종속변수적 측면을 중시한다.

**13** ②

자원배분기능 대신 체제유지기능이 들어가야 한다. 파슨스는 모든 체제는 그 존속 및 목표달성을 위하여, 다음 4가지의 '필수적인 기능적 요건'을 수행한다고 보고 있다.

| | |
|---|---|
| 적응기능<br>(Adaptation) | 체제가 의존하고 있는 환경에 적응하는 것, 즉 환경으로부터 자원이나 정보를 얻고 이를 체제를 통해 배분하는 것으로, 경제 영역이 이에 해당된다. |
| 목표달성기능<br>(Goal attainment) | 체제의 공통된 가치하에서 체제가 성취하고자 하는 목표를 설정하고, 목표달성을 위해 시간과 노력을 경주하는 것으로, 정치 영역이 이에 해당된다. |
| 통합기능<br>(Integration) | 체제를 구성하는 각 부분 및 하위체제들의 활동을 조정하는 기능으로, 경찰·사법작용이 이에 해당된다. |
| 잠재적 유형 유지 및<br>긴장관리기능<br>(Latent pattern<br>maintenance) | 체제가 자신의 기본적인 유형(Pattern)을 유지하고 자신의 가치와 규범을 재생산하는 것으로, 교육·문화작용이 이에 해당된다. |

**14** ②

개방체제는 부( − )의 엔트로피를 추구하며, 부정적 엔트로피는 해체나 소멸을 부정한다. 정( + )의 엔트로피는 해체·소멸을 의미하는 것으로 폐쇄체제의 특징이다.

오답노트
① 방법론상 총체주의인 거시이론이다.
③ 개방체제는 환경의 독립변수성을 강조하므로 당연히 환경을 자각한다.
④ 상이한 경로를 가지더라도 종국상태가 같다는 의미로 체제론의 특징이다.

**15** ①

발전행정론은 행정 우위의 정치행정일원론으로서 경영보다 정치를 중시한다.

오답노트
②, ④ 행정의 독립변수성을 강조하므로, 적극적이고 능동적인 행정인을 강조한다.
③ 발전행정론의 행정이념은 효과성이다.

출제빈도: ★☆☆

**16** 국가의 발전목표를 달성하기 위하여 정책과 계획을 적극적으로 수립하고 집행하는 행위가 행정이라고 파악하는 입장과 관계가 없는 것은?

① 공·사행정이원론의 입장이다.

② 변동대응능력의 증진을 중요시한다.

③ 행정의 의도적이고 계획적인 변동을 중시한다.

④ 의사결정에 있어서 사실명제만을 행정의 주요 연구대상으로 한다.

출제빈도: ★☆☆　대표출제기업: 인천교통공사

**17** 후기 행태주의의 특징에 대한 설명으로 옳은 것은?

① 논리실증주의에 입각한 과학적 연구를 강조하고, 과학으로서의 행정학은 가치와 사실을 구분하여 사실만을 다루어야 한다고 주장한다.

② 행정행태에 관한 계량적 분석에 중점을 둔다.

③ 민주적 가치규범에 입각하여 가치평가적인 정책연구를 지향한다.

④ 집단의 고유한 특성을 인정하지 않는 방법론적 개체주의의 입장을 취한다.

출제빈도: ★★☆　대표출제기업: 한국남동발전

**18** 다음 중 신행정학(New Public Administration)의 핵심 내용으로 옳은 것만을 모두 고른 것은?

<보기>

| | |
|---|---|
| ㄱ. 효율성 강조 | ㄴ. 실증주의적 연구 지향 |
| ㄷ. 적실성 있는 행정학 연구 | ㄹ. 고객 중심의 행정 |
| ㅁ. 기업식 정부 운영 | |

① ㄱ, ㄴ

② ㄴ, ㄷ

③ ㄷ, ㄹ

④ ㄹ, ㅁ

출제빈도: ★☆☆

**19** 행정학의 접근방법 중 현상학적 접근방법과 관계가 깊은 것은?

① 경험적 검증 가능성

② 능동적 자아

③ 가치중립성

④ 일반법칙성

출제빈도: ★ ☆ ☆

## 20 현상학적 행정연구의 중심개념이 아닌 것은?

① 언어와 상호주관성

② 객관적 실체 중시

③ 의미 있는 경험세계에 대한 관심

④ 사회명목론

---

### 정답 및 해설

**16** ④

국가의 발전목표를 달성하기 위하여 정책과 계획을 적극적으로 수립하고 집행하는 행위가 행정이라고 파악하는 입장은 발전행정론이다. 발전행정론은 행정의 가치지향성을 강조하며, 사실명제만을 행정의 주요 연구대상으로 삼는 것은 행태론이다.

오답노트
① 발전행정론은 공사행정이원론, 정치행정일원론이다.
②, ③ 발전행정론은 행정의 독립변수성을 통하여 의도적이고 계획적인 국가발전을 추구한다.

**17** ③

후기행태주의는 행정의 정책지향성 내지는 가치지향성 및 실천과 적실성을 강조하며, 정책과학·현상학 등과 함께 신행정학(NPA)의 중심 위치를 차지하게 되었다.

오답노트
① 행태주의에 대한 설명이다.
② 행태주의는 자료를 계량적 방법에 의해 분석하는 등 행정행태에 관한 계량적 분석에 중점을 둔다.
④ 행태주의는 집단의 고유한 특성을 인정하지 않는 방법론적 개체주의의 입장을 취한다.

**18** ③

ㄷ. 신행정학은 급박한 사회문제 해결이 적실성 있게 이루어져야 하며, 사회과학자의 임무는 연구 결과를 통해 인류의 가치를 보전하고 사회를 개혁하는 데 기여하여야 한다는 것이다.

ㄹ. 신행정학은 고객지향성과 참여의 확대를 강조하였는데 이는 행정권의 종국적 근원을 시민으로 보고, 고객의 참여를 강조한 것이다.

오답노트
ㄱ. 신행정학은 사회·경제적으로 불리한 위치에 있는 계층에 대한 우선적 배려를 통해 사회적 형평을 강조한다.
ㄴ. 신행정학은 행태주의의 현실 처방성 결여를 비판하고 나온 반논리실증주의 계열이다.
ㅁ. 신행정학은 격동의 시대에 있어서는 행정인이 적극적·독립변수적 역할을 수행해야 함을 강조한다. 기업식 정부 운영은 신공공관리론의 특징이다.

**19** ②

행태론은 인간을 수동적·원자적 자아로 보는 반면, 현상학은 능동적·사회적 자아로 보는 행위이론(Action theory)이라는 점에서 행태론과 구별된다.

오답노트
① 경험적 검증 가능성은 행태론의 특징이다.
③ 현상학적 접근방법은 가치지향적이고 문제해결지향적 이론이다.
④ 현상학적 접근방법은 개별사례에 적합한 문제해결책을 중시한다. 일반법칙은 행태론의 특징이다.

**20** ②

현상학은 명목론적 사회관에 입각하고 있어서, 객관적 실체가 아닌 사회를 구성하는 인간과 의식을 중시한다.

## 21 공공선택이론의 특징으로 가장 옳지 않은 것은?

① 뷰캐넌(Buchanan)이 창시하고 오스트롬(Ostrom)이 발전시킨 이론이다.
② 방법론적 개인주의에 입각하고 있다.
③ 인간은 철저하게 자기이익을 추구한다고 가정한다.
④ 정부실패를 고려하지 않았다.



## 22 공공선택이론에 대한 설명으로 옳지 않은 것은?

① 사회의 비시장적인 영역들에 대해서 경제학적 방식으로 연구한다.
② 시민들의 요구와 선호에 민감하게 부응하는 제도 마련으로 민주행정의 구현에도 의의가 있다.
③ 전통적 관료제를 비판하고 그것을 대체할 공공재 공급방식의 도입을 강조한다.
④ 효용극대화를 추구한다는 합리적 개인에 대한 가정은 현실적합성이 높다고 평가받는다.



## 23 공공선택이론을 행정학에 도입한 학자로서 민주행정의 패러다임을 제시한 학자는?

① 오스트롬                    ② 피터스
③ 뷰캐넌                      ④ 하몬



## 24 다음 중 공공선택이론의 특징이 아닌 것은?

① 비시장적 영역에 경제학적 방법론의 원용
② 사익을 추구하는 개인 가정
③ 방법론적 개체주의
④ 민주사회의 다수결 원리를 신봉

출제빈도: ★ ☆ ☆

## 25 신제도주의에 대한 설명으로 옳은 것은?

① 비공식적인 제도나 규범도 넓은 의미에서 제도로 규정한다.

② 행태주의적 접근방법을 지지한다.

③ 역사적 신제도주의는 분석수준 면에서 방법론적 개체주의의 입장을 취한다.

④ 사회학적 신제도주의는 다양한 요인들이 결합되는 역사적 우연성과 맥락을 중시한다.

---

정답 및 해설

**21** ④

공공선택이론은 정부실패를 극복하기 위해 대두된 이론으로, 비효율적이고 비대응적인 전통적 관료제를 비판한다.

오답노트

① 버지니아 학파의 뷰캐넌이 1962년 『국민 합의의 분석』이라는 논문을 통해 도입하였고, 이후 오스트롬 부부가 1973년 『미국 행정학의 지적 위기』를 통해 공공선택론적 시각을 확대시켰다.

② 부분의 합은 전체와 같다고 인식한다. 따라서 개인을 분석단위로 하여 전체의 특성을 파악할 수 있다고 본다.

③ 개인을 자기 이익의 극대화를 추구하는 합리적 경제인으로 가정한다.

**22** ④

모든 인간은 효용극대화를 추구한다는 합리적 개인에 대한 가정은 개인의 선택은 경제적 이익 이외에 개인의 가치관이나 사회적 상호작용의 영향을 받는다는 측면을 도외시하고 있다.

오답노트

① 공공선택론은 '비시장적 의사결정(Non-market decision-making)에 대한 경제학적 연구 또는 정치학에 경제학을 응용하는 것'이라 정의하고 있다.

② 공공재와 공공서비스의 효율적 공급을 위한 조직적 장치로 '권한의 분산과 관할권의 중첩'을 제시하고 있다. 이렇게 하면 각 권력기관은 경쟁을 통하여 고객에 대한 서비스를 만족시킬 수 있다고 주장한다.

③ 공공서비스를 독점적으로 공급하는 전통적인 정부관료제는 시민의 요구에 민감하게 반응을 보일 수 없는 제도로 보며, 이에 대한 대응으로 경쟁을 통한 공공서비스 공급을 강조한다.

**23** ①

원래 공공선택이론은 정치적 현상에 대한 경제학적 접근이다. 따라서 재정학자들이 연구를 하였으며, 오스트롬 부부에 의해 민주행정 패러다임이라고 하여 행정학에 접목하였다.

**24** ④

공공선택론은 다수결 원칙의 보편적 효용을 믿지 않고 상황적응적 선택을 처방한다.

오답노트

①, ③ 공공선택론은 비시장적 영역에 경제학적 방법론을 원용하며 방법론상 개인(개체)주의이다.

② 공공선택론의 인간관은 이기적·합리적 경제인을 가정한다.

**25** ①

신제도론은 규칙·법률 등 공식적 측면뿐만 아니라 규범·관습 등의 비공식적인 측면도 함께 제도로 규정한다.

오답노트

② 신제도주의는 개개인의 의사결정이 전체의 결정으로 전환되면서 제도나 규칙이 어떻게 영향을 미치는지를 평가하는 과정에서 제도를 중시한다. 따라서 신제도주의는 행태주의나 다원주의를 거부하였다.

③ 역사적 신제도주의는 분석수준 면에서 방법론적 전체주의의 입장을 취한다.

④ 다양한 요인들이 결합하는 역사적 우연성과 맥락을 중시하는 것은 역사적 신제도주의 접근의 기본전제이다.

출제빈도: ★☆☆

## 26 신제도론이 강조하는 행정학의 접근방법은?

① 정치적 현상에 대한 경제학적 접근
② 효율적인 관리기법의 개발
③ 경제활동과 사회를 지배하는 정치적·사회적 제도인 규칙의 강조
④ 인과성에 대한 경험적 입증을 통한 과학적 관리기법 추구

출제빈도: ★☆☆

## 27 합리적 선택 제도주의의 특성으로 볼 수 없는 것은?

① 집합적 행동의 딜레마를 해결하기 위한 장치로서 제도를 인식한다.
② 방법론적 개체주의와 연역적 접근법이다.
③ 개인의 선호체계는 선험적, 외생적인 것으로 본다.
④ 제도의 동태적이고 비공식적인 측면을 중시한다.

출제빈도: ★★☆　　대표출제기업: 부산환경공단

## 28 신공공관리론에 대한 설명으로 옳지 않은 것은?

① 신고전학파 경제학에 이론적 근거를 두고 있다.
② 개인의 이익 증진을 공익으로 본다.
③ 공무원을 공공기업가로 본다.
④ 내부규제를 강화한다.

출제빈도: ★★☆

## 29 신공공관리론에 대한 설명으로 옳지 않은 것은?

① 정부역할을 노젓기가 아니라 방향잡기로 인식한다.
② 고객 중심의 논리는 국민을 능동적 존재가 아닌 수동적인 존재로 만들 수 있다.
③ 계층제의 완화 및 탈관료제를 강조한다.
④ 정부 혁신의 방향으로 수익자 부담의 원칙 강화, 민영화 확대, 규제 강화 등을 제시한다.

**30** 기업가 정신과 기업경영 원리를 행정에 도입함으로써 정부의 효율성과 효과성을 높여나갈 수 있음을 강조한 오스본(D. Osborne)과 개블러(T. Gaebler)의 정부재창조 원리에 대한 설명으로 옳지 않은 것은?

① 촉진적 정부: 노젓기보다 방향 잡아주기

② 지역사회가 주도하는 정부: 권한부여보다 서비스 제공

③ 경쟁적 정부: 서비스 제공에 경쟁 도입

④ 고객지향적 정부: 관료제가 아닌 고객 요구의 충족

---

**정답 및 해설**

**26** ③
신제도론은 경제활동과 사회를 지배하는 정치적·사회적 제도인 규칙을 강조한다.

오답노트
①은 공공선택적 접근, ②는 관리과학의 사조를 이어받는 이론들로서 신테일러이론 등이며, ④는 행태주의의 주요 목적이다.

**27** ④
합리적 선택 제도주의는 제도의 동태적이고 비공식적인 측면을 간과한다는 비판을 받는다.

오답노트
① 개인은 합리적이며 자기이익을 추구하지만, 각 개인의 합리성이 집단적 차원에서 결합되면 결코 합리적이지 않은 결과를 초래할 수 있다는 집합적 행동의 딜레마가 나타나는데, 제도의 의도적 설계로 제도가 이를 해결하는 역할을 한다고 본다.
②, ③ 합리적 선택 제도주의는 외생적 선호, 방법론상 개체주의, 연역적 이론이다.

**28** ④
신공공관리론은 내부규제의 완화 등 내부지향적일 뿐만 아니라, 외부의 고객과 서비스 중심의 공동체계를 확립하고 고객에 대한 대응성을 향상시키는 것을 중시한다.

오답노트
① 신공공관리론의 이론적 토대는 신고전학파 경제학이다.
② 공익을 개인 이익의 총합으로 본다.
③ 관료의 역할은 공공기업가이다.

**29** ④
기업가적 정부를 표방하는 신공공관리론(NPM)은 정부 혁신의 방향으로 수익자 부담의 원칙 강화, 민영화 확대, 규제 완화 등을 제시한다.

오답노트
① 신공공관리론은 정부의 역할을 노젓기(Rowing)가 아닌 방향잡기(Steering)로 인식한다.
② 신공공관리론은 국민을 행정의 주체가 아닌 고객으로 인식하여 수동적 존재로 전락시킬 수 있다는 비판을 받는다.
③ 신공공관리론은 기존 관료제 조직구조의 계층제 완화를 강조한다.

**30** ②
서비스를 직접 제공하기보다는 민간이 제공할 수 있도록 권한을 부여한다. 그 외에도 정부재창조 원리는 분권적 정부, 성과·결과 지향 정부, 사명·임무 중심 정부 등의 특징이 있다.

오답노트
① 정부의 역할은 방향 잡아주기(Steering)이다.
③ 규제보다는 시장의 경쟁을 도입한다.
④ 관료 중심이 아니라 고객 중심이다.

출제빈도: ★★★  대표출제기업: 인천교통공사

## 31 다음 중 Osborne과 Plastrik이 주장하는 행정개혁의 전략에 속하는 것이 아닌 것은?

① 핵심전략(Core)  
② 문화(Culture)  
③ 고객지향적(Customer)  
④ 조정(Coordination)

출제빈도: ★☆☆

## 32 작은정부를 적극적으로 옹호하는 것은?

① 행정권 우월화를 인정하는 정치행정일원론  
② 경제공황 극복을 위한 뉴딜정책  
③ 사회복지 프로그램의 확대  
④ 신공공관리론

출제빈도: ★★☆  대표출제기업: 부산환경공단

## 33 오스본(Osborne)과 개블러(Gaebler)가 제시한 기업가적 정부 운영의 원리를 <보기>에서 모두 고른 것은?

─────────────<보기>─────────────

ㄱ. 투입, 과정, 성과를 균형 있게 연계한 예산 배분  
ㄴ. 권한 분산과 하부 위임을 통한 참여적 의사결정 촉진  
ㄷ. 서비스 공급자로서의 정부관료제 역할 강화  
ㄹ. 공공서비스 제공에 경쟁 원리를 도입  
ㅁ. 목표와 임무 중심의 조직 운영  
ㅂ. 문제에 대한 사후수습 역량의 강화

① ㄱ, ㄴ, ㅂ  
② ㄴ, ㄹ, ㅁ  
③ ㄴ, ㄷ, ㄹ, ㅁ  
④ ㄱ, ㄷ, ㄹ, ㅂ

출제빈도: ★☆☆

## 34 다음 중 탈신공공관리론(Post-NPM)에서 강조하는 행정개혁 전략으로 옳지 않은 것은?

① 재집권  
② 민간-공공부문 간 파트너십 강조  
③ 규제완화  
④ 인사관리의 공공책임성 중시

출제빈도: ★ ☆ ☆

## 35 정부실패와 시장실패에 대한 대안으로서 신뢰를 바탕으로 한 네트워크의 강조와 관련된 이론은?

① 신행정론

② 공공관리론

③ 신공공관리론

④ 뉴거버넌스

---

### 정답 및 해설

**31** ④

조정은 Osborne과 Plastrik이 주장하는 행정개혁의 전략에 속하지 않는다. Osborne과 Plastrik의 행정개혁 전략은 다음과 같다.

| 전략 | 정부개혁수단 | 접근방법 |
|---|---|---|
| 핵심전략 (Core strategy) | 목적(Purpose): 명확한 목표를 설정하라 | 목적·역할·방향의 명확성 |
| 결과전략 (Consequence strategy) | 유인체계(Incentive): 직무성과의 결과를 확립하라 | 경쟁관리, 기업관리, 성과관리 |
| 고객전략 (Customer strategy) | 책임성 (Accountability): 고객을 최우선하라 | 고객의 선택, 경쟁적 선택, 품질 확보 |
| 통제전략 (Control strategy) | 권한(Power): 권한을 이양하라 | 하위조직·조직구성원·지역사회에의 권한 이양 |
| 문화전략 (Culture strategy) | 문화(Culture): 기업가적 조직문화를 창출하라 | 관습타파, 감동정신, 승리정신 |

**32** ④

정부실패 이후 신자유주의적 관점에서 작은 정부를 지향하는 것은 신공공관리론이다.

오답노트
① 정치행정일원론은 경제대공황 이후 행정이 적극적으로 시장에 개입하는 행정국가 시기의 큰 정부를 설명하는 것에 해당한다.
② 경제대공황을 극복하기 위한 루즈벨트의 뉴딜정책은 작은 정부에서 큰 정부로의 전환이었다.
③ 사회복지 정책으로 대표되는 복지국가는 행정권의 확대를 가져왔으며 행정국가와 직결된다.

**33** ②

ㄴ. 권한 분산과 하부 위임을 통한 참여적 의사결정을 촉진한다.
ㄹ. 공공서비스 제공에 경쟁 원리를 도입한다.
ㅁ. 목표와 임무 중심의 조직 운영이 기업가적 정부 운영의 원리이다.

**34** ③

시장지향주의와 규제완화(탈규제, 탈정치)를 강조한 이론은 신공공관리론으로, 탈신공공관리론에서는 정부 역량 강화와 재규제, 재집권, 재정치, 정치적 통제를 강조하였다.

**35** ④

뉴거버넌스는 정부실패와 시장실패에 대한 대안으로 대두되었다.

오답노트
① 신행정론은 기성의 행태주의 중심의 행정이론에 불만을 품었던 미국의 소장학자들, 특히 왈도(Waldo)가 주도한 1968년 미노브룩(Minnowbrook) 회의에 참여하였던 젊은 학자들을 중심으로 주장되었던 행정학의 새로운 경향에 관한 이론이다.
③ 신공공관리론은 일반적으로 신관리주의와 시장주의의 결합으로 작은 정부의 구현과 전통관료제의 행정운영방식 개선을 내용으로 한다.

## 36 뉴거버넌스에 대한 설명으로 옳지 않은 것은?

① 참여자 간 신뢰와 협력을 강조한다.
② 정치적 과정은 중요하게 인식되지 않는다.
③ 정부만이 공공서비스를 독점적으로 생산하고 공급한다고 보지 않는다.
④ 정책과정에서 정부와 민간부문 및 비영리부문 간의 네트워크를 활용한다.



## 37 뉴거버넌스(New governance)에 대한 설명으로 옳지 않은 것은?

① 조정자로서 관료의 역할상을 강조한다.
② 분석단위로 조직 내(Intra-organization) 연구를 강조한다.
③ 경쟁적 작동원리보다는 협력적 작동원리를 중시한다.
④ 공공문제 해결의 기제로서 네트워크의 활용을 중시한다.



## 38 신공공관리론(New public management)과 뉴거버넌스론(New governance)에 대한 설명으로 가장 옳은 것은?

① 신공공관리론의 인식론적 기초는 민주주의다.
② 뉴거버넌스론의 인식론적 기초는 공동체주의다.
③ 신공공관리론은 관료의 역할로 조정자(Coordinator)의 역할을 강조하였다.
④ 뉴거버넌스론은 관료의 역할로 공공기업가(Public entrepreneur)의 역할을 강조하였다.



## 39 피터스(B. Guy Peters)의 뉴거버넌스 정부개혁 모형에 대한 설명으로 가장 옳지 않은 것은?

① 시장모형은 구조 개혁 방안으로 평면조직을 상정한다.
② 참여정부 모형의 관리 개혁 방안은 총체적 품질관리, 팀제이다.
③ 유연조직 모형의 정책결정 개혁 방안은 실험이다.
④ 탈내부규제정부 모형의 공익 기준은 창의성과 활동주의이다.

출제빈도: ★ ★ ★

## 40 신공공관리 이론과 뉴거버넌스 이론과의 비교로 적절하지 않은 것은?

① 두 이론 모두 투입보다는 산출에 대한 통제를 강조한다.

② 신공공관리는 공공부문과 민간부문을 명확하게 구분하는 데 비해서 뉴거버넌스는 명확하게 구분하지 않는다.

③ 신공공관리는 조직 내부 문제, 뉴거버넌스는 조직 간 문제를 다룬다.

④ 신공공관리는 부문 간 경쟁을, 뉴거버넌스는 부문 간 협력을 강조한다.

---

### 정답 및 해설

**36** ②

뉴거버넌스는 네트워크에 의한 민관협력적 통치현상으로 신공공관리론과는 달리 정치적 과정을 매우 중요하게 인식하며 탈정치화가 아니라 정치적 과정을 강조한다.

오답노트

① 경쟁과 갈등보다 신뢰와 협력을 토대로 한다.

③ 민관협치, 즉 공동생산을 중시한다.

④ 정부에 의한 독점적 공급보다는 민관 협력적 네트워크를 기반으로 한다.

**37** ②

뉴거버넌스는 신공공관리 접근법의 한계와 환경변화로 인한 네트워크의 강화로 인해 등장하였다. 신공공관리가 조직 내 관계를 다루는 데 비해, 뉴거버넌스는 조직 간 관계를 다룬다.

오답노트

① 신공공관리가 공공기업가라면, 뉴거버넌스는 연계망의 조정자로서의 역할을 강조한다.

③ 시장의 경쟁원리가 아니라 신뢰를 기반으로 한 협력을 강조한다.

④ 네트워크 연계망을 중시한다.

**38** ②

뉴거버넌스론의 인식론적 기초는 공동체주의이다.

오답노트

① 신공공관리론의 인식론적 기초는 신자유주의다.

③ 신공공관리론은 관료의 역할로 공공기업가의 역할을 강조하였다.

④ 뉴거버넌스론은 관료의 역할로 조정자의 역할을 강조하였다.

**39** ①

구조 개혁 방안으로 평면조직을 상정하는 것은 참여적 정부 모형이다. 시장모형은 구조 개혁 방안으로 분권화를 상정한다.

**40** ②

신공공관리와 뉴거버넌스는 모두 공공부문과 민간부문을 명확하게 구분하지 않는다는 공통점이 있다.

오답노트

① 신공공관리와 뉴거버넌스는 모두 투입이 아니라 산출을 통제한다.

③ 신공공관리는 조직 내부에 초점을 두고, 신국정관리론은 연계망 상호 간·조직 간의 문제를 다룬다.

④ 신공공관리는 시장의 경쟁을, 신국정관리론은 연계망 간의 협력을 강조한다.

**41** 다음 중 포스트모더니티 이론 및 그에 입각한 행정에 대한 설명으로 가장 옳지 않은 것은?

① 행정은 객관적으로 연구될 수 있다는 설화를 해체해야 한다.
② 합리주의 관점에서의 행정을 강조하였다.
③ 진리의 기준은 맥락 의존적이다.
④ 행정에 있어서의 상상, 해체, 타자성 등을 강조하였다.



**42** 포스트모더니즘 행정이론에 대한 설명으로 옳지 않은 것은?

① 타자성이란 다른 사람을 도덕적 타자가 아닌 인식적 타자로 인정하는 것이다.
② 우리가 발견할 수 있는 객관적 사실이 있다고 보는 객관주의를 배척한다.
③ 바람직한 행정서비스는 다품종 소량생산 체제에서 제공될 가능성이 크다.
④ 진리의 기준은 맥락 의존적이다.



**43** 신공공서비스론의 주장으로 보기 어려운 것은?

① 관료가 반응해야 하는 대상은 고객이 아닌 시민이다.
② 정부의 역할은 방향제시(Steering)가 아닌 노젓기(Rowing)이다.
③ 관료의 동기부여 원천은 보수나 기업가 정신이 아닌 공공서비스 제고이다.
④ 공익은 개인이익의 단순한 합산이 아닌 공유하고 있는 가치에 대해 대화와 담론을 통해 얻은 결과물이다.

출제빈도: ★ ☆ ☆

## 44 신공공서비스론(New Public Service, NPS)에서 강조하는 공무원의 동기유발 요인은?

① 기업가 정신

② 보수의 상승

③ 신분 보호

④ 사회 봉사



---

**정답 및 해설**

**41** ②

인간 이성을 강조하는 서구의 합리주의는 모더니티 특징이다. 포스트모더니티는 인간의 이성을 핵심으로 하는 모더니티를 배격하고 대두된 사조이다.

오답노트

① 포스트모더니티에서 말하는 해체라는 것은 텍스트(언어, 몸짓, 이야기, 설화, 이론)의 근거를 파헤쳐 보는 것이다.

③ 포스트모더니티는 진리의 기준을 맥락 의존적이라고 보고 있으며, 거시이론·거대한 설화·거시 정치 등을 부인한다.

④ 파머는 행정에 있어서의 상상, 해체, 탈영역화, 타자성 등을 강조하였다.

**42** ①

포스트모더니즘은 타자를 인식적 객체가 아닌 도덕적 타자로 인정한다.

오답노트

② 포스트모더니즘은 우리가 발견할 수 있는 객관적 사실이 있다고 보는 객관주의를 배척하고 사회적 현실은 우리들의 마음(내면) 속에서 구성된다고 보는 구성주의를 지지한다.

③ 포스트모더니즘은 다품종 소량생산 체제의 다양성을 추구한다.

④ 포스트모더니즘은 진리의 기준을 맥락 의존적이라고 보고 있으며 거시이론, 거대한 설화, 거시 정치 등을 부인한다.

**43** ②

신공공서비스론에서 정부의 역할은 봉사이다. 노젓기를 강조하는 행정은 전통적 행정이며, 신공공관리론은 방향잡기를 강조한다.

오답노트

① 신공공관리론은 관료의 반응대상이 고객이지만 신공공서비스론은 시민이다.

③ 신공공관리론은 동기부여의 원천이 작은 정부를 추구하고자 하는 기업가정신이며, 신공공서비스론은 동기부여의 원천이 봉사를 통해 사회에 기여하고자 하는 욕구이다.

④ 신공공관리론은 공익을 개인이익의 단순한 합산으로 보지만 신공공서비스론은 공유가치에 대한 담론의 결과물로 본다.

**44** ④

신공공서비스론에서는 관료의 동기유발을 사회에 대한 봉사를 통해 사회에 기여하려는 욕구에서 찾는다. 또한 관료는 시민을 통제하는 대신 시민으로 하여금 공동의 이해관계를 표현하도록 하고, 지역사회가 직면하고 있는 문제를 해결하는 과정에서 협상과 중재를 담당하며, 공유된 가치 창출을 위해 시민, 지역공동체 집단들과 이익을 협상하고 중재하는 역할을 담당한다고 보았다.

## 45 신공공서비스이론에 대한 설명으로 옳지 않은 것은?

① 기업주의 가치를 추구한다.
② 고객이 아닌 시민을 위해 봉사한다.
③ 전략적으로 생각하고 민주적으로 행동한다.
④ 공익을 찾으려고 노력한다.



## 46 행정이론의 패러다임과 추구하는 가치를 바르게 연결한 것은?

① 행정관리론 – 절약과 능률성
② 신행정론 – 형평성과 탈규제
③ 신공공관리론 – 경쟁과 민주성
④ 뉴거버넌스론 – 대응성과 효율성



## 47 행정이론에 대한 설명으로 가장 옳지 않은 것은?

① 신공공관리론에서는 국민을 납세자나 일방적인 서비스 수혜자가 아닌 정부의 고객으로 인식한다.
② 탈신공공관리론은 신공공관리론의 결과로 나타난 재집권화와 재규제를 경계한다.
③ 뉴거버넌스론의 하나인 유연조직모형에서는 관리의 개혁 방안으로 가변적 인사관리를 제시한다.
④ 신공공서비스론에서는 공익을 공유된 가치에 대한 담론의 결과물로 인식한다.

출제빈도: ★☆☆

## 48 다음 대화에서 옳지 않은 말을 한 사람은?

> A: 신공공관리론의 학문적 토대는 신고전학파 경제학인데, 넛지이론은 공공선택론이야.
> B: 신공공관리론은 효율성을 증대하여 고객 대응성을 높이자는 목표를 가지는데, 넛지이론은 행동 변화를 통해서 삶의 질을 높이는 것이 목표야.
> C: 신공공관리론에서는 경제적 합리성을 가정하지만, 넛지이론에서는 제한된 합리성을 가정하지.
> D: 신공공관리론에서는 공무원이 정치적 기업가가 되길 원하지만 넛지이론에서는 선택설계자가 되길 바라지.

① A          ② B          ③ C          ④ D

---

**정답 및 해설**

**45** ①

기업주의 가치나 기업가 정신은 신공공서비스가 아니라 신공공관리론의 이념적 가치이다. 신공공서비스론은 시민정신을 추구한다.

오답노트
② 신공공서비스론은 국민을 고객이 아닌 시민으로 본다.
③ 신공공서비스론은 전략적 합리성을 가정한다.
④ 신공공서비스론은 공익을 찾기 위한 담론 과정을 중시한다.

**46** ①

행정관리론은 고전 행정학으로 정치행정이원론에 입각하여 행정을 기본적으로 관리 또는 집행으로 보고 능률성을 행정이념으로 추구한다.

오답노트
② 신행정론은 1960년대 말 형평성을 중시하며 정부개입에 의한 복지정책을 추구하였다.
③ 신공공관리론은 신자유주의를 인식론으로 하며, 정부실패를 극복하기 위하여 시장의 경쟁원리와 기법을 받아들여 효율성을 중시하였지만 민주성과 책임성은 저해된다는 단점이 있다.
④ 뉴거버넌스론은 정부와 기업, 시민사회의 협치를 강조하는 모형으로 민주성과 대응성을 중시한다. 협력을 통해 효율성을 확보한다는 견해가 다수이지만 신공공관리론과 비교할 때 뉴거버넌스론은 상대적으로 효율보다는 민주성과 대응성을 중시한 모형이다.

**47** ②

탈신공공관리론은 재집권화와 재규제를 주창한다.

**48** ①

신공공관리론의 학문적 토대는 신고전학파 경제학이고 넛지이론은 행동경제학이다.

## 출제비중 & 출제기업

2023년~2024년 필기시험 기준으로 대구도시철도공사, 서울주택도시공사, 시설관리공단, 인천교통공사, 한국남동발전, 한국남부발전, 한국마사회, 한국보훈복지의료공단, 한국체육산업개발 등의 기업에서 출제하고 있습니다.

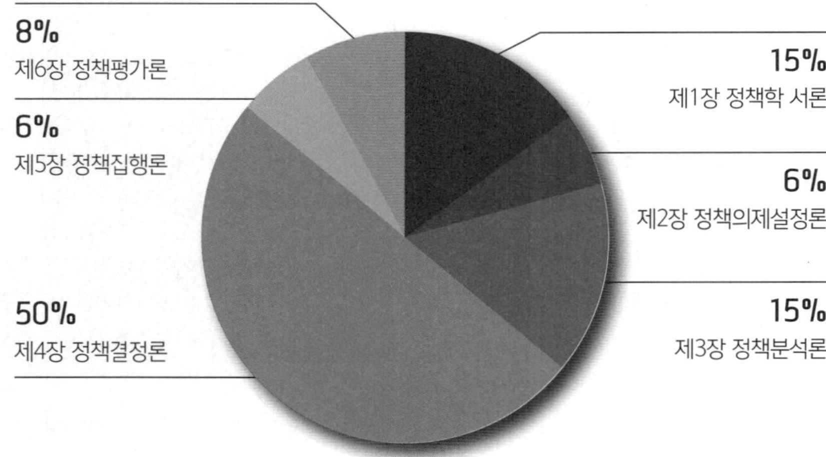

# PART 2

## 정책학

| 정책의 유형 | 정책유형의 예 |
| --- | --- |
| 정책네트워크 | 하위정부모형, 정책공동체, 이슈네트워크 |

## 01 정책학의 기초

출제빈도 ★★★

### 1. 정책학의 연구 목적과 특징

#### (1) 연구 목적(Lasswell)

| 궁극적 목적 | • 인간 존엄성의 구현 |
| --- | --- |
| 중간 목적 | • 정책과정의 합리성 제고 |
| 구체적 목적 | • 정책의 바람직한 결정·집행·평가를 위해 필요한 지식의 제공 |
| 하위 목적 | • 정책과정에 필요한 실증적 연구(실증적 지식)<br>• 정책과정에 필요한 지적 활동(처방적·규범적 지식) |

#### (2) 라스웰(Lasswell)의 정책과학 패러다임

① 정책학은 정책문제의 해결이라는 실천적인 목표를 지니고 있으므로 문제지향적이다.

② 문제해결에 필요한 이론·논리·기법 등을 여러 학문분야로부터 받아들이고, 이를 활용하므로 범학문적이고 방법론상 다양성을 지닌다.

③ 시간적·공간적 상황이나 역사성을 강조하는 맥락성(Contextuality)을 띤다.

④ 가치판단을 위한 규범적 접근과 사실판단을 위한 실증적 접근을 융합하여 처방적 접근을 시도한다.

#### (3) 드로(Dror)의 정책과학 패러다임

① 순수연구와 응용연구 간의 통합: 실천지향성을 강조하여 순수연구와 응용연구를 연계해야 한다고 주장한다.

② 학문 간의 경계 타파(범학문성): 정책과학은 문제해결에 필요한 이론·논리·기법 등을 다양한 학문분야로부터 받아들이고 활용하는 연합학문적 연구가 필요하다.

③ 거시적 수준에 초점: 정책학은 거시적 수준의 공공정책결정체제에 초점을 둔다.

④ 묵시적 지식(Tacit Knowledge): 정책과학은 전통적인 방법에 의한 조사연구

외에 직관·통찰력·영감 등의 묵시적 지식과 개인적 경험도 지식의 주요원천으로 받아들여 분석적 접근의 한계를 극복해야 한다.

## 2. 정책학의 성립과 발전

### (1) 정책학의 성립

1951년 라스웰(Lasswell)의 『정책지향(The policy orientation)』이라는 논문을 통해 정책학이 성립되었다.

### (2) 정책학의 발전

① 1960년대 미국 사회에서 대규모의 흑인폭동, 월남전 등 사회 문제가 발생하면서 이의 해결요구가 확산되었으나, 당시 행태주의 사조에 젖어 있던 정치학자들은 현실문제에 아무런 도움이 되지 못했다.

② 행태주의의 현실적합성에 회의가 제기되면서, 1960년대 말 이스턴(Easton) 등 일련의 소장학자들에 의해 행태주의에 대한 비판과 적실성의 신조(Credo of relevance) 및 행동(Action)을 표방하는 후기행태주의가 대두되면서 정책학은 현실문제 해결을 위한 수단으로 급성장하게 되었다.

## 3. 정책의 구성요소

정책의 주요한 구성요소는 정책목표, 정책수단, 정책대상집단, 정책결과 등이다.

### (1) 정책목표

① 정책을 통하여 달성하고자 하는 바람직한 미래상태를 의미한다.
② 정책의 존재 이유가 되며, 방향성과 미래성을 갖고 무엇이 바람직한 상태인가 하는 가치판단에 의존하기 때문에 주관성과 규범성의 성격을 띤다.

### (2) 정책수단

정책목표를 달성하기 위한 행동방안으로서 정책의 실질적인 내용을 구성한다.

① 실질적 정책수단: 상위목표를 달성하기 위한 정책수단(하위목표)
② 실행적·보조적 정책수단: 집행기구 및 요원, 자금, 공권력 등

### (3) 정책대상집단

정책의 적용을 받는 집단 또는 정책집행으로 인해 영향을 받는 집단으로, 수혜집단과 비용부담집단으로 나눌 수 있다.

## 4. 정책의 유형

정책내용이나 유형에 따라 정책과정이 달라진다는 정책의 독립변수적 성격이 강조되면서 정책유형 분류에 관심을 가지게 되었다.

**행정학 전문가의 TIP**

**분배정책과 재분배정책의 예시**

| 분배정책 | 재분배정책 |
| --- | --- |
| • SOC 건설 | • 누진세 |
| • 보조금 지급 | • 영세민 |
| • 국공립 | 취로사업 |
| 교육서비스 | • 임대주택 건설 |
| • 신공항건설 | • 근로장려금 |

**로위 - 다원론과 엘리트론의 통합**
• **규제정책**: 정부규제로 인해 이익을 보는 집단과 손해를 보는 집단 간의 갈등과 타협을 통해 정책이 결정되기 때문에 다원론적 정치가 나타납니다.
• **재분배정책**: 가진 자와 가지지 못한 자 사이의 정책갈등과 조정이 동일 집단의 엘리트 집단에 의해 집권적으로 이루어집니다.

## (1) 로위(Lowi)의 분류

### ① 의의

로위는 정책유형의 독립변수성을 강조하여 정책유형과 정책과정이 연계되어 있음을 주장하였으며, 강제력의 행사방법과 강제력의 적용영역 차이에 따라 정책을 네 가지로 구별하였다.

| 강제력의 행사방법 ＼ 강제력의 적용영역 | 개별적 행위 | 행위의 환경 |
| --- | --- | --- |
| 간접적 | 분배정책 | 구성정책 |
| 직접적 | 규제정책 | 재분배정책 |

### ② 유형

• **분배정책(Distributive policy)**: 국민들에게 권리·편익·서비스를 배분하는 정책(보조금 지급 등)으로, 수혜집단은 개인·집단 등으로 특정적이나 비용부담집단은 일반국민으로 불특정하므로 집단 간의 갈등이나 대립이 미미하다. 따라서 수혜집단들 간의 갈라먹기식 정치(Pork-barrel politics[1])나 서로 후원 및 상부상조(Log-rolling[2])의 행태에 의해 원만한 정책과정이 진행된다.

• **규제정책(Regulatory policy)**: 특정한 개인이나 일부 집단에 대해 재산권 행사나 행동의 자유를 구속·억제하여 다수를 보호하는 정책(직·간접규제)으로, 정부정책 중 가장 많은 영역을 차지하고 있다. 이슈에 따라 정치적 연합의 구성원에 차이가 있고, 규제의 수혜자와 피해자(비용부담집단) 사이에 갈등이 심각하다.

• **재분배정책(Redistributive policy)**: 고소득층으로부터 저소득층으로의 소득이전을 목적으로 하는 정책으로, 계급 대립적 성격이 강하다. 그러므로 다른 정책보다 정책담당자의 강력한 신임이 요구되며 의회의 지도자나 대통령의 역할이 중요하다.

　예 누진과세, 영세민 생계지원사업, 임대주택의 건설 등

• **구성정책(Constitutional policy)**
정치체제·행정체제의 구성과 운영에 관련된 정책을 말하며, 체제정책 또는 입헌정책이라고도 한다. 구성정책은 사회 전체의 이익과 정부 자체를 대상으로 한다.

　예 정부기관의 신설이나 변경, 선거구 조정, 공무원의 보수와 연금, 행정구역개편 등과 관련된 정책

## (2) 알몬드와 포웰(Almond & Powell)의 분류

### ① 추출정책

정부가 국민으로부터 인적·물적 자원을 확보하는 정책이다.

　예 토지수용, 징병, 조세·과세, 성금 등

### ② 규제정책

개인·집단의 행동에 대해 정부가 가하는 통제 정책이다.

### ③ 분배정책

정부가 개인·집단에게 재화나 용역, 지위, 신분 등의 가치를 배분하는 정책이다.

④ 상징정책

정치체제의 정당성·정통성을 높이거나 정책순응의 확보, 국민적 일체감과 사회통합을 유도하는 정책으로, 이념·문화·교육과 관련된다.

㉐ 국경일, 국기, 애국가, 각종 기념 조형물(동상, 기념비), 반공이념, 각종 축제·행사·기념식 등

## (3) 리플리와 프랭클린(Ripley & Franklin)의 분류

① 의의

기존의 ㉠ 분배정책, ㉡ 재분배정책 외에 규제정책을 ㉢ 보호적 규제정책과 ㉣ 경쟁적 규제정책으로 나누고, 정책유형의 차이에 따라 정책형성 및 정책집행과정에 차이가 난다고 주장하였다.

② 보호적 규제정책과 경쟁적 규제정책

- 보호적 규제정책(Protective regulatory policy): 규제정책 + 재분배정책
  - 개인이나 집단의 권리행사나 행동의 자유를 구속·통제하여 일반대중을 보호하려는 정책이다.

    ㉐ 식품 및 의약품의 허가, 근로기준 설정, 최저임금제, 독과점 규제 및 공정거래법, 특정요금을 싸게 받는 공공요금 정책(교차보조의 성격을 지니는 보호적 규제) 등

  - 일반적인 규제정책으로 공중에게 해로운 활동 및 조건은 금지되고 이로운 활동은 요구된다.
- 경쟁적 규제정책(Competitive regulatory policy): 규제정책 + 분배정책
  - 다수의 경쟁자 중에서 특정한 개인이나 단체에게 일정한 재화나 서비스·권리 등을 공급할 수 있도록 하면서 공익을 위해 서비스 제공의 일정한 측면을 규제하는 정책이다.

    ㉐ 고속버스노선 허가, 방송국 설립인가, 이동통신사업자 선정, 의사면허 등

  - 지대추구행위(Rent seeking)의 발생가능성이 크며, 해당 재화·용역의 희소성과 그 할당방식에 관해 일반대중의 이해관계가 얽혀 있으므로 정부개입이 필요하다.

### 📋 시험문제 미리보기!

정책을 규제정책, 분배정책, 재분배정책, 추출정책으로 분류할 때, 저소득층을 위한 근로장려금제도는 다음 중 어느 정책으로 분류하는 것이 타당한가?

① 규제정책　　　　　　　　② 분배정책

③ 재분배정책　　　　　　　④ 추출정책

해설　저소득층을 위한 근로장려금제도 등 복지정책은 재분배정책에 해당한다. 여기서 근로장려금이란, 일은 하지만 소득이 낮아 생활이 어려운 근로자와 가족에게 장려금을 지급함으로써 근로를 장려하고 실질소득을 지원하는 '근로연계형 소득지원제도'이다.

정답 ③

## 1. 의의

### (1) 개념

① 복잡한 정치·경제·기술적 특징과 자원의 상호의존성이 내포된 정책문제를 대상으로 **다수의 공·사부문의 행위자가 참여하고 연결되어 있는 조직의 복합체**이다.

② 정책네트워크모형은 **사회학이나 문화인류학의 연구에서 이용**되어 왔던 네트워크 분석을 다양한 참여자들의 행위들로 특징지어지는 정책과정의 연구에 적용하는 것이다.

### (2) 대두배경

① 국가와 사회의 이분법 극복: 정책네트워크모형은 공적부문과 사적부문 간 경계가 불분명해지고 있으며, 다양한 공식·비공식 참여자들 간의 상호작용과 관계를 중심으로 정책과정을 분석하므로 국가와 사회의 이분법을 극복하고 있다.

② 정책환경의 복잡성: 정책환경이 복잡해짐에 따라 정책과정이 특정세력에 의해 일방적으로 이루어질 수 없으므로, 다양한 행위자들의 상호 의존성에 의한 정책형성뿐만 아니라 정책집행까지 설명하는 유용한 도구이다.

## 2. 유형

### (1) 하위정부모형

① 개념: 소수의 공식엘리트와 영향력 있는 특정 이익집단 간 제한된 참여 속에서 안정적 관계를 형성하며 해당 정책과정을 지배한다. (관료, 의회 상임위원, 이익집단) 즉, 소수행위자로 구성된 안정적 정책망에 해당된다.

② **국민과 대통령의 관심이 낮은 분배정책의 분야에서 주로 형성된다.**

③ 쇠퇴원인: 이익집단의 급증현상 및 이로 인한 집단 간 갈등의 발생과 의회의 소위원회 수의 증가를 통한 관할권의 중첩 현상의 심화로, 하위정부모형이 상징하는 삼자 간의 연계고리가 상실되게 되었다.

### (2) 정책공동체(Policy community)

**특정한 정책분야의 전문가로 구성된 일종의 공동체**로서 특정 정책분야에 대해 전문지식이 있는 사람들(대학교수, 연구원, 공무원, 기자, 국회의원 등)이 공식적·비공식적으로 접촉하면서 형성된 하나의 공동체를 말한다. 전문지식을 지닌 공식조직과 비공식조직의 인원들로 구성되며 일반적으로 **전문가 집단이 아닌 일반국민이나 단순한 이해관계자는 구성원에 포함되지 않는다.**

예 한국교육개발원(KEDI), 한국개발연구원(KDI), 한국산업연구원(KIET), 농촌경제연구원

---

**정책의 공식적 참여자와 비공식적 참여자**

| 공식적 참여자 | 비공식적 참여자 |
| --- | --- |
| • 의회 | • 정당 |
| • 대통령과 행정수반 | • 이익집단 |
| • 행정기관과 관료 | • NGO |
| • 사법부 등 | • 언론 등 |

## (3) 이슈네트워크( = 정책문제망)

① 의의: 1978년 헤클로(Heclo)가 하위정부나 철의 삼각을 비판하기 위해 제기한 개념이다. 미국에서 이익집단의 수가 증가되면서 다원화됨에 따라 하위정부식 정책결정이 거의 불가능해졌다고 주장하면서 특정이슈를 중심으로 이해관계나 전문성을 갖는 개인 및 조직으로 구성되는 네트워크를 제시하였다.

② 특징
- 식별할 수 있는 일단의 참여자가 없다.
- 일정기간 동안 안전성을 지니지 않는다.
- 자율성도 결여되어 있다.
- 네트워크와 환경의 경계도 불분명하다.

## (4) 정책공동체와 이슈네트워크 비교

| 구분 | 정책공동체 | 이슈네트워크 |
|---|---|---|
| 참여자 | 정부영역과 민간영역의 전문가 집단 | 다수의 개인 및 관련집단 참여 |
| 외부참여 | 비교적 제한적 | 제한 없음 |
| 참여자들 간의 관계 | • 공동체 내의 문제해결에는 동의<br>• 그 방안에 대해서는 갈등 | • 쟁점만 공유<br>• 서로 알고 있다는 가정 X |
| 경계 | • 완화 | • 경계 불분명<br>• 자유로운 진입과 퇴장 |
| 지속성 | 보통 | 낮음(유동적) |
| 행위자 간의 관계 | 의존적, 협력적<br>(Positive-sum game) | 경쟁적, 갈등적<br>(Negative-sum game) |

### 📑 시험문제 미리보기!

다음 중 철의 삼각(하위정부)을 구성하는 요소로 옳지 않은 것은?

① 대통령　　　　　　　　② 국회의 상임위원회
③ 이익집단　　　　　　　④ 관료집단

해설　하위정부의 3자는 국회의 상임위원회, 이익집단, 관료집단이다.

정답 ①

출제빈도: ★☆☆

**01** **정책학의 등장배경과 관련하여 라스웰(H. Lasswell)에 관한 설명으로 옳지 않은 것은?**

① 새로운 정책학의 패러다임으로 묵시적 지식과 경험의 존중을 강조하였다.

② 정책과정에 관한 연구와 정책과정에 필요한 지식에 관한 연구의 두 가지 방향에서 정책학적 경향이 나타나고 있다고 지적했다.

③ 정책학은 1951년 라스웰의 『정책지향(The policy orientation)』이라는 논문으로부터 출발했다.

④ 라스웰이 제안한 초기 정책학은 흑인폭동 및 월남전 등 사회적 혼란시기인 1960년대에 재출발하였다.

출제빈도: ★☆☆

**02** **라스웰(H. Lasswell)에 의하면, 정책학의 궁극적 목적은?**

① 정책과정의 합리성 제고　　　　　　② 인간의 존엄성 증진

③ 정책과정에 필요한 지식 제공　　　　④ 정책과정에 대한 실증적 연구

출제빈도: ★☆☆

**03** **정책의 3대 구성요소에 해당하지 않는 것은?**

① 정책목표　　　　　　　　　　　　　② 정책수단

③ 정책대상집단　　　　　　　　　　　④ 정책효과

출제빈도: ★★★　대표출제기업: 부산시설공단

**04** **로위(Lowi)의 정책유형으로 옳지 않은 것은?**

① 재분배정책　　　　　　　　　　　　② 규제정책

③ 배분정책　　　　　　　　　　　　　④ 상징정책

## 05 로위(Lowi)의 정책유형 중 선거구의 조정 등 헌법상 운영규칙과 관련된 정책으로 가장 옳은 것은?

① 구성정책　　　　　　　　　　② 배분정책
③ 규제정책　　　　　　　　　　④ 재분배정책



---

#### 정답 및 해설

**01** ①
묵시적 지식과 경험은 드로(Y. Dror)가 강조한 특징으로, 그는 그 외에 순수연구와 응용연구 간의 통합, 학문 간의 경계 타파(범학문성), 거시적 수준에 초점을 두었다.

오답노트
② 라스웰은 정책과정에 필요한 실증적 지식과 정책과정에 필요한 처방적·규범적 지식 방향의 경향을 지적하였다. 또한, 맥락성(관련성, 지향성), 문제지향성, 연구방법의 다양성(연합학문적 연구)을 주장하였다.
③, ④ 라스웰의 정책학은 후기 행태주의와 함께 부활하였다.

**02** ②
라스웰은 정책의 목적으로 ㉠ 궁극적 목표를 인간존엄의 실현, ㉡ 중간 목표를 정책과정의 합리성 제고, ㉢ 구체적 목표를 정책의 바람직한 결정, 집행, 평가에 필요한 지식제공, ㉣ 하위 목표를 정책과 정상의 경험적, 실증적/규범적, 처방적 지식 획득으로 보았다.

**03** ④
정책의 3대 구성요소로는 정책목표, 정책수단, 정책대상집단이 있다.

**04** ④
로위의 정책유형은 규제정책, 배분정책, 재분배정책, 구성정책이다. 상징정책은 알몬드와 포웰(Almond & Powell)의 정책유형에 해당한다.

**05** ①
제시문은 로위의 정책유형 중 구성정책에 해당한다. 구성정책은 정치체제, 행정체제의 구성과 운영에 관련된 정책으로서 사회 전체의 이익과 정부 자체를 대상으로 하며 정부기관 신설, 선거구의 조정, 공무원의 보수와 연금 등이 이에 해당한다.

출제빈도: ★★☆　대표출제기업: 한국남부발전

## 06 분배정책에 대한 설명으로 옳지 않은 것은?

① 이해당사자 간 제로섬(Zero sum) 게임이 벌어지고 갈등이 발생될 가능성이 규제정책에 비해 상대적으로 더 크다.

② 일반적으로 포크배럴(Pork barrel) 현상이 발생한다.

③ 도로, 다리의 건설, 국·공립학교를 통한 교육서비스의 제공 등이 분배정책에 해당한다.

④ 정책과정에서 이해당사자들이 서로 협력하는 로그롤링(Log rolling) 현상이 발생한다.

출제빈도: ★★★　대표출제기업: 대전광역시 시설관리공단

## 07 정책의 유형별 사례를 연결한 것 중 가장 옳은 것은?

① 상징정책 – 누진세 제도

② 규제정책 – 도로건설사업

③ 재분배정책 –「독점규제 및 공정거래에 관한 법률」

④ 구성정책 – 과학기술정보통신부 신설

출제빈도: ★☆☆

## 08 다음 <보기>에서 정책유형과 사례를 바르게 연결한 것만을 모두 고른 것은?

<보기>

| | |
|---|---|
| ㄱ. 추출정책 – 부실기업 구조조정 | ㄴ. 상징정책 – 노령연금제도 |
| ㄷ. 규제정책 – 최저임금제도 | ㄹ. 구성정책 – 정부조직 개편 |
| ㅁ. 분배정책 – 신공항 건설 | ㅂ. 재분배정책 – 지방자치단체에 지원되는 국고보조금 |

① ㄱ, ㄴ, ㅁ

② ㄱ, ㄹ, ㅂ

③ ㄴ, ㄷ, ㅂ

④ ㄷ, ㄹ, ㅁ

출제빈도: ★★☆　대표출제기업: 한국보훈복지의료공단

## 09 정책유형 중 국민들에게 권리나 혜택 또는 서비스를 나누어 주는 분배정책(Distributive policy)에 속하는 것은?

① 고속도로, 항만, 공항 등 사회간접자본을 추구하는 정책

② 그린벨트 내 공장 건설을 금지하는 정책

③ 계층 간의 소득을 재분배하여 소득격차를 해소하는 정책

④ 정부체제를 유지하기 위하여 인적, 물적 자원을 동원하는 정책

출제빈도: ★☆☆

## 10 정책의 유형과 분류에 대한 설명으로 가장 옳은 것은?

① 로위(Lowi)의 정책 분류는 다원주의와 엘리트주의를 통합하려는 노력의 일환으로 볼 수 있다.

② 알몬드와 포웰(Almond & Powell)에 따르면 조세 및 부담금 등은 재분배정책으로 볼 수 있다.

③ 로위는 군인연금에 관한 정책을 분배정책으로 분류한다.

④ 로위의 정책 분류에 따라 정책에 대한 조작적 정의(Operationalization)가 용이해졌다.



---

### 정답 및 해설

**06 ①**

이해당사자 간 제로섬 게임이 벌어지고 갈등이 발생될 가능성이 규제정책에 비해 상대적으로 더 큰 것은 분배정책이 아니라 재분배정책의 특성에 해당한다. 분배정책은 공적재원으로 추진되기 때문에 제로섬 게임이 발생하지 않고 갈등이 규제정책에 비해 적으며, 집행하기가 가장 용이하다.

오답노트

②, ④ 포크배럴과 로그롤링이 발생하는 정책은 분배정책이다.

③ SOC 건설, 보조금 지급, 국·공립학교를 통한 교육서비스는 분배정책에 해당한다.

**07 ④**

과학기술정보통신부 신설 등 정부조직의 신설은 로위(Lowi)의 구성정책에 해당한다.

오답노트

① 누진세 제도는 재분배정책이다.

② 도로건설사업은 분배정책이다.

③ 「독점규제 및 공정거래에 관한 법률」은 규제정책이다.

**08 ④**

ㄷ. 최저임금제도는 최저 가격규제이므로 규제정책이다.

ㄹ. 정부조직 신설 및 선거구역 획정 등은 구성정책이다.

ㅁ. 공항, 항만, 도로, 교량 등 사회간접자본(SOC)은 모두 분배정책이다.

오답노트

ㄱ. 부실기업 구조조정은 강제퇴출로 규제정책이다.

ㄴ. 노령연금제도는 배분정책으로 보는 견해와 재분배정책으로 보는 견해로 나뉜다.

ㅂ. 자치단체나 기업에 대한 보조금, 지원금 등은 분배정책이다.

**09 ①**

공적재원으로 추진하는 고속도로, 항만, 공항 등 사회간접자본을 구축하는 정책 등이 분배(배분)정책에 해당한다.

오답노트

②는 규제정책, ③은 재분배정책, ④는 추출(동원)정책이다.

**10 ①**

로위는 다원론과 엘리트론의 통합을 시도하였다. 다원론은 규제정책에 대한 설명력이 높고, 엘리트론은 재분배정책에 대한 설명력이 높다.

오답노트

② 알몬드와 포웰에 따르면 조세 및 부담금, 토지수용 등은 추출정책에 해당한다.

③ 공무원 보수나 연금에 관한 정책을 구성정책으로 분류한다.

④ 로위의 분류는 정책 분류에서 사용한 기본 개념들의 모호함이 조작화를 어렵게 한다는 약점을 지닌다.

출제빈도: ★☆☆

**11** 정책과정의 참여자 중 공식적 참여자로 옳은 것은?

① 정당

② 언론기관

③ 비정부기구

④ 사법부

출제빈도: ★☆☆

**12** 정부가 국민에게 영향을 미치는 정책산출은 정책결정과정을 통해서 이루어진다. 이러한 정책결정과정에서 정책의 제에 영향을 미치는 공식적 참여자에 해당되지 않는 것은?

① 지방자치단체의 장

② 대통령 비서실장

③ 정당 사무국장

④ 국회의원

출제빈도: ★★★　　대표출제기업: 한국체육산업개발

**13** 정책네트워크의 유형 중 하위정부(Sub-government)모형에 대한 설명으로 옳지 않은 것은?

① 상대적으로 자율성과 안정성이 높다.

② 폐쇄적 관계를 강조하고 다른 이익집단의 참여를 배제한다.

③ 행정수반의 관심이 약하거나 영향력이 적은 재분배정책 분야에서 주로 형성된다.

④ 헤클로(Heclo)는 이익집단이 늘어나고 다원화됨에 따라 적용의 한계가 있다고 지적한다.

출제빈도: ★★★　　대표출제기업: 서울주택도시공사

**14** 정책네트워크모형 중 이슈네트워크와 구별되는 정책공동체의 특징으로 옳지 않은 것은?

① 정책결정을 둘러싼 권력게임은 공동의 이익을 추구하는 정합게임(Positive-sum game)의 성격을 띤다.

② 참여자들이 기본가치를 공유하며 그들 간의 접촉빈도가 높다.

③ 참여자의 범위가 넓고 경계의 개방성이 높다.

④ 모든 참여자가 교환할 자원을 가지고 참여한다.

출제빈도: ★★★   대표출제기업: 한국마사회

## 15   정책네트워크에 대한 설명으로 옳은 것은?

① 정책공동체(Policy community)의 참여자는 하위정부(Subgovernment)에 비해 제한적이다.

② 정책공동체는 일시적이고 느슨한 형태의 집합체다.

③ 이슈네트워크(Issue network)에서는 비교적 소수의 엘리트들이 협력하여 특정한 영역의 정책결정을 지배한다.

④ 하위정부의 주된 참여자는 정부관료, 선출직 의원, 이익집단이다.

---

### 정답 및 해설

**11 ④**

정책과정의 참여자 중 공식적 참여자에는 입법부(의회), 사법부(법원), 헌법재판소, 대통령, 행정기관과 관료, 지방자치단체장, 지방의회, 지방공무원, 일선기관 등이 있다.

[오답노트]

①, ②, ③ 정당, 언론기관, 비정부기구(NGO), 시민단체, 일반 국민, 전문가와 지식인 및 정책공동체 등은 비공식적 참여자에 해당한다.

**12 ③**

정당은 비공식적 정책참여자이다.

[오답노트]

① 지방자치단체의 장, ② 대통령 비서실장, ④ 국회의원은 모두 공식적 참여자이다.

**13 ③**

하위정부모형은 국민과 대통령의 관심이 낮은 분배정책의 분야에서 주로 형성되며, 소수의 공식 엘리트와 영향력 있는 특정 이익집단 간 제한된 참여 속에서 안정적 관계를 형성하며, 해당 정책과정을 지배한다고 주장한다.

[오답노트]

① 하위정부모형은 정책네트워크 중 자율성과 안정성이 가장 높다.

② 다른 집단의 참여를 인정하지 않는다.

④ 이익집단의 수가 증가한 현대 정책과정을 설명하는 데는 한계가 있다는 비판을 받는다.

**14 ③**

정책공동체가 아니라 이슈네트워크의 특징이다. 전문가 집단으로 한정되는 정책공동체는 이슈네트워크에 비해 제한적이고 폐쇄적이다.

| 구분 | 정책공동체 | 이슈네트워크 |
|---|---|---|
| 참여자 | • 정부영역과 민간영역의 전문가 집단 | • 다수의 개인 및 관련집단 참여 |
| 외부참여 | • 비교적 제한적 | • 제한 없음 |
| 참여자들 관계 | • 공동체 문제해결에는 동의<br>• 그 방안에 대해서는 갈등 | • 쟁점만 공유<br>• 서로 알고 있다는 가정X |
| 경계 | • 완화 | • 경계 불분명<br>• 자유로운 진입과 퇴장 |
| 지속성 | • 보통 | • 낮음(유동적) |
| 행위자 관계 | • 의존적, 협력적<br>(Positive-sum game) | • 경쟁적, 갈등적<br>(Negative-sum game) |

**15 ④**

하위정부(철의 삼각)는 관료, 의회 상임위원회, 이익집단 간 삼자연합에 의하여 정책결정이 이루어진다고 본다.

[오답노트]

① 조직 내외의 전문가가 참여하는 정책공동체보다 하위정부(철의 삼각)의 참여자가 더 제한적이다.

② 일시적이고 느슨한 형태의 집합은 이슈네트워크에 해당하는 설명이다.

③ 이슈네트워크는 다양한 이해관계자들이 광범위하게 참여하는 개방적이고 일시적인 네트워크이다.

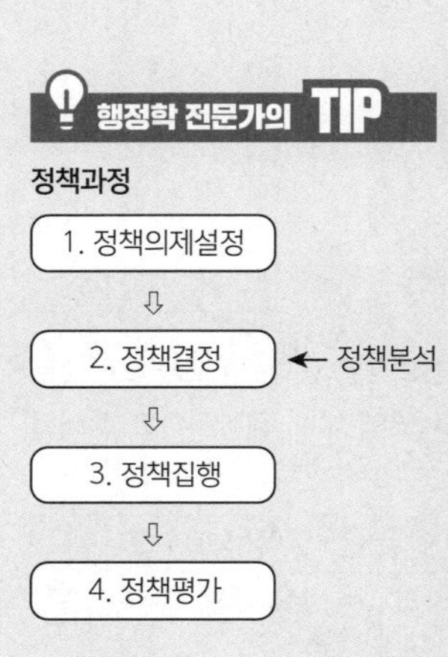


## 01 정책의제설정의 의의

출제빈도 ★

## 1. 정책의제설정의 개념

### (1) 정책의제

정부가 여러 가지 사회문제 중에서 정책적 해결을 의도하여 공식적으로 채택한 문제를 의미한다.

### (2) 정책의제설정

사회문제가 정부문제로 수용되는 과정이라고 할 수 있다.

## 2. 정책의제설정의 중요성

### (1) 정책대안의 실질적 제안과 범위의 한정

① 정책의제설정 단계는 가장 많은 정치적 갈등이 발생하는 단계로서, 정책결정과정에서 다루어질 대안들이 실질적으로 제시되고 이해집단 간에 타협이 이루어지기도 한다.

② 정치적 실현가능성 측면에서 고려될 수 있는 정책대안의 범위가 한정된다.

### (2) 정책의제화의 차이에 따른 정책과정의 차이

① 정책의제화가 어떻게 이루어지느냐에 따라서 전체적인 정책과정이 큰 영향을 받는다.

② 동원형의 경우 정책결정이 분석적으로 이루어지는 반면, 외부주도형의 경우 정책결정과정에서 타협과 조정이 지속되는 특징이 있다.

정책의제설정 과정은 일반적으로 다음 순서로 이루어진다.

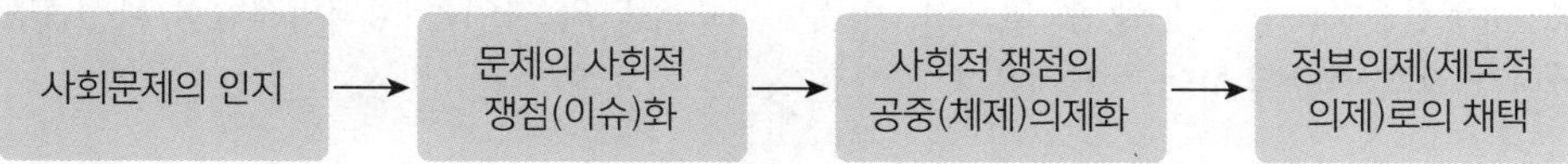


### (1) 사회문제의 인지

개인문제가 불특정 다수에게 장기간에 걸쳐 반복적으로 일어나는 문제를 사회문제라고 하며, 문제와 관련된 개인이나 집단에 의해 사회문제로 인지된다.

### (2) 문제의 사회적 쟁점(이슈)화

문제의 성격이나 사회문제의 해결방법 등에 대해 집단들 간에 견해 차이가 있어 논쟁의 대상이 되어 있는 문제를 의미한다.

### (3) 공중의제

일반대중의 주목을 받을 가치가 있고, 일반대중이 정부가 문제해결을 하는 것이 정당하다고 인정하는 사회문제를 의미한다.

### (4) 정부의제

① 정부의 공식적인 의사결정에 의하여 그 해결을 위해서 심각하게 고려하기로 명백히 밝힌 문제로서, 제도적 의제 또는 공식의제라고도 한다.

② 학자 간 용어 비교

| 구분 | Eyestone | Cobb & Elder | Anderson |
|---|---|---|---|
| 채택 전(前) | 공중의제 | 체제적 의제 | 토의의제 |
| 채택 후(後) | 공식의제 | 제도적 의제 (정부의제) | 행동의제 |

## 03 주도집단의 차이에 따른 정책의제설정 과정



의제설정의 주도집단이 정부 외부의 세력인가 내부의 세력인가에 따라 외부주도형·동원형·내부접근형으로 구분할 수 있으며, 이러한 주도집단의 차이는 정책의제설정 과정뿐만 아니라 정책 전반에 차이를 가져온다.

### 1. 외부주도형

#### (1) 의의

① 정부 외부에 있는 집단들이 주도하여 정책의제 채택을 정부에게 강요하는 경우이다. (강요된 정책의제)
② 외부집단들이 자신에게 피해를 주고 있는 사회문제를 정부가 해결해 줄 것을 요구하여, 이를 사회쟁점화하고 공중의제로 확산시켜 결국 정부의제로 채택하게 하는 의제설정 과정이다.

#### (2) 특징

주로 민주화되고 다원화된 선진국에서 많이 나타난다.

### 2. 동원형

#### (1) 의의

① 정부 내의 정책결정자들에 의하여 주도되는 경우이다. (채택된 정책의제)
② 주로 정치지도자의 지시에 의하여 바로 정부의제로 채택되고, 일반대중의 지지를 얻고자 정부의 PR 활동을 통해 공중의제로 확산시키는 의제설정 과정이다.

#### (2) 특징

주로 정부의 힘이 강하고 민간이 취약한 후진국에서 많이 나타나는 유형이다. 다만 문제의 성격에 따라 선진국에서도 나타날 수 있다.

### 3. 내부접근형

#### (1) 의의

정부 내의 관료집단 또는 특정 외부집단이 주도하여 이들이 최고 정책결정자에게 접근해 문제를 의제화하는 경우이다.

#### (2) 특징

사회문제가 정책담당자들에 의해 바로 정책의제로 채택되나, **공중의제화가 억제되는 의사결정과정이다.**

> **다음 중 주도집단에 따른 정책의제설정 유형에 관한 설명으로 옳지 않은 것은?**
>
> ① 내부접근형은 행정 관료가 의제설정을 주도하는 유형이다.
> ② 동원형은 정부의제화한 후 구체적인 정책결정을 하면서 공중의제화된다.
> ③ 내부접근형에서 정부의제는 정부 PR을 통해 공중의제화된다.
> ④ 외부주도형은 이익집단이 발달하고 정부가 외부의 요구에 민감하게 반응하는 정치체제
>   에서 주로 나타난다.
>
> **해설**    내부접근형에서는 공중의제화가 생략된다.
>
> 오답노트
> ① 내부접근형은 고위관료나 외부의 특정집단이 주도한다.
> ② 동원형은 최고결정권자가 채택 후 결정을 하면서 공중의제화한다.
> ④ 외부주도형은 선진, 민주, 다원화된 사회에 주로 적용되고, 동원형·내부접근형은 주로 후진국
>   에 적용되는 모형이다.
>
> 정답 ③

## **04** 정책의제설정의 이론적 근거 출제빈도 ★

1960년대 초 미국에서 흑인폭동을 계기로 '왜 어떤 사회문제는 정부에서 해결하려고 노력하는데, 어떤 사회문제는 공식적인 거론도 없이 방치되는가'에 대해 관심을 가지면서 무의사결정론으로 대변되는 정책의제설정 이론에 대한 연구가 활성화되었다.

### 1. 사이먼(Simon)의 의사결정론

① 결정자 능력의 한계
② 인간과 마찬가지로 조직 또한 주의·집중력에 한계가 있다. 그러므로 수많은 사회문제 가운데 주의·집중력의 범위 내의 문제만이 정책의제로 설정된다.

### 2. 체제이론

① 사회체제 능력의 한계
② 체제의 과중부담을 피하기 위해 체제의 문지기(Gate keeper)가 선호하는 문제만이 채택된다. 하지만 문지기가 무엇을, 왜 통과시켰는지에 대한 설명이 부족하다.

## 3. 엘리트이론

### (1) 의의

정책과정에 참여하는 세력들이 특정 소수의 엘리트들에 국한되고 이들에 의해 주요 정책이 좌우된다는 이론이다.

### (2) 엘리트이론의 전개

① 고전적 엘리트이론

고전적 자유민주주의 이론에 대한 비판을 제기하면서 등장한 이론으로, 다음과 같은 학자들이 대표적이다.
- 파레토(Pareto): 엘리트 순환론을 주장하였다.
- 미헬스(Michels): 모든 조직은 관료화·집중화된다는 '과두제의 철칙'을 주장하였다.
- 모스카(Mosca) 등

② 1950년대 미국의 엘리트이론 – 통치 엘리트이론

미국 사회의 엘리트 존재와 기능을 실증적으로 분석한 이론들이다.
- 밀스(Mills): 『Power Elite』라는 저서에서 **지위접근법**을 통해 미국 사회 전체를 지배하는 권력엘리트는 군·산·정 복합체의 지도자들이라 주장하였다.
- 헌터(Hunter): **명성접근법**을 통해 지역사회(Atlanta city)의 권력구조를 연구하였다.

③ 무의사결정(Non–decision making) – 신엘리트이론
- 의의
  - 무의사결정은 정책의제설정에 있어서 지배엘리트들의 이해관계와 일치하는 사회문제만이 채택되고 **의사결정자의 가치나 이익에 반하는 사회문제는 정책의제로 채택되지 못하도록 방해·억압하는 결과를 초래하는 결정**을 말한다.
  - 무의사결정은 정책의제설정 과정뿐만 아니라 **정책의 전 과정에서도 발생한다**고 한다.
  - 무의사결정은 무관심이 아니라 의도적인 권력의 행사다.
- 대두배경
  - 바흐라흐(Bachrach)와 바라츠(Baratz) 등 신엘리트론가들이 다원론자인 달(Dahl)의 권력의 배분에 관한 New Heaven시 연구를 비판하면서 등장하였다.
  - 그들은 『권력의 두 얼굴』이라는 저서에서 정치권력의 양면성 이론을 주장하였다. 정치권력은 ㉠ 정책문제를 해결하기 위하여 형성되는 권력과 ㉡ 정책의제설정 과정에서 갈등을 억압하고, 갈등이 정치과정에 진입하는 것을 방지하는 데 행사되는 보이지 않는 권력의 두 측면을 가지고 있다고 한다. 이 중에서 두 번째 권력이 무의사결정이며, 달이 간과한 부분이다.

- 무의사결정의 수단: 무의사결정의 수단 및 방법으로 바흐라흐와 바라츠는 다음의 네 가지를 제시하고 있다. (1976)
  - 폭력: 기존 질서의 변화를 주장하는 요구가 정치적 이슈가 되지 못하도록 테러행위(구타, 암살, 처벌 등)를 가하는 방법이다.
  - 권력: 권력을 이용하여 기존 질서의 변화를 요구하는 개인·집단에게 기존의 혜택을 박탈하겠다고 위협하거나, 새로운 이익을 주겠다고 유혹(매수)하는 방법·변화를 요구하는 개인을 조직 내로 영입하는 적응적 흡수(Co-optation) 등이 이에 해당한다.
  - 편견의 동원: 간접적인 것으로서 현존하는 정치체제 내의 지배적 규범이나 절차를 강조하여 변화를 위한 주장을 꺾는 방법이다.
  - 편견의 수정·강화(보완): 가장 간접적·우회적인 방법으로서 현존하는 정치체계의 규범·규칙·절차 자체를 수정·보완하여 정책의 요구를 봉쇄하는 방법이다.

## 4. 다원론

### (1) 의의

정책과정은 각종 이익집단 등 제 세력의 참여에 의해 이루어진다는 이론이다.

### (2) 다원론의 전개

① 벤틀리(Bently)와 트루맨(Truman) 등의 집단이론

정책은 다양한 이익집단들 간 경쟁과 타협의 산물이며, 정책과정이 특수이익에 좌우되지 않고 다양한 이익집단의 주장과 요구가 정책에 반영되는 이유를 잠재집단론과 중복회원론으로 설명한다.

- 잠재집단(Potential group)론: 잠재집단은 실질적으로 조직화되어 있지 않지만, 특수이익을 가진 지배집단이 자신들의 이익을 침해할 가능성이 있는 경우 조직화될 수 있는 상태이다. 정책결정자들은 대항적 권력(Counter-vailing powers)으로서 잠재집단을 염두에 두면서 정책결정을 하므로, 활동적 소수(Active minority)의 특수이익이 정책을 좌우하지 못한다.
- 중복회원(중복성원: Multiple membership)론: 이익집단 구성원은 여러 집단에 중복적으로 소속되어 있으므로 어느 한 집단이 자신의 특수이익만을 추구할 수 없다.

② 달(Dahl) 등의 다원적 권력론

- 달은 정치적 자원이 분산되어 동일한 사회계층 출신의 소수 엘리트가 전체 지역사회를 지배하지 못하고 정책영역별로 영향력을 행사하는 엘리트들이 각기 다르고 엘리트 간 서로 경쟁과 갈등이 일어나며, 대중도 선거나 정치참여를 통해 엘리트나 정책에 영향력을 행사할 수 있다고 본다.
- 미국 사회는 공식적으로는 소수가 정책과정을 좌우하고 있지만, 실질적으로는 다수에 의한 정치(Polyarchy)가 이루어진다고 보았다.



**엘리트이론의 정책과정**

엘리트이론이 정책과정에 주는 함의는 다음과 같다.

- 정책은 엘리트의 이해가 반영된다.
- 엘리트와 대중의 정치권력 간의 불평등으로 인하여 대중의 참여는 엘리트의 필요에 의한 형식적·제한적 참여만이 이루어진다.
- 무의사결정으로 인해 정책대안은 한정된다.

**다원론의 정책과정**

- 다원론에서 정책과정의 주도자는 경쟁하는 이익집단들이다.
- 정부는 갈등적 이익을 조정하는 중개인 혹은 게임규칙의 준수를 독려하는 심판자의 역할을 수행한다고 본다.
- 각종 이익집단들은 정부의 정책과정에 동등한 접근 기회를 가지고 있다.
- 이익집단 간에는 영향력의 차이는 있으나 게임의 규칙을 준수하므로, 사회 전체적으로는 권력의 균형을 유지한다.

## 5. 기타 정책의제설정론

### (1) 조합주의(Corporatism)

① 국가 조합주의(State corporatism)

- 제3세계 및 후진자본주의에서 국가가 일방적으로 주도하는 이익대표체계이다.
- 국가가 통치력을 강화하기 위해 강제적으로 편성한 이익대표체계로서 정책결정과정에 대한 이익집단의 통제된 참여를 기본요소로 하며, 이익의 상향적인 투입기능보다는 **국가에 의한 하향적인 동원과 통제를 중시**한다.

② 사회 조합주의(Societal corporatism)

- 서구의 선진민주국가의 의회민주주의하에서 나타나는 유형이며, 국가의 통치력 약화에 대한 반작용으로 생성된다.
- 국가가 통치력 보강과 사회경제적 위기를 해소하기 위해 이익집단에 의존하는 것이 특징이며, 이익집단과 국가와의 협력관계를 중시하면서도 이익집단의 자율성을 본질로 한다.
- 즉, 국가에 의한 하향적인 통제기능을 배제하고 국가로의 상향적인 투입기능을 중시한다.

### (2) 신조합주의

① 국가가 이익집단을 지배하고 억압하는 것이 조합주의라면, **신조합주의는 특히 다국적 기업의 영향력을 강조**한다.

② 다국적 기업과 국가 또는 정부가 긴밀한 협력관계를 유지하는 모델이다.

| | | |
|---|---|---|
| 문제의 중요성 (사회적 유의성, 기간의 적실성) | | • 사회문제가 중대하고 심각한 경우(피해자가 많고, 피해의 강도가 큰 경우)는 정책의제화가 쉽게 된다.<br>• 문제가 장기적으로 지속될 것으로 예상되는 경우 의제화가 용이하나, 해결책이 없으면 정부의제로 채택될 가능성은 떨어진다. |
| 문제의 외형적 특징 (기술의 복잡성, 구체성) | | • 문제가 단순하여 쉽게 이해되고, 문제가 구체적일수록 쉽게 정책의제화가 된다.<br>• 반대견해: 문제가 구체적일수록 비용부담집단의 조기 가시화로 저항이 이루어지기 때문에 의제화가 어렵다. |
| 문제의 내용상 특징 (분배·규제·재분배정책) | 분배 정책 | 재화나 서비스를 향유할 집단들은 의제채택에 적극적이므로 쉽게 의제화된다. |
| | 규제 정책 | 비용을 부담할 집단이 특정화되어 있으므로, 이들의 반대(저항)가 큰 경우에는 의제채택이 어렵게 된다. |
| | 재분배 정책 | 소득계층 간 갈등을 유발하므로, 정치적 분위기의 변화와 전국적 차원의 지지가 요구된다. |
| 선례와 유행성 | | • 과거에 비슷한 선례가 있거나, 일종의 유행처럼 되어 있는 문제는 의제화가 용이하다. |
| 쟁점화의 정도 | | • 관련 집단 간에 첨예하게 쟁점화된 문제일수록 의제체택이 용이하다. |
| 극적사건과 위기 | | • 문제를 극적으로 부각시키는 사건·위기·재난 등은 정치적 사건과 더불어 문제를 정책의제화 시키는 양대 점화장치이다. |

## 01 정책의제설정 순서로 옳은 것은?

① 사회문제 → 공중의제 → 사회적 이슈 → 정부의제
② 사회문제 → 사회적 이슈 → 공중의제 → 정부의제
③ 공중의제 → 사회문제 → 사회적 이슈 → 정부의제
④ 사회문제 → 사회적 이슈 → 정부의제 → 공중의제



## 02 정책의제설정모형에 대한 설명으로 옳지 않은 것은?

① 외부주도형은 정책의제를 강요된 정책문제로 여긴다.
② 동원형은 국가와 이익집단이 주도하여 정책의제를 채택하는 경우를 말한다.
③ 내부접근형은 동원형에 비해 낮은 지위의 고위관료가 주도한다.
④ 굳히기형은 대중의 지지가 높은 정책문제에 대하여 정부가 그 과정을 주도하여 해결을 시도한다.



## 03 정책의제설정모형에 대한 설명으로 가장 옳은 것은?

① 올림픽이나 월드컵 유치 등 국민들이 적극적인 관심을 보인 사례는 외부집단이 주도한 외부주도형이다.
② 내부접근형은 대중의 지지를 획득하기 위한 공중의제화 과정이 없다는 점에서 공중의제화 과정을 거치는 동원형과 다르다.
③ 사회문제가 바로 정책의제로 채택되는 과정을 거치는 모형은 외부주도형이다.
④ 동원형은 공중의제화 과정을 거치기 때문에 행정부의 영향력이 작고 민간부문이 발전된 선진국에서 많이 나타나는 모형이다.



## 04 정부가 다수 집단의 이익을 조정하고 갈등을 해결하는 데 조정자·심판자로서 역할을 한다고 본 모형은?

① 엘리트주의
② 조합주의
③ 다원주의
④ 신제도주의

출제빈도: ★ ☆ ☆

## 05 다원주의적 민주국가의 정책 과정에 대한 설명으로 옳은 것은?

① 정책의제설정은 대부분 동원형에 따라 이루어진다.
② 사법부가 정책결정 과정에서 담당하는 역할이 미미하다.
③ 엘리트가 모든 정책 영역에서 지배적인 권력을 행사한다.
④ 각종 이익집단은 정책과정에 동등한 정도의 접근 기회를 갖는다.

---

### 정답 및 해설

**01** ②
정책의제설정 순서는 '사회문제 → 사회적 이슈 → 공중의제 → 정부의제' 순이다.

**02** ②
동원형은 정부 내의 정책결정자들이 주도하여 정책의제를 채택하는 경우로, 이익집단이 주도하지는 않는다.

오답노트
① 외부주도형은 외부집단이 정책의제 채택을 정부에 강요하는 경우이므로, 허쉬만(Hirshman)은 이를 강요된 정책문제라고 하였다.
③ 내부접근형은 정부 내의 관료집단 또는 특정 외부집단이 주도하여 이들이 최고 정책결정자에게 접근해 문제를 의제화하는 경우이므로 동원형보다는 낮은 지위의 관료가 주도한다.
④ 굳히기형은 대중적 지지가 높을 때 국가가 의제설정을 주도하는 모형이다.

**03** ②
동원형은 공중의제화 과정을 거치지만, 내부접근형은 공중의제화 전략을 사용하지 않는다.

오답노트
① 국민들이 적극적인 관심을 보인 사례를 국가가 주도하는 것은 메이(May)의 굳히기형에 해당한다.

③ 외부주도형이 아니라 내부접근형에 해당한다.
④ 동원형은 행정 PR 등을 통한 공중의제화 과정을 거치지만, 정부의 힘이 강하고 민간부문이 취약한 후진국에서 흔히 나타나는 모형이다.

**04** ③
정부가 다수 집단의 이익을 조정하고 갈등을 해결하는 데 중립적 입장에서 조정자·심판자로서 역할을 한다고 본 모형은 다원주의(Pluralism)에 해당한다.

**05** ④
다원주의적 민주국가에서 사회의 각종 이익집단은 정부의 정책과정에 동등한 접근 기회를 가지고 있다고 보고 있다. 다만, 이익집단들 간의 영향력에는 차이가 있음을 인정한다.

오답노트
① 선진·민주·다원화된 국가의 의제설정은 대부분 외부주도형에 따라 이루어진다.
② 국가를 중립적 심판자로 보는 다원주의 국가에서는 심판자로서 사법부의 역할이 크다.
③ 엘리트가 모든 정책 영역에서 지배적 권력을 행사하는 것은 엘리트이론이다.

## 06 다원주의(Pluralism)에 대한 설명으로 가장 옳지 않은 것은?

① 권력은 다양한 세력들에게 분산되어 있다.

② 정책영역별로 영향력을 행사하는 엘리트들이 각기 다르다.

③ 이익집단들 간의 영향력 차이는 주로 정부의 정책과정에 대한 상이한 접근기회에 기인한다.

④ 이익집단들 간 영향력의 차이는 있지만 전체적으로 균형을 유지하고 있다.



## 07 엘리트이론에 대한 설명으로 옳은 것은?

① 다양한 이익집단 간의 균형과 조절을 중시한다.

② 국가는 스스로 결정하는 힘을 지닌 실체라고 인식한다.

③ 공식적 참여자와 비공식적 참여자 간의 상호작용을 포괄적으로 분석한다.

④ 엘리트의 가치와 선호에 의해 의사결정이 이루어진다고 본다.



## 08 무의사결정(Non-decision making)에 대한 설명으로 옳은 것은?

① 지배적인 엘리트 집단은 자신들의 이해관계와 부합하지 않는 이슈라도 정책의제설정 단계에서 논의하려고 한다.

② 무의사결정은 중립적인 행동으로 다원주의이론의 관점을 반영한다.

③ 집행과정에서는 무의사결정이 일어나지 않는다.

④ 정책문제채택 과정에서 기존 세력에 도전하는 요구는 정책문제화하지 않고 억압한다.

출제빈도: ★ ☆ ☆

**09** 바흐라흐와 바라츠(P. Bachrach & M. S. Baratz)의 무의사결정(Non-decision making)을 추진하는 수단이나 방법으로 옳지 않은 것은?

① 폭력이나 테러행위는 사용되지 않는다.

② 정치체제의 규범, 규칙, 절차 자체를 수정·보완하여 정책요구를 봉쇄한다.

③ 변화의 주창자에 대해 현재 부여되고 있는 혜택을 박탈하거나 새로운 이익으로 매수한다.

④ 정치체제 내의 지배적 규범이나 절차를 강조하여 변화를 주장하는 요구가 제시되지 못하도록 한다.

---

### 정답 및 해설

**06** ③

다원주의는 이익집단들 간 영향력의 차이는 있지만 정책과정에 대한 접근기회는 동등하다고 본다.

오답노트

① 다원주의에 따르면 민주정치체제에서는 권력이 다양한 세력에 분산되어 있으며, 엘리트 집단 전체가 대중의 요구에 민감하게 움직인다.

② 달(Dahl)의 다원주의에 따르면 엘리트 집단이 존재하기는 하나, 정책결정을 담당하는 엘리트 집단이 정책 분야별로 다르다.

④ 다원주의에 따르면 이익집단들은 상호 경쟁적이지만 게임의 규칙을 준수해야 한다는 데 합의하고 있고, 영향력의 차이는 있지만 전체적으로 균형을 유지한다.

**07** ④

엘리트주의는 엘리트가 자신의 가치와 선호에 부합하는 의사결정을 한다고 본다.

오답노트

① 다원주의가 다양한 이익집단 간의 균형과 조절을 중시한다.

② 국가는 스스로 결정하는 힘을 지닌 실체라고 주장한 이론은 국가조합주의, 신베버이론이며, 국가의 자율성을 강조한다.

③ 공식적 참여자와 비공식적 참여자 간의 상호작용 관계를 포괄적으로 분석하는 것은 정책네트워크모형이다.

**08** ④

무의사결정은 엘리트의 가치 혹은 이익에 대한 잠재적이거나 현재적인 도전을 억압하거나 방해하는 결정을 말한다. 이는 무관심이 아니라 의도적인 권력의 행사로, 바흐라흐와 바라츠(Bachrach & Baratz)의 저서 『권력의 두 얼굴』에서 처음 주장되었다.

오답노트

① 무의사결정은 기존 엘리트 세력의 이익에 부합하지 않는 것은 억압하고 논의하지 않는다.

② 무의사결정은 신엘리트이론이다.

③ 무의사결정은 정책과정의 모든 단계에서 일어난다.

**09** ①

무의사결정의 수단으로 권력의 사용, 편견의 동원, 편견의 수정과 함께 폭력 등도 사용된다. 무의사결정의 수단과 방법에는 ㉠ 폭력, ㉡ 권력의 행사: 폭력보다 온건한 방법으로 변화의 주창자에 대해 현재 부여되고 있는 혜택을 박탈하거나 새로운 이익으로서 매수하는 것, ㉢ 편견의 동원: 정치체제 내의 지배적 규범이나 절차를 강조하여 변화를 위한 주장을 꺾는 간접적 방법, ㉣ 편견의 수정·강화: 가장 간접적·우회적 방법으로서 정치체계의 규범, 규칙, 절차자체를 수정·보완하여 정책의 요구를 봉쇄하는 방법이 있다.

출제빈도: ★☆☆

## 10 무의사결정(Non-decision making)에 대한 설명 중 옳지 않은 것은?

① 사회문제에 대한 정책과정이 진행되지 못하도록 막는 행동이다.
② 기득권 세력이 그 권력을 이용해 기존의 이익배분 상태에 대한 변동을 요구하는 것이다.
③ 기득권 세력의 특권이나 이익 그리고 가치관이나 신념에 대한 잠재적 또는 현재적 도전을 좌절시키려는 것을 의미한다.
④ 변화를 주장하는 사람으로부터 기존에 누리는 혜택을 박탈하거나 새로운 혜택을 제시하여 매수한다.

출제빈도: ★☆☆

## 11 조합주의에 대한 설명으로 옳지 않은 것은?

① 국가 조합주의는 국가의 우월한 권력을 인정한다.
② 사회 조합주의는 사회경제체제의 변화에 순응하려는 이익집단의 자발적 시도로부터 생성되었다.
③ 국가 조합주의는 다양한 집단 간 경쟁심을 특징으로 한다.
④ 신조합주의는 다국적기업이 국가와 동맹관계를 유지하면서 정책에 참여한다고 본다.

출제빈도: ★☆☆

## 12 다국적 기업과 같은 중요 산업조직이 국가 또는 정부와 긴밀한 동맹관계를 형성하고 이들이 경제 및 산업정책을 함께 만들어 간다고 설명하는 이론은?

① 신마르크스주의이론　　　　　　　② 엘리트이론
③ 공공선택이론　　　　　　　　　　④ 신조합주의이론

출제빈도: ★☆☆

## 13 어떠한 정책문제가 정책의제로 채택될 가능성이 가장 낮은 경우는?

① 정책문제의 해결가능성이 큰 경우
② 이해관계자의 분포가 넓고 조직화 정도가 낮은 경우
③ 선례가 있어 관례화(Routinized)된 경우
④ 정책의제화를 요구하는 집단의 규모가 큰 경우

출제빈도: ★☆☆

**14** 정책의제의 설정에 영향을 미치는 요인에 대한 설명으로 옳지 않은 것은?

① 일상화된 정책문제보다는 새로운 문제가 보다 쉽게 정책의제화된다.

② 정책 이해관계자가 넓게 분포하고 조직화 정도가 낮은 경우에는 정책의제화가 상당히 어렵다.

③ 사회 이슈와 관련된 행위자가 많고, 이 문제를 해결하기 위한 정책이 많은 집단에 영향을 미치거나 정책으로 인한 영향이 중요한 것일 경우 상대적으로 쉽게 정책의제화된다.

④ 국민의 관심 집결도가 높거나 특정 사회 이슈에 대해 정치인의 관심이 큰 경우에는 정책의제화가 쉽게 진행된다.

---

### 정답 및 해설

**10** ②

무의사결정이란 기득권 세력의 특권이나 이익 그리고 가치관이나 신념에 대한 잠재적 또는 현재적인 도전을 좌절시키려는 것을 의미한다. 따라서 기득권 세력이 아니라 소외계층 등이 기존의 이익배분 상태에 대해 변동을 요구하고, 그것을 기득권 세력이 억압하는 것이다.

오답노트
④ 무의사결정의 수단 중 권력의 행사이다.

**11** ③

국가 조합주의는 정부에 의해 독점적 이익대표권을 부여받은 이익집단이 그에 대한 반대급부로 이익집단의 요구를 일정 범위로 제한하는 등 정부의 통제를 수용하며, 독점적 이익대표권을 부여받았기 때문에 경쟁과는 거리가 멀다.

**12** ④

국가가 이익집단을 지배하고 억압하는 것이 조합주의라면 신조합주의는 다국적 기업과 국가 또는 정부가 긴밀한 협력관계를 유지하는 모델이다.

**13** ②

이해관계자가 넓게 분포하고 조직화의 정도가 낮은 경우에는 집단행동의 딜레마(1/N)가 발생하기 때문에 의제화가 용이하지 않다.

오답노트
① 해결가능성이 큰 경우, 의제채택이 용이하다.
③ 선례가 있는 경우, 의제채택이 용이하다.
④ 요구하고 있는 집단규모가 큰 경우, 의제채택이 용이하다.

**14** ①

선례가 없는 새로운 문제보다 일상화된 문제가 더 쉽게 정책의제화된다.

오답노트
② 이해관계가 넓게 분포되고 조직화 정도가 낮은 경우에는 응집력이 약화되어 의제화가 곤란하다.
③ 영향을 받는 집단이 많고 문제의 내용이 대중적이고 중요한 것일수록 의제화 가능성이 크다.
④ 국민적·정치적 관심이 큰 경우 의제화가 용이하다.

## 01 정책분석의 개념

출제빈도 ★

정책분석이란 정책결정에 필요한 지식과 정보를 창출·제공하는 합리적·체계적인 방법과 기술이다.

## 02 관리과학과 체제분석

출제빈도 ★★

### 1. 관리과학

#### (1) 의의

관리과학은 조직이 당면한 문제의 해결이나 의사결정에서 최적의 대안을 탐색하는 데 활용되는 과학적·계량적 원리나 기법을 이용하는 접근방법이다.

#### (2) 주요기법

① 대기행렬이론(Queuing Theory, 줄서기 분석)
  - 의의: 대기행렬이론은 하나의 서비스 체계에서 고객이 도래하는 수가 시간마다 일정하지 않을 때, 대기행렬의 길이와 서비스를 받고자 하는 단위들의 대기시간을 통제하기 위해 적정한 시설규모·서비스 절차와 통로의 수 및 대기 규칙 등을 발견하기 위한 이론이다.
  - 고객의 대기행렬은 사회적 비용이라는 전제하에 이를 최소화시키기 위한 분석을 수행하는 것이다.

② 시계열분석

- 의의: 시계열분석은 과거의 **변동추이**를 시간적으로 분석하여 그것을 토대로 미래의 결과를 전망(추정)해 보기 위한 기법을 말한다.
- 시간을 독립변수로 하여 미래를 예측하려는 동태적인 분석방법이다.
- 변화 경향이 명료하고 비교적 안정적이며, 이에 관한 자료들이 함축되어 있을 때 활용할 수 있는 예측방법이다.

③ 계층화분석법(AHP)

- 의의: 1970년대 사티(Saaty) 교수가 개발한 예측기법으로 불확실한 상황하에서 확률 추정이 불가능한 경우에 대안 간 우선순위를 따져서 미래를 예측하는 기법이다.
- 각 계층에 포함된 하위목표 또는 평가기준으로 표현되는 구성요소들을 둘씩 짝을 지어, 바로 상위계층의 어느 한 목표 또는 평가 기준에 비추어 평가하는 쌍쌍비교를 시행한다.

# 2. 체제분석(SA)

## (1) 의의

의사결정자가 문제해결을 위한 대안을 선택하는 데 도움을 주기 위한 체계적·과학적인 접근방법으로, 그 핵심적인 수단은 비용·편익분석과 비용·효과분석이다.

## (2) 비용·편익분석(Cost-Benefit Analysis)

① 의의

비용·편익(B/C)분석은 공공투자사업에 대한 정책결정에 있어서 투자사업의 효과(편익)가 비용보다 많은지의 여부를 체계적으로 분석하여 공공사업의 **경제적 타당성**을 검토하는 분석기법이다.

② 비용·편익분석의 절차

- 대안의 식별: 설정된 목표를 달성하는 데 기여할 수 있는 모든 대안을 식별해 낸다.
- 사업의 수명 결정: 비용의 소요기간과 편익이 발생하는 기간을 측정한다.
- 비용과 편익의 확인·측정: 비용과 편익의 유형을 확인하고 그 크기를 추정한다.
- 할인: 할인율을 적용하여 장래의 총비용과 총편익을 현재가치로 환산한다.
- 민감도분석: 대안의 우선순위에 영향을 줄 수 있는 상황변수의 변화에 따른 비용·편익의 영향을 계량적으로 측정한다.
- 대안의 우선순위 제시: 각 대안들을 비교 및 평가한 후 우선순위를 제시한다.

③ 비용·편익의 추정

- 비용: **기회비용**의 개념을 사용하며, 매몰비용은 제외한다. 기회비용 산정 시에는 잠재가격을 사용한다.
- 편익: **소비자잉여**(재화에 대하여 지불하고자 하는 값과 실제 지불한 값과의 차이)를 통하여 도출하게 된다.

④ 할인율의 결정

- 할인율이란 장래 투입될 비용이나 장래 발생할 편익을 현재가치로 표시하기 위한 교환비율을 의미한다.
- 할인율이 낮을수록 현재가치는 높다.

- 공공사업의 경우 공공사업이 창출하는 외부효과 등을 감안하여 사회적 할인율은 시장이자율보다 낮아야 한다는 주장이 지배적이다.
- 할인율이 낮을 경우 장기투자가, 높을 경우 단기투자가 유리하다.

⑤ 대안의 비교·평가기준

| 평가기준 | 계산 방법 | 내용 |
|---|---|---|
| 순현재가치 (NPV: Net Present Value) | NPV = 편익의 현재가치 −비용의 현재가치 | • 0보다 크면 그 사업은 타당성 있는 사업이라 하여 채택할 수 있으며, 복수의 사업인 경우 순현재가치가 가장 큰 사업을 선택한다.<br>• 대규모 사업의 경우 유리하다. (소규모 사업인 경우 B/C Ratio가 적용하기 유리) |
| 편익비용비 (B/C ratio) | B/C = 편익의 현재가치 /비용의 현재가치 | • 1보다 크면 투자 가능하다.<br>• 예산제약이 있는 경우 보조적인 선택 기준이 된다. |
| 내부수익률 (IRR: Internal Rate of Return) | 내부수익률: NPV = 0이 되도록 하는 할인율 | • 불확실성이 심하여 시장이나 사회적 할인율을 알지 못하는 경우에 사용하는 일종의 예상수익률이다.<br>• 할인율을 몰라 현재가치를 계산할 수 없을 때 쓰이는 기법이다.<br>• 내부수익률이 일정판정수익률을 상회할 때 투자한다.<br>• 내부수익률이 통상적으로 사용되는 시장이자율보다 크다면 그 투자사업은 타당성 있는 것으로 평가된다. |

## (3) 비용·효과분석(Cost-Effectiveness Analysis)

① 의의

비용과 편익을 화폐가치로 측정할 수 없는 정책대안들에 대한 경제적 평가를 위한 기법이다.

② 비용과 효과의 계산

비용은 화폐단위로, 효과는 재화단위나 용역단위 또는 기타 가치있는 효과단위로 측정한다.

## 1. 정책분석 오류의 의의

정책이 원래 의도했던 변화, 즉 정책효과를 가져오지 못하게 되거나 또는 기대했던 것과는 다른 변화를 가져오게 되는 것을 정책분석의 오류라고 한다.

## 2. 정책분석 오류의 유형

### (1) 제3종 오류(메타오류, 근본적 오류) – 정책문제 구성상의 오류

① 정책문제의 정의나 목표설정을 잘못하여 대안을 잘못 선택하는 오류이다.
② 수단적 기획관의 한계를 극복하기 위해 대두되었다.

### (2) 제1종 오류 및 제2종 오류 – 정책대안 식별상의 오류

① 제1종 오류
통계학적으로 옳은 영(귀무) 가설을 기각하여 나타나는 오류로서, 정책대안의 결과예측 과정에서 정책대안이 실제로 효과가 없는데도 효과가 있다고 잘못 평가하여 잘못된 대안을 채택하는 오류를 의미한다.

② 제2종 오류
통계학적으로 틀린 영(귀무) 가설을 인용하여 나타나는 오류로서, 정책대안의 결과예측 과정에서 정책대안이 실제로 효과가 있는데도 효과가 없다고 잘못 평가하여 올바른 대안을 채택하지 않는 오류를 의미한다.

**행정학 전문가의 TIP**

**귀무가설과 대립가설**
- 의의
  - 귀무가설: 일반적으로 기각될 것이 예상되어 세워진 가설입니다.
  - 대립가설: 검증하려는 가설은 귀무가설에 대해서 대립가설로 불립니다.
- 귀무가설과 대립가설의 관계
  - 귀무가설 채택 = 대립가설 기각
  - 귀무가설 기각 = 대립가설 채택

출제빈도: ★☆☆

**01** 정책결정자들이 더 나은 판단을 할 수 있도록 필요한 정보를 창출하고 제시하는 일체의 지적·인지적 활동으로, 정책의제설정에 관련된 지식을 창출하는 사전적 활동을 무엇이라고 하는가?

① 정책형성
② 정책집행
③ 정책평가
④ 정책분석

출제빈도: ★★☆　　대표출제기업: 대구도시철도공사

**02** 행정 서비스를 받기 위해 기다리는 시간의 사회적 비용과 이를 줄이기 위해 투자하는 시설투자비의 적정 수준을 찾아내기 위한 분석 기법은?

① 경로분석(Path analysis)
② 비용·효과분석
③ 대기행렬이론(Queuing Theory)
④ 선형계획법

출제빈도: ★☆☆

**03** 계층화분석법(Analytical Hierarchy Process)에 대한 설명으로 옳지 않은 것은?

① 1970년대 사티(T. Saaty) 교수에 의해 개발되어 광범위한 분야의 예측에 활용되어 왔다.
② 불확실성을 나타내는 데 확률 대신에 우선순위를 사용한다.
③ 두 대상의 상호비교가 불가능한 경우에도 사용할 수 있다는 장점을 지니고 있다.
④ 기본적으로 시스템 이론에 기초를 두고 있다.

출제빈도: ★☆☆

## 04 정책, 사업 등에 대한 타당성을 평가하는 비용·편익분석(Cost Benefit Analysis) 결정을 위한 기준에 해당하지 않는 것은?

① 편익·비용비율(Benefit/Cost ratio)

② 생산성(Productivity) 지표

③ 순현재가치(Net Present Value)

④ 내부수익률(Internal Rate of Return)

---

**정답 및 해설**

**01** ④

일반적으로 정책분석을 사전적 활동이라 하고, 정책평가를 사후적 활동이라 한다.

**02** ③

행정 서비스를 받기 위해 기다리는 시간의 사회적 비용과 이를 줄이기 위해 투자하는 시설투자비의 적정 수준을 찾아내기 위한 분석 기법은 '대기행렬이론'이다.

오답노트

① 경로분석은 비정형적이고 비판적인 대규모사업의 최단경로를 분석하는 기법이다.

② 비용·효과 분석은 비용과 편익을 화폐가치로 측정할 수 없는 정책 대안들에 대한 경제적 평가를 위한 기법이다.

④ 선형계획법은 일정한 제약조건하에 편익의 극대화나 비용의 최소화가 가능한 최적분배점을 발견함으로써 한정된 자원을 가장 효율적으로 이용하기 위한 수리계획모형의 하나이다.

**03** ③

계층화분석법은 쌍대비교의 원리에 따라 두 가지 대안의 상호비교를 통하여 우선순위를 파악해 나가는 기법이다. 따라서 두 대상 간 상호비교가 불가능한 경우에는 사용할 수 없다는 단점이 있다. 계층화분석법은 'ⓐ 제1단계: 문제를 몇 개의 계층 또는 네트워크 형태로 구조화 → ⓑ 제2단계: 구성요소들을 둘씩 짝을 지어 상위계층의 어느 한 목표 또는 평가기준에 비추어 평가하는 쌍대비교(이원비교)를 시행 → ⓒ 제3단계: 각 계층에 있는 요소별 우선순위를 설정하고 이를 바탕으로 최종적인 대안 간 우선순위를 설정' 순으로 진행된다.

**04** ②

비용편익분석의 평가기준으로는 순현재가치, 비용편익비율, 내부수익률이 있다.

출제빈도: ★☆☆

## 05 비용·편익분석에 대한 설명으로 옳지 않은 것은?

① 비용은 회계학적 비용으로 측정한다.

② 정책대안의 비용과 편익을 모두 가시적인 화폐 가치로 바꾸어 측정한다.

③ 미래의 비용과 편익의 가치를 현재가치로 환산하는 데 할인율(Discount rate)을 적용한다.

④ 편익의 현재가치가 비용의 현재가치를 초과하면 순현재가치(NPV)는 0보다 크다.

출제빈도: ★★☆

## 06 비용편익분석에 대한 설명으로 옳지 않은 것은?

① 편익비용비율이 1보다 클 때 그 사업은 추진할 가치가 있다.

② 내부수익률이 높을수록 바람직하며 투자가치가 있는 사업이다.

③ 순현재가치가 2보다 크면 사업의 타당성이 있다고 본다.

④ 복수의 대안평가 시 내부수익률이 큰 사업을 선택해야 오류가 없다.

출제빈도: ★★☆  대표출제기업: 서울주택도시공사

## 07 제3종 오류(Type Ⅲ error)에 대한 설명으로 옳지 않은 것은?

① 수단주의적 기획관의 한계를 나타내는 오류 유형이다.

② 문제선택 자체가 잘못된 경우의 오류를 의미한다.

③ 메타오류(Meta error)라고도 한다.

④ 주로 문제해결을 위한 합리적인 대안의 선정 과정에서 나타난다.



---

### 정답 및 해설

**05** ①

비용은 기회비용으로 측정한다.

오답노트
② 비용편익분석은 비용과 편익을 모두 금전적 가치로 표시하여 비교한다.
③ 비용편익분석은 할인율을 적용하여 비용과 편익을 현재가치로 환산하여 비교·평가한다.
④ 편익의 현재가치가 비용의 현재가치를 초과하면 순현재가치는 0보다 크다.

**06** ③

순현재가치(NPV)는 편익의 총현재가치에서 비용의 총현재가치를 뺀 것으로, 순현재가치(NPV)가 0보다 크면 사업의 타당성이 있다고 본다.

오답노트
① 편익비용비율(B/C)은 1보다 클 때 사업의 경제성이 있다고 본다.
②, ④ 내부수익률(IRR)이 높을수록 투자가치가 있는 사업이므로 복수의 대안평가 시 내부수익률이 큰 사업을 선택해야 한다.

**07** ④

제3종 오류는 문제를 잘못 정의하는 오류이다. 합리적 대안선정 과정에서 나타나는 오류는 제1종, 제2종 오류이다.

오답노트
① 대안선택과 관련된 제1종, 제2종 오류의 한계를 극복하기 위해 대두된 것이 제3종 오류이다.
②, ③ 문제를 잘못 정의한 것이 제3종 오류이며, 메타오류라고도 한다.

---

✓**핵심 포인트**

| 합리적 정책결정과정 | 단계별 핵심개념정리 |
|---|---|
| 정책결정의 이론 모형 | 정책결정모형들의 주요 내용 |

## 01 정책결정의 의의

출제빈도 ★

정책결정이란 '정책문제를 해결하여 달성할 목표를 설정하고, 이 목표를 달성할 수 있는 여러 대안들을 고안·검토하여 하나의 정책대안을 채택하는 활동'이라고 할 수 있다. 이러한 정책결정의 산물이 바로 정책이다.

**정책문제의 파악·정의**
- 정책문제의 원인과 결과(인과관계) 파악
- 정책문제의 특성(문제의 심각성·피해범위) 파악

⇩

**정책목표 설정**
**정책목표의 요건**
- 내용의 적합성(Appropriateness): 다양한 목표 중 가장 바람직한 목표를 채택했는가 여부
- 목표수준의 적절성(Adequacy): 정책목표의 채택수준이 적당한 수준인지 여부
※잘못된 정책 문제정의·목표설정의 결과 ⇨ 3종 오류(Meta 오류)

⇩

**정책대안의 탐색·개발**
**정책대안의 원천(Source)**
- 과거의 정책, 현존 정책: 동일하거나 유사한 정책문제에 대하여 과거 채택했거나 현재 시행 중인 정책에 대한 정책목록(Policy list)을 참조
- 타 정부의 정책: 지방정부나 다른 국가의 정책을 참조
- 이론·모형의 활용: 정책목표와 정책수단 간 인과관계를 내포하는 과학적 지식·이론으로부터 대안 도출
- 주관적·직관적 방법: 여러 전문가의 의견을 물어 대안 탐색[브레인스토밍(Brainstorming), 델파이(Delphi)]

⇩

정책대안의 미래 예측 (결과 예측)

> 정책대안을 집행·실시했을 경우 나타날 결과(정책효과와 정책비용)를 예상하는 것
> - 비합리적·비분석적·주관적·직관적·질적 방법: 브레인스토밍(Brainstorming), 델파이 (Delphi)
> - 합리적·분석적·객관적·양적 방법: 모형작성, 정책실험

⇩

정책대안의 비교·평가

> 대안 간 우선순위 비교평가 기준
> - 소망성(Desirability): 능률성, 민주성, 효과성, 형평성, 적합성, 적절성, 주민의 만족도, 대응성, 체제유지, 일관성, 노력
>   ※경제적 합리성 평가기준: BC 분석(B/C율, NPV, IRR)
> - 실현가능성(Feasibility)
>   - 기술적 실현가능성: 현존하는 기술의 제약(과학기술의 발전수준, 전문인력)
>   - 경제적·재정적 실현가능성: 예산 또는 사회적 자원의 제약
>   - 행정적 실현가능성: 집행조직, 집행요원 등의 행정능력
>   - 법적 실현가능성: 타 법률의 내용과의 일관성
>   - 윤리적 실현가능성: 도덕적·윤리적 타당성
>   - 정치적 실현가능성: 정치체제에 의한 대안의 채택·집행 가능성, 현존 정치세력의 정치적 지지 정도

⇩

최선의 대안선택

## 02 합리적 정책결정과정의 단계

출제빈도 ★★★

## 1. 정책문제의 파악과 정의

### (1) 개념

하나의 정책문제가 해결되기 위해서는 정책문제의 내용이 무엇인지 과학적·체계적으로 정리하고, 그것의 원인과 결과 간의 인과관계를 파악하는 것과 이를 토대로 무엇이 문제인지를 정확히 규정하는 것을 의미한다.

### (2) 정책문제의 속성

① 공공성

정책문제는 공공성을 띠며, 정부가 나서야 할 만큼 많은 사람들과 관련되어 있다.

② 주관성·인공성

정책문제는 주관적이고 인공적인 성격을 띤다.

③ 복잡성·상호의존성

정책문제는 복잡·다양하고 상호의존적이며 복합요인에 의해 동시다발적으로 생겨나므로, '문제들의 덩어리' 형태로 다룰 필요가 있다.

④ 역사성

정책문제는 역사적 산물인 경우가 많으며, 현재의 문제는 오랜 기간 동안 형성되어 온 것일 수 있다.

⑤ 동태성

**정책문제는 동태적 성격을 가지며**, 여러 문제와 얽혀 있고 환경변화에 따라 그 성격과 해결책이 달라진다.

### (3) 정책문제의 파악과 정의의 중요성

'제3종 오류'를 범할 수 있다.

### (4) 정책문제의 분석기법(정책문제의 구조화 방안)

① 경계분석

문제의 존속기간이나 형성과정, 관련 문제 및 이해당사자들을 추출·파악하여 문제의 위치와 범위를 찾는 분석이다.

② 계층분석

문제 상황의 발생에 영향을 줄 수 있는 **가깝고 먼 다양한 원인(근인과 원인)들을 찾아내기 위한 방법**으로서, 간접적이고 불확실한 원인으로부터 차츰 확실한 원인을 차례로 확인해 나간다.

③ 유추분석(Synectics)

과거에 등장하였거나 다루어 본 적이 있는 문제와 유사한 문제에 대한 분석을 위해 활용될 수 있는 방법으로서 정책문제 간의 유사성을 조사·분석하여 정책문제 구조화에 유추와 비유를 창조적으로 활용할 수 있게 해주는 기법이다.

- 개인적(인적) 유추(Personal analogies): 분석가가 정책결정자 또는 고객집단과 같이 마치 그 자신들이 문제를 경험하고 있는 것처럼 상상하는 것으로, 문제 상황의 정치적 차원을 파헤치는 데 유용하다.

  ㉲ 교통 문제를 분석하기 위해 만원버스를 타고 이용객들의 불편을 직접 겪어보는 것 등

- 직접적 유추(Direct analogies): 분석가가 두 개 이상의 실제 문제 상황 사이의 유사한 관계를 탐색하는 것이다.

  ㉲ 약물 중독의 문제를 구조화하기 위하여 전염병의 통제 경험으로부터 직접 유추하는 것 등

- 상징적 유추(Symbolic analogies): 주어진 문제 상황과 어떤 상징적 대용물(모형 또는 시뮬레이션) 사이의 유사한 관계를 찾아내어 분석하는 것이다.

  ㉲ 일정한 기준에 따른 정책의 순환적 결정 과정을 설명하기 위해 자동온도조절장치에 비유하는 것 등

- 환상적(가상적) 유추(Fantasy analogies): 문제 상황과 어떤 상상적인 상태 사이의 유사성을 자유롭게 상상하고 탐색하는 것이다.

  ㉲ 국방정책분석가가 가상적인 핵공격 상태를 전제로 문제를 유추해 보는 것 등

④ 가정분석

정책과정 참여자들 사이에 정책문제에 대한 가정(관점)의 일치가 없을 때 이해관계자의 확인, 가정들의 노출, 가정들에 대한 비판적 평가, 가정통합 등의 과정을 통해 정책문제에 대한 **상충적 가정들의 통합을 도모하는 방법**으로서 가장 포괄적인 분석기법이다.

⑤ 분류분석

두 가지 주요절차인 **논리적 분할**(어떤 하나의 부류를 선택하여 그것을 구성요소로 나누는 것)과 **논리적 분류**(여러 상황이나 대상을 더 큰 집단 또는 부류로 결합시키는 것)에 토대를 두고 있다. 이러한 과정을 거쳐 문제의 구성요소를 식별한다.

## 2. 정책목표의 설정

### (1) 정책목표의 의의

정책목표란 정책을 통하여 달성하고자 하는 바람직한 상태를 의미한다.

### (2) 목표의 변동

① 목표의 전환(Displacement)
- **목표의 전환**은 목표와 수단의 우선순위가 뒤바뀌는 것으로서, 종국적 가치를 수단적 가치가 대치하는 것을 의미한다.
- 수단이 목표가 되고 목표가 수단이 되는 것이라고 할 수 있는데, 목표의 왜곡·대치·전도라고도 한다.

② 목표의 승계(Succession)
목표의 승계는 조직의 **목표가 달성되었거나 혹은 달성될 수 없을 경우** 조직이 새로운 **목표를 재설정하는 것**을 말한다.

③ 목표의 확대
목표의 확대는 **목표 자체를 상향조정하는 것**을 말한다.

④ 목표의 다원화
목표의 다원화는 본래의 목표에 **새로운 목표를 추가하는 것**을 말한다.

⑤ 목표의 비중 변동
목표의 비중 변동은 복수목표에 있어서 목표 간의 비중이나 우선순위가 변경되는 현상을 말한다.

---

### 📋 시험문제 미리보기!

조직의 목표가 달성되었거나 혹은 달성될 수 없을 경우 조직이 새로운 목표를 재설정하는 것은?

① 목표의 승계　　　　　　　　② 목표의 전환

③ 목표의 확대　　　　　　　　④ 목표의 추가

해설　　조직의 목표가 달성되었거나 혹은 달성될 수 없을 경우 조직이 새로운 목표를 재설정하는 것은 목표의 승계이다.

오답노트
② 목표의 전환은 목표와 수단의 우선순위가 뒤바뀌는 것으로, 종국적 가치를 수단적 가치가 대치하는 것을 의미한다.
③ 목표의 확대는 목표 자체를 상향조정하는 것을 말한다.
④ 목표의 추가는 목표의 다원화이다.

정답 ①

# 3. 정책대안의 탐색·개발 및 결과예측

## (1) 정책예측의 의의

정책예측이란 어떤 문제를 해결하기 위하여 필요한 미래의 정책 내용과 그 결과, 정책체제 및 그 환경의 미래 상태 등을 합리적으로 파악하는 것을 말한다.

## (2) 정책대안의 결과예측 접근방법

| 접근방법 | 근거 | 기법 | 결과적 산출물 |
|---|---|---|---|
| 추세연장법 | • 경향분석<br>• 귀납적 추론 | • 전통적 시계열 분석<br>• 최소자승경향추정<br>• 지수가중법<br>• 자료전환, 재난법 | 투사<br>(Projection) |
| 이론적 예측 | • 이론, 모형<br>• 연역적 추론 | • 이론지도<br>• 경로분석<br>• 투입 – 산출분석<br>• 선형계획, 회귀분석<br>• 상관분석 | 예견<br>(Prediction) |
| 직관적·주관적 예측 | • 주관적 판단 | • 전통적 델파이<br>• 정책델파이, 명목집단법<br>• 교차영향분석<br>• 실현가능성 평가기법 | 추측<br>(Conjecture) |

## (3) 직관적·주관적 미래예측기법

① 브레인스토밍(Brainstorming)
- 의의
  - 오스본(Osborne)에 의해 제시된 이 기법은 즉흥적이고 자유분방하게 여러 가지 기발한 아이디어를 창안하는 활동이다.
  - 아이디어를 모으는 과정에서 평가를 하지 않는 것이 중요하며, 대안들의 평가·종합을 통해 실현가능성이 없는 대안들을 제거하는 과정으로 전개된다.
- 특징
  - 자유로운 분위기에서 아이디어를 도출하기 때문에 아이디어에 대한 비판을 금지한다.
  - 직관적 예측인 아이디어의 양(개수)을 중시하기 때문에 무임승차( = 편승기법)를 허용한다.

② 델파이 기법
- 의의: 델파이 기법은 원래 1948년 랜드(RAND) 연구소에서 개발되어 전문가들의 주관적 판단에 의한 미래예측을 위해서 주로 사용되어 오다가, 오늘날에는 조직의 목표설정 및 정책결정에 이르기까지 그 적용영역이 점차 확대되고 있다. 델파이는 전문가들의 의견을 종합하여 보다 합리적인 아이디어를 도출하려는 방법으로 원래 위원회, 기타 집단토의 등 회의 방식의 약점※을 제거하기 위해 고안된 방법이다.

  ※ 기존 대면식 집단토의의 문제점: 대면식 토의기법은 갈등이 심하고, 고집부리기·체면세우기·성격마찰·감정대립·지배적 성향을 가진 사람의 독주·집단사고 등에 의해 주관적 판단을 흐리게 한다.

- 기본적인 특징
  - 익명성: 모든 전문가들은 익명이 엄격히 보장된 실제로 분리된 개개인으로서 답변하도록 한다.
  - 반복과 환류: 제시된 의견들은 통계 처리의 과정을 거쳐 다른 모든 사람에게 제공된다. 다른 사람들의 의견을 검토하고 각자는 다시 자신의 의견을 제시한다. 이와 같은 방법으로 의견들을 회람시키는 것을 몇 차례 되풀이한다.
  - 합의: 몇 차례의 회람 후에 결국은 전문가들이 합의하는 아이디어를 만들어 내도록 유도한다.
- 장점
  - 응답은 주관적으로 예측하지만, 응답 결과는 통계적으로 처리되어 진다.
  - 응답자들의 익명성이 유지되어 외부적 영향력으로 결론이 왜곡되는 것을 방지한다.
  - 집단적 상호작용을 통해 보다 많은 지식교환이 가능해진다.
  - 통제된 환류 과정의 반복으로 주제에 대한 관심이 커진다.
  - 미래예측에 대한 위험이 경감된다.
- 단점
  - 응답자가 불성실한 대답을 하거나 조작 가능성이 있다.
  - 소수의 의견이 묵살될 가능성이 있다.
  - 설문 방식에 따라 응답이 크게 좌우된다.
  - 개인의 주관적, 직관적 판단에 의존하기 때문에 추상성을 극복하기 힘들다.

③ 정책델파이 기법
- 의의
  - 정책델파이(Policy Delphi)란 델파이 기본논리를 적용하여 정책문제 해결을 위한 것으로, 정책대안을 개발하고 정책대안의 결과를 예측하기 위한 방법이다.
  - 델파이 기법과 달리 정책문제 해결을 둘러싸고 발생할 수 있는 대립된 의견을 드러내고자 하는 의도에서 개발된 것이다.
- 델파이와 유사점: 반복적 조사, 통제된 환류이다.
- 델파이와 차이점: 선택적 익명성, 식견 있는 다수의 창도, 양극화된 통계처리, 구성된 갈등, 컴퓨터 회의방식 등이다.

| 구분 | 델파이 | 정책델파이 |
| --- | --- | --- |
| 개념 | 일반문제에 대한 예측 | 정책문제에 대한 예측 |
| 응답자 | 동일영역의 일반전문가를 응답자로 선정 | 정책전문가와 이해관계자 등 다양한 대상자 선정 |
| 익명성 | 철저한 격리성과 익명성 보장 | 선택적 익명성 보장 (중간에 상호교차 토론 보장) |
| 응답자 상호 간의 갈등 | 갈등 조성을 원치 않음 | 의도적으로 갈등 조성 |
| 통계처리 | 의견의 대푯값·평균치(중윗값) 중시 | 의견 차이나 갈등을 부각시키는 통계처리 (극단적이거나 대립된 견해를 존중하고 이를 유도) |

④ 기타의 직관적(판단적) 예측기법

- 명목집단기법(Nominal group method)
  - 집단적 문제해결에 참여하는 개인들이 개별적으로 해결방안에 대해 구상을 하고, 그에 대해 **제한된 집단적 토론만을** 한 다음 해결방안에 대해 **표결을** 하는 기법이다.
  - 토론이 비조직적으로 방만하게 진행되는 것을 막고, 좋은 의견이 고루 개진되는 것을 보장하기 위한 방법이다.
- 교차영향분석(Cross-impact analysis)
  교차영향분석은 다른 관련된 사건의 발생을 촉진하거나 억제하는 사건을 식별하기 위해 사용되는 것으로서, **연관된 다른 사건이 일어났느냐 일어나지 않았느냐**에 기초하여 미래의 어떤 사건이 일어날 확률에 대하여 식견 있는 판단을 이끌어내는 직관적인 기법이다. 델파이 기법과 밀접하게 관련된 기법으로서 전통적 델파이 기법을 보완하기 위하여 고안된 것이다.
- 변증법적 토론(Dialectical discussion method)
  - 토론집단을 대립적인 두 개의 팀으로 나누어 토론을 진행하는 과정에서 합의를 형성해내는 기법이다.
  - 한 팀은 특정 대안에 대해 찬성하는 역할을 맡고, 다른 한 팀은 반대하는 역할을 맡는다.
  - 각자 자기 역할에 충실한 토론을 하는 과정에서 대안의 장점과 단점을 최대한 노출시키고, 이어 의견 수렴의 과정을 거쳐 합의를 형성한다.
- 지명반론자 기법(Devil's advocate method)
  작위적으로 특정 조직원들 또는 집단 반론 제기하는 집단으로 지정해 반론자 역할을 부여하고, 이들이 제기하는 **반론과 이에 대한 제안자의 옹호** 과정을 통해 의사결정을 유도하는 기법이다.

---

## 📋 시험문제 미리보기!

다른 사람의 아이디어에 자기 의견을 첨가해 새로운 아이디어를 꾸미거나 이미 제안된 여러 아이디어들을 종합하여 새로운 아이디어를 안출해내는 이른바 **편승기법(Piggy backing)**의 사용과 밀접히 관련된 집단적 문제해결기법은?

① 정책델파이기법　　　　　　　　② 델파이기법
③ 브레인스토밍　　　　　　　　　　④ 투사법

해설　제시문은 브레인스토밍(Brainstorming)과 관련된 것이다. 브레인스토밍은 규격화되지 않은 집단토론 상황에서 구성원들이 아이디어와 문제해결 대안들을 아무런 구애 없이 털어놓고 자유롭게 토론하게 하는 기법이다.

①, ② 델파이란 전문가들의 의견을 종합하여 보다 합리적인 아이디어를 도출하려는 방법이고, 정책델파이(Policy Delphi)란 델파이 기본논리를 적용하여 정책문제 해결을 위한 것으로 ㉠ 정책대안을 개발하고, ㉡ 정책대안의 결과를 예측하기 위한 방법이다. 정책델파이는 델파이 기법과 달리 정책문제 해결을 둘러싸고 발생할 수 있는 대립된 의견을 드러내고자 하는 의도에서 개발된 것이다.

④ 투사법은 시간적 변동추이를 분석하여 경향을 분석한 다음 그것을 토대로 미래를 투사·예측하는 기법이다.

정답 ③

## 03 | 정책결정의 이론 모형 출제빈도 ★★★

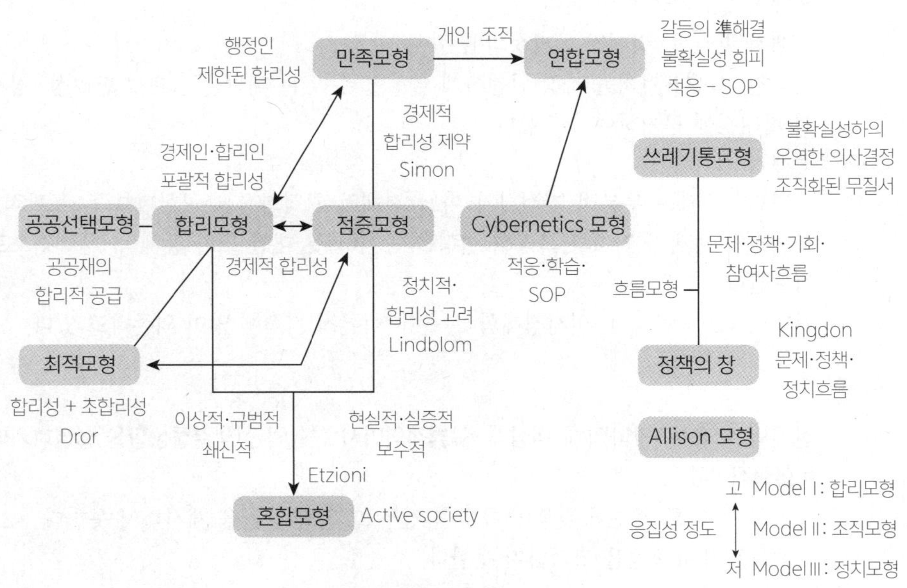


<정책결정모형 간 관계>

정책결정이란 설정된 목표를 달성하기 위하여 복잡하고 동태적인 과정을 거쳐 바람직한 정부의 미래대안을 작성·선택하는 방법이다. 다만 실제의 정책결정상황은 수많은 의사결정체의 집합체이므로, 이에 대한 이론모형 또한 매우 다양하게 존재하며 그 특징도 다르다.

## 1. 합리모형

### (1) 의의

정책결정자가 고도의 이성과 합리성에 근거하여 결정하고 행동한다고 보며, 목표달성을 위해 합리적 대안을 탐색·선택한다고 보는 이상적·규범적 접근방법이다. 또한 인간을 합리적 사고방식을 따르는 경제인으로 가정하는 것으로부터 출발한다.

## (2) 기본전제

① 목표와 가치, 수단과 사실이 엄격히 구분되며, 대안선택의 기준이 정해져 있다.
② 정책결정이 합리적으로 이루어지는 결정체제가 존재하고, **인적·물적 자원이 풍부하다.** ⇨ 모든 대안을 탐색
③ 의사결정자는 대안결과를 정확히 알 수 있는 예측능력과 비용편익을 계산할 수 있는 **능력(전지전능한 존재)**을 가지고 최선의 대안을 선택한다.
　⇨ 미래를 예측하는 장기성임

## (3) 주요 특징

① 목표·수단분석 모형
목표와 수단의 연쇄관계(Goals – means chain)를 인정하지 않으며, 가치·목표와 사실·수단을 엄격히 구분하여 분석하는 '목표·수단분석(Goals – means analysis)'을 실시한다.
② 계획적(의도적)·단발적 의사결정
치밀한 계획하에 분석하여 최선의 대안이 선택되면 대안에 대한 계속적 분석을 전개할 필요가 없다고 본다.
③ 절대적 합리성·경제적 합리성의 추구
정해진 목표나 가치를 가장 완전하게 달성할 수 있는 대안을 절대적 합리성·경제적 합리성에 근거하여 추구한다.
④ 전체적 최적화
합리모형에서는 부분적 최적화가 아닌 전체적 최적화를 추구한다. 즉, 포괄적·총체적인 문제의 인지와 목적의 설정을 중시하고, 대안 또한 총체적·체계적으로 검토한다.
⑤ 기타 수리적·연역적·미시경제학적·순수 이론적 지식에 많이 의존하고 있다.

## (4) 한계

① 전제와 내용이 지나치게 **이상적·규범적이어서 현실의 정책결정상황을 설명하기에 비현실적이다.**
② 공평성 등 다른 기준과 갈등이 유발될 경우 그 완화 방안을 제시하지 못한다.
③ 정책목표의 유동성을 고려하지 못한다.

# 2. 만족모형

## (1) 의의

① 만족모형은 사이먼(Simon)과 마치(March)에 의해 사회·심리학적으로 접근된 이론이다.
② 인간의 인지능력·시간·비용·정보의 부족 등으로 합리모형이 가정하는 포괄적 합리성이 제약을 받아, 최선의 대안보다는 현실적으로 만족할 만한 대안을 선택하게 된다는 이른바 **'제한된 합리성'**을 가정한다.

## (2) 주요 내용 및 특징

① 제한된 합리성

완전무결한 합리성이 아닌 '제한된 합리성(Bounded rationality)'을 바탕으로
한다.

② 행정인의 가정

경제인이 아닌 인지능력상의 한계를 지닌 '행정인'의 가정에 기초하고 있다.

③ 만족화의 기준

습득 가능한 몇 개의 대안을 순차적 관심에 의하여 단계적·우선적으로 검토하여 현실
적으로 만족하다고 생각하는 선에서 대안을 선택한다고 본다.

④ 접근방법의 성격

현실적·실증적·귀납적 접근방법이라고 할 수 있다.

# 3. 점증모형

## (1) 의의

① 린드블룸(Lindblom)과 윌다브스키(Wildavsky)가 주로 제창한 정책결정의 현
실적·실증적 모형이다.

② 이 모형은 인간의 지적 능력의 한계와 정책결정 수단의 기술적 제약을 인정하고
정책결정 과정에서 대안의 선택이 종래의 정책이나 결정의 점진적·순차적 수정
내지 약간의 향상으로 이루어지며, **정책수립과정을 '그럭저럭 헤쳐나가는
(Muddling through)' 과정으로 이해한다.**

③ 점증모형은 정치적 다원주의의 입장을 취하여 경제적 합리성보다 정치적 합리성을 중
요시한다.

④ 윌다브스키는 점증모형을 예산과정의 분석에 적용하면서 규범주의적 합리모형이
비합리적·자의적 요인으로서 배격한 정치적 요인을 적극적으로 평가하였다.

## (2) 주요 내용 및 특징

① 기존의 정책 ±α식 결정

현재 시행 중 또는 시행한 적이 있는 과거의 정책에다가 약간의 가감을 하여 정책
을 결정한다. 즉, 정책결정자는 모든 대안을 포괄적으로 분석·평가하기보다 현
존 정책에 비하여 약간 향상된 정책에만 관심을 가지며, 비교적 한정된 수의 정책
대안만 검토하고 각 대안에 대하여 한정된 수의 중요한 결과만 평가한다.

② 분석의 대폭적 제한

점증주의에서는 **정책대안을 모두 분석하지 않으며, 일부만을 제한적으로 분석·비교**
하게 된다.

③ 계속적 정책결정

상황 변화를 고려해서 여러 차례 결정을 수행해 나간다.

④ 참여집단의 합의 중시

기존의 큰 틀이 유지되는 상황에서 매우 좁은 범위의 구체적인 내용들에 대해서만
논란을 벌이는 수가 많다. 점증적 정책결정은 수정적 성격을 띠고 있으며, 장래의
사회목표 추구보다 현재의 구체적인 사회 결함을 경감시키는 데 목적을 둔다.

⑤ 정치적 합리성 추구

경제적 합리성보다는 이해관계의 원만한 타협과 조정을 통한 정치적 합리성을 중시한다.

### (3) 평가

① 공헌
- 정치적 실현가능성을 중시함으로써 정치적 갈등을 줄인다.
- 점진적인 변화를 통한 정책의 계속성·지속성·안정성을 도모할 수 있다.

② 한계
- 기존 정책이 잘못된 것이면 악순환을 초래한다. 계획성이 결여되고 정책결정의 평가 기준이 없다.
- 사회가치의 근본적인 재배분을 필요로 하는 정책보다 항상 정치적으로 실현가능한 임기응변적 정책을 모색하는 데 집중하게 된다. 따라서 **단기정책에만 관심을 갖게 되고 장기정책은 등한시하게 된다.**
- 민주적 다원주의가 확립되어 있을 때 바람직하다. 권력·영향력이 강한 집단이나 강자에게 유리하고, 약자에게 불리하다.
- 보수적 성격으로 쇄신이 강력히 요구되거나 과감한 정책 전환이 요구되고, 경제·사회발전이 시급한 발전도상국에는 적절하지 않다.
- **환경 변화에 대한 적응력이 약하고 '눈덩이 굴리기식'으로 결정이 오래 지속되다** 보면 그 정책의 축소·종결 작업이 매우 곤란해진다.

---

### ▨ 시험문제 미리보기!

**정책결정모형 중에서 점증모형을 주장하는 논리적 근거로 적절하지 않은 것은?**

① 정치적 실현가능성　　　　　② 정책 쇄신성
③ 매몰비용　　　　　　　　　④ 제한적 합리성

해설　정책 쇄신성은 합리모형의 특성이다. 점증모형은 급격한 정책의 쇄신보다는 점진적 변화를 추구한다.

　오답노트
　① 점증모형은 대안의 정치적 합리성이나 실현가능성을 중시한다.
　③ 점증모형은 기존＋α, 즉 기존의 정책에다가 가감하는 형식이므로 대폭적인 변화가 힘들며, 매몰비용을 중시한다.
　④ 제한된 합리성은 만족모형의 특징이지만 점증모형도 이를 수용한다.

　　　　　　　　　　　　　　　　　　　　　　　　　　　　　　　　정답 ②

## 4. 혼합주사(탐사)모형

### (1) 의의

① 에치오니(Etzioni)가 제시한 것으로 합리모형의 비현실성과 점증모형의 보수성을 탈피하여 양자의 장점을 합치자는 이론이다.

② 그는 합리모형은 전체주의 사회체제, 점증모형은 민주주의 사회체제에 각각 적합하며, 혼합모형의 경우 능동적 사회에 적용되어야 할 전략이라고 주장하였다.

### (2) 내용

① 근본적(맥락적) 결정 – 합리모형

목표달성을 위한 대안을 거시적·포괄적으로 탐색(합리모형)하나, 대안 결과는 중요한 것만 개괄적으로 예측한다. (합리모형의 완화)

② 세부적 결정 – 점증모형

기본적 결정의 범위 안에서 점증적으로 결정(점증모형)하는데, 기본적 결정의 구체화 또는 집행이라고 할 수 있다.

### (3) 평가

① 이론적 독자성이 없고 합리모형과 점증모형의 단순한 결합으로서 그 결함을 극복하지 못하고 있다.

② 근본적 결정과 세부적 결정의 구별 기준을 제시하지 못하고 있다.


## 5. 최적모형(Optimal model)

### (1) 의의

① 드로(Dror)가 제창한 모형으로, **경제적 합리성과 아울러 직관·판단력·창의력과 같은 초합리적 요인을 고려하는 정책결정모형**이다.

② 제한된 자원·불확실한 상황·지식 및 정보의 결여 등으로 합리성 및 경제성이 제약을 받게 되므로, 합리적 요소 이외에 결정자의 직관·판단·영감·육감 등과 같은 초합리적 요인도 고려해야 한다는 것이다.

### (2) 주요 내용 및 특징

① 초합리성의 강조

불확실한 상황하에서 선례가 없는 복잡한 문제에 대해서는 직관·판단력·통찰력과 같은 초합리성이 중요하다는 것을 강조한다.

② 양적인 동시에 질적인 모형

정책은 경제적 합리성과 정치적 합리성의 양자택일 문제가 아니라고 보고, 합리적 요인과 초합리적 요인을 동시에 다루므로 양적인 동시에 질적인 모형(이종수 외)이라고 할 수 있다. 단, 전체적으로 보면 질적 모형에 더 가깝다(박성복 외)고 할 수 있다.

**드로 패러다임의 2대 특징**
- 묵시적 지식 강조
- 거시적 수준에 초점

### (3) 평가

① 공헌

직관이나 통찰력과 같은 초합리적 요소가 중요하고, 초정책결정(Meta – policy making)과 후정책결정(Post – policy making) 단계 모두 중요하며 특히 초정책결정 단계의 중요성을 부각시켰다.

② 한계

- 혁신적 정책결정의 이론적 근거를 제시하여 거대한 정책 패러다임을 형성하였으나, 반무의식적 요소를 강조하여 신비주의에 빠질 가능성이 있다.
- 최적의 의미가 불투명하고 정책이 실제 결정되는 사회적 과정에 대한 고찰이 부족하다.

## 6. 앨리슨(Allison)모형

### (1) 의의

① 집단적 의사결정을 성질별로 분류하여 국가적 정책결정에 적용한 대표적인 이론인 앨리슨의 3가지 모형이다.

② 그는 쿠바 미사일 사건과 관련된 외교정책과정의 분석을 통하여 미국이 왜 해상봉쇄라는 대안을 채택했는지를 설명하면서, 현실의 정책과정을 설명하기 위해 종합적 접근을 시도하였다.

### (2) 앨리슨모형의 비교

| 구분 | 합리모형 | 조직모형 | 정치모형 |
| --- | --- | --- | --- |
| 조직관 | 조정과 통제가 잘 된 유기체 | 느슨하게 연결된 하위 조직들의 연합체 | 독립적인 개인적 행위자들의 집합체 |
| 권력의 소재 | 조직의 두뇌와 같은 최고지도자가 보유 | 반독립적인 하위조직들이 분산 소유 | 개인적 행위자들의 정치적 자원에 의존 |
| 행위자의 목표 | 조직 전체의 목표 | 조직 전체의 목표 + 하위 조직들의 목표 | 조직 전체의 목표 + 하위 조직들의 목표 + 개별 행위자들의 목표 |
| 목표의 공유도 | 매우 강하다 | 약하다 | 매우 약하다 |
| 정책결정 양태 | 최고지도자가 조직의 두뇌와 같이 명령하고 지시 | SOP에 대한 프로그램 목록에서 대안 추출 | 정치적 게임의 규칙에 따라 타협, 흥정, 지배 (정치적 표결이 아님에 주의) |
| 정책결정 일관성 | 매우 강하다 (항상 일관성 유지) | 약하다 (자주 바뀐다) | 매우 약하다 (거의 일치하지 않는다) |
| 적용 계층 | 일정 조건하에 있는 모든 계층 | 하위 계층 | 상위 계층 |

**표준운영절차(SOP: Standard Operation Procedure)**
조직이 과거 적응 과정에서의 경험에 기초하여 유형화된 업무추진의 절차로서, 조직 내 많은 관련 활동들의 조정·통제 수단을 말합니다.

---

앨리슨(**Allison**)은 쿠바 미사일 위기에 대한 분석을 통해 합리적 행위자모형, 조직과정모형, 관료정치모형이라는 3가지 정책결정모형을 제시하였다. 다음 중 조직과정모형의 가정은?

① 정책산출물은 주로 관행과 표준적 절차에 따라 만들어진다.

② 의사결정자는 완벽한 정보를 가지고 주어진 목표의 극대화를 추구하는 합리적 존재이다.

③ 정책은 정치적 경쟁, 협상, 타협의 산물이다.

④ 정책결정의 행위주체는 독자성이 강한 다수 행위자들의 집합이다.

해설　앨리슨(Allison)의 조직과정모형(모형Ⅱ)은 관행과 표준적 절차(SOP)에 의하여 의사결정이 이루어진다고 보는 모형이다.

　　　오답노트
　　　② 모형Ⅰ(합리적 행위자모형)이다.
　　　③, ④ 모형Ⅲ(관료정치모형)이다.

정답 ①

---

## 7. 회사모형

### (1) 의의

① 사이어트(**Cyert**)와 마치(**March**)가 개인적 차원의 만족모형을 발전시켜 조직의 의사결정에 적용한 집단적 의사결정모형으로 실증적 모형이다.

② 집단적 의사결정론은 앨리슨(Allison)모형 중 모델 Ⅱ의 핵심적인 내용이기도 하다.

### (2) 내용

회사조직의 목표, 기대, 선택이라는 세 가지 변수는 갈등의 준해결, 문제 중심의 탐색, 불확실성의 회피, 조직의 학습, 그리고 표준운영절차라는 연결요소와 결합되어 회사조직의 독특한 의사결정 양식을 보여준다.

① 갈등의 준해결(Quasi-solution)

회사모형에서는 독립된 제약조건으로서의 목표, 국지적 합리성, 받아들일 만한 수준의 의사결정, 목표에 관한 순차적 관심 때문에 **갈등의 완전한 해결은 불가능하여 준해결에 머무른다.**

② 문제 중심의 탐색

문제에 의해 촉발되는 탐색, 단순한 탐색, 탐색상의 편견에 의해 조직은 문제가 발생한 후에 탐색이 시작되어 문제의 해결방법을 찾는 방향으로 향하게 된다.

③ 불확실성의 회피

단기적 환류에 의존하는 의사결정절차를 이용하고, **환경과의 타협에 의해 문제 상황의 불확실성을 회피한다.**

④ 조직의 학습

조직은 과거의 경험에 의하여 목표를 설정하고 문제해결의 방법을 탐색한다.

⑤ 표준운영절차(SOP: Standard Operation Procedure)

과업수행규칙, 기록과 보고, 정보처리 규칙, 계획과 기획에 관한 규칙을 활용한다.

## 8. 쓰레기통모형

### (1) 의의

① 조직화된 무질서 상태에서 응집성이 매우 약한 조직이 어떤 의사결정행태를 나타
내는가에 분석초점을 둔 Cohen, March, Olsen 등이 제시한 모형으로서, 대학
을 그 예로 들고 있다.
② 실제 정책결정은 일정한 규칙에 따르지 않고 쓰레기통 속처럼 복잡하고 혼란하게
얽혀 있는 조직화된 혼란 상태에서 이루어진다고 본다.

### (2) 조직화된 무질서 상태의 특징

① 문제성 있는 선호
어떤 선택이 바람직한가에 대한 합의가 없고, 참여자 자신이 무엇을 좋아하는지
모르면서 의사결정에 참여한다.
② 불명확한 기술
대안과 결과 간의 인과관계에 관한 지식과 기술이 불분명하다. 또한, 목표를 달
성하기 위한 수단을 알지 못한다.
③ 유동적 참여자의 속성
문제에 따라 참여자가 다르고, 참여도 간헐적·일시적이다.

### (3) 의사결정의 4가지 요소

의사결정이 이루어지려면 네 가지의 요소, 즉 ① 문제(Problem), ② 해결책(Solution),
③ 참여자(Participant), ④ 의사결정의 기회(Chance)가 구비되어야 하는데 이 네
가지 요소들이 **아무 관계 없이 독자적으로 움직이다가 어떤 계기로 우연히 만나게 될 때
의사결정이 이루어진다고 본다.**

## 9. 정책의 창 모형(흐름창 모형)

### (1) 의의

① 킹던(Kingdon)의 정책창(Policy window) 모형(1984)에서 '정책창'은 '정책주
창자들이 그들의 관심대상인 정책문제에 주의를 집중시키고, 그들이 선호하는 대
안을 관철시키기 위해서 열리는 기회'로 정의된다.
② **쓰레기통모형이 진화된 모형이다.**

### (2) 흐름(줄기)의 세 가지 요소

① 문제의 흐름
문제의 특징이다.
② 정책의 흐름
특정 대안이 긴 연성화 과정을 거치면서 관심의 대상으로 부각되는 과정이다.
③ 정치적 흐름
국가적 분위기나 선거 등으로 인한 정치적 영향력의 변화(예 정권교체, 의석수 변
경, 국민여론의 변동 등) 속에서 이루어지는 협상 과정으로, 정책창은 이 정치 줄기
의 변화에 의해 열리는 경우가 가장 많다.

### (3) 특징

① 정책창이 열려 있다는 것은 정책의제설정에서부터 최고 의사결정까지의 과정에 필요한 여러 가지 여건들이 성숙되어 있다는 것을 의미한다.
② 정책창은 우연한 사건에 의해서 열리기도 하지만, 일반적으로 정책과정의 세 줄기(문제, 정책, 정치) 중에서 정치의 변화(정권교체 등)에 의하여 열리는 경우가 가장 많다.

## 10. 사이버네틱스모형

### (1) 의의

① 기계와 같이 인간이 중요 변수의 일정 범위 내 유지라는 목표달성을 위해 자신의 행동을 정보와 환류를 통해 조정해 나가면서 행하는 의사결정을 말한다.
② 이 모형은 합리모형과 가장 극단적으로 대립되는 의사결정모형이다.

### (2) 사이버네틱스적인 의사결정의 내용

① 적응적 의사결정(습관적 의사결정)
고차원의 목표가 반드시 사전에 존재하는 것으로 전제하지 않으며, 일정한 중요 변수의 유지를 위한 끊임없는 적응에 초점을 둔다.
㉐ 자동온도조절장치 등
② 불확실성의 통제
환류 채널을 통해 들어오는 몇 가지 정보에 따라 시행착오적인 적응을 하는 것으로, 그것이 **사전에 설정된 범위를 벗어났는가 아닌가의 여부만을 판단하여 그에 상응한 행동을 반응 목록에서 찾아내어 그에 대응한 조치를 프로그램대로 취하게 된다.**
③ 집단적 의사결정
조직의 결과가 어떤 '허용할 만한 수준'의 범위 내에 있는 한 그 조직은 계속 프로그램화된 활동을 일상적으로 수행하지만, 이 범위를 벗어나면 기존의 정책목록에 없는 새로운 대안을 찾게 되는 의사결정을 한다.
④ 사이버네틱스 패러다임에서의 도구적 학습
의사결정자가 어떤 문제에 대응하여 취하는 대안 중에서 어느 한 가지를 채택하여 좋은 효과를 보면 계속해서 그 대안을 채택하며, 나쁜 효과를 보면 다른 대안을 채택하여 어떤 것이 보다 나은 해결도구가 되는가를 습득해 나가는 도구적 학습이다.

출제빈도: ★☆☆

**01** 정책문제의 특성으로 보기 어려운 것은?

① 공공성　　　　　　　　　　　　② 객관성
③ 상호의존성　　　　　　　　　　④ 주관성

출제빈도: ★☆☆

**02** 총편익이 총비용보다 클 경우 분배적 정의가 존재할 가능성이 있다는 내용과 관련이 깊은 것은?

① 파레토 기준　　　　　　　　　　② 칼도 – 힉스 기준
③ 공리주의 원칙　　　　　　　　　④ 정의의 원칙

출제빈도: ★★☆　대표출제기업: 한국마사회

**03** 정책문제의 구조화에 이용되는 기법들 중 연결이 옳은 것은?

① 경계분석(Boundary analysis) – 문제의 구성요소 식별
② 계층분석(Hierarchy analysis) – 문제상황의 원인 규명
③ 유추분석(Analogy analysis) – 상충적 전제들의 창조적 통합
④ 분류분석(Classification analysis) – 문제의 위치 및 범위 파악

출제빈도: ★☆☆　대표출제기업: 대구도시철도공사

**04** 정책대안의 결과를 예측하기 위한 직관적 추측기법으로 옳지 않은 것은?

① 브레인스토밍　　　　　　　　　② 교차영향분석
③ 델파이 기법　　　　　　　　　　④ 선형계획

출제빈도: ★★☆　대표출제기업: 서울주택도시공사

**05** 정책분석에서 사용되는 주요 미래예측기법 중 미국 랜드(RAND)연구소에서 개발된 것으로, 전문가들을 대상으로 설문을 반복하여 특정 주제에 대한 합의를 도출하는 접근방식은?

① 델파이 기법　　　　　　　　　　　　② 회귀분석
③ 브레인스토밍　　　　　　　　　　　　④ 추세연장기법

---

정답 및 해설

**01** ②
정책문제의 특성으로는 정치성, 주관성, 인공성, 동태성(상호의존성), 역사성, 공공성을 들 수 있다.

오답노트
① 공공성이란 정책문제는 공공성을 띠며, 정부가 나서야 할 만큼 많은 사람들과 관련되어 있다는 것이다.
③ 상호의존성이란 정책문제는 복잡·다양하고 상호의존적이며, 복합요인에 의해 동시다발적으로 생겨나는 것을 의미한다.
④ 주관성이란 문제를 유발하는 외부적 상황은 선택적으로 정의되고 분류되며, 설명되고 평가된다는 것을 의미한다. 즉, 정책문제는 객관적 문제 상황이 사람들의 주관적인 판단 과정을 통해 걸러진 것이다.

**02** ②
칼도 – 힉스(Kaldo-Hicks) 기준은 파레토 최적 기준의 약점을 보완하기 위한 것으로, 어떤 정책의 집행 결과 효용의 증가를 가져오는 사람들의 효용의 합계가 효용의 감소를 가져오는 사람들의 손실을 보상하고도 남을 때 그러한 정책은 상황의 개선을 가져올 수 있다는 것이다.

오답노트
① 파레토 기준은 어느 한 사람의 효용을 감소시키지 않으면 다른 사람의 효용이 증가되지 않는 상태의 기준점을 의미한다.

③ 공리주의 원칙이란 최대 다수가 최대 행복을 느끼게 하는 행동이 선하고 정의로운 행동이라는 것이다.

**03** ②
계층분석이란, 문제상황의 발생에 영향을 줄 수 있는 가깝고 먼 다양한 원인들을 창의적으로 찾아내는 문제구조화 방법이다.

오답노트
①은 분류분석, ③은 가정분석, ④는 경계분석에 해당한다.

**04** ④
선형계획은 주어진 제약조건 아래서 생산량이나 편익을 극대화하거나 비용을 극소화할 수 있는 자원들의 최적 배분점을 알아내기 위한 기법으로 이론적 예측인 예견에 해당한다.

오답노트
① 브레인스토밍, ② 교차영향분석, ③ 델파이 기법은 직관적·주관적 예측인 추측에 해당한다.

**05** ①
전문가들을 대상으로 설문을 반복하여 특정 주제에 대한 합의를 도출하는 접근방식은 직관적 미래예측기법인 델파이 분석(Delphi technique)에 해당한다. 원래 1948년 랜드 연구소에서 개발되어 전문가들의 주관적 판단에 의한 미래예측을 위해서 주로 사용되어 오다가, 오늘날에는 조직의 목표설정 및 정책결정에 이르기까지 그 적용 영역이 점차 확대되고 있다.

---

출제빈도: ★★★　대표출제기업: 서울주택도시공사, 시설관리공단

## 06　집단적 문제해결의 전통적 방법을 수정한 대안과 그 특징을 바르게 연결하지 않은 것은?

① 델파이 기법(Delphi method): 문제해결의 아이디어를 제공하는 사람들이 서로 대면적인 접촉을 하지 않고 각각 독자적으로 형성한 판단들을 종합·정리하는 방법이다.

② 브레인스토밍(Brainstorming): 참가자들이 될 수 있는 대로 많은 독창적 의견을 내도록 노력해야 하므로, 이미 제시된 여러 아이디어를 종합하여 새로운 아이디어를 만들어내는 편승기법(Piggy backing)의 사용을 지양한다.

③ 변증법적 토론(Dialectical inquiry): 두 집단으로 나누어 토론을 하기 때문에 특정 대안의 장점과 단점이 최대한 노출될 수 있다.

④ 명목집단기법(Nominal group method): 개인들이 개별적으로 해결방안을 구상하고 그에 대해 제한된 집단적 토론만 한 후 표결로 의사를 결정하는 방법이다.

출제빈도: ★★☆

## 07　정책델파이에 대한 설명으로 옳지 않은 것은?

① 일반적인 델파이와 달리 개인의 이해관계나 가치판단이 개입될 수 있다.

② 정책문제 해결을 위한 정책대안을 개발하고 그 결과를 예측하기 위해 만들어진 방법이다.

③ 대립되는 정책대안이나 결과가 표면화되더라도 모든 단계에서 익명성이 보장되어야 한다.

④ 정책문제의 성격이나 원인, 결과 등에 대해 전문성과 통찰력을 지닌 사람들이 참여한다.

출제빈도: ★★☆

## 08　델파이 기법에 대한 설명으로 옳은 것을 모두 고르면?

<보기>

ㄱ. 문제해결의 아이디어를 제공하는 사람들 간에 서로 대면접촉을 하지 않는다.
ㄴ. 익명성이 유지되는 사람들이 각각 독자적으로 형성한 판단을 조합·정리한다.
ㄷ. 다른 사람의 아이디어에 자기 의견을 첨가해 새로운 아이디어를 도출한다.
ㄹ. 익명성이 보장되도록 개인의 의견을 컴퓨터를 통하여 입력하고 각 개별 의견에 대하여 컴퓨터를 통하여 표결한다.
ㅁ. 구성원 간의 성격마찰, 감정대립, 지배적 성향을 가진 사람의 독주, 다수의견의 횡포 등을 피할 수 있다.

① ㄱ, ㄴ, ㅁ　　　　　　　　　　　　② ㄱ, ㄷ, ㄹ

③ ㄴ, ㄷ, ㄹ　　　　　　　　　　　　④ ㄷ, ㄹ, ㅁ

출제빈도: ★★★

## 09 정책결정모형에 대한 설명으로 옳지 않은 것은?

① 점증모형 – 기존의 정책을 수정·보완해 약간 개선된 상태의 정책 대안이 선택된다.
② 최적모형 – 정책결정자의 직관적 판단은 정책결정의 중요한 요인으로 인정되지 않는다.
③ 혼합주사모형 – 거시적 맥락의 근본적 결정에 해당하는 부분에서는 합리모형의 의사결정 방식을 따른다.
④ 쓰레기통모형 – 조직화된 무질서 상태에서 어떠한 계기로 인해 우연히 정책이 결정된다.

---

### 정답 및 해설

**06** ②
브레인스토밍은 편승기법을 지양하는 것이 아니라 허용(추구)한다.

오답노트
① 델파이 기법은 미래 예측을 위해 관련 분야의 전문가들을 활용하는 방법이다. 그러므로 일반인은 참여하지 못한다.
③ 변증법적 토론은 대립된 두 개의 팀으로 나누어 토론을 하는 과정에서 대안의 장점과 단점을 최대한 노출시킨다.
④ 명목집단기법은 집단적 문제해결에 참여하는 개인들이 개별적으로 해결방안에 대해 구상을 하고, 그에 대해 제한된 집단적 토론만을 한 다음 해결방안에 대해 표결을 하는 기법이다.

**07** ③
정책델파이는 선택적 익명성을 특징으로 하며, 정책대안이나 결과가 표면화되면 참여자들 간의 공개적인 토론이 허용된다. 이는 델파이 기법과는 다른데, 델파이와 정책델파이를 비교하면 다음과 같다.

| 구분 | 델파이 기법 | 정책델파이 |
|---|---|---|
| 개념 | 일반문제에 대한 예측 | 정책문제에 대한 예측 |
| 응답자 | 동일영역의 일반전문가를 응답자로 선정 | 정책전문가와 이해관계자 등 다양한 대상자 선정 |
| 익명성 | 철저한 격리성과 익명성의 보장 | 선택적 익명성 보장(중간에 상호교차 토론 보장) |
| 통계처리 | 의견의 대푯값·평균치(중윗값) 중시 | 의견차이나 갈등을 부각시키는 통계처리(극단적이거나 대립된 견해를 존중하고 이를 유도) |

**08** ①
ㄱ. 델파이 기법은 문제해결의 아이디어를 제공하는 사람들 간에 서로 대면접촉을 하지 않는다.
ㄴ. 델파이 기법은 익명성이 유지되는 사람들이 각각 독자적으로 형성한 판단을 조합·정리한다.
ㅁ. 델파이 기법은 구성원 간의 성격마찰, 감정대립, 지배적 성향을 가진 사람의 독주, 다수의견의 횡포 등을 피할 수 있다.

오답노트
ㄷ. 다른 사람의 아이디어에 자기 의견을 첨가해 새로운 아이디어를 도출하는 것은 브레인스토밍에 해당하는 설명이다.
ㄹ. 표결로 선택하는 것은 명목집단기법이다.

**09** ②
최적모형은 불확실한 상황하에서 선례가 없는 복잡한 문제에 대해서는 직관·판단력·통찰력과 같은 초합리성이 중요하다는 것을 강조한다.

오답노트
① 점증모형은 현존 정책에 비하여 약간 향상된 정책에만 관심을 가지며, 비교적 한정된 수의 정책대안만 검토하고 각 대안에 대하여 한정된 수의 중요한 결과만 평가한다.
③ 혼합주사모형은 목표달성을 위한 대안을 거시적·포괄적으로 탐색(합리모형)하나, 대안결과는 중요한 것만 개괄적으로 예측한다. (합리모형의 완화)
④ 쓰레기통모형은 조직화된 무질서 상태에서 ㉠ 문제(Problem), ㉡ 해결책(Solution), ㉢ 참여자(Participant), ㉣ 의사결정의 기회(Chance)가 구비되어야 하는데, 이 네 가지 요소들이 아무 관계 없이 독자적으로 움직이다가 어떤 계기로 우연히 만나게 될 때 의사결정이 이루어진다고 본다.

출제빈도: ★★★  대표출제기업: 대전광역시 시설관리공단

**10** 정책결정의 이론모형 중에서 에치오니(Etzioni)가 제시한 것은?

① 점증모형  ② 최적모형

③ 만족모형  ④ 혼합주사모형

출제빈도: ★★☆  대표출제기업: 서울주택도시공사

**11** 정책결정모형 중 설정된 목표의 달성을 위해 정보와 환류과정을 통해 자신의 행동을 스스로 조정해 나가는 것을 가정하는 모형은 무엇인가?

① 회사모형  ② 만족모형

③ 혼합탐사모형  ④ 사이버네틱스모형

출제빈도: ★★★

**12** 정책결정모형에 대한 설명으로 옳지 않은 것은?

① 점증주의모형은 정책이 결정되는 현실적인 모습을 반영하고 있다.

② 쓰레기통모형은 정책결정의 우연성을 강조하여 정책결정이 이루어지게 되는 계기에 주목한다.

③ 혼합주사모형에서 세부적 결정은 합리모형의 의사결정방식으로 개선된 대안을 제시한다.

④ 최적모형은 계량적 분석뿐만 아니라 직관적 판단에 의한 결정의 중요성을 강조한다.

출제빈도: ★★★  대표출제기업: 인천교통공사

## 13 다음 중 정책결정모형에 대한 설명으로 가장 옳지 않은 것은?

① 점증모형에서는 기존 정책을 수정·보완해 약간 개선된 상태의 정책대안을 채택하는 것이 일반적이다.

② 사이버네틱스(Cybernetics)모형은 습관적 의사결정을 설명하는 데에 활용된다.

③ 최적모형(Optimal model)은 기존의 계량적 분석뿐만 아니라 직관적 판단에 의한 결정도 중요시한다.

④ 합리모형은 제한된 합리성(Bounded rationality)에 의거하여 효용을 계산하며 효용을 극대화할 수 있는 대안을 선택한다.

---

정답 및 해설

**10** ④
에치오니는 합리모형과 점증모형을 상호보완적으로 결합한 혼합주사모형을 제시하였다.

오답노트
① 점증모형은 린드블룸(Lindblom)과 윌다브스키(Wildavsky) 등이 주장한 현실적·실증적 정책결정모형이다.
② 최적모형은 1970년 드로(Dror)가 제창한 모형으로 합리적 요인과 초합리적 요인을 모두 고려하는 정책결정모형이다.
③ 만족모형은 사이먼(Simon)과 마치(March)에 의해 사회·심리학적으로 접근된 이론으로 제한된 합리성을 가정하는 모형이다.

**11** ④
설정된 목표의 달성을 위해 정보와 환류과정을 통해 자신의 행동을 스스로 조정해 나가는 것을 가정하는 모형은 사이버네틱스모형이다.

오답노트
① 회사모형은 사이어트(Cyert)와 마치(March)가 개인적 차원의 만족모형을 발전시켜 조직의 의사결정에 적용한 집단적 의사결정모형으로 실증적 모형이다.
② 만족모형은 사이먼(Simon)과 마치에 의해 사회·심리학적으로 접근된 이론으로 인간의 인지능력·시간·비용·정보의 부족 등으로 합리모형이 가정하는 포괄적 합리성이 제약을 받아 최선의 대안보다는 현실적으로 만족할 만한 대안을 선택하게 된다는 이른바 제한된 합리성을 가정한다.
③ 혼합탐사모형은 에치오니(Etzioni)가 제시한 것으로 합리모형의 비현실성과 점증모형의 보수성을 탈피하여 양자의 장점을 합치자는 이론이다.

**12** ③
혼합주사모형에 따르면 기본적이고 근본적인 결정은 합리모형에 의하고, 세부적인 결정은 점증모형에 의한다.

오답노트
① 점증주의모형은 현실을 반영하는 실증적인 모형이다.
② 쓰레기통모형은 의사결정에 필요한 4가지 요소(문제, 해결책, 선택기회, 참여자)가 우연한 계기에 의하여 만날 때 의사결정이 이루어진다는 모형이다.
④ 최적모형은 양적인 동시에 질적인 모형으로 합리성과 초합리성을 동시에 고려하는 모형이다.

**13** ④
합리모형은 제한된 합리성이 아닌 완전한 합리성을 가정하고, 목표나 가치가 명확하게 고정되어 있다는 가정하에 목표달성의 극대화를 위해 최선의 대안 선택을 추구하는 결정모형이다.

오답노트
① 점증모형은 인간의 지적 능력의 한계와 정책결정수단의 기술적 제약을 인정하고 정책결정 과정에 있어서의 대안의 선택이 종래의 정책이나 결정의 점진적·순차적 수정 내지 약간의 향상으로 이루어지며 정책수립 과정을 '그럭저럭 헤쳐나가는(Muddling through)' 과정으로 이해한다.
② 목표가 반드시 사전에 존재하는 것으로 전제하지 않으며 일정한 중요변수의 유지를 위한 끊임없는 적응에 초점을 둔 사이버네틱스모형은 습관적 의사결정(적응적 의사결정)모형이다.
③ 최적모형은 정책은 경제적 합리성과 정치적 합리성의 양자택일 문제가 아니라고 보고, 합리적 요인과 초합리적 요인을 동시에 다루므로 양적인 동시에 질적인 모형(이종수 외)이라고 할 수 있다.

**14**　다음 중 정책결정모형과 그 내용의 연결이 옳지 않은 것은?

① 쓰레기통모형 – 문제, 해결책, 수혜자, 선택기회의 흐름
② 만족모형 – 행정인(Administrative man)
③ 조직과정모형 – SOP와 프로그램 목록
④ 최적모형 – 초합리성 강조



**15**　앨리슨(G. Allison)의 세 가지 의사결정모형에 대한 설명으로 옳지 않은 것은?

① 집단적 의사결정을 국가의 정책결정에 적용하기 위해 합리적 행위자모형, 조직과정모형, 관료정치모형으로 분류하였다.
② 관료정치모형은 조직 하위계층에의 적용가능성이 높고, 조직과정모형은 조직 상위계층에의 적용가능성이 높다.
③ 실제 정책결정과정에서는 어느 하나의 모형이 아니라 3가지 모형이 모두 적용될 수 있다.
④ 원래 국제 정치적 사건과 위기적 사건에 대응하는 정책결정을 설명하기 위한 모형으로 고안되었으나, 일반정책에도 적용 가능하다.



**16**　불확실한 상황하에 정보에 의한 환류 및 자동적 제어기능을 중시하는 정책결정모형은?

① 사이버네틱스모형　　　　　　② 점증모형
③ 혼합모형　　　　　　　　　　④ 최적모형



**17**　정책결정의 이론모형 중 직관, 영감, 통찰력 등 초합리적 요인도 중시하는 이론모형은?

① 점증모형　　　　　　　　　　② 최적모형
③ 만족모형　　　　　　　　　　④ 혼합관조모형

**18** 이성을 선택하는 등에 있어 한두 가지 조건만 극대화하여 살펴보고 나머지에 대해선 이 정도면 되었다는 식으로 의사결정을 하는 것은 다음 중 어느 것인가?

① 점증모형                          ② 만족모형
③ 합리모형                          ④ 최적모형

---

## 정답 및 해설

**14** ①

쓰레기통모형에서 필요한 의사결정의 4가지 요소는 문제의 흐름, 해결책의 흐름, 결정자의 흐름, 선택기회의 흐름이고, 수혜자는 포함되지 않는다.

오답노트
② 만족모형의 인간관은 행정인이다.
③ 조직모형은 SOP에서 정책대안을 찾는다.
④ 직관, 판단, 영감, 육감 등 초합리성을 중시하는 모형은 드로 (Dror)의 최적모형이다.

**15** ②

관료정치모형이 조직의 상위계층에, 조직과정모형이 조직의 하위계층에 적용된다.

오답노트
④ 쿠바 핵미사일 기지 문제에 대한 분석에서 제시된 모형이지만 일반정책에도 적용가능하다.

**16** ①

사이버네틱스모형은 기계와 같이 인간이 중요 변수의 일정 범위 내 유지라는 목표달성을 위해 자신의 행동을 정보와 환류를 통해 조정해 나가면서 행하는 의사결정을 말한다.

오답노트
② 점증모형은 인간의 지적 능력의 한계와 정책결정수단의 기술적 제약을 인정하고 정책결정과정에 있어서 대안의 선택이 종래의 정책이나 결정의 점진적·순차적 수정 내지 약간의 향상으로 이루어지며, 정책수립과정을 '그럭저럭 헤쳐나가는(Muddling through)' 과정으로 이해한다.
③ 혼합모형은 에치오니(Etzioni)가 주장한 이론으로 합리모형과 점증모형에 대한 비판과 변증법적 통합을 통하여 고안해 낸 이론이다. 즉, 합리모형의 비현실성과 점증모형의 보수성을 탈피하여 양자의 장점을 합치자는 이론이다.
④ 최적모형은 합리적 결정의 효과가 비용보다 클 경우에는 합리모형을 적용하며, 정책결정에 투입될 자원·시간·노력 등을 정책결정의 각 단계에 가장 효율적으로 배분해야 한다는 이론으로 자원·시간·노력이 부족하고 상황이 불확실한 경우, 특히 선례가 없거나 매우 중요한 비정형적 결정에는 직관·창의·판단과 같은 초합리적 요소가 필요하다는 이론이다.

**17** ②

드로(Dror)는 정책결정 이전에 전반적인 정책결정의 구상에 관해 결정하는 단계·정책을 어떻게 결정할 것인가에 관한 결정(결정참여자, 시기, 결정을 위한 조직과 비용, 결정방식을 미리 결정)으로 고도의 초합리성이 작용한다고 본다.

**18** ②

최적은 아니지만 만족할만한 수준에서의 의사결정으로 만족모형과 관련된다.

| 결정자와 집행자의 관계 | 나카무라와 스몰우드 모형 |
| 정책집행연구의 전개 | 하향적 집행론과 상향적 집행론 |
| 성공적인 정책집행요인 | 행태와의 관계 |

## 01 정책집행의 의의

출제빈도 ★

① 정책집행이란 '정책의 내용을 실현하는 과정' 또는 '정부가 결정한 정책내용 및 정부사업 계획을 실천해 가는 활동'을 말한다.
② 1930년대 정치행정일원론과 그 이후의 정책과학에서 집행은 극히 단순하고 기계적인 것으로 간주되었으나, 1973년 프레스만과 윌다브스키(Pressman & Wildavsky)의 『Implementation(집행론)』출간 이후 집행 연구가 본격화되었다.

## 02 정책유형에 따른 정책결정자와 정책집행자의 관계

출제빈도 ★

정책집행자란 정책결정자로부터 법적 권한·제도적 권한·공적 권한 등을 부여받아 정책의 내용을 수행하는 행위자를 의미하지만, 현실적으로 누가 정책결정자이고 누가 정책집행자인지를 구분하는 것은 상대적이다. 대표적으로 나카무라(Nakamura)와 스몰우드(Smallwood)의 분류가 있다.

---

**행정학 전문가의 TIP**

프레스만과 윌다브스키의
『The Implementation(집행론)』

• 오클랜드 사업
흑인 빈민을 취업시키기 위한 이 사업은 1966년 시행되었습니다. 거액의 투자로 항만시설, 비행장 등을 건설하여 새로운 일자리를 창출하는 것을 목표로 했지만 마련된 일자리가 겨우 20여개 정도로 충격적이었으며, 이 정책이 실패한 원인을 프레스만과 윌다브스키가 집행론을 통해 분석하였습니다.

• 실패요인
- 집행과정에 참여기관 및 참여자의 수가 너무 많아 거부점(Veto point)의 역할
- 정책추진 집단의 빈번한 교체로 정책집행에 대한 기존의 협조·지지 상실
- 정책결정 시 집행수단에 대한 고려 미흡
- 적절하지 않은 기관(EDA)이 집행 담당

① 나카무라와 스몰우드는 정책결정자와 정책집행자의 관계를 중심으로 정책집행의 유형을 다섯 가지로 구분하여 설명하고 있다.
② 고전적 기술자형에서 관료적 기업가형으로 나아갈수록 정책결정자의 통제는 약해지고 정책집행자의 재량적 역할이 커진다고 본다.

| 구분 | | | 고전적 기술자형 | 지시적 위임자형 | 협상자형 | 재량적 실험가형 | 관료적 기업가형 |
|---|---|---|---|---|---|---|---|
| 정책 집행자의 역할 | 정책 목표 | 추상적 목표 결정 | X | X | 협상 결과에 따라 역할 분담 | X | O |
| | | 구체적 목표 결정 | X | X | | O | O |
| | 정책 수단 | 행정적 수단 결정 | X | O | | O | O |
| | | 기술적 수단 결정 | O | O | | O | O |
| 정책집행자의 재량 | | | 재량권 적음 ◄─────────────────► 재량권 많음 | | | | |

## ▤ㅣ시험문제 미리보기!

다음 중 정책집행자가 정책결정자의 결정권을 장악하고 정책과정 전반을 완전히 통제하는 유형은?

① 고전적 기술자형
② 지시적 위임가형
③ 관료적 기업가형
④ 재량적 실험가형

해설　나카무라와 스몰우드(Nakamura & Smallwood)의 정책집행모형 중 관료적 기업가형에 해당한다.

정답 ③

**재량적 실험가형과 관료적 기업가형의 특징**

• **재량적 실험가형**
　- 정책결정자가 불확실성·정보의 부족 등으로 인하여 일반적이고 추상적인 목표의식은 가지고 있지만 목표를 명확하게 표명하지는 못합니다.
　- 정책결정자는 집행자에게 광범위한 재량권을 주어 그들로 하여금 목표를 명확하게 하고 성취 수단을 재량적으로 개발·활용하게 합니다.

• **관료적 기업가형**
　- 정책집행자는 정책목표 달성에 필요한 정책수단을 확보하기 위해서 정책결정자와 협상·흥정을 합니다.
　- 정책결정자에서 정책집행자로 권력 이동이 일어납니다. 즉, 개별적 집행자들이 기업가적·정치적인 재능을 발휘해서 정책과정을 지배합니다.



해커스공기업 쉽게 끝내는 행정학 기본서

<table>
<tr><td colspan="2" align="center">중앙통제적 정형적 전략</td><td colspan="2" align="center">현지 적응적 전략</td></tr>
<tr>
<td colspan="2">
• 정책의도의 실현 강조<br>
• 명확한 정책지침, 참여 제한, 집행자의 재량 최소화
</td>
<td colspan="2">
• 집행관련 집단의 욕구 충족 강조<br>
• 신축적 정책지침, 참여 보장, 집행자의 재량 확대
</td>
</tr>
</table>

| | 정책관련자 간 정책내용에 대한 의견 | |
|---|---|---|
| 합의 ⇐ | • 정책관련자 간 정책내용에 대한 의견 | ⇒ 대립·갈등 |
| 안정적·구조화된 상황 ⇐ | • 집행상황 | ⇒ 유동적·동태적 상황 |
| 전국적 보편성 강조 ⇐ | • 집행현장의 성격 | ⇒ 특수성 강조 |
| 구체적 집행수단을 밝힐 수 있음 ⇐ | • 기존이론·기술의 효용 | ⇒ 구체적 집행수단을 밝히기 곤란 |
| 참여가 적음 ⇐ | • 중간매개집단, 집행관련집단의 참여 | ⇒ 참여가 많아 이들의 협조 필요 |

⇧　　　　　　　　　　⇧

<table>
<tr><td colspan="2" align="center">하향적·전방향적 접근법의 적용</td><td colspan="2" align="center">상향적·후방향적 접근법의 적용</td></tr>
<tr>
<td colspan="2">
• 하나의 정책이 지배적으로 집행현장을 좌우하는 경우<br>
• 정책집행의 평균적·일반적 과정 고찰<br>
• 정책결정·정책내용·집행조직의 특성의 집행에의 영향 파악
</td>
<td colspan="2">
• 중요성이 비슷한 여러 정책이 경쟁적으로 집행 중인 경우<br>
• 여러 지역 간 정책집행상 차이의 파악<br>
• 집행현장에서 발생하는 문제와 현상 파악
</td>
</tr>
</table>

정책집행연구는 프레스만(Pressman)과 윌다브스키(Wildavsky), Derthick 등에 의해서 1970년대 초부터 본격적 연구가 시작되었다. 초기의 연구는 하향적 접근방법과 상향적 접근방법이라는 두 가지 대립되는 접근방법을 중심으로 발전하였고, 이후 일선관료의 재량과 집행 과정의 적응적 성격을 강조한 연구·정책결정과 연계성을 분석한 연구 등이 등장하였다.

## 1. 고전적 집행론(하향적 집행론)

① 행정이란 곧 정책집행이라는 관점에서 행정조직의 내부운영측면이 강조되고, 정책집행이 조직 외부의 관련 집단 간의 관계 속에서 구체화된다는 측면을 간과하고 있다.
② 고전적 집행론은 정치행정이원론·막스 베버(Weber)의 관료제를 기반으로 하고 있으며, 정책이 기계적·자동적으로 충실히 집행되면 행정이념으로서의 능률성이 보장된다는 특징을 가지고 있다.
③ 정책결정과 집행은 분리되어 결정과 집행의 순차성·단일방향성이 강조된다.

## 2. 현대적 집행론(상향적 집행론)

① 1960년대 미국 정책집행의 혼란으로 고전적 집행론의 실효성에 의문이 제기되자 정치행정일원론에 입각한 현대적 집행론이 등장하였다.
② 현대적 집행론에서 정책집행은 정책결정과 의사결정이라는 점에서 본질적 동질성을 가진다.
③ 집행을 통해서 정책결정의 내용이 수정·보완되는, 상호 영향을 주고받는 순환적 과정으로 파악하고 있다.
④ 정책집행에 영향을 미치는 요인, 정책유형에 따른 정책집행 및 정책부집행에 관한 연구 등이 본격화되었다.

## 3. 정책집행의 접근방법

| 구분 | 하향식 접근방법 | 상향식 접근방법 |
| --- | --- | --- |
| 연구 방향 | 전방향적 연구 | 후방향적 연구 |
| 연구 목적 | 거시적 사회관리(능률성) | 참여민주주의 확보 |
| 연구의 초점 | 정책의도의 구현 | 집행현장에서의 적응 |
| 집행전략 | 중앙통제적 | 현지적응적 |
| 정책관련집단의 참여 | 참여 축소 | 참여 확대 |
| 일선관료의 재량 | 재량 통제(순응 강조) | 재량 필요 |
| 적용상황 | 구조화된 상황 | 동태적 상황 |
| Berman의 견해 | 정형적 집행 | 적응적 집행 |
| Elmore의 견해 | 전향적 집행 | 후향적 집행 |
| Nakamura & Smallwood의 견해 | 고전적 기술자형, 지시적 위임가형 | 재량적 실험가형, 관료적 기업가형 |

# 4. 통합모형

하향식 접근방법과 상향식 접근방법은 각 집행 현실의 부분적인 면만을 강조할 뿐 포괄적인 집행연구 방법으로 부족한 점이 많아 각 접근방법의 변수들을 통합하려는 연구가 전개되었다.

## (1) 사바티어(Sabatier)의 연구: 정책지지연합모형(Advocacy Coalition Framework)

① 사바티어는 하향론자이나 정책지지연합모형은 통합적 관점에서 제시하였다.

② 상향적 접근방법 측면에서의 정책하위시스템 지지연합 간의 갈등 및 타협과정과 하향적 측면에서의 정책하위시스템 참여자들의 활동에 영향을 미치는 요소들을 결합하여 정책은 '정책결정 → 집행 → 재결정 → 재집행'이라는 정책변동차원에서 정책집행을 이해하고자 하였다.

③ **정책지지연합모형은 기본적으로 상향식 접근방법을 기본으로 하고 하향식 접근방법을 가미한 것이다.**

# 5. 정책집행연구의 새로운 이론적 틀 – 립스키(Lipsky)의 일선집행관료이론

## (1) 의의

① 일선관료는 '정책의 최종적 과정에서 고객과 접촉하며 업무를 수행하는 하위직 관료'를 말하고, 이들로 구성된 공공서비스 조직을 일선관료제라고 한다. **일선관료에는 교사, 경찰, 복지요원(Caseworker), 하급 판사 등이 있다.**

② 고객과 접촉하는 일선관료가 실질적으로 공공정책을 결정한다는 상향적 정책집행 접근법을 중시한다. 특히 복지행정에서는 일선관료가 중요한 역할을 수행하나, 지금껏 이에 대한 연구가 부족했다고 비판하였다.

## (2) 일선관료의 특징

막스 베버(Weber)의 일반관료제의 특징과 비교하여 립스키는 일선관료의 특징을 다음과 같이 정리하고 있다.

① 사람을 대면

일반관료들이 서면처리를 하는 데 비해 일선관료들은 사람을 대면한다. (즉, 일선관료들은 항상 주민을 상대해야 함)

② 재량권의 행사

일반관료들과는 달리 일선관료들은 대상 집단에 대한 제재나 혜택의 제공 과정에서 그 성격·양·질 등을 결정하는 데 많은 재량권을 행사한다.

③ 과도한 업무량과 부족한 자원

대부분의 일선관료들은 과도한 업무량과 부족한 자원의 어려움에 봉착하고 있다.

### (3) 작업환경

① 자원의 부족

과중한 업무량에 비하여 제공되는 인적·물적 자원이나 시간적·기술적 자원은 만
성적으로 부족하다.

② 권위에 대한 도전과 위협

권위에 대한 도전과 위협이 존재한다.

③ 기대의 모호

일선관료의 집행 성과에 대한 기대는 모호하고 대립되며 비현실적인 경우가 많다.

④ 평가 기준의 결여

업무 성과를 객관적으로 평가할 기준이 결여되어 있고, 고객집단도 비자발적이어
서 관료들의 성과를 평가할 위치에 있지 아니하거나 능력이 없으며 효과적인 통
제장치도 없다.

⑤ 업무관행(단순화, 정형화, 관례화)

일선관료들은 과다한 업무량과 직무의 복잡성에 대처하기 위해 업무의 단순화, 정형화,
관례화를 꾀한다.


## 04 성공적인 정책집행 요인　　　　　　　　출제빈도 ★

## 1. 문제의 기술적 측면

문제해결의 적절한 기술이 존재해야 집행이 용이하다.


## 2. 대상집단 행태의 다양성

대상집단의 행태가 다양하고 복잡할수록 집행이 곤란해진다.


## 3. 요구되는 행태변화의 정도

행태변화의 크기가 클수록 집행이 곤란해진다.


## 4. 대상집단의 규모

변화시켜야 할 대상집단의 규모가 작고 구분이 명확할수록 집행이 용이해진다.

---

출제빈도: ★☆☆

## 01 프레스만(L. Pressman)과 윌다브스키(A. Wildavsky)가 지적한 정책집행의 실패요인과 가장 거리가 먼 것은?

① 적절한 집행수단이 결여되었다.

② 집행 과정에서 참여자가 너무 적었다.

③ 집행담당기관의 선택이 부적절하였다.

④ 집행담당자의 교체가 너무 잦았다.

출제빈도: ★★☆ 대표출제기업: 한국보훈복지의료공단

## 02 나카무라와 스몰우드(Nakamura & Smallwood)의 집행유형 중에서 다음에 해당하는 것은?

> • 정책결정자가 불확실성, 정보의 부족 등으로 인하여 일반적이고 추상적인 목표의식은 가지고 있지만 목표를 명확하게 표명하지는 못한다.
> • 정책결정자는 집행자에게 광범위한 재량권을 주어 그들로 하여금 목표를 명확하게 하고 성취 수단을 재량적으로 개발·활용하게 한다.
> • 집행자에 대한 권한의 대폭적인 위임이 이루어지며, 집행자는 이러한 업무를 수행할 능력도 의지도 가지고 있다. 그리고 집행자는 자발적이고 성실한 자세로 이러한 과업을 수행한다.

① 고전적 기술자형　　　　　　　　　② 지시적 위임가형

③ 재량적 실험가형　　　　　　　　　④ 관료적 기업가형

출제빈도: ★★☆   대표출제기업: 한국마사회

## 03 정책집행 중 상향적 집행에 대한 설명으로 옳은 것은?

① 정책목표의 집행과정 동안 우선순위가 변하지 않고 안정적이어야 한다.

② 정책 관련 집단의 참여축소를 강조한다.

③ 집행현장에서의 적응을 강조한다.

④ 일선집행관료의 재량권을 축소하고 통제를 강화한다.

---

### 정답 및 해설

**01 ②**

프레스만과 윌다브스키는 그들의 저서 『집행론』을 통해 미국에서 시범적으로 실시한 오클랜드(Okland) 사업의 실패요인을 분석하였다. 그에 따르면, 참여자가 너무 많아 거부점으로서 역할을 하여 정책집행이 실패했다고 본다. 오클랜드사업에 대한 실패요인 분석에는 ㉠ 집행과정에 참여기관 및 참여자의 수가 너무 많아 거부점(Veto point)의 역할, ㉡ 정책추진집단의 빈번한 교체로 정책집행에 대한 기존의 협조·지지 상실, ㉢ 정책결정 시 집행수단에 대한 고려 미흡, ㉣ 적절하지 않은 기관(EDA)이 집행 담당이 있다.

**02 ③**

제시문은 나카무라와 스몰우드(Nakamura & Smallwood)의 집행유형 중 재량적 실험가형에 관한 설명이다.

오답노트

① 고전적 기술자형에서는 정책결정자가 계층제적인 지휘명령체계를 구축하고 집행자를 통제하며, 정책집행자들에게 정책목표의 달성을 위해서 필요한 조치를 강구할 수 있는 기술적 권한을 위임한다.

② 지시적 위임가형에서는 정책결정자들에 의해 목표가 수립되고 대체적인 방침만 정해진 뒤, 나머지 부분은 집행자에게 위임되고 집행자들은 정책목표를 성취하는 데 필요한 기술적·행정적·협상적 능력을 소유한다.

④ 관료적 기업가형에서는 정책집행자가 정책결정자의 결정권을 장악하고 정책과정 전반을 완전히 통제한다.

**03 ③**

상향적 집행은 집행자의 현장에서의 변화에 대한 적응성을 강조한다.

오답노트

① 하향적 집행에서는 정책목표의 집행과정 동안 우선순위가 변하지 않고 안정적이어야 한다.

② 하향적 집행에서는 정책 관련 집단의 참여축소를 강조한다.

④ 상향적 집행은 일선집행관료의 재량권을 확대하고 통제를 완화한다.

## 04 정책집행 연구에 대한 설명으로 옳지 않은 것은?

① 사바티어(Sabatier)는 하향식 접근 방법의 발전에 기여하였다.

② 상향식 접근방법은 정책결정과 정책집행 간의 엄밀한 구분에 의문을 제기한다.

③ 상향식 접근론자들은 정책집행을 이해하기 위해서는 일선 관료의 행태를 고찰하여야 한다고 본다.

④ 하향식 접근방법은 공식적 정책목표를 중요한 변수로 취급하지 않는다.



## 05 립스키(Lipsky)의 일선관료제론과 관련 있는 정책과정의 단계는?

① 정책의제설정　　　　　　　　　② 정책결정

③ 정책집행　　　　　　　　　　　④ 정책평가

## 06 립스키(Lipsky)의 일선관료제론에 대한 설명으로 옳은 것은?

① 정책의제설정 단계에서 중시된다.

② 정책결정 단계에서 중시된다.

③ 정책의제설정 단계에서 정책평가 단계까지 모니터링이 요구된다.

④ 집행현장에서 재량이 적지 않다.

---

**정답 및 해설**

**04** ④

정책집행의 하향식 접근법은 공식목표의 달성 여부가 정책평가의 기준이 되므로 공식적 정책목표가 가장 중시되는 변수이다.

오답노트

① 사바티어는 초기에 하향식 접근법을 주장하다가 나중에는 정책지지연합모형을 통해 통합모형을 주장하였다.

② 상향식은 집행단계에서도 정책이 수정될 수 있으므로 결정과 집행 사이의 엄밀한 구분에 의문을 제기한다.

③ 상향식은 일선관료들의 행태에 관심을 둔다.

**05** ③

립스키의 일선관료제론은 고객과 접촉하는 일선관료가 실질적으로 공공정책을 결정한다는 상향적 정책집행 접근법을 중시하는 집행론이다.

**06** ④

립스키의 일선관료제론은 고객과 접촉하는 일선관료가 실질적으로 공공정책을 결정한다는 상향적 정책집행 접근법을 중시하며, 일선관료가 상당한 재량권을 가지고 매우 복잡한 업무를 수행한다고 본다.

오답노트

①, ②, ③ 립스키는 일선관료들이 일반적으로 처하게 되는 업무환경을 살피고 업무환경의 어려움에 대처하기 위해 어떠한 적응 메커니즘을 개발하는지, 그리고 그러한 적응 메커니즘이 일선관료의 정책집행 단계에 어떠한 영향을 미치는지를 분석하였다.

| 정책평가의 종류 | 종류별 개념 |
|---|---|
| 평가의 타당성 | 내적타당도와 외적타당도, 타당성을 저해하는 변수 |
| 정책평가의 방법 | 진실험, 준실험, 비실험 개념 |
| 정부업무 평가 기본법 | 중요 표시 법조문 암기 |

## 01 정책평가의 개념

출제빈도 ★

① 정책이 좋은지 나쁜지를 비판적으로 검토하는 활동이다.
② 정책수단과 정책목표 사이의 인과관계에 대한 아직 검증되지 않은 가설을 검증하는 활동이다.
③ 정책의 내용이나 집행 및 그 영향을 정책목표와 관련해서 객관적·체계적으로 재검토하는 과정이다.

## 02 정책평가의 종류

출제빈도 ★

### 1. 총괄평가(사후평가)

① 정책평가의 핵심으로서 정책이 집행되고 난 후에 정책이 사회에 미친 영향 또는 정책결과 중에서 의도한 정책효과가 정책으로 인해서 발생했는지를 판단하는 활동을 말한다.
② 총괄평가의 내용으로는 ㉠ 효과성 평가, ㉡ 능률성 평가, ㉢ 공평성 평가 등이 있다.

### 2. 과정평가

정책집행 및 활동을 분석하여 이를 근거로 좀 더 효율적인 집행전략을 수립하거나 정책내용을 수정·변경하며, 정책의 중단·축소·유지·확대 여부의 결정에 도움을 준다. 과정평가는 협의의 과정평가와 집행과정평가로 나눌 수 있다.

---

# 3. 평가성 검토(평가성 사정)

평가성 사정은 평가의 실행가능성과 평가의 유용성을 알아보는 일종의 예비평가로서 평가의 소망성과 가능성·필요성·평가결과의 활용가능성·평가범위 등을 검토하는 사전적 과정 평가에 해당한다.

# 4. 평가종합

평가결산은 평가결과에 대해서 기존 평가자가 아닌 제3자가 다시 평가하는 것을 말한다. 즉, 평가결과를 다시 평가하는 '평가에 대한 평가'라고 할 수 있다.



정책평가의 절차는 정책평가의 유형이나 결과의 활용 목적·평가방법 등에 따라 달라지는데, 일반적으로 ① 평가의 목적 확인 ⇨ ② 평가성 검토 ⇨ ③ 평가설계 ⇨ ④ 자료의 수집·분석 ⇨ ⑤ 의사교류 및 평가결과의 제시 ⇨ ⑥ 평가결과의 활용 등의 순서로 이어진다.

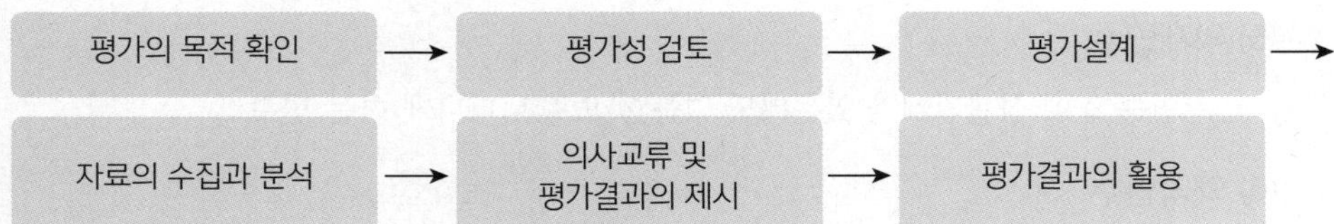




## 1. 타당성의 유형(Cook & Campbell의 분류)

### (1) 구성개념 타당성(Construct validity)

처리, 결과, 모집단 및 상황들에 대한 이론적 구성요소들이 성공적으로 조작화된 정도를 의미한다.

### (2) 통계적 결론의 타당성(Statistical conclusion validity)

정책의 결과가 존재하고 이것이 제대로 조작되었다고 할 때, 이에 대한 효과를 찾아낼 만큼 충분히 정밀하고 강력하게 연구 설계가 이루어진 정도를 말한다.

### (3) 내적 타당성(Internal validity)

조작화된 결과에 대하여 찾아낸 효과가 다른 경쟁적인 원인들에 의해서라기보다는 조작화된 처리에 기인된 것이라고 볼 수 있는 정도를 말한다.

---

**행정학 전문가의 TIP**

**정책평가 타당성의 의의 및 관계**

• 의의
  - 타당성: 정책평가가 정책의 효과를 얼마나 진실에 가깝게 추정해 내고 있느냐 하는 정도를 나타내는 개념입니다.
  - 신뢰성: 동일한 측정도구가 동일한 프로그램(정책)을 반복해서 측정하는 경우에 있어서 동일한 결과가 나오는 정도를 의미합니다. (일관성)

• 신뢰성과 타당성의 관계
  신뢰성은 타당성의 필요조건으로서 신뢰성이 낮으면 타당성이 낮아지나, 신뢰성이 높다고 해서 타당성이 높은 것은 아닙니다. 따라서 측정에 있어서는 타당성이 우선적으로 확보되어야 합니다.

**인과관계 조건**

• **시간적 선행성**: 독립변수(정책)는 종속변수(목표 달성)보다 시간적으로 선행해야 합니다.
• **공동 변화**: 독립변수와 종속변수는 같이 변화해야 합니다.
• **비허위적 관계**: 정책 이외의 다른 경쟁적 요인이 종속변수에 영향을 미치지 않았음을 입증해야 합니다.

### (4) 외적 타당성(External validity)

조작화된 구성요소들 가운데에서 관찰된 효과들이 당초의 연구가설에 구체화된 것 이외에 다른 이론적 구성요소들에까지도 일반화될 수 있는 정도를 의미한다.

## 2. 정책평가의 타당성을 저해하는 변수(제3의 변수)

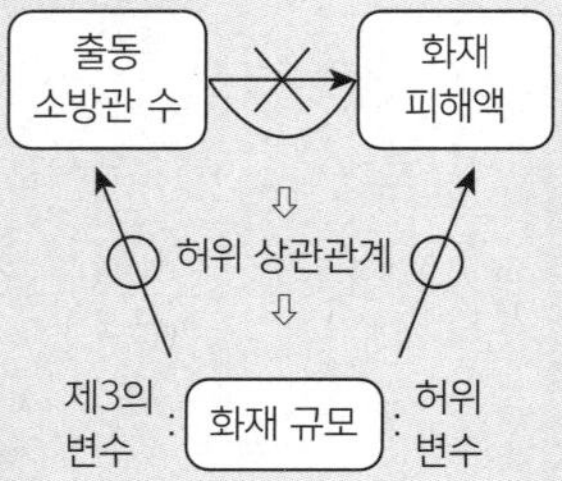

### (1) 허위변수

두 변수 간에 전혀 관계가 없는데도 상관관계가 있는 것처럼 나타나도록 두 변수 모두에 영향을 미치는 변수

### (2) 혼란변수

두 변수 간에 일부 상관관계가 있는 상태에서 두 변수 모두에 영향을 미치는 변수

### (3) 매개변수

독립변수와 종속변수 사이에서 독립변수의 결과인 동시에 종속변수의 원인이 되는 변수

### (4) 선행변수

인과관계에서 독립변수에 앞서면서 독립변수에 유효한 영향력을 행사하는 변수

### (5) 억제변수

두 변수 간에 상관관계가 있는데도 없는 것으로 나타나게 하는 변수

### (6) 왜곡변수

두 변수의 사실상의 관계를 정반대의 관계로 나타나게 하는 변수

### 시험문제 미리보기!

**다음 제시문의 (ㄱ), (ㄴ)에 들어갈 용어가 바르게 연결된 것은?**

> (ㄱ)은 독립변수인 정책수단과 함께 종속변수인 정책효과를 가져오는 요인으로 정책수단과 정책효과 사이의 인과관계를 과대 또는 과소평가하며, (ㄴ)은 독립변수인 정책수단의 효과가 전혀 없을 때, 숨어서 정책효과를 가져오는 변수로 정책수단과 정책효과 사이의 인과관계를 완전히 왜곡하는 요인이다.

| | (ㄱ) | (ㄴ) |
|---|---|---|
| ① | 허위변수(Spurious variable) | 매개변수(Mediating variable) |
| ② | 혼란변수(Confounding variable) | 허위변수(Spurious variable) |
| ③ | 혼란변수(Confounding variable) | 매개변수(Mediating variable) |
| ④ | 허위변수(Spurious variable) | 혼란변수(Confounding variable) |

해설    (ㄱ)은 혼란변수, (ㄴ)은 허위변수에 해당한다.

정답 ②

# 3. 내적 타당성 저해요인

| | | |
|---|---|---|
| 표본의 대표성 | 선정(발)요인 (Selection) | • 실험집단과 통제집단을 구성할 때 두 집단에 서로 다른 개인들을 선발하여 할당함으로써 오게 될지도 모르는 편견으로 외재적 요인이라 함<br>• 실험집단과 통제집단의 구성원이 다르기 때문에 발생<br>• 조사자의 주관적 판단에 의한 배정이나 프로그램에 대상자가 지원하는 경우(자기선정요인: Self-selection) 강하게 나타남 |
| | 회귀요인 (Regression) | • 극단적인 측정값들을 재측정하는 경우 평균값으로 회귀하여 처음과 같은 극단적인 측정값이 나타날 확률이 줄어드는 현상 |
| | 상실요인 (Mortality) | • 조사기간 중 대상집단의 일부가 탈락·상실(이사·전보 등)됨으로써 남아있는 집단이 처음의 집단과 다른 특징을 갖는 경우 |
| 관찰 및 측정 요인 | 측정요인 (Testing) | • 정책이나 프로그램 전후에 유사한 검사를 반복할 때, 참여자들의 검사에 대한 친숙도가 높아져 측정값에 영향을 주는 경우 |
| | 측정수단요인 (Instrumentation) | • 정책이나 프로그램의 집행 전과 집행 후에 측정하는 절차나 측정도구가 달라지는 것 |
| 대상 집단의 특징 변화 | 역사요인 (History) | • 연구기간 동안에 일어나는 사건이 개인이나 집단에 영향을 미쳐 대상 변수에 중요한 영향을 미치는 경우 |
| | 성숙요인 (Maturation) | • 시간의 경과 때문에 조사대상집단 자체의 특징 변화<br>• 측정 전후의 시간간격이 길수록 영향력 증대 |

# 4. 외적 타당성 저해요인

## (1) 표본의 대표성 부족

실험집단과 통제집단 간에 동질성이 있더라도 그 구성원들이 사회적 대표성이 없을 경우 일반화가 곤란하다.

## (2) 실험조작의 반응효과(호손효과)

인위적인 실험환경에서 얻은 실험적 변수의 결과를 일반화하기 어려운 점이 있는데 이는 호손효과 때문이다. 호손효과(Hawthorne effect)란, 실험집단의 구성원들이 실험의 대상이라는 사실을 인식하고 있는 경우 심리적 긴장감으로 인하여 평소와는 다른 행동을 보이는 현상을 말한다.

## (3) 다수적 처리에 의한 간섭

동일집단에 여러 번의 실험적 처리(Treatment)를 하는 경우, 대상자들이 실험조작에 익숙해져서 측정값이 영향을 받을 수 있다.

## (4) 크리밍(Creaming) 효과

효과가 크게 나타날 대상만 실험집단에 배정하는 것을 말한다. 이러한 경우 그 결과를 일반화하기 어려운 점이 있다.

## 05 정책평가의 방법

출제빈도 ★

| 구분 | 진실험 | 준실험 | 비실험 |
| --- | --- | --- | --- |
| 개념 | 실험집단과 통제집단의 동질성 | 실험집단과 통제집단의 비동질성 | 실험집단만 있고 통제집단이 없음 |
| 내적 타당성 | ⇧(높음) | -(중간) | ⇩(낮음) |
| 외적 타당성 | ⇩(낮음) | -(중간) | ⇧(높음) |
| 실현 가능성 | ⇩(낮음) | -(중간) | ⇧(높음) |

## 06 정책변동론

출제빈도 ★

### 1. 의의

정책변동이란 정책과정의 전체단계에 걸쳐 얻게 되는 정보·지식을 서로 다른 단계로 환류시켜 정책목표·정책수단·정책대상집단 등과 관련되는 정책내용과 정책집행 담당조직·정책집행절차와 관련되는 정책집행방법에 변화를 가져오는 것이다.

### 2. 유형(Hogwood & Peters의 견해)

#### (1) 정책혁신

정부가 과거에 관여하지 않았던 분야에 개입하고자 새로운 정책을 결정하는 것이다.

#### (2) 정책승계

기존 정책의 목표는 변경시키지 않고 내용의 일부 또는 전부를 변경시키는 것이며, 정책변동 중에서 가장 중요한 유형이다. 정책공간의 과밀화로 완전히 새로운 정책의 등장은 거의 불가능하다는 점에서 그 중요성이 강조된다.

#### (3) 정책유지

본래의 정책목표를 달성하기 위해 정책의 기본적 특징을 그대로 유지하면서 상황의 변화에 능동적으로 적응하는 것을 말한다.

#### (4) 정책종결

정책을 비롯하여 정책관련조직과 예산이 소멸되고 다른 정책으로 대체되지 않는 것을 의미하며, 정책당국의 개입은 전면적으로 중단된다.

## 3. 정책승계의 유형

| 정책대체<br>(선형 승계) | 정책목표를 변경하지 않는 범위 내에서 정책내용을 완전히 새로운 것으로 바꾸는 것 |
|---|---|
| 부분종결 | 일부의 정책을 유지하면서 일부는 완전히 폐지하는 것(정책유지 + 정책종결) |
| 복합적 정책승계 | 정책유지, 정책대체, 정책종결 또는 정책추가 등 3가지 이상의 정책승계가 복합적으로 나타나는 것 |
| 우발적 정책승계 | 타 분야의 정책변동에 연계하여 우발적인 변화가 나타나는 형태의 정책승계 |
| 정책통합 | 유사한 목표를 가진 2개의 정책이 하나의 정책으로 통합되는 것 |
| 정책분할 | 정책담당기관의 분리 등으로 하나의 정책이 두 개 이상으로 분리되는 것 |

## 07 정부업무평가 기본법

출제빈도 ★★

### 1. 정부업무평가위원회

① 정부업무평가의 실시와 평가기반의 구축을 체계적·효율적으로 추진하기 위해 국무총리 소속하에 정부업무평가위원회를 둔다.
② 위원회는 위원장 2인(국무총리와 민간위원 중에서 대통령이 지명하는 자)을 포함한 15인 이내의 위원으로 구성하는데, 민간위원의 임기는 2년으로 하되 1차에 한하여 연임할 수 있다.

### 2. 정부업무평가기본계획의 수립

국무총리는 정부업무평가기본계획을 최소한 3년마다 수정·보완하여야 한다.

### 3. 대상기관별 정부업무평가의 종류

#### (1) 중앙행정기관 평가

① 자체평가
중앙행정기관의 장은 자체평가조직 및 자체평가위원회를 구성·운영하여야 한다. 이 경우 평가의 공정성과 객관성을 확보하기 위하여 자체평가위원의 2/3 이상은 민간위원으로 하여야 한다.
② 자체평가 결과에 대한 재평가
국무총리는 중앙행정기관의 자체평가 결과를 확인·점검한 후, 평가의 객관성·신뢰성에 문제가 있어 다시 평가할 필요가 있다고 판단되는 때에는 위원회의 심의·의결을 거쳐 재평가를 실시할 수 있다. 국무총리의 재평가는 임의사항이다.

## (2) 지방자치단체 평가

① 자체평가

지방자치단체의 장은 자체평가조직 및 자체평가위원회를 구성·운영하여야 한다. 이 경우 평가의 공정성과 객관성을 담보하기 위하여 자체평가위원의 2/3 이상은 민간위원으로 하여야 한다.

② 행정안전부장관은 평가의 객관성 및 공정성을 높이기 위해 평가지표, 평가방법, 평가기반의 구축 등에 관하여 지방자치단체를 지원할 수 있다.

## (3) 특정평가

국무총리는 2 이상의 중앙행정기관 관련 시책·주요 현안시책·혁신관리 및 대통령령이 정하는 대상부문에 대하여 **특정평가**를 실시하고, 그 결과를 공개하여야 한다.

## (4) 국가위임사무 등에 대한 평가

국정의 효율적인 수행을 위하여 지방자치단체 또는 그 장이 위임받아 처리하는 국가사무, 국고보조사업 그 밖에 대통령령이 정하는 국가의 주요시책 등에 대하여 평가가 필요한 경우에는 행정안전부장관이 관계중앙행정기관의 장과 합동으로 평가를 실시할 수 있다.

## (5) 공공기관에 대한 평가

공공기관에 대한 평가는 공공기관의 특수성·전문성을 고려하고 평가의 객관성 및 공정성을 확보하기 위하여 공공기관 외부의 기관이 실시하여야 한다.

출제빈도: ★☆☆

**01** 정책평가에 대한 설명으로 가장 옳지 않은 것은?

① 정책평가는 사후적·회고적 분석이다.
② 과정평가는 정책중단 등에 미치는 영향이 미흡하다.
③ 총괄평가의 기준에는 능률성 평가와 효과성 평가 등이 있다.
④ 총괄평가는 정책이 집행되고 난 후에 정책이 사회에 미친 영향을 추정하는 판단활동으로 정책평가의 핵심에 해당한다.

출제빈도: ★☆☆

**02** 정책평가의 유형에 대한 설명으로 옳지 않은 것은?

① 총괄평가는 정책집행이 종료된 후에 그 성과나 효과를 평가하는 것이다.
② 과정평가는 정책집행 도중에 과정의 적정성과 수단·목표 간 인과성 등을 평가하는 것이다.
③ 총괄평가는 주로 내부 평가자에 의해 수행되며, 평가 결과를 환류하여 최종안을 개선하는 것이 목적이다.
④ 과정평가는 주로 내부 평가자 및 외부 평가자의 자문에 의해 진행하며, 정책집행 단계에서 정책 담당자 등을 돕기 위한 것이다.

출제빈도: ★☆☆

**03** 정책평가의 내적 타당성을 저해하는 요인들 중 외재적 요인은?

① 선발요인                          ② 역사요인
③ 측정요인                          ④ 도구요인

**04** 단적인 성향을 가진 여러 실험대상자들에 대해 실험 직전 시험을 단 1회 쳐보고 그 시험 결과를 토대로 실험대상자를 선정하여 실험의 효과를 측정하려고 할 때 나타날 수 있는 현상과 관련된 것은?

① 회귀인공요인　　　　　　　　　② 통계적요인
③ 측정요인　　　　　　　　　　　④ 성숙효과

---

**정답 및 해설**

**01** ②
과정평가는 정책집행 및 활동을 분석하여 이를 근거로 조금 더 효율적인 집행전략을 수립하거나 정책내용을 수정·변경하며, 정책의 중단·축소·유지·확대 여부의 결정에 도움을 준다.

**오답노트**
① 정책평가는 정책이 좋은지 나쁜지를 비판적으로 검토하는 활동으로 사후적·회고적 성격이다.
③ 총괄평가의 내용으로는 능률성 평가, 효과성 평가, 공평성 평가 등이 있다.
④ 총괄평가(사후평가)는 정책평가의 핵심으로서 정책이 집행되고 난 후에 정책이 사회에 미친 영향 또는 정책결과 중에서 의도한 정책효과가 정책으로 인해서 발생했는지를 판단하는 활동이다.

**02** ③
총괄평가는 정책 프로그램의 최종 성과를 확인하기 위해 주로 외부 평가자에 의해 이루어지며, 평가 결과는 정책 프로그램의 지속·중단·확대 등에 대한 판단에 활용된다.

**오답노트**
① 총괄평가는 정책이 집행된 후에 정책이 당초 의도했던 목적을 달성했는지의 여부를 판단하는 정책 효과성 평가이다.

② 과정평가는 정책이 집행되는 도중에 수행되는 평가로, 정책이 의도한 대로 집행되고 있는지를 평가한다.
④ 과정평가는 주로 정책집행 과정에서 바람직한 집행전략·방법을 모색하기 위해 행해지는 평가이다.

**03** ①
내적 타당성을 저해하는 요인에는 외재적 요인과 내재적 요인이 있다. 외재적 요인이란 실험에 들어가기 전 집단을 구성할 때 발생하는 요인으로 선발요인이 유일하며, 선발요인은 실험집단과 통제집단을 구성할 때 두 집단에 서로 다른 개인들을 선발하여 할당함으로써 오게 될지도 모르는 편견을 말한다.

**오답노트**
② 역사요인, ③ 측정(검사)요인, ④ 도구요인은 내적 타당성을 저해하는 내재적 요인이다.

**04** ①
극단적인 값을 가진 대상을 실험대상집단으로 하게 되면 실험대상자들이 실험도중에 평소의 자기성향으로 되돌아가려는 경향이 있는데 이를 회귀인공요인이라고 한다.

출제빈도: ★★☆　대표출제기업: 서울주택도시공사

## 05 정책평가에 대한 설명으로 옳지 않은 것은?

① 내적 타당성은 처치와 결과 간에 관찰된 관계로부터 도달하게 된 인과적 결론의 적합성 정도를 나타낸다.

② 역사적 요소, 성숙효과, 선정효과는 모두 내적 타당성을 위협하는 요소들에 해당한다.

③ 외적 타당성은 측정도구가 어떤 현상을 되풀이해서 측정했을 때, 얼마나 일관성 있게 측정할 수 있느냐 하는 정도로 파악된다.

④ 진실험적 평가방법은 실험집단과 통제집단의 동질성을 확보하여 행하는 실험이다.

출제빈도: ★☆☆

## 06 다음 내용에서 정책평가의 내적 타당성을 위협하는 요인은?

> 정부는 혼잡통행료 제도의 효과를 측정하기 위해 혼잡통행료 실시 이전과 실시 후의 도심의 교통 흐름도를 측정, 비교하였다. 그런데 두 측정 시점 사이에 유류가격이 급등하는 상황이 발생하였다.

① 상실요인(Mortality)　　　　　　② 회귀요인(Regression)

③ 역사요인(History)　　　　　　　④ 검사요인(Testing)

출제빈도: ★★☆　대표출제기업: 시설관리공단

## 07 「정부업무평가 기본법」상 정부업무평가의 종류가 아닌 것은?

① 지방자치단체의 자체평가　　　　② 환경영향평가

③ 공공기관에 대한 평가　　　　　　④ 중앙행정기관의 자체평가

출제빈도: ★★☆

## 08 「정부업무평가 기본법」상 정부업무평가제도에 대한 설명으로 옳지 않은 것은?

① 중앙행정기관의 장은 그 소속기관의 정책 등을 포함하여 자체평가를 실시하여야 한다.

② 지방자치단체의 자체평가위원회는 공정성과 객관성을 담보하기 위하여 2분의 1 이상의 민간위원으로 구성되어야 한다.

③ 지방자치단체가 위임받은 국가사무에 대해 행정안전부장관이 관계중앙행정기관의 장과 합동평가를 실시할 수 있다.

④ 공공기관의 경우 기관의 특수성과 전문성을 고려하고 평가의 객관성 및 공정성을 확보하기 위하여 공공기관 외부의 기관이 평가하여야 한다.



---

### 정답 및 해설

**05** ③

측정도구가 어떤 현상을 되풀이해서 측정했을 때, 얼마나 '일관성' 있게 측정할 수 있느냐 하는 정도는 외적 타당성이 아니라 신뢰성이다. 외적 타당성은 평가의 결과를 일반화할 수 있는가를 의미한다.

오답노트

① 내적 타당성은 처치와 결과 간에 관찰된 관계로부터 도달하게 된 인과적 결론의 적합성 정도를 나타내며 본래 의미의 타당성을 뜻한다.

② 역사적 요소(사건효과), 성숙효과는 내적 타당성을 저해하는 내재적 요인이고 선정효과(선택효과)는 내적 타당성을 저해하는 외재적 요인이다.

④ 진실험은 실험집단과 통제집단의 동질성을 확보하여 행하는 실험이고, 준실험은 실험집단과 통제집단의 동질성을 확보하지 못하고 행하는 실험이다.

**06** ③

혼잡통행료라는 정책과 그 정책의 효과 간의 인과관계를 측정하려는 것으로 정책과 효과발생 사이에 유류가격 급등이라는 역사적 사건이 발생한 것이므로 역사요인에 해당한다.

**07** ②

환경영향평가는 「정부업무평가 기본법」상 정부업무평가에 해당하지 않는다. 정부업무평가의 대상기관으로는 ㉠ 중앙행정기관, ㉡ 지방자치단체, ㉢ 중앙행정기관 또는 지방자치단체의 소속기관, ㉣ 공공기관이 있다.

**08** ②

지방자치단체의 자체평가위원회는 평가의 공정성과 객관성을 확보하기 위하여 자체평가위원의 3분의 2 이상은 민간위원으로 구성하여야 한다.

오답노트

① 중앙행정기관의 장은 그 소속기관의 정책 등을 포함하여 자체평가를 실시하여야 한다.

③ 지방자치단체 또는 그 장이 위임받아 처리하는 국가사무, 국고보조사업, 그 밖에 대통령령이 정하는 국가의 주요 시책 등에 대하여 평가가 필요한 경우에는 행정안전부장관이 관계중앙행정기관의 장과 합동으로 평가를 실시할 수 있다.

④ 공공기관에 대한 평가는 공공기관의 특수성·전문성을 고려하고 평가의 객관성 및 공정성을 확보하기 위하여 공공기관 외부의 기관이 실시하여야 한다.

## 출제비중 & 출제기업

2023년~2024년 필기시험 기준으로 국민체육진흥공단, 서울주택도시공사, 시설관리공단, 한국교직원공제회, 한국남부발전, 한국농어촌공사, 한국마사회 등의 기업에서 출제하고 있습니다.

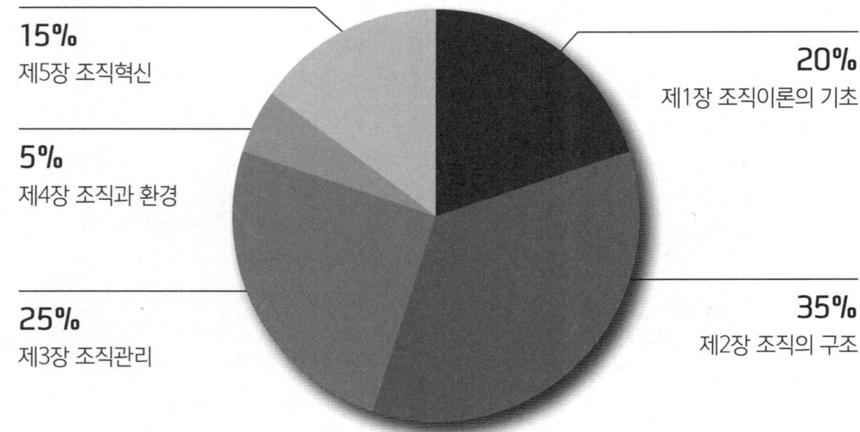

# PART 3

## 행정조직론

| 조직의 유형 | 학자별 조직 유형 |
|---|---|
| Waldo의 조직이론 분류 | 고전조직과 신고전조직 |

## 01 조직의 유형

출제빈도 ★★★

조직의 유형화란 다양한 조직들이 가진 공통점과 특수성을 설명하고 이해하기 위해 여러 사회조직을 기능·규모·역사·목표 등의 기준에 따라 분류하는 것을 말한다.

### 1. Blau와 Scott의 분류 – 수혜자를 기준으로 한 분류

#### (1) 호혜적 조직(Mutual benefit association, 상호조직)

조직의 구성원이 주된 수혜자가 되는 조직으로서 구성원의 이익 제고를 중시한다.

예 정당, 노동조합, 종교단체 등

#### (2) 기업조직(Business concerns, 사업조직)

조직의 소유자(Owner)가 주된 수혜자가 되는 조직을 말한다.

#### (3) 봉사조직(Service organization, 서비스조직)

조직과 정기적·직접적 관계를 맺고 있는 고객집단이 주된 수혜자가 되는 조직으로서 고객에 대한 서비스를 중시한다.

예 병원, 학교, 사회사업기관 등

#### (4) 공익조직(Commonwealth organization, 공공복리조직)

일반국민이 주된 수혜자가 되는 조직을 말한다.

예 행정기관, 군대조직, 소방서, 경찰조직 등

### 2. 에치오니(Etzioni)의 분류 – 권력과 관여의 정도 기준으로 한 분류

#### (1) 강제적 조직

물리적인 힘으로 구성원을 통제하며 질서목표를 추구하고 구성원들이 조직에 대해

소외감을 느끼는 조직이다.
예 교도소, 강제수용소 등

### (2) 공리적(功利的) 조직

물질적 보상을 주요 통제수단으로 하며 **경제목표**를 추구하고 조직구성원들이 타산적 이해관계에 따라 소속감을 느끼는 조직이다.
예 민간기업체, 이익집단, 평상시의 군대조직 등

### (3) 규범적 조직

통제의 수단이 규범이며 **문화목표**를 추구하고 구성원들이 조직에 대하여 높은 일체감을 가지는 조직이다.
예 이데올로기적 정치조직, 종교단체, 자선단체 등

## 3. 파슨스(Parsons)의 분류 – 조직의 사회적 기능을 기준으로 한 분류

### (1) 경제조직

적응기능(Adaptation)을 수행하는 조직으로, 사회가 소비하게 될 재화·용역의 생산을 담당한다. 예 회사, 공기업 등

### (2) 정치조직

목표달성기능(Goal Attainment)을 수행하는 조직으로, 사회의 목표를 설정하고 수행한다. 예 행정기관 등

### (3) 통합조직

통합기능(Integration)을 수행하는 조직으로, 사회적 통합을 담당한다.
예 경찰서, 사법기관 등

### (4) 형상유지조직

형상유지기능(Latent pattern maintenance)을 수행하는 조직으로, 형상유지를 담당한다. 예 교회, 학교 등

## 4. 민츠버그(Mintzberg)의 분류 – 다차원적 분류법

### (1) 단순구조(Simple structure)

단순하지만 동적인 환경하에서 엄격한 통제가 요구되는 초창기의 소규모 조직으로서, 최고관리층에 권력이 집중된 유기적 구조를 띤다.

### (2) 기계적 관료제(Machine bureaucracy)

단순하고 안정적인 환경하에서 지배적 구성부분이 복합적이며, 기술구조가 가장 중요한 위치를 차지하는 조직이다. 다만, 최고관리층도 상당한 권력을 행사하며 지원참모의 수가 많은 대규모 조직이고 작업과정의 표준화를 중시한다.

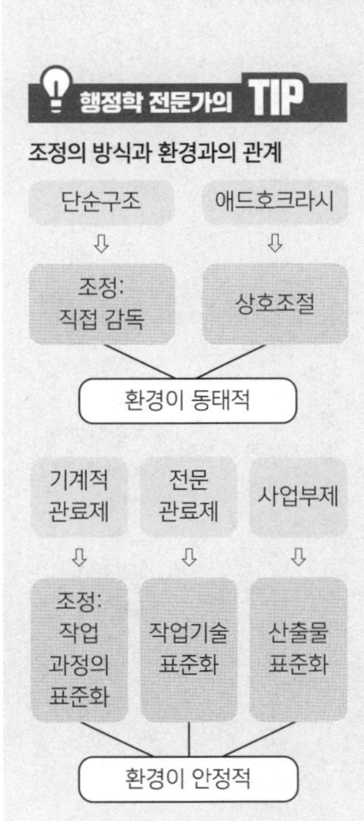

### (3) 전문적 관료제(Professional bureaucracy)

복잡하고 안정적인 환경하에서 전문성이 높은 작업계층이 가장 중요하고 많은 조직이다. 전문가들로 구성된 핵심운영층이 오랜 경험과 훈련으로 내면화된 표준적 기술을 이용하여 자율권을 가지고 과업을 조정하며, 작업기술의 표준화를 중시한다.

### (4) 사업부제 구조(Divisionalized form, 할거적 구조)

단순하고 안정적인 환경하에서 중간계선이 지배적이며 중간관리자들이 부서를 독자적으로 관리하는 조직이다. 제한된 수직적 분권화 구조로, 고객이나 시장의 다양성하에서 각 사업부는 스스로 책임하에 있는 시장을 중심으로 자율적인 영업활동을 수행한다. 산출물의 표준화를 중시하므로 성과관리에 적합한 조직이다.

### (5) 애드호크라시(Adhocracy, 임시특별조직)

복잡하고 급격히 변동하는 환경하에서 표준화를 거부하는 분권화된 유기적 구조를 말한다. 창의적 업무수행에 적합하며 지원참모의 역할이 중요하고 지배적이다. 계선과 참모의 구별이 모호하고 최고관리층·중간계층·작업계층이 혼합되어 있다. 모든 면에서 기계적 관료제와 반대되는 것이라고 할 수 있다.

## 5. 대프트(Daft)의 분류

### (1) 조직구조의 특성 – 기계적 구조 vs 유기적 구조

① 조직구조의 특성은 크게 기계적 구조(Mechanistic structure)와 유기적 구조(Organic structure)로 개념화된다.

② 조직구조의 모형은 크게 기능구조, 사업구조, 매트릭스구조, 수평구조, 네트워크구조로 구분되는데, 이들 모형은 배타적으로 기계적 또는 유기적 구조에 해당하는 것이 아니라 양자의 특징을 부분적으로 갖고 있다. 기능구조 ⇨ 사업구조 ⇨ 매트릭스구조 ⇨ 수평구조 ⇨ 네트워크구조로 갈수록 유기적 구조의 모습을 갖게 된다.

### (2) 기능구조

① 의의: 기능구조는 기본적으로 수평적 조정의 필요성이 낮을 때 효과적인 조직구조로, 조직의 전체 업무를 공동 기능별로 부서화한 것이다. 집권적 권한, 좁고 전문화된 직무와 부서 간 팀워크가 적게 요구되는 기계적 구조에 속한다.

② 장단점

| 장점 | 단점 |
| --- | --- |
| • 기능 내에서 **규모의 경제를 추구**(중복과 낭비 예방) <br> • 유사 기능을 수행하는 조직구성원 간에 분업을 통해 전문기술을 발전시킴 <br> • 부서 내 의사소통과 조정에 유리 | • 부서들 간의 조정과 협력이 요구되는 환경 변화에 둔감 <br> • 의사결정의 상위 집중화로 인한 고위관리자들의 업무 과부하 <br> • 전문화의 심화에 따른 비효율 |

## (3) 사업구조

① 의의: 사업구조는 **산출물에 기반을 둔 사업부서화 방식의 조직구조 유형이다.** 사업구조의 각 부서는 한 제품을 생산하거나 서비스를 제공하는 데 필요한 모든 기능적 직위들이 부서 내로 배치된 자기완결적 단위(Self-contained unit)로 기능 간 조정이 극대화될 수 있는 조직구조이다. 사업구조는 기능 간 조정이 용이하기 때문에 불확실한 조직환경, 부서 간에 상호의존성이 높은 경우 적합하다.

② 장단점

| 장점 | 단점 |
| --- | --- |
| • 부서 내의 기능 간 조정이 용이하고 환경 변화에 신축적<br>• 특정 산출물별로 운영되기 때문에 다양한 고객만족도 제고<br>• 성과책임의 소재가 분명해져 성과관리체제에 유리<br>• 조직구성원들의 포괄적인 목표관(기능구조에 대비) | • 산출물별 생산라인의 중복에 따른 규모의 불경제와 비효율<br>• 기술적 전문지식 축적과 기술 발전에 불리<br>• 부서 간 조정이 곤란<br>• 사업부서 간 경쟁이 심화될 경우 조직 전반적인 목표달성 곤란 |

## (4) 매트릭스구조

① 의의: 매트릭스구조(Matrix structure)는 기능구조와 사업구조의 화학적 결합을 시도하는 조직구조이다. 매트릭스구조의 기본적 특성은 이원적 권한체제이다. 즉, 수직적으로는 기능부서 통제권한이 구성되고, 수평적으로는 사업부서 간 조정권한이 구성된다. 매트릭스구조는 신축성과 대응성이 요구되는 불안정하고 급변하는 조직환경에 효과적인 구조이다.

② 한계: 명령계통의 이원화에 따른 책임한계가 모호해진다.

### 📋 시험문제 미리보기!

> 조직구조의 유형 중에서 기능별 구조(**Functional structure**)와 비교하여 사업별 구조(**Divisional structure**)가 가지는 장점으로 보기 어려운 것은?
>
> ① 사업부서 내의 기능 간 조정이 용이하고 변화하는 환경에 신속하게 대응할 수 있다.
> ② 성과책임의 소재가 분명해 성과관리 체제에 유리하다.
> ③ 특정 산출물별로 운영되기 때문에 고객만족도를 제고할 수 있다.
> ④ 중복과 낭비를 예방하고 기능 내에서 규모의 경제를 구현할 수 있다.
>
> 해설　중복과 낭비를 예방하고 기능 내에서 규모의 경제를 구현할 수 있는 것은 기능별 구조의 장점이다. 사업별 구조는 산출물별 생산라인의 중복에 따른 규모의 불경제와 비효율을 초래한다.
>
> 정답 ④

### (5) 수평구조

수평구조는 조직구성원을 핵심업무과정 중심으로 조직화하는 것으로, 팀제를 전반적으로 채택하여 수직적 계층과 부서 간 경계를 실질적으로 제거한 매우 유기적인 조직구조이다.

### (6) 네트워크구조

네트워크구조는 조직의 자체기능은 핵심역량 위주로 합리화하고, 여타 기능은 외부기관들과 계약관계를 통해 수행하는 조직구조 방식이다.

## 시험문제 미리보기!

**매트릭스구조에 대한 설명으로 옳은 것은?**

① 산출물에 기초한 사업부서화 방식의 조직구조이다.
② 기능구조와 사업구조의 화학적 결합을 시도하는 조직구조이다.
③ 조직 구성원을 핵심 업무를 중심으로 배열하는 조직구조이다.
④ 핵심 기능 이외의 기능은 외부기관들과 계약관계를 통해 수행하는 조직구조이다.

해설 　매트릭스구조는 기능구조와 사업구조를 화학적으로 결합한 이중구조적 조직이다.

오답노트
①은 사업구조, ③은 수평구조, ④는 네트워크구조에 해당한다.

정답 ②

| 구분 | 고전적 조직이론 (과학적관리론) | 신고전적 조직이론 (인간관계론) | 현대적 조직이론 |
|---|---|---|---|
| 인간관 | 합리적 · 경제적 인간관 | 사회적 인간관 | 복잡한 인간관 |
| 추구하는 가치 | 기계적 능률성 | 사회적 능률성 | 다원적 목표 · 가치 · 이념 |
| 주요 연구 대상 | 공식적 구조 (관료제 · 계층제) | 비공식적 구조 | 체제적 · 유기적 구조 |
| 주요 변수 | 구조 | 인간(행태) | 환경 |

---

출제빈도: ★★☆  대표출제기업: 대구도시철도공사

**01** 에치오니(A. Etzioni)의 조직목표 유형으로 옳지 않은 것은?

① 질서목표  
② 문화목표  
③ 경제목표  
④ 사회목표

---

출제빈도: ★★☆  대표출제기업: 한국남부발전

**02** 파슨스(T. Parsons)의 조직유형 중 조직체제의 목표달성기능과 관련된 유형으로 옳은 것은?

① 경제적 생산조직  
② 정치조직  
③ 통합조직  
④ 형상유지조직

---

출제빈도: ★☆☆

**03** 민츠버그(Mintzberg)의 조직유형 중 전문적 관료제의 특징으로 옳지 않은 것은?

① 작업계층이 조직의 핵심부문이다.  
② 지원참모조직이 핵심적 역할을 한다.  
③ 환경은 안정적이다.  
④ 조정방법은 표준화된 기술에 의한다.

출제빈도: ★☆☆

## 04 유기적 구조의 조직특성에 대한 설명으로 옳지 않은 것은?

① 넓은 직무 범위

② 모호한 책임관계

③ 비공식적 관계

④ 표준운영절차

---

### 정답 및 해설

**01** ④

에치오니는 조직의 유형을 권력과 관여의 정도를 기준으로 강제적 조직, 규범적 조직, 공리적 조직으로 분류하였다. 각 조직의 목표는 모두 다르며, 강제적 조직은 질서목표, 규범적 조직은 문화목표, 공리적 조직은 경제목표를 추구한다.

**02** ②

파슨스의 조직유형 중 조직체제의 목표달성기능과 관련된 유형은 정치조직이다. 파슨스의 조직은 다음과 같이 분류된다.

| 경제조직 | 적응기능(Adaptation) |
|---|---|
| 정치조직 | 목표달성기능(Goal Attainment) |
| 통합조직 | 통합기능(Integration) |
| 유지조직 | 형상유지기능(Latent Pattern Maintenance) |

**03** ②

전문적 관료제는 작업계층이 핵심적 역할을 하며, 지원참모는 애드호크라시에서 핵심적 역할을 한다.

오답노트

①, ④ 전문가들로 구성된 핵심운영층이 오랜 경험과 훈련으로 내면화된 표준적 기술을 이용하여 자율권을 가지고 과업을 조정한다.

③ 복잡하고 안정적인 환경하에서 전문성이 높은 작업계층이 가장 중요하고 많은 조직이다.

**04** ④

표준운영절차는 기계적 구조의 특성에 해당한다.

| 구분 | 기계적 구조 | 유기적 구조 |
|---|---|---|
| 주안점 | • 예측 가능성 | • 적응성 |
| 조직 특성 | • 좁은 직무범위 | • 넓은 직무범위 |
| | • 표준운영절차 | • 적은 규칙과 절차 |
| | • 분명한 책임관계 | • 모호한 책임관계 |
| | • 계층제 | • 채널의 분화 |
| | • 공식적·몰인간적 대면관계 | • 비공식적·인간적 대면관계 |
| 상황 조건 | • 명확한 조직목표와 과제 | • 모호한 조직목표와 과제 |
| | • 분업적 과제 | • 분업이 어려운 과제 |
| | • 단순한 과제 | • 복합적 과제 |
| | • 성과측정이 가능 | • 성과측정이 어려움 |
| | • 금전적 동기부여 | • 복합적 동기부여 |
| | • 권위의 정당성 확보 | • 도전받는 권위 |

출제빈도: ★☆☆

## 05 조직구조 모형을 유기적인 성격이 약한 것에서부터 강한 것의 순서로 바르게 배열한 것은?

① 네트워크구조 < 매트릭스구조 < 수평구조 < 사업구조 < 기능구조
② 기능구조 < 사업구조 < 수평구조 < 매트릭스구조 < 네트워크구조
③ 기능구조 < 사업구조 < 매트릭스구조 < 수평구조 < 네트워크구조
④ 기능구조 < 매트릭스구조 < 사업구조 < 수평구조 < 네트워크구조

출제빈도: ★★☆　대표출제기업: 한국교직원공제회

## 06 조직구조의 모형에 대한 설명이 바르게 연결된 것은?

<보기>

ㄱ. 수평적 조정의 필요성이 낮을 때 효과적인 조직구조로서 규모의 경제를 제고할 수 있다.
ㄴ. 자기완결적 기능을 단위로 기능 간 조정이 용이하여 환경 변화에 대한 대응이 신축적이다.
ㄷ. 조직구성원을 핵심 업무과정 중심으로 조직화하는 방식이다.
ㄹ. 조직 자체 기능은 핵심역량 위주로 하고 여타 기능은 외부 계약관계를 통해서 수행한다.

① ㄱ. 사업구조
② ㄴ. 매트릭스구조
③ ㄷ. 수직구조
④ ㄹ. 네트워크구조

출제빈도: ★★★　대표출제기업: 시설관리공단

## 07 기능(Functional)구조와 사업(Project)구조의 통합을 시도하는 조직 형태는?

① 팀제 조직
② 위원회 조직
③ 매트릭스 조직
④ 네트워크 조직

출제빈도: ★★★  대표출제기업: 국민체육진흥공단

## 08 조직구조에 대한 설명 중 타당한 것은?

① 기능구조는 수평적 조정이 필요할 때 매우 효과적이다.

② 사업구조는 부서 내 조정이 상대적으로 어려운 조직구조다.

③ 매트릭스구조는 명령계통이 이원화된 조직구조다.

④ 수평구조는 조직구성원을 핵심 업무 과정 중심으로 조직하는 방식인데 의사소통과 조정이 다소 어려운 단점이 있다.

---

### 정답 및 해설

**05** ③

조직구조의 모형은 크게 기능구조, 사업구조, 매트릭스구조, 수평구조, 네트워크구조로 구분되는데, 이들 모형은 배타적으로 기계적 또는 유기적 구조에 해당하는 것이 아니라 양자의 특징을 부분적으로 갖고 있다. 기계적 구조에서부터 유기적 구조 순서대로 나열하면, 기계적 구조 < 기능구조 < 사업구조 < 매트릭스구조 < 수평구조 < 네트워크구조 < 유기적구조 순이다.

**06** ④

네트워크구조의 조직 자체 기능은 핵심역량 위주로 하고 여타 기능은 외부 계약관계를 통해서 수행한다.

오답노트

ㄱ은 기능구조, ㄴ은 사업구조, ㄷ은 수평구조에 대한 설명이다.

**07** ③

기능구조와 사업구조의 통합을 시도하는 조직은 매트릭스 조직으로, 매트릭스 조직이란 기능별구조와 사업별구조를 화학적으로 결합한 조직형태를 의미한다.

**08** ③

매트릭스구조(Matrix structure)는 명령계통의 이원화에 따른 책임한계가 모호해진다.

오답노트

①, ② 기능구조는 수평적 조정이 어려운 한계가 있으며, 사업구조는 부서 간 조정의 어려움은 있으나 부서 내 조정은 용이한 조직구조다.
④ 수평구조는 의사소통과 조정을 쉽게 하는 조직구조다.

출제빈도: ★★☆   대표출제기업: 한국농어촌공사

**09** 조직 자체의 기능은 핵심역량 위주로 합리화하고 여타 기능은 외부기관들과 계약 관계를 통해 조달하는 구조조직 방식은?

① 사업구조　　　　　　　　　　　② 수평구조
③ 네트워크구조　　　　　　　　　④ 매트릭스구조

출제빈도: ★☆☆   대표출제기업: 부산환경공단

**10** 신고전적 조직이론의 특징으로 가장 옳지 않은 것은?

① 사회적 능력과 사회적 규범에 의한 생산성 결정
② 계층적 구조와 분업의 중시
③ 비경제적 요인과 비공식집단의 중시
④ 의사소통과 참여의 중시

출제빈도: ★ ☆ ☆

## 11 조직이론에 대한 설명 중 옳지 않은 것은?

① 고전적 조직이론에서는 조직 내부의 효율성과 합리성이 중요한 논의 대상이었다.

② 신고전적 조직이론은 인간에 대한 관심을 불러일으켰고 조직행태론 연구의 출발점이 되었다.

③ 신고전적 조직이론은 인간의 조직 내 사회적 관계와 더불어 조직과 환경의 관계를 중점적으로 다루었다.

④ 현대적 조직이론은 동태적이고 유기체적인 조직을 상정한다.

---

정답 및 해설

**09** ③

핵심역량 위주의 조직 편성과 여타 기능의 외재화를 특징으로 하는 조직구조는 네트워크구조다.

**10** ②

계층적 구조와 분업의 중시는 고전적 조직이론의 특징이다. 신고전적 조직이론은 계층제와 분업 등 공식적인 요인보다는 비공식적·비경제적인 요인을 중시한다.

오답노트

① 인간관계론의 조직인 신고전적 조직이론은 생산성이 육체적 능력이 아니라, 사회적 능력이나 사회적 규범에 의해서 결정된다고 본다.

③ 조직규범의 형성과 그 수행에 있어서 비공식집단 및 비공식적 리더의 역할을 중요시한다.

④ 비공식적 조직을 통한 참여와 의사소통을 중시한다.

**11** ③

신고전적 조직이론은 조직 내 사회적 관계에 대해서는 관심이 높았으나 조직과 환경의 관계를 중점적으로 다루지는 못하였다. 따라서 여전히 폐쇄조직이론에 속한다.

오답노트

① 고전적 조직이론은 기계적 능률과 합리성 등 경제적 목표를 중시한다.

② 인간관계론(신고전적 조직이론) 등의 인간에 대한 관심은 행태론의 성립에 간접적으로 공헌한다.

④ 현대적 조직이론은 개방체제로 유기적 구조를 상정한다.

## 01 조직구조의 결정요인

출제빈도 ★★

### 1. 조직구조의 기본변수

조직구조의 기본변수란 '조직구조의 기초요인인 역할과 지위, 권위와 권력이 갖고 있는 특성이나 정도를 나타낸 것'으로 복잡성, 공식성, 집권성이 있다.

#### (1) 복잡성

복잡성(Complexity)이란 조직 내에 존재하는 분화의 정도를 가리키는 것으로서, 분화의 정도가 높으면 조직은 복잡성이 높게 된다. 조직의 분화는 수평적 분화·수직적 분화·공간적 분산의 측면에서 살펴볼 수 있는데, 이들 세 요소의 정도가 높을수록 조직의 복잡성이 높아진다.

① 수평적 분화(Horizontal differentiation)

조직을 구성하는 단위 안에서 주로 직무의 성질에 따른 횡적인 분화를 의미한다.

② 수직적 분화(Vertical differentiation)

조직 속에 몇 개의 수직적 계층을 만들고, 계층에 따라 다른 권한과 책임이 수직적으로 분화된 것을 의미한다.

③ 공간적 분산(Spatial dispersion)

공간적·장소적 분산은 조직을 구성하는 인원이나 시설이 지역적·장소적으로 분산되어 있는 것을 의미한다.

#### (2) 공식성

공식성(Formalization)이란 조직을 구성하는 여러 단위나 개인의 지위·역할 및 권한이 명시적으로 성문화되고, **업무수행에 관한 규칙과 절차가 표준화·정형화되는 현상**을 말한다. 일반적으로 공식성이 높을수록 일종의 기계적 조직구조를 갖게 되고, 공식성이 낮을수록 느슨하고 산만한 구조를 갖게 된다.

### (3) 집권성(분권성)

① 집권성

집권성(Centralization)은 조직 내 의사결정권이 어디에 있는가와 관련된 변수로, 조직의 의사결정권이 조직의 상위층에 비교적 집중되어 있는 경우이다.

② 분권성

분권성(Decentralization)은 의사결정권이 상대적으로 조직의 하위층에 분산되어 있는 경우이다.

## 2. 조직구조의 상황변수

조직구조의 상황변수는 '기본변수인 복잡성, 공식성, 집권성에 영향을 미치는 변수'들로 조직의 규모, 기술, 환경 등이 다양하게 제시되고 있다.

### (1) 조직규모

조직의 규모란 일반적으로 조직을 구성하는 '조직구성원의 수'로 측정되지만, 과업의 크기·조직책임의 범위 등으로 측정되기도 한다.

### (2) 기술

① 기술의 개념

기술이란 조직의 투입을 산출로 전환시키는 데 필요한 지식·과정·방법을 말하는 것으로 조직의 활동수단이라고 할 수 있다.

② 기술 유형론

- 우드워드(Woodward) – 작업과정의 특성과 특정 구조에 적용되는 기술 유형 단일상품 또는 소수단위상품 생산체제 ⇨ 다수단위생산 또는 대량생산체제 ⇨ 연속적 생산체제 순으로 기술의 복잡성이 높다.
  - 단일상품 또는 소수단위상품 생산체제: 주문자 개개인의 요구에 따라 한두 개의 소수상품을 만들어내는 작업과정을 말한다. 여기에 적용되는 기술은 단순한 기술이다.
  - 다수단위생산 또는 대량생산체제: 동일한 종류의 제품을 대량으로 생산하는 작업과정을 말한다. 다수단위생산체제는 관료제적 조직구조이다.
  - 연속적 생산체제: 상품이 연속적으로 처리되어 생산되는 작업과정으로, 연속적 생산체제에서 사용되는 기술은 기술적 복잡성이 가장 높다.
- 톰슨(Thompson) – 목표달성 수단 측면의 기술 유형
  - 길게 연계된 기술(Long-linked technology): 길게 연계된 기술은 여러 가지 행동이 순차적으로 의존적인 관계를 이루고 있을 때 사용되는 기술로, 상호 연계를 위한 기술적 표준화가 필요하다.
  - 중개기술(Mediated technology): 중개기술은 서로 의존하기를 원하거나 이미 의존상태에 있는 고객들을 연결하기 위해 쓰이는 기술로, 길게 연계된 기술과 마찬가지로 표준화가 필요하다.
  - 집약적 기술(Intensive technology): 집약적 기술은 다양한 업무와 고객에 적용하기 위해 끌어모은 다양한 기술의 복합체로, 표준화가 어렵고 고비용을 요구한다.
    - 예 종합병원은 여러 가지 기술이 집약적으로 활용되기 때문에 비싸다.

**행정학 전문가의 TIP**

**우드워드의 기술적 복잡성**
- 인간이 아닌 기계가 대신 해주는 기술
- 단일상품 ⇨ 대량생산 ⇨ 연속적 생산 순으로 기술적 복잡성이 높습니다.

- 페로우(Perrow) – 과업의 다양성과 문제의 분석가능성을 기준으로 한 유형
  과업의 다양성이란 투입을 산출로 전환하는 과정에서 예상하지 못한 일이 발생
  하는 정도를 말하고, 문제의 분석가능성은 표준화된 절차를 따라 일을 처리하
  는지 여부를 말한다. 표준화된 절차를 따라 일을 처리하면 문제를 잘 해결할 수
  있고, 이 경우 문제의 분석가능성이 높다고 할 수 있다.

| 구분 | 소수의 예외<br>= 과업의 다양성이 낮다 | 다수의 예외<br>= 과업의 다양성이 높다 |
| --- | --- | --- |
| 분석<br>불가능한<br>(비일상적)<br>탐색 | • 기능(Craft; 장인기술)<br>예 고급 유리그릇을 생산하는 소<br>　규모 공장 등 | • 비일상적(Nonroutine) 기술<br>예 항공산업, 원자력추진장치 등<br>• 탈관료제가 사용하는 기술 |
| 분석가능한<br>(일상적)<br>탐색 | • 일상적(Routine) 기술<br>예 표준화된 제품의 대량생산 등<br>• 관료제가 사용하는 기술 | • 공학적 기술(Engineering)<br>예 주문형 제품 등 |

## (3) 환경

환경이란 조직활동에 영향을 미치는 상황적 요인을 말한다. 변화가 낮은 정태적이고
일상적인 환경은 집권화된 기계적·관료제적 조직구조가 효율적이고, 동태적이고 격
변하는 환경은 분권화된 유기적 조직구조(Adhocracy)가 바람직하다.

## ▤ 시험문제 미리보기!

> **조직구조 및 유형의 특성에 대한 설명으로 옳은 것은?**
>
> ① 규모는 구성원의 수로만 측정되며, 과업의 크기·조직책임의 범위 등은 포함되지 않는다.
> ② 공식화는 자원배분을 포함한 의사결정 권한이 조직의 상하직위 간에 어떻게 분배되어
> 　있는가를 의미한다.
> ③ 복잡성은 조직이 얼마나 나누어지고 흩어져 있는가의 분화 정도를 말하며, 수평적·수
> 　직적·공간적 분화 등으로 세분화할 수 있다.
> ④ 집권화는 업무수행 방식이나 절차가 표준화되어 있는 정도를 의미하며, 직무기술서, 내
> 　부규칙, 보고체계 등의 명문화 정도로 측정할 수 있다.
>
> 해설　복잡성은 조직 내에 존재하는 분화의 정도를 가리키는 것으로, 분화의 정도가 높으면 조직의 복잡
> 　　　성이 높다.
>
> 　　　오답노트
> 　　　① 조직의 규모란 일반적으로 조직을 구성하는 '조직구성원의 수'로 측정되지만, 과업의 크기·조
> 　　　　직책임의 범위 등으로 측정되기도 한다.
> 　　　② 자원배분을 포함한 의사결정 권한이 조직의 상하직위 간에 어떻게 분배되어 있는가는 공식화
> 　　　　가 아니라 집권화에 대한 설명이다.
> 　　　④ 업무수행 방식이나 절차가 표준화되어 있는 정도는 집권화가 아니라 공식화에 대한 설명이다.
>
> 　　　　　　　　　　　　　　　　　　　　　　　　　　　　　　　　　　　　정답 ③

## 3. 조직구조의 기본변수와 상황변수의 관계

| 기본변수 \ 상황변수 | 규모 | | 기술 | | 환경 | |
|---|---|---|---|---|---|---|
| | 대규모 | 소규모 | 일상적 | 비일상적 | 확실·안정 | 불확실·불안정 |
| 복잡성 | ⇧ | ⇩ | ⇩ | ⇧ | ⇧ | ⇩ |
| 공식성 | ⇧ | ⇩ | ⇧ | ⇩ | ⇧ | ⇩ |
| 집권성 | ⇩ | ⇧ | ⇧ | ⇩ | ⇧ | ⇩ |

<br>

## 02 | 고전적 조직구조의 원리(원리주의)

출제빈도 ★★★

### 1. 조직원리의 의미

① 조직의 원리란 조직의 목표를 효율적으로 달성하기 위하여 '복잡하고 거대한 조직을 합리적이고 적절하게 편성하고 통제하며, 보다 능률적으로 관리하는 데 적용되는 일반적인 원칙'을 말한다.

② 조직의 원리는 사이먼(Simon) 등의 행태론에 의해서 경험적 검증을 거치지 않은 속담이나 격언에 불과하다는 비판을 받았다.

### 2. 계층제의 원리(Principle of hierarchy)

**(1) 의의**

① 계층제(Hierarchy)의 원리란 '조직 내의 권한과 책임 및 의무의 정도에 따라 조직구성원들 간에 상·하의 계층이나 등급을 설정하는 것'을 말한다.

② 계층제 내에서 권력은 계층에 따라 차등적으로 배분되고, 계층 간에는 엄격한 상명하복 관계가 형성된다. 따라서 이를 '차등적 지위를 규정하는 지위체계'라고도 한다.

**(2) 특징: 계층제와 통솔범위의 역관계**

통솔범위가 넓어지면 계층의 수는 적어지는 반면, 통솔범위가 좁아지면 계층의 수는 많아진다.

### 📋 시험문제 미리보기!

> **통솔 범위의 한계 때문에 생기는 조직의 형태는?**
>
> ① 계층제조직　　　② 행렬조직　　　③ 과업집단　　　④ 동료조직
>
> 해설　통솔 범위의 한계로 인해 나타나는 전통적인 조직 형태는 계층제조직이라고 할 수 있다.
>
> 정답 ①

# 3. 통솔범위의 원리(Principle of span of control)

① 통솔범위란 한 사람의 상관 또는 감독자가 혼자서 직접 효과적으로 통솔할 수 있는 부하의 수 또는 조직단위의 수를 말한다.
② 인간의 주의능력에는 한계가 있기 때문에 통솔범위는 일정한 한계를 지닌다.
③ 통솔범위의 한계를 극복하기 위해 계층제가 대두되었다.

# 4. 명령통일의 원리(Principle of the unity of command)

## (1) 의의

명령통일의 원리는 '조직체의 어떤 구성원이라 할지라도 오직 한 사람의 상관으로부터만 지시와 명령을 받고, 그 사람에게만 보고해야 한다는 것'을 말한다.

## (2) 장점

명령자가 분명하기 때문에 책임의 소재가 명확하게 확보된다.

# 5. 분업(전문화)의 원리(Principle of division of work)

## (1) 의의

① 분업(전문화)의 원리는 업무능률의 증진을 위해 조직 전체의 업무를 종류와 성질별로 나누어 '조직의 구성원이 가급적 한 가지의 주된 업무만을 전담하도록 하는 조직구성 원리'를 말한다.
② 분업의 원리는 '전문화의 원리'라고도 하는데, 이는 분업과 동시에 담당업무의 전문화가 이룩되기 때문이다.

## (2) 장점

① 분업이 이루어지면 작업능률이 향상된다.
② 전문가의 양성을 촉진한다.

## (3) 단점

① 분업의 정도가 높아질수록 자신의 업무에만 매몰되어 조정과 통합을 어렵게 한다.
② 전문화가 고도화되면 자신의 분야만 잘 알고 다른 분야에 대해서는 시야가 좁은 전문화된 무능 현상이 일어난다.

## (4) 부처편성의 원리(부성제의 원리)

① 의의
부처편성의 원리란 부처조직편성의 원리 혹은 기준을 밝히고자 하는 이론으로, 1930년대에 귤릭(Gulick)을 위시한 행정원리론자들에 의해서 확립된 것이다.
② 부처편성의 네 가지 기준
현대적인 형태의 부처조직편성 이론과 기준은 귤릭의 연구에서 비롯되었다. 그는 부처편성의 일반적 기준으로 ① 목적 – 기능, ② 과정 – 절차, ③ 대상인(수혜자 및 고객) – 수취물, ④ 지역 – 장소라는 네 가지 기준을 제시하였다.

**전문화된 무능 = 훈련된 무능
(Trained incapacity)**
한가지의 지식 또는 기술에 관하여 훈련받고 기존 규칙을 준수하도록 길들여진 사람은 다른 대안을 생각하지 못하는 경직성을 보인다는 것을 말합니다.

| 구분 | 목적 – 기능별 | 과정 – 절차별 | 대상 – 고객별 | 지역 – 장소별 |
| --- | --- | --- | --- | --- |
| 장점 | • 사업목적 및 기능파악 용이<br>• 권한 및 책임한계 분명 | • 행정의 전문화 가능<br>• 최신기술의 활용 | • 해당 부처와 정부와의 접촉과 교섭 용이<br>• 서비스의 증진 | • 지역실정 반영 가능<br>• 지역주민들의 의사 반영 |
| 단점 | • 할거주의 경향 초래 | • 전문가적 무능 현상 | • 부처권한의 대립<br>• 압력단체에 의한 부당한 영향 | • 전국적인 행정의 통일성 저해 |
| 비고 | 가장 일반적인 기준으로 거의 대부분의 중앙기관의 편성 기준 | 낮은단계의행정조직, 국가데이터처, 감사원, 조달청, 예산실 등 | 국가보훈부, 보건복지부, 고용노동부, 성평등가족부 등 | 지방자치단체, 외무부 하부기구 |

## 6. 조정의 원리(Principle of coordination)

### (1) 의의

조정의 원리란 조직 공동의 목표를 효과적으로 달성하기 위하여 '세부적으로 분화된 **조직의 활동을 통합하는 것**'을 말한다. 무니(Mooney)는 '조정의 원리야말로 조직의 제1원리이고, 다른 조직원리를 내포하고 있으며, 조직이 추구하는 내부목표'라고 하였다. 고전적 조직원리에서 가장 중시되는 조정의 방법은 권한의 계층제 형성을 통한 조정이다.

### (2) 조직의 조정기제 유형(이종수 외 『새 행정학』)

① 수직적 연결기제: 수직연결은 조직 상·하 간의 활동을 조정하는 연결 장치이다. 하위계층의 조직구성원은 최고 관리층이 제시한 조직목표에 일치하도록 업무활동을 수행해야 하는데, 이때 고위 관리층은 하위계층의 활동에 대해 충분히 알고 있어야 한다. 이러한 수직연결을 위한 구조적 장치로 계층제, 규칙과 계획, 계층직위의 추가, 수직정보시스템이 있다. (Daft)

• 계층제: 수직연결 장치의 기초는 계층, 명령체계이다. 조직구성원이 모르는 문제에 직면하면 바로 상위의 계층에 보고하고, 문제의 해답은 다시 아래 단계로 전달된다.

• 규칙과 계획: 반복적인 문제와 의사결정에 대해서는 규칙과 절차를 마련하여 상위계층과 직접적인 의사소통 없이도 부하들이 대응할 수 있게 해준다.

• 계층직위의 추가
  – 조직이 처리할 문제와 의사결정이 많아지면, 계층제·규칙과 계획의 장치로는 관리자에게 과도한 업무 부담을 주게 된다.
  – 이 경우 수직적 계층에 직위를 추가함으로써 상관의 통솔범위를 줄이고 밀접한 의사소통과 통제를 가능하게 한다.

• 수직정보시스템: 상관에 대한 정기보고서, 문서화된 정보, 전산에 기초한 의사소통제도를 마련하여 조직 상·하 간 수직적 의사소통의 능력을 제고하고 효율적 정보의 이동을 가져온다.

② 수평적 연결기제: 수평연결은 '조직부서 간의 수평적인 조정과 의사소통의 양'을 말한다. 수평적 의사소통은 부서 간 벽을 허물고 조직목표와 단합된 노력을 위해 조직구성원 간의 조정의 기회를 제공한다. 환경이 급변하고 기술이 유동적이며 조직목표가 혁신과 유동성을 강조할 때 더욱 수평적 조정장치가 요구된다. (Daft)

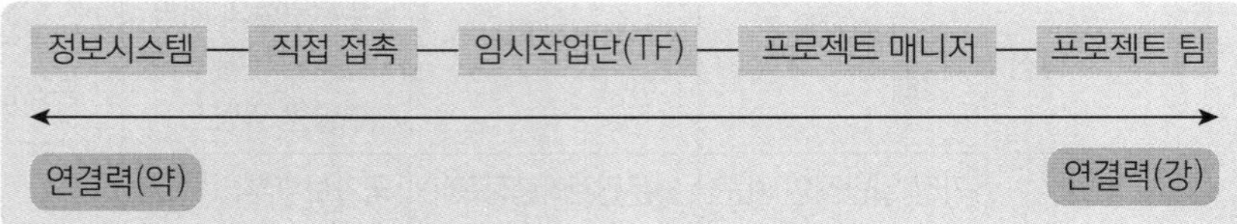


- 정보시스템: 부서 간에 정보를 공유할 수 있는 통합정보시스템을 통해 조직 전체의 구성원들은 정규적으로 정보를 교환할 수 있다.
- 직접 접촉: 한 단계 높은 수평연결 장치는 조직 문제에 관계된 관리자와 직원이 직접 접촉하는 방식이다.
- 임시작업단: 임시작업단(TF: Task Force)은 특정 문제에 관련된 각 부서들의 대표로 구성된 임시위원회로서 일시적 문제에 대한 부서 간의 직접 조정에 효과적이다.
- 프로젝트 매니저: 좀 더 강한 수평연결 장치로서 수평적 조정을 담당할 정규직위를 두는 방식이다. 이 직위는 사업관리자, 산출물관리자, 브랜드관리자라고 불린다.
- 프로젝트 팀: 프로젝트(사업) 팀은 영구적인 사업단으로서 사업 추진을 위해서 관련 부서 간에 장기간 강력한 협동을 요할 때 적합한 장치이다.

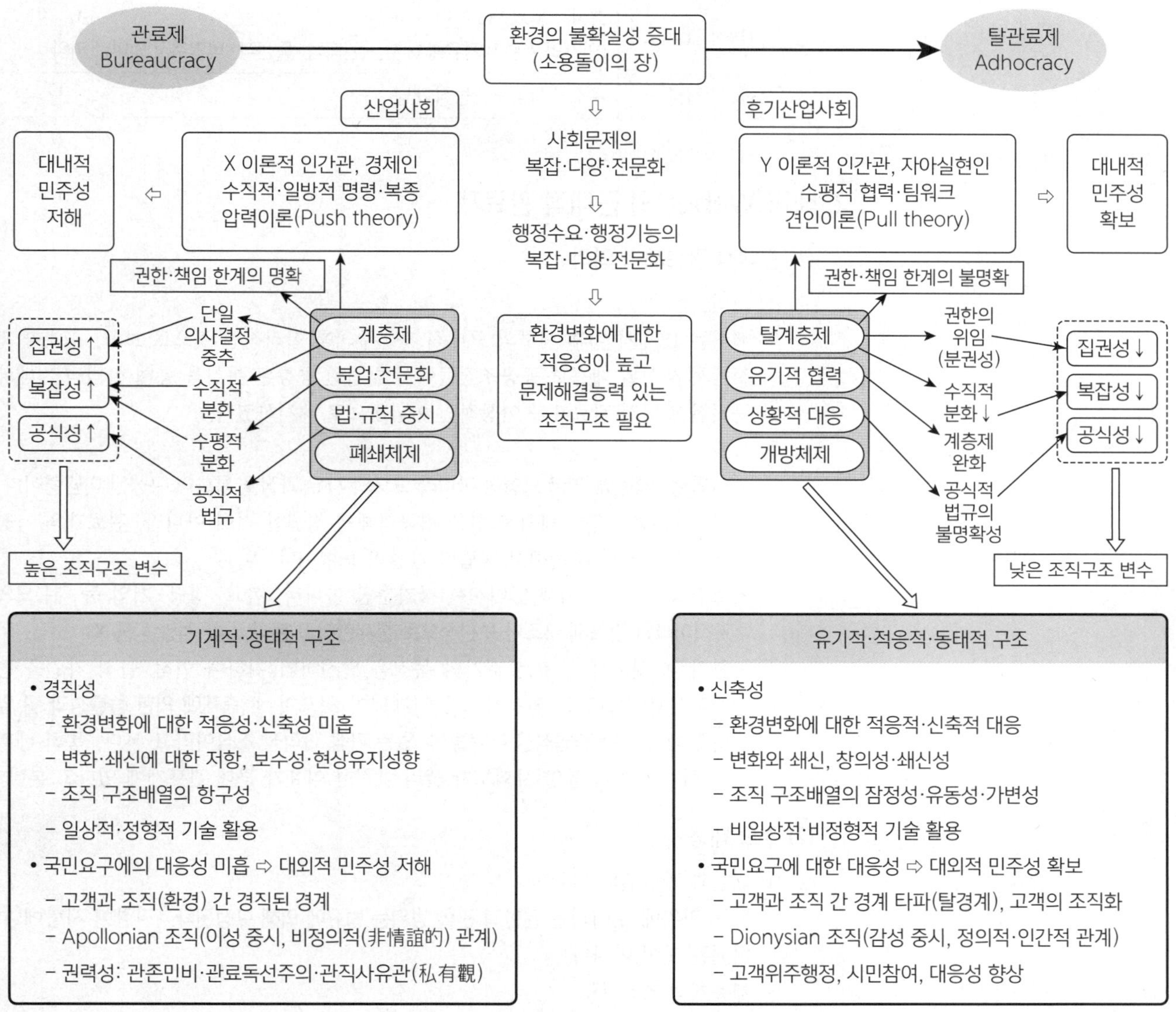
관료제
Bureaucracy
환경의 불확실성 증대
(소용돌이의 장)
탈관료제
Adhocracy
산업사회
대내적 민주성 저해
X 이론적 인간관, 경제인
수직적·일방적 명령·복종
압력이론(Push theory)
사회문제의
복잡·다양·전문화
후기산업사회
Y 이론적 인간관, 자아실현인
수평적 협력·팀워크
견인이론(Pull theory)
대내적 민주성 확보
권한·책임 한계의 명확
행정수요·행정기능의
복잡·다양·전문화
권한·책임 한계의 불명확
집권성↑
복잡성↑
공식성↑
단일 의사결정 중추
수직적 분화
수평적 분화
공식적 법규
계층제
분업·전문화
법·규칙 중시
폐쇄체제
환경변화에 대한
적응성이 높고
문제해결능력 있는
조직구조 필요
탈계층제
유기적 협력
상황적 대응
개방체제
권한의 위임
(분권성)
수직적 분화↓
계층제 완화
공식적 법규의 불명확성
집권성↓
복잡성↓
공식성↓
높은 조직구조 변수
낮은 조직구조 변수
기계적·정태적 구조
• 경직성
 – 환경변화에 대한 적응성·신축성 미흡
 – 변화·쇄신에 대한 저항, 보수성·현상유지성향
 – 조직 구조배열의 항구성
 – 일상적·정형적 기술 활용
• 국민요구에의 대응성 미흡 ⇨ 대외적 민주성 저해
 – 고객과 조직(환경) 간 경직된 경계
 – Apollonian 조직(이성 중시, 비정의적(非情誼的) 관계)
 – 권력성: 관존민비·관료독선주의·관직사유관(私有觀)
유기적·적응적·동태적 구조
• 신축성
 – 환경변화에 대한 적응적·신축적 대응
 – 변화와 쇄신, 창의성·쇄신성
 – 조직 구조배열의 잠정성·유동성·가변성
 – 비일상적·비정형적 기술 활용
• 국민요구에 대한 대응성 ⇨ 대외적 민주성 확보
 – 고객과 조직 간 경계 타파(탈경계), 고객의 조직화
 – Dionysian 조직(감성 중시, 정의적·인간적 관계)
 – 고객위주행정, 시민참여, 대응성 향상

# 1. 관료제의 개념 비교

| 구조적 개념 | 계층제 형태를 지닌 대규모 조직 |
| --- | --- |
| 기능적 개념 | 특권적 통치권력 집단<br>(인간의 기본적 자유를 해치는 권력적·독선적·비민주적 의미로 파악) |
| 종합적 개념 | 구조적 개념 + 기능적 개념 |

# 2. 베버(Weber)의 근대적 관료제

## (1) 근대적 관료제의 의의

① 의의

베버는 18세기 이후 서구의 근대적 자본주의를 합리적인 것으로 보고, 근대화 과정에서 생성된 대규모 공공조직들에서 발견된 공통된 특징을 통해 합법적 지배에 근거한 합법적 관료제를 이상적인 이념형으로 제시하였다.

② 특징

- 이념형: **경험에 의한 모형이 아니라 고도의 사유 과정을 통하여 구성된 이념형이다.** 즉, 현존하는 관료제의 속성을 평균화해서 정립한 것이 아니라, 관료제의 가장 특징적인 것만 추출해서 정립한 가설적 모형이다.
- 보편성: 근대 사회에 있어서는 국가뿐만 아니라, 학교·정당·기업 등 대규모의 **조직이라면 관료제 구조가 보편적으로 존재한다고 본다. (동·서양 공통 X)**
- 합리성: 관료제 구조는 소기의 목적을 달성하기 위하여 인적·물적 자원을 집중적이고 최고도로 활용하도록 편제되어 있으며, **계층제에 의한 능률성과 법 앞의 평등에 의한 합법성을 추구할 수 있는 가장 합리적 조직이라고 본다.** 특히 베버는 서양 사회가 동양 사회보다 빨리 발전한 이유가 근대 관료제에 있다고 본다.

## (2) 주요 내용

① 권한과 관할권의 법규화

모든 직위에 부여되는 **권한과 관할 범위는 법규에 의해 규정된다.** (권한이 사람에 부여되는 것이 아니다)

② 계층제적 조직구조

조직 단위 상호 간 내지 조직 내부의 직위 간에는 상위직이 하위직을 감독하고 관리하는 명확한 명령복종관계가 확립되어 있다.

③ 문서주의

직무수행은 서류(문서)에 의거해 이루어지며, 그 결과는 문서로 기록·보존된다.

④ 비정의성과 몰개인성

**관료는 개인의 자의적인 행동 개입 없이 법규에 정해진 바에 따라 공정하게 업무를 처리해야 한다.**

⑤ 관료의 전문화와 전임화

모든 직무는 전문지식과 기술을 지닌 관료가 담당하며, 이들은 시험 또는 자격심사 등을 통해 공개적으로 채용된다. 또한 관료는 직무수행의 대가로서 급료를 규칙적으로 지급받고, 승진 및 퇴직금 등의 직업적 보상을 받기 때문에 겸직이 금지된다.

⑥ 관료제의 항구성

관료제는 한번 형성되면 파괴되기 어려운 실체가 된다. 일반대중은 관료제가 제공하는 서비스의 공급이 중단되면 혼란을 겪고, 관료 개개인은 거대한 관료조직의 부속품처럼 고립되어 있어서 스스로 관료제를 와해시킬 능력이 없기 때문이다.

⑦ 고용관계의 자유계약성

관료제에서 고용관계는 전통적인 신분관계가 아닌 평등한 관계로 자유로운 고용계약이 허용된다.

⑧ 공과 사의 구별

관청과 사택을 근본적으로 분리하여 공과 사를 명확히 구별한다.

## 3. 관료제의 순기능과 역기능

### (1) 순기능(효용)

① 행정의 예측가능성·객관성의 제고

관료제는 합법성을 토대로 한 합리적 조직으로서 행정의 예측가능성과 객관성을 높여준다.

② 기술적 우월성

관료제는 효율적인 목표달성수단으로서의 기술적 우월성을 가진다.

③ 상승욕구 충족 수단

계층제를 통한 승진제도는 인간의 본성인 권력욕구와 상승욕구의 충족 수단이 될 수 있다.

④ 법 앞의 평등

관료제는 자의(恣意)에 의한 행정이 아니라 법규에 의한 객관적이고 공정한 업무수행을 가능하게 한다.

⑤ 고도의 합리주의

고도의 합리주의를 바탕으로 실적·능력에 의한 충원제도를 채택하여 공직에의 기회균등과 행정조직과정의 객관화·민주화에 기여할 수 있다.

### (2) 역기능

① 동조과잉(⇨ 목표전환)

- 관료는 목표달성을 위한 수단인 규칙·절차에 지나치게 영합·동조하는 경향을 보인다.
- 이는 목표전환현상을 초래할 수 있으며(Merton), 부하를 통제하기 위한 규칙이 통제 위주의 관리를 가져올 수 있다. (Gouldner)

② 번문욕례[1](繁文縟禮, Red tape[2])·형식주의

책임의 한계를 명확히 하기 위한 문서에 의한 업무처리는 문서다작주의(Red tape)·형식주의를 초래할 수 있다.

③ 인간성의 상실

**법규 위주의 지나친 몰인간성(Impersonalism)은 조직 내의 인간적 관계를 저해할 수 있다.**

④ 전문화로 인한 무능

전문행정가는 이른바 훈련된 무능현상[3]을 나타냄으로써 시야가 좁아져 포괄적인 통찰력이 부족하게 되고, 할거주의나 국지주의를 초래하기 쉽다.

**행정학 전문가의 TIP**

**베버(Weber)의 관료제의 관료**
- 채용: 시험 등을 통해 공개적 채용
- 보수: 연공서열 중시

**1) 번문욕례(繁文縟禮)**
번거롭고 까다로운 규칙과 예절

**2) Red tape**
문서를 편철할 때 빨간색 테이프로 표시한 것에서 비롯되었으며, 형식적 절차주의를 말함

**3) 훈련된 무능현상 (Trained incapacity)**
한 가지의 지식 또는 기술에 관하여 훈련받고 기존 규칙을 준수하도록 길들여진 사람은 다른 대안을 생각하지 못하는 경직성을 보인다는 것

**카멜리펀트**

- 토플러(Toffler)가 관료제의 병리현상을 지적한 용어로, 관료제는 보이지 않는 정당(Invisible party)으로서 여당도 야당도 아닌 상태에서 정권교체에 관계없이 영구히 권력을 장악하는 특권집단이라고 비판합니다.
- 미국 관료제가 매우 느리고(Camel), 우둔하여(Elephant) 국민의 요구에 민감하게 대응하지 못하는 무능한 집단이라는 뜻으로 사용한 용어입니다.

⑤ 무사안일주의와 상급자의 권위에 의존

계층제에 의한 지위·명령에 의존하게 되어 문제해결에 적극적·쇄신적 태도를 갖지 못하고, 상급자의 권위나 선례에만 의존하려는 경향이 나타나기 쉽다.

⑥ 할거주의(割據主義, 국지주의)

관료들이 자기의 소속기관·소속부서에 대해서만 관심을 가짐으로써 횡적인 조정·협조가 곤란해질 수 있다. (Selznick)

⑦ 변동에 대한 저항

관료들은 자기유지에 대한 불안감 때문에 본질적으로 보수주의적·현실유지적 특징을 나타내고, 변동에 대한 적응력이 결여될 수 있다. (Bennis)

⑧ 관료 독선주의

직업관료는 국민에게 직접 책임을 지지 않기 때문에 독선주의로 흐를 우려가 있다.

⑨ 민주성·대표성의 제약

행정에 대한 외부 통제력이 약화되면 행정의 자율성이 지나쳐 국민의 자유를 침해하는 등 관료제의 대표성·민주성을 저해할 수 있다.

⑩ 무능력자의 승진[피터(Peter)의 법칙]

- 피터의 법칙은 관료제의 규모가 커지면 승진의 기회가 확대되고 무능한 사람들이 높은 자리를 차지하게 되어 조직의 능률이 저하된다는 원리를 말한다.
- 되풀이되는 승진으로 공무원이 무능력 수준까지 승진한다는 것인데, 이것은 조직의 팽창으로 인하여 발생하는 현상이라고 할 수 있다.

⑪ 관료제국주의[파킨슨(Parkinson)의 법칙]

- 파킨슨의 법칙이란 관료제는 자기보존 및 세력 확장을 도모하려 하기 때문에 그 업무량과는 상관없이 기구와 인력을 증대시키는 경향을 보인다는 것이다.
- 관료제는 권한행사의 영역을 계속 확장하려 하는데, 이를 '관료제의 제국주의'라고도 한다.

⑫ 권력구조의 이원화

상사의 계서적 권한과 부하의 전문적 권력이 충돌하는 현상이다.

### (3) 순기능과 역기능 비교

| 특징 | 관료제의 순기능 | 관료제의 역기능 |
| --- | --- | --- |
| 계층제 | • 조직 내의 수직적 분업 및 조정<br>• 질서 유지, 명령과 복종체계 수립 | • 조직 내 의사소통의 왜곡과 지연<br>• 무사안일주의<br>• 의사결정의 교착<br>• 상급자의 권위에 의존<br>• 책임회피와 전가<br>• 권력의 집중 현상 |
| 법과 규칙의 강조 | • 조직구조의 공식성 제고<br>• 조직활동 절차의 정확성 향상<br>• 공평·공정·통일적인 업무수행<br>• 조직활동의 객관성과 예측가능성 확보 | • 지나친 법규 강조로 인해 목표와 수단의 뒤바뀜(동조과잉)<br>• 획일성과 경직성<br>• 변화에 대한 저항 및 대응성 결여<br>• 형식주의·무사안일주의<br>• 비인간화(조직 성원의 기계화) |

| | | |
|---|---|---|
| 전문화 | • 전문행정가 양성<br>• 행정능률 증진 | • 훈련된 무능에 따른 좁은 시야와 포괄적 통제력의 부족<br>• 단순·반복·전문직업적 정신이상 현상<br>• 할거주의에 따른 조정과 협조의 곤란 |
| 연공서열<br>중시 | • 직업공무원제 발전<br>• 행정의 안정과 재직자 보호 | • 피터의 법칙에 따른 무능력자 승진과 무자격자 보호 |
| 문서주의 | • 직무수행의 공식성과 객관성 확립, 결과보존 | • 형식주의, 의식주의, 서면주의, 번문욕례(Red Tape) |
| 업적 강조 | • 행정의 쇄신<br>• 능력 있는 재직자 우대 | • 장기재직 공무원의 사기저하 |

## 📑 시험문제 미리보기!

**관료제의 여러 병리현상 중 '과잉동조'에 대한 설명으로 옳은 것은?**

① 목표 달성을 위해 마련된 규정이나 절차에 집착함으로써 결국 수단이 목표를 압도해버리는 현상

② 세분화된 특정 업무에서는 전문적인 능력이 있지만 그 밖의 업무에 대해서는 문외한이 되는 현상

③ 다양한 외부 환경의 변화에 둔감하고 조직목표의 혁신에 적극적으로 저항하는 현상

④ 자신이 소속된 기관이나 부서만을 생각하고 다른 기관이나 부서를 배려하지 않는 현상

해설    과잉동조는 목표 달성을 위해 마련된 규정이나 절차에 집착함으로써 결국 수단이 목표를 압도해버리는 현상을 말한다.

오답노트
② 전문가적 무능에 대한 설명이다.
③ 변화에 대한 저항에 대한 설명이다.
④ 할거주의(국지주의)에 대한 설명이다.

정답 ①

### (1) 적응적·유기적 구조(Bennis)

적응적·유기적 구조는 비계서제적 조직구조, 잠정적인 구조배열, 권한이 아닌 능력이 지배하는 구조, 민주적 방법에 의해 감독되는 구조로, 제약과 억압을 최소화하고 조직 참여자의 상상력과 창의력을 최대한으로 발휘하게 하여 급변하는 환경 조건에 신속하게 적응하도록 유기적으로 구조화된 조직이다.

### (2) 경계를 타파한 변증법적 조직(White)

경계를 타파한 변증법적 조직은 조직의 경계 안에 고객을 포함시켜 조직구성원과 고객이 동료와 같은 관계를 유지하도록 하고, 전통 관료제에 반대하여 스스로 계속적으로 발전하는 단계에 있는 모형을 말한다.

### (3) 연합적 이념형 모형(Kirkhart)

연합적 이념형은 Bennis의 적응적·유기적 구조를 기초로 이를 보완하기 위해 조직 간의 자유로운 인력 이동, 변화에 대한 대응, 고객의 참여 등의 다양한 요소를 강조한 모형이다.

### (4) 구조화된 비계층제 이론(Thayer)

Thayer는 계서제의 원리가 타파되지 않는 한 진정한 조직혁명은 일어날 수 없다고 하면서, 의사결정권의 이양·고객의 참여·조직경계의 개방 등을 통해 계서제를 소멸시키고 비계층제적인 집단적 의지형성 장치를 만들어야 한다고 하였다.

### (5) 이음매 없는 조직(Linden)

이음매 없는 조직은 분할적·분산적인 방법이 아니라 총체적·유기적인 방법으로 구성된 조직을 의미한다. 이는 기능별·조직단위별로 조각난 업무를 경계가 없는 네트워크로 재결합시키고 고객에게 원활하고 투명한 서비스를 제공한다.



## 1. 네트워크조직

### (1) 의의

네트워크조직(Network organization)은 전략·계획·통제 등 핵심기능 위주로 합리화하고, 여타의 생산기능은 아웃소싱을 통하여 다른 조직의 자원을 저렴한 비용으로 활용하는 '분권화된 공동(空洞) 조직(Hollow organization)'이다.

(2) 장단점

| 장점 | 단점 |
| --- | --- |
| • 조직의 유연성과 자율성의 강화를 통하여 환경적 변화에 신속히 대응하고 창의력을 발휘<br>• 조직의 네트워크화를 통한 환경에의 불확실성을 감소<br>• 통합과 학습을 통해 경쟁력 제고<br>• 정보통신기술을 활용해 시간·공간적 제약 완화<br>• **핵심 업무 외에는 외부와 계약을 하기 때문에 투자 비용을 절감** | • 계약관계에 있는 외부기관을 직접 통제하기 곤란<br>• 구성단위에 대한 조정과 감시비용이 증가(대리인 문제로 인한 기회주의 방지 조치 필요)<br>• 제품 및 서비스의 안정적 공급과 품질관리 곤란<br>• 조직경계가 모호하여 정체성이 약하고 응집력 있는 조직문화를 갖기 어려움<br>• 네트워크의 폐쇄화: 네트워크가 구축되면 네트워크 외부의 조직에 대해 배타적으로 행동함 |



**네트워크조직에서의 2가지 비용**

• **투자비용**: 핵심기능 위주로 합리화하고 여타의 기능은 외부와의 계약을 통하여 다른 조직의 자원을 저렴한 비용으로 활용하기 때문에 투자비용을 절감할 수 있습니다.

• **조정비용**( = 감시비용, 대리비용): 계약관계에 있는 외부기관을 직접 통제하지 못하므로 대리인 문제로 인한 기회주의 방지 조치에 들어가는 비용은 증가합니다.

---

## 시험문제 미리보기!

**네트워크조직의 효용성에 대한 설명으로 옳지 않은 것은?**

① 조직 내의 안정성과 정체성을 보다 확고히 할 수 있다.

② 환경변화에 신축적이고 신속한 대응이 가능하다.

③ 정보통신기술의 활용으로 시간적·공간적 제약을 완화할 수 있다.

④ 정보교환을 효율화함으로써 정보축적과 조직학습을 촉진할 수 있다.

해설  조직 내의 안정성과 정체성을 보다 확고히 할 수 있는 조직구조는 기계적조직이다. 네트워크조직은 환경변화에 적응성이 높은 탈관료제의 유형이다.

오답노트
② 네트워크조직은 조직의 유연성과 자율성의 강화를 통하여 환경변화에 신속히 대응하고 창의력을 발휘할 수 있다.
③ 네트워크조직은 정보통신기술을 활용해 시간적·공간적 제약을 완화할 수 있다.
④ 네트워크조직은 정보교환을 통해 조직학습을 촉진하고, 통합과 학습을 통해 조직의 경쟁력을 제고할 수 있다.

정답 ①

# 2. 학습조직

## (1) 의의

① 학습조직은 개방체제와 자기실현적 인간관을 바탕으로 조직원이 새로운 지식을 창출하는 한편, 이를 조직 전체에 보급해 조직 자체의 성장·발전·업무수행능력을 증가시킬 수 있도록 지속적인 학습활동을 전개하는 조직을 말한다.

② 학습조직은 효율성을 핵심가치로 하는 전통적 조직과 달리 문제해결을 핵심가치로 한다. (이종수)

### (2) 특징

① 탈관료제를 지향하는 분권적 · 신축적 · 인간적 · 수평적 · 유기체적 조직이다.

② 환류를 통한 의사소통, 부분보다는 전체를 중시하는 문화를 강조한다.

③ 개인별 성과급이 아닌 학습에 대한 보상과 사려 깊은 리더십을 중시한다.

## 3. 가상조직

### (1) 의의

가상조직이란 가상공간(컴퓨터 연결망상에 존재하는 공간)에 존재하는 조직을 말한다.

### (2) 관료제와 가상조직의 비교

| 구분 | 관료제 | 가상조직 |
| --- | --- | --- |
| 조직<br>구조 | 계층제<br>(경계의 물리적 구체화) | 전자 네트워크<br>(경계의 존재론적 모순) |
| 조직<br>이념 | 모더니즘<br>(분화의 논리) | 포스트모더니즘<br>(총체적 연계성의 논리) |
| 조직<br>성장 | 선형적 진화<br>(안정적 질서: 균형) | 변혁적 기회<br>(역동적 질서: 동요) |
| 조직<br>경쟁력 | 규모의 경제<br>(고도성장기: 단일성) | 속도의 경제<br>(저성장 성숙기: 기민성) |

## 06 공식조직과 비공식조직     출제빈도 ★

## 1. 의의

### (1) 공식조직

법령이나 직제에 따라 조직의 공식목표를 달성하기 위하여 인위적으로 구성된 조직이다.

### (2) 비공식조직

구성원 상호 간의 접촉이나 친밀감 등으로 인해 형성되는 조직으로서 비공식집단으로 부르기도 한다.

## 2. 비공식조직의 순기능과 역기능

| 순기능 | 역기능 |
| --- | --- |
| • 귀속감 · 심리적 안정감 등의 충족과 사기양양에 기여한다.<br>• 비공식조직 참여자 간의 협조를 통해 공식조직의 능력을 보완한다. | • 정실행위의 만연 가능성이 크다.<br>• 공식적 권위가 약화되고 파벌이 조성된다. |

## 1. 의의

### (1) 계선조직의 의의

계선조직(Line)은 명령통일의 원칙하에서 조직이 추구하는 전체적인 목적을 직접 수행하기 위해 지휘 및 명령에 관한 권한을 독점하면서 이를 계서적으로 행사하는 집행기관을 말한다.

### (2) 막료조직의 의의

막료조직(Staff)은 계선기관이 효과적으로 행정목표를 달성하도록 보좌해주는 기관을 말한다.

## 2. 계선조직과 막료조직의 장단점

| 구분 | 계선조직 | 막료조직 |
|---|---|---|
| 장점 | • 명확한 권한과 책임으로 능률적인 업무 수행<br>• 신속한 결정이 가능 | • 계선기관의 결함 보완, 기관장의 통솔범위 확대<br>• 전문적 지식과 경험에 의한 합리적·창의적 결정 |
| 단점 | • 최고관리자의 독단이 초래될 위험 | • 계선기관과의 대립·충돌 가능성<br>• 막료의 계선권한 침해 가능성(책임전가) |

## 3. 우리나라의 막료제도

① 발전행정론의 적용과정에서 설치된 차관보[4](1962년), 담당관[5](1970년)이 대표적 막료기관이다.
② 지식 정보화 사회의 도래로 계선과 막료의 구별이 상대화되고 있다. 참모공무원의 역할을 시스템이 대체해가는 현상이 증가하고 있기 때문이다.
③ 중앙행정기관 중에서는 중앙예산기관인 기획예산처, 중앙인사기관인 인사혁신처·법제처·행정안전부 등이 막료적 성격이 있는 기관이다.

---

**4) 차관보**

장관이 특별히 지시하는 사항에 관하여 전문적인 지식과 경험을 활용하여 정책의 입안·기획·조사·연구 등을 통하여 장관과 차관을 직접 보좌하기 위하여 설치되며, 또는 그 직위에 있는 공무원

**5) 담당관**

행정조직의 경직성을 막고 급변하는 환경에 적응할 수 있도록 전문적 지식을 활용하여 계획의 입안·조사·연구·분석과 행정개선 등에 관하여 계선의 장을 보좌하는 막료기관

---



## 1. 의의

위원회란 독임제에 대응되는 개념으로, 계층제조직의 경직성을 완화하고 민주적 결정과 조정을 촉진하기 위하여 '동일한 계층과 지위에 있는 다수의 사람들이 의사결정을 하고 그에 대한 책임도 모두가 부담하는 합의제 조직'을 말한다.

## 2. 장단점

### (1) 장점

① 결정의 신중성·공정성

개인적인 편견을 배제하고 다양한 의견을 반영시켜 신중하고 공정한 결정을 도출할 수 있다.

② 합리적이고 창의성 있는 결정

결정에 이르기까지 많은 경험이나 전문적 지식·지혜를 모아 합리적인 결정이 가능하다.

③ 이견의 조정과 통합

각 부서·부문이나 각계각층의 상이한 이견 조정이 가능하다.

④ 행정의 안정성·계속성 확보

위원들의 부분적 교체와 강력한 신분보장 및 집단적 결정으로 행정의 안정성을 확보할 수 있다.

### (2) 단점

① 기밀 누설 우려

토의 과정에서 기밀 누설의 우려가 있다.

② 경비·시간·노력의 낭비

합의의 도출이나 결정에 많은 경비가 소요되고 회의 준비에 많은 시간이 소요된다.

③ 책임의 분산

구성원이 복수이므로 책임 의식이 희박하다.

## 3. 유형

| | |
|---|---|
| 자문위원회 | • 참모기관의 성격을 띤 자문기관<br>• 관청적 성격이 없고 결정에 법적 구속력도 없음<br>• 각 부처의 정책자문위원회 등 |
| 조정위원회 | • 자문적 성격의 조정위원회: 법적 구속력과 관청적 성격 없음<br>  예 경제장관회의, 안보장관회의<br>• 의결적 성격의 조정위원회: 구속력과 관청적 성격 있음<br>  예 환경분쟁조정위원회 등 |
| 행정위원회<br>(합의제 행정관청) | • 행정관청으로서의 성격을 갖고 결정에 대한 법적 구속력이 있음<br>• 준입법권과 준사법권을 가지고, 독립적 지위에 있는 기관<br>• 법률에 의해 설치되고, 국민에 대한 권익과 관련된 의사결정 |
| 독립규제위원회 | • 행정위원회의 일종, 행정부로부터의 독립성을 갖고, 준입법적·준사법적 기능수행<br>• 위원의 신분보장, 미국의 주간통상위원회가 시초(머리 없는 제4부[6])<br>• 우리나라에서 독립규제위원회적 성격이 강한 위원회<br>  – 중앙선거관리위원회<br>  – 공정거래위원회<br>• 독립규제위원회의 문제점<br>  – 독립성으로 다른 행정기관과의 조정이 곤란함<br>  – 권한에 비해 민주적 통제가 미흡함 |

6) 머리 없는 제4부

Brownlow 위원회가 독립규제위원회를 비판하면서 제기한 개념으로, 동 위원회는 독립규제위원회의 폐지를 권고하였음

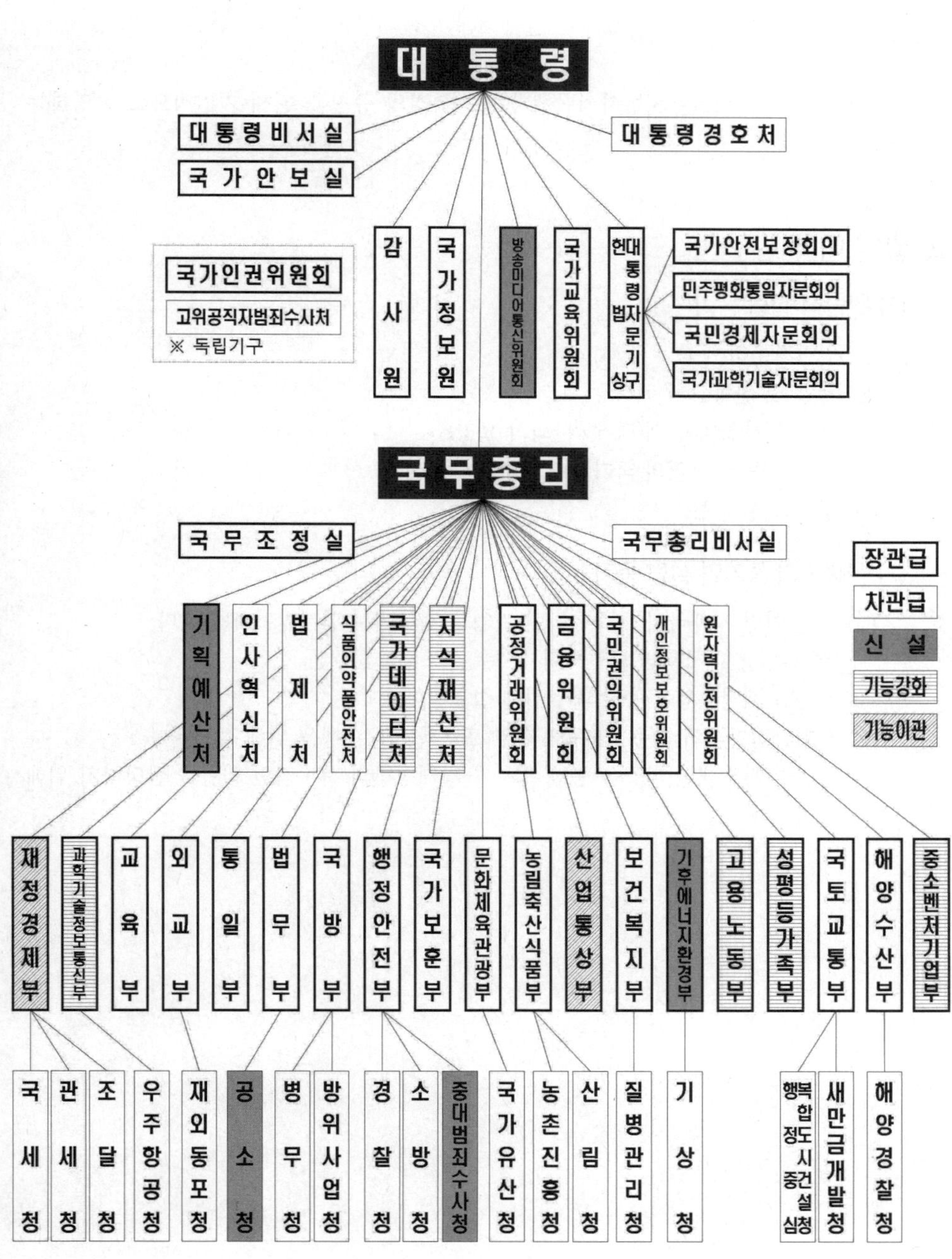


<현행 중앙정부 조직도>



**중앙행정기관의 설치와 조직**

「정부조직법」 제2조【중앙행정기관의 설치와 조직 등】

① 중앙행정기관의 설치와 직무범위는 법률로 정한다.

② 중앙행정기관은 이 법에 따라 설치된 부·처·청과 다음 각 호의 행정기관으로 하되, 중앙행정기관은 이 법 및 다음 각 호의 법률에 따르지 아니하고는 설치할 수 없다.

1. 「방송통신위원회의 설치 및 운영에 관한 법률」 제3조에 따른 방송통신위원회
2. 「독점규제 및 공정거래에 관한 법률」 제54조에 따른 공정거래위원회
3. 「부패방지 및 국민권익위원회의 설치와 운영에 관한 법률」 제11조에 따른 국민권익위원회
4. 「금융위원회의 설치 등에 관한 법률」 제3조에 따른 금융위원회
5. 「개인정보 보호법」 제7조에 따른 개인정보 보호위원회
6. 「원자력안전위원회의 설치 및 운영에 관한 법률」 제3조에 따른 원자력안전위원회
7. 「우주항공청의 설치 및 운영에 관한 특별법」 제6조에 따른 우주항공청
8. 「신행정수도 후속대책을 위한 연기·공주지역 행정중심복합도시 건설을 위한 특별법」 제38조에 따른 행정중심복합도시건설청
9. 「새만금사업 추진 및 지원에 관한 특별법」 제34조에 따른 새만금개발청

**중앙행정기관**

19부 3처 20청 6위원회(정부조직법2조상)

(대통령경호처는 중앙행정기관으로 보지 않는 견해가 다수 견해임)

## 1. 의의

공기업이란 '국가 또는 지방자치단체가 공공복리의 증진을 위해 기업적으로 운영하는 조직'이다.

## 2. 발달 이유

### (1) 일반적 설립 동기

① 민간자본의 부족
② 국방 및 전략상의 고려
③ 독점적 사업의 통제(경제·사회적 요청)
④ 위기성을 띤 사업의 국가 운영 필요성
⑤ 정치적 신념 등

### (2) 신생국의 공기업 설립 동기

① 독립 이전 지배국가가 소유하던 기업을 정부에서 인계받아 설립된다.
　예 우리나라에서 해방 후 전력회사 인수, 철도청의 인수 등
② 부족한 재정수입을 충당하기 위해 설립된다.
③ 사회간접자본의 확충, 대규모 정부 프로젝트의 수행을 위해 설립된다.
④ 국민경제에 대한 파급을 통해 정부가 경제성장의 선도적인 역할을 담당하기 위해 설립된다.

## 3. 공공기관의 유형(실정법상 구분)

| 공기업 | 자체수입액이 총수입액의 1/2 이상인 기관 | |
| --- | --- | --- |
| | 시장형 공기업 | • 자산규모가 2조 이상이고, 자체수입액이 대통령령이 정하는 기준(85%) 이상인 기관<br>• 한국가스공사, 한국석유공사, 한국전력공사, 인천국제공항공사 등 |
| | 준시장형 공기업 | • 시장형 공기업이 아닌 공기업<br>• 한국토지주택공사, 한국마사회 등 |
| 준정부기관 | 공기업이 아닌 공공기관 중에서 지정 | |
| | 기금관리형 준정부기관 | • 「국가재정법」에 따라 기금을 관리하거나 관리를 위탁받은 준정부기관<br>• 공무원연금공단, 국민연금공단, 예금보험공사, 신용보증기금 등 |
| | 위탁집행형 준정부기관 | • 기금관리형 준정부기관이 아닌 준정부기관<br>• 국립공원공단, 한국산업인력공단, 한국농어촌공사 등 |
| 기타 공공기관 | 공기업과 준정부기관을 제외한 공공기관으로서 이사회 설치, 임원 임면, 경영실적 평가, 예산, 감사 등의 규정을 적용하지 아니함 | |

### 시험문제 미리보기!

「공공기관의 운영에 관한 법률」에 따른 공공기관의 유형에 속하지 않는 것은?

① 기금관리형 준정부기관　　　② 준시장형 공기업
③ 위탁집행형 공기업　　　　　④ 기타 공공기관

해설　공기업은 시장형과 준시장형으로 구별하며, 준정부기관을 기금관리형과 위탁집행형으로 구별한다.

정답 ③



「공공기관 운영에 관한 법률 시행령」 제7조【공기업 및 준정부기관의 지정기준】

① 재정경제부장관은 법 제5조 제1항 제1호에 따라 다음 각 호의 기준에 해당하는 공공기관을 공기업·준정부기관으로 지정한다. <개정 2022.12.20.>

1. 직원 정원: 300명 이상
2. 수입액(총수입액을 말한다): 200억원 이상
3. 자산규모: 30억원 이상

② 재정경제부장관은 법 제5조 제3항에 따라 총수입액 중 자체수입액이 차지하는 비중이 100분의 50 이상인 공공기관을 공기업으로 지정한다.

③ 재정경제부장관은 법 제5조 제4항 제1호에 따라 다음 각 호의 기준에 해당하는 공기업을 시장형 공기업으로 지정한다.

1. 자산규모: 2조원
2. 총수입액 중 자체수입액이 차지하는 비중: 100분의 85



해커스공기업 쉽게 끝내는 행정학 기본서

## 1. 의의

① 우리나라의 책임운영기관은 1999년 제정된 「책임운영기관의 설치·운영에 관한 법률」에 의해 설치·운영되고 있다.

② 책임운영기관은 공공성을 유지하면서도 경쟁원리에 따라 운영하는 것이 바람직하거나, 전문성이 있어 성과관리를 강화할 필요가 있는 사무에 대하여 책임운영기관의 장에게 행정 및 재정상의 자율성을 부여하고 그 운영성과에 대하여 책임을 지도록 하는 행정기관이다.

③ 신공공관리론의 정부개혁의 산물이다.

## 2. 일반적 특징

### (1) 정책결정과 정책집행의 분리 - 집행기능 중심의 조직

정부기능 중 정책결정기능과 집행적·사업적 성격의 기능을 분리하여 집행기능을 책임운영기관이 전담하게 한다.

### (2) 경쟁의 도입

책임운영기관이 담당하는 정책의 집행이나 서비스의 전달은 민간부문이나 같은 정부부문과의 경쟁이 가능하다.

### (3) 관리자에게 재량권 부여

인사, 조직, 예산 등에 있어서 기관장에게 융통성을 부여하는 대신에 그 운영성과에 대해서 책임을 지도록 한다.

### (4) 성과에 대한 책임

장관과 기관장과의 합의, 즉 성과협약을 통하여 달성해야 할 사업계획과 성과목표를 설정하고, 책임운영기관장은 결과 및 성과에 대하여 장관에게 책임을 진다.

### (5) 내부시장화된 조직

① 수익자부담주의, 기업회계방식 등 민간경영방식으로 운영되는 기업화된 조직이다.

② 단, 책임운영기관은 현장 중심의 내부시장화된 조직이지만, 내부구조는 전통적인 계층제 구조를 띠고 있다.

# 3. 우리나라의 책임운영기관

## (1) 설치

행정안전부장관은 책임운영기관을 그 사무가 기준 중 어느 하나에 맞는 경우에 대통령령으로 설치한다.

## (2) 조직 및 인사

① 기관장의 임용

소속중앙행정기관의 장은 공개모집 절차에 따라 행정이나 경영에 관한 지식·능력 또는 관련 분야의 경험이 풍부한 사람 중에서 기관장을 선발하여 임기제 공무원으로 임용한다.

② 공무원의 정원

소속책임운영기관에 두는 공무원의 총정원 한도는 대통령령으로 정한다. 종류별·계급별 정원은 총리령 또는 부령으로 정한다.

③ 임용권자

중앙행정기관의 장은 소속책임운영기관 소속공무원에 대한 일체의 임용권을 가진다. 이 경우 중앙행정기관의 장은 대통령령으로 정하는 바에 따라 그 임용권의 일부를 기관장에게 위임할 수 있다.

## (3) 예산 및 회계

① 특별회계설치

소속책임운영기관의 사업을 효율적으로 운영하기 위하여 책임운영기관특별회계를 둔다. 책임운영기관특별회계기관을 제외한 소속책임운영기관은 일반회계로 운영하되, 대통령령으로 정하는 회계변경이 곤란한 특별한 사유가 있는 경우에는 다른 법률에 따라 설치된 특별회계로 운영할 수 있다.

② 특별회계의 운용·관리

특별회계는 계정별로 중앙행정기관의 장이 운용하고, 기획예산처장관이 통합하여 관리한다.

출제빈도: ★☆☆

**01** 조직의 기본변수로 보기 어려운 것은?

① 규모

② 복잡성

③ 공식성

④ 집권성

출제빈도: ★★☆    대표출제기업: 한국마사회

**02** 조직구조에 대한 설명으로 옳은 것은?

① 공식화의 수준이 높을수록 조직 구성원들의 재량이 증가한다.

② 통솔범위가 넓은 조직은 일반적으로 고층구조를 갖는다.

③ 고객에 대한 신속한 서비스 제공 요구는 집권화를 촉진한다.

④ 복잡성은 '조직이 얼마나 나누어지고 흩어져 있는가'의 분화 정도를 말한다.

출제빈도: ★☆☆    대표출제기업: 한국농어촌공사

**03** 페로우(C. Perrow)의 기술유형 중 과업의 다양성과 문제의 분석 가능성이 모두 큰 경우에 해당하는 기술은?

① 장인기술

② 비일상적 기술

③ 공학적 기술

④ 일상적 기술

출제빈도: ★★☆    대표출제기업: 인천교통공사

**04** 조직의 규모에 대한 설명으로 가장 옳은 것은?

① 조직의 규모가 클수록 공식화 수준이 낮아진다.

② 조직의 규모가 클수록 조직 내 구성원의 응집력이 강해진다.

③ 조직의 규모가 클수록 분권화되는 경향이 있다.

④ 조직의 규모가 클수록 복잡성이 낮아진다.

**05** 부하가 오직 한 사람의 상관으로부터 명령과 지시를 받고, 한 사람의 상급자에게만 보고하도록 하는 명령통일의 원리와 관련이 깊은 조직 유형은?

① 막료　　　　　　　　　　　　　　② 계선
③ 위원회조직　　　　　　　　　　　④ 합의제기관

---

**정답 및 해설**

**01** ①
조직의 기본변수에는 복잡성, 공식성, 집권성이 있다. 규모, 기술, 환경은 상황변수이다.

**02** ④
조직구조의 기본변수인 복잡성(Complexity)은 '조직이 얼마나 나누어지고 흩어져 있는가'의 분화 정도(Degree of differentiation)를 말한다.

오답노트
① 공식화의 수준이 높을수록 조직 구성원들의 재량은 감소한다.
② 통솔범위와 계층의 수는 역의 관계이므로, 통솔범위가 넓은 조직은 유기적 구조로 일반적으로 저층구조를 갖는다.
③ 고객에 대한 신속한 서비스는 환경적응력이 높은 분권화된 유기적 구조가 필요하다.

**03** ③
페로우의 기술유형 중 과업의 다양성과 문제의 분석 가능성이 모두 큰 경우에 해당하는 기술은 공학적 기술이다. 공학적 기술은 수행하는 과업이 다양하고 복잡하나, 수립된 공식과 절차 및 기법에 의해 용이하게 해결할 수 있는 기술로, 주문에 따른 전동기 생산, 회계업무 등이 그 예에 해당한다.

오답노트
① 장인 기술은 기예적 기술이라고도 하며, 수행하는 과업이 다양하지 않으나 과업의 수행이 용이하지 않은 기술이다.

② 비일상적 기술은 과업의 다양성이 크고 문제의 분석 가능성이 낮은 기술이다.
④ 일상적 기술은 정형화된 기술로서 과업의 다양성이 적고 표준화된 절차에 사용하기 용이한 기술이다.

**04** ③
조직의 규모란 일반적으로 조직을 구성하는 '조직구성원의 수'로 측정되지만 과업의 크기 및 조직책임의 범위 등으로 측정되기도 하며, 조직의 규모가 커질수록 구성원의 수와 업무량이 늘어나므로 권한을 하부조직으로 분산시키게 된다. 따라서 소규모 조직은 집권화되는 데 반하여 대규모 조직은 분권화된다.

오답노트
① 조직의 규모가 커질수록 조직의 행동은 더욱 공식화된다.
④ 조직의 규모가 커지면 복잡성은 어느 정도까지는 증대하다가 어느 수준부터는 감소한다.

**05** ②
계선조직은 명령통일의 원칙하에서 조직이 추구하는 전체적인 목적을 직접 수행하기 위해 지휘 및 명령에 관한 권한을 독점하면서 이를 계서적으로 행사하는 집행기관을 의미한다.

오답노트
① 막료는 참모기관으로 명령통일의 원리에 위배되는 경우가 발생할 수 있다.
③, ④ 합의제는 위원회 형태의 기관으로 여러 명의 위원들이 대등한 책임과 권한을 가지고 의사 결정을 하는 방식이다.

출제빈도: ★☆☆

## 06 부처편성의 기준으로 보기 어려운 것은?

① 목적

② 지역

③ 과정

④ 비공식적 인간관계

출제빈도: ★★☆　대표출제기업: 시설관리공단

## 07 조직구성의 원리에 대한 설명으로 옳지 않은 것은?

① 분업의 원리 – 일은 가능한 세분해야 한다.

② 통솔범위의 원리 – 한 명의 상관이 감독하는 부하의 수는 상관의 통제능력 범위 내로 한정해야 한다.

③ 명령통일의 원리 – 여러 상관이 지시한 명령이 서로 다를 경우 내용이 통일될 때까지 명령을 따르지 않아야 한다.

④ 조정의 원리 – 권한 배분의 구조를 통해 분화된 활동들을 통합해야 한다.

출제빈도: ★☆☆　대표출제기업: 한국교직원공제회

## 08 계층제에 대한 설명으로 옳지 않은 것은?

① 조직의 수직적 분화가 많이 이루어졌을 때 고층구조라 하고, 수직적 분화가 적을 때 저층구조라 한다.

② 조직 내의 권한과 책임 및 의무의 정도가 상하의 계층에 따라 달라지도록 조직을 설계하는 것을 말한다.

③ 조직에서 지휘명령 등 의사소통, 특히 상의하달의 통로가 확보되는 순기능이 있다.

④ 엄격한 명령계통에 따라 상명하복의 관계 유지를 위해서는 통솔범위를 넓게 설정한다.

출제빈도: ★★☆

## 09 조직의 원리에 대한 설명으로 옳지 않은 것은?

① 계층제의 원리는 조직 내의 권한과 책임 및 의무의 정도가 상하의 계층에 따라 달라지도록 조직을 설계하는 것이다.

② 통솔범위란 한 사람의 상관 또는 감독자가 효과적으로 통솔할 수 있는 부하 또는 조직단위의 수를 말하며, 감독자의 능력, 업무의 난이도, 돌발 상황의 발생 가능성 등 다양한 요소를 고려하여 정해진다.

③ 분업의 원리에 따라 조직 전체의 업무를 종류와 성질별로 나누어 조직구성원이 가급적 한 가지의 주된 업무만을 전담하게 하면, 부서 간 의사소통과 조정의 필요성이 없어진다.

④ 부성화의 원리는 한 조직 내에서 유사한 업무를 묶어 여러 개의 하위기구를 만들 때 활용되는 것으로, 기능부서화, 사업부서화, 지역부서화, 혼합부서화 등의 방식이 있다.

출제빈도: ★ ☆ ☆

## 10 조직의 원리에 대한 설명으로 옳지 않은 것은?

① 부성화(部省化)의 원리는 조정에 관한 원리에 해당한다.
② 통솔범위를 좁게 잡으면 계층의 수가 늘어난다.
③ 계선과 참모를 구분하는 것은 분업의 한 형태로 볼 수 있다.
④ 매트릭스조직은 명령통일의 원리를 위반한 것이다.

---

정답 및 해설

**06** ④
비공식적 인간관계는 정부 부처편성의 기준에 해당하지 않는다. 현대적인 형태의 부처편성 이론과 기준은 귤릭(Gulick)의 연구에서 비롯되었는데, 그는 부처편성의 일반적 기준으로 ⊙ 목적 – 기능, ⓒ 지역 – 장소, ⓒ 과정 – 절차, ② 대상인(수혜자 및 고객) – 수취물이라는 네 가지를 제시하였다.

**07** ③
명령통일의 원리란 한 사람의 상급자로부터만 명령·지시를 받고 한 사람의 상급자에게만 보고해야 한다는 명령일원화의 원칙을 말한다.

오답노트
① 분업(전문화)의 원리는 업무능률의 증진을 위해 조직 전체의 업무를 종류와 성질별로 나누어 조직의 구성원이 가급적 한 가지의 주된 업무만을 전담하도록 하는 조직구성 원리를 말한다.
② 통솔범위란 한 사람의 상관 또는 감독자가 혼자서 직접 효과적으로 통솔할 수 있는 부하의 수 또는 조직단위의 수를 말한다. 인간의 주의능력에는 한계가 있기 때문에 통솔범위는 일정한 한계를 지닌다.
④ 조정의 원리란 구성원들의 분화된 노력과 활동을 한 방향으로 조정·통합하여야 한다는 원리를 말한다.

**08** ④
계층제(Hierarchy)와 통솔범위는 역의 관계로서 통솔범위가 넓어지면 계층의 수는 적어지는 반면, 통솔범위가 좁아지면 계층의 수는 많아진다. 따라서 엄격한 명령계통에 따라 상명하복의 관계 유지를 위해서는 통솔범위를 좁게 설정하는 것이 좋다.

오답노트
① 계층제는 업무의 곤란도나 책임도를 기준으로 하는 수직적 분업의 일종이다. 따라서 수직적 분화가 많은 조직이 고층구조이고 수직적 분화가 적은 조직이 저층구조이다.
② 계층제의 원리란 조직 내의 권한과 책임 및 의무의 정도에 따라 조직구성원들 간에 상하의 계층이나 등급을 설정하는 것을 말한다.
③ 계층제는 지휘, 명령 등 의사소통(특히 상의하달)의 통로이다.

**09** ③
분업의 원리로 전문화가 고도화되면, 자신의 분야만 잘 알고 다른 분야에 대해서는 시야가 좁아지는 '전문화된 무능 현상'이 일어나 부서 간의 조정이 어려워진다.

오답노트
① 계층제(Hierarchy)의 원리란 조직 내의 권한과 책임 및 의무의 정도에 따라 조직구성원들 간에 상하의 계층이나 등급을 설정하는 것을 말한다.
② 통솔범위란 한 사람의 상관 또는 감독자가 혼자서 직접 효과적으로 통솔할 수 있는 부하의 수 또는 조직단위의 수를 말한다.
④ 부성화의 원리란 일정 기준에 따라 기능이 비슷한 업무들을 묶어 조직을 구성해야 한다는 것으로, 기능부서화, 사업부서화, 지역부서화, 혼합부서화 등의 방식이 있다.

**10** ①
귤릭(Gulick)이 주장한 부성화의 원리(부성제의 원리)는 부처를 어떤 기준에 의하여 편성할 것인지에 관한 분업의 원리의 일종으로, 조정의 원리가 아니다.

오답노트
② 통솔범위와 계층의 수는 역관계이다.
③ 계선은 결정과 집행, 참모는 결정자를 지원하는 일종의 분업구조이다.
④ 매트릭스조직은 기능별 구조와 사업별 구조를 화학적으로 결합시킨 이중적 구조로 명령계통이 이원화되어 있다. 따라서 명령통일의 원리에 위배되는 조직이다.

**11**  수평적 조정기제에 해당하지 않는 것은?

① 규칙

② 프로젝트 매니저

③ 태스크포스

④ 정보시스템



**12**  조직관리에서 수직적 연결을 위한 조정기제가 아닌 것은?

① 계층제

② 규칙과 계획

③ 수직정보시스템

④ 임시작업단(Task force)



**13**  관료제의 단점으로 옳지 않은 것은?

① 비공식집단의 활성화

② 할거주의 초래

③ 변동저항성

④ 번문욕례



**14**  막스 베버(Max Weber)의 관료제이론에 대한 비판으로 적절하지 않은 것은?

① 관료의 직업적 보상을 경시하였다.

② 비공식 조직의 측면을 경시하였다.

③ 번문욕례 및 형식주의를 초래하였다.

④ 사회변화에 따른 탄력적 대응이 곤란하다.

출제빈도: ★★☆    대표출제기업: 한국남동발전

## 15  베버(Weber)의 관료제 특징에 대한 설명으로 옳지 않은 것은?

① 관료제는 소기의 목적달성을 위하여 기능하는 가장 합리적인 지배형식이다.

② 관료제는 사적 조직과 공적 조직에 공통적으로 존재한다.

③ 베버의 관료제는 소량생산체제에서 효과적인 생산의 결과를 낳았다.

④ 베버는 관료제를 사회생활의 합리화나 역사 진화의 산물로 파악하였다.

---

### 정답 및 해설

**11** ①

규칙은 수평적 조정기제가 아니라 수직적 조정기제에 해당한다.

| 수평적 조정기제 | 수직적 조정기제 |
| --- | --- |
| • 정보시스템<br>• 직접 접촉<br>• 임시작업단(태스크포스)<br>• 프로젝트 매니저<br>• 프로젝트 팀 | • 계층제<br>• 규칙과 계획<br>• 계층직위의 추가<br>• 수직정보시스템 |

**12** ④

수직적 연결기제에는 계층제, 규칙과 계획, 계층직위의 추가, 수직정보시스템 등이 있다. 반면, 수평적 연결기제에는 정보시스템, 직접 접촉, 임시작업단(Task force), 프로젝트 매니저, 프로젝트 팀 등이 있다.

**13** ①

관료제는 공식집단을 중심으로 하는 조직으로, 비공식집단의 활성화는 관료제의 단점이 아니다.

오답노트

② 관료들이 자기의 소속기관·소속부서에 대해서만 관심을 가짐으로써 횡적인 조정·협조가 곤란해질 수 있는 할거주의를 초래한다.

③ 관료들은 자기유지에 대한 불안감 때문에 본질적으로 보수주의적·현실유지적 특징을 나타내고, 변동에 대한 적응력이 결여될 수 있다.

④ 책임의 한계를 명확히 하기 위한 문서에 의한 업무처리는 문서다작주의(Red Tape)·형식주의를 초래할 수 있다.

**14** ①

막스 베버의 근대관료제는 관료의 전문화와 전임화를 추구하므로 직업적 보상을 중시한다.

오답노트

② 관료제는 법적권위가 지배하는 공식적 조직구조를 중시한다.

③ 관료제의 특징 중 하나인 문서에 의한 업무처리는 문서다작주의(Red tape)·형식주의를 초래할 수 있다.

④ 관료제는 안정된 환경에 적용되는 조직이므로 변동에 대한 적응력이 결여된다. (Bennis)

**15** ③

베버의 관료제는 서구의 합리주의를 대표하는 조직으로 소품종 대량생산체제에서 효과적이라고 볼 수 있다.

오답노트

① 관료제 구조는 소기의 목적을 달성하기 위하여 인적·물적 자원을 집중적이고 최고도로 활용하도록 편제되어 있다.

② 근대 사회에 있어서는 국가뿐만 아니라, 학교·정당·기업 등 대규모의 조직이라면 관료제 구조가 보편적으로 존재한다고 본다.

④ 베버는 관료제를 근대화 과정에서 생성된 대규모 공공조직들에서 발견된 공통된 특징을 통해 합법적 지배에 근거한 이상적인 이념형으로 제시하였다.

출제빈도: ★★★  대표출제기업: 한국농어촌공사

**16** 베버(Weber)의 관료제 모형을 설명한 것으로 옳지 않은 것은?

① 조직이 바탕으로 삼는 권한의 유형을 전통적 권위, 카리스마적 권위, 합법적·합리적 권위로 나누었다.

② 직위의 권한과 관할범위는 법규에 의하여 규정된다.

③ 인간적 또는 비공식적 요인의 중요성을 간과하였다.

④ 관료제의 긍정적인 측면으로 목표대치현상을 강조하였다.

출제빈도: ★★★

**17** 베버(M. Weber)의 관료제 모형에 대한 설명으로 옳지 않은 것은?

① 관료에게 지급되는 봉급은 업무수행 실적에 대한 평가에 따라 결정된다.

② 관료제 모형은 계층제의 원리를 근간으로 한다.

③ 베버는 정당성을 기준으로 권위의 유형을 전통적 권위, 카리스마적 권위, 법적·합리적 권위로 나누었는데 근대적 관료제는 법적·합리적 권위에 기초를 두고 있다고 주장한다.

④ 관료제 모형은 '전문화로 인한 무능(Trained incapacity)' 등의 역기능을 초래할 수도 있다.

출제빈도: ★★☆  대표출제기업: 한국마사회

**18** <보기>에서 네트워크구조에 대한 설명으로 옳은 것만을 모두 고르면?

─────────────<보기>─────────────

ㄱ. 환경변화에 신속하고 신축적인 대응이 가능하다.

ㄴ. 계약관계에 있는 외부기관에 대한 직접적인 통제가 용이하다.

ㄷ. 정보통신기술이 필수적 기반시설이다.

ㄹ. 조직의 자체 기능을 핵심역량 위주로 구성한다.

① ㄱ, ㄴ, ㄷ

② ㄱ, ㄴ, ㄹ

③ ㄱ, ㄷ, ㄹ

④ ㄴ, ㄷ, ㄹ

출제빈도: ★★☆  대표출제기업: 인천교통공사

## 19 학습조직의 특징에 대한 것으로 옳지 않은 것은?

① 구성원의 권한강화

② 관료제

③ 원활한 의사소통

④ 문제해결을 핵심가치로 하며, 부분보다는 전체를 중시

---

정답 및 해설

**16** ④

베버는 관료제의 이상적인 측면을 주로 강조하였으며, 부정적(병리)현상인 수단과 목표가 대치되는 목표의 전환현상 등을 고려하지 못하였다.

오답노트
① 베버는 권한(권위)의 유형을 전통적 권위, 카리스마적 권위, 합법적·합리적 권위로 나누고, 이에 따라 조직도 가산관료제, 카리스마적 관료제, 이념형 관료제로 구분하였다.
② 법규에 의한 지배, 합법성, 법 앞의 평등을 강조한다.
③ 구조적·공식적인 요인만 중시한 고전적 조직이다.

**17** ①

베버의 관료제 모형은 보수가 실적에 따른 성과급이 아니라 연공서열에 따라 이루어진다.

오답노트
② 베버의 관료제 모형은 계층제의 원리에 입각한 조직이다.
③ 베버는 관료제의 권위 유형을 전통적 권위, 카리스마적 권위, 법적·합리적 권위로 나누었으며, 근대관료제는 법적·합리적 권위에 기초를 두고 있다.
④ 전문화로 인한 무능은 한 가지의 지식 또는 기술에 관하여 훈련받고 기존 규칙을 준수하도록 길들여진 사람은 다른 대안을 생각하지 못하는 경직성을 보인다는 것으로 관료제의 역기능 중 하나이다.

**18** ③

ㄱ, ㄷ, ㄹ. 네트워크구조는 조직의 자체 기능을 핵심역량 위주로 구성한 조직구조로 환경변화에 신속한 대응이 가능한 유기적 구조이며, 정보통신기술이 필수적 기반시설이다.

오답노트
ㄴ. 네트워크구조는 계약관계에 있는 외부기관에 대한 직접적인 통제가 곤란하여 대리인 문제가 발생할 가능성이 높다.

**19** ②

학습조직은 탈관료제를 지향하는 분권적·신축적·인간적·유기체적 조직이다. 개방체제와 자기실현적 인간관을 바탕으로 조직원이 새로운 지식을 창출하는 한편, 이를 조직 전체에 보급해 조직 자체의 성장·발전·업무수행능력을 증가시킬 수 있도록 지속적인 학습활동을 전개한다.

오답노트
① 학습조직은 구성원들에게 권한강화를 강조하며, 조직의 구성원이 더불어 학습하는 계속적인 학습, 전파 및 적용이 필요하다.
③ 학습조직은 환류를 통한 의사소통, 부분보다는 전체를 중시하는 문화를 강조한다.
④ 학습조직은 효율성을 중시하는 전통적 조직과 달리 문제해결을 핵심가치로 하며, 환류를 통한 의사소통, 부분보다는 전체를 중시하는 문화를 강조한다.

**20** 비공식조직의 단점으로 옳지 않은 것은?

① 적대감정과 심리적 불안감을 조성할 우려가 있다.

② 조직 내부에 파벌화를 조장할 우려가 있다.

③ 공식조직의 경직성을 강화한다.

④ 사적 목표를 위해 악용할 수 있다.



**21** 다음 <보기>에서 막료기관의 특징으로 옳은 것만을 모두 고르면?

<보기>

ㄱ. 목표달성에 직접적인 기여
ㄴ. 수직적 계층제
ㄷ. 조직에 신축성 부여
ㄹ. 전문지식의 활용으로 합리적 결정에 기여

① ㄱ, ㄴ

② ㄱ, ㄷ

③ ㄴ, ㄹ

④ ㄷ, ㄹ



**22** 참모의 순기능에 대한 설명으로 옳지 않은 것은?

① 조직의 운영에 융통성을 부여한다.

② 권한과 책임의 한계를 분명히 하는 장치가 된다.

③ 계선의 통솔범위를 확대시켜 준다.

④ 합리적인 의사결정을 가능하게 한다.

## 23 위원회의 장점으로 옳지 않은 것은?

① 합의에 의한 신속한 의사결정이 가능하다.

② 각 부문 간의 이해관계와 의견 대립을 조정하고 통합할 수 있다.

③ 다수 의견의 반영으로 보다 신중하고 공정한 결정을 내릴 수 있다.

④ 행정의 중립성과 정책의 계속성 확보뿐 아니라 조직의 안정성을 높일 수 있다.



---

### 정답 및 해설

**20** ③

비공식조직은 공식조직의 경직성을 완화한다는 장점을 가지고 있다.

| 비공식조직의 순기능 | 비공식조직의 역기능 |
| --- | --- |
| • 구성원 간의 행동기준을 확립하여 공식조직의 목표달성에 기여한다. | • 적대감정과 심리적 불안감을 조성한다. |
| • 귀속감·심리적 안정감 등의 충족과 사기앙양에 기여한다. | • 정실행위의 만연 가능성이 크다. |
| • 비공식조직 참여자 간의 협조를 통해 공식조직의 능력을 보완한다. | • 비생산적 규범(Norm)을 형성한다. |
| • 구성원 간의 협조와 지식·경험의 공유를 통한 업무의 능률적 수행에 기여한다. | • 공식적 권위가 약화되고 파벌이 조성된다. |
| • 공식조직(계층제)의 경직성 완화와 적응성 증진에 기여한다. | • 소문 등이 만연하고, 정보의 공식적 이용이 곤란하다. |
| • 의사소통의 원활화에 기여한다. | |

**21** ④

ㄷ, ㄹ. 막료기관(참모기관, 보좌기관)은 전문지식의 활용으로 합리적 결정에 기여하며, 조직에 신축성을 부여할 수 있다.

오답노트

ㄱ, ㄴ. 계선기관은 목표달성에 직접적으로 기여하며, 수직적 계층제의 형태를 띤다.

**22** ②

권한과 책임의 한계를 분명히 하는 장치가 되는 것은 참모가 아니라 계선의 순기능이다.

**23** ①

위원회는 합의의 도출이나 결정에 많은 경비가 소요되고 회의 준비에 많은 시간이 소요된다.

오답노트

② 다수의 참여와 토론을 통하여 각 부문 간의 이해관계와 의견 대립을 조정하고 통합할 수 있어, 민주적인 결정과 집단적 결정을 이룰 수 있다.

③ 개인적인 편견을 배제하고 다양한 의견을 반영시켜 신중하고 공정한 결정을 도출할 수 있다.

④ 정치적 중립성을 견지할 수 있어 행정의 고도의 중립성과 정책의 계속성을 확보하고 조직의 안정도를 높일 수 있다.

**24** 위원회(Committee) 조직의 장점으로 보기 어려운 것은?

① 집단결정을 통해 행정의 안정성과 지속성을 확보할 수 있다.
② 조직 각 부문 간의 조정을 촉진한다.
③ 경험과 지식을 지닌 전문가를 활용할 수 있다.
④ 의사결정 과정이 신속하고 합의가 용이하다.



**25** 국무총리 직속의 위원회가 아닌 것은?

① 공정거래위원회      ② 금융위원회
③ 국민권익위원회      ④ 방송미디어통신위원회



**26** 「정부조직법」상 행정기관의 소속으로 옳지 않은 것은?

① 법제처 – 국무총리
② 국가정보원 – 대통령
③ 소방청 – 행정안전부장관
④ 지식재산처 – 기획재정부장관



**27** 다음 <보기>에서 정부조직의 개편에 따른 행정 각부 장관과 그 소속 기관을 바르게 짝지은 것만을 모두 고르면?

<보기>

ㄱ. 교육부장관 – 교육청      ㄴ. 기후에너지환경부장관 – 기상청
ㄷ. 농림축산식품부장관 – 식품의약품안전처      ㄹ. 국무총리 – 지식재산처

① ㄱ, ㄴ      ② ㄱ, ㄷ
③ ㄴ, ㄹ      ④ ㄷ, ㄹ

출제빈도: ★★☆

## 28 공기업의 설립요인에 해당하지 않는 것은?

① 국방 전략상 고려

② 정치적 신조

③ 균형예산의 달성

④ 자연독점적 사업

---

**정답 및 해설**

**24** ④

위원회 조직이란 복수의 구성원으로 구성된 합의제 행정기관이기 때문에 의사결정 과정이 신속하지 못하고 합의의 도출도 용이하지 못하다는 단점이 있다.

| 위원회 조직의 장점 | 위원회 조직의 단점 |
|---|---|
| • 결정의 신중성·공정성 | • 기밀누설 우려 |
| • 행정의 안정성·계속성 | • 경비·시간·노력의 낭비 |
| • 합리적·창의적인 결정 | • 책임의 분산 |

**25** ④

방송통신위원회는 대통령 소속 행정위원회이다.

오답노트
① 공정거래위원회, ② 금융위원회, ③ 국민권익위원회는 국무총리 소속이다.

**26** ④

지식재산처는 기획재정부가 아니라 산업통상부 소속 외청이다.

오답노트
① 법제처는 국무총리 소속 중앙행정기관이다.
② 국가정보원은 「정부조직법」상 대통령 소속 행정기관이다.
③ 소방청과 경찰청은 행정안전부장관 소속 외청이다.

**27** ③

ㄴ. 기상청은 기후에너지환경부 소속이다.
ㄹ. 지식재산처는 국무총리 소속이다.

오답노트
ㄱ. 교육청은 지방교육자치기관으로 교육부 소속이 아니다.
ㄷ. 식품의약품안전처는 국무총리 소속이다.

**28** ③

공기업의 설립요인은 국방 전략상 고려, 정치적 신조, 자연독점적 산업, 민간자본의 부족 등이 있으며, 균형예산은 공기업의 설립요인과는 거리가 멀다.

**29**　공공서비스 공급주체의 유형과 예시를 옳게 연결한 것은?

① 준시장형 공기업 – 한국방송공사

② 시장형 공기업 – 한국마사회

③ 기금관리형 준정부기관 – 한국연구재단

④ 위탁집행형 준정부기관 – 한국소비자원



**30**　「공공기관의 운영에 관한 법률」의 내용에 대한 설명으로 옳지 않은 것은?

① 공공기관의 자율경영 및 책임경영체제의 확립, 경영합리화, 투명성 제고를 목적으로 한다.

② 기획재정부장관은 매년 직원 정원 100인 이상의 공공기관 중에서 공기업과 준정부기관을 지정한다.

③ 공기업은 시장형과 준시장형으로, 준정부기관은 위탁집행형과 기금관리형으로 구분된다.

④ 공기업과 준정부기관은 신규 지정된 해를 제외하고 매년 경영실적평가를 받는다.



**31**　책임운영기관에 대한 설명으로 옳지 않은 것은?

① 책임운영기관 설치권자는 행정안전부장관이다.

② 총정원은 대통령령으로 정한다.

③ 신공공관리론의 조직원리에 따라 등장한 정부조직이다.

④ 지식재산처는 소속책임운영기관이다.

출제빈도: ★☆☆

## 32  책임운영기관에 대한 설명으로 옳지 않은 것은?

① 책임운영기관은 집행기능 중심의 조직이다.
② 책임운영기관의 성격은 정부기관이며, 구성원은 공무원이다.
③ 책임운영기관은 융통성과 책임성을 조화시킬 수 있다.
④ 책임운영기관은 공공성이 강하고 성과관리가 어려운 분야에 적용할 필요가 있다.

---

**정답 및 해설**

**29** ④

한국소비자원은 위탁집행형 준정부조직이다. 공공기관의 유형(실정법상 구분)은 다음과 같다.

| 공기업 | 시장형 | 한국가스공사, 한국전력공사, 한국석유공사 등 |
|---|---|---|
|  | 준시장형 | 한국토지주택공사, 한국마사회 등 |
| 준정부기관 | 기금관리형 | 공무원연금공단, 국민연금공단, 예금보험공사, 신용보증기금 등 |
|  | 위탁집행형 | 국립공원공단, 한국산업인력공단, 대한무역투자진흥공사, 한국농어촌공사, 한국환경공단, 한국가스안전공사, 한국연구재단, 한국소비자원 등 |
| 기타 공공기관 |  | 공기업과 준정부기관을 제외한 공공기관 |

**오답노트**
① 한국방송공사는 「방송법」에 의해 설립된 공법인이며, 공기업이 아니다.
② 한국마사회는 준사장형 공기업이다.
③ 한국연구재단은 위탁집행형 준정부조직이다.

**30** ②

기획재정부장관은 매년 직원 정원 300명인 이상의 공공기관 중에서 공기업과 준정부기관을 지정한다.

**오답노트**
① 「공공기관의 운영에 관한 법률」의 제정 목적은 공공기관의 자율경영 및 책임경영체제의 확립, 경영합리화, 투명성 제고이다.

③ 「공공기관의 운영에 관한 법률」 제5조는 공공기관을 공기업, 준정부기관, 기타공공기관으로 구분하며, 다시 공기업을 시장형과 준시장형, 준정부기관을 위탁집행형과 기금관리형으로 구분한다.
④ 공기업과 준정부기관은 신규 지정된 해를 제외하고 매년 기획재정부장관의 경영실적평가를 받는다.

**31** ④

특허청이 지식재산처로 변경되었으며, 지식재산처는 중앙책임운영기관이 해지되어 현재 우리나라는 중앙책임운영기관으로 지정된 정부조직은 없다.

**오답노트**
① 행정안전부장관은 책임운영기관을 대통령령으로 설치한다.
② 소속책임운영기관에 두는 공무원의 총정원은 대통령령으로, 종류별·계급별 정원은 총리령 또는 부령으로 정한다.
③ 책임운영기관은 정부의 기능을 재검토하여 그 크기를 줄이려는 신공공관리론의 주요 프로그램이다.

**32** ④

책임운영기관은 성과, 자율, 책임이 조화된 성과 중심의 공공기관으로 공공성이 강하여 민영화가 곤란하고 경쟁의 원리가 필요하거나 전문성이 요구되어 성과관리가 필요한 분야에 적용되지만 공공성이 큰 분야는 성과측정이 어렵다는 한계가 있다.

**오답노트**
① 결정과 집행을 분리하여 집행기능을 책임운영기관이 담당한다.
② 책임운영기관은 내부시장화된 조직으로 정부기관이고, 구성원도 공무원이다.
③ 기관장에게 융통성을 부여하고 그 대신 운영성과에 대해 책임을 지도록 한다.

| | |
|---|---|
| 동기부여 | 각 이론의 특징(문제참고) |
| 리더십 | 각 이론의 특징, 변혁적 리더십 |
| 권위와 권력 | 프렌치와 레이븐의 권력 유형 |

## 01 동기부여

출제빈도 ★★★

## 1. 의의

### (1) 개념

동기란 '사람들이 일정한 방향으로 행동하도록 원인을 제공하는 동력의 집합'을 말하고, 동기부여란 '조직구성원 개인의 욕구 충족을 통하여 조직목표에 기여하도록 유도하는 조직과정'이라고 할 수 있다.

### (2) 동기부여에 관한 이론 – 내용이론, 과정이론

① 내용이론: 동기부여의 원인이 되는 인간 욕구의 내용에 초점을 둔다.
② 과정이론: 동기가 부여되는 과정에 초점을 둔다.

## 2. 내용이론

동기부여이론 중 내용이론은 '사람의 동기를 유발하는 요인의 내용(What)에 초점을 두는 이론'으로, 사람들은 일정한 기본적 욕구를 지녔으며 이러한 욕구의 충족을 가져올 행동을 하려는 동기를 가진 존재라고 보기 때문에 욕구이론이라고도 부른다.

### (1) 매슬로우(Maslow)의 욕구 5단계론

① 의의
- 매슬로우는 임상실험을 통해 인간이 보편적으로 지니고 있는 공통적인 욕구를 찾아내고 이를 다섯 가지 단계로 계층화하였다.
- 이 욕구 단계는 한 단계의 욕구가 충족되면 이전 단계의 욕구는 더 이상 동기부여 역할을 수행하지 못하게 되고, 그다음 단계 욕구가 새로운 동기를 유발하는 요인이 된다.

② 욕구의 5단계
- 생리적 욕구: 생리적 욕구는 목마름·배고픔·수면 등과 같이 모든 욕구 가운데 가장 기본이 되는 시발점으로, 이 욕구가 충족되기 전에는 어떤 욕구도 일어나지 않는다.
- 안전욕구: 안전욕구는 대부분의 사람들에게 일어나는 위험, 사고, 질병, 경제적 불안 등에서 벗어나 안전을 추구하는 욕구이다.
- 사회적 욕구: 사회적 욕구는 애정, 사랑, 귀속의식 등과 같이 인간이 본래 사회적 동물이기 때문에 소속감을 느끼면서 상호관계를 유지하고 다른 사람과 함께 있고 싶어 하는 욕구이다. 집단에 귀속하고 싶은 욕구와 사람을 사귀고자 하는 욕구이다.
- 존경욕구: 존경욕구는 남으로부터 자신이 높게 평가받고 스스로를 존중하며, 자존심을 유지하고자 하는 욕구를 말한다.
- 자아실현욕구: 자아실현욕구는 자기완성에 대한 갈망을 의미하며, 잠재력을 가진 존재로부터 실제로 그 잠재력을 발휘하는 존재로 나아가고자 하는 욕구이다.

③ 특징
- 인간의 동기는 다섯 가지 욕구의 계층에 따라 순차적으로 유발된다. (하위욕구 ⇨ 상위욕구) 즉, 하위욕구가 어느 정도 충족되면 상위욕구가 유발된다고 주장한다.
- 동기로 작용하는 욕구는 충족되지 않은 욕구이며, 충족된 욕구는 동기로서 힘을 상실한다.
- 인간의 욕구 충족은 대개 상대적이고 모든 욕구의 완전한 충족은 있을 수 없기 때문에 인간은 항상 무엇인가를 원하는 동물이다.
- 생리적 욕구가 가장 우선순위가 높고, 가장 고차원적·추상적인 욕구는 자아실현욕구이다.

④ 한계
- 인간의 욕구가 계층적으로 존재한다는 것은 확인할 수 없다.
- 개인차를 고려하지 않고 획일적으로 단계를 설정하였다. 인간의 욕구는 계층이 항상 고정되어 있는 것이 아니라 개인별로 우선순위가 달라질 수 있다.
- 어느 한 가지 행동의 유발에 두 가지 이상의 욕구가 작용될 수도 있다.

## (2) 앨더퍼(Alderfer)의 ERG 이론

① 의의
앨더퍼의 ERG 이론은 매슬로우의 5단계 욕구계층설을 수정하여 인간의 욕구를 존재, 관계, 성장의 3단계로 나눈다.
- 존재욕구(Existence needs): 매슬로우의 생리적 욕구와 물질적인 안전욕구에 해당한다.
- 관계욕구(Relatedness needs): 매슬로우의 대인관계 차원의 비물질적 안전욕구와 사회적 욕구, 존경욕구 중 타인으로부터의 존경, 자존심을 포함하는 욕구에 해당한다.
- 성장욕구(Growth needs): 매슬로우의 존경욕구 중 자기로부터의 존경, 자긍심과 자아실현욕구를 포함하는 욕구이다.

② 매슬로우 이론과의 차이
- 매슬로우는 낮은 차원의 욕구가 만족되면 상위욕구로 진행해 간다는 '만족 – 진행 접근법'을 주장한 반면, 앨더퍼는 상위욕구가 만족되지 않거나 좌절될 때 하

**매슬로우 이론에서 '개인차를 고려하지 않는다'의 의미**

1. 개인차를 인정하지 않는다는 것은 욕구의 단계가 획일적으로 고정되어 있다는 것을 의미합니다.
2. 단계별 충족의 정도는 만족 수준의 충족이기 때문에 충족의 정도는 개인차가 있습니다.
3. 개인차를 인정하지 않는다는 것은 1.의 의미입니다.

**앨더퍼와 매슬로우 비교**

| 앨더퍼의<br>욕구 3단계 | 매슬로우의<br>욕구 5단계 |
| --- | --- |
| G(성장) | • 자아실현<br>• 존경<br>  – 자아존중 |
| R(관계) | • 존경<br>  – 타인으로부터<br>    존경<br>• 사회적 |
| E(존재) | • 안전<br>• 생리적 |

위욕구를 더욱 충족시키고자 한다는 '좌절 – 퇴행 접근법'을 주장했다.

- 매슬로우는 사람이 한순간에 하나의 욕구만을 취하는 분절형의 욕구단계로 이
  해했던 반면, 앨더퍼는 두 가지 이상의 욕구가 동시에 작용되기도 한다는 **복합
  연결형의 욕구단계**를 주장하였다.

### (3) 맥그리거(McGregor)의 X 이론과 Y 이론

맥그리거는 관리자는 조직 내의 인간을 X나 Y라는 두 가지 중 하나로 가정하며, 그에 따라 조직의 관리방법이나 조직구성원에 대한 동기부여 방법이 달라져야 한다고 주장하였다.

① X 이론: 인간을 일하기 싫어하는 피동적인 존재로 보고, 인간의 하급 욕구에 착안하여 외재적 통제를 강조한다.

② Y 이론: 인간을 본질적으로 성장과 발전의 잠재력을 갖춘 능동적인 행동 주체로 보고, 구성원 스스로의 노력과 조직의 목표를 통합시키는 관리를 강조한다.

### (4) Z 이론

① 의의

Z 이론은 X 이론이나 Y 이론에 부합되지 않는 욕구체계와 조직관리의 상황을 발견하면서 등장한 다양한 이론들에 대한 포괄적인 명칭이다. 다양한 Z 이론들에 공통적으로 적용되는 내용적인 공통점이 있는 것은 아니지만, Z 이론들은 X 이론과 Y 이론이 설명하지 못하는 조직상황에서의 조직의 인간관리 전략을 제시한다는 점에서는 공통점이 있다.

② 오우치(Ouchi)의 Z 이론 – 경영가족주의

오우치는 미국식 관리방식을 A 이론·일본식 관리방식을 J 이론이라고 부르고, 미국 내에서의 일본식 관리방식을 Z 이론이라고 명명하여 Z 이론과 J 이론이 A 이론보다 성과가 높다고 하였다. Z 이론의 관리는 조직구성원 사이의 상호의존성과 동료의식, 평등, 참여 등을 강조하는 참여관리라고 할 수 있다.

### (5) 허즈버그(Herzberg)의 욕구충족요인 2원론(불만요인, 만족요인)

① 의의

- 허즈버그는 인간의 욕구를 불만과 만족이라는 이원적 구조로 파악하여 불만을 일으키는 요인(불만요인, 위생요인)과 만족을 주는 요인(만족요인, 동기부여요인)은 상호 독립적이라는 욕구충족요인 2원론을 제시하였다.
- 허즈버그는 만족의 반대를 불만족이 아니라 만족이 없는 상태로, 불만족의 반대를 만족이 아니라 불만족이 없는 상태로 규정한다.

② 각 요인의 내용

- **불만요인(위생요인):** 개인의 불만족을 방지하는 효과를 가져오는 요인으로서, 충족되지 않으면 심한 불만을 일으키지만 충족되어도 적극적으로 만족감을 느끼거나 동기를 유발하지는 않는다. 불만요인이 제거된 개인에게는 근무태도의 단기적 변동만 있을 뿐 장기적 효과는 없게 된다. 불만요인으로는 규정과 관리, 임금, 감독, 기술, 작업조건, 감독자와 부하의 관계, 동료 간의 관계 등이 해당한다.
- **만족요인(동기요인):** 이를 충족시켜주면 동기가 부여되는 것으로서 직무 그 자체, 승진, 책임감, 성취감 등이 있다. 조직원의 만족감을 높이고 동기를 유발하며, 조직원의 능력을 최대한 활용하기 위해서는 직무확충(Job enrichment)을 해야 한다.

③ 평가
  - 공헌: 인간에게 만족을 주는 요인과 불만족을 방지하는 요인은 서로 다른 차원
    이라는 것을 제시함으로써 조직관리의 측면에 실질적으로 공헌하였다.
  - 한계
    - 개인차에 대한 고려가 없었다. 위생요인도 구성원들에게 동기부여 요인이
      될 수 있는 경우가 있다.
    - 중요사건기록법에 의한 자료수집으로 동기요인에 대한 과대평가가 이루어지
      고 있다.

## (6) 아지리스(Argyris)의 성숙·미성숙이론

① 아지리스는 인간은 미성숙에서 성숙으로 나아간다고 보고, 관리자의 역할은 구성
  원을 최대한 성숙 상태로 나아가게 하는 것이라고 주장하였다.
② 성숙한 인간의 욕구에 대응하기 위해서는 ㉠ 직무확대, ㉡ 참여적이고 조직구성
  원 중심적인 리더십, ㉢ 현실 중심적 리더십에 입각한 관리가 필요하다고 주장하
  였다.

## (7) 맥클리랜드(McClelland)의 성취동기이론

① 맥클리랜드는 동기가 개인이 사회문화와 상호 작용하는 과정에서 취득되고 학습
  을 통하여 개발될 수 있다는 것을 전제로, 개인의 욕구 중 사회문화적으로 학습된
  욕구들을 성취욕구·권력욕구·친교욕구로 분류하였다.
② 맥클리랜드는 모든 사람이 공통적으로 비슷한 욕구의 계층을 가지고 있다고 주장한 매
  슬로우의 이론을 비판하면서 개인마다 욕구의 계층에 차이가 있다고 주장했다.

## (8) Murray의 명시적 욕구이론

① 명시적 욕구이론은 '인간의 욕구는 미리 정해진 순서에 따라 추구되는 것이 아니며, 동
  기는 명시적으로 대두된 욕구에 의해서 유발된다는 이론'이다.
② 명시적 욕구(Manifest Needs)는 학습된 욕구이다. 따라서 욕구가 발현되기 위
  해서는 적당한 환경이 조성되어야 한다고 본다.

## (9) 핵맨과 올드햄(Hackman & Oldham)의 직무특성이론

① 의의
  직무특성이론은 '직무의 특성이 직무수행자의 성장욕구 수준에 부합될 때 직무가 그
  직무수행자에게 더 큰 의미와 책임감을 주고 긍정적인 동기유발효과를 초래하게 된다
  는 이론'이다.
② 직무특성의 작용
  기술다양성, 직무정체성, 직무중요성, 자율성, 환류 등의 다섯 가지 직무 특성이
  상호작용하면서 동기를 유발시키며, 특히 자율성과 환류가 동기부여에 많은 영향을
  미친다고 주장하였다.

## 3. 과정이론

과정이론은 '동기의 내용보다 어떤 과정을 거쳐서(How) 동기가 유발되는가에 초점을 두는 이론'이다. 동기유발에 관한 다양한 변수들이 어떻게 상호 작용하여 조직구성원의 행동을 일으키게 되는가에 대한 설명을 시도한다.

### (1) 브룸(Vroom)의 기대이론(선호·기대이론)

기대이론(Expectancy Theory)은 욕구충족과 직무수행 사이의 직접적이고 적극적인 상관관계에 회의를 표시하고, 욕구와 만족·동기유발 사이에 기대라는 요인을 포함시켜 동기유발의 과정에 대해 설명하고자 하는 이론이다.

① 기본개념
- 기대감(Expectancy): 일정한 노력을 기울이면 근무 성과를 가져올 수 있으리라는 가능성에 대한 인간의 주관적인 확률과 관련된 믿음을 말한다.
- 수단성(Instrumentality): 기대감이 노력과 성과 간의 관계에 대한 믿음이라면, 수단성은 성과와 보상 간의 관계에 대한 믿음이다.
- 유인가(Valence): 특정 결과에 대해 개인이 갖는 선호의 강도를 말한다.

② 동기부여
사람들이 결과를 예측하기 어려운 대안들 가운데서 어떤 것을 선택할 때, 그 사람의 행동은 결과에 대한 선호뿐만 아니라 그러한 결과를 가져오는 것이 가능하다고 어느 정도 믿는가에 의해서도 영향을 받는다. 따라서 봉급을 더 많이 받기 위해 열심히 일해 보겠다는 동기(봉급인상에 대한 선호가 큰 경우)는 상위직으로 승진하면 틀림없이 봉급을 많이 받을 것이라는 믿음이 강할수록 커지게 된다.

### (2) 포터(Porter)와 롤러(Lawler)의 업적·만족이론

① 의의
- 포터와 롤러의 업적·만족이론은 ㉠ 보상에 대해 개인이 부여하는 가치와 ㉡ 개인이 인지하고 있는 노력 – 보상 확률이 개인의 동기에 영향을 미치는 것으로 본다.
- 포터와 롤러의 업적·만족이론과 종래의 기대이론과의 차이점: 기대이론은 만족이 직무성취를 가져오는 것으로 보았으나, 업적·만족이론은 직무성취의 수준이 직무만족의 원인이 된다고 보았다는 데 있다.

② 주요내용
- 개인의 노력이 보상을 가져다줄 것이라는 확률을 높이고, 그 보상이 매우 가치 있다고 느낄 때 동기부여의 수준은 높아지게 된다.
- 개인은 업적에 의해서 내·외적 보상을 받게 되는데, 이러한 보상은 자기가 받아야 한다고 기대하는 정당한 수준 이상에 도달해야만 기대감(만족감)을 충족시키고 그 업적을 달성하고자 노력하는 개인의 동기를 강화시킨다. 이 경우 외재적 보상(승진, 보수인상)보다는 내재적 보상(성취감)이 훨씬 중요하다.

## (3) 아담스(Adams)의 형평성(공정성)이론

① 아담스의 형평성(공정성)이론은 '인간의 행위는 타인과의 관계에서 형평성·공정성을 유지하는 쪽으로 동기가 부여된다는 이론'이다.
② 개인은 준거인(능력이 비슷한 동료)과 비교하여 자신의 노력과 보상 간에 불일치(보상의 불공평성)를 지각하면, 이를 제거하는 방향으로 동기가 부여된다는 것이다.
③ 공평성의 여부는 자신의 투입·산출을 준거인의 투입·산출과 비교하여 평가하게 된다.
④ 아담스는 조직 내 공정한 평가의 중요성을 강조한다.

**형평성이론의 핵심**
- 동기부여: 불평등 지각
- 비교대상: 준거 인물
- 조직 내 공정한 평가의 중요성 강조

## (4) 강화이론(순치이론)

① 의의
- 강화이론(Reinforcement theory) 또는 학습이론(Learning theory)은 '학습이라는 과정을 통하여 동기가 유발되는 과정을 설명하는 이론'으로서, 스키너(Skinner)의 조작적 조건화 이론과 관련성이 깊다. 학습을 통하여 인간을 길들인다 하여 순치(馴致)이론이라고도 한다.
- 학습이론에서는 외적 자극에 의하여 학습된 행동이 유발되는 과정 또는 어떤 행동이 왜 지속되는가를 밝히려고 노력한다. 조직이 바라는 행동(반응)을 하면 그에 결부시켜 강화요인을 제공하고, 바람직하지 않은 행동을 하면 처벌하여 바람직한 행동을 학습시켜야 한다는 것이다.
- 기존의 동기이론들이 주로 행동의 원인과 관련된 내면적·심리적 과정을 다루었던 반면, 학습이론은 '어떤 외부적 조건에 의하여 어떤 일관된 행동(행태)이 나타나는가'라는 외적인 행태변화에 초점을 맞춘 '행태론적 동기이론'이다.
- 보상받는 행태는 반복되지만, 보상받지 않는 행태는 중단·소멸된다는 손다이크(Thorndike)의 효과의 법칙(Law of effect)에 근거를 두고 있다.

② 강화계획
- 의의
  - 강화일정 또는 강화계획은 '강화요인의 제공 시점과 빈도를 조절함으로써 조직이 바라는 행동을 지속시키는 것'을 말한다.
  - 강화(보상)는 상황에 따라 다르게 나타날 수 있다.
- 종류
  - 연속적 강화: 바람직한 행동이 일어날 때마다 강화요인을 제공하는 것이다. 초기학습단계에서 바람직하나, 관리자에게는 큰 도움을 주지 못한다.
  - 고정간격 강화: 행동이 얼마나 발생하는가에 상관없이 미리 결정된 일정한 시간간격으로 강화요인을 제공하는 것이다. 예 월급 등
  - 변동간격 강화: 불규칙적(변동적)인 시간간격으로 강화요인을 제공하는 것이다. 예 승진 등

- 고정비율 강화: 일정한 빈도의 바람직한 행동이 나타났을 때 강화요인을 제공하는 것이다. 행동(성과나 생산량)의 일정비율에 대하여 강화요인을 제공하는 것으로서 일정한 횟수의 행동에 대해 보상이 제공된다.
  예 판매량에 따른 성과급 지급 등
- 변동비율 강화: 불규칙한 횟수의 바람직한 행동이 나타났을 때 강화요인을 제공하는 것이다. 즉, 강화요인을 제공하는 데 필요한 행동(성과나 생산량)의 횟수가 시간에 따라 변동하는 것을 의미한다. 예 칭찬, 특별 보너스 등

### (5) 로크(Locke)의 목표설정이론

① 로크는 목표가 가장 강력한 동기유발 요인이라는 목표설정이론(Goal setting theory)을 제시하였다. 사람들은 일을 할 때 욕구의 충족을 추구하는 것이 아니라, 설정된 목표를 달성하기 위하여 열심히 일한다는 것이다.
② 목표설정이론에서는 목표의 구체성과 난이도에 의하여 개인의 성과가 결정된다고 본다.

### (6) X 이론과 Y 이론의 구별

| McGregor | X 이론 | | | Y 이론 | |
|---|---|---|---|---|---|
| Lundstedt | 권위형 · 독재형 | | | 민주형 | |
| Ramos | 작전인(Operational man) | | | 반응인(Reactive man) | |
| Argyris | 미성숙인 | | | 성숙인 | |
| Likert | 권위형 – System Ⅰ · Ⅱ | | | 민주형 – System Ⅲ · Ⅳ | |
| Maslow | 생리적 욕구 | 안전욕구 | 소속 · 애정 욕구 | 존경욕구 | 자아실현욕구 |
| Schein | 경제인 · 합리인 | | 사회인 | 자아 실현인 | |
| Alderfer | 존재 · 생존 (Existence) | | 관계(Relatedness) | 성장(Growth) | |
| Herzberg | 불만 · 위생요인 | | | 만족 · 동기요인 | |

### 📋 시험문제 미리보기!

**다음 동기부여이론 중 성격이 다른 하나는?**

① 매슬로우(Maslow) – 욕구단계이론　　② 허즈버그(Herzberg) – 욕구이원론
③ 브룸(Vroom) – 기대이론　　④ 앨더퍼(Alderfer) – ERG 이론

해설　브룸의 기대이론은 동기부여이론 중 과정이론에 해당한다.

오답노트
①, ②, ④는 내용이론이다.

정답 ③

## 1. 의의

① 조직문화(Organizational culture)란 사회문화의 한 하위체제로서 조직구성원들이 공유하는 보편적인 생활양식 내지는 행동양식의 총체를 말한다.
② 구성원의 신념, 전제, 인지, 행동규범, 의식구조, 사고방식 등 가치의식의 통합이다.

## 2. 특성

① 조직문화는 인간의 사고와 행동을 결정하는 주요 요인이다. (문화결정론)
② 조직문화는 쉽게 변동되지 않는 변동저항성·안정성을 지닌다.

## 3. 기능

### (1) 순기능

① 문화는 조직의 안정성과 계속성을 유지시킨다.
② 구성원을 통합하여 응집력과 동질감·일체감을 높여줌으로써 사회적·규범적 접착제로서의 역할을 한다.
③ 조직의 경계를 설정하여 조직의 정체성을 제공한다.

### (2) 역기능

① 초기에는 문화가 순기능을 하지만, 장기적으로는 그 경직성으로 인하여 환경에의 적응성을 떨어뜨리고 변화와 개혁에 장애가 되기도 한다.
② 집단사고의 폐단으로 인하여 유연성과 창의력을 저하시킨다.

## 4. 행정문화

### (1) 선진국의 행정문화

① 합리주의
모든 객관적인 지식을 동원해서 최적의 의사결정을 하려는 태도이다. 즉, 정책결정과정에서 개인 간의 자유스러운 의견 개진과 정보교환으로 가장 보편성을 지닌 의견을 찾으려고 하는 것이다.

② 성취주의
인간의 능력을 평가할 때 출신성분이나 종교·출신지역 등의 집단이나 귀속적인 요소에 의해서 평가하는 것이 아니라, 개인의 실적이나 자격 등 객관적인 요소에 의해 평가하는 것을 말한다.

③ 상대주의·다원주의·세속주의
어떠한 가치라도 시기와 장소에 따라 다르게 평가될 수 있다는 유연한 상대적 태도와 절대유일의 최선의 가치에 집착하지 않고 다양한 분야의 가치를 인정하는 다원주의를 추구한다. 그리고 국민 개개인의 현실적인 주장과 이익이 정책에 반영되는 세속주의를 특징으로 한다.

---

**행정학 전문가의 TIP**

**조직시민행동**

- **의의**: 조직원이 자신의 직무에서 요구되는 의무 이상의 자발적이고 이타적인 행동을 보임으로써 조직의 효율성에 기여하는 행동(조직원들이 조직을 위해 보이는 자발적이고 이타적 행동)을 말합니다.
- **선행 조건**: 직무 만족, 조직 몰입, 공정성에 대한 지각, 상사와 긍정적 관계, 전염성, 성격 변인(책임감, 외향성, 긍정 정서 및 이타주의적 성향 등)
- **유형**
  - 이타적 행동: 자발적으로 타인을 도와주려는 행동 또는 친사회적 행동(개인차원)
  - 양심적 행동: 조직이 요구하는 이상의 봉사나 노력을 하는 행동(조직차원)
  - 예의적 행동: 자신 때문에 타인이 피해를 보지 않도록 배려하고 방해하지 않으려는 행동(개인차원)
  - 신사적 행동: 타인에 대해 악담하거나 단점을 말하지 않는 행동(조직차원)
  - 공익적 행동: 조직활동에 책임의식을 가지고 솔선수범하려는 행동(조직차원)
- **관계**: 절차공정성 지각 및 분배공정성 지각은 조직시민행동에 긍정적 영향을 미치나, 역할모호성 지각은 조직시민행동에 부정적 영향을 미칩니다.

④ 모험주의

자연을 극복하고 항시 새로운 것과 더 나은 것을 추구하는 태도를 말한다. 따라서 모험주의는 시행착오(Trial and error)를 무서워하지 않는다.

⑤ 사실정향주의

가치판단의 제1의 기준이 객관적인 사실(Fact)이라는 것이다. 사실정향주의가 보편화되어 있는 사회에서는 고정관념에 의한 편견이나 자의적인 판단에 의하여 의사결정을 하는 모습을 찾아보기 힘들다.

⑥ 전문주의(Specialism)

전문지식으로 무장된 전문행정가를 중시하며, 행정의 전문화를 높여준다.

## (2) 후진국의 행정문화

① 가족주의(온정주의)

행정이라는 공적 세계를 가족의 한 형태로 파악하는 의식구조를 말한다. 이러한 사회에서는 조직구성원 간의 화합과 계서적 질서가 강조되지만, 공(公)·사(私)의 구별이 불분명해지는 사인주의(私人主義)나 관직을 국민에 대한 봉사 수단이나 하나의 직업으로 생각하지 않고 출세와 이권의 수단이나 사유물로 생각하는 관직사유관(관직이권주의)이 나타난다.

② 권위주의

조직 내·외의 관계를 평등의 관계보다는 수직적인 관계로 보고 지배·복종의 위계질서를 강조하는 태도이다. 그 예로는 관지배주의나 관우월주의 또는 관존민비 사상이 있으며, 권위주의는 내부적으로 집권화를 초래하고 대외적으로는 비민주화를 초래한다.

③ 형식주의

내용이나 실리보다 형식이나 모양새, 절차·선례에 집착하는 태도이다. 형식주의는 외형적 구조나 제도와 실제(기능)와는 불일치 현상이다.

④ 연고주의

혈연·지연·학연 등 배타적이면서도 특수한 관계를 강조하는 연고주의가 지배하며, 개인보다는 귀속적 요인이나 집단 중심의 사고방식이 우선한다.

⑤ 운명주의

성공 여부나 인간생활이 초자연적인 힘에 의해 숙명적으로 결정된다는 사고방식이다. 외부 여건에 맹종하는 순응주의(맹종주의)와 관련된다.

⑥ 정실주의(情實主義)

객관적인 사실보다는 명예·위신·의리·도덕 등과 같은 무형적이고 정신적인 가치를 중시하는 의식구조이다. 온정이나 주관에 사로잡히는 '인격적 행정'이나 '정적(情的) 인간주의(Personalism)'와도 같다.

⑦ 일반주의(Generalism)

상식으로 혼자 모든 것을 다 할 수 있다고 생각하는 만능적 의식구조이다. 즉, 과대망상적으로 자기를 전지전능의 인간이라고 평가하는 사고방식이다. 이러한 사회에서는 행정의 깊이가 없고 전문주의가 좀처럼 형성되지 않는다.

## 03 의사전달

## 1. 의의

의사전달이란 정보를 전달하는 과정으로, 전달자와 피전달자 간에 사실과 의견을 전달하여 인간에게 영향을 미치고 인간의 행동에 변화를 일으키는 것을 말한다.

## 2. 유형

### (1) 공식적 의사전달

공식조직 내에서 계층제적 경로와 과정을 거쳐 공식적으로 행해지는 의사전달을 의미하며 고전적 조직론에서 강조하는 것으로, 공문서를 수단으로 한다.

### (2) 비공식적 의사전달

계층제나 공식적인 직책을 떠나 조직구성원 간의 친분·상호 신뢰와 인간관계 등을 통하여 이루어지는 의사전달을 말하는 것으로, 소문·풍문·메모 등을 수단으로 한다.

### (3) 공식적 의사전달과 비공식적 의사전달의 비교

| 구분 | 공식적 의사전달 | 비공식적 의사전달 |
|---|---|---|
| 장점 | • 의사소통이 객관적<br>• 책임소재가 명확<br>• 상관의 권위가 유지<br>• 정책결정에 활용이 용이<br>• 자료보존이 용이 | • 신속한 전달<br>• 배후사정을 소상히 전달<br>• 의사소통 과정에서의 긴장과 소외감을 극복하고 개인적 욕구를 충족시킴<br>• 공식적 의사전달을 보완<br>• 관리자에 대한 조언 역할 |
| 단점 | • 법규에 의거하므로 의사전달의 신축성이 없고 형식화되기 쉬움<br>• 배후사정을 전달하기 곤란<br>• 변동하는 사태에 신속한 적응이 곤란<br>• 근거가 남기 때문에 기밀유지가 어려움 | • 책임소재가 불분명<br>• 공식적 의사소통을 마비시킴<br>• 수직적 계층하에서 상관의 권위를 손상<br>• 조정과 통제가 곤란 |

## 04 리더십



## 1. 의의

리더십(Leadership)이란 '바람직한 목표를 달성하기 위해 조직 내의 개인과 집단을 유도하고 조정하며 행동하게 하는 기술 내지 영향력'이라고 할 수 있다.

## 2. 전통적 리더십 이론

리더십 이론은 리더십의 어떤 측면을 중시하느냐에 따라 자질론(특성론 혹은 속성론)·행태이론(행동이론)·상황이론·새로운 이론으로 나누어지는데, 자질론·행태이론·상황이론을 전통적 리더십 이론이라고 한다.

### (1) 자질론(특성론)

자질론은 지도자 개인이 가지고 있는 몇몇 자질 및 특성에 따라 리더십이 발휘된다는 가정하에, 어떤 속성이나 자질이 인간을 지도자로 만드느냐를 탐구하는 이론이다. 이 이론은 리더십은 위대한 인물의 출생과 더불어 타고난 것이며, 리더의 자질을 갖고 있는 사람은 어떤 상황에서든 지도자가 될 수 있다고 믿었다.

### (2) 행태이론(행동이론) – Y 이론적 리더십이 효과적

행태이론은 눈에 보이지 않는 능력 등 리더가 갖춘 속성보다 리더가 실제 어떤 행동을 하는가에 초점을 맞춘 리더십 이론이다. 행태이론에서는 모든 상황에 효과적인 리더의 행동유형이 존재한다는 것을 전제로, 리더의 행태와 추종자들이 보이는 감정적·행태적 반응 사이의 관계를 밝히려 노력한다.

① 오하이오(Ohio) 주립대학의 리더십 연구
- 오하이오 대학에서는 '조직화 정도(리더와 추종자의 관계 및 조직구조와 과정을 엄격하게 형성하려는 정도)'와 '배려 정도(리더와 추종자 사이에 우정, 신뢰, 존경심 등을 조성하려는 정도)'라는 이원적 개념을 조합해 네 가지 유형의 리더십을 제시하였다.
- 연구결과 높은 조직화와 높은 배려를 동시에 보이는 지도자가 가장 효과적인 지도자로 나타났다.

② 미시간(Michigan) 대학의 리더십 연구
- 미시간 대학은 작업 집단의 생산성을 높이고 구성원들의 사기를 높이는 지도유형을 찾기 위해, 리더십을 '업무중심형 리더십'과 '종업원중심형 리더십'으로 나누었다.
- 연구결과 리더십의 효과성은 생산성뿐만 아니라 종업원의 사기에 의해서도 측정되어야 하며, 종업원중심형 리더십이 업무중심형 리더십보다 더 효과적인 것으로 나타났다.

③ 블레이크와 모우톤(Blake & Mouton)의 관리망 이론(Managerial grid)
- '생산에 대한 관심'과 '인간에 대한 관심'이라는 두 가지 기준을 토대로 리더십의 유형을 무관심형, 친목형, 과업형, 타협형, 단합형으로 나누었다. 연구결과 단합형이 가장 이상적인 리더십 유형으로 나타났다.
- 블레이크와 모우톤이 제시한 리더십의 5가지 유형

| 무관심형 | 생산 및 인간에 대한 관심이 모두 낮아 신분유지를 위한 최소한의 노력만 기울이는 유형 |
|---|---|
| 친목형 (컨츄리 클럽형) | 인간에 대한 관심은 높으나 생산에 대한 관심은 낮은 유형 |
| 과업형 | 생산에 대한 관심은 높으나 인간에 대한 관심은 낮은 유형 |

| 타협형<br>(중도형) | 인간과 생산에 절반씩 관심을 두고 적당한 수준의 성과를 지향하는 유형 |
|---|---|
| 단합형<br>(Team building) | 생산과 인간에 대한 관심이 모두 높아 목표달성을 위한 공동체 의식을 강조하여 조직목표달성을 위해 헌신하도록 유도하는 유형 |

## (3) 상황론

상황론에서는 리더십을 특정한 역사적 맥락 속에서 발휘되는 것으로 파악하여, 상황 유형별로 가장 효율적인 리더의 행태를 찾아내기 위한 연구를 수행했다. 상황이론에서의 리더십은 지도자와 추종자, 상황에 의해 결정된다고 본다.

① 피들러(Fiedler)의 상황조건론
- 피들러는 리더십의 유형을 과업중심형과 인간관계중심형으로 구분한 뒤, 리더와 부하의 관계·지위권력·과업구조라는 3가지 상황변수의 조합에 따라 리더에게 유리한 상황이 달라지고, 상황에 따라 효과적으로 적용되는 리더십 스타일이 달라진다고 하였다.
- 상황이 유리하거나 불리한 경우에는 과업지향적 리더십이 효과적이고 상황이 중간수준일 경우 인간지향적 리더십이 효과적이라 한다.

② 허쉬와 블랜차드(Hersey & Blanchard)의 3차원 모형(리더십 상황이론)

허쉬와 블랜차드는 지도자의 행동을 인간관계지향적 행동과 과업지향적 행동으로 구분하고, 상황변수로 부하의 직무상·심리적 성숙도를 채택하여 3차원적인 상황적 리더십이론을 제시했다.

③ 하우스와 에반스(House & Evans)의 3차원 모형
- 경로·목표 모형(Path-goal model)
- 의의: 동기부여의 기대이론에 입각한 상황적 리더십이론으로 리더의 행동(원인변수)이 부하의 행동(결과변수)에 영향을 미치지만, 그 과정에서 부하의 기대감과 유인가가 매개를 하며(매개변수), 아울러 부하의 특성과 작업환경요인이 상황변수로서 영향을 미친다는 것이다.
- 목표에 이르는 다양한 경로(수단)의 상대적 유용성에 따라 효율성이 달라진다고 본다.
- 4가지 리더십 유형 연관 변수

| 원인변수 | 상황변수 | 매개변수 | 결과변수 |
|---|---|---|---|
| • 지시적 리더십<br>• 지원적 리더십<br>• 참여적 리더십<br>• 성취적 리더십 | • 부하의 특성<br>• 과업환경 | • 기대감<br>• 수단성<br>• 유의성 | 구성원의 만족도와 근무 성과 |



| 상황 | 유리 | 불리 |
|---|---|---|
| 지도자와 추종자의 관계 | 온건 | 적대 |
| 임무구조 | 명확 | 불명확 |
| 직위에 부여된 권력 | 충분 | 불충분 |

허쉬와 블랜차드의 상황적 리더십 유형

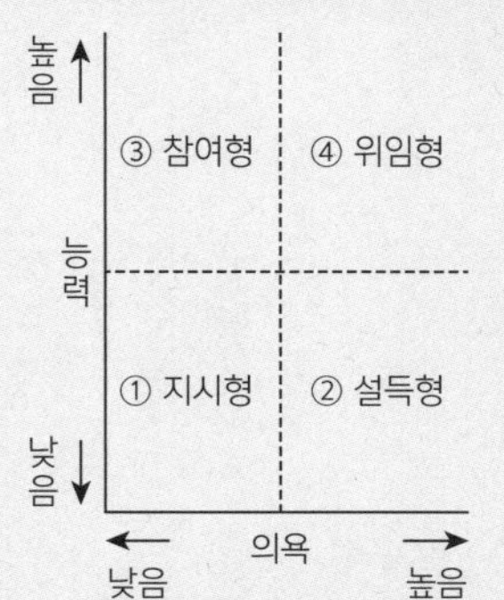


부하의 성숙도는 지시형이 제일 낮고 설득형, 참여형, 위임형 순으로 높습니다.

# 3. 새로운 리더십 유형

새로운 리더십 유형은 1980년대 초반부터 변화하는 환경 패러다임에 대한 대응과 전통적 리더십 이론에 대한 반성으로 제기된 것으로, 전통적 리더십 이론을 대체하기보다는 여러 가지 명칭으로 보완해 주고 있는 유형들이다.

## (1) 변혁적 리더십과 거래적 리더십

① 의의

번즈(Burns)에 따르면 리더십은 거래적 리더십(Transactional leadership)과 변혁적 리더십(Transformational leadership)으로 구분된다고 한다.

- 거래적 리더십: '보상에 관심을 갖고, 업무를 할당하고 그 결과를 평가하며, 예외에 의한 관리에 치중하고 책임과 결정을 회피하는 안정지향의 리더십'이다. 번즈는 전통적 리더십을 거래적 리더십이라고 보았다.
- 변혁적 리더십: '카리스마·영감·지적 자극·개인적 배려에 치중하고, 조직합병을 주도하고 신규부서를 만들어 내며, 조직문화를 새로 창출해 내는 등 조직에서 변화를 주도·관리하는 리더십'이다. 변혁적 리더는 거래적 리더에 비해 이직률이 낮고 생산성이 높으며, 직원의 만족도가 높다고 한다.

② 변혁적 리더십의 구성요소

- 카리스마적 리더십: 카리스마를 지닌 리더는 임무에 대한 비전과 감각을 제공하고 구성원에게 자신감을 불어넣으며, 존경과 신뢰를 확보하는 능력을 가지고 있고 높은 기대감과 확신을 보임으로써 동기를 유발시킨다. 리더가 난관을 극복하고 현상에 대한 각성을 확고하게 표명함으로써 부하에게 자긍심과 신념을 심어 준다.
- 영감적 리더십: 교환에 의한 보상보다는 노력을 집중시키기 위해 상징을 이용하고, 중요한 목적을 간단명료하게 표현하여 높은 기대치를 상호 공유함으로써 부하들을 격려한다. 리더가 부하로 하여금 도전적 목표와 임무, 미래에 대한 비전을 열정적으로 받아들이고 계속 추구하도록 격려한다.
- 촉매적 리더십: 부하로 하여금 형식적 관행을 타파하고 창조적 사고와 학습의지, 새로운 관념을 촉발시키는 지적 자극을 부여한다.
- 개별적 배려: 개인의 특성을 파악하고 이를 적절하게 고려함은 물론, 부하들의 개인적인 문제에도 관심을 가짐으로써 부하들의 개인적 성장을 도와준다. 리더가 부하에게 특별한 관심을 보이고 부하의 특정한 요구를 이해함으로써 개인적으로 부하에 대해 존중한다는 것을 전달한다.
- 지적 자극: 기존의 문제해결 방식과는 다른 새로운 아이디어의 도입으로 도전의식을 이끌어내고, 문제를 새로운 각도에서 바라보게 한다.

③ 거래적 리더십과 변혁적 리더십의 비교

| 구분 | 거래적 리더십 | 변혁적 리더십 |
|---|---|---|
| 개념 | 리더와 추종자들은 각자의 관심사와 타산적 이해관계의 필요에 의해 법적 조건과 제반 규정에 따라 리더십 과정에 참여 | 리더와 추종자들은 합의된 공동목표를 추구하고 변혁적 리더는 추종자들에 대해 교육적 역할을 담당함 |
| 변화관 | 안정지향적, 폐쇄적 | 변동지향적, 개방체제적 |
| 초점 | 하급관리자 | 최고관리층 |
| 동기부여 | 부하의 이익 자극<br>(합리적 교환) | 영감과 비전 제시 |
| 조직구조 | 기계구조, 기계적 관료제에 적합 | 경계작용적 구조, 임시조직에 적합 |

## (2) 발전적 리더십(=서번트(Servant) 리더십)

① 발전적 리더십은 변동을 긍정적인 기회로 받아들이고 변동에 유리한 조건을 만드는 데 헌신하는 리더십이다.

② 변혁적 리더십과 유사하나, 변혁적 리더십보다 좀 더 부하 중심적이고 리더가 부하에 대해 더 봉사적인 리더십이다. 그러므로 종복정신을 강조한다.

### 📋 시험문제 미리보기!

**변혁적 리더십의 특징으로 옳지 않은 것은?**

① 업적과 성과에 따른 보상을 중시한다.

② 부하들의 존경과 신뢰를 얻고 수범을 보인다.

③ 구성원들로 하여금 비전을 제시하고 이를 공유하도록 유도한다.

④ 구성원들에 대하여 개별적인 배려를 한다.

해설　업적과 성과에 따른 보상을 중시하는 것은 거래적 리더십이다.

오답노트
② 변혁적 리더십 구성요소 중 카리스마적 리더십에 해당한다.
③ 변혁적 리더십 구성요소 중 영감적 리더십에 해당한다.
④ 변혁적 리더십 구성요소 중 개별적 배려에 해당한다.

정답 ①

## 1. 의의

① 권위는 '조직의 규범에 의하여 정당성이 부여된 제도화된 권력으로서 조직구성원들에게 일반적으로 수용되는 권력'을 의미한다.
② 권력은 상대방의 의사와는 관계없이 어떤 행동이나 결정을 따르도록 하는 일방적·하향적·강제적인 힘이나 지배력을 말한다.

## 2. 프렌치(French, Jr.)와 레이븐(Raven)의 권력 유형

| | |
|---|---|
| 합법적 권력 | 조직이나 계층상의 위계에 의하여 행사되는 권력 |
| 강제적 권력 | 공포에 기반을 두고 권력으로서 처벌할 수 있는 능력에 의하여 야기되는 권력 |
| 보상적 권력 | 복종의 대가로서 승진이나 봉급의 인상 등 보상을 제공할 수 있는 능력에 기반을 둔 권력 |
| 전문적 권력 | 전문적 지식이나 기술에 의하여 전개되는 권력 |
| 준거적 권력 | 어떤 사람의 능력이나 매력에 존경과 호감을 느낌으로써 그를 자기의 역할모델로 삼으며 일체감과 신뢰를 바탕으로 하는 권력 |



## 1. 의의

조직 내에서 갈등이란 '행동주체 간의 대립적 또는 적대적 상호작용을 말하는 것으로, 조직 내의 의사결정과정에서 대안의 선택기준이 모호하거나 한정된 자원에 대한 경쟁 때문에 개인이나 집단이 대안을 선택하는 데 곤란을 겪는 상황'을 말한다. 갈등에 대한 연구는 인간관계론과 행태론부터 본격적으로 시작하였다.

## 2. 인식의 변화

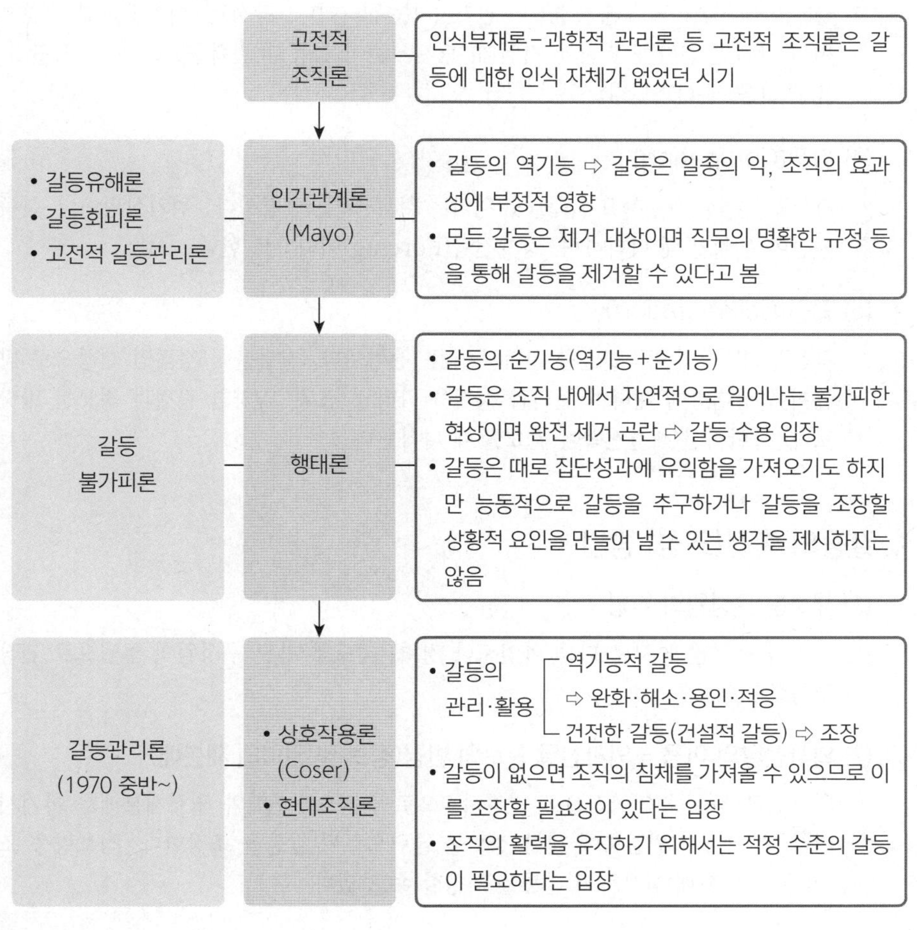





## 3. 대인적 갈등의 해결

Thomas는 개인과 개인 사이에서 발생하는 갈등을 해결하는 전략으로 단정성과 협조성이라는 이차원적 요소에 의하여 자신의 주장을 충족시키려는 욕구가 단정적인가 아닌가와 상대방의 주장을 만족시키려는 욕구가 협조적인가 아닌가에 따라 다섯 가지 전략을 제시하였다.

### (1) 회피(Avoidance)

비단정적인 전략으로 자신의 이익과 상대방의 이익에 모두 무관심한 경우이다. 갈등 상황으로부터 벗어나 버리는 것으로 사소한 문제이거나, 자신의 욕구충족 기회가 없을 때 나타난다.

### (2) 순응(Accommodation, 수용, 적응)

자신의 이익은 희생하고 상대방의 이익을 만족시키는 전략으로서 상대방의 논제가 더 중요할 때 상대방의 주장을 받아들이는 것이다. 자신의 결정이 잘못되었거나, 상대방과 화합하고 조직의 안정·사회적 신뢰를 중요시할 때 나타난다.

### (3) 타협(Compromise)

자신과 상대방 이익의 중간 정도를 만족시키는 전략이다. 단정과 협력의 중간 수준으로써 극단적인 전략을 피하는 것인데, 당사자들이 동등한 권력을 보유하고 시간적 여유가 없을 때 나타난다.

### (4) 경쟁(Competing)

자신의 이익을 추구하고 상대방의 이익은 희생시키는 전략이다. 위기상황이나 한쪽의 권한이 우위일 때 나타나며, 강제전략(Forcing)이라고도 한다.

### (5) 협동(Collaboration)

자신과 상대방의 이익 모두를 만족시키려는 전략이다. 갈등을 긍정적인 현상으로 받아들이며 상대방에 대하여 신뢰와 정직을 나타낼 경우, 다양한 관점과 정보를 바탕으로 한 통합적인 해결전략이 필요할 때 나타난다.

## 4. 갈등의 촉진(조성) 방안

### (1) 새로운 구성원의 투입

기존의 구성원과 서로 다른 마인드나 경력, 태도를 가진 구성원의 투입으로 긴장을 조성한다.

### (2) 의사전달의 이용 – 의사전달 통로의 변경(정보 및 권력의 재분배)

의사전달 통로를 의식적으로 변경시킴으로써 정보재분배와 권력재분배를 야기시키거나, 부서나 인원감축에 대한 정보를 흘림으로써 갈등을 조장한다. 정보량을 조절(억제 또는 확대)함으로써 갈등을 조성할 수도 있다.

### (3) 조직개편 · 직무재설계 – 제도적 갈등조성 방안

단위(직위) 간의 관계를 재설정함으로써 새로운 조직환경하에서 새로운 직무를 담당하게 하여 분위기를 쇄신한다.

### (4) 경쟁의 조성 – 경쟁상황의 창출

보수 · 인사 등에 있어 경쟁원리(성과급 제도, 공모 · 개방형 직위 등)를 도입하여 경쟁적 분위기를 조성한다.

출제빈도: ★☆☆

**01** 동기부여이론 중 성격이 다른 하나는?

① 브룸의 기대이론
② 아지리스의 미성숙·성숙이론
③ 맥클리랜드의 성취동기이론
④ 맥그리거의 X·Y 이론

출제빈도: ★☆☆　대표출제기업: 부산시설공단

**02** 동기부여이론에 대한 설명으로 옳지 않은 것은?

① 욕구계층이론과 ERG 이론은 동기부여의 내용이론이다.
② 브룸(Vroom)의 기대이론은 유인가, 수단성, 기대감이 상호작용하여 동기부여가 된다고 본다.
③ 허즈버그(Herzberg)의 욕구충족요인 이원론은 상호독립적인 동기요인과 위생요인으로 구분한다.
④ 맥클리랜드(McClelland)의 성취동기이론은 동기부여의 과정이론이다.

출제빈도: ★☆☆

**03** 브룸(V. Vroom)의 기대이론에서 조직구성원의 직무수행동기를 유발하기 위한 조건이 아닌 것은?

① 내가 노력하면 높은 등급의 실적평가를 받을 수 있다는 기대치(Expectancy)가 충족되어야 한다.
② 내가 높은 등급의 실적평가를 받으면 많은 보상을 받을 수 있다는 수단치(Instrumentality)가 충족되어야 한다.
③ 내가 받을 보상은 나에게 가치 있는 것이라는 유인가(Valence)가 충족되어야 한다.
④ 내가 투입한 노력과 그로 인하여 받은 보상의 비율이 다른 사람과 비교하여 공평해야 한다는 균형성(Balance)이 충족되어야 한다.

## 04  허즈버그(Herzberg)의 욕구충족요인 이원론에 대한 설명으로 옳지 않은 것은?

① 작업 조건에 대한 불만을 해소한다고 하더라도 근무 태도에 장기적인 영향을 미치지는 않는다고 본다.

② 무엇이 동기를 유발하는가에 초점을 두는 내용이론으로 분류된다.

③ 불만을 주는 요인과 만족을 주는 요인은 서로 다르다고 주장한다.

④ 욕구의 계층화를 시도한 점에서 매슬로우(Maslow)의 욕구단계 이론과 유사하다.

---

### 정답 및 해설

**01** ①
동기부여이론은 크게 동기부여에 대한 내용이론과 과정이론으로 나눌 수 있으며, 브룸의 기대이론은 과정이론인 반면에 성숙·미성숙이론, 성취동기이론, X·Y 이론은 내용이론에 해당한다.

**02** ④
동기부여이론은 내용이론과 과정이론으로 구분되며, 맥클리랜드의 성취동기이론은 내용이론이다.

[오답노트]
① 욕구계층이론, ERG 이론, X·Y 이론 등은 동기부여의 내용이론에 해당한다.
② 브룸의 기대이론은 동기부여의 정도가 기대감, 수단성, 유인가에 의해 결정된다고 주장한다.
③ 허즈버그는 인간의 욕구를 불만과 만족이라는 이원적 구조로 파악하여 불만을 일으키는 요인과 만족을 주는 요인은 상호독립적이라는 욕구충족요인 이원론을 제시하였다.

**03** ④
브룸의 기대이론이 아니라 아담스(Adams)의 형평성 이론에 대한 설명이다.

[오답노트]
① 기대성, ② 수단성, ③ 유의성에 대한 설명이다.

**04** ④
욕구를 계층화하고 계층에 따라 욕구의 발로가 이루어진다고 보는 공통적인 이론은 매슬로우의 욕구 5단계론과 앨더퍼(Alderfer)의 ERG 이론이다. 허즈버그의 욕구충족요인 이원론은 조직구성원에게 불만을 주는 요인과 만족을 주는 요인이 상호독립되어 있는 것이며, 계층화된 것이 아니다.

[오답노트]
① 불만요인인 작업 조건을 충족하더라도 불만이 없는 상태가 될 뿐 동기부여는 되지 않는다.
② 허즈버그의 욕구충족요인 이원론은 내용이론이다.
③ 불만을 주는 요인과 만족을 주는 요인은 서로 독립되어 있다.

출제빈도: ★☆☆   대표출제기업: 시설관리공단

**05** 다음 중 동기부여이론에 대한 설명으로 가장 옳지 않은 것은?

① 브룸(V. Vroom)의 기대이론은 성취욕구, 권력욕구, 자율욕구가 구성될 때 동기부여가 기대될 수 있다고 본다.

② 앨더퍼(C. Alderfer)의 ERG 이론은 매슬로우의 욕구 이론을 수정하여 개인의 기본욕구를 존재욕구, 관계욕구, 성장욕구의 3단계로 구분하였다.

③ 매슬로우(A. H. Maslow)의 욕구이론의 5단계 욕구 체계 중 가장 하위의 욕구는 생리적 욕구이다.

④ 포터(L. Porter)와 롤러(E. Lawler)의 기대이론은 성과의 수준이 업무 만족의 원인이 된다고 본다.

출제빈도: ★☆☆   대표출제기업: 한국남부발전

**06** 동기이론에 대한 설명으로 옳지 않은 것은?

① 매슬로우(Maslow)는 상위 차원의 욕구가 충족되지 못하거나 좌절될 경우, 하위 욕구를 더욱더 충족시키고자 한다고 주장하였다.

② 앨더퍼(Alderfer)는 ERG 이론에서 매슬로우의 욕구 5단계를 줄여 생존욕구, 대인관계욕구, 성장욕구의 세 단계를 제시하였다.

③ 허즈버그(Herzberg)는 욕구충족요인 이원론에서 불만족 요인(위생요인)을 제거한다고 해서 만족을 보장하는 것은 아니라고 주장하였다.

④ 아담스(Adams)는 형평성 이론에서 자신의 노력과 그 결과로 얻어지는 보상과의 관계를 다른 사람의 것과 비교해 상대적으로 느끼는 공평한 정도가 행동 동기에 영향을 준다고 본다.

출제빈도: ★☆☆

**07** 동기유발요인으로 금전적·물질적 보상보다 지역공동체나 국가, 인류를 위해 봉사하려는 이타심에 주목하는 이론은?

① 페리(Perry)의 공공서비스동기이론

② 스키너(Skinner)의 강화이론

③ 핵맨(Hackman)과 올드햄(Oldham)의 직무특성이론

④ 매슬로우(Maslow)의 욕구계층이론

출제빈도: ★☆☆

**08** 동기부여이론에 대한 설명으로 옳은 것은?

① 허즈버그(Herzberg)의 욕구충족이론에서는 위생요인이 충족되면 동기가 유발된다.

② 맥그리거(McGregor)의 X·Y이론은 매슬로우(Maslow)의 욕구단계설과 관련이 없다.

③ 브룸(Vroom)의 기대이론은 내용이론에 속한다.

④ 페리(Perry)의 공직동기이론은 신공공관리론에 대한 반론으로 제기되었다.

출제빈도: ★☆☆

**09** 다음 중 조직에서의 강화 일정에 관한 설명으로 가장 적절하지 않은 것은?

① 연속적 강화는 학습의 어떤 단계에서도 바람직한 행동의 비율을 높이는 데 매우 효과적이어서 관리자에게 큰 도움이 된다.

② 매월 20일에 봉급을 주는 것은 고정간격 강화의 한 예이다.

③ 생산량에 비례하여 임금을 지급하는 성과급제는 고정비율 강화의 한 예이다.

④ 변동비율로 강화 요인을 제공할 때에는 강화 요인을 제공하는 사이의 시간 간격을 너무 길게 하지 않게 해서 부하들의 사기가 떨어지지 않도록 배려할 필요가 있다.

---

**정답 및 해설**

**05** ①
브룸의 기대이론은 동기의 강도가 기대감, 수단성, 유의성에 달려있다고 보는 이론이다. 성취욕구, 권력욕구, 친교욕구로 분류하고 조직 내 성취욕구의 중요성에 중점을 둔 이론은 맥클리랜드(McClelland)의 성취동기이론이다.

오답노트
② 앨더퍼는 존재, 관계, 성장의 3단계로 분류하였다.
③ 매슬로우는 욕구의 5단계를 생리적 욕구 – 안전욕구 – 사회적 욕구 – 존경욕구 – 자아실현욕구로 제시하였다.
④ 포터와 롤러는 직무 성과의 수준이 업무 만족의 원인이 된다고 보았다.

**06** ①
매슬로우의 욕구 5단계설은 욕구 발현의 후진성을 인정하지 않는다.

오답노트
② 앨더퍼의 ERG 이론은 매슬로우의 5단계 욕구계층설을 수정하여 인간의 욕구를 존재, 관계, 성장의 3단계로 나눈다.
③ 허즈버그의 욕구충족요인 이원론에서는 불만족을 제거하면 만족을 주는 것이 아니라 불만족이 없는 상태가 될 뿐이다.
④ 아담스의 형평성 이론은 개인은 준거인(능력이 비슷한 동료)과 비교하여 자신의 노력과 보상 간의 불일치(보상의 불공평성)를 지각하면 이를 제거하는 방향으로 동기가 부여된다는 이론이다. 상대적으로 느끼는 공평한 정도에서 불평등을 느끼면 동기부여가 되는 것이다.

**07** ①
제임스 페리는 신공공관리론이나 신자유주의를 비판하고 신공공서비스론을 주장한 학자이다. 신공공서비스에서는 봉사를 통해 사회에 기여하고자 하는 관료의 욕구를 관료의 동기유발요인으로 본다.

**08** ④
페리(Perry)는 신공공관리론에 대한 대안으로, 신공공서비스이론에 입각한 공직동기이론에서 시민정신에의 부응을 통한 관료들의 동기유발을 제시하였다.

오답노트
① 허즈버그의 욕구충족이론에서는 위생요인이 충족되면 불만이 없는 상태가 되고 만족요인이 충족되면 동기가 유발된다고 본다.
② 맥그리거는 매슬로우의 욕구단계이론을 바탕으로 상반되는 두 가지 인간관(X와 Y)을 제시하였다.
③ 브룸의 기대이론은 과정이론에 속한다.

**09** ①
연속적 강화는 초기학습단계에 효과적이지만, 강화의 효과가 빨리 소멸하여 관리자에게는 큰 도움이 안 된다는 단점이 있다. 강화의 종류에는 연속적 강화, 고정간격 강화, 변동간격 강화, 고정비율 강화, 변동비율 강화가 있다.
㉠ 연속적 강화: 바람직한 행동이 일어날 때마다 강화요인을 제공하는 것이다. 초기학습단계에서 바람직하지만, 관리자에게는 큰 도움을 주지 못한다.
㉡ 고정간격 강화: 행동이 얼마나 발생하는가에 상관없이 미리 결정된 일정한 시간간격으로 강화요인을 제공하는 것이다. 예 월급
㉢ 변동간격 강화: 불규칙적(변동적)인 시간간격으로 강화요인을 제공하는 것이다. 예 승진
㉣ 고정비율 강화: 일정한 빈도의 바람직한 행동이 나타났을 때 강화요인을 제공하는 것이다. 즉, 행동(성과나 생산량)의 일정 비율에 대하여 강화요인을 제공하는 것으로 일정한 횟수의 행동에 대해 보상이 제공된다. 예 판매량에 따른 성과급 지급
㉤ 변동비율 강화: 불규칙한 횟수의 바람직한 행동이 나타났을 때 강화요인을 제공하는 것이다. 즉, 강화요인을 제공하는 데 필요한 행동(성과나 생산량)의 횟수가 시간에 따라 변동하는 것이다.
예 특별보너스

출제빈도: ★☆☆   대표출제기업: 대구도시철도공사

**10**  다음 중 동기부여이론과 관련된 설명으로 가장 옳은 것은?

① 매슬로우의 욕구단계론, 앨더퍼의 ERG 이론, 브룸의 기대이론(VIE)은 과정이론이 아닌 내용이론에 속한다.

② 매슬로우의 생리적 욕구는 앨더퍼의 성장욕구와 유사하다.

③ 허즈버그의 2요인 이론에 따르면 위생요인의 변화는 동기요인의 변화를 가져온다.

④ 브룸의 기대이론에서는 기대감(Expectancy), 수단성(Instrumentality), 유의성(Valence)이 동기를 결정한다.

출제빈도: ★☆☆   대표출제기업: 인천교통공사

**11**  맥그리거(McGregor)의 X 이론 측면에서 조직의 관리전략에 적합하지 않은 것은?

① 경제적 보상체계의 강화                ② 권위주의적 리더십의 확립

③ 목표에 의한 관리체계의 구축            ④ 상부책임제도의 강화

출제빈도: ★☆☆

**12**  문화 차원을 근거로 하였을 때 후진국 행정문화의 특성으로 보기 어려운 것은?

① 개인주의                              ② 온정주의

③ 권위주의                              ④ 형식주의

출제빈도: ★☆☆   대표출제기업: 한국보훈복지의료공단

**13**  선진국 행정문화의 특성으로 보기 어려운 것은?

① 성취주의                              ② 상대주의

③ 일반주의                              ④ 전문주의

출제빈도: ★☆☆

## 14  조직문화에 대한 설명으로 옳지 않은 것은?

① 조직문화는 특성상 보수적인 성향을 띠는 것이 일반적 현상이다.
② 조직은 보수성 때문에 격동하는 사회 환경 속에서 생존할 수 있다.
③ 조직문화는 조직의 안정성과 계속성을 유지시킨다.
④ 조직문화는 변화개혁의 시기에 장애가 되기도 한다.

---

정답 및 해설

**10** ④
브룸(Vroom)의 기대이론에서는 기대감, 수단성, 유의성이 동기를 결정한다.

오답노트
① 브룸의 기대이론은 동기부여이론 중 과정이론에 속한다.
② 매슬로우(Maslow)의 생리적 욕구는 앨더퍼(Alderfer)의 생존욕구에 포함된다.
③ 허즈버그의 이론에서는 위생요인과 동기요인은 별개이며, 위생요인의 제거는 불만을 없애줄 뿐, 만족감을 주어 동기부여로 연결되지는 않는다.

**11** ③
목표관리(MBO)는 참여에 의한 관리로 Y 이론에 토대를 두는 인본주의 관리전략이다.

오답노트
① X 이론은 경제적 보상을 중시한다.
② X 이론은 억압이나 통제에 의한 권위적 리더십을 중시한다.
④ X 이론은 집권화와 상층부 감독을 중시한다.

**12** ①
개인주의는 선진국 행정문화의 특성이다.

오답노트
② 온정주의, ③ 권위주의, ④ 형식주의는 후진국 행정문화의 특성이다.

**13** ③
일반주의는 후진국 행정문화의 특성이다.

오답노트
① 성취주의, ② 상대주의, ④ 전문주의는 모두 선진국 행정문화의 특성으로 옳은 지문이다.

**14** ②
조직은 보수성과 현상유지적 성격 때문에 격동하는 사회 환경에 탄력적으로 대응하기 어렵고, 그 경우 생존하기 어렵게 된다.

오답노트
①, ③ 조직문화는 쉽게 변동되지 않으므로 보수적 성향을 지니며 조직의 안정성과 계속성을 유지시킨다.
④ 조직문화는 경직성으로 인하여 환경에서의 적응성을 떨어뜨리고 변화와 개혁에 장애가 되기도 한다.

## 15  행정문화의 특징으로 옳지 않은 것은?

① 행정문화는 구성원을 스스로 통합하는 기능을 한다.
② 행정문화는 비교적 안정적이다.
③ 행정문화는 사회화 기능을 수행한다.
④ 행정문화는 경계를 타파한다.



## 16  의사소통 유형에 대한 설명으로 옳지 않은 것은?

① 공식적 의사소통은 공식조직 내에서 공식적 통로와 수단에 의하여 전달되는 것이다.
② 상의하달적인 의사소통에는 보고, 내부결제제도, 제안제도 등이 있다.
③ 횡적(수평적) 의사소통은 계층제에 있어서 동일한 수준에 있는 개인 또는 집단 간에 행하여지는 의사소통이다.
④ 비공식적 의사소통으로 소문이나 풍문 등이 있다.



## 17  조직의 의사전달에 대한 설명으로 옳지 않은 것은?

① 공식적 의사전달은 의사소통이 객관적이고 책임소재가 명확하다는 장점이 있다.
② 비공식적 의사전달은 의사소통 과정에서의 긴장과 소외감을 극복하고 개인적 욕구를 충족시킨다는 장점이 있다.
③ 공식적 의사전달은 조정과 통제가 곤란하다는 단점이 있다.
④ 참여인원이 적고 접근가능성이 낮은 경우 의사전달체제의 제한성은 높다.

## 18　리더십에 관한 다음 설명 중 가장 옳지 않은 것은?

① 특성론적 접근법은 주로 업무의 특성과 리더십 스타일 사이의 관계에 초점을 맞춘다.

② 행태론적 접근법은 리더의 행동과 효과성 사이의 관계에 관심을 갖는다.

③ 상황론적 접근법에 기초한 이론의 예로 피들러(F. Fiedler)의 상황적합적 리더십 이론, 하우스(R. J. House)의 경로·목표 모형 등을 들 수 있다.

④ 변혁적(Transformational) 리더십이 거래적(Transactional) 리더십보다 늘 행정에 유용한 것은 아니다.

**PART 3 \ 행정조직론**

**해커스공기업 쉽게 끝내는 행정학 기본서**

---

**정답 및 해설**

**15** ④

행정문화는 조직의 경계를 설정해주는 역할을 한다. 안정적 조직문화는 조직의 경계를 설정하지만 경계를 타파하는 변화에 대한 적응에는 장애요소이다.

**16** ②

보고, 내부결제제도(품의제도), 제안제도 등은 하의상달적 의사소통이다.

오답노트

① 공식적 의사소통은 공식조직 내에서 계층제적 경로와 과정을 거쳐 공식적으로 행해지는 의사전달을 의미하며 고전적 조직론에서 강조하는 것으로, 공문서를 수단으로 한다.

③ 수평적 의사소통은 동일수준의 의사전달로 사전심사, 사후통지, 회람·공람, 회의, 레크리에이션, 토의(위원회) 등이 있다.

④ 비공식적 의사소통은 계층제나 공식적인 직책을 떠나 조직구성원 간의 친분·상호 신뢰와 인간관계 등을 통하여 이루어지는 의사전달을 말하는 것으로, 소문·풍문·메모 등을 수단으로 한다.

**17** ③

공식적 의사전달은 공식 조직 내에서 계층제적 경로와 과정을 거쳐 공식적으로 행해지는 의사전달이므로, 조정과 통제가 용이하다는 장점이 있다.

오답노트

④ 참여인원이 적거나 접근가능성이 낮으면 의사전달은 제한된다.

**18** ①

리더십 이론에서 업무의 특성과 리더십 스타일 사이의 관계에 초점을 두는 것은 특성론이 아니라 행태론적 접근법의 특징이다. 특성론은 리더의 자질을 연구하는 이론이다.

오답노트

② 행태론적 접근법은 리더의 행동을 X 이론적 행태와 Y 이론적 행태로 구별하고 Y 이론적 행태의 리더십이 더 효과적이라고 주장한다.

③ 상황론은 리더십의 효율성에 영향을 미치는 상황(환경)적 조건을 연구한 이론으로 피들러 등이 대표적인 학자이다.

④ 안정된 상황에서는 거래적 리더십이, 변화적응하는 상황에서는 변혁적 리더십이 효과적이다.

---

출제빈도: ★☆☆　대표출제기업: 한국보훈복지의료공단

**19** 피들러의 상황적응 리더십 이론에서 주장하는 3가지 상황변수로 옳지 않은 것은?

① 지도자와 부하의 관계　　　　　　　　② 지도자의 자질

③ 업무의 조직화　　　　　　　　　　　④ 지도자의 권위

---

출제빈도: ★☆☆

**20** 리더십 상황이론에 해당하지 않는 것은?

① 블레이크(Blake)와 모우톤(Mouton)의 관리그리드 이론

② 피들러(Fiedler)의 상황적응 모형

③ 허쉬(Hersey)와 블랜차드(Blanchard)의 3차원 모형

④ 하우스(House)와 에반스(Evans)의 경로·목표이론

---

출제빈도: ★☆☆

**21** 지도자의 행동을 인간관계지향적 행동과 과업지향적 행동으로 구분하고, 상황변수로 부하의 직무상·심리적 성숙도를 채택하여 3차원적인 상황적 리더십 이론을 제시한 학자는?

① 피들러(Fiedler)

② 허쉬와 블랜차드(Hersey & Blanchard)

③ 블레이크와 모우톤(Blake & Mouton)

④ 하우스(House)

출제빈도: ★☆☆

## 22 다음 내용을 모두 특징으로 하는 리더십의 유형은?

> • 추종자의 성숙단계에 따라 효율적인 리더십 스타일이 달라진다.
> • 리더십은 개인의 속성이나 행태뿐만 아니라 환경의 영향을 받는다.
> • 가장 유리하거나 가장 불리한 조건에서는 과업중심적 리더십이 효과적이다.

① 변혁적 리더십

② 거래적 리더십

③ 카리스마적 리더십

④ 상황론적 리더십



### 정답 및 해설

**19 ②**
피들러(Fiedler)의 상황적응 모형에서 리더십의 효율성에 영향을 미치는 상황변수는 ① 지도자와 부하의 관계, ③ 업무의 조직화(과업의 구조화), ④ 지도자의 권위(직위권력의 크기)이다.

**20 ①**
블레이크와 모우톤의 관리그리드 이론은 상황론이 아니라 행태론적 리더십 연구에 해당한다.

오답노트
② 피들러의 상황적응 모형, ③ 허쉬와 블랜차드의 3차원 모형, ④ 하우스와 에반스의 경로·목표이론은 모두 상황이론에 해당한다. 상황이론에서는 리더십을 특정 역사적 맥락 속에서 발휘되는 것으로 파악하여, 상황 유형별로 가장 효율적인 리더의 행태를 찾아내기 위한 연구를 수행하였다. 또한 리더십은 지도자와 추종자, 상황에 의해 결정된다고 보았다.

**21 ②**
허쉬와 블랜차드의 3차원 모형에 대한 설명이다.

오답노트
① 피들러는 리더십의 유형을 과업중심형과 인간관계중심형으로 구분한 뒤, 리더와 부하의 관계·지위권력·과업구조라는 3가지 상황변수의 조합에 따라 리더에게 유리한 상황이 달라지고, 상황에 따라 효과적으로 적용되는 리더십 스타일이 달라진다고 하였다.
③ 블레이크와 모우톤은 '생산에 대한 관심'과 '인간에 대한 관심'이라는 두 가지 기준을 토대로 리더십의 유형을 무관심형, 친목형, 과업형, 타협형, 단합형으로 나누었다.
④ 하우스는 리더십의 유형을 지시적, 지원적, 참여적, 성취 지향적 리더십으로 구분하였다.

**22 ④**
제시문은 모두 상황요인에 따라 리더십의 효율성이 달라진다는 상황론적 리더십을 설명하고 있다. 추종자의 성숙단계에 따라 효율적인 리더십 스타일이 달라진다는 것은 허쉬와 블랜차드(Hersey & Blanchard)의 3차원 이론(생애주기이론)이고, 리더십은 개인의 속성이나 행태뿐만 아니라 환경의 영향을 받는다는 것은 상황론적 리더십에 대한 일반적인 설명이며, 가장 유리하거나 가장 불리한 조건에서는 과업중심적 리더십이 효과적이라는 것은 피들러(Fiedler)의 상황적응 모형의 결론이다.

## 23 바스 등이 제시한 변혁적 리더십의 주된 요인으로 옳지 않은 것은?

① 영감적 리더십  
② 합리적 과정  
③ 카리스마적 리더십  
④ 개별적 배려



## 24 변혁적 리더십(Transformational leadership)의 특징이 아닌 것은?

① 리더는 부하의 욕구와 직무수행에 필요한 자원을 정확히 파악하여 그에 대한 보상과 지원을 제공하고, 부하는 그에 상응하는 노력을 통하여 리더가 제시한 과업목표를 달성한다.  
② 부하의 변화 측면에 초점을 맞추어 재량권을 부여하고 부하를 리더로 키운다.  
③ 부하의 자기실현과 존중감 등 높은 수준의 욕구 실현에 관심을 갖는다.  
④ 조직이 나아갈 비전을 제시하고 구성원들로 하여금 비전을 공유할 수 있도록 만든다.



## 25 프렌치(J. R. P. French, Jr.)와 레이븐(B. H. Raven)의 권력유형 분류에서 권력의 원천이 아닌 것은?

① 준거(Reference)  
② 전문성(Expertness)  
③ 강제력(Coercion)  
④ 상징(Symbol)

**26** 프렌치와 레이븐(French & Raven)은 권력의 원천에 따라 권력유형을 분류하였다. 이에 대한 설명으로 옳지 않은 것은?

① 합법적 권력은 일반적으로 지위가 높으면 높을수록 더욱 커지는 경향이 있다.

② 전문적 권력은 조직의 공식적 지위와 일치하지 않을 수도 있다.

③ 보상적 권력은 다른 사람들에게 보상을 제공할 수 있는 능력에 기반을 둔다.

④ 강압적 권력은 인간의 공포에 기반을 둔 권력으로 권한과 유사한 개념이다.

---

**정답 및 해설**

**23** ②
합리적 과정은 전통적인 거래적·교환적 리더십의 주된 특징이다.

**24** ①
리더는 부하의 욕구와 직무수행에 필요한 자원을 정확히 파악하여 그에 대한 보상과 지원을 제공하고, 부하는 그에 상응하는 노력을 통하여 리더가 제시한 과업목표를 달성하는 것은 거래적 리더십에 해당한다.

오답노트
②, ③ 변혁적 리더십의 구성요소 중 개별적 배려에 해당하는 설명이다.
④ 변혁적 리더십의 구성요소 중 영감적 리더십에 해당하는 설명이다.

**25** ④
프렌치와 레이븐은 준거, 전문성, 강제력, 보상, 정통성이라는 권력의 5가지 원천에 따라 권력을 유형화하였다. 상징은 권력의 원천에 해당하지 않는다.

**26** ④
강압적 권력은 인간의 공포에 기반을 둔 권력으로 어떤 사람이 다른 사람을 처벌할 수 있는 능력을 가지거나 육체적 또는 심리적으로 다른 사람에게 위해를 가할 수 있는 능력을 가진 경우에 발생한다. 권한과 유사한 것은 합법적 권력이다.

**27** 토머스(K. Thomas)가 제시하고 있는 대인적 갈등관리 방안에 대한 설명으로 옳지 않은 것은?

① 자신의 이익과 상대방의 이익을 만족시키려는 정도라는 두 가지 차원으로 구분하여 설명한다.

② 경쟁이란 상대방의 이익을 희생하여 자신의 이익을 추구하는 방안이다.

③ 순응이란 자신의 이익은 희생하면서 상대방의 이익을 만족시키려는 방안이다.

④ 타협이란 자신과 상대방의 이익 모두를 만족시키려는 방안이다.



**28** 다음 <보기>에서 토머스(Thomas)가 제시한 대인적 갈등관리 방안과 관련되는 내용이 바르게 연결된 것은?

─────────────────────────<보기>─────

ㄱ. 상대방의 이익을 희생하여 자신의 이익을 추구하는 경우

ㄴ. 자신의 이익이나 상대방의 이익 모두에 무관심한 경우

ㄷ. 자신과 상대방 이익의 중간 정도를 만족시키려는 경우

ㄹ. 자신의 이익을 희생하여 상대방의 이익을 만족시키려는 경우

| | ㄱ | ㄴ | ㄷ | ㄹ |
|---|---|---|---|---|
| ① | 강제 | 회피 | 타협 | 포기 |
| ② | 경쟁 | 회피 | 타협 | 순응 |
| ③ | 위협 | 순응 | 타협 | 양보 |
| ④ | 경쟁 | 회피 | 순응 | 양보 |



**29** 조직 내의 갈등관리에 대한 설명으로 옳지 않은 것은?

① 고전적 갈등관리 이론에서는 갈등의 유해성에 주목하고 그 해소방법을 처방하는 데 몰두하였다.

② 행태주의 관점의 갈등관리 이론에서는 갈등이 조직발전의 원동력이 된다고 주장하였다.

③ 갈등관리 전략으로서 조성전략은 갈등의 순기능적 측면에 입각해 있다.

④ 로빈스는 갈등관리를 전통주의자, 행태주의자, 상호작용주의자의 관점으로 구분하여 접근한다.

출제빈도: ★☆☆

# 30 조직 내부에서 발생하는 갈등에 대한 설명으로 옳지 않은 것은?

① 갈등은 양립할 수 없는 둘 이상의 목표를 추구하는 상황에서도 발생한다.

② 고전적 조직이론에서는 갈등을 중요하게 고려하지 않는다.

③ 행태론적 입장에서는 모든 갈등이 조직 성과에 부정적 영향을 미치므로 제거돼야 한다고 본다.

④ 현대적 접근 방식은 갈등을 정상적인 현상으로 보고 경우에 따라서는 조직발전의 원동력으로 본다.

---

**정답 및 해설**

**27** ④

토머스의 대인적 갈등관리방안 중 타협은 양보와 획득을 통하여 자신과 상대방의 이익을 절충시키려는 방안이며, 자신과 상대방의 이익 모두를 만족시키려는 방안은 타협이 아니라 협동(협력)이다.

| | |
|---|---|
| 회피 | 비단정적인 전략으로 자신의 이익과 상대방의 이익에 모두 무관심한 경우 |
| 순응<br>(수용, 적응) | 자신의 이익은 희생하고 상대방의 이익을 만족시키는 전략으로서 상대방의 논제가 더 중요할 때 상대방의 주장을 받아들이는 것 |
| 타협 | 자신과 상대방 이익의 중간 정도를 만족시키는 전략 |
| 경쟁 | 자신의 이익은 추구하고 상대방의 이익을 희생시키는 전략 |
| 협동 | 자신과 상대방의 이익 모두를 만족시키려는 전략 |

**28** ②

ㄱ은 경쟁, ㄴ은 회피, ㄷ은 타협, ㄹ은 순응 전략에 해당한다.

**29** ②

갈등을 조직발전의 원동력으로 보는 관점은 행태주의가 아니라 상호작용주의 관점이다.

오답노트
① 고전적 갈등관리는 갈등의 역기능을 강조하며 갈등을 회피대상으로 여긴다.
③ 순기능적 갈등은 조성, 역기능적 갈등은 해소의 대상이다.
④ 로빈스와 저지[Robbins & Judge(2011)]는 갈등관리를 전통주의자, 행태주의자, 상호작용주의자의 관점으로 구분하여 접근한다.

**30** ③

행태론적 입장에서는 조직 내 갈등은 필연적이며 완전한 제거가 불가능하기 때문에 갈등을 인정하고 받아들여야 한다고 본다.

오답노트
① 갈등발생의 이유이다.
② 과학적 관리론 등 고전적 조직론은 갈등에 대한 인식 자체가 없던 시기이다.
④ 갈등이 없으면 조직의 침체를 가져올 수 있으므로 이를 조장할 필요성이 있다는 입장이다.

---

**✓ 핵심 포인트**

| | |
|---|---|
| 조직과 환경 | 에머리와 트리스트, 적응적 흡수 |
| 거시조직이론 | 결정론과 자발론 구별 |
| 혼돈이론 | 주요 특징 |

---

## 01 조직과 환경

출제빈도 ★

### 1. 조직환경의 의미

#### (1) 환경의 의의

환경이란 '잠재적 또는 실제적으로 조직에 영향을 미치는 조직 경계 밖의 모든 외부 현상'을 말하는 것으로, 환경의 범위는 조직에 따라 상대적이다.

#### (2) 에머리와 트리스트(Emery & Trist)의 환경유형 – 환경 변화의 단계 중심

에머리와 트리스트는 환경 구성요소 간의 관계에 착안하여 환경의 기본유형을 4가지로 구분하였다. 이들 4가지 조직환경은 단순한 것으로부터 점차 복잡성과 불확실성이 높아져 가는 단계로 나아가기 때문에 조직환경의 변화단계라고도 부른다.

① 정적·임의적 환경(평온한 무작위적 환경) – 제1단계

환경적 요소가 안정되어 있고 무작위적으로 분포되어 있는 가장 단순한 환경이다. 태아가 처해있는 환경, 완전경쟁시장 등을 예로 들 수 있다.

② 정적·집약적 환경 – 제2단계

환경적 요소가 안정되어 있고 비교적 변하지 않지만 환경적 요소들이 일정한 유형에 따라 조직화되어 있는 환경을 말한다. 그 예로는 농업, 광업 등 일차산업의 환경 등이 있다.

③ 교란적·반응적 환경 – 제3단계

㉠ 정적·임의적 환경, ㉡ 정적·집약적 환경의 두 개의 단계와 질적으로 차이가 있는 역동적 환경으로, 유사한 체제들이 환경 속에 등장하여 상호작용하고 경쟁하기 때문에 각각의 체제는 서로 다른 체제의 반응을 고려해야만 하는 환경을 말한다.

④ 격동의 장(소용돌이의 장: Turbulent field) - 제4단계

격동의 장은 환경이 매우 복잡하고 구성요소들이 여러 갈래로 얽히고설키어 있기 때문에 환경 자체에 역동적인 과정이 내재되어 있는 환경을 말한다. 환경 자체가 변하는 격동의 장은 고도의 복잡성·불확실성이 특징이며, 조직의 예측능력을 앞질러 환경이 변하게 된다.

## 2. 외부환경에 조직이 취하는 전략 – 셀즈닉(Selznick)의 이론

### (1) 적응적 흡수(Co-optation)

적응적 흡수란 조직이 그 존립과 계속성을 유지하기 위하여 조직의 지도층이나 의사결정기구에 외부의 영향력 있는 유력한 인사를 흡수·영입하여 위험 요소를 제거하는 것을 말한다. (인적요소 중심의 대응전략)

### (2) 적응적 변화

적응적 변화란 조직을 변화하는 환경에 적응시켜서 조직의 안정과 발전을 유지하며 동시에 창조적인 활동을 하는 것을 말한다. (구조, 인간, 행태, 기술, 가치관 변화 중심의 대응전략)

## 02 거시조직이론　　　　출제빈도 ★

## 1. 의의

### (1) 개방조직이론

고전적 조직이론은 조직과 환경의 관계를 고려하지 못한 폐쇄조직이론이었으나, 현대조직이론은 조직과 환경과의 상호작용 관계를 중시하는 개방조직이론이다.

### (2) 거시조직이론의 체계

| 구분 | | 환경인식 | |
|---|---|---|---|
| | | 결정론(Deterministic, 수동적) | 임의론(Voluntaristic, 능동적) |
| 분석<br>수준 | 개별조직 | 체제구조적 관점 | 전략적 선택 관점 |
| | | • 구조적 상황론(상황적응론) | • 전략적 선택이론<br>• 자원의존이론 |
| | 조직군 | 자연적 선택 관점 | 집단적 행동 관점 |
| | | • 조직군생태학이론<br>　(환경적소에 의한 선택)<br>• 조직경제학(경제적 환경에 적응)<br>• 신제도화이론<br>　(사회문화적 환경에 적응) | • 공동체생태학이론 |

## 2. 구조적 상황론(Contingency theory) – 상황적응론(결정론)

① 구조론적 상황론은 개별조직이 놓여있는 상황에 따라 조직의 구조와 전략이 달라져야 한다는 이론이다. (Lawrence & Lorsch)
② 유일최선의 문제해결 방법(The best one way)은 없으며, 다양한 상황변수에 따라 조직구조 및 조직의 효과성이 달라진다고 본다.
③ 개방체제이론에 기반을 두고 상황과 조직구조 간의 적합성 여부가 조직성과를 좌우한다고 보는 이론이다.

## 3. 조직군생태학이론(결정론)

다윈(Darwin)의 진화론(적자생존)을 조직이론에 원용한 이론으로, 조직구조는 외부환경의 선택에 의해 좌우된다고 보아 환경의 절대성을 강조한다. 즉, 조직이 환경에 적응하는 것이 아니라 환경이 조직을 선택한다는 극단적인 환경결정론이다.

## 4. 조직경제학이론 – 거래비용경제학·대리인이론(결정론)

### (1) 의의

조직경제학(Organizational economics)은 경제학의 관점을 조직이론에 도입한 이론으로서, 내·외부의 경제적 환경으로부터 발생하는 거래비용을 줄이기 위하여 조직이 설립되고 효율적인 조직구조가 형성된다는 이론이다. 거래비용경제학·대리인이론이 핵심이다.

### (2) 거래비용경제학

① 윌리암슨(Williamson)은 코우즈(Coase) 이론의 불확실성·사이먼(Simon)의 제한된 합리성·기회주의적 행동·자산의 전속성 등의 개념을 추가하여 거래비용을 파악하고, 거래비용의 발생으로 인해 시장실패가 발생하며 이에 대한 대안으로 계서적 조직을 선호한다고 주장한다.
② 거래비용의 최소화가 조직구조 효율성의 관건이 된다고 본다. 시장을 통한 계약관계의 형성 및 집행에서 발생하는 거래비용과 계층제적 조직이 될 경우의 내부관리비용을 비교하여 거래비용이 관리비용보다 클 경우 수직적 통합(Vertical integration), 즉 계층제적 조직이 형성된다고 보았다. 다시 말해 거대조직이나 계서제적 조직구조의 출현 원인을 거래비용의 최소화에서 찾고 있다.

### (3) 대리인이론(Agency theory)

① 의의
대리인이론이란 본인(위임자)과 대리인 간의 비대칭적인 정보와 상충적인 이해관계로 발생하는 대리손실을 최소화할 수 있는 방법을 모색하는 이론이다.
② 기본전제
- 본인과 대리인 간에는 근본적인 이해관계의 상충으로 '대리손실(Agency loss)'이 발생한다.
- 대리손실은 대리인에 대한 정보부족으로 주인이 대리인을 효율적으로 통제·감시하지 못한 것에서 기인한다.

③ 대리손실의 유형 – 역선택과 도덕적 해이

- 역선택(Adverse selection): 보험관계에서 사고발생위험이 높은 상대방과 계약을 맺는 현상으로서 대리인에 대한 정보부족으로 부적격자나 무능력자를 대리인으로 선임하게 되는 현상으로 설명되기도 한다. 이는 사전적 손실에 해당한다.
- 도덕적 해이(Moral Hazard): 보험가입 후에 사고예방노력을 게을리하는 현상으로서 정보의 격차로 인한 감시의 결여를 이용하여 대리인이 권력을 남용하여 주인의 이익보다는 자신의 이익을 추구하거나 게으름을 피우는 현상이라고 할 수 있다. 이는 사후적 손실에 해당한다.

## 5. 제도화이론(결정론)

제도화이론은 사회문화적 환경과 부합되도록 형태 및 구조를 적응시켜야 한다는 이론이다. 조직은 환경의 영향을 강하게 받는 개방체제이지만, 조직에 가장 결정적으로 작용하는 요인은 사회·문화적 압력이라고 보는 이론으로서 제도적 환경을 중시한다.

## 6. 전략적 선택이론(임의론적 입장)

조직의 구조와 특성은 관리자의 전략적 선택에 의해서 결정된다.

## 7. 자원의존이론(임의론)

자원의존이론은 어떤 조직도 필요로 하는 다양한 모든 자원을 조직 내부에서 획득할 수 없다는 것을 전제하면서도, 조직이 환경적 요인을 피동적으로 받아들이지 않고 스스로의 이익을 위해 적극적으로 환경에 대처하기 위한 전략적 결정을 내린다는 이론이다. (Pfeffer & Salancik)

## 8. 공동체생태학이론(임의론)

공동체생태학이론은 조직들이 생태학적 공동체 속에서 상호호혜적인 의존관계를 가지면서 조직 간 공동전략(연대)에 의하여 능동적으로 환경에 적응하는 것을 설명하는 이론이다. (Beard & Dess, 1988)

**임의론 = 자발론**
조직은 적극적·능동적이다.

## 1. 의의

① 혼돈이론은 '불규칙성 속에서의 규칙성을 찾아 미래의 변동을 예측하고자 하는 이론'
이다.
② 비선형적 · 역동적 · 비가역적 · 비주기적 체제에서의 불규칙적인 행태를 연구하여 폭넓
고 장기적인 변동의 경로와 양태를 찾아보고자 하는 이론이다.

## 2. 주요 특징(오석홍)

### (1) 대상체제의 복잡성

대상체제, 즉 행정조직은 개인과 집단 · 환경적 세력이 교호 작용하는 복잡한 체제라
고 가정한다.

### (2) 통합적 연구

질서와 무질서, 부정적 환류와 긍정적 환류, 부정적 엔트로피와 긍정적 엔트로피 등
복잡한 문제에 대한 통합적 접근을 시도한다. 복잡한 관계를 전통적인 과학처럼 단순화하
려 하지 않는다.

### (3) 발전의 전제조건

혼돈을 회피와 통제의 대상으로 보지 않고, 발전의 불가결한 조건으로 이해한다.

### (4) 자기조직화 능력

조직의 자생적 학습능력과 자기조직화 능력을 전제한다. 혼돈의 긍정적 효용을 믿는
것은 바로 그러한 능력을 믿기 때문이다.

### (5) 반(탈)관료주의적 처방

혼돈이론의 처방적 선호는 탈관료제적이다. 창의적 학습과 계획을 위하여 제한된 무
질서를 용인하도록 조성한다. 계층제의 탈피, 업무의 유동성, 다기능적 팀의 활용,
흐름 중심의 조직, 저층구조화 등을 추구한다.

출제빈도: ★☆☆

**01** 다음이 설명하고 있는 개념은?

> 조직이 그 존립과 계속성을 유지하기 위하여 조직의 지도층이나 의사결정 기구에 외부의 영향력 있는 유력한 인사를 흡수·영입하여 위험 요소를 제거하는 것을 말한다.

① 적응적 흡수(Co-optation)
② 적응적 변화
③ 연합 전략
④ 경쟁적 전략

출제빈도: ★☆☆

**02** 에머리와 트리스트(Emery & Trist)의 환경유형 중 고도의 복잡성·불확실성이 특징이며, 조직의 예측능력을 앞질러 환경이 변하게 되는 유형은?

① 정적·임의적 환경
② 정적·집약적 환경
③ 교란적·반응적 환경
④ 격동의 장(Turbulent field)

출제빈도: ★☆☆

**03** 거시적 조직이론에 대한 설명으로 가장 옳지 않은 것은?

① 전략적 선택이론은 임의론이다.
② 조직군생태론은 자연선택론을 취한다.
③ 조직군생태론은 결정론적이다.
④ 전략적 선택이론의 분석단위는 조직군이다.

## 04  자원의존이론에 대한 설명 중 옳지 않은 것은?

① 조직과 환경과의 관계에서 조직의 전략적 선택을 중요시한다.

② 조직은 자원을 획득하는 데 그 환경에 의존한다고 본다.

③ 조직의 존속, 발전, 소멸의 이유를 환경에 대한 조직 적합도에서 찾았다.

④ 조직은 능동적으로 환경에 영향을 미치려고 한다고 전제한다.





### 정답 및 해설

**01** ①

적응적 흡수란 조직이 그 존립과 계속성을 유지하기 위하여 조직의 지도층이나 의사결정 기구에 외부의 영향력 있는 유력한 인사를 흡수·영입하여 위험 요소를 제거하는 것을 말한다.

오답노트

② 적응적 변화란 조직을 변화하는 환경에 적응시켜서 조직의 안정과 발전을 유지하며 동시에 창조적인 활동을 하는 것을 말한다.

③ 연합 전략은 둘 이상의 조직이 공동목표를 추구하기 위하여 제휴·결합하는 것으로, 타 조직에게 양보하는 정도가 가장 큰 전략이라고 할 수 있다.

④ 경쟁적 전략은 둘 이상의 조직이 자원이나 고객 등의 공통된 획득 대상을 보다 많이 확보하기 위해 벌이는 조직활동을 말한다.

**02** ④

격동의 장은 환경이 매우 복잡하고 구성요소들이 여러 갈래로 얽히고 설키어 있기 때문에 환경 자체에 역동적인 과정이 내재되어 있는 환경을 말한다. 환경 자체가 변하는 격동의 장은 고도의 복잡성·불확실성이 특징이며, 조직의 예측능력을 앞질러 환경이 변하게 된다.

오답노트

① 정적·임의적 환경은 환경적 요소가 안정되어 있고 무작위적으로 분포되어 있는 가장 단순한 환경을 말한다.

② 정적·집약적 환경은 환경적 요소가 안정되어 있고 비교적 변하지 않지만 환경적 요소들이 일정한 유형에 따라 조직화되어 있는 환경을 말한다.

③ 교란적·반응적 환경은 유사한 체제들이 환경 속에 등장하여 상호작용하고 경쟁하기 때문에 각각의 체제는 서로 다른 체제의 반응을 고려해야만 하는 환경을 말한다.

**03** ④

전략적 선택이론의 분석단위는 개별조직이며, 임의론이다.

| 구분 | | 환경인식 | |
|---|---|---|---|
| | | 결정론<br>(Deterministic, 수동적) | 임의론<br>(Voluntaristic, 능동적) |
| 분석<br>수준 | 개별<br>조직 | <체제구조적 관점><br>• 구조적 상황론<br>(상황적응론) | <전략적 선택 관점><br>• 전략적 선택이론<br>• 자원의존이론 |
| | 조직군 | <자연적 선택 관점><br>• 조직군생태학이론<br>(환경적소에 의한 선택)<br>• 조직경제학<br>(경제적 환경에 적응)<br>• 신제도화이론(사회문화적 환경에 적응) | <집단적 행동 관점><br>• 공동체생태학이론 |

**04** ③

조직의 존속, 발전, 소멸의 이유를 환경에 대한 조직 적합도에서 찾는 것은 자원의존이론이 아니라 조직군생태론에 대한 설명이다. 자원의존이론은 조직군생태론과 달리 관리자의 적극적이고 능동적인 역할을 강조한다.

오답노트

① 자원의존이론은 조직이 환경적 요인을 피동적으로 받아들이지 않고 스스로의 이익을 위해 적극적으로 환경에 대처하기 위한 전략적 결정을 내린다는 이론이다.

② 자원의존이론은 어떤 조직도 필요한 자원을 조직 내부에서 모두 획득할 수는 없다고 보며, 희소자원에 대한 의존성이 관리자가 다루어야 할 중요한 상황요인이라고 본다.

④ 자원의존이론은 희소자원에 대한 관리자의 통제 능력에 의한 적극적·능동적 환경관리를 중시한다.

출제빈도: ★☆☆

**05** 대리인이론에 대한 설명으로 옳지 않은 것은?

① 비경제적 요인에 대한 고려를 소홀히 한다는 비판을 받는다.

② 신공공관리론의 이론적 배경이 되고 있다.

③ 대리인의 자율성을 강화해야 한다.

④ 정보의 비대칭성으로 인해 역선택의 문제와 도덕적 해이가 나타날 수 있다.

출제빈도: ★☆☆

**06** 전략적 선택이론에 대한 설명으로 옳은 것은?

① 관리자의 재량적 결정이 환경을 능동적으로 결정한다.

② 조직이 처한 상황이 조직구조를 결정한다.

③ 희소자원에 대한 관리자의 통제능력이 조직의 역량을 결정한다.

④ 조직은 종속변수로서 환경에 피동적으로 대응한다.

출제빈도: ★☆☆

## 07 혼돈이론(Chaos Theory)에 대한 설명으로 옳지 않은 것은?

① 현실의 복잡성과 불확실성을 극복하기 위해 단순화·정형화를 추구한다.

② 비선형적·역동적 체제에서의 불규칙성을 중시한다.

③ 전통적 관료제 조직의 통제 중심적 성향을 타파하도록 처방한다.

④ 조직의 자생적 학습 능력과 자기조직화 능력을 전제한다.

---

#### 정답 및 해설

**05 ③**

대리인의 자율성을 강화하게 하면 대리손실 문제가 심화될 수 있으므로 대리인의 자율성 강화보다는 비대칭적 정보의 완화를 통해 주인의 대리인에 대한 통제를 강화해야 한다.

오답노트
① 대리인이론은 경제적 요인만을 중시하고 비경제적 요인의 고려를 소홀히 한다는 한계가 있다.
② 대리인이론 등 공공선택론은 신공공관리론의 이론적 토대를 제공한다.
④ 주인과 대리인 간의 정보의 비대칭성으로 인하여 적절한 대리인을 선택하지 못하는 역선택의 문제, 선택된 이후에 대리인이 주인을 위하여 행동하지 않고 자신을 위하여 행동하는 도덕적 해이의 문제가 발생할 수 있다.

**06 ①**

전략적 선택이론은 관리자의 재량적 결정이 환경을 능동적으로 결정한다.

오답노트
②는 상황적응론, ③은 자원의존이론에 대한 설명이다.
④ 결정론의 조직과 환경과의 관계에 대한 설명이다.

**07 ①**

혼돈이론은 복잡한 문제에 대한 통합적 접근을 시도하여 복잡한 관계를 단순화하지 않고, 있는 그대로 파악하는 것을 추구한다.

오답노트
② 혼돈이론은 불규칙성 속에서의 규칙성을 찾아 미래의 변동을 예측하고자 하는 이론이다.
③ 혼돈이론의 처방적 선호는 탈관료제적이다.
④ 조직의 자생적 학습능력과 자기조직화 능력을 전제한다. 혼돈의 긍정적 효용을 믿는 것은 바로 그러한 능력을 믿기 때문이다.

| | |
|---|---|
| 목표관리(MBO) | MBO 특징 |
| 총체적 품질관리(TQM) | MBO와 TQM 비교 |
| 조직발전과 BSC | 조직발전과 BSC의 특징, BSC의 4대 관점 |

## 01 목표관리(MBO)　　　　　출제빈도 ★★★

### 1. 의의

① 목표관리(MBO: Management By Objectives)는 설정된 목표를 효율적으로 달성하기 위한 관리기법의 하나로, '상·하 조직구성원의 참여 과정을 통해 조직의 목표를 설정하고 업무수행 결과를 목표에 비추어 평가·환류하여 조직의 효율성을 제고시키려는 관리방식'이다.

② 기본적으로 조직을 개방적 유기체로 이해하고 Y 이론적 인간관과 자기실현적 인간관을 바탕으로 하며, 분권화 및 참여에 의한 관리를 선호한다. 따라서 MBO는 조직관리기법이지만 참여를 강조하는 예산기법으로 활용되기도 한다.

③ 안정된 환경에서의 조직관리기법이다.

### 2. 특성

#### (1) 참여적 관리

조직구성원들의 광범위한 참여에 의한 관리를 강조한다. 따라서 Y 이론적·상향적 관리방식이라고 할 수 있다.

#### (2) 자율적·분권적 풍토

구성원의 참여를 중시하는 분권적 관리기법의 일종이다.

#### (3) 계량가능한 단기목표

추상적·질적·가치적·거시적·장기적인 목표(Goal)가 아닌 미시적·결과적·계량적·단기적·가시적인 목표(Objective)를 중시한다.

### (4) 평가와 환류 중시

최종 결과를 평가하고 개선책을 강구하는 환류 과정을 강조한다.

### (5) 통합적 관리전략

자발적 참여를 강조하여 조직목표와 개인목표를 조화시키려는 Y 이론적 인간관에 입각하고 있다.

### (6) 결과지향적 관리방식

① 결정보다는 집행을(PPBS와의 차이), 과정보다는 결과를(OD와의 차이) 중시한다.
② 결과에 따라 성과급을 지급한다.



**목표관리(MBO)의 특성이 아닌 것은?**

① 구성원의 참여와 환류를 중시한다.
② 장기적 관점에서 환경에 대한 전략을 수립한다.
③ 현실적·계량적·단기적·가시적 목표를 강조한다.
④ 갈등의 건설적 해결을 강조한다.

해설   목표관리(MBO)는 단기적 관리이다.

오답노트
① MBO는 구성원들의 광범위한 참여에 의한 관리를 강조하는 Y 이론, 상향적 관리방식이다.
③ 추상적·질적·가치적·장기적인 목표가 아닌 미시적·결과적·계량적·단기적·가시적인 목표를 중시한다.
④ 환류 과정을 통해 갈등을 건설적으로 해결한다.

정답 ②

## 02 총체적 품질관리(TQM)   출제빈도 ★★

## 1. 의의

① 총체적 품질관리(TQM: Total Quality Management)란 고객만족과 서비스의 질을 1차적 목표로 삼고, 최고관리층의 열의와 리더십을 기반으로 조직구성원의 폭넓은 참여와 효과적인 의사소통에 기초하여 '끊임없이 변화하는 속성을 지닌 고객의 기대에 부응하기 위해 지속적인 개선과정을 유지하려는 광범위한 관리개선기법'을 말한다.
② 데밍(Deming)은 TQM을 산출의 질을 제고시키기 위한 과정에 대한 통계학적 통제기법이라 정의하였다.

## 2. 내용

### (1) 고객이 서비스 품질의 최종점검자

행정서비스도 생산품으로 간주되며, 그 품질을 소수 전문가나 관리자가 아닌 고객이 직접 평가한다.

### (2) 서비스 질의 산출과정 초기정착 및 서비스의 변이성 방지

서비스의 질이 떨어지는 것은 서비스의 지나친 변이성에 기인하므로, 서비스의 일관성을 유지해야 하며 서비스의 질은 산출의 초기단계에 확정되므로 예방적 관리를 중시한다.

### (3) 전체 구성원에 의한 서비스 질의 결정 및 구성원의 참여 강조

① 서비스의 질은 구성원의 개인적 노력이 아니라 체제 내에서 활동하는 모든 구성원에 의하여 좌우된다. 따라서 개인별 성과급 체계가 적절하지 않은 경우가 있다.

② 실책이나 변화에 대한 두려움이 없는 구성원의 적극적인 참여가 중요하므로, 의사소통에 장벽이 없는 분권적·유기적 구조를 중시한다.

### (4) 투입 과정의 지속적인 개선

서비스의 질은 고객만족에 초점을 두므로 정태적이 아니라 계속적으로 변동되는 목표이며, 결과나 산출이 아니라 투입과 과정의 계속적인 환류와 개선에 주력해야 한다.

### (5) 조직의 총체적 헌신 요구

조직 전체의 총체적인 헌신이 쇠퇴하면 질은 급격하게 떨어지고 조직은 경쟁에서 뒤처지게 된다.

## 3. MBO와 총체적 품질관리의 차이

| MBO | TQM |
|---|---|
| 관리전략적 차원 | 관리철학적 차원 |
| • 내부지향성 – 개인·조직 단위의 내부적 관점에서 목표설정<br>• 목표지향<br>• 폐쇄적 | • 외향적 관점 – 고객과의 관계 중시 (고객위주 행정)<br>• 고객지향<br>• 개방적 |
| • 양적 목표의 달성<br>• 결과 중시(성과지향)<br>• 사후관리(평가·환류) | • 서비스의 질적 개선 – 관리 과정·절차의 개선<br>• 과정지향(가치관 태도의 변화)<br>• 사전적·예방적 관리 |
| 개인에게까지 세부적 목표 부여 | 집단·팀 중심 활동 |
| • 개별적 성과급 지급 | • 총체적 헌신<br>• 개별적 성과급 지급은 팀워크 저해로 보기 때문에 개별적 성과급을 지급하지 않음 |
| 공통점: 참여, 팀워크, 협력 중시, 민주성 | |

## 1. 의의 및 특징

### (1) 의의

① 전략적 관리(Strategic Management)는 개방체제하에서 환경과의 관계를 중시하는 변혁적·탈관료적 관리전략이자 조직의 새로운 지향노선을 제시하고, 전략기술을 개발·집행하는 관리전략이다.

② 전략적 관리의 주된 목적은 조직과 그 조직이 처한 환경 사이에 가장 적합한 상태를 형성하는 것으로서 조직은 우선 장기적인 관점에서 자신의 대내적 '강점 및 약점'과 환경으로부터의 '위협 및 기회'를 분석하고 확인하며, 이러한 분석에 기초하여 미래에 대비한 최적의 새로운 전략을 수립하는 것이다. (오석홍)

③ 전략적 관리는 하버드 정책 모형(Harvard Policy Model)의 핵심이다.

### (2) 특징

① 보다 나은 상태로 전진해 가려는 관리로서 **장기목표를 지향하는 목표지향적·개혁적 관리체제**이다.

② 조직의 변화에는 장기간이 소요된다는 장기적 시간관과 조직의 환경에 대한 이해를 강조한다.

③ 환경뿐만 아니라 조직 자체의 역량 분석을 중시한다. 조직의 강점과 약점, 기회와 위협 등 조직 내외의 상황적 조건을 균형 있게 분석한다.

④ 부서별 활동을 분리하기보다는 미래의 목표성취를 위한 전략을 개발·선택하고, 이를 위한 **주요 조직활동의 통합·연계를 중시**한다.

## 2. TOWS 전략

### (1) 의의

대내적으로는 조직의 강점 및 약점(Strength & Weakness)과 대외적으로는 환경으로부터의 위협 및 기회(Threats & Opportunities)를 분석·확인하고, 이 분석 결과에 기초하여 최적의 전략을 수립한다.

### (2) TOWS(SWOT) 전략 정리

| 구분 | 강점(S) | 약점(W) |
|---|---|---|
| 기회 (O) | SO 전략 | WO 전략 |
| | • 공격적 전략<br>• 강점과 기회를 살리는 전략 | • 방향전환 전략<br>• 약점을 보완하여 기회를 살리는 전략 |
| 위협 (T) | ST 전략 | WT 전략 |
| | • 다양화 전략(차별화 전략)<br>• 강점을 가지고 위협을 회피하거나 최소화하는 전략 | • 방어형 전략<br>• 약점을 보완하면서 위협을 회피하거나 최소화하는 전략 |

## 1. 의의

조직발전(Organization Development)이란 행태과학적 지식과 기술을 활용하여 조직구성원의 가치관·신념·태도를 변화시키고, 조직의 전체적인 변화를 추구하는 계획적·복합적인 교육전략을 의미한다.

## 2. 특징

### (1) 행태과학지식의 활용

OD는 행태를 바꿔서 조직을 개선시키자는 것이기 때문에 행태과학의 지식이나 기법을 활용하게 되며, 이 분야에 해박한 지식을 가지고 있는 전문가의 도움이 요청된다.

### (2) 인간적 측면의 강조

행정개혁과 쇄신에서 가장 중요한 것은 건전하고 협동적인 인간관계의 형성이라는 점에 주안점을 두고 있어, 구조나 관리기법의 개선보다는 응집력 있는 인간관계의 형성에 역점을 둔다.

### (3) 전체적 변화를 추구

조직을 하나의 체제로 보고 총체적인 체제의 개선을 궁극적인 목표로 삼으며, 개별적인 활동의 통합과 조정에 의하여 조직 전체를 개혁하고자 하는 것이다.

### (4) 자아실현인관에 기초

계획적·의도적·하향적으로 진행되지만, 구성원의 자율성과 참여에 의한 행태변화를 중시함으로써 OD는 근본적으로 자아실현인관 내지는 성장인관(Y 이론)에 기초하고 있다고 볼 수 있다.

### (5) 효과성과 건전성

궁극적인 목표는 조직의 효과성과 건전성(환경에 대한 적응과 생존)을 증진하는 것이다.

## 3. 주요 기법
## – 감수성 훈련(실험실 훈련, Sensitive training, T-Group Study)

조직발전의 행동개입기법은 다양하다. 조직발전 프로그램은 감수성 훈련과 같은 개인발전 위주로 개발되어 점차 팀 형성 프로그램과 같은 집단 차원으로 발전되었고, 최근에는 조직 전체에 대한 변화를 도모하는 프로그램들이 개발되고 있다.

### (1) 감수성 훈련의 의의

구성원의 가치관 변화를 위한 기법으로서 '행태과학의 지식을 이용하여 자신·타인·집단에 대한 태도와 행동을 변화시키려는 것'이다.

(2) 감수성 훈련의 내용

① 경험과 감성을 중시하고 지식을 행동으로 옮길 수 있는 능력 배양에 역점을 둔다.
② 참여자들이 스스로 지각과 태도 및 행동을 반성하고 그 영향을 평가할 수 있는 상황을 마련한다.
③ 외적 간섭과 기성질서의 영향이 최소화된 비정형적 상황 속에서 참여자들이 새로운 대안을 자유롭게 자율적으로 탐색하도록 외부와 차단된 실험실에서 1~2주간 실시한다. (감수성 훈련을 실험실 훈련이라고 부르는 것도 훈련자들이 외부와 차단된 장소에서 훈련을 실시하기 때문이다)

## 05 균형성과관리(BSC) 출제빈도 ★★

## 1. 의의 및 특징

(1) 의의

① BSC(Balanced Score Card)는 균형성과표 또는 통합성과관리라고도 하며, 미국 하버드대 Kaplan & Norton 교수(1992)가 만든 경영성과관리 시스템이다. 이들은 그동안의 성과평가가 재무적 관점만을 반영함으로써 조직이 소유하고 있는 인적자산과 같은 무형의 비재무적 가치를 경시하고 있음을 지적하면서 이를 조직의 성과평가에 포함할 것을 주장하였다.
② 종래의 MBO가 상향적·미시적·개인적 관점의 성과관리라면, BSC는 하향적·거시적·고객지향적 관점의 새로운 성과관리 시스템이다.

(2) 특징

① BSC는 재무적 관점과 비재무적 관점 간의 균형을 강조한다.
② BSC는 단기적 목표와 장기적 목표 간의 균형을 강조한다.
③ BSC는 과정과 결과 간의 균형을 추구한다.
④ BSC는 내부의 관점과 외부의 관점 간의 균형을 강조한다.
⑤ BSC는 과거, 현재, 미래가 조화되는 관점을 중시한다. 학습과 성장은 미래적 관점으로 이해된다.

## 2. 4대 관점

### (1) 고객 관점

① 의의

정부는 사업을 하여 순익을 올리거나 매출액을 올리는 기업이 아니다. 따라서 성과평가에 있어서도 재무적 관점보다는 국민이 원하는 정책을 개발하고 재화와 서비스를 제공하는지의 임무 달성과 직결되는 고객 관점이 중요하다. 그러나 공공기관의 경우 고객의 범위가 명확하지 않은 경우가 많기 때문에 고객 관점을 적용하기가 용이하지 않을 것이다.

② 성과지표

고객만족도, 정책순응도, 민원인의 불만율, 신규 고객의 증감 등이 있다.

### (2) 재무적 관점

① 의의

고객 관점 다음으로 재정 차원의 재정민주주의 원리에 따라 재무적 관점을 고려한다. 국민이 요구하는 수준의 서비스의 질과 양을 충족시킬 수 있을 만큼의 재정 자원을 확보해야 하고 그 돈을 경제적으로 배분하고 집행해야 한다. 그러나 공공부문은 사명달성의 성과가 궁극적인 목적이므로 공공부문에서 재무적 관점은 목표가 아니라 제약조건으로 작용한다.

② 성과지표

전통적인 후행지표로서 매출, 자본 수익률, 예산 대비 차이 등이 있다.

### (3) 업무처리 관점

① 의의

정부부문에서 업무처리(과정) 관점은 결정시스템에서의 정책결정과정, 집행시스템에서의 정책집행 및 재화와 서비스의 전달과정, 시스템에 관한 내용을 포괄하는 넓은 의미로 이해할 수 있다.

② 성과지표

의사결정 과정의 시민참여, 적법적 절차, 커뮤니케이션 구조 등이 있다.

### (4) 학습과 성장 관점

① 의의

조직구성원들의 직무수행능력, 직무만족, 지식의 창조와 관리, 지속적인 자기혁신과 성장 등이 중요한 성과 측면의 요소로, 학습과 성장 관점은 미래 업무 운영에 대한 근거를 제공하는 측면에서 미래의 관점으로 대체·설명되기도 한다.

② 성과지표

학습동아리 수, 제안건수, 직무만족도 등이 있다.

---

**균형성과표(BSC)의 요소로 옳지 않은 것은?**

① 내부업무과정 관점　　　　　　② 학습과 성장 관점

③ 재무적 관점　　　　　　　　　④ 환경 관점

해설　환경 관점 대신 고객 관점이 포함된다. 균형성과표(BSC)의 4대구성 관점은 ㉠ 내부업무과정 관점, ㉡ 학습과 성장 관점, ㉢ 재무 관점, ㉣ 고객 관점이다.

정답 ④

---

출제빈도: ★☆☆  대표출제기업: 한국마사회

## 01 목표관리(MBO)에 대한 설명으로 옳은 것은?

① 목표관리(MBO)는 목표를 중시하는 참여적 관리기법으로 참여와 환류를 중시한다.
② 의사결정이 하향적으로 이루어진다.
③ 단기적 목표보다는 장기적 목표에 치중한다.
④ 환류가 이루어지지 않는다.

출제빈도: ★☆☆

## 02 다음 중 목표관리(MBO)가 성공하기 쉬운 조직은?

① 집권화되어 있고 계층적 질서가 뚜렷하다.
② 성과와 관련 없이 보수를 균등하게 지급한다.
③ 목표를 계량적으로 측정하기가 용이하다.
④ 업무환경이 가변적이고 불확실성이 크다.

출제빈도: ★☆☆

## 03 총체적 품질관리(TQM)에 대한 설명으로 옳지 않은 것은?

① 품질관리가 서비스 생산 및 공급이 이루어지는 과정의 매 단계에서 이루어진다.
② 계획과 문제해결의 주된 방법은 집단적 과정이다.
③ TQM의 관심은 내향적이어서 고객의 필요에 따라 목표를 설정하는 것을 강조한다.
④ 산출물의 일관성 유지를 위해 과정통제계획과 같은 계량화된 통제수단을 활용한다.

출제빈도: ★☆☆   대표출제기업: 한국남부발전

## 04 총체적 품질관리(TQM)를 목표관리(MBO)에 비교한 설명으로 옳은 것은?

① 결과지향적이라는 점에서 목표관리와 일치한다.

② 환경에 전략적으로 적응한다는 점에서 목표관리와 일치한다.

③ 구성원의 참여를 인정한다는 점에서 목표관리와 일치한다.

④ 고객지향적인 관리라는 점에서 목표관리와 일치한다.

---

### 정답 및 해설

**01** ①

목표관리(MBO: Management By Objectives)는 설정된 목표를 효율적으로 달성하기 위한 관리기법의 하나로, 상·하 조직구성원의 참여 과정을 통해 조직의 목표를 설정하고 업무수행 결과를 목표에 비추어 평가·환류하여 조직의 효율성을 제고시키려는 관리방식이다.

오답노트

② 목표관리는 조직구성원들의 광범위한 참여에 의한 관리를 강조하므로 Y 이론적, 상향적 관리방식이라고 할 수 있다.

③ 목표관리는 장기적 목표보다 단기적 목표에 치중한다.

④ 목표관리는 구성원의 참여와 환류가 이루어진다.

**02** ③

MBO는 양적·계량적 목표를 중시하므로 목표를 계량화할 수 있어야 한다.

오답노트

① 목표관리는 분권화된 조직에 더 적합하다.

② MBO하에서는 목표달성 결과에 따른 성과급이 지급된다.

④ 안정된 환경에 적용되므로 불확실한 환경에는 적용가능성이 낮아진다.

**03** ③

총체적 품질관리는 MBO(목표관리) 등과 달리 외향적(외부지향적)이어서 고객의 필요에 따라 목표를 설정하고 품질도 평가한다.

오답노트

① 결과가 아닌 매 과정마다 품질관리가 이루어진다.

② 개인적 노력이 아니라 팀워크·전체 구성원에 의한 집단적 노력·총체적 헌신을 중시한다.

④ 총체적 품질관리는 결과가 아닌 과정에 대한 계량적 통제기법이다.

**04** ③

구성원의 참여를 인정하는 점은 총체적 품질관리와 목표관리의 공통점이다.

오답노트

① 총체적 품질관리는 목표관리에 비하여 과정을 중시한다.

② 목표관리는 상황이 안정적일 경우에 적합한 전략이다.

④ 목표관리는 조직 내부적인 관리이므로 고객지향적이지 못하다.

출제빈도: ★☆☆

## 05 SWOT 분석에 대한 설명으로 옳지 않은 것은?

① 조직 내적 특성과 외부 환경의 조합에 따른 맞춤형 대응전략 수립에 도움이 된다.
② 조직 외부 환경은 기회와 위협으로, 조직 내부 자원·역량은 강점과 약점으로 구분한다.
③ 다양화 전략은 조직의 강점을 활용하여 위협을 회피하거나 최소화하는 전략이라고 볼 수 있다.
④ 기존 프로그램의 축소 또는 폐지는 약점과 기회를 고려한 방어적 전략이라고 볼 수 있다.

출제빈도: ★☆☆

## 06 전략적 관리체제에 대한 설명으로 옳지 않은 것은?

① 장기적인 환경과 조직 내 역량분석을 시도한다.
② TOWS 분석과 연관된다.
③ 미래의 목표성취를 위한 전략을 개발·선택하고, 이를 위한 주요 조직 활동의 분리를 중시한다.
④ 일상적 의사결정과 전략적 계획을 연결시키는 관리철학이다.

출제빈도: ★☆☆

## 07 조직발전(OD)에 대한 설명으로 적절하지 않은 것은?

① 조직발전은 구조, 형태, 기능 등을 바꾸고 조직의 환경변화에 대한 대응능력과 문제해결능력을 향상시키려는 관리 전략이다.
② 심리적 요인에 치중한 나머지 구조적, 기술적 요인을 경시할 우려가 있다.
③ 외부의 전문가들이 참여하는 하향적 관리방식이다.
④ 감수성 훈련은 조직발전의 주요기법 중의 하나이다.

출제빈도: ★☆☆

## 08 다음 중 감수성 훈련 기법이 개발·사용되고 있는 분야는 어느 것인가?

① 조직설계

② 조직재구조화

③ 조직발전

④ 조직생태론

---

**정답 및 해설**

**05** ④

SWOT 분석은 미국 하버드 대학에서 개발한 전략적 관리로 조직 내부 역량은 강점(S)과 약점(W)으로, 조직 외부 환경은 기회(O)와 위협(T)으로 구분하여 이를 바탕으로 하는 미래지향적 관리 모형이다. 기존 프로그램의 축소 또는 폐지하는 방어적 전략은 약점과 위협을 모두 최소화하는 가장 소극적인 전략이다.

**06** ③

전략적 관리체제는 미래의 목표성취를 위한 전략을 개발·선택하고, 이를 위한 주요 조직 활동의 연계와 통합을 중시한다.

오답노트

① 환경뿐만 아니라 조직 자체의 역량분석을 중시한다. 즉, 조직의 강점과 약점, 기회와 위협 등 조직 내외의 상황적 조건을 균형 있게 분석한다.

② 전략적 분석을 TOWS 분석이라 하기도 한다.

④ 조직은 자신의 대내적 '강점 및 약점'과 환경으로부터의 '위협 및 기회'를 분석하고 확인하며, 이러한 분석에 기초하여 미래에 대비한 최적의 새로운 전략을 수립하는 것이 전략적 관리체제이다.

**07** ①

조직발전은 구성원의 행태를 바람직한 방향으로 계획적으로 변화시켜 조직의 환경변화에 대한 대응능력과 문제해결능력을 향상시키려는 관리전략이다. 따라서 구조와 기능을 무시한다는 비판을 받는다.

오답노트

② 조직발전은 인간의 행태를 변화시키는 인간의 심리적 요인에 치중하여 구조와 기술적 요인을 경시한다는 비판을 받는다.

③ 조직발전은 외부의 행태주의 전문가가 참여하며, 최고관리층에 공식 지휘본부를 두고 그의 참여와 배려하에 상위계층에서 하위계층으로 하향적으로 진행된다.

④ 감수성 훈련은 행태를 변화시키는 조직발전의 주요기법이다.

**08** ③

감수성 훈련 기법이 개발·사용되고 있는 분야는 조직발전(OD) 분야에 해당한다.

출제빈도: ★☆☆

## 09 감수성 훈련의 가장 중요한 목적은?

① 직무수행능력의 향상
② 조직 구성원 간의 상호이해를 통한 협력 도모
③ 조직 구성원 간의 상호경쟁을 통한 업무효율성 향상
④ 정보기술의 활용 능력 제고

출제빈도: ★☆☆

## 10 조직발전(OD)과 목표관리(MBO)의 공통점으로 옳지 않은 것은?

① Y 이론적 관점이다.
② 행태과학적 측면이다.
③ 조직목표와 개인목표를 일치시킬 수 있다.
④ 조직의 효과성 제고에 기여한다.

출제빈도: ★☆☆

## 11 우리나라 정부에서 추진하고 있는 BSC(Balanced Score Card) 성과평가에 대한 설명으로 옳은 것은?

① 목표관리(MBO)와 연계하여 사용하는 성과평가
② 비정부 조직(NGO)이 개발하여 적용하는 성과평가
③ 계획예산(PPBS)의 수단으로 사용하는 성과평가
④ 영기준예산(ZBB)을 대체하여 적용하는 성과평가

출제빈도: ★☆☆

## 12 균형성과표(BSC: Balanced Score Card)의 관점과 측정 지표가 옳게 연결된 것은?

① 학습과 성장 관점 – 직무만족도
② 내부프로세스 관점 – 민원인의 불만율
③ 재무적 관점 – 신규 고객의 증감
④ 고객 관점 – 조직 내 커뮤니케이션 구조

## 13 다음 중 BSC에 대한 설명으로 가장 옳지 않은 것은?

① 고객 관점에서 고객만족도, 정책순응도, 민원인의 불만율, 신규 고객의 증감 등의 성과지표를 중요시한다.

② 하향적 성과관리시스템이다.

③ 조직의 목표를 달성하기 위하여 조직 구성원 간 의사소통의 도구로 기능한다.

④ 비재무적 지표보다는 재무적 지표관리의 중요성을 강조한다.

---

**정답 및 해설**

**09 ②**
감수성 훈련(Sensitivity training)은 구성원들의 행태를 변화시키기 위한 조직발전의 기법으로 개인에 대한 성찰, 구성원 상호 간의 이해와 협력 도모, 집단에 대한 문제의식 함양 등을 목적으로 하는 계획적 변화 기법이다.

**10 ②**
OD는 행태변화기법이므로 행태과학과 관련되지만, MBO는 일반적인 관리 기술을 활용하여 행태과학과는 관계가 없다.

**11 ①**
우리나라 BSC(통합성과관리)는 기존에 사용해오던 목표관리의 한계를 보완하기 위하여 사용하고 있는 성과평가제도이다.

**12 ①**
직무만족도, 학습동아리 수 등은 학습과 성장 관점이다.

**오답노트**
② 민원인의 불만율은 고객 관점이다.
③ 신규 고객의 증감은 고객 관점이다.
④ 조직 내 커뮤니케이션 구조는 내부프로세스 관점이다.

**13 ④**
그동안의 성과평가가 재무적 관점만을 반영함으로써 조직이 소유하고 있는 인적 자산과 같은 무형의 비재무적 가치를 경시하고 있음을 지적하면서 BSC는 재무적 관점과 비재무적 관점의 균형을 강조한다.

**오답노트**
① BSC는 고객 관점에서 고객만족도, 정책순응도, 민원인의 불만율, 신규 고객의 증감 등의 성과지표를 중요시한다.
② BSC는 거시적·하향적 성과관리시스템이다.
③ BSC는 조직의 균형 있는 목표를 달성하기 위하여 의사소통의 도구로 활용이 가능하다.

해커스공기업 쉽게 끝내는 행정학 기본서

취업강의 1위, 해커스잡 **ejob.Hackers.com**

## 출제비중 & 출제기업

2023년~2024년 필기시험 기준으로 서울주택도시공사, 시설관리공단, 인천교통공사, 한국남동발전, 한국농어촌공사, 한국남부발전 등의 기업에서 출제하고 있습니다.

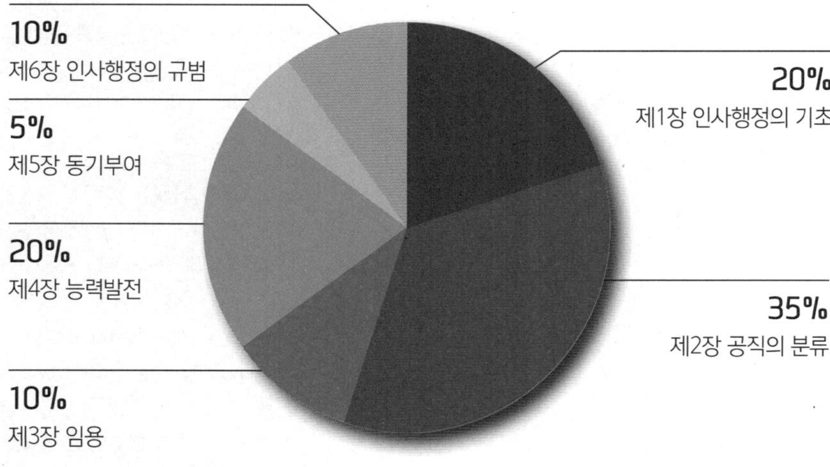

# PART 4

# 인사행정론

## 01 인사행정제도의 발달

출제빈도 ★★★

### 1. 엽관주의와 정실주의

#### (1) 개념

① 엽관주의(Spoils system)

공무원의 인사관리나 공직임용에 있어 그 기준을 정당에 대한 충성심·공헌도에 두는 제도이다.

② 정실주의(Patronage system)

공무원의 인사관리·공직임용의 기준을 인사권자에 대한 개인적 충성·혈연·학벌 등에 두는 제도이다.

#### (2) 엽관주의 성립과정

미국에서 잭슨(Jackson) 대통령이 처음으로 인사행정에 공직경질제를 도입하였고, 링컨(Lincoln) 대통령이 가장 많이 활용하였다. Marcy가 '전리품은 승리자에게 속한다'는 주장을 펼친 것처럼 선거에서 승리한 집권정당이 모든 관직을 전리품처럼 정당활동에 대한 공헌도와 충성도에 따라 임의대로 처분하였다.

#### (3) 엽관주의와 정실주의 비교

| 엽관주의 | 정실주의 |
| --- | --- |
| • 미국에서 발달<br>• 정당에 대한 충성도, 당파성이 중요<br>• 정권교체로 광범위한 공직경질(신분보장 X)<br>• 1883년 펜들턴 법(Pendleton law) 제정으로 실적주의로 대체 | • 영국에서 발달<br>• 정치인 개인에 대한 충성·혈연·학연·지연·금권이 중요<br>• 임용 후 종신고용(신분보장 O)<br>• 1855년 추밀원령 제정으로 실적주의로 대체 |

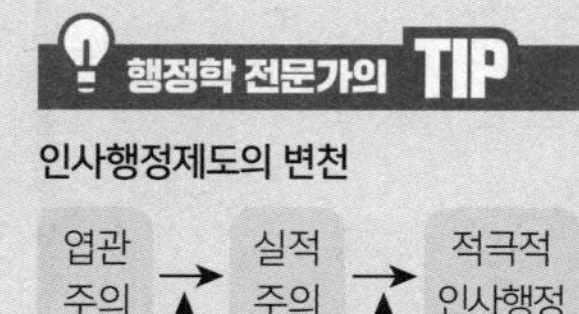

## (4) 엽관주의의 장단점

① 장점 – 정당화의 근거
- 민주정치의 기초가 되는 **정당정치 발전에 기여**(국민의사 존중, 책임정치)
- **관료제의 민주화에 기여**(공직의 만인에 대한 개방, 공직경질로 침체·특권화 방지)
- 집권정치인에 대한 높은 충성심 확보와 **공무원의 효과적 통솔 가능**
- 정당 이념의 철저한 실현과 **공약의 강력한 추진**
- 리더십 강화에 기여하고 **중대한 정책 변동에 대응이 유리**
- **행정의 민주성, 대응성, 참여성, 책임성 확보**

② 단점 – 현실적인 폐단
- 정권교체에 따른 대량 경질로 행정의 **계속성과 전문성 훼손**
- 행정경험 없는 무능한 자의 임명으로 업무능률 저하
- 공무원이 정당의 사병으로 전락하여 공평한 임무수행이나 책임성 기대 곤란
- 불필요한 공직남설로 예산 낭비와 행정의 비능률 초래
- 신분보장 미흡으로 부정부패 유인 제공
- 실적주의에 비해 임용의 기회균등과 공정성 상실

## 📋 시험문제 미리보기!

다음 중 엽관주의 인사의 단점에 대한 설명으로 가장 옳지 않은 것은?

① 행정의 안정성을 저해할 수 있다.

② 공무원의 정치적 중립을 저해한다.

③ 행정의 전문성을 저하시킬 수 있다.

④ 행정에 대한 민주적 통제를 약화시킨다.

해설　엽관주의는 정권 교체 시 공무원들이 대거 교체되므로 행정에 대한 책임확보와 민주적 통제를 강화시킨다.

오답노트

① 엽관주의는 정권 교체에 따른 대량 경질로 행정의 계속성과 안전성을 훼손한다.

② 엽관주의는 공무원의 임용 기준이 정당에 대한 충성심이므로 사병으로 전락하여 행정의 정치적 중립성이 훼손될 수 있다.

③ 엽관주의는 행정 경험이 없는 무능한 자의 임명으로 업무 능률이 저하된다.

정답 ④

## 2. 실적주의

### (1) 의의

실적주의(Merit system)란 공직에의 임용 및 승진 등 인사행정의 기준을 실적, 즉 개인의 능력 및 자격에 두는 제도이다.

### (2) 대두 배경

① 엽관주의 병폐 극복 노력

실적주의는 정당정치가 부패함에 따라 공직이 정당간부들의 특수 이익을 도모하기 위한 금권정치의 도구로 전락하자, 관료를 정당의 예속에서 해방 시켜 전체 국민을 위한 봉사자로 전환시키고자 하는 움직임으로 출현하게 되었다.

② 행정국가의 출현

자본주의와 산업화의 발달에 따른 국가 기능의 양적 확대와 질적 분화로 사회문제 해결을 위한 행정의 전문성 요구가 증대되었다.

③ 가필드(Garfield) 대통령 암살사건

1881년 엽관운동가에 의한 가필드 대통령의 암살사건이 발생하였다.

④ 진보주의 운동

행정 능률화를 요구하는 진보주의 운동(정부개혁운동·행정조사운동)이 전개되었다.

### (3) 실적주의의 성립과 발전

① 미국의 실적주의

미국에서는 펜들턴 법 제정(1883년)으로 실적주의의 기초를 수립하고, 공직에 대한 정당의 지배와 공무원의 정치활동을 금지하는 해치(Hatch) 법 제정(1939년)으로 실적주의가 확립되었다.

② 영국의 실적주의 – 미국보다 앞선 정실주의 개혁운동

Northcote-Trevelyan 보고서 발표와 1855년 추밀원령(Order-in-Council)에 의한 공무원제도 개혁(독립적인 인사위원회 설치)으로 실적주의의 기초가 형성되었다. 그 후 1870년 2차 추밀원령에 의해 실적주의가 확고하게 뿌리내리는 계기가 마련되었다.

### (4) 특징

실적주의는 이념적으로 자유주의와 개인주의, 정치행정이원론을 배경으로 하며, 다음과 같은 특징을 가지고 있다.

① 과학적 관리론의 영향으로 인사행정의 합리화·과학화·객관화 등을 지향한다.
② 공직취임의 기회균등을 보장한다.
③ 임용에 있어 공개경쟁과 능력·자격·실적 기준을 적용한다.
④ 실적 기준에 의해 인사관리와 퇴직관리를 실시한다.
⑤ 공무원의 정치적 중립과 신분을 보장한다.
⑥ 정치적 영향력으로부터 중립적인 중앙인사기관을 설치하고 인사권을 집권화시킨다.

## (5) 평가

① 실적주의의 정당성

- 공직취임의 기회균등을 보장하여 민주적 요청에 부합한다.
- 실적 기준에 의한 인사행정으로 공무원의 자질 및 행정의 능률성을 향상시킨다.
- 신분보장을 통한 행정의 계속성과 직업적 안정성을 확보한다.
- **행정의 전문화와 직업공무원제 발전의 기반이 된다.**
- 정치적 중립성, 행정의 공정성 확보에 기여한다.

② 실적주의에 대한 비판

- 기회균등의 비현실성: 사회적 신분이 낮은 사람들은 장기간 양질의 교육을 받을 처지에 있지 못하므로, 교육을 받지 못하는 사람들 측면에서 보면 기회균등이란 차별적인 가치에 불과할 뿐이다.
- 소극성·경직성: 초기의 실적주의는 반엽관주의에 치중하여 인사행정의 소극성·경직성을 초래함으로써 적극적으로 유능한 인재를 공직에 유인하거나 장기적으로 잠재적인 능력을 발전시키는 일에 소홀하였다.
- 집권화: 중앙인사기관에 인사 권한이 집중되어 각 부처인사기관의 실정에 맞는 신축적인 인사행정이 곤란하다.
- 비인간화·소외유발: 실적주의가 직위분류제 등 기능적 합리성에 바탕을 둔 공무원 분류방법·과학적 인사관리 등과 결합될 때에는 직위와 직무의 전문성 및 기술성만을 강조한 나머지 인간의 물질화·소외현상을 유발할 수 있다.

---

### 📑 시험문제 미리보기!

> **다음 중 실적주의의 본질적 요소로 옳지 않은 것은?**
>
> ① 공무원의 신분보장                    ② 공직취임의 기회균등
> ③ 공개경쟁시험                         ④ 정치적 임용
>
> 해설    정치적 임용은 실적주의가 아니라 엽관주의의 본질적 요소에 해당한다. 실적주의의 요소로는 정치적 중립성, 신분보장, 기회균등이 있다.
>
> [오답노트]
> ① 실적주의는 공무원의 행정수행 안정성을 확보하기 위해서 공무원의 신분보장을 강화한다.
> ② 실적주의에서 공직은 모든 국민에게 개방되며 성별이나 종교, 사회적 신분 등에 있어서 차별을 받지 않는다.
> ③ 실적주의는 공무원을 직무수행능력과 자격 및 성적을 기준으로 임용하는 것으로서 정치적 임용을 배제한다.
>
> 정답 ④

# 3. 대표관료제

## (1) 대두 배경

① 킹슬리(Kingsley)가 정부관료제는 사회·경제·정치세력들을 적극적으로 대표해야 한다고 주장하면서 대표관료제가 제기되었다.
② 현실적으로는 실적주의의 한계에 대한 비판으로부터 출발하고 있다.
③ 실적주의는 행정의 능률 향상을 위한 형식적 기회균등을 통하여 엽관주의 병폐 극복에 주력했으나, 실질적인 대표성·형평성 등의 민주적 가치 구현에 미흡하여 관료의 대표성 제고 문제가 대두된 것이다.

## (2) 의의

① 개념
- 대표관료제란 지역·성별·인종·종교·사회적 출신배경 등의 기준에 따라 분류되는 다양한 사회집단들이 전체 인구에서 차지하는 수적 비율에 따라 정부 내 모든 직위와 계층에 비례적으로 충원·배치됨으로써 사회의 모든 집단에 대한 대표성을 확보하는 정부관료제를 말한다.
- 전체 사회의 단면대로 관료가 자기의 사회적 출신배경이 되는 집단의 이익을 대변하고 책임지는 것이다.

② 대표관료제의 두 가지 측면
- 피동적·소극적·배경적 대표: 각 사회집단·계층에 비례해서 관료제의 모든 계층과 직위를 구성하는 것을 말한다.
- 능동적·적극적·실질적 대표: 비례적으로 구성된 관료가 실질적으로 출신집단의 요구나 이익을 행동으로 대변하는 것이다.

③ 엽관제·실적제·대표관료제 비교

| 엽관제 | 민주성, 행정의 정치성, 복수정당제 확립, 공직경질제(교체임용주의) |
|---|---|
| 실적제 | 능률성, 정치와 행정의 분리, '개인' 실적 중심, 전문성, 도구성, 소극성 |
| 대표관료제 | 대표성, 대응성, 참여성, '집단주의'에 의한 공정성, 적극적 인사, 민주성 |

## (3) 우리나라의 대표성 확보 제도 – 인사혁신처의 균형인사기본계획 주요 내용

① 양성평등채용목표제
② 장애인의무고용제
③ 여성관리자 임용확대 계획
④ 지역인재 추천채용제
⑤ 저소득층의 우대
⑥ 지역할당제
⑦ 기타: 취업보호대상자 우대제도, 이공계 출신 채용목표제 등이 유사한 맥락에서 제시되고 있다.

## (4) 평가

① 기능
- 관료제가 비례적으로 구성되고 출신집단을 대표함으로써, 정부의 대응성 및 책임성이 높아지고 **관료제의 민주화를 촉진한다.**
- 소수집단과 소외집단에 혜택을 부여하여 기회균등을 적극적으로 보장하고, **사회적 형평성의 제고**라는 민주적 이념을 실현한다.
- 관료제 내부에서 출신집단별 관료 상호 간 견제를 통해 **내부통제**를 강화한다.

② 한계
- 소극적·배경적 대표와 적극적·실질적 대표의 단절: 대표관료제의 이론은 소극적 대표가 적극적 대표로 연결되는 것을 가정하고, 정부관료들이 그 출신집단의 가치와 이익을 정책 과정에 반영시킬 것이라고 주장하고 있다. 그러나 실제로는 관료의 가치관·행태의 변화로 피동적 대표성이 능동적 대표성을 보장하지 않는다. 즉, 임용 전 출신 배경과 임용 후 행태 사이에 상관관계가 없을 수 있다.
- 대표성과 영향력의 불균등: 현실적으로 관료 구성에 있어 전체적으로 대표성이 유지되더라도 특정집단이 하위직에 집중되어 있으면, 고위관료 중심의 정책결정 영역에서 배제되어 그들의 이익대표가 불가능하다.
- 실적주의에 대한 갈등과 행정의 전문성 저해 가능성: 집단대표·인구비례 등이 중요하고 능력·자격은 2차적 요소로 취급하기 때문에 실적 기준의 적용을 제약하고, 결과적으로 행정의 전문성·객관성·합리성을 저해한다.
- 역차별[1]에 의한 사회분열 위험: 역차별로 인해 다원주의의 확산보다는 오히려 집단차원의 우대 또는 차별에 따라 집단이기주의를 강화하고, 사회분열을 초래할 위험이 있다.
- 정치적 중립성의 문제: 관료가 국민 전체에 대한 봉사자가 아니라 출신 계층에 대한 봉사이므로 정치적 중립성이 저해될 수 있다.
- 자유주의 원칙 침해: 집단 중심으로 형평성을 추구하므로, 개인적 차원의 존엄성 및 자유주의 원칙을 침해할 우려가 있다.
- 국민주권의 원리에 위배: 내부통제를 강화하기 때문에 상대적으로 외부통제를 소홀히 하는 문제점이 있다.

**1) 역차별**
부당한 차별을 받는 쪽을 보호하기 위하여 마련한 제도나 장치가 너무 강하여 오히려 반대편이 차별을 받는 현상

---

**대표관료제(Representative bureaucracy)에 대한 설명으로 옳지 않은 것은?**

① 킹슬리가 처음 사용한 용어로서 엽관주의 인사제도의 폐단을 극복하기 위해 등장하였다.

② 관료제의 인적 구성측면을 강조하며 관료제의 대표성과 대응성을 강화하기 위한 제도이다.

③ 우리나라의 양성평등채용목표제는 대표관료제의 발상을 반영한 것이라고 할 수 있다.

④ 행정의 전문성과 생산성을 저해할 수 있다는 비판이 있다.

해설  대표관료제는 출신 집단별로 할당하여 공직을 구성하는 제도로 실적주의의 폐단을 극복하기 위하여 등장하였다.

오답노트

② 관료제가 비례적으로 구성되고, 출신 집단을 대표함으로써 정부의 대응성 및 책임성이 높아지며, 관료제의 민주화를 촉진한다.

③ 양성평등채용목표제는 우리나라가 도입한 대표관료제의 한 유형이다.

④ 집단대표·인구비례 등이 중요하고 능력·자격은 2차적 요소로 취급하기 때문에 실적 기준의 적용을 제약하고, 결과적으로 행정의 전문성·객관성·합리성을 저해한다.

정답 ①

---

# 4. 직업공무원제

## (1) 의의

① 공직이 유능하고 인품 있는 젊은 남녀에게 개방되어 매력적인 것으로 여겨진다.

② 업적과 발전에 따라 명예롭고 높은 지위에 올라갈 수 있는 기회가 부여된다.

③ 공직을 생애를 바칠 만한 보람 있는 일로 생각할 수 있게 하는 조치가 마련되어 있다.

④ 직업공무원제는 계급제, 폐쇄형 임용원리, 일반능력자주의, 종신고용제에 입각한 제도이다.

## (2) 직업공무원제의 확립 요건

① 공직에 대한 높은 사회적 평가

공직이 국민에 대한 봉사자로서 명예롭고 긍지를 지닐 수 있는 직업이어야 한다.

② 적절한 임용제도와 절차 마련

젊은 인재의 채용을 위해 연령·학력조건을 제한하고, 공개경쟁시험을 통해 능력이나 실적을 기준으로 유능한 인재를 선발하는 등 적절한 임용제도와 절차가 마련되어야 한다.

③ 보수의 적정화와 적절한 연금제도의 확립

생활에 대한 불안감 해소를 위해 보수를 적정화하고 장기근무자에 대한 근속가봉액의 차이를 높여야 한다. 퇴직 후 생활 불안에 대비해 장기근무가 가능하도록 합리적 연금제도가 실질적으로 확립되어야 공무원의 근무의욕 고취와 직업화 촉진이 가능하다.

④ 훈련을 통한 능력발전

훈련을 통해 공무원의 능력과 자질을 발전시키고, 적절하게 동기를 부여해서 자기실현욕구를 충족(Y 이론)하여야 한다.

⑤ 승진·전보·전직제도의 합리적 운영

승진이나 배치전환 등의 내부임용이 체계적이면서도 공정하게 이루어져야 한다. 특히 직위분류제는 승진·전직의 기회가 제약되므로, 계급제적 요소를 가미할 필요가 있다.

⑥ 장기적이고 일관성 있는 인력수급계획의 수립

장기적 비전에 따라 연령구조·적성·능력·이직률·평균 근무연한 등을 파악하여 인력수급계획을 수립하여야 한다. 또한 인사불공평이나 인사침체를 막고 효율적으로 정원관리·승진계획을 추진하여야 한다.

## (3) 평가

① 장점
- 공직에 대한 자부심과 일체감을 강화함으로써 공무원들의 사기를 제고한다.
- 장기적인 근무에 따른 행정의 안정성과 일관성이 유지된다.
- 공무원의 폭넓은 능력 발전을 가능하게 함으로써 고급 공무원 양성에 유리하다.

② 단점
- 공무원에 대한 강한 신분보장과 공급자 중심적 성향에 따라 국민에 대한 대응성이 약화되고, 특권집단화할 우려가 있다.
- 변화보다는 안정을 추구하므로 동태적 환경에 대한 적응력이 약하고 변동·개혁에 저항하는 경향이 있다.
- 학력·연령의 엄격한 제한은 공직임용의 기회균등을 제약하여 평등 원칙에 위배될 수 있고, 승진지망 과열화로 승진적체 문제가 심각하게 제기된다.
- 내부승진 중심의 폐쇄형 임용을 택하여 특정분야의 전문가 채용이 어렵고, 공직의 분위기가 침체되어 공무원의 전반적인 질적 수준이 저하될 수 있다.
- 일반행정가의 양성은 전문행정가의 양성을 저해함으로써 행정의 전문화 요구에 역행한다.

## (4) 직업공무원제와 실적주의 비교

| 구분 | 직업공무원제 | 실적주의 |
|---|---|---|
| 분류 기준 | 개인의 자격·능력·신분<br>(횡적 분류) | 직무의 종류·책임도·곤란도<br>(종적 분류 + 횡적 분류) |
| 채택 국가 | 영국(실적주의 이전에 확립),<br>독일 | 미국(펜들턴 법), 캐나다, 필리핀,<br>영국(추밀원령) |
| 인간과 직무 | 인간 중심 | 직무 중심 |
| 발달 배경 | 농업사회 | 산업사회 |
| 행정 비전 | 장기적 | 단기적 |
| 공무원 유형 | 일반행정가 | 전문행정가 |
| 시험·채용 | 근무를 통한 능력발전 중시,<br>연령·학력제한 O | 직무에 알맞은 전문성 강조,<br>연령·학력제한 X |
| 보수 책정 | 생활급·계급제 | 직무급 |
| 인사배치·이동 | 신축성(융통성) | 비신축성(경직성) |
| 교육 훈련 | 일반지식·교양 강조 | 전문적 지식 강조 |
| 조정·협조 | 용이 | 곤란 |
| 신분 보장 | 강함 | 약함 |
| 조직 구조 | 폐쇄형(내부충원형) | 개방형(외부충원형) |

**일반행정가 vs 전문행정가**
- **일반행정가**: 장래의 발전가능성과 잠재력, 폭넓은 이해력과 조정 능력을 갖춘 행정가
- **전문행정가**: 특정 업무에 대해 전문지식으로 무장된 행정가

다음 중 직업공무원제의 확립 요건으로 옳지 않은 것은?

① 채용시험제도의 확립       ② 재직자 훈련에 의한 능력발전

③ 학력 제한의 철폐      ④ 보수수준의 적정화

해설     직업공무원제는 젊고 유능한 인재 확보를 위하여 연령과 학력을 제한한다.

정답 ③

## 5. 적극적 인사행정

### (1) 의의

적극적 인사행정이란 실적주의 및 과학적 인사관리만을 고집하지 않고 경우에 따라서는 엽관주의를 신축성 있게 받아들이며, 인사관리에 있어서 인간관계적 요소를 중요하게 고려하는 것을 말한다. 즉, **실적주의와 엽관주의를 조화시킨 인사관리 방안**이다.

### (2) 대두 배경

인사행정의 소극성·집권화·비융통성을 내용으로 하는 실적주의의 병폐, 인간을 과소평가하는 과학적 인사행정의 결함을 극복하기 위한 노력에서 출발하였다.

### (3) 주요 내용

① 공직의 사회적 평가를 향상시켜 유능한 인재를 **적극적으로 모집**한다. 기존의 소극적 모집방식에서 벗어나 공직에 유능한 인재를 채용하기 위해서 다양한 방식과 고객지향적인 모집 방식을 고려하는 것과 관련된다.

② **고위직에 정치적 임명을 허용**한다. 기존의 지나친 객관적 인사행정의 추구로 인한 인사행정의 경직성을 완화하고, 정책 추진력의 확보를 위해 정치적 임용을 일정 부분 허용한다.

③ 공무원의 사기 및 능력 발전을 중시한다.

④ **인사권의 분권화**로 부처인사기관의 자율성을 향상시킨다. 중앙인사기관의 집권적인 인사행정체제에서 행정수용에 부응할 수 있도록 인사권의 하위기관에 권한을 나누어 주어야 한다.

⑤ **인간 중심의 인사행정**으로, 인간관리의 민주화를 지향한다.

⑥ **공무원단체 활동을 허용**한다.

⑦ 관료제의 대응성, 민주성, 형평성 강화를 위해 **대표관료제를 가미**한다.

⑧ 인간적 요인을 과소평가하는 지나친 **과학적 인사행정을 지양**한다.

### (4) 인본주의적 인사행정

① 후기 인간관계론

통제와 실적 중심의 인사 한계를 보완하기 위한 인간 중심의 현대적 인사관리를 총칭하며, 조직휴머니즘이라 불릴 수 있는 부류는 후기 인간관계론·동기부여이론·현상학적 접근방법의 옹호자들로서, **인간을 자아실현적 존재로 보고 Y 이론적 관리**에 의해 개인목표와 조직목표의 통합과 참여적 민주주의를 구현하려는 인본주의적 인적자원관리이다.

② 인적자원관리(HRM)

1970년대 후반 이후 기존의 인사관리나 인사행정을 대체하는 개념으로, 1940년대의 인간관계론적 전통과 1960년대의 조직발전(OD) 등에 그 뿌리를 두고 있다. HRM은 개인과 조직의 통합을 강조하는 Y 이론적 관점에서 출발하였으며, 인적자원이 가장 관리하기 어려운 자원일 뿐만 아니라 목표달성에 가장 결정적인 요인으로 작용한다고 보고, 인적자원을 조직의 주요한 자산이자 전략적 자원으로 활용하고자 하는 것이 후기 인간관계론의 핵심이다.

③ 직장생활의 질(QWL)

작업상황의 질을 개선하려는 종합적인 노력이며, 직장에서 근로자의 **삶의 질을 향상시키기 위한 인간적·민주적인 근로운동**을 의미한다.

④ 직무재설계

- 직무설계에는 직무설계와 재설계가 있으나, 인본주의 관리는 전통적인 통제 중심의 직무설계 문제점을 보완하기 위한 인간 중심의 직무재설계와 관련된다.
- 직무재설계(직무확장과 직무충실)
- 직무확대(Job enlargement, 직무확장): 직무의 책임도에 차이가 없는 수평적 관계의 직무를 추가·확대·다양화하는 것으로, 직무분담의 폭을 넓혀주는 수평적 역량 강화(수평적 재설계)에 해당하며 직무세분화에 초점을 둔 전통적 직무설계를 보완하려는 것이다.
- 직무풍요화(Job enrichment, 직무충실): 직무의 완결도와 직무담당자의 책임성·자율성을 높이는 수직적 역량 강화(수직적 재설계)의 일종으로, 직무수행에 관한 환류가 원활히 이루어지도록 이미 설계된 직무를 다시 설계하여 개편하는 것이며, 직무풍요화는 수직적 강화로서 직무의 책임도에 차이가 없는 수평적 관계의 직무를 추가·확대하는 직무확대(직무확장)와는 구별된다.

## 1. 의의

현대 행정국가로 변모하면서 설치된 중앙인사기관은 각 행정기관의 균형적인 인사운영, 인력의 효율적 활용, 공무원의 능력 발전 등을 위하여 정부의 인사행정을 전문적·집중적으로 통괄하는 기관이다.

## 2. 기능

중앙인사행정기관의 기능은 각국의 상황과 관계법령의 내용에 따라 차이가 있다.

### (1) 준입법적 기능

독립성과 관련된 기능으로, 관계법률에 의하여 위임받은 사항에 관한 인사규칙을 제정할 수 있고 인사제도의 발안권을 가지는 것이다.

### (2) 준사법적 기능

비위공무원에 대한 징계·불이익 처분에 대하여 공무원이 위법 또는 부당하다는 이유로 제기하는 이의신청에 대해 재결하거나 고충처리·심사하는 기능이다. 인사혁신처에 소청심사위원회가 있어 소청을 처리하고 있다.

### (3) 집행 기능

인사관계법령에 따라 임용·훈련·분류·승진·보수·연금·인사기록의 보존 등 인사사무를 수행하는 것이다.

### (4) 감사 기능

중앙인사기관이 부처인사기관에 대한 인사사무 처리를 감사·통제하는 기능이다. 분권화와 관련하여 그 중요성이 높아지고 있다.

---

**행정학 전문가의 TIP**

**중앙인사관장기관**
「국가공무원법」 제6조【중앙인사관장기관】
① 인사행정에 관한 기본 정책의 수립과 이 법의 시행·운영에 관한 사무는 다음 각 호의 구분에 따라 관장(管掌)한다.
1. 국회는 국회사무총장
2. 법원은 법원행정처장
3. 헌법재판소는 헌법재판소사무처장
4. 선거관리위원회는 중앙선거관리위원회사무총장
5. 행정부는 인사혁신처장

**행정학 전문가의 TIP**

**소청심사위원회**
「국가공무원법」 제9조【소청심사위원회의 설치】
① 행정기관 소속 공무원의 징계처분, 그 밖에 그 의사에 반하는 불리한 처분이나 부작위에 대한 소청을 심사·결정하게 하기 위하여 인사혁신처에 소청심사위원회를 둔다.
④ 제1항에 따라 설치된 소청심사위원회는 다른 법률로 정하는 바에 따라 특정직공무원의 소청을 심사·결정할 수 있다.

**인사감사**
「국가공무원법」 제17조【인사에 관한 감사】
① 인사혁신처장은 대통령령으로 정하는 바에 따라 행정기관의 인사행정 운영의 적정 여부를 정기 또는 수시로 감사할 수 있으며, 필요하면 관계 서류를 제출하도록 요구할 수 있다.
③ 제1항과 제2항에 따른 감사 결과 위법 또는 부당한 사실이 발견되면 지체 없이 관계 기관의 장에게 그 시정(是正)과 관계 공무원의 징계를 요구하여야 하며, 관계 기관의 장은 지체 없이 시정하고 관계 공무원을 징계처분하여야 한다.

출제빈도: ★☆☆

**01  인사행정의 3대변수가 아닌 것은?**

① 임용　　　　　　　　　　　　　② 능력발전
③ 사기관리　　　　　　　　　　　④ 신분보장

출제빈도: ★☆☆

**02  '전리품(戰利品)은 승리자에게 속한다'고 주장하여 엽관주의 도입에 큰 영향을 미친 사람은?**

① 잭슨(Jackson)　　　　　　　　② 제퍼슨(Jefferson)
③ 머시(Marcy)　　　　　　　　　④ 펜들턴(Pendleton)

출제빈도: ★★★　대표출제기업: 한국남동발전

**03  엽관주의 인사제도가 필요한 이유로 가장 옳은 것은?**

① 행정의 안정성과 계속성 확보
② 행정의 공정성 확보
③ 국민의 요구에 대한 관료적 대응성 향상
④ 유능한 인재 등용

출제빈도: ★★★　대표출제기업: 시설관리공단

**04  엽관주의의 폐해에 해당하지 않는 것은?**

① 대통령 등 집권 정치인들이 공무원을 통솔하기 어렵다.
② 정권교체 시 대량경질로 행정의 안정성이 훼손될 수 있다.
③ 행정의 전문성을 저하시킬 수 있다.
④ 공무원의 정치적 중립을 저해한다.

출제빈도: ★★★

**05** 현대행정에서 엽관주의를 필요로 하는 이유로 가장 옳은 것은?

① 행정의 안정성 및 계속성 확보

② 공무원의 정치적 중립 확보

③ 정권교체 시 정책추진력 확보

④ 공직임용의 균등한 기회 부여

---

정답 및 해설

**01** ④
인사행정의 3대변수는 ① 임용, ② 능력발전, ③ 사기관리이다.

**02** ③
미국의 머시가 전리품은 승리자에게 속한다고 주장하였다.

오답노트
① 잭슨 대통령은 엽관주의를 인사행정에 도입하였다.
② 제퍼슨은 분권주의자이다.
④ 펜들턴법으로 실적주의가 성립되었다.

**03** ③
엽관주의 인사제도는 국민의 요구에 대한 대응성을 높일 수 있고 선거를 통한 책임의 추궁이 가능하다.

오답노트
① 엽관주의 인사제도는 정권교체에 따른 공무원의 대량경질은 정책의 일관성이나 행정의 안정성을 저해할 수 있다.
② 엽관주의 인사제도는 공무원들이 국민이 아닌 특정 정당에 봉사하게 되어 행정의 공정성을 저해할 우려가 있다.
④ 엽관주의 인사제도는 능력 있는 전문가를 채용하는 것이 아니라 정당에 대한 충성심에 따라 관료를 임용하게 된다.

**04** ①
엽관제는 선출직 정치 지도자들의 관료집단에 대한 통제가 용이하다는 장점이 있다.

오답노트
②, ③ 엽관주의는 정권교체에 따른 대량경질로 행정의 계속성과 전문성이 훼손될 수 있다.
④ 엽관주의는 공무원이 정당의 사병으로 전락하여 정치적 중립성이 저해될 수 있다.

**05** ③
현대행정에서 엽관주의를 필요로 하는 이유는 정권교체 시 정책추진력을 확보하기 위함이다. 또한, 정책에 큰 변동이 있을 때는 평상시보다 엽관주의에 의한 인사가 요구될 가능성이 크다.

오답노트
① 실적주의는 정권이 교체되어도 공직이 교체되지 않아 행정의 안정성과 계속성을 확보할 수 있으나, 엽관주의는 정권이 교체될 경우 공직의 대량교체를 야기하게 되므로 행정의 안정성과 계속성이 저하된다.
② 엽관주의는 공무원의 인사관리나 공직임용에 있어 그 기준을 정당에 대한 충성심과 공헌도에 두는 제도로, 공무원의 정치적 중립 확보와는 거리가 멀다.
④ 실적주의가 공직임용의 균등한 기회를 부여할 수 있다.

**06** 실적주의의 주요 구성요소로 보기 어려운 것은?

① 공직취임의 기회균등
② 공무원 인적 구성의 다양화
③ 신분보장 및 정치적 중립
④ 실적에 의한 임용



**07** 실적주의의 발전이 인사행정에 초래한 현상과 관련이 없는 것은?

① 분권화　　　　　　　　　　　② 소극화
③ 형식화　　　　　　　　　　　④ 집권화



**08** 실적주의에 대한 설명으로 옳지 않은 것은?

① 개인의 자격, 능력, 적성, 실적 중심의 인사제도이다.
② 인사에 있어서 정치적 영향을 최대한 배제한다.
③ 유능한 인재를 적극적으로 유치할 수 있다.
④ 공직임용의 기회균등을 제공한다.



**09** 대표관료제에 대한 설명으로 옳지 않은 것은?

① 우리나라도 대표관료제적 임용 정책을 시행하고 있다.
② 형평성을 제고할 수 있으나 역차별의 문제가 발생할 수 있다.
③ 관료의 국민에 대한 대응성과 책임성을 향상시킨다.
④ 엽관주의의 폐단을 시정하기 위해 등장하였다.

출제빈도: ★★★　대표출제기업: 부산시설공단

## 10　대표관료제에 대한 설명으로 적절하지 않은 것은?

① 국민의 다양한 요구에 대한 정부의 대응성을 향상시킬 수 있다.

② 현대 인사행정의 기본원칙인 실적주의를 강화시킨다.

③ 정부 관료의 충원에 다양한 집단을 참여시킴으로써 정부 관료제의 민주화에 기여할 수 있다.

④ 장애인 채용목표제는 대표관료제의 일종이다.

---

### 정답 및 해설

**06** ②

공무원 인적 구성의 다양화는 실적주의가 아니라 대표관료제의 특성으로, 대표관료제는 사회적 약자 계층을 할당 임용하는 제도로서 공직 구성의 다양성과 대표성을 확보하기 위한 인사제도이다.

오답노트

①, ③, ④ 공직취임의 기회균등, 신분보장 및 정치적 중립, 실적에 의한 임용은 실적주의의 기본적 특성이다.

**07** ①

실적주의 인사는 중앙인사기관에서 공정하고 독립적인 인사행정을 위해 초당적인 기구로서의 독립된 중앙인사기구를 설치하여 중앙에서 만든 엄격한 기준에 의하여 인사행정을 통일적이고 집권적으로 수행한다.

오답노트

②, ③ 실적주의는 반엽관주의에 치중하여 인사행정의 소극성·형식성을 초래함으로써 적극적으로 유능한 인재를 공직에 유인하거나 장기적으로 잠재적인 능력을 발전시키는 일에 소홀하였다.

**08** ③

실적주의는 모든 인사처리가 엄격한 기준에 의한 소극성을 가지므로 유능한 인재를 다양한 방법으로 적극적으로 유치하기 어렵다.

**09** ④

엽관주의의 폐단을 시정하기 위해 등장한 것이 실적주의고, 실적주의의 폐단을 극복하기 위해 대두된 것이 적극적 인사행정이다. 대표관료제는 적극적 인사행정에 속한다.

오답노트

① 우리나라도 장애인 의무고용제, 양성평등 채용목표제 등과 같은 대표관료제의 임용 정책을 시행하고 있다.

② 사회적 약자에게 더 많은 임용 기회를 줌으로써 사회적 형평성을 확보할 수는 있으나, 역차별로 다원주의 확산보다는 오히려 집단 차원의 우대 또는 차별에 따른 집단이기주의를 강화하고 사회분열을 초래할 위험이 있다.

③ 관료제가 비례적으로 구성되고, 출신 집단을 대표함으로써 정부의 대응성 및 책임성이 높아지고, 관료제의 민주화를 촉진한다.

**10** ②

대표관료제는 관료제 내 인적 구성의 다양성을 확보하기 위해 소외 계층에 대한 할당 임용을 하는 것으로, 능력 중심의 실적주의를 침해한다는 단점이 있다.

오답노트

①, ③ 관료제가 비례적으로 구성되고, 출신 집단을 대표함으로써 정부의 대응성 및 책임성이 높아지고 관료제의 민주화를 촉진한다.

④ 장애인 채용목표제는 대표관료제를 실현하는 정책수단이다.

출제빈도: ★★★  대표출제기업: 서울주택도시공사

## 11 대표관료제에 대한 설명으로 옳은 것은?

① 행정의 효율성과 효과성 증진을 목표로 하는 제도이다.
② 관료들이 출신 집단의 이익과 무관하게 전체적 이익에 봉사할 것이라는 가정에 기반하고 있다.
③ 능력에 따른 엄정한 채용을 통해 관료를 선발한다.
④ 우리나라의 '양성평등 채용목표제'는 대표관료제를 반영한 인사제도라 할 수 있다.

출제빈도: ★★★  대표출제기업: 한국농어촌공사

## 12 대표관료제에 대한 설명으로 옳은 것은?

① 관료에 대한 내부통제 방식이다.
② 소외집단이나 소수집단의 공직취임기회를 박탈하여 사회적 형평성을 저해할 수 있다.
③ 공무원들이 출신집단별로 구성되어 집단이기주의를 감소시킬 수 있다.
④ 지역별·성별 임용할당제는 헌법상의 평등원리에 어긋나며, 역차별의 문제가 있어 도입하기가 곤란하다.

출제빈도: ★★★

## 13 대표관료제의 특성에 대한 설명으로 옳지 않은 것은?

① 인구집단의 규모에 직접 비례해서 관료들을 그 규모에 해당하는 비율로 충원하는 제도이다.
② 실적주의의 문제점을 보강하기 위한 제도이다.
③ 실질적 기회균등 보장과 수직적 형평성을 제고한다.
④ 대표관료제는 대외적 민주성과 관련이 없다.

출제빈도: ★★★

## 14 대표관료제의 특성으로 옳지 않은 것은?

① 공직임용에 있어서 실질적이고 적극적인 기회균등을 보장한다.
② 다양한 집단의 참여로 관료제의 민주화를 촉진한다.
③ 행정의 자율성과 정치적 중립성을 강화한다.
④ 역차별을 유발할 우려가 있다.

## 15 직업공무원제도의 확립 요건으로 옳지 않은 것은?

① 행정의 안정성

② 적절한 보수의 지급

③ 평생 고용

④ 개방형 임용(상시 선발)

---

**정답 및 해설**

**11** ④

양성평등 채용목표제는 우리나라가 대표관료제로 도입한 예이다.

[오답노트]

①, ③ 대표관료제는 능력 중심의 인사가 아니라 소외계층을 우대하는 할당임용 방식이므로 행정의 전문성과 효율성을 저하시킨다.

② 대표관료제는 관료들이 출신 집단의 이익을 대변할 것이라는 전제하의 개념이다.

**12** ①

대표관료제는 관료제 내부에서 출신집단별 관료 상호 간 견제를 통해 내부통제를 강화한다.

[오답노트]

② 소수집단과 소외집단에 혜택을 부여하여 기회균등을 적극적으로 보장하고, 사회적 형평성의 제고라는 민주적 이념을 실현한다.

③ 역차별로 인해 다원주의의 확산보다는 오히려 집단차원의 우대 또는 차별에 따른 집단이기주의를 강화하고, 사회분열을 초래할 위험이 있다.

④ 지역별·성별 임용할당제는 헌법상의 평등원리에 어긋나지 않으며, 역차별의 문제가 있지만 많은 나라에서 도입하고 있다.

**13** ④

대표관료제는 관료제가 비례적으로 구성되고 출신집단을 대표함으로써 정부의 대응성 및 책임성이 높아지고 관료제의 민주화를 촉진한다. 관료가 출신집단의 이익에 봉사하는 것을 전제하기 때문에 대표관표제는 대외적 민주성과도 관련이 깊다.

[오답노트]

① 대표관료제는 관료 선발에 있어 출신 집단을 고려함으로써 사회집단의 구성비와 관료제 내의 구성비를 일치시키는 제도이다.

② 대표관료제는 형식적 기회균등이나 가치중립성의 문제 등 실적주의가 내포하고 있는 역기능을 시정한다.

③ 대표관료제는 실적주의의 형식적 기회균등을 시정하고 수직적 형평성을 제고한다.

**14** ③

대표관료제는 관료가 국민 전체에 대한 봉사자가 아니라 출신 계층에 대한 봉사이므로 정치적 중립성이 저해될 수 있다.

[오답노트]

① 대표관료제는 다양한 사회집단의 대표성을 보장함으로써 공직임용에 있어서 실질적이고 적극적인 기회균등을 보장한다.

② 대표관료제는 관료제가 비례적으로 구성되고 다양한 출신집단을 대표함으로써 정부의 대응성 및 책임성이 높아져 관료제의 민주화를 촉진한다.

④ 대표관료제는 역차별을 유발할 우려가 있으며 이로 인해 사회 분열을 초래할 위험이 있다.

**15** ④

직업공무원제는 계급제, 폐쇄형 임용원리, 일반능력자주의, 종신고용제에 입각한 제도이다. 따라서 공직 내·외부에서 공개경쟁을 통해 공무원을 임명하는 개방형 임용은 직업공무원제의 저해요인 중 하나이다.

출제빈도: ★☆☆

**16** 직업공무원제에 대한 설명으로 옳지 않은 것은?

① 공무원집단이 환경적 요청에 민감하지 못하고 특권 집단화될 우려가 있다.
② 직업공무원제가 성공적으로 확립되기 위해서는 공직에 대한 사회적 평가가 높아야 한다.
③ 직업공무원제는 행정의 계속성과 안정성 및 일관성 유지에 유리하다.
④ 직업공무원제는 일반적으로 전문행정가 양성에 유리하기 때문에 행정의 전문화 요구에 부응한다.

출제빈도: ★☆☆

**17** 직업공무원제에 대한 설명으로 옳지 않은 것은?

① 직업공무원제는 유능한 일반행정가 확보에 어려움이 있다.
② 직업공무원제는 승진, 전보, 훈련 등을 통해 능력발전의 기회를 강조한다.
③ 직업공무원제는 결원 발생 시 내부임용을 통하여 충원한다.
④ 직업공무원제는 장기근속을 장려하여 행정의 안정성을 유지할 수 있다.

출제빈도: ★☆☆

**18** 다음 중 적극적 인사행정과 가장 관련이 적은 것은?

① 모집방법의 다양화　　　　　　　　② 인사의 분권화
③ 정년보장식 신분보장　　　　　　　④ 정치적 임용의 부분적 허용

출제빈도: ★☆☆

**19** 적극적 인사행정에 대한 내용으로 옳지 않은 것은?

① 실적주의 강화　　　　　　　　　　② 엽관주의의 신축적 수용
③ 인사권의 분권화　　　　　　　　　④ 공무원단체의 활동 인정

**20** 다음 중 적극적 인사행정 방안이 아닌 것은?

① 공무원단체 활동의 인정
② 인사 권한의 중앙인사행정기관 집중
③ 개방형 임용제 도입
④ 교육훈련을 통한 능력 발전

---

### 정답 및 해설

**16** ④

직업공무원제는 폐쇄형을 원칙으로 하기 때문에 외부로부터의 전문인력 충원이 어렵고, 계급제라는 공직 분류 체계상 전문행정가의 육성이 어려워 행정의 전문화와 기술화를 저해한다.

오답노트
① 무사안일주의와 관료제의 병리가 만연하여 변동에의 저항·특권의식 등이 발생한다.
② 민주적 공직관에 입각한 공공봉사자로서의 높은 사회적 평가를 유지해야 한다.
③ 공무원의 신분을 보장하여 행정의 정치적 중립성 및 독립성·안정성을 유지한다.

**17** ①

직업공무원제는 결원 발생 시 내부임용을 통하여 충원하기 때문에 유능한 일반행정가 확보에 유리한 제도이다.

오답노트
③ 직업공무원제는 결원 발생 시 내부임용을 통한 충원이 원칙이다.
④ 구성원의 신분보장을 통하여 인사행정의 계속성과 안정성을 유지할 수 있다.

**18** ③

적극적 인사는 실적주의의 한계를 극복하기 위해 대두된 것으로, 신분보장을 더 강화하는 정년보장식 신분보장은 해당되지 않는다.

오답노트
① 실적주의의 소극성을 극복하기 위해 모집방법의 다양화를 통한 적극적 모집으로 보완한다.
② 실적주의 집권의 한계를 극복하기 위해 분권적 요소를 도입했다.
④ 엽관주의의 부분적 도입을 허용한다.

**19** ①

적극적 인사행정은 실적주의 및 과학적 인사관리만을 고집하지 않고 경우에 따라서는 엽관주의를 신축성 있게 받아들이며, 인사관리에 있어서 인간관계적 요소를 중요하게 고려한다. 즉, 적극적 인사행정은 실적주의와 엽관주의를 조화시킨 인사관리 방안이다.

오답노트
② 엽관주의의 신축적 수용은 엽관주의와 실적주의를 조화시키는 적극적 인사행정의 방안이다.
④ 공무원단체의 활동을 인정하는 것은 엽관주의와 실적주의를 조화시키는 적극적 인사행정의 일환이다.

**20** ②

적극적인 인사행정은 행정환경 변화에 능동적으로 대응하기 위한 인사행정의 변화를 의미한다고 볼 때 적극적 인사행정을 위해서는 중앙인사기관의 집권화보다는 각 부처 기관 지방자치단체의 인사권이 행사될 수 있도록 인사 권한의 분권화가 요구된다.

출제빈도: ★☆☆

**21** 직무의 완결도와 직무담당자의 책임성·자율성을 높이고 직무수행에 대한 환류가 원활히 이루어지도록 직무를 설계하는 방법은?

① Job enrichment
② Job enlargement
③ Job analysis
④ Job rotation

출제빈도: ★☆☆

**22** 인적자원관리에 대한 내용으로 옳지 않은 것은?

① 사람을 조직의 가장 중요한 자산으로 여기고 이를 관리하는 개념을 말한다.
② 인적자원관리를 위해 인적자원관리의 권한과 책임을 대폭 집중화한다.
③ 인적자원관리의 정책과 운영상의 중점을 절차와 규정 준수보다는 결과와 책임에 둔다.
④ 직업생활의 질 향상을 중시한다.

출제빈도: ★☆☆

**23** 인적자원관리(HRM)에 대한 설명으로 옳지 않은 것은?

① 인사행정에서 출발하였지만 전통적인 인사관리와는 구별되는 관점이다.
② 인적자원관리는 1980년대에 와서 특히 조직문화 및 조직전략과 밀접한 관련을 맺고 발전하기 시작하였다.
③ 인적자원관리는 우리나라의 조직관리에도 그대로 적용할 수 있는 유용한 기법이다.
④ 인적자원관리는 인적자원을 조직의 주요한 자산이자 전략적 자원으로 활용하고자 하는 관점이다.

출제빈도: ★☆☆

**24** 「국가공무원법」상 중앙인사관장기관의 장으로 옳지 않은 것은?

① 대법원장
② 국회사무총장
③ 헌법재판소사무처장
④ 인사혁신처장

출제빈도: ★ ☆ ☆

## 25 중앙인사기관의 필요성이 대두된 배경으로 옳지 않은 것은?

① 국가기능 축소화로 작은 정부 실현

② 인사행정의 전문화 대두

③ 인사관리의 통일성과 일관성 확보

④ 정실주의 및 엽관주의의 폐해 극복

---

### 정답 및 해설

**21** ①

직무의 완결도와 직무담당자의 책임성·자율성을 높이고 직무수행에 대한 환류가 원활히 이루어지도록 직무를 설계하는 방법은 탈전통적 직무설계방법인 직무풍요화 내지는 직무충실(Job enrichment)에 해당한다.

오답노트
② Job enlargement는 직무확대, ③ Job analysis는 직무분석, ④ Job rotation은 직무순환에 해당한다.

**22** ②

인적자원관리는 권한과 책임을 각 부처와 기관에 대폭 위임한다.

**23** ③

인적자원관리는 개인과 조직의 통합을 강조하는 Y 이론적 관점에서 출발한다. 이러한 관점은 우리에게도 좋은 시사점이 있으나, 우리의 행정에 그대로 적용하기에는 한계가 있다.

**24** ①

법원의 중앙인사관장기관의 장은 대법원장이 아니라 법원행정처장이다.

오답노트
② 국회의 중앙인사관장기관의 장은 국회사무총장이다.
③ 헌법재판소의 중앙인사관장기관의 장은 헌법재판소사무처장이다.
④ 행정부의 중앙인사관장기관의 장은 인사혁신처장이다.

**25** ①

중앙인사기관은 행정국가 등장에 따라 행정기능의 확대와 행정의 전문·복잡화로 인한 공무원의 증가, 인사행정의 전문화 필요성으로 인해 등장하였다.

| 경력직과 특수경력직 | 종류별 대상공무원 |
|---|---|
| 개방형과 폐쇄형 | 개방형의 장단점 |
| 직위분류제와 계급제 | 양 제도의 개념 및 비교 |
| 고위공무원단 | 우리나라 고위공무원단 구성 |

**행정학 전문가의 TIP**

**공직분류**

「국가공무원법」 제2조 【공무원의 구분】

① 국가공무원은 경력직공무원과 특수경력직공무원으로 구분한다.

② "경력직공무원"이란 실적과 자격에 따라 임용되고 그 신분이 보장되며 평생 동안(근무기간을 정하여 임용하는 공무원의 경우 그 기간 동안) 공무원으로 근무할 것이 예정되는 공무원을 말한다.

1. 일반직공무원: 기술·연구 또는 행정 일반에 대한 업무를 담당하는 공무원

2. 특정직공무원: 법관, 검사, 외무공무원, 경찰공무원, 소방공무원, 교육공무원, 군인, 군무원, 헌법재판소 헌법연구관, 국가정보원의 직원, 경호공무원과 특수 분야의 업무를 담당하는 공무원으로서 다른 법률에서 특정직공무원으로 지정하는 공무원

③ "특수경력직공무원"이란 경력직공무원 외의 공무원을 말한다.

1. 정무직공무원

   가. 선거로 취임하거나 임명할 때 국회의 동의가 필요한 공무원

   나. 고도의 정책결정 업무를 담당하거나 이러한 업무를 보조하는 공무원으로서 법률이나 대통령령(대통령비서실 및 국가안보실의 조직에 관한 대통령령만 해당한다)에서 정무직으로 지정하는 공무원

2. 별정직공무원: 비서관·비서 등 보좌업무 등을 수행하거나 특정한 업무 수행을 위하여 법령에서 별정직으로 지정하는 공무원

# 01 경력직과 특수경력직

출제빈도 ★

## 1. 공직분류

### (1) 의의

공직분류란 채용과 대우 등 인사관리의 편의와 효율화를 기하기 위하여 공무원들을 일정한 기준에 따라 분류·관리하는 것을 말한다.

### (2) 대상

인사행정의 목적상 공직분류의 대상이 되는 공무원은 정부 구성원으로, 보수·연금·신분보장을 받으며 공무원법과 실적주의가 적용되는 사람을 지칭한다.

## 2. 경력직과 특수경력직

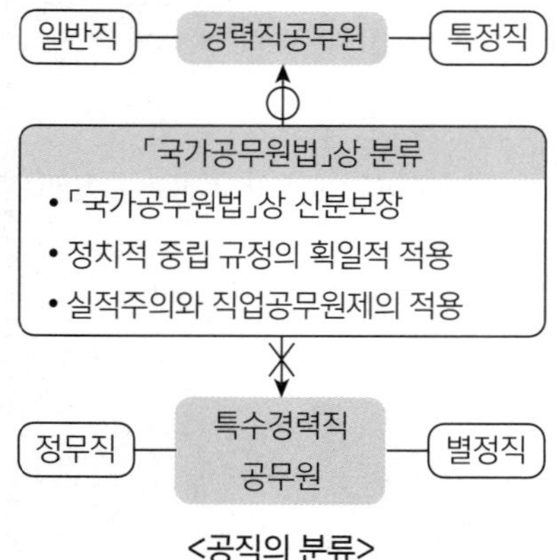


<공직의 분류>

## (1) 경력직공무원

실적과 자격에 의해 임용되고 신분이 보장되는 공무원으로, 평생토록 공무원으로 근무할 것이 예정되는 공무원이다.

① 일반직공무원
- 행정 일반 또는 기술·연구 업무를 담당하는 공무원으로서, 직군과 직렬별로 분류되고 계급은 1급에서 9급으로 구분된다.
- 1급과 직무등급가는 신분보장이 되지 않는다.

② 특정직공무원
법관, 검사, 외무공무원, 경찰공무원, 소방공무원, 교육공무원, 군인, 군무원, 헌법재판소 헌법연구관, 국가정보원의 직원, 경호공무원과 특수 분야의 업무를 담당하는 공무원으로서 다른 법률에서 특정직공무원으로 지정하는 공무원이다.

## (2) 특수경력직공무원

실적주의와 직업공무원제의 획일적 적용을 받지 않고, 정치적으로 임용되거나 특수한 직무 담당이 필요한 공무원 등을 말한다. 그러나 특수경력직공무원이라도 「국가공무원법」에 규정된 보수와 복무규율의 적용을 받는다.

① 정무직공무원
선거에 의해 임용되는 자(대통령, 국회의원, 자치단체장, 지방의회 의원, 교육감), 임명에 국회 동의가 요구되는 공무원(감사원장), 고도의 정책결정 업무나 이를 보조할 공무원(국무총리, 각 부처 장·차관, 국가정보원 원장·차장, 감사원 사무총장 등)으로 법률로 지정한다.

② 별정직공무원
법령에 따라 특정 업무의 담당을 위해 별도의 자격기준에 의해 임용되는 공무원(국회의원 보좌관·비서관·비서, 국회 수석전문위원)이다.

---

### ▤ 시험문제 미리보기!

**다음 중 특정직공무원에 속하는 것은?**

① 감사원 사무차장        ② 국가정보원 원장
③ 외무공무원        ④ 지방의회 의원

해설    특정직공무원에 속하는 것은 '외무공무원'이다.

오답노트
①은 경력직 중 일반직, ②, ④는 특수경력직 중 정무직공무원이다.

정답 ③

## 1. 의의

조직구조의 모든 계층에서 신규채용이 허용되느냐의 여부에 따라 개방형과 폐쇄형으로 구분된다.

### (1) 개방형

모든 계층의 직위를 불문하고 신규채용이 허용되는 인사제도로, 미국처럼 직위분류제 채택국가에서는 개방형의 필요성이 크다.

### (2) 폐쇄형

신규채용이 최하위 계층에만 인정되며 내부승진으로 상위계층까지 올라가는 인사제도(외부인사의 동일계급 내 중간직 임용 불가)로, 계급제에 토대를 두고 있다.

## 2. 개방형과 폐쇄형의 비교

| 구분 | 개방형 | 폐쇄형 |
|---|---|---|
| 분류 기준 | 직위 · 직무 | 계급 · 사람 |
| 모집 | 모든 계층 | 최하 계층 |
| 임용 자격 | 직무수행능력 | 일반교육 |
| 승진 기준 | 가장 적격자(내 · 외부) | 상위 적격자(내부 임용) |

## 3. 개방형과 폐쇄형의 이점

| 개방형 | 폐쇄형 |
|---|---|
| • 유능한 외부인사의 공직 등용<br>• 활발한 신진대사로 관료제 침체 · 경직화 방지, 무사안일적 풍토 쇄신, 재직자의 자기개발노력 촉진<br>• 공무원의 질적 향상, 행정능률화에 기여<br>• 국민에 대한 반응성 제고 및 행정에 대한 민주통제 용이<br>• 정부의 인적자원의 활용범위 확대 | • 재직자의 승진 기회가 많아져 사기양양<br>• 신분보장 강화로 행정의 안정성 제고<br>• 낮은 이직률로 직업공무원제 확립에 기여<br>• 승진 기준으로 경력을 중요시하여 인사행정의 객관성에 기여<br>• 조직에의 높은 소속감 · 충성심으로 행정능률 향상에 도움 |

※ 개방형은 객관적인 공개경쟁시험에 의하지 않는 경우가 많으므로, 정실에 의한 자의적인 인사가 이루어질 문제점이 있음

## 4. 개방형 직위와 공모직위 지정 요건

| 개방형 직위 | 공모직위 |
| --- | --- |
| 지정: 임용권자 또는 임용제청권자 | |
| • 전문성이 특히 요구됨<br>• 효율적인 정책 수립 | • 효율적인 정책 수립 |
| 고공단: 20% | 30% |
| 과장급: 20% | 20% |



# 03 직위분류제와 계급제

출제빈도 ★★★

## 1. 직위분류제

### (1) 의의

직위분류제는 다수의 직위를 각 지위에 내포되는 직무의 종류와 곤란성·책임도를 기준으로 직급별·직렬별·직군별·등급별로 분류하여, 동일 직렬 내에서만 인사이동할 수 있게 하는 제도이다.

### (2) 미국의 직위분류제 발달 배경

① 19세기 실적주의가 확립되면서 직무내용과 자격요건에 대한 정보가 필요하였다.
② 과학적 관리론의 영향으로 능률 향상과 보수 균등화를 위해 직무분석과 직무평가가 촉진되었다.
③ 동일 직무에 대하여 동일 보수를 지급함으로써 직무급 원칙을 확립하였다.

### (3) 직위분류제의 구조

직위분류제는 직위를 직무의 종류와 성질 기준으로 직렬·직군별로 종적 분류를 한 다음, 직무의 곤란성과 책임도를 기준으로 직급별·등급별로 횡적 분류를 하는 것이다. 그 구성요소는 다음과 같다.
① 직위(Position)
한 사람의 근무를 필요로 하는 직무와 책임이다.
② 직급(Class)
직위에 내포되는 직무의 종류와 곤란성·책임도가 상당히 유사한 직위의 군이다. 동일한 직급에 속하는 직위에 대해 임용자격·시험·보수 등에서 동일한 취급을 한다.
③ 직렬(Series)
직무의 종류는 유사하나 곤란성·책임도가 상이한 직급의 군이다.
④ 직류
동일한 직렬 내에서 담당분야가 동일한 직무의 군(직렬의 세분화)이다.



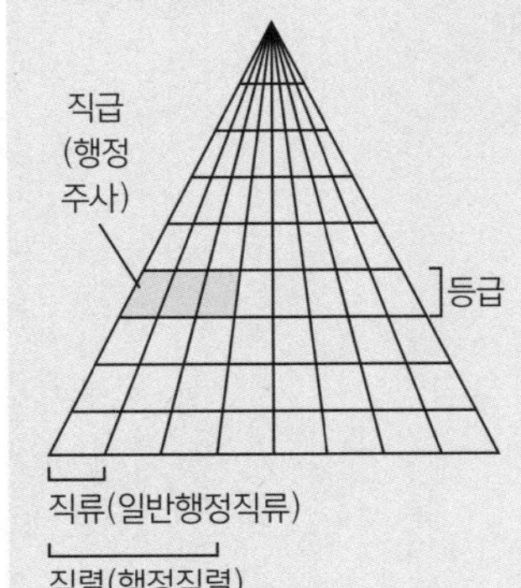

⑤ 직군(Group)

직무의 종류가 유사한 직렬의 군이다.

⑥ 등급(Grade)

직무의 종류는 다르지만 직무의 곤란성·책임도와 자격요건이 유사하여 동일한 보수를 줄 수 있는 모든 직위이다.

⑦ 직무등급

직무의 곤란성과 책임도가 상당히 유사한 직위의 군으로 고위공무원단 소속 공무원에게 도입된 개념이다.

### (4) 직위분류제의 유용성

① 보수 결정의 합리적 기준 제시

동일 직무에 대한 동일 보수 지급(Equal pay for equal work)으로 직무급 제도를 확립하여 보수 결정의 합리적 기준을 제시한다.

② 적임자 임용·인사배치의 합리적 기준 제시

직무분석이나 직무평가를 통해 직위가 요구하는 직무 내용과 성질, 자격요건 등을 밝힘으로써 채용시험·인사배치·승진·전직 등의 합리적 기준을 제시한다.

③ 행정의 전문화·분업화 촉진

동일 직책의 장기간 담당으로 행정의 전문화와 분업화를 촉진한다. 승진이 동일 직종에 따라서 이루어지므로 특정 분야의 전문가 양성에 효과적이다.

### (5) 직위분류제의 한계

① 유능한 일반행정가 양성 곤란

특정 직위의 전문가를 요구하므로, 관리능력을 가진 일반행정가(Generalist)의 확보나 양성이 곤란하다.

② 인사배치의 신축성 제한

동일 직렬에 한정된 승진·전보만 가능하므로, 인사배치의 신축성이 제한된다.

③ 신분보장의 위협

공무원 신분이 특정 직위·직무와 연결되므로, 기구개혁 등에 따라 직무 자체가 없어진 경우 신분보장이 위협을 받는다.

④ 업무협조·조정 곤란

전문적 행정관리에 역점을 둠으로써 업무통합이나 상호 간 의사소통이 부진하여 협조·조정이 곤란하다.

### (6) 직위분류제의 구체적 수립절차

① 계획과 절차의 결정

직위분류의 주관 기관은 관계인사 및 단체의 광범위한 민주적 참여 아래 직위분류제의 수립 계획과 절차를 결정한다.

② 분류담당자 선정과 분류대상 직위 결정

조직 내부인사와 외부인사를 적절히 안배하여 직위분류에 필요한 면접·직무분석·직무평가를 담당할 요원을 선정하고, 조직기구의 성격·기술적 가능성이나 효과를 고려하여 분류대상 직위를 선정한다.

③ 직무조사(직무기술서 작성)

분류될 직위의 직무에 관한 정보를 수집·조사하여 분석·평가에 대비하는 것이다.

④ 직무분석(Job analysis)

직무 내용과 책임에 관한 사실·정보를 분류요소에 따라 선택·정리·비판·검토하여 직렬·직군으로 분류하는 논리적 사고과정이다.

⑤ 직무평가(Job evaluation)

- 직무분석으로 직무를 종류별로 구분한 다음, 직무 수행의 곤란성·책임성·복잡성 그리고 직무를 수행하는 데 필요한 자격 요건 등을 기준으로 직급과 등급을 결정하는 것이다. (수평적·횡적 분류 구조 형성 절차)
- 직무평가의 방법
  - 계량적 방법
    - 점수법(Point method): 직무 구성요소별(예 정신적·육체적 능력, 근무환경, 의사결정 등)로 계량적으로 평가하는 것이다. 각 요소의 비중이나 등급을 숫자로 표시하는 등급기준표를 만들고, 이에 대비하여 분류할 직위의 직무를 요소별로 평점한 다음 이를 합산하고 평균하여 등급을 결정한다.
    - 요소비교법(Factor-comparison method): 대표적이라고 생각하는 기준직위를 선정하고, 기준직위의 평가요소에 부여된 수치에 평가하려는 직위의 각 요소를 대비시켜 평점하여 직위의 상대적 가치를 결정한다. 기준직무와 비교하므로 평가의 정확성을 높일 수 있고, 평가의 결과가 점수가 아닌 보수액으로 표시되어 보수액 산출의 작업이 필요 없다는 이점이 있다. 그러나 작업이 어렵고 많은 시간이 소요된다는 단점이 있다.
  - 비계량적 방법
    - 서열법(Ranking method): 직위의 가치와 비중을 전체적·종합적으로 판단하여 상하서열을 정하는 단순한 방법이다. 단순히 직무와 직무를 비교하는 방법이므로 시간·노력·비용이 적게 든다는 이점이 있으나, 직위가 복잡하고 수가 많으면 적용이 곤란하고 정확성·객관성이 결여되었다는 단점이 있다.
    - 분류법(Classification method), 등급법(Grading method): 서열법과 유사(평가자의 개괄적 판단에 의존)하지만 더 발전된 것으로 등급기준표를 미리 작성한다. 등급별로 직무내용·책임도·자격요건 등을 기술한 등급 정의에 따라, 각 직위에 가장 적절한 등급을 결정해 나가는 방법이다.

⑥ 직급명세서(Class specification)의 작성

직군·직렬과 등급·직급이 결정되면 직급별로 직급명세서가 작성된다.

⑦ 정급

직급명세서가 작성되면 모든 직위는 각각 해당 직군·직렬·직류와 등급·직급에 배정된다.

⑧ 사후검토와 동태적 관리

모든 관계자·점직자에게 시행에 앞서 검토와 이의신청 기회를 주고, 행정조직·행정기능의 동태적 성격에 비추어 직무 내용의 변동에 따라 수정될 수 있어야 한다.

**행정학 전문가의 TIP**

**직무분석과 직무평가**

| 기준 | 직무분석 | | | 직무평가 | |
| --- | --- | --- | --- | --- | --- |
| | 직류 | 직렬 | 직군 | 직급 | 등급 |
| 직무의 종류·성질 | 유사 | | | 유사 | 상이 |
| 직무의 책임도·난이도 | 상이 | | | 유사 | |

**직무평가 방법**

| 직무의 비중 결정 방법 | 직무와 기준표 비교 | 직무와 직무 비교 |
| --- | --- | --- |
| 비계량적 방법 | 분류법 | 서열법 |
| 계량적 방법 | 점수법 | 요소 비교법 |

> 다음 중 직무의 종류가 유사하고 그 책임과 곤란성의 정도가 상이한 직급의 군은?
>
> ① 직위            ② 직렬
> ③ 직류            ④ 직군
>
> 해설    직렬은 직무의 종류가 유사하고 그 책임과 곤란성의 정도가 상이한 직급의 군을 말한다.
>
> 오답노트
> ① 직위는 1인의 공무원에게 부여할 수 있는 직무와 책임을 말한다.
> ③ 직류는 동일한 직렬 내에서의 담당 분야가 동일한 직무의 군을 말한다.
> ④ 직군은 직무의 성질이 유사한 직렬의 군을 말한다.
>
> 정답 ②

## 2. 계급제

### (1) 의의

① 공무원이 가지는 개인적 특성(학력, 경력, 자격 등)을 기준으로 유사한 개인적 특성을 가진 공무원을 하나의 범주나 집단으로 구분하여 계급을 형성하고, 동일 계급 내에서는 어느 자리로나 이동할 수 있도록 한 제도이다.

② 직위분류제가 직위가 내포하고 있는 객관적 직무 중심적 제도라면, 계급제는 사람의 신분상 지위나 자격에 중점을 두는 사람 중심적 제도이다.

### (2) 특징

① 4대 계급제
- 계급제를 채택한 나라들은 대부분 신규채용 때 계급별로 학력이나 경력·자격을 제한하고, 사회적 지위나 신분이 같은 사람은 같은 계층에 소속되게 함으로써 동일한 계급을 형성하게 한다.
- 특히 계급제는 교육제도(고등학교, 전문대학, 대학교, 대학원 등)와 맞물려 4대 계급제를 확립하였다.

② 폐쇄형의 충원 방식

계급제를 채택하는 나라에서 신규채용되는 공무원은 대개 최하위직에 임용되며, 상위계급은 내부승진에 의하여 충원된다. 또한 상위계급에 외부인사가 중간계급이 신규임용되는 것을 허용하지 않는다.

③ 계급 간의 차별과 고급공무원의 엘리트화

계급에 따라 학력·경력·출신 성분·보수 등의 차원에서 차별이 크고, 고급공무원의 수는 적게 하여 이들에 대해서는 다른 하위 공무원보다 우대하여 엘리트화시킨다.

④ 일반행정가 지향

직위분류제가 어떤 직위가 요구하는 전문지식과 기술을 가진 사람을 선발하는 데 반해, 계급제는 장래의 발전가능성과 잠재력을 가진 사람을 채용하여 폭넓은 이해력과 조정능력을 갖춘 일반행정가로 양성하고자 한다.

## (3) 계급제의 공헌점

① 직업공무원제의 발전 촉진

직렬에 관계없이 수평적·수직적 이동이 가능하여 공무원의 창의력·적응력이 발전되고, 장기간의 복무로 조직 충성도가 제고된다. 그에 따라 장기적 행정계획 추진, 직업공무원제 확립에 기여한다.

② 인사배치의 신축성

**계급만 동일하다면 보수 변동 없이 전직과 전보가 가능하다. 따라서 인력의 적재적소 배치가 용이하고**, 공무원의 능력을 여러 분야에 거쳐 발전시킬 수 있다.

③ 넓은 시야를 가진 유능한 인재 채용

넓은 일반적 교양·능력을 가진 자를 채용할 수 있고, 채용시험이나 승진시험에서 일반적인 지적 능력을 다루므로 응시자 유치가 쉽다. 따라서 인재를 개성과 능력에 따라 신축성 있게 활용할 수 있다.

④ 행정조정 원활화

일반행정가가 양성된다면 직위분류제에 비해 직원들 간의 의사소통이 쉬워지고 업무조정의 어려움이 줄어든다. 그러므로 정부 업무의 통합 및 조정에 유리하다.

⑤ 신분보장의 강화

**공무원이 기구개혁의 영향을 받지 않으므로 강한 신분보장에 의한 안정감이 유지된다.**

## (4) 계급제의 한계

① 직무급 체계 확립 곤란

동일 계급에 대해서 직무의 종류나 성격과 상관없이 동일 보수가 지급되므로, 동일 노무에 대한 동일 보수라는 직무급 체계 확립이 어렵다.

② 관료주의화 우려

지나친 신분보장과 폐쇄형 임용체제로 인해 복지부동, 무사안일, 특권집단화의 우려가 있다.

③ 행정의 전문성 저하

순환보직에 의한 일반행정가 양성을 지향하므로 행정의 전문성이 떨어질 수 있다.

## 3. 직위분류제와 계급제의 비교

| 구분 | 직위분류제 | 계급제 |
|---|---|---|
| 분류 기준 | • 직무의 종류·곤란도·책임도 | • 개인의 능력·자격 |
| 발달 배경 | • 산업사회 | • 농업사회 |
| 채용 국가 | • 미국·캐나다·필리핀 | • 영국·독일·일본 |
| 중심 | • 인간적 요인(주관적·비합리적) 배제<br>• 직무분석과 직무평가 중심 | • 직무보다 인간<br>• 능동적·창의적·쇄신적 행정인 지향 |
| 채용과<br>시험 | • 직위에 필요한 자격요건의 시험내용<br>• 시험과 채용의 연결 ⇨ 합리성 | • 시험관리의 용이성<br>• 넓은 시야를 가진 유능한 인재 등용 |
| 보수 | • 직무급 제도<br>• 동일 직무 동일 보수 원칙 | • 생활급 위주<br>• 근무연한, 근무성적 고려 |
| 인사배치 | • 인사배치의 정실화, 자의성 방지<br>• 승진·전직·전보제도의 합리적 운영 | • 인사배치의 신축성<br>• 적재적소 배치와 다양한 능력발전 |
| 행정비전 | • 단기적 사업계획 수립과 능률적 집행 | • 장기적 계획수립과 추진 |
| 교육훈련 | • 훈련과 담당 직책 내용과 연결<br>⇨ 훈련(훈련수요 판단)의 효율성 | • 최근 공무원의 자기 계발, 행태변혁 강조 |
| 공무원의<br>유형 | • 유능한 전문행정가 양성<br>⇨ 거시적 차원의 통합·조정 곤란 | • 일반행정가 육성(통찰력, 지도력)<br>⇨ 행정 전문화·능률화에 장애 가능 |
| 조정 및<br>협조 | • 엄격한 전문화·분업화<br>⇨ 원활한 조정 곤란 | • 넓은 시야를 가진 관리능력, 적응력<br>⇨ 조정 및 협조가 수월 |
| 신분보장 | • 신분보장이 직위에 연동<br>⇨ 조직개편에 따른 신분의 영향으로<br>직업공무원제 확립 곤란 | • 신분보장이 특정 직위에 좌우되지 않음<br>⇨ 상대적으로 신분보장이 강하고 직업<br>공무원제의 정착에 기여 |

## 04 고위공무원단 제도

출제빈도 ★

## 1. 의의

① 정부 실·국장급 공무원을 범정부적 차원에서 성과와 능력에 기반을 두고 인사관리를
   함으로써 정부의 생산성을 향상시킬 수 있도록 중·하위직 공무원과 분리하는 제도
   로, 현재 미국·영국·호주·네덜란드 등 주요 국가에서 도입되어 운영되고 있다.

② 직위분류제적 성격이 강한 나라(미국)는 계급제적 요소를 수용하고, 계급제적 성격이
   강한 나라(영국)에서는 직위분류제적 요소를 수용하여 고위공무원단 제도는 직위분
   류제와 계급제의 절충적 성격을 지닌다.

# 2. 우리나라의 고위공무원단 제도

## (1) 의의

① 우리나라는 중앙정부의 실·국장급 고위공무원에 대하여 개방과 경쟁을 확대하고, 성과관리와 책임을 강화하는 고위공무원단 제도를 시행하고 있다.

② 고위공무원에 대하여 계급을 폐지하고 부처와 소속 중심의 폐쇄적 인사관리를 개방하여 전 정부 차원에서 경쟁을 통해 최적임자를 선임하게 함으로써 적재적소 인사를 실현한다.

③ 고위공무원마다 성과계약을 체결하여 담당 직무와 업무성과에 따라 보수를 지급하고 성과가 부진한 경우 적격심사를 거쳐 직권면직할 수 있도록 하는 등 성과책임을 엄격히 묻고 있다.

## (2) 주요 내용

① 고위공무원단의 구성 및 정원관리
- 개념: 직무의 곤란성과 책임도가 높은 직위에 임용되어 재직 중이거나 파견·휴직 등으로 인사관리되고 있는 **일반직·별정직 및 특정직공무원의 군**을 말한다. **특정직은 외무직공무원만 해당**된다.
- 대상직위: 실장·국장급 이상의 국가직공무원과 「지방자치법」 및 「지방교육자치에 관한 법률」에 의하여 **국가공무원으로 보하는 광역자치단체 행정부시장, 행정부지사, 부교육감은 고위공무원단 소속 공무원**이다. (서울특별시 행정부시장은 정무직)
- 소속과 인사권: 모든 실·국장급 국가공무원은 일단 고위공무원단 소속 공무원이 되어 범정부적 풀(Pool) 관리의 대상이 된다. 각 부처 장관은 **소속에 구애되지 않고 고위공무원의 전체 풀에서 적임자를 임용 제청할 수 있으며**, 이러한 절차를 거쳐 각 부처에 배치된 고위공무원에 대해서는 소속 장관이 인사권과 복무 감독권을 행사하게 된다.
- 정원관리 방식 – 직무등급[1]과 직위 중심: **계급이 폐지되고 직무 중심으로 인사관리가 이루어지게 됨에 따라, 정원관리 방식이 직무등급과 직위 중심으로 전환**된다.

② **개방과 경쟁의 촉진 – 자율공모(50%), 공모직위(30%), 개방형 직위(20%)**
자율직위는 실·국장급의 50% 이내에서 당해 부처 소속 공무원으로 제청가능하고, 공모직위는 30%로 그 직위를 타 부처에 개방해야 하며, 20%는 개방형 직위로서 민간에 개방해야 한다.

③ 직무와 성과 중심의 인사관리
- 직무성과계약제의 도입: 직무성과계약제는 성과목표·평가 기준 등을 직상급자와 합의하여 1년 단위의 성과계약을 체결한다.
- 직무성과급적 연봉제 도입: 직무성과급 제도는 '직무급'과 '성과급'을 결합한 형태의 보수체계로서, 직무의 난이도·중요도를 반영한 직무등급에 따라 보수를 책정한다.



**고위공무원단**

「국가공무원법」 제2조의2 【고위공무원단】

① 국가의 고위공무원을 범정부적 차원에서 효율적으로 인사관리하여 정부의 경쟁력을 높이기 위하여 고위공무원단을 구성한다.

② 제1항의 "고위공무원단"이란 직무의 곤란성과 책임도가 높은 다음 각 호의 직위(이하 "고위공무원단 직위"라 한다)에 임용되어 재직 중이거나 파견·휴직 등으로 인사관리되고 있는 일반직공무원, 별정직공무원 및 특정직공무원(특정직 공무원은 다른 법률에서 고위공무원단에 속하는 공무원으로 임용할 수 있도록 규정하고 있는 경우만 해당한다)의 군(群)을 말한다.

1. 「정부조직법」 제2조에 따른 중앙행정기관의 실장·국장 및 이에 상당하는 보좌기관

2. 행정부 각급 기관(감사원은 제외한다)의 직위 중 제1호의 직위에 상당하는 직위

3. 「지방자치법」 제110조 제2항·제112조 제5항 및 「지방교육자치에 관한 법률」 제33조 제2항에 따라 국가공무원으로 보하는 지방자치단체 및 지방교육행정기관의 직위 중 제1호의 직위에 상당하는 직위

③ 인사혁신처장은 고위공무원단에 속하는 공무원이 갖추어야 할 능력과 자질을 설정하고 이를 기준으로 고위공무원단 직위에 임용되려는 자를 평가하여 신규채용·승진임용 등 인사관리에 활용할 수 있다.

※ 감사원은 별도의 제도(고위감사공무원단)로 운영됨

**1) 직무등급**

직무의 곤란성과 책임도가 상당히 유사한 직위의 군

출제빈도: ★☆☆

## 01 공무원에 대한 설명으로 옳지 않은 것은?

① 특정직공무원은 특수 분야의 업무를 담당하는 공무원으로 특수경력직공무원이다.

② 정무직공무원은 정치적 판단 등이 필요한 직위에 임용되고 있다.

③ 특정직공무원은 개별 법률에 의해 별도의 계급 체계를 유지하고 있다.

④ 별정직공무원은 특정한 업무를 담당하기 위하여 별도의 자격기준에 의하여 임용되는 공무원으로서 법령에서 별정직으로 지정하는 공무원이다.

출제빈도: ★★☆  대표출제기업: 인천교통공사

## 02 다음 중 정무직공무원에 해당되지 않는 것은?

① 인사혁신처장

② 검찰총장

③ 국가정보원 원장, 차장

④ 감사원 사무총장

출제빈도: ★☆☆  대표출제기업: 대구도시철도공사

## 03 개방형 직위제도에 대한 설명으로 옳지 않은 것은?

① 공직 내·외부에서 인재를 공개적으로 선발하는 제도를 말한다.

② 행정에 대한 민주적 통제를 곤란하게 한다.

③ 정부의 인적자원 활용범위가 확대된다.

④ 임용기회의 형평성을 제고한다.

출제빈도: ★☆☆

## 04 공모직위제도에 대한 내용으로 옳은 것은?

① 해당 기관 내부 또는 외부의 공무원 중에서 적격자를 임용할 수 있다.

② 고위공무원단 직위 총수의 100분의 20 이내에서 임용한다.

③ 일반직, 특정직, 별정직을 대상으로 한다.

④ 임용기간은 5년의 범위 안에서 소속장관이 정하되 최소 2년 이상으로 한다.

---

### 정답 및 해설

**01** ①
특정직공무원은 경력직공무원에 해당한다.

> **오답노트**
> ②, ④ 「국가공무원법」 제2조에 규정되어 있다.
> ③ 특정직공무원은 개별 법률에 의해 별도의 계급(직급) 체계를 유지하고 있다.

**02** ②
검찰총장은 경력직 중 특정직이다.

> **오답노트**
> ①, ③, ④는 특수경력직 중 정무직이다.

**03** ②
개방형 직위는 폐쇄형에 비하여 관료제의 침체·경직화를 방지하여 행정에 대한 민주적 통제가 용이하다.

> **오답노트**
> ① 임용권자 또는 임용제청권자는 해당기관의 직위 중 전문성이 특히 요구되거나 효율적인 정책수립을 위하여 필요하다고 판단되어 공직 내부 또는 외부에서 적격자를 임용할 필요가 있는 직위에 대하여는 이를 개방형 직위로 지정하여 운영할 수 있다.
> ③, ④ 민간에게 공직의 문호를 개방함으로써 인적자원의 활용범위가 확대됨과 동시에 공직 임용기회가 부여됨으로 임용기회의 형평성이 확보될 수 있다.

**04** ①
공모직위는 전체 공무원 중에서 임용한다.

> **오답노트**
> ② 고위공무원단 직위 총수의 100분의 30 이내에서 임용한다.
> ③ 경력직공무원(일반직, 특정직)을 대상으로 하며, 별정직공무원은 제외된다.
> ④ 개방형이 임용기간 제한이 있고 공모직위는 임용기간 제한이 없다.

**05  직위분류제에서 사용되는 용어에 대한 설명으로 옳지 않은 것은?**

① 직위란 1명의 공무원에게 부여할 수 있는 직무와 책임을 말한다.

② 직급이란 직무의 종류, 곤란성과 책임도가 상당히 유사한 직위의 군을 말한다.

③ 직렬이란 직무의 종류는 유사하나 책임과 곤란도가 상이한 직급의 군을 말한다.

④ 직류란 직무의 성질이 유사한 직렬의 군을 말한다.



**06  계급제의 특징에 대한 설명으로 옳지 않은 것은?**

① 계급제는 전문행정가를 양성한다.

② 계급제는 개개인의 자격 및 능력과 신분으로 공무원을 분류한다.

③ 계급제는 직업공무원제의 확립이 용이하다.

④ 계급제는 인사배치의 신축성을 제고할 수 있다.



**07  직위분류제의 단점으로 옳지 않은 것은?**

① 직무 변동에의 적응력이 약하다.

② 보수에 합당한 직위를 만드는 데 불리하다.

③ 폭넓은 안목을 갖춘 일반행정가를 양성하는 데 불리하다.

④ 공무원의 신분이 보장되는 직업공무원제를 확립하기 힘들다.

출제빈도: ★★★    대표출제기업: 한국농어촌공사

## 08 계급제와 직위분류제를 비교한 것으로 옳지 않은 것은?

① 보수행정의 형평성은 계급제가 낮고 직위분류제는 높다.

② 계급제는 일반행정가를 추구한다.

③ 신분보장은 계급제가 강하고 직위분류제는 약하다.

④ 인사배치는 계급제가 비융통적이고 직위분류제는 융통적이다.

---

### 정답 및 해설

**05** ④

직무의 성질이 유사한 직렬의 군은 직군이다. 직류는 동일한 직렬 내에서 담당 분야가 동일한 직무의 군을 의미한다.

| | |
|---|---|
| 직위 | 1인의 공무원에게 부여하는 직무와 책임 |
| 직급 | 직무의 종류, 곤란성과 책임도가 상당히 유사한 직위의 군 |
| 직렬 | 직무의 종류가 유사하나 책임과 곤란도가 상이한 직급의 군 |
| 직군 | 직무의 성질이 유사한 직렬의 군 |
| 직류 | 동일한 직렬 내에서 담당 분야가 유사한 직무의 군 |
| 등급 | 직무의 종류는 다르지만 책임과 곤란도가 유사 |

**06** ①

직위분류제는 직위가 요구하는 전문지식과 기술을 가진 사람을 선발하는 인사제도이고, 계급제는 장래의 발전가능성과 잠재력을 가진 사람을 채용하여 폭넓은 이해력과 조정능력을 갖춘 일반행정가로 양성하고자 하는 인사제도이다. 따라서 전문행정가 양성에 유리한 제도는 직위분류제이다.

오답노트

② 계급제는 사람을 중심으로 구성원 개개인의 학력·경력·자격·능력과 같은 개인적 특성을 고려하여 공무원을 분류한다.

③ 계급제는 직렬에 관계없이 수평적·수직적 이동이 가능하여 공무

원의 창의력·적응력이 발전되고, 장기간의 복무로 조직 충성도가 제고된다. 그에 따라 장기적 행정계획 추진, 직업공무원제 확립에 기여한다.

④ 계급제는 계급만 동일하다면 보수 변동 없이 전직과 전보가 가능하다. 따라서 인력의 적재적소 배치가 용이하다.

**07** ②

직위분류제는 동일 직무 동일 보수라는 직무급 원칙에 입각하므로 직위에 합당한 보수 또는 보수에 합당한 직위를 도출하는 것이 유리하다.

오답노트

① 직위분류제는 전직과 전보가 곤란하므로 직무 변동에의 적응력이 약하다.

③ 직위분류제는 특정 직위의 전문가를 요구하므로, 관리능력을 가진 일반행정가의 확보나 양성이 곤란하다.

④ 직위분류제는 공무원 신분이 특정 직위·직무에 연결되므로 기구개혁 등에 따라 직무 자체가 없어질 경우 신분을 보장받지 못하여, 신분이 보장되는 직업공무원제를 확립하기 어렵다.

**08** ④

인사배치에 있어 계급제가 융통적이고 직위분류제는 비융통적이다.

오답노트

① 보수행정의 형평성은 계급제가 낮고, 직위분류제는 높다.

② 계급제는 일반행정가, 직위분류제는 전문행정가를 추구한다.

③ 신분보장은 계급제가 강하고, 직위분류제는 약하다.

출제빈도: ★★★

## 09 직위분류제와 계급제에 대한 설명으로 옳지 않은 것은?

① 직위분류제는 행정의 안정성을 확보할 수 있다.

② 계급제는 직위분류제보다 직업공무원제도 확립에 더 유리하다.

③ 직위분류제는 인사배치의 신축성을 저해한다.

④ 계급제는 일반행정가 양성에 유리하다.

출제빈도: ★☆☆

## 10 2024년 현재 국가공무원에는 있지만 지방공무원에는 없는 공무원은?

① 고위공무원단

② 특정직공무원

③ 정무직공무원

④ 별정직공무원

출제빈도: ★★☆    대표출제기업: 한국농어촌공사

## 11 우리나라 고위공무원단 제도에 대한 설명으로 옳지 않은 것은?

① 국가의 고위공무원을 범정부적 차원에서 효율적으로 인사관리하기 위하여 도입하였다.

② 개방형 임용 방법, 직위공모 방법, 자율임용 방법을 실시한다.

③ 국가공무원으로 보하는 부시장, 부지사, 부교육감 등은 고위공무원단에 해당되지 않는다.

④ 원칙적으로 직무성과급적 연봉제를 적용한다.

출제빈도: ★★☆

## 12 우리나라 고위공무원단에 대한 설명으로 옳지 않은 것은?

① 부산광역시 행정부시장은 고위공무원단이 아니다.
② 부산광역시 부교육감은 고위공무원단에 해당한다.
③ 지방직 공무원에는 없는 제도이다.
④ 계급과 연공서열보다는 업무와 실적에 따라 보수가 지급된다.

---

### 정답 및 해설

**09** ①
직위분류제는 공무원 신분이 특정 직위·직무에 연결되므로, 기구개혁 등에 따라 직무 자체가 없어진 경우 신분보장에 위협을 받는다. 따라서 계급제에 비해 행정의 안정성 확보가 어렵다.

오답노트
② 계급제는 직렬에 관계없이 수평적·수직적 이동이 가능하여 공무원의 창의력·적응력이 발전되고, 장기간의 복무로 조직 충성도가 제고된다. 그에 따라 장기적 행정계획 추진, 직업공무원제 확립에 기여한다.
③ 직위분류제는 동일한 직렬에 따라 전보·승진이 이루어지므로, 인사배치의 신축성이 결여된다.
④ 계급제는 넓고 일반적인 교양·능력을 가진 자를 채용할 수 있고, 채용시험이나 승진시험에서 일반적인 지적 능력을 다루므로 응시자 유치가 쉽다.

**10** ①
고위공무원단은 국가직공무원만을 대상으로 하는 제도이다.

오답노트
② 특정직공무원은 국가직과 지방직 모두 존재한다.
③ 정무직공무원은 선거에 의해 임용되는 자가 포함되기 때문에 지자체장이나 지방의회 의원은 정무직공무원이다.
④ 별정직공무원은 국가직과 지방직 모두 존재한다.

**11** ③
국가직으로 보하는 지방자치단체의 행정부시장, 행정부지사, 부교육감 등도 고위공무원단에 포함된다.

오답노트
① 고위공무원단 제도는 고위직공무원을 고위공무원단 소속으로 하여 범정부차원에서 효율적으로 관리하기 위해 도입되었다.
② 고위공무원단 제도는 개방형 20%, 직위공모 30%, 자율임용 50%로 임용하는 것이 원칙이다.
④ 고위공무원단 제도는 직무성과급적 연봉제가 적용된다.

**12** ①
지방직에는 없는 제도이지만 지방자치단체에 근무하는 부산광역시 행정부시장이나 부교육감은 고위공무원단에 속하는 국가직공무원이다.

| | |
|---|---|
| 모집 | 소극적·적극적 모집기준 |
| 시험 | 시험 효용성 측정기준 |
| 임명 | 시보제도 |

## 01 모집

출제빈도 ★

| 소극적 모집 | 적극적 모집 |
|---|---|
| 공직에서 단지 부적격자를 가려내는 것<br>예 실적주의의 공개경쟁채용시험 | 유능한 인재들이 공직에<br>지원하도록 적극적 유인<br>예 적극적 인사행정의 개방형·임기제 임용 |
| 소극적 모집기준: 학력, 연령, 성별, 국적, 지역 | 적극적 모집기준: 지식, 기술, 경험, 가치관, 태도 |

행정환경의 변화(국제화·세계화, 경영화, 정보화, 지방화, 민주화)
⇨ 유능한 인재의 필요성 증대 ⇨ 유능한 인재를 둘러싼 민간과의 유치경쟁 심화

## 02 시험

출제빈도 ★★

### 1. 시험의 목적

시험의 목적은 공직이 요구하는 직무수행능력이 그 지망자에게 있는지를 판정하는 것이다. 실적주의에 따라 공개경쟁시험이 치러져야 하며, 이는 공직에의 기회균등과 행정의 민주성·능률성을 보장하고 평등 원칙을 확립하는 것이어야 한다.

# 2. 시험 효용성 측정기준

## (1) 타당도

시험이 측정하려는 내용을 얼마나 정확하게 측정하는지를 나타내는 것으로, 직무수행능력이 우수한 사람을 잘 식별하느냐의 정도를 가리키는 것이다. 이는 채용시험성적과 근무성적 간의 비교를 통해 측정된다.

① 기준 타당도

직무수행능력을 얼마나 정확하게 측정하느냐에 관한 타당도이다. 시험성적과 업무실적이라는 기준을 비교하여 양자의 상관관계를 확인할 수 있다.
- 동시적 타당도 검증: 재직 중인 사람에게 시험을 실시한 후 그들의 업무실적과 시험성적을 비교하는 방법이 있다.
- 예측적 타당도 검증: 합격한 사람의 미래의 업무실적을 비교하는 방법이다.

② 내용 타당도
- 직무수행에 필요한 지식·기술·태도 등 능력요소를 얼마나 정확하게 측정하느냐에 관한 타당도이다. 직위의 책임과 의무에 연결되는 요소를 제대로 측정할 수 있으면 내용 타당도가 높은 것이다.
- 직무에 정통한 전문가 집단이 시험의 구체적 내용, 항목이 직무의 성공적 업무수행에 얼마나 적합한 것인지를 판단하여 검증하게 된다. (내용분석)

③ 구성 타당도

직무수행 성공과 관련 있다고 이론적으로 구성·추정한 능력요소(Traits)를 얼마나 정확하게 측정하느냐에 관한 기준이다. 경험적으로 포착하기 어려운 자질을 잘 평가하는 것이다.

## (2) 신뢰도(일관성)

① 의의
- 측정 결과의 일관성을 말하며, 우연적 요소의 영향을 덜 받도록 구성되어야 한다는 것이다. 신뢰도가 높은 시험은 동일한 사람이 동일한 시험을 시간을 달리하여 치른다 해도 그 성적 차이가 근소할 것이다.
- 타당도와의 관계: 타당도를 유지하기 위해서는 신뢰도를 가져야 하지만 타당도가 낮다고 해서 신뢰도가 반드시 낮아지는 것은 아니다. 단순히 일관성을 가진다고 해서 시험방법이 특정 업무 수행능력을 정확히 측정한다는 보장이 없고, 전혀 무관한 것을 측정할지도 모르기 때문이다.

② 검증 방법
- 재시험법(Test-retest method): 동일한 측정도구를 이용하여 동일한 상황에서 동일한 대상에게 일정기간을 두고 반복 측정하여 최초의 측정치와 재측정치가 동일한지의 여부를 평가하는 방법으로, 측정도구 자체를 직접 비교할 수 있고 적용이 간단하다는 것이 장점이다.
- 복수양식법(Multiple forms techniques) = 대안(Alternative)양식법: 동일한 개념에 대해 2개 이상의 상이한 측정도구를 개발하고, 각각의 측정치 간의 일치 여부를 검증하는 방법이다.

**내용분석의 예시**
- 소방공무원을 선발하고자 할 때 그 직무에 정통한 전문가의 의견을 들어 선발시험의 내용을 구성하는 것
- 행정직 공무원 선발시험의 내용을 행정학 교수가 구성하는 것



해커스공기업 쉽게 끝내는 행정학 기본서

- 반분법(Split-half method): 측정도구를 임의로 반으로 나누어 각각을 독립
  된 척도로 보고, 이들의 측정 결과를 비교하는 방법이다.
- 내적 일관성 분석법(Internal consistency analysis): 반분법을 사용하여 구
  한 신뢰도 계수의 평균으로, 신뢰계수 측정법 중 일반적인 방법이다.

### (3) 객관도

채점 기준을 객관화하여 시험성적이 채점자에 따라 심한 차이가 나지 않도록 하는
것이다. 일반적으로 주관식에 비해 객관식 시험이 객관도가 높으며, 객관도가 낮으
면 신뢰도는 낮아진다.

### (4) 난이도

시험의 목적은 응시자 능력 차이를 구별하는 것이므로, 너무 어렵거나 쉬우면 성적
분포가 한쪽에 몰리므로 우열 구별이 곤란하다. 따라서 득점차가 적당히 분포되도록
내용의 난이도 조절이 필요하다.

### (5) 실용도

복합적 특성을 말하며, ① 시험관리 비용의 저렴함, ② 시험 실시의 용이함, ③ 채점
의 용이함, ④ 이용가치의 고도성 등이 포괄적으로 요구되는 것이다.

---

### 시험문제 미리보기!

시험 성적이 좋은 사람이 실제 업무수행 실적이 좋다면 다음 시험의 효용성 측정기준 중
어느 것에 해당하는가?

① 객관도                                      ② 타당도
③ 신뢰도                                      ④ 실용도

해설    시험 성적과 근무 성적을 비교하여 판단하는 것은 타당도이다.

정답 ②

현재 우리나라에서 공무원 신규채용 시 기본적 임용의 절차는 채용후보자명부의 작성 ⇨ 추천 ⇨ 시보임용 ⇨ 임명의 순서로 이루어진다.

## (1) 시보임용

① 의의

시험만으로는 직무수행능력을 판단하기 곤란하므로 시보기간 동안 선발된 임용후보자에게 실무를 습득할 기회를 제공하고, 공직 적격성 여부와 직무수행능력을 평가하여 정규 공무원으로 임명하게 된다.

② 특징

이 기간 동안은 일반공무원에게 인정되는 신분보장이 없으며, 기간 경과 시에 근무성적이 양호하면 정규 공무원이 된다. 신규채용에서 5급은 1년, 6급 이하 공무원은 6월의 기간 동안 시보임용된다.

## (2) 임명 – 「국가공무원법」 제32조(임용권자)

① 행정기관 소속 5급 이상 공무원 및 고위공무원단에 속하는 일반직공무원은 소속 장관의 제청으로 인사혁신처장과 협의를 거친 후에 국무총리를 거쳐 대통령이 임용한다.

② 소속 장관은 6급 이하 소속 공무원에 대하여 일체의 임용권을 가진다.

**행정학 전문가의 TIP**

**지방직 공무원 임용권자**
- 지방자치단체장
- 교육감
- 지방의회 의장

---

출제빈도: ★☆☆　대표출제기업: 대구도시철도공사

**01 시보 제도에 대한 설명으로 옳지 않은 것은?**

① 공무원 적격성 여부를 판단할 수 있는 기회를 제공한다.

② 신규채용자의 적응훈련도 목적으로 삼는다.

③ 채용시험의 합격자로서 정규 공무원과 동일한 신분 보장을 받는다.

④ 고위 관리직 공무원 신규임용에는 적용되지 않는다.

---

출제빈도: ★☆☆

**02 다음 <보기>의 공무원 응시자격요건 중 적극적 요건을 모두 고른 것은?**

<보기>

| | |
|---|---|
| ㄱ. 학력 | ㄴ. 거주지 |
| ㄷ. 기술 | ㄹ. 지식 |
| ㅁ. 가치관 | ㅂ. 연령 |

① ㄱ, ㄴ, ㄷ　　　　　　　　　② ㄱ, ㅁ, ㅂ

③ ㄷ, ㄹ, ㅁ　　　　　　　　　④ ㄷ, ㅁ, ㅂ

---

출제빈도: ★★☆

**03 시험의 효용성을 높이기 위해서는 시험의 타당도, 신뢰도, 난이도, 객관도 등의 요건을 갖추어야 한다. 이에 대한 설명으로 가장 옳지 않은 것은?**

① 타당도: 시험시기, 장소 등 여건에 따라 점수가 영향을 받지 않는 정도를 의미한다.

② 신뢰도: 시험이 측정 수단으로서 갖는 일관성을 의미한다.

③ 난이도: 시험을 실시하는 목적이 유능한 사람과 무능한 사람을 분별하려는 것이므로 이를 쉽게 분별할 수 있도록 출제되어야 한다.

④ 객관도: 채점이 채점자의 주관적 판단에 따라 좌우되지 않아야 한다.

출제빈도: ★☆☆  대표출제기업: 한국농어촌공사

## 04 채용 시험의 구성타당성(Construct validity)에 대한 설명으로 옳은 것은?

① 채용 시험이 이론적으로 추정된 능력요소를 얼마나 정확하게 측정할 수 있는가?
② 채용 시험이 장래의 직무수행에 필요한 능력요소를 얼마나 정확하게 예측할 수 있는가?
③ 채용 시험이 특정한 직위의 직무수행에 필요한 능력요소를 어느 정도까지 측정할 수 있는가?
④ 채용 시험이 개인 간의 능력 차이를 어느 정도까지 식별할 수 있는가?

출제빈도: ★☆☆

## 05 공무원 시험과목 중 행정학 시험의 타당성을 검증하기 위해 행정학 교수들로 패널을 구성하여 전체적인 문항들을 검증하는 방법과 가장 관련이 있는 것은?

① 기준타당성(Criterion-related validity)
② 예측타당성(Predictive validity)
③ 내용타당성(Content validity)
④ 구성타당성(Construct validity)

---

정답 및 해설

**01** ③
시보 제도는 공직 후보자에 대한 적격성 여부를 판단하는 과정인 동시에 적응훈련 과정으로, 시보 기간에는 공무원 신분 보장에 제약이 있다.

**02** ③
ㄷ. 기술, ㄹ. 지식, ㅁ. 가치관은 적극적 요건이다.

오답노트
ㄱ. 학력, ㄴ. 거주지, ㅂ. 연령은 소극적 요건이다.

**03** ①
시험시기, 장소 등 여건에 따라 점수가 영향을 받지 않는 정도는 시험의 일관성을 의미하는 것으로 이는 신뢰도를 의미한다.

**04** ①
'채용 시험이 이론적으로 추정된 능력요소를 얼마나 정확하게 측정할 수 있는가'가 구성타당도에 해당한다.

오답노트
②는 기준타당도, ③은 내용타당도, ④는 난이도에 해당한다.

**05** ③
내용타당성은 시험 내용이 직위의 의무와 책임에 직접적으로 관련되는 능력요소들, 즉 직무수행에 필요한 지식, 기술, 태도 등을 제대로 측정할 수 있는 정도를 말하며, 내용타당성 검증 방법은 직무수행에 필요한 능력요소와 시험의 내용에 대한 분석이 필수적이다.

## 01 승진(수직적 이동)

출제빈도 ★

### 1. 의의

① 승진이란 하위직급에서 직무의 곤란도와 책임도가 높은 상위직급으로 또는 하위계급에서 상위계급으로의 종적·수직적 이동을 의미한다.

② 횡적·수평적 이동인 전직이나 전보와 구별되고, 동일한 직급 또는 등급에서 호봉만 올라가는 승급과도 구별된다.

### 2. 승진임용의 유형

#### (1) 일반 승진

일반 승진은 임용권자가 인사평정서 또는 승진후보자 명부의 순위에 따라 적격자를 승진임용하는 가장 일반적인 승진임용 방법이다.

#### (2) 특별 승진

우수공무원으로서 청백리상 수상자, 탁월한 직무수행능력으로 행정발전에 지대한 공헌을 한 자, 우수한 제안으로 행정운영개선에 기여한 자는 특별 승진임용이 가능하다.

배치전환은 동일 계급이나 동일 등급 내의 인사이동으로서, 전직·전보·전출입·파견근무 등을 포함한다.

## 1. 전직

직렬을 달리하는 직위로 수평적으로 이동하는 것이고, 직렬이 달라지기 때문에 원칙적으로 전직 시험을 거쳐야 한다.

## 2. 전보

직무의 내용이나 책임이 유사한 동일한 직급·직렬 내에서 직위만 변동되는 보직변경으로서, 전보에 따르는 시험이 필요 없다.

## 3. 전출입

다른 인사관할의 기관 간 인사이동으로, 시험이 필요하다는 것이 원칙이다. 국회, 행정부, 법원 간의 인사이동을 말한다.

## 4. 파견

소속을 바꾸지 않고 임시적으로 타 기관에 일정 기간 근무하는 것이다.

## 5. 전직과 전보

### (1) 목적 및 효용

① 공무원의 훈련과 능력발전
② 직무수행에 대한 사기저하 방지
③ 개인 의사 존중과 조직에의 충성심 제고
④ 보직 부적응과 대인 문제의 완화
⑤ 행정조직의 개편이나 관리상 변동에 대처

### (2) 문제점-소극적 목적에의 오용

① 대민관계 업무가 많은 부서나 이권 개입이 잦은 부서에 근무하는 공무원의 직위를 자주 교체하여 부정부패를 방지하는 수단으로 사용된다.
② 개인적 특혜의 제공 및 개인세력 확대의 도구로 활용된다.
③ 비위에 대한 공식적 징계절차 없이 한직 좌천·지방 전출 등의 실질적 징계 수단으로 활용된다.
④ 비중이 낮은 직책을 담당하게 하여 사임을 강요하는 목적으로 이용된다.

## 1. 의의

교육훈련은 공무원의 직무수행상 필요한 지식·기술을 향상시키고, 가치관과 태도를 발전적으로 변화시키는 활동을 의미한다.

## 2. 유형

### (1) 신규채용자의 기초훈련·적응훈련

신규채용된 공무원에게 자기가 맡을 일을 파악·적응할 수 있도록 직장 성격·업무생활·직무수행 등에 관한 기초지식에 대해 교육하거나, 승진·복직·배치전환의 경우에 해당되는 사람에 대해 재적응훈련을 시키는 것이다.

### (2) 감독자 훈련

최초의 지휘자가 되는 사람에게 부여하는 훈련으로서, 인사행정·의사전달·인간관계·리더십·사무관리 등 기술적인 내용 위주로 훈련한다.

### (3) 관리자 훈련

고급관리자가 되는 사람에게 부여하는 훈련으로서, 정책결정에 필요한 지식 및 가치관과 조직의 통솔 등에 관한 내용 위주로 훈련한다.

## 3. 교육훈련의 다양한 기법

### (1) 강의식(Lecture)

① 의의

가장 보편적인 교육훈련 방법으로, 피훈련자를 일정한 장소에 모아 놓고 강사가 일방적으로 강의를 진행하는 것이다.

② 장점
- 일시에 다수인에게 지식을 전달하는 방법으로, 시간과 비용이 적게 든다.
- 피교육생의 사전준비가 필요 없다.

③ 단점

일방적인 지식의 전달로 **피훈련자의 흥미 상실**, 피훈련자 개개인에 대한 관심의 소홀, **실무 활용에 도움 곤란** 등의 문제가 있다.

### (2) 회의식(Conference), 토론 방법(Forum)

① 의의

피훈련자들을 회의나 토론에 참여시켜 다양한 견해와 의견을 교환하도록 하는 방법이다.

② 장점
- 여러 사람의 의견을 모을 수 있다.
- 회의 진행에 따라 새로운 생각을 유도하거나 결론을 내리기 힘든 문제를 민주

**교육훈련에 대한 저항**

| 소속기관 | 공무원 |
| --- | --- |
| • 업무 공백 우려<br>• 훈련비용의 발생 | • 장기간 교육 훈련 후 복귀 시 보직에 대한 불안감<br>• 교육훈련 발령을 불리한 인사조치로 이해하는 경향<br>• 교육훈련 결과의 인사관리 반영 미흡 |

적으로 해결하는 등 실무 활동에 유용하다.
③ 단점
- 소수 인원만 참여 가능하고, 시간이 오래 걸리고 비경제적이며, 유능한 회의진 행요원이 필요한 문제가 있다.
- 결론을 내리지 못하고 논쟁으로 비화되는 경우가 많다.

### (3) 사례연구(Case study)

① 의의
하버드 법과대학의 랑델 교수로부터 시작된 것으로, 과거에 일어났던 구체적이고 실제적인 사례를 비교·분석하여 미래에 대한 예측능력을 기르고 문제를 해결하는 방법이다.
② 장점
피훈련자의 참여를 유도하고, 응용력과 문제해결능력을 배양한다.
③ 단점
- 사례준비에 시간과 비용이 많이 소요된다.
- 상황이 바뀌면 그 사례를 그대로 적용하기 곤란한 문제가 있다.

### (4) 역할연기(Role playing)

① 의의
여러 사람 앞에서 실제 행동으로 연기를 하고, 연기가 끝나면 청중이 이에 대해 논평을 하는 방법이다.
② 장점
- 피훈련자의 참여와 감정이입이 촉진된다.
- 피훈련자의 행태를 변경하는 데 효과적이다.
- 민원인에 대한 태도 개선에 효과적이다.
③ 단점
우수한 사회자 및 철저한 사전준비가 필요하다.

### (5) 현장훈련(OJT: On the Job Training)

① 의의
- 대상자가 실제 직위에서 정상적으로 일을 하며 상관이나 선임자로부터 지도훈련을 받는 것이다.
- 직무현장을 이탈하지 않는 교육훈련 방법이다.
② 장점
- 훈련이 구체적이고 실제적이다.
- 훈련으로 학습 및 기술 향상을 알 수 있어 구성원의 동기를 유발할 수 있다.
- 구성원의 습득도와 능력에 맞게 훈련할 수 있다.
- 업무공백이 발생하지 않는다.
③ 단점
- 다수인의 동시 훈련이 곤란하고, 좁은 분야의 일에 대해 집중적으로 훈련하는 것이므로 고급공무원 훈련방법으로서는 적합하지 않다.
- 직무현장을 이탈하지 않으므로 사전에 계획된 교육훈련은 실시가 어렵다.

## (6) 신디케이트(Syndicate)

① 의의

몇 사람이 반을 편성하여 문제를 연구하고 전원에게 보고하여 평가를 받는 방법
이다.

② 장점

참가자의 관심을 유도하고 상대방의 의견을 존중하는 방법으로, 최고관리자 과정
에 적합하다.

③ 단점

경제적이지 못하고 훈련에 충분한 시간이 요구된다.

## (7) 감수성 훈련

① 의의

피훈련자를 외부 환경과 차단시킨 상황 속에서 자신의 경험을 교환하고 비판하게
하여 대인관계에 대한 이해와 감수성을 높이려는 현대적 훈련방법이다.

② 특징

- OD 기법의 일종으로 이성보다 감정을 중시하고 결과보다 과정을 중시하며, 집
단 내의 자신의 위치·대인관계 이해 증진 등을 통해서 인간관계의 개선을 도모
한다.
- 12명 내외를 대상으로 하며(대상자는 이질적으로 구성), 2주 정도 환경과 단절
시킨 상태에서 이루어진다.

## (8) 역량기반 교육훈련제도

① 대두배경 및 개념

- 역량기반 교육훈련제도는 전통적 교육훈련의 한계를 극복하고 역량진단을 통
한 문제해결 및 현실 적용성을 제고하기 위한 방안으로 도입되고 있다.
- 역량기반 교육훈련제도는 특정 업무 수행을 통해 달성하고자 하는 성과로부터
출발하며 역량은 이러한 성과를 달성하기 위해 필요한 지식, 기술, 태도 등의
행동특성을 의미한다.

② 역량기반 교육훈련의 대표적인 방식

| | |
|---|---|
| 멘토링 | 멘토링은 개인 간의 신뢰와 존중을 바탕으로 조직 내 발전과 학습이라는 공통 목표의 달성을 도모하고자 하는 상호 관계를 말한다. 조직 내에서 직무에 대한 많은 경험과 전문지식을 갖고 있는 멘토가 일대일 방식으로 멘티를 지도함으로써 조직 내 업무 역량을 조기에 배양시킬 수 있는 학습활동이다. |
| 학습조직 | 학습조직은 조직 내 모든 구성원의 학습과 개발을 촉진시키는 조직 형태로, 지식의 창출 및 공유와 상시적 관리 역량을 갖춘 조직이다. |
| 액션러닝 | 액션러닝은 이론과 지식 전달 위주의 전통적인 강의식, 집합식 교육의 한계를 극복하고 참여와 성과 중심의 교육훈련을 지향하는 대표적인 역량기반 교육훈련 방법의 하나다. 액션러닝은 정책 현안에 대한 현장 방문, 사례조사와 성찰 미팅을 통해 문제해결능력을 함양하는 것으로 교육생들이 실제 현장에서 부딪치는 현안 문제를 가지고 자율적 학습 또는 전문가의 지원을 받으며 구체적인 문제해결 방안을 모색한다. |

**감수성 훈련 시 환경과 단절**
출퇴근을 하면서 교육·훈련하는 것
이 아니라 일정 기간의 연수원 소집
교육을 의미합니다.

| 워크아웃<br>프로그램 | 조직의 수직적·수평적 장벽을 제거하고 전 구성원의 자발적 참여에 의한 행정혁신, 관리자의 신속한 의사결정과 문제해결을 도모하는 교육훈련 방식이다. 워크아웃 프로그램은 1980년대 후반부터 미국 GE사의 전략적 인적자원 개발 프로그램으로 활용되었으며 정부조직에서도 정책 현안에 대한 각종 워크숍의 운영을 통해 집단적 토론과 함께 문제해결 방안을 모색하고 개별 공무원의 업무 역량을 제고하기 위한 목적에서 적극 활용되고 있다. |
| --- | --- |

## 04 근무성적평정

출제빈도 ★★★

### 1. 의의

근무성적평정이란 실적제가 적용되는 공무원에 대해 재직, 승진, 훈련수요의 파악, 보수결정 및 상벌 등에 활용하기 위하여 일정 기간 동안의 근무실적, 근무수행능력, 근무태도 등을 정기적·체계적으로 평가하는 것이다.

### 2. 유형

#### (1) 도표식 평정척도법

① 의의

가장 많이 활용되는 근무성적평정 방법으로, 한편에 실적·능력·태도 등의 평정요소를 나열하고 다른 한편에는 각 평정요소마다 그 우열을 나타내는 척도인 등급을 표시하는 것이다.

② 장점

- 평정표 작성과 평정이 용이하다.
- 평정의 결과가 점수로 환산되기 때문에 평정 대상자에 대한 상대적 비교를 확실히 할 수 있어 **상벌 결정의 목적으로 사용하는 데 효과적**이다.

③ 단점

- 평정요소의 합리적 선정이 어렵고 평정요소에 대한 등급을 정한 기준이 모호하며, 자의적 해석에 의한 평가가 이루어지기 쉽다.
- 연쇄효과(Halo effect), 집중화·관대화 경향 등의 오류가 일어날 수 있다.

#### (2) 프로브로스트식 평정법(체크리스트법)

공무원을 평가하는 데 적절하다고 판단되는 표준행동 목록을 미리 작성해두고, 이 목록에 단순히 가부를 표시하게 하는 방법이다.

#### (3) 강제배분법

근무성적을 평정한 결과 피평정자들의 성적 분포가 과도하게 집중되거나 관대화되는 것을 막기 위해, 즉 평정상의 오류를 방지하기 위해 평정점수의 분포 비율을 획일적으로 미리 정해 놓는 방법이다.

---

### (4) 사실기록법

공무원의 근무성적을 객관적인 사실에 기초를 두고 평가하는 것으로 ① 산출기록법, ② 주기검사법, ③ 근태기록법, ④ 가감점수법 등이 있다.

### (5) 서열법

피평정자 간의 근무성적을 서로 비교해서 서열을 정하는 방법으로 ① 쌍쌍비교법, ② 대인비교법 등이 있다.

### (6) 중요사건기록법

피평정자의 근무실적에 큰 영향을 주는 중요 사건들을 평정자로 하여금 기술하게 하거나 또는 중요 사건들에 대한 설명문을 미리 만들어 평정자로 하여금 해당되는 사건에 표시하게 하는 방법이다.

### (7) 행태기준척도법(도표식 평정척도법 + 중요사건기록법)

도표식 평정의 임의성과 주관성을 배제하기 위하여 도표식 평정에다 중요사건기록법을 가미한 방식으로, 실제로 관찰될 수 있는 행태를 서술적 문장으로 평정척도를 표시한 평정도표를 사용한다.

### (8) 행태관찰척도법(행태기준척도법 + 도표식 평정척도법)

## 3. 오류와 한계

### (1) 연쇄효과(Halo[1] effect)

어떤 평정요소에 대한 평정자의 인상이 다른 평정요소에 영향을 미치거나 피평정자의 전반적인 인상이 평정에 영향을 미치는 현상으로, 도표식 평정방법에서 많이 발생한다.

### (2) 관대화 경향(Tendency of leniency) 및 엄격화 경향(Tendency of severity)

관대화 경향은 하급자와의 인간관계를 의식하여 평정등급이 전반적으로 높아지는 현상으로, 평정자의 통솔력 부족이나 부하와의 인간관계 고려·평정결과 공개 등으로 인해 발생한다.

### (3) 집중화 효과(Central tendency)

무난하게 주로 중간 등급을 주는 현상으로 평정결과를 공개할 때 많이 발생하며, 이를 방지하기 위하여 강제배분법을 사용한다.

### (4) 규칙적 오차(Systematic or Constant error)

관대화와 엄격화가 규칙적으로 나타나는 경우이다.

### (5) 총계적 오차

평정자의 평정 기준이 일정하지 않아 관대화 경향과 엄격화 경향이 불규칙하게 나타나는 것을 말한다.

## (6) 논리적 오차

평정요소 간 논리적 상관관계가 있다는 관념에 의한 오차로, 상관관계가 있는 한 요소의 평정점수에 의해 다른 요소의 평정점수가 결정되는 것이다.

## (7) 선입견·고정관념

① 유형화(상동화·유형화)의 착오에 해당하는 것으로, 사람에 대한 경직된 편견이나 선입견 또는 고정관념에 의한 오차를 뜻한다.

② 출신학교·지역 등 평정의 요소와 관계가 없는 다른 요소 등에 대해 평정자가 갖고 있는 편견이 평정에 영향을 미치는 것이다.

## (8) 시간적 오류(Recency error)

근접 오류라 하며, 쉽게 기억할 수 있는 최근의 실적과 능력 중심으로 평가하는 것이다. 이를 시정하기 위해 목표관리평정, 중요사건기록법 등을 사용한다.

## (9) 유사성의 착오

평정자가 자기와 유사한 피평정자에게 후한 점수를 주는 경향을 말한다.

### ▤ 시험문제 미리보기!

근무성적평정 과정에서 평정자의 평정기준이 일정하지 않아 관대화 경향과 엄격화 경향이 불규칙하게 나타나는 오류는?

① 총계적 오류      ② 규칙적 오류

③ 시간적 오류      ④ 선입견에 의한 오류

해설    불규칙적인 오류는 총계적 오류이며, 규칙적 오류는 일관적 오류이다.

정답 ①

# 4. 우리나라의 근무성적평정제도

## (1) 근무성적평정 – 일반직(연구직·지도직 공무원과 전문직 공무원 포함) 공무원에 적용

| 구분 | 성과계약평가(연 1회) | 근무성적평가(연 2회) |
|---|---|---|
| 대상 | 4급 이상 공무원, 연구관·지도관 및 전문직 공무원(5급 이하도 소속 장관이 필요성 인정 시 가능) | 5급 이하 공무원, 연구사·지도사 |
| 평정 주체 | [복수평정·상관평정]<br>• 평가자: 평가 대상 공무원의 상위 또는 상급 감독자 중 소속 장관이 정한다.<br>• 확인자: 평가자의 상급 또는 상위 감독자 중 소속 장관이 정한다. | |
| 평가 방법 | 성과계약[2]의 성과목표[3] 달성도를 감안하여 평가대상 공무원별로 평가한다. | 평가항목: 근무실적, 직무수행능력 (직무수행태도는 소속 장관이 필요시 추가 가능) |
| 절차 등 | 성과면담[4] → 평정결과 공개 → 이의신청 가능 → 소청 불가 | |

## (2) 다면평정

① 개념
- 감독자뿐 아니라 부하·동료·민원인까지를 평정주체로 참여시키는 방법으로, 360도 평정이라고도 한다.
- 수직적 구조가 점차 약화되고 조직이 동태화·탈관료제화 됨에 따라 오늘날 선호되고 있는 평정방법이다.

② 효용
- 공정성·객관성: 보다 공정하고 객관적인 평가가 가능하며, 평가결과에 대한 신뢰성이 높아 피평정자들의 승복을 받아내기가 쉽다. 또한 여러 사람이 평정에 참여하여 소수인의 주관과 편견, 개인 편차를 줄임으로써 평정의 공정성을 높인다.
- 충성심의 다원화: 특정 상관에 대한 책임과 맹종으로부터 빚어지는 권위적·관료적 행태의 병폐를 시정하고 충성심의 방향을 다원화하며, 국민·고객중심적인 것으로 전환시킬 수 있다.
- 민주적 리더십 발전: 관리자가 부하의 의견을 토대로 잘못된 행태를 개선할 수 있는 민주적인 리더십 향상에 기여한다.
- 동기유발과 자기개발 촉진: 공정한 평가 및 환류는 구성원에게도 자기개발을 위한 동기유발 효과가 있다.
- 의사소통을 증진시키고 팀워크 발전에 기여한다.

③ 단점

- 갈등과 스트레스: 통제망의 확대로 평정상의 불쾌감이나 스트레스가 커질 수가 있다.
- 담합 등에 의한 형평성·신뢰성·정확성 저하 우려: 평정단 선정이 객관적이지 않을 수 있다. 평정의 참여 범위를 지나치게 확대하여 평정 대상자를 정확히 모르는 상태에서 평가가 이루어진다면, 오히려 정확성을 떨어뜨릴 수 있다.
- 인기영합주의로 인한 목표의 왜곡: 능력이나 목표의 성취보다는 인기관리 및 원만한 대인관계의 유지에만 급급하거나, 상사가 소신을 잃고 부하의 눈치를 볼 수도 있다.

## (3) 직무성과계약제도

① 직무성과계약제(Job Performance Agreement) 또는 직무성과관리제도는 장·차관 등 기관의 책임자와 실·국장급 이상 간에 성과목표와 지표 등에 대해 합의하여 Top-down 방식으로 성과계약을 체결하고, 평가지표 측정결과를 토대로 그 이행도를 계약당사자 상호 간 면담을 통해 평가한 후 결과를 성과급·승진 등에 반영하는 인사관리시스템이다.

② 고위공무원단 소속 공무원에게 적용한다.

출제빈도: ★☆☆

**01** 정부 내의 인적자원을 효율적으로 활용하기 위한 배치전환의 본질적인 용도와 가장 거리가 먼 것은?

① 선발에서의 불완전성을 보완하여 개인의 능력을 촉진한다.
② 조직 구조 변화에 따른 저항을 줄이고 비용을 절감한다.
③ 부서 간 업무 협조를 유도하고 구성원 간 갈등을 해소한다.
④ 징계의 대용이나 사임을 유도하는 수단으로 사용한다.

출제빈도: ★☆☆

**02** 전보제도의 적극적 이용 방법으로 보기 어려운 것은?

① 공직 부패 방지      ② 공직사회 활력 유지
③ 교육훈련 수단      ④ 승진의 기회 제공 수단

출제빈도: ★☆☆ 대표출제기업: 한국마사회

**03** 공공서비스의 공급자인 공무원이 수혜자인 시민의 입장을 가장 잘 이해할 수 있도록 하기 위한 가장 효과적인 교육 훈련 방법은?

① 사례연구      ② 강의식 교육
③ 감수성 훈련      ④ 역할연기

출제빈도: ★★☆  대표출제기업: 서울주택도시공사

## 04 평상시 근무하면서 일을 배우는 직장 내 교육훈련 방법으로 가장 옳지 않은 것은?

① 실무지도              ② 인턴십
③ 직무순환              ④ 감수성 훈련

---

### 정답 및 해설

**01** ④

배치전환의 본질적·적극적 용도는 조직에 활력을 불어넣고 부처 간 교류와 협력을 증진하고자 하는 것이며, 징계나 사임의 수단으로 악용되는 것은 소극적·부정적 용도이다.

**오답노트**
① 시험이나 선발의 불완전성을 보완하려는 것은 배치전환의 본질적·적극적 용도이다.
② 배치전환은 구조를 변경하지 않고도 직무 변화를 유도하여 능률 제고를 가능하게 한다.
③ 교류·협력의 증진과 안목 확대 등은 배치전환의 본질적·적극적 용도이다.

**02** ①

공무원의 부정부패를 막기 위한 것은 소극적 용도이다.

**03** ④

역할연기는 여러 사람 앞에서 실제 행동으로 연기를 하고 연기가 끝나면 청중이 이에 대해 논평을 하는 방법이다. 피훈련자의 참여와 감정이입이 촉진되고, 피훈련자의 행태를 변경하는 데 효과적이므로 고객과의 인간관계 개선에 도움을 준다.

**04** ④

감수성 훈련은 12명 내외가 환경과 단절된 상태(연수원 소집교육)에서 이루어지는 교육이므로 현장훈련이 아니다.

**오답노트**
① 실무지도는 일상 근무 중 상관이 부하에게 실무능력을 가르치는 것으로 현장훈련에 해당한다.
② 인턴십은 전반적인 업무를 간단히 경험하는 것으로 현장훈련에 해당한다.
③ 직무순환은 여러 분야의 직무를 경험하도록 순환하는 것으로 현장훈련에 해당한다.

출제빈도: ★☆☆

**05** 공무원 교육훈련에 대한 저항 이유 중 저항주체가 나머지와 다른 하나는?

① 교육훈련 결과의 인사관리 반영 미흡

② 교육훈련 발령을 불리한 인사 조치로 이해하는 경향

③ 장기간의 훈련인 경우 복귀 시 보직 문제에 대한 불안감

④ 조직성과의 저하 및 훈련비용의 발생

출제빈도: ★★☆  대표출제기업: 인천교통공사

**06** 모습이 단정하면 책임감도 우수할 것으로 판단하는 경우는 인사평정의 오류 중 어떤 오류에 해당하는가?

① 집중화 경향

② 연쇄 효과

③ 논리적 오류

④ 관대화 경향

출제빈도: ★★★  대표출제기업: 한국농어촌공사

**07** 근무성적평정 시 평가자가 모든 피평가자들에게 중간범위의 점수를 주는 심리적 경향으로 옳은 것은?

① 연쇄효과(Halo effect)

② 관대화 경향(Tendency of leniency)

③ 집중화 경향(Central tendency)

④ 선입견에 의한 오류(Personal bias)

## 08 근무성적평정의 오류 중 관대화 경향, 엄격화 경향, 집중화 경향을 방지할 수 있는 가장 효과적인 방법은?

① 서술적 보고법　　　　　　　　　　② 강제배분법

③ 연공서열법　　　　　　　　　　　　④ 가점법

---

**정답 및 해설**

**05** ④

조직성과의 저하 및 훈련비용의 발생은 소속기관이 교육훈련에 대해서 저항하는 이유이다. 저항주체별 교육훈련 저항의 원인은 다음과 같다.

| 소속기관 | 공무원 |
| --- | --- |
| • 업무 공백 우려<br>• 훈련비용 발생 | • 장기간 교육훈련 후 복귀 시 보직에 대한 불안감<br>• 교육훈련 발령을 불리한 인사 조치로 이해하는 경향<br>• 교육훈련 결과의 인사관리 반영 미흡 |

**06** ②

하나의 평정 요소에 대한 평정 결과를 다른 평정 요소에 대한 평정이나 피평정자의 전체적인 평정에 영향을 미치는 오류를 연쇄 효과라고 한다.

**오답노트**

① 집중화 경향은 무난하게 주로 중간 등급을 주는 현상이다.

③ 논리적 오차는 평정요소 간 논리적 상관관계가 있다는 관념에 의한 오차로, 상관관계가 있는 한 요소의 평정점수에 의해 다른 요소의 평정점수가 결정되는 것이다.

④ 관대화 경향은 하급자와의 인간관계를 의식하여 평정등급이 전반적으로 높아지는 현상이다.

**07** ③

집중화 또는 중심화 경향이란 무난하게 평균에 가까운 중간 점수로 대부분 평정하기 때문에 척도상의 중간에 절대다수가 집중되는 경향을 말한다.

**08** ②

관대화, 엄격화, 집중화 경향을 방지할 수 있는 가장 효과적인 방법은 강제배분법이다. 강제배분법은 근무성적을 평정한 결과 피평정자들의 성적 분포가 과도하게 집중되거나 관대화되는 것을 막기 위해, 즉 평정 상의 오류를 방지하기 위해 평정점수의 분포비율을 획일적으로 미리 정해 놓는다.

**09** **공무원을 대상으로 하는 우리나라의 성과평가제도에 대한 설명으로 가장 옳지 않은 것은?**

① 성과평가제도의 목적은 공무원의 능력과 성과를 향상시켜 성과 중심의 인사제도를 구성하는 것이 핵심 요소이다.

② 근무성적평가제도는 4급 이상 고위공무원단을 대상으로 시행한다.

③ 현행 평가제도는 직급에 따라 차별적 평가체제를 적용하고 있다.

④ 다면평가제도는 능력보다는 인간관계에 따른 친밀도로 평가가 이루어질 수 있다는 단점이 있다.



**10** **공무원의 능력 발전 방안이라고 보기 어려운 것은?**

① 신분 보장

② 교육훈련

③ 근무성적평정

④ 제안제도

출제빈도: ★ ☆ ☆

## 11 다음 중 다면평가제도의 장점에 대한 설명으로 가장 거리가 먼 것은?

① 평가의 객관성과 공정성 제고에 기여할 수 있다.
② 계층제적 문화가 강한 사회에서 조직 간 화합을 제고해준다.
③ 피평가자가 자기의 역량을 강화할 수 있는 기회를 제공해준다.
④ 조직 내 상하 간, 동료 간, 부서 간 의사소통을 촉진할 수 있다.

---

### 정답 및 해설

**09** ②
우리나라는 4급 이상 및 고위공무원단을 평가의 대상으로 하는 성과계약평가 및 직무성과계약평가와 5급 이하의 근무성적평가제도로 나누어 근무성적을 평가하고 있다. 근무성적평가제도는 5급 이하의 공무원을 대상으로 시행한다.

**오답노트**
① 성과평가제도의 목적은 공무원의 능력과 성과를 향상시켜 성과 중심의 인사제도를 구성하는 것이 핵심 요소이다.
③ 고위공무원단, 4급 이상, 5급 이하로 나누어 평가를 실시하고 있다.
④ 다면평정은 감독자뿐 아니라 부하·동료·민원인까지를 평정주체로 참여시키기 때문에 능력이나 목표의 성취보다는 인기 관리 및 원만한 대인관계의 유지에만 급급하거나 상사가 소신을 잃고 부하의 눈치를 볼 수도 있다는 단점이 있다.

**10** ①
지나친 신분 보장은 공무원의 무사안일을 유발하여 능력 발전에 장애 요인으로 작용하게 된다.

**오답노트**
② 교육훈련은 능력 발전을 유도하는 과정이라고 할 수 있다.
③ 근무성적평정은 평정 결과의 환류로 능력 발전 기회를 제공하게 된다.
④ 제안제도는 개인의 능력을 개발하고 창의적인 사고를 할 수 있는 계기가 될 수 있다.

**11** ②
다면평정은 팀워크가 강조되는 현대사회의 탈계층제적인 유기적 구조에서 강조되는 평정이기 때문에 계층제 조직에서는 권위주의적 행정문화와 마찰이 생길 수 있다.

**오답노트**
①, ④ 다면평정은 상사, 동료, 부하, 민원인도 평가하기 때문에 평가가 객관적이고 공정하며 이들 간의 의사소통을 촉진한다.
③ 다면평정은 평가가 공정하기 때문에 평가가 수용되면 능력발전으로 연결된다.



PART 4 \ 인사행정론
해커스공기업 쉽게 끝내는 행정학 기본서

---

✓ **핵심 포인트**

| | |
|---|---|
| 사기관리수단 | 유연근무제의 유형 |
| 보수관리 | 기본급과 부가급, 보수관리원칙 |
| 연금 | 공무원 연금법 내용 |

## 01 사기관리의 수단 – 유연근무제의 유형(인사혁신처)    출제빈도 ★

| 유형 | | 활용방법 |
|---|---|---|
| **탄력<br>근무제** | | 주 40시간 근무하되, 출퇴근시간·근무시간·근무일을 자율 조정 |
| | 시차<br>출퇴근형 | • 기본개념: 1일 8시간 근무체제 유지, 출퇴근시간 자율 조정<br>• 실시기간: 1일 이상<br>• 신청 시기: 당일까지 신청하되, 당일 24시까지 부서장 승인<br>• 출근유형: 가급적 07:00~10:00까지 30분 단위로 하되 필요시 탄력적으로 운영 가능 |
| | 근무시간<br>선택형 | • 기본개념: 일 8시간에 구애받지 않음(일 4~12시간 근무), 주 5일 근무 준수<br>• 실시기간: 1주 이상으로 하되 당일 신청 시 2일 이상<br>• 신청 시기: 당일까지 신청하되, 당일 24시까지 부서장 승인<br>• 근무 가능 시간대는 06:00~24:00로 하되 1일 최대 근무시간은 12시간 |
| | 집약<br>근무형 | • 기본개념: 일 8시간에 구애받지 않음(일 4~12시간 근무), 주 3.5~4일 근무<br>• 실시기간: 1주일 이상<br>• 신청 시기: 실시 전일까지<br>• 근무 가능 시간대는 06:00~24:00로 하되 1일 최대 근무시간은 12시간<br>• 정액급식비 등 출퇴근을 전제로 지급되는 수당은 출근하지 않는 일수만큼 감하여 지급 |
| **재량<br>근무형** | | 근무시간, 근무 장소 등에 구애받지 않고 구체적인 업무성과를 토대로 근무한 것으로 간주하는 근무 형태 |
| | | • 기본개념: 출퇴근 의무 없이 프로젝트 수행으로 주 40시간 인정<br>• 실시기간: 기관과 개인이 합의<br>• 신청 시기: 수시<br>• 고도의 전문적 지식과 기술이 필요해 업무수행 방법이나 시간배분을 담당자의 재량에 맡길 필요가 있는 분야 |

| 원격<br>근무제 | | 특정한 근무 장소를 정하지 않고 정보통신망을 이용하여 근무 |
|---|---|---|
| | 재택<br>근무형 | • 기본개념: 사무실이 아닌 자택에서 근무<br>• 실시기간: 1일 이상<br>• 신청 시기: 당일까지 신청하되, 당일 24시까지 부서장 승인<br>• 출근유형: 08:00~10:00 내 조정 가능하며, 1일 근무시간은 4~8시간으로 변동 불가<br>• 초과근무: 사전에 부서장의 긴급 초과 근무명령을 받은 경우에만 예외적으로 인정 |
| | 스마트<br>워크<br>근무형 | • 기본개념: 자택 인근 스마트워크센터 등 별도 사무실에서 근무<br>• 실시기간: 1일 이상<br>• 신청 시기: 당일까지 신청하되, 당일 24시까지 부서장 승인<br>• 출근유형: 08:00~10:00 내 조정 가능하며, 1일 근무시간은 4~8시간으로 변동 불가<br>• 초과근무: 사전에 부서장 승인 시에만 인정 |

## 02 보수관리

출제빈도 ★

### 1. 보수의 의의

#### (1) 개념

① 보수란 공무원이 노동의 대가로 받는 금전적 보상을 말한다. 보수는 직접적으로 근로의 대가이지만, 그로 인해 직업 만족을 얻거나 근무의 성과가 향상되기도 하며 우수 인력 유치 및 공직부패와도 관련되기 때문에 인사행정에서 갖는 의미는 매우 크다.

② 보수는 기본급과 부가급의 합이다.

#### (2) 기본급과 부가급

① 기본급: 직급·근무연한 등에 따라 받는 본봉으로, 연금과 연계되며 봉급이라 한다.

② 부가급: 특수한 근무조건이나 생활조건을 고려한 수당으로, 연금과 연계되지 않는다.

#### (3) 보수관리의 원칙

① 대외적 균형의 원칙

대외적으로 민간부문의 보수 수준과 비교하여 균형이 있어야 한다. 대외적 균형이 1차적 기준이다.

② 대내적 균형의 원칙

대내적으로 계급, 직종, 경력 등의 명확한 기준에 따라 개인 간 적정하게 격차가 있어야 한다.

③ 직무급의 원칙

전반적인 보수 수준은 직무의 곤란도·책임도에 상응하여야 한다.

**보수**
- **상한선**: 재정력
- **하한선**: 생계비
  - 사회·윤리적 요인
  - 건강과 품위 유지 수준

## 2. 보수제도의 종류

### (1) 생활급(계급제의 보수제도)

생계비를 기준으로 지급하는 보수로서, 공무원과 부양가족의 생활을 보장하기 위하여 사람의 연령과 가족상황 등을 고려한다.

### (2) 직무급(직위분류제의 보수제도)

개개인이 맡고 있는 직무의 곤란도와 책임도를 평가하여 임금을 결정하는 방식이다. 이는 동일 직무에 대한 동일 보수(Equal to pay, equal to work)라는 논리에 근거한 것이다.

### (3) 성과급

① 우리나라는 정무직을 대상으로 하는 고정급적 연봉제와 고위공무원단 소속 공무원을 대상으로 하는 직무성과급적 연봉제, 일반직 1~5급 공무원에는 성과급적 연봉제가 있다.
② 연봉제의 보수지급은 연봉을 12로 나눈 연봉월액으로 지급한다.

## 3. 임금피크제(Pay peak)

### (1) 개념

임금피크제란 워크 셰어링(Work sharing)의 한 형태로, 일정한 나이가 지나면 생산성에 따라 임금을 지급하는 제도이다. 현실적으로 나이가 들면 업무추진능력이나 생산성이 저하되므로, 일정 연령이 되면 임금을 낮추는 대신 정년까지 고용을 보장하는 제도이다.

### (2) 도입 배경

임금피크제는 고령화 사회에 대비하기 위한 고령인력 활용방안으로서, 임금피크제를 정년과 연계시킨다면 정부의 재정부담을 최소화하면서 신규인력을 채용할 수 있는 방안을 마련할 수 있을 것이다.

### (3) 기대효과

① **정부 재정부담 경감**: 임금피크제는 일정 재직기간 이후에는 임금을 낮추므로 인건비 부담 해소에 기여한다.
② **조직의 신진대사 촉진과 신규채용 확대 효과**: 퇴직하기 전에 임금이 낮아지므로 조기퇴직을 유도하고, 그만큼 조직의 신진대사가 촉진되어 신규임용이 확대된다.
③ **정년연장 및 고용안정 효과**: 연공급이 현실의 임금제도라는 점을 인정할 경우, 임금조정과 고용안정을 연계하는 임금피크제는 정년을 연장할 수 있는 대안이 될 수 있어 중고령자의 고용안정을 도모할 수 있다.
④ **생계비와 임금의 유기적 연계**가 가능하다.

### (4) 임금피크제의 종류

① **정년연장형**: 일정 시점까지 정년을 연장하는 대신 정년의 몇 년 전부터 임금을 삭감하는 방식이다.

② 재고용형: 정년이 지난 퇴직자를 퇴직 후 3개월 이내에 재고용하되, 임금을 퇴직 전과 비교하여 동결하거나 삭감하는 방식이다.

③ 근로시간 단축형: 정년을 연장하거나 재고용하는 대신 근로시간을 연령별로 주당 15~30시간으로 단축시켜 임금액을 조정하는 방식이다.

### (5) 한계

① 임금피크제는 임금을 생계비와 연동시킨 제도이므로, 성과 중심의 보수체계와는 부합되지 않는다.

② 피크임금 이후 책임도가 낮은 직위로의 직무 조정이 쉽지 않다.

③ 임금피크제의 도입은 급여체계나 연금제도 전반의 합리적 개편과 병행하여 추진되어야 한다.


## 4. 총액인건비제와 기준인건비제

### (1) 총액인건비(중앙행정기관)

① 의의
- 중앙예산기관(기획예산처)과 조직관리기관(행정안전부)이 총정원과 인건비 예산의 총액만을 정해주면, 각 부처는 그 범위 안에서 재량권을 발휘하여 인력 운영 및 기구설치에 대한 자율성과 책임성을 보장받는 제도이다.
- 총액인건비제는 2007년 1월 1일부터 전 부처로 전면 확대·실시하였으며, 지방자치단체는 기준인건비제를 실시하고 있다.

② 도입 목적 및 기대효과
- **인사의 자율화·분권화**: 총액인건비 내에서 조직·정원 관리 및 인건비 배분을 기관 특성에 맞게 운영할 수 있도록 각 기관에 기구 설치와 직급에 자율권을 부여함으로써 인적자원관리의 분권화 실현이 가능하다.
- **성과와 책임의 조화**: 각 기관은 업무 특성을 고려하여 성과 중심의 정부조직을 운영한다.

③ 한계: 무분별한 증원과 상위직 증설로 직급 인플레이션이 유발되는 등 재직자 이기주의가 나타날 수 있다.

### (2) 기준인건비(지방자치단체)

① 의의: 지방자치단체는 기구와 정원을 기준인건비를 기준으로 자율성과 책임성이 조화되도록 운영하여야 한다.

② 내용: 기준인건비제도에서 지방자치단체는 행정안전부에서 제시하는 기준인건비 안의 범위에서 인력 운영에 대해서 자율성을 갖는다.

## 03 연금제도

## 1. 연금의 의의 및 적용대상

### (1) 의의

연금이란 공무원에 대한 사회보장제도의 하나로서, 장기간에 걸쳐 충실히 근무한 대가를 퇴직 후에 금전적으로 보상받게 되는 인사행정의 보상체계 중 하나이다. 공무원의 노령, 질병, 부상 및 사망 등으로 상실된 소득을 보충하여 공무원과 가족의 생활안정과 복지향상을 기하려는 제도이다.

### (2)「공무원연금법」적용대상

「국가공무원법」,「지방공무원법」, 그 밖의 법률에 따른 공무원으로 하되, 군인과 선거에 의하여 취임하는 공무원은 제외한다.

## 2. 연금의 운영

### (1) 기금제와 비기금제

① 기금제

연금의 재원을 기금을 마련하여 그 수익금으로 충당하는 제도이다. (한국)

② 비기금제

연금의 재원을 일반세입에서 충당하는 제도이다.

### (2) 기여제와 비기여제

① 기여제

연금의 재원을 정부와 공무원이 공동으로 부담한다. (미국·한국)

② 비기여제

연금의 재원을 정부만이 부담하는 제도이다. (영국)

## 3.「공무원연금법」의 주요 내용

| 구분 | 개정 |
| --- | --- |
| 연금지급개시 연령 연장 | 임용시기 구분 없이 65세로 단계적 연장 |
| 연금수급요건 조정 | 10년 이상 재직 |
| 기여금 납부 재직기간 상한 연장 | 최대 36년까지 단계적 연장 |

ejob.Hackers.com

취업강의 1위, **해커스잡**

출제빈도: ★★☆  대표출제기업: 인천교통공사

**01** 공무원 보수를 결정하는 영향 요인이 아닌 것은?

① 정부 재정 부담 능력

② 최저생계비 산정액

③ 선진국의 공무원 보수 수준

④ 국내 사기업체의 보수 수준

출제빈도: ★☆☆

**02** 총액인건비제도의 운영 목표와 가장 거리가 먼 것은?

① 민주적 통제의 강화

② 성과와 보상의 연계 강화

③ 자율과 책임의 조화

④ 기관운영의 자율성 제고

출제빈도: ★☆☆

**03** 공공부문에 임금피크제를 도입하고자 하는 이유 및 배경은 무엇인가?

① 공무원 보수 중에서 기본급보다 수당의 비중이 더 큰 기형적인 상태를 개선하기 위해서이다.

② J자 모양의 보수곡선이 초래하는 공무원 인건비 부담(재정상 부담) 때문이다.

③ 적극적인 성과급 제도를 보급하기 위해서이다.

④ 부족한 공무원 보수를 민간부문 수준으로 향상시키기 위해서이다.

## 04 우리나라 공무원 연금 제도에 대한 설명으로 옳지 않은 것은?

① 공무원 연금 제도는 공무원에 대한 사회보장 제도의 일환이다.

② 우리나라에서는 1960년에 「공무원연금법」이 제정·공포되었다.

③ 보수후불설(거치보수설)에 따르면 퇴직연금은 공무원의 당연한 권리이다.

④ 「공무원연금법」 적용 대상자에는 선거에 의해 취임하는 공무원을 포함한다.

---

정답 및 해설

**01** ③
선진국 공무원들의 보수 수준까지 고려하는 것은 불가능하다.

**02** ①
총액인건비제도는 총액인건비 범위 내에서는 인사 운영의 자율성을 부여하기 위한 제도로 민주적 통제보다는 기구·인력·예산·정원 운영상 자율성을 부여하여 자율과 성과·책임을 조화시키려는 인사제도이다.

오답노트
②, ③, ④ 총액인건비제도는 부처에게 자율을 부여하고 성과로 책임을 묻는 제도이므로 옳다.

**03** ②
임금피크제는 일정 재직기간 이후에 임금을 낮추므로 인건비 부담 해소에 기여한다.

오답노트
③ 임금피크제는 임금을 생계비와 연동시킨 제도이므로, 성과 중심의 보수체계와는 부합되지 않는다.

**04** ④
군인과 선거에 의하여 취임하는 공무원은 제외한다.

✓ 핵심 포인트

| | |
|---|---|
| 공직윤리 | 「공직자윤리법」상 의무 |
| 공무원 부패 | 부패의 유형 |
| 정치적 중립과 공무원단체 | 공무원노조 가입범위 |
| 신분보장과 징계 | 징계의 종류 |

## 01 공직윤리

출제빈도 ★★

### 1. 의의

#### (1) 개념

공무원이 자신의 공적인 업무를 수행하는 데 있어 국민 전체에 대한 봉사자로서 행정이 추구하는 공공목적을 달성하기 위해 준수해야 하는 행동규범(Code of conduct)을 의미한다.

#### (2) 특징

① 공무원이 그의 공적인 업무와 관련하여 지켜야 할 가치 기준이다.
② 공무원이 특정 집단이나 개인이 아닌 **국민 전체에 대한 봉사자로서 공익을 추구하여야 한다는 것**을 의미한다.
③ 공무원이 직무수행과정에서 마땅히 지켜야 할 직업윤리이자 공무원이 수립·집행하는 정책의 내용이 윤리적이어야 한다는 의미도 포함된다.

### 2. 내용

#### (1) 일반적 내용

① 소극적 측면
부정부패 방지 및 권력남용·무사안일 예방과 같은 소극적 목적을 위한 최소한의 행동규범이다.
② 적극적 측면
공익성·봉사성 등 행정 목적의 효과적 달성을 위한 적극적인 행동규범이다. 즉, 바람직한 행정인상을 구현하는 것이다.

## (2) 우리나라 공무원에게 요구되는 공직윤리

우리나라 공무원에게 요구되는 공직윤리 내용은 「국가공무원법」상의 공무원 복무규정, 「공직자윤리법」, 공무원 행동강령, 취임선서나 복무선서 및 공무원의 윤리헌장과 신조 등에서 살펴볼 수 있다.

① 헌법상 의무

헌법에서 공무원은 국민 전체의 봉사자라고 규정하고 있다. 또한 헌법에서 직접적으로 규정하고 있지는 않지만, 헌법의 기본질서 및 국가이념에 대한 헌신을 의미하는 충성의무가 요구된다.

② 「국가공무원법」상 의무

「국가공무원법」의 공무원 복무규정은 ㉠ 선서, ㉡ 성실 의무, ㉢ 복종의 의무, ㉣ 직장 이탈 금지, ㉤ 친절·공정의 의무, ㉥ 종교중립의 의무, ㉦ 비밀 엄수의 의무, ㉧ 청렴의 의무, ㉨ 영예 등의 수령규제(외국정부의 영예 등을 받을 경우), ㉩ 품위 유지의 의무, ㉪ 영리 업무 및 겸직 금지, ㉫ 정치운동의 금지, ㉬ 집단 행위의 금지를 규정하고 있다.

③ 「공직자윤리법」상 의무

- 고위공직자의 재산등록 및 공개
  - 재산등록: **4급 이상**(특정 분야는 7급 이상: 세무, 감사, 경찰, 인허가와 관련되어 비리소지가 높은 분야)의 모든 공직자와 이에 상응하는 **공직유관단체 임직원들은 본인 및 배우자, 직계존비속**(출가한 딸은 제외)의 보유재산을 등록해야 한다.
  - 재산공개: **1급 이상**의 공무원과 공직유관단체 임원들의 재산은 공개하도록 규정하고 있다. 본인 및 배우자, 직계존비속의 보유재산을 등록 및 공개하도록 하였다.
- 외국인의 선물 신고·등록의무: 공무원 등이 직무와 관련하여 외국으로부터 선물을 받은 경우에는 **소속기관장에게 신고하고 국고에 인도**해야 한다.
- 퇴직공직자 의무
  - 취업 제한 의무: 재산등록의 대상자는 퇴직일부터 **3년간 퇴직 전 5년간 소속하였던 부서의 직무와 관련이 있는 사기업체 등에 취업할 수 없다.** (단, 5년 동안 소속하였던 부서 또는 기관의 업무와 취업심사대상기관 간에 밀접한 관련성이 없다는 확인을 받거나 취업승인을 받은 때에는 취업할 수 있다)
  - 행위 제한 의무: 모든 퇴직공무원과 공직유관단체 임직원은 재직 중에 직접 처리한 업무를 퇴직 후에 취급할 수 없고, 부정한 청탁·알선을 해서는 안 된다.
- 주식백지신탁의무: 재산공개대상자와 재정경제부 및 금융위원회 소속공무원 중 대통령령으로 정하는 사람 본인 및 그 이해관계자 모두가 보유한 주식의 총가액이 대통령령으로 정하는 금액을 초과할 때에는 당해 주식을 매각하거나 주식백지신탁에 관한 계약을 체결해야 한다.
- 이해충돌방지 의무
  - 국가 또는 지방자치단체는 공직자가 수행하는 직무가 공직자의 재산상 이해와 관련되어 공정한 직무수행이 어려운 상황이 일어나지 아니하도록 노력하여야 한다.
  - 공직자는 자신이 수행하는 직무가 자신의 재산상 이해와 관련되어 공정한 직무수행이 어려운 상황이 일어나지 아니하도록 직무수행의 적정성을 확보하여 공익을 우선으로 성실하게 직무를 수행하여야 한다.

**윤리 규정**

| 「공직자윤리법」 | 「부패방지 및 국민권익위원회 설치운영에 관한 법률」 |
|---|---|
| • 고위공직자의 재산등록 및 공개<br>• 외국인의 선물 신고, 등록의무<br>• 퇴직공무원의 취업제한<br>• 주식백지신탁 의무<br>• 이해충돌방지 의무 | • 비위면직자의 취업제한<br>• 내부고발자 보호의무 |

**정무직공무원**

정무직공무원은 전원이 재산등록대상자이자 재산공개대상자입니다.

**공직자윤리위원회**
- 「공직자윤리법」 제9조【공직자윤리위원회】
  ① 다음 각 호의 사항을 심사·결정하기 위하여 국회·대법원·헌법재판소·중앙선거관리위원회·정부·지방자치단체 및 특별시·광역시·특별자치시·도·특별자치도교육청에 각각 공직자윤리위원회를 둔다.
  1. 재산등록사항의 심사와 그 결과의 처리
  2. 취업제한 여부의 확인 및 취업승인
- 「공직자윤리법」 제3조 12의2
  한국토지주택공사법에 따른 한국토지주택공사 등 부동산 관련 업무나 정보를 취급하는 대통령령으로 정하는 공직유관단체 직원도 재산등록 대상자에 포함된다.

④ 「부패방지 및 국민권익위원회 설치와 운영에 관한 법률」상 의무
- 비위면직자의 취업 제한: 공직자가 재직 중 직무와 관련된 부패행위로 당연퇴직·파면 또는 해임된 경우에는 공공기관·**퇴직 전 5년간 소속하였던 부서의 업무**와 밀접한 관련이 있는 일정규모 이상의 영리를 목적으로 하는 사기업체 또는 영리사기업체의 공동이익과 상호협력 등을 위하여 설립된 법인·단체에 **퇴직일부터 5년간 취업할 수 없다.**
- 내부고발자 보호의무
  - 공직자의 부패행위 신고의무
    - 공직자는 그 직무를 행함에 있어 다른 공직자가 부패행위를 한 사실을 알게 되었거나 부패행위를 강요 또는 제의받은 경우에는 **지체 없이** 이를 수사기관·감사원 또는 위원회에 신고하여야 한다.
    - 재직 중뿐만 아니라 퇴직 후 신고도 내부고발에 포함한다.
  - 책임의 감면
    - 신고 등과 관련하여 신고자의 범죄가 발견된 경우, 그 신고자에 대하여 형을 감경 또는 면제할 수 있다.
    - 신고 등의 내용에 직무상 비밀이 포함된 경우에도 다른 법령, 단체협약 또는 취업규칙 등의 관련 규정에 불구하고 직무상 비밀준수의무를 위반하지 아니한 것으로 본다.

⑤ 「부정청탁 및 금품 등 수수의 금지에 관한 법률」상 의무
- 적용기관
  - 국회, 법원, 헌법재판소, 선거관리위원회, 감사원, 국가인권위원회, 중앙행정기관(대통령 소속 기관과 국무총리 소속 기관을 포함한다)과 그 소속 기관 및 지방자치단체
  - 공직유관단체
  - 「공공기관의 운영에 관한 법률」 제4조에 따른 기관
  - 「초·중등교육법」, 「고등교육법」, 「유아교육법」 및 그 밖의 다른 법령에 따라 설치된 각급 학교 및 「사립학교법」에 따른 학교법인
  - 「언론중재 및 피해구제 등에 관한 법률」 제2조 제12호에 따른 언론사
- 금품 등의 수수 금지: 원활한 직무수행 또는 사교·의례 또는 부조의 목적으로 제공되는 음식물·경조사비·선물 등으로서 대통령령으로 정하는 가액 범위 안의 금품 등

| 구분 | 가액 범위 |
|---|---|
| ① 음식물: 제공자와 공직자 등이 함께하는 식사, 다과, 주류, 음료, 그 밖에 이에 준하는 것 | • 5만 원 |
| ② 경조사비: 축의금, 조의금 등 각종 부조금과 부조금을 대신하는 화환, 조화, 그 밖에 이에 준하는 것 | • 원칙: 5만 원<br>• 예외: 화환, 조화는 10만 원 가능 |
| ③ 선물: 금전 및 ①에 따른 음식물을 제외한 일체의 물품, 그밖에 이에 준하는 것 | • 원칙: 5만 원<br>• 예외<br>　- 농·축·수산물과 화훼는 15만 원<br>　- 농·축·수산물이 50% 이상 포함된 가공물은 15만 원 |

| ③ 선물: 금전 및 ①에 따른 음식물을 제외한 일체의 물품, 그밖에 이에 준하는 것 | – 설, 추석 명절 기간에는 예외가액이 2배 인정(즉, 명절 기간에는 농·축·수산물과 화훼 30만 원, 가공물도 30만 원) |
|---|---|

- 업무의 총괄: 국민권익위원회는 이 법에 따른 사항에 관한 업무를 관장한다.

## 📋 시험문제 미리보기!

국민에 대한 봉사자로서 공직자가 지녀야 할 윤리를 확립할 목적으로 제정된 우리나라의 현행 '공직자윤리법'이 포함하고 있지 않은 내용은?

① 내부고발자 보호  ② 재산등록 및 공개  ③ 선물 신고  ④ 퇴직 공직자의 취업 제한

해설  내부고발자 보호제도는 '부패방지 및 국민권익위원회의 설치와 운영에 관한 법률'에 규정돼 있다.

정답 ①

## 02 공무원 부패

출제빈도 ★★

## 1. 행정부패의 개념

① 일반적 의미로서의 행정부패는 행정부패뿐만 아니라 '공익을 해치는 모든 행위'를 의미한다.

② 부패 척결은 공직윤리의 소극적 측면이다.

## 2. 행정부패의 유형

### (1) 부패의 내용에 의한 분류

① 직무유기형 부패

시민이 개입하지 않는 공무원 단독의 부패(복지부동 등)로서, 공익을 해치는 행위이다.

② 후원형 부패

공무원이 정실이나 학연 등을 토대로 불법적인 후원을 하는 행위이다.

③ 사기형 부패(= 내부 부패)

공무원이 공금이나 예산을 횡령하거나 유용하는 행위이다.

④ 거래형 부패(= 외부 부패)

공무원과 시민이 뇌물을 매개로 이권이나 특혜 등을 주고받는 행위이다.

### (2) 부패의 정도에 따른 분류(Heidenheimer)

① 백색부패

부패가 용인되는 경미한 부패로, 사회구성원들이 일반적으로 처벌을 원하지 않는 선의의 거짓말 등이다.

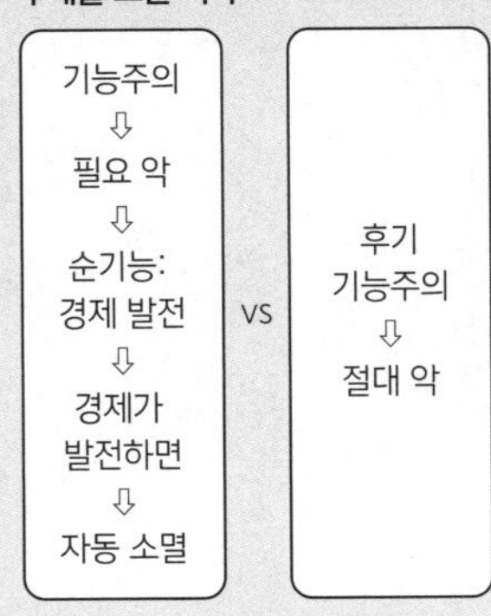

② 회색부패

부패에 대한 태도가 애매한 일상화된 부패로, 일부 구성원들은 처벌을 요구하고 일부의 구성원들은 처벌을 원하지 않는 부패이다.

③ 흑색부패

부패가 죄악시되는 악성화된 부패로, 사회구성원들이 강한 처벌을 원하는 부패이다.

### (3) 부패의 수준에 따른 분류

① 개별적 부패

행정관료 개개인이 독립적으로 저지르는 부패를 의미한다.

② 제도적 부패

- 전체 조직이나 체제가 부패행위를 자행하는 경우로, 조직이나 체제 내부에서는 이를 부패로 인식하지 않고 준공식 문화로 인식하고 있다. 내부고발(Whistle blowing)은 대부분 체제적 부패에 저항하는 과정에서 등장한다.
- 대표적인 예로 급행료가 있다.

## 시험문제 미리보기!

통제수단이나 제도의 미비로 인해 부패가 발생한다고 보는 부패의 접근방법은?

① 도덕적 접근방법

② 사회문화적 접근방법

③ 제도적 접근방법

④ 체제론적 접근방법

해설　행정통제 장치의 미비는 제도적 접근방법에서 나타나는 대표적인 관료부패의 원인이다.

오답노트

① 도덕적 접근방법은 부패의 원인을 부패행위에 참여한 개인의 윤리나 자질 탓으로 보는 입장이다.

② 사회문화적 접근방법은 특정한 지배적 관습이나 문화가 공무원의 부패를 조장한다고 보는 입장이다.

④ 체제론적 접근방법은 공무원 부패는 어느 한 변수에 의해 설명되는 것이 아니라, 그 나라의 문화적 특성 · 제도상의 결함 · 구조상의 모순 등 다양한 요인에 의해 복합적으로 나타난다고 보는 입장이다.

정답 ③

## 03 공무원의 정치적 중립

출제빈도 ★

## 1. 정치적 중립의 의미

### (1) 정치와 행정의 이원론적 관점

공무원의 정치적 중립이란 국민 전체에 대한 봉사자로서 직무를 집행함에 있어 어느 정당이 집권하든 공평하게 자기의 힘을 다하여 여야 간에 차별 없이 봉사하는 불편부당성(不偏不黨性)을 의미한다.

### (2) 정치와 행정의 일원론적 관점

공무원의 정책으로부터 단절이나 행정에서 정치적 성격이나 고려를 일체 배제하자는 의미는 아니며, 공무원이 정치적인 고려를 하거나 정치성을 띠어도 특정 정당에 치우치지 않고 공정하기만 하면 된다는 적극적 개념으로 인식되고 있다.

## 2. 각국의 정치적 중립제도

① 공무원의 정치적 중립에 대하여 각국의 역사적인 상황이 다르기 때문에 엄격하게 제한하는 나라도 있고, 그렇지 않은 나라도 있다. 일반적으로 ㉠ 엽관주의의 폐단을 심하게 겪었던 나라는 비교적 엄격하게 정치활동을 제한하고, ㉡ 직업공무원제의 전통이 강한 나라는 정치활동의 허용 범위가 상대적으로 광범위한 편이다.

② 미국의 정치적 중립제도
- 펜들턴(Pendleton) 법 제정(1883)으로 엽관주의의 폐단을 극복하기 위해 처음으로 공무원의 정치적 중립이 규정되었고, 뉴딜(New Deal) 정책의 실시와 더불어 정당의 행정 침해를 막기 위하여 공무원의 정치활동을 광범위하게 제한하는 해치(Hatch) 법이 제정(1939)되었다.
- 그 후 개인의 참정권을 지나치게 제한한다는 비판이 제기됨에 따라 연방선거운동법을 개정(1974)하여 공무원의 정치적 중립을 상당히 완화하였고, 카터(Carter) 대통령은 직위분류제의 적용으로부터 예외적인 고급관리자단을 구성하면서 정치적 중립을 상당히 완화하였다.

## 3. 우리나라의 정치적 중립제도 현황

미국과 일본의 법제를 모방하여 정치적 중립을 규정하고 있으며, 내용상으로는 상당히 엄격하나 실질적으로 충분히 정착되지 못하고 있다.

### (1) 헌법 제7조

공무원은 국민 전체에 대한 봉사자로서 국민에 대하여 책임을 진다.

### (2) 「국가공무원법」 제65조

① 정당 기타 정치단체의 결성에 관여하거나 가입을 금지한다.
② 선거에서 특정한 정당이나 정당인의 지지 또는 반대를 금지한다.
③ 다른 공무원에게 이러한 금지 조항을 요구하거나, 정치적 행위 결과에 따른 이익과 불이익의 약속을 금지하고 있다.

**행정학 전문가의 TIP**

「국가공무원법」상 공무원의 정치운동 금지(제65조)

제65조【정치 운동의 금지】
① 공무원은 정당이나 그 밖의 정치단체의 결성에 관여하거나 이에 가입할 수 없다.
② 공무원은 선거에서 특정 정당 또는 특정인을 지지 또는 반대하기 위한 다음의 행위를 하여서는 아니 된다.
1. 투표를 하거나 하지 아니하도록 권유 운동을 하는 것
2. 서명 운동을 기도(企圖)·주재(主宰)하거나 권유하는 것
3. 문서나 도서를 공공시설 등에 게시하거나 게시하게 하는 것
4. 기부금을 모집 또는 모집하게 하거나, 공공자금을 이용 또는 이용하게 하는 것
5. 타인에게 정당이나 그 밖의 정치단체에 가입하게 하거나 가입하지 아니하도록 권유 운동을 하는 것
③ 공무원은 다른 공무원에게 제1항과 제2항에 위배되는 행위를 하도록 요구하거나, 정치적 행위에 대한 보상 또는 보복으로서 이익 또는 불이익을 약속하여서는 아니 된다.

## 04 공무원단체

## 1. 공무원단체 활동에 대한 다양한 견해

### (1) 공무원단체 활동의 긍정적 측면

① 공무원의 집단적인 의사표시의 수단

그들의 이익을 실현하기 위하여 공무원들의 집합적인 의사를 관리층 및 국민들에게 표시할 수 있다.

② 공무원 사기앙양 및 경제적·사회적 지위 향상

공무원의 참여의식, 귀속감, 성취감 등의 충족을 통하여 동기부여와 사기의 앙양을 기할 수 있다. 더불어 관리층과 교섭을 통해 공무원들의 근로조건과 지위 및 복지를 유지·향상시킴으로써 공무원들의 경제적·사회적 지위를 향상시킨다.

③ 쌍방적 의사 전달의 통로

관리층과 공무원 간에 쌍방적 의사 전달의 통로 역할을 하여 상호이해를 증진시키고 행정의 민주화에 기여할 수 있다.

### (2) 공무원단체 활동의 부정적 측면

① 정치세력화

공무원단체가 특정 정당·정파를 지지하거나 반대하는 등 정치세력화해서 정쟁에 휘말리고, 공무원의 정치적 중립을 저해할 가능성이 있다.

② 노사관계 구분 곤란

노동조합과 사용자 간의 관계에서는 이해관계가 상반되지만, 공무원과 정부 간의 관계에서는 이익(이해관계)의 상관성이 없어 공무원의 이익 증진을 위한 창구로 공무원단체가 꼭 필요한 것은 아니다.

③ 행정의 지속성 및 안정성 저해

국가의 존립과 질서를 유지하거나 국민생활과 직결되고 파급효과가 큰 분야의 단체 활동이나 쟁의는 국민생활에 결정적 타격을 주므로 제한이 불가피하다.

④ 국민 봉사자 이념과 배치

공무원단체가 협상을 통해 얻게 되는 부가적 이득은 전체 국민의 추가적 부담이 되거나 국민에 대한 봉사자 이념과 배치된다.

## 2. 우리나라의 공무원단체

### (1) 노동조합의 설립

① 공무원이 노동조합을 설립하려는 경우에는 국회·법원·헌법재판소·선거관리위원회·행정부·특별시·광역시·특별자치시·도·특별자치도·시·군·구(자치구를 말한다) 및 특별시·광역시·특별자치시·도·특별자치도의 교육청을 최소 단위로 한다.

② 노동조합을 설립하려는 사람은 고용노동부장관에게 설립신고서를 제출하여야 한다.

## (2) 가입 범위

① 노동조합에 가입할 수 있는 공무원

- 일반직공무원
- 특정직공무원 중 외무영사직렬·외교정보기술직렬 외무공무원, 소방공무원 및 교육공무원(다만, 교원은 제외한다)
- 별정직공무원
- 일반직공무원, 특정직공무원 중 외무영사직렬·외교정보기술직렬 외무공무원, 소방공무원 및 교육공무원(교원 제외), 별정직공무원 중 어느 하나에 해당하는 공무원이었던 사람으로서 노동조합 규약으로 정하는 사람

② 노동조합에 가입할 수 없는 공무원

- 업무의 주된 내용이 다른 공무원에 대하여 지휘·감독권을 행사하거나 다른 공무원의 업무를 총괄하는 업무에 종사하는 공무원
- 업무의 주된 내용이 인사·보수 또는 노동관계의 조정·감독 등 노동조합의 조합원 지위를 가지고 수행하기에 적절하지 아니한 업무에 종사하는 공무원
- 교정·수사 등 공공의 안녕과 국가안전보장에 관한 업무에 종사하는 공무원

## (3) 노동조합 전임자의 지위

① 공무원은 임용권자의 동의를 받아 노동조합의 업무에만 종사할 수 있다.
② 전임자(專任者)에 대하여는 그 기간 중 휴직명령을 하여야 한다.
③ 국가와 지방자치단체는 전임자에게 그 전임기간 중 보수를 지급하면 안 된다.

## (4) 단체협약의 효력

① 체결된 단체협약의 내용 중 법령·조례 또는 예산에 의하여 규정되는 내용과 법령 또는 조례에 의하여 위임을 받아 규정되는 내용은 단체협약으로서의 효력을 가지지 아니한다.
② 정부교섭대표는 단체협약으로서의 효력을 가지지 아니하는 내용에 대하여는 그 내용이 이행될 수 있도록 성실하게 노력하여야 한다.

## (5) 쟁의행위의 금지

노동조합과 그 조합원은 파업, 태업 또는 그 밖에 업무의 정상적인 운영을 방해하는 일체의 행위를 하여서는 아니 된다.

## (6) 조정신청

단체교섭이 결렬(決裂)된 경우에는 당사자 어느 한쪽 또는 양쪽은 중앙노동위원회에 조정(調停)을 신청할 수 있다. 조정은 조정신청을 받은 날로부터 30일 이내에 마쳐야 한다. 다만, 당사자들이 합의한 경우에는 30일 이내의 범위에서 조정기간을 연장할 수 있다.

## 1. 신분보장

① 「국가공무원법」에서는 "공무원은 형의 선고, 징계처분 또는 이 법에 정하는 사유에 의하지 아니하고는 그 의사에 반하여 휴직, 강임 또는 면직을 당하지 아니한다. 다만 1급 공무원은 그러하지 아니한다"고 규정하고 있다.

② 즉, 공무원은 법령에 의하지 않고는 신분상의 불이익을 당하지 않도록 제도적 뒷받침을 받고 있다.

## 2. 징계

### (1) 「국가공무원법」에 의한 징계의 사유

① 법 및 법에 따른 명령을 위반한 경우

② 직무상의 의무(다른 법령에서 공무원의 신분으로 인하여 부과된 의무를 포함한다)를 위반하거나 직무에 태만히 한 때

③ 직무의 내외를 불문하고, 그 체면 또는 위신을 손상하는 행위를 한 때

### (2) 징계처분의 종류

| | | |
|---|---|---|
| 경징계 | 견책 | 전과에 대하여 훈계하고 회계하는 등 주의를 주는 것으로, 인사기록에 남는다. (6개월간 승급 정지) |
| | 감봉 | 직무수행은 가능하나 1개월 이상 3개월 이하의 기간 동안 보수의 3분의 1을 감한다. (12개월간 승급 정지) |
| 중징계 | 정직 | 공무원의 신분은 보유하나 1개월 이상 3개월 이하의 기간 동안 직무를 정지시키고 보수 전액을 감한다. (18개월간 승급 정지) |
| | 강등 | 공무원의 신분은 보유하나 1계급 아래로 직급을 내리고 3개월간 직무에 종사하지 못하게 하며 보수는 전액을 감한다. (18개월간 승급 정지) |
| | 해임 | 강제퇴직의 한 종류로서 공무원직이 박탈된다. 퇴직급여에는 원칙적으로 영향을 주지 않으며 3년간 공무원 재임용이 불가하다. 단, 공금횡령 및 유용 등으로 해임된 경우에는 퇴직급여의 8분의 1 내지는 4분의 1을 지급제한한다. |
| | 파면 | 강제퇴직의 한 종류로서 공무원직이 박탈된다. 5년간 재임용자격이 제한되며, 5년 미만 근무자는 퇴직급여의 4분의 1이 삭감되고 5년 이상 근무자는 퇴직급여의 2분의 1을 삭감하여 지급한다. |


**행정학 전문가의 TIP**

**신분보장**

- 헌법 제7조
  ② 공무원의 신분과 정치적 중립성은 법률이 정하는 바에 의하여 보장된다.
- 「국가공무원법」 제68조 【의사에 반한 신분 조치】
  공무원은 형의 선고, 징계 처분 또는 이 법에서 정하는 사유에 따르지 아니하고는 본인의 의사에 반하여 휴직·강임 또는 면직을 당하지 아니한다. 다만, 1급 공무원과 제23조에 따라 배정된 직무등급이 가장 높은 등급의 직위에 임용된 고위공무원단에 속하는 공무원은 그러하지 아니하다.

**징계부가금 제도**

공금의 횡령, 유용이나 금품 및 향응 수수 등 금품과 관련된 비위를 저지른 공무원들에게 징계위원회의 의결에 따라 해당 징계 외에 유용·횡령 등의 금액의 5배 내에서 추가로 징계적 금전을 부과하는 제도를 말합니다.

**징계의 소멸시효**

「국가공무원법」 제83조의2 【징계 및 징계부가금 부과 사유의 시효】

① 징계의결 등의 요구는 징계 등 사유가 발생한 날부터 다음 각 호의 구분에 따른 기간이 지나면 하지 못한다.

1. 징계 등 사유가 다음 각 목의 어느 하나에 해당하는 경우: 10년
   가. 「성매매알선 등 행위의 처벌에 관한 법률」 제4조에 따른 금지행위
   나. 「성폭력범죄의 처벌 등에 관한 특례법」 제2조에 따른 성폭력범죄
   다. 「아동·청소년의 성보호에 관한 법률」 제2조 제2호에 따른 아동·청소년대상 성범죄
   라. 「양성평등기본법」 제3조 제2호에 따른 성희롱
2. 징계 등 사유가 제78조의2 제1항 각 호의 어느 하나에 해당하는 경우: 5년
3. 그 밖의 징계 등 사유에 해당하는 경우: 3년

참고: 금품 및 향응 수수, 공금의 횡령, 유용의 경우 5년

> 「국가공무원법」상 징계의 종류로 옳지 않은 것은?
>
> ① 감봉             ② 해임
>
> ③ 강등             ④ 직권면직
>
> 해설    「국가공무원법」상 징계의 종류는 견책, 감봉, 정직, 강등, 해임, 파면이 있다.
>
> 정답 ④

## 3. 소청심사제도

### (1) 의의

징계처분이나 강임·휴직·직위해제 또는 면직처분 등 그의 의사에 반하는 불이익 처분을 받은 공무원이 그에 불복하여 이의를 제기하는 경우 이를 심사하여 구제하는 절차이다.

### (2) 유형

소청심사제도의 유형은 ① 해당 행정기관 내부에서 재심·구제 방법이 강구되는 경우, ② 해당 행정기관 외의 중앙인사기관에서 재심하는 경우, ③ 행정기관과는 별개의 강한 독립성·합의성을 가진 행정재판의 방법에 의한 경우가 있다. 이 중 우리나라는 ②의 방법에 따라 중앙인사기관인 인사혁신처에 소청심사위원회를 설치·운영하고 있다.

## 4. 공무원의 면직(퇴직)

### (1) 강제퇴직제도

#### ① 직권면직

공무원이 일정 사유에 해당하였을 경우에 본인의 의사와는 관계없이 임용권자가 공무원 신분을 박탈하여 공직으로부터 배제하는 것이다.

- 직제와 정원의 개폐 또는 예산의 감소 등에 따라 폐직 또는 과원이 되었을 때
- 휴직 기간이 끝나거나 휴직 사유가 소멸된 후에도 직무에 복귀하지 아니하거나 직무를 감당할 수 없을 때
- 직위해제에 따라 대기명령을 받은 자가 그 기간에 능력 또는 근무성적의 향상을 기대하기 어렵다고 인정된 때
- 전직 시험에서 3번 이상 불합격한 자로서 직무수행 능력이 부족하다고 인정된 때
- 병역판정검사·입영 또는 소집의 명령을 받고 정당한 사유 없이 이를 기피하거나 군복무를 위하여 휴직 중에 있는 자가 군복무 중 근무를 이탈하였을 때
- 해당 직급·직위에서 직무를 수행하는 데 필요한 자격증의 효력이 없어지거나 면허가 취소되어 담당 직무를 수행할 수 없게 된 때

💡 **행정학 전문가의 TIP**

**소청의 대상이 되지 않는 것**
- 근무성적평정
- 승진 탈락

- 고위공무원단에 속하는 공무원이 적격심사에 따른 적격심사 결과 부적격 결정을 받은 때

② 징계면직

　　파면과 해임 등 징계에 의해 공무원으로서의 신분을 상실하는 것이다.

③ 당연퇴직

- 임용권자의 처분에 의해서가 아니고 법률에 규정된 일정한 사유의 발생(형사처벌, 사망, 국적상실, 임기제 공무원의 근무기간이 만료된 경우 등)으로 인하여 공무원 관계가 소멸되는 경우이다.
- 임용의 결격 사유(금고 이상의 형의 선고유예를 받은 경우에 그 선고유예 기간 중에 있는 자는 제외)가 재직 중 발생한 경우이다.
- 공금횡령은 선고유예도 당연퇴직사유이다.

### (2) 임의퇴직제도

① 명예퇴직

　　20년 이상 장기근속한 공무원에 대하여 일정한 자격을 가진 경우 명예로운 퇴직 기회를 부여하고, 자진퇴직 시 명예퇴직수당을 지급한다.

② 조기퇴직

　　20년 미만 근무자가 정년 전에 퇴직하는 경우를 일컫는다.

## 5. 정년 제도

### (1) 의의

① 생산성을 높이고 신진대사를 촉진시키기 위하여 정해진 법정시기에 자동 퇴직시키는 제도이다.

② 인건비 절감, 새로운 기술도입, 행정의 생산성 제고, 고용증대 등의 효과가 있다.

### (2) 정년의 종류

① 연령정년제

　　법정연령에 도달하면 자동퇴직(60세)하는 것이다.

② 근속정년제

　　일정한 근속연한에 달하면 자동퇴직하는 것이다. 예 군인, 경찰

③ 계급정년제

　　일정 기간 동안 상위계급으로 승진하지 못하면 자동적으로 강제 퇴직하는 제도이다. 예 경찰, 군인

# 6. 직위해제와 대기명령

## (1) 직위해제

다음에 해당되는 자에게 신분은 보장하나 직위를 부여하지 않을 수 있는 제도이다.

① 직무수행 능력이 부족하거나 근무성적이 극히 나쁜 자
② 파면·해임·강등 또는 정직에 해당하는 징계(중징계) 의결이 요구 중인 자
③ 형사사건으로 기소된 자(약식명령이 청구된 자는 제외한다)
④ 고위공무원단에 속하는 일반직공무원으로서 적격심사를 요구받은 자
⑤ 금품비위, 성범죄 등 대통령령으로 정하는 비위행위로 인하여 감사원 및 검찰·경찰 등 수사기관에서 조사나 수사 중인 자로서 비위의 정도가 중대하고 이로 인하여 정상적인 업무수행을 기대하기 현저히 어려운 자

## (2) 대기명령

직무수행능력이 부족하거나 근무성적이 극히 불량하여 직위해제된 자에게 3개월 이내의 기간 동안 대기명령을 발하는 것이다. 대기명령 기간 중 능력의 향상 또는 개전의 정이 없다고 인정되면 징계위원회의 동의를 얻어 직권면직이 가능하다.

출제빈도: ★☆☆

**01** 행정윤리에 있어 국가공무원법에 규정된 의무가 아닌 것은?

① 직장 이탈 금지 의무
② 퇴직 공무원의 취업 제한 의무
③ 공정 의무
④ 정치적 중립성의 의무

출제빈도: ★☆☆

**02** 「공직자윤리법」상 재산등록 및 공개에 대한 설명으로 가장 옳지 않은 것은?

① 공직유관단체에는 공기업이 포함된다.
② 재산등록의무자는 5급 이상의 국가공무원 및 지방공무원과 이에 상당하는 보수를 받는 별정직공무원이다.
③ 등록할 재산에는 본인의 직계존속 것도 포함된다.
④ 등록할 재산에 혼인한 직계비속인 여성 것은 제외한다.

출제빈도: ★☆☆　대표출제기업: 인천교통공사

**03** 행정윤리의 저해 요인으로 볼 수 없는 것은?

① 낮은 정치 발전 수준
② 권위주의적 사고 및 관직의 사유관
③ 비현실적 법규와 복잡한 행정절차
④ 내부통제 장치의 확보

출제빈도: ★★★　대표출제기업: 부산시설공단

**04** 다음 중 '공직자윤리법'의 내용으로 가장 옳지 않은 것은?

① 이해충돌 방지 의무
② 정무직공무원 등의 재산등록 의무
③ 외국 정부 등으로부터 받은 선물의 신고
④ 비위면직자의 취업 제한

## 05 공무원에게 정치적 중립이 요구되는 근거로 가장 미약한 것은?

① 정치적 무관심화를 통한 직무수행의 능률성 확보를 위해 필요하다.

② 정치적 개입에 의한 부정부패를 방지하기 위해 필요하다.

③ 행정의 계속성과 전문성을 확보하기 위해 필요하다.

④ 공무원 집단의 정치세력화를 방지하기 위해 필요하다.

---

**정답 및 해설**

**01** ②
퇴직 공무원의 취업 제한 의무는 공직자윤리법에 규정된 의무이다.

오답노트
①, ③, ④는 국가공무원법상 규정된 의무이다.

**02** ②
재산등록의무자는 4급 이상의 일반직 국가공무원 및 지방공무원과 이에 상당하는 보수를 받는 별정직공무원 등이다.

오답노트
① 「공직자윤리법」상 공직유관단체 임직원도 포함된다.
③, ④ 4급 이상, 특정분야는 7급 이상(세무, 감사, 경찰, 인허가와 관련되어 비리소지가 높은 분야)의 모든 공직자와 이에 상응하는 공직유관단체 임원들은 본인 및 배우자, 직계존비속(출가한 딸은 제외)의 보유재산을 등록해야 한다.

**03** ④
내부통제 장치의 확보는 행정부패를 방지하고 행정윤리를 확보하는 장치다.

오답노트
①, ②, ③은 부패의 원인이 되고 낮은 행정윤리의 원인이라 할 수 있다.

**04** ④
비위면직자의 취업 제한은 「공직자윤리법」이 아니라 「부패방지 및 국민권익위원회 설치와 운영에 관한 법률」에 규정되어 있다.

| 공직자윤리법 | 부패방지 및 국민권익위원회 설치와 운영에 관한 법률 |
|---|---|
| • 고위공직자의 재산등록 및 공개<br>• 외국인의 선물 신고, 등록의무<br>• 퇴직공무원의 취업 제한<br>• 주식백지신탁의무<br>• 이해충돌 방지 의무 | • 비위면직자의 취업 제한<br>• 내부고발자 보호의무 |

**05** ①
공무원에게 정치적 중립이 요구되는 이유는 공무원을 일체 정치로부터 단절시키거나 정치적 무관심·무감각을 조장하기 위한 것이 아니라, 정권이 교체되더라도 편당성 없이 공평무사하게 국민에게 봉사하게 하기 위함이다.

오답노트
② 정치적 중립은 정치적 개입에 의한 행정의 낭비와 부정부패를 방지하기 위해 필요하다.
③ 정치적 중립을 통해 행정의 안정성과 전문성을 유지하여 실적주의를 확립하여야 한다.
④ 공무원 집단이 안정된 중립적 세력으로 기능함으로써 행정에 대한 국민의 신뢰를 확보하여야 한다.

출제빈도: ★☆☆

## 06 공무원 단체활동 제한론의 근거로 옳지 않은 것은?

① 실적주의 원칙을 침해할 우려가 있다.
② 공무원의 정치적 중립성이 훼손될 수 있다.
③ 공직 내 의사소통을 약화시킨다.
④ 보수 인상 등 복지 요구 확대는 국민 부담으로 이어진다.

출제빈도: ★★☆

## 07 부패의 유형에 대한 설명으로 옳지 않은 것은?

① 민원처리 과정에서 소위 '급행료'가 당연시되는 관행은 제도화된 부패에 해당된다.
② 과도한 선물의 수수와 같이 공무원 윤리강령에 규정될 수는 있지만 법률로 규정하는 것에 대해 논란이 있는 경우는 회색부패에 해당된다.
③ 국민들이 강한 처벌을 원하는 부패를 백색부패라 한다.
④ 공무원과 기업인 간의 뇌물과 특혜의 교환은 거래형 부패에 해당된다.

출제빈도: ★★☆

## 08 「국가공무원법」상 공무원의 징계에 관한 설명으로 가장 옳지 않은 것은?

① 견책은 6개월간 승급이 정지된다.
② 강등은 1계급 아래로 직급을 내리고, 공무원 신분은 보유하나 3개월간 직무에 종사하지 못하며 그 기간 중 보수의 전액을 감하는 처분을 말한다.
③ 정직은 1개월 이상 3개월 이하의 기간 동안 공무원 신분은 보유하나 직무수행이 정지되고, 그 기간 중 보수의 3분의 2를 감하는 처분을 말한다.
④ 파면은 5년간 공무원 재임용이 불가하다.

출제빈도: ★☆☆

## 09 공무원 부패에 대한 체제론적 접근방법을 설명한 것으로 옳은 것은?

① 공무원 부패는 개인의 윤리의식과 자질 때문에 발생한다.
② 부패는 하나의 변수가 아니라 다양한 요인에 의해 복합적으로 나타난다.
③ 사회의 법과 제도상의 결함 때문에 부패가 발생한다.
④ 특정한 지배적 관습이나 경험적 습성과 같은 것이 부패를 조장한다.

출제빈도: ★ ☆ ☆

## 10 행정통제 장치가 미비하여 공무원 부패가 발생한다는 시각은?

① 도덕적 접근　　　　　　　　　　② 사회문화적 접근

③ 제도적 접근　　　　　　　　　　④ 체제적 접근

---

### 정답 및 해설

**06** ③

공무원 단체를 통하여 관리층과 구성원 간 의사소통이 촉진되고 행정관리 개선에 기여하며, 이는 공무원 단체활동을 허용해야 하는 논거가 된다.

[오답노트]
① 공무원의 신분 보장을 지나치게 강조하고 선임 위주의 인사원칙을 내세워 실적주의 인사원칙을 저해할 가능성이 있다.
② 공무원 단체가 특정 정당·정파를 지지하거나 반대하는 등 정치 세력화되어 정쟁에 휘말릴 수 있다.
④ 과도한 공무원 집단의 이익 추구 시 나타나는 부정적 견해이다.

**07** ③

흑색부패에 대한 설명이다. 백색부패는 선의의 거짓말과 같은 법규 위반이나 공무원 사익 추구가 개입하지 않은 부패를 의미한다.

**08** ③

정직은 1개월 이상 3개월 이하의 기간 동안 직무에 종사하지 못하고 보수의 전액을 감하는 징계처분이다. 징계처분에는 다음과 같은 종류가 있다.

| | | |
|---|---|---|
| 경징계 | 견책 | 전과에 대하여 훈계하고 회계하는 등 주의를 주는 것으로, 인사기록에 남는다. (6개월 간 승급 정지) |
| | 감봉 | 직무수행은 가능하나 1개월 이상 3개월 이하의 기간 동안 보수의 3분의 1을 감한다. (12개월 간 승급 정지) |
| 중징계 | 정직 | 공무원의 신분은 보유하나 1개월 이상 3개월 이하의 기간 동안 직무를 정지시키고 보수 전액을 감한다. (18개월 간 승급 정지) |
| | 강등 | 공무원의 신분은 보유하나 1계급 아래로 직급을 내리고 3개월간 직무에 종사하지 못하게 하며 보수는 전액을 감한다. (18개월 간 승급 정지) |
| | 해임 | 강제퇴직의 한 종류로서 공무원직이 박탈된다. 퇴직급여에는 원칙적으로 영향을 주지 않으며 3년간 공무원 재임용이 불가하다. 단, 공금횡령 및 유용 등으로 해임된 경우에는 퇴직급여의 8분의 1 내지는 4분의 1을 지급 제한한다. |

| | | |
|---|---|---|
| 중징계 | 파면 | 강제퇴직의 한 종류로서 공무원직이 박탈된다. 5년간 재임용자격이 제한되며, 5년 미만 근무자는 퇴직급여의 4분의 1이 삭감되고 5년 이상 근무자는 퇴직급여의 2분의 1을 삭감하여 지급한다. |

**09** ②

체제론적 접근법은 공무원 부패가 어느 한 변수에 의해 설명되는 것이 아니라, 그 나라의 문화적 특성, 제도상의 결함, 구조상의 모순, 공무원의 부정적 행태 등 다양한 요인에 의해 복합적으로 나타난다고 보는 입장이다.

[오답노트]
① 개인의 윤리의식과 자질 때문에 공무원 부패가 발생한다는 것은 도덕적 접근법이다.
③ 사회의 법과 제도상의 결함 때문에 부패가 발생한다는 것은 제도적 접근법이다.
④ 특정한 지배적 관습이나 경험적 습성과 같은 것이 부패를 조장한다는 것은 사회문화적 접근법이다.

**10** ③

통제 장치의 미흡을 부패의 원인으로 보는 접근법은 제도적 접근법이다. 부패에 대한 접근법은 다음과 같다.

| 관점 | 원인 | 대책 |
|---|---|---|
| ㉠ 개인적, 도덕적 | 윤리성 부재 | 행정윤리 강화 |
| ㉡ 제도적 | • 행정통제 장치 미비<br>• 법과 제도의 미비 | • 행정통제 강화<br>• 법과 제도의 정비 |
| ㉢ 사회·문화적 | 지배적 인습<br>(인사문화) | 문화의 선진화 |
| ㉣ 체제적 | ㉠ + ㉡ + ㉢ | ㉠ + ㉡ + ㉢ |

취업강의 1위, **해커스잡 ejob.Hackers.com**

## 출제비중 & 출제기업

2023년~2024년 필기시험 기준으로 서울주택도시공사, 인천교통공사, 한국남동발전, 한국중부발전, 한국마사회, 한국보훈복지의료공단 등의 기업에서 출제하고 있습니다.

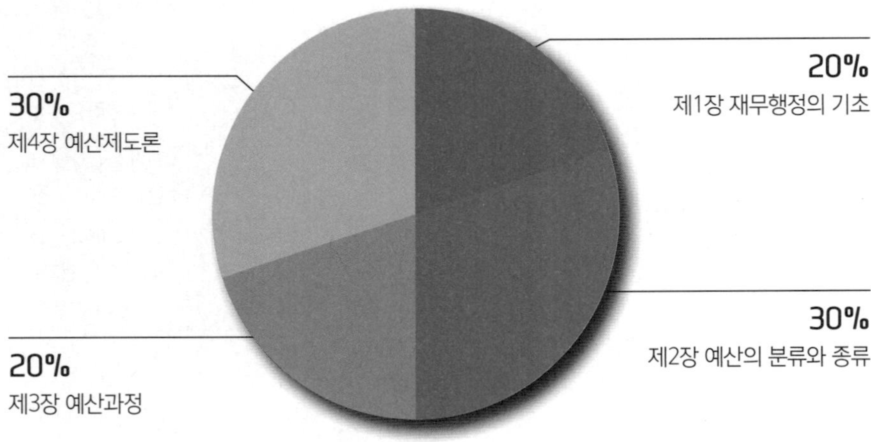

# PART 5

## 재무행정론

### ✓ 핵심 포인트

| | |
|---|---|
| 예산의 본질 | 예산의 기능, 고전적 예산원칙과 현대적 예산원칙, 예산과 법률의 차이 |
| 예산 및 회계 관계 법률 | 예산순기 |

## 01 예산의 본질

출제빈도 ★★

## 1. 재무행정과 예산의 의미

### (1) 재무행정

정부가 사용하는 재정자원(물적 자원)을 관리하는 활동을 의미하며, 재무행정의 중심 영역은 국가의 세입 및 세출에 관한 예산의 관리에 있다.

### (2) 예산

재무행정의 중심 개념인 예산은 '장차 도래할 회계연도에 정부가 동원하고 **사용할 세입과 세출에 대해 예측한 계산**'으로, 정부사업을 위한 세입과 세출을 제안하는 예정서라고도 한다.

## 2. 예산의 기능

### (1) 정치적 기능

예산은 희소한 경제자원의 배분에 관한 권위적 결정이므로, '예산을 둘러싼 이해관계자들의 대립·갈등·투쟁·타협이라는 정치적 속성'을 지닌다. [윌다브스키(Wildavsky)]

### (2) 법적 기능

① 예산은 의회의 의결을 거치게 되고 집행 시 법적 강제력이 부과되며, 행정기준으로서의 기능을 한다.
② 예산은 입법기관인 국회에서 심의·확정된 범위 내에서만 지출되어야 한다.

### (3) 경제적 기능(Musgrave)

머스그레이브(Musgrave)가 강조한 재정의 3대 기능은 ① 경제안정 기능, ② 자원배분 기능, ③ 소득재분배 기능이다.

**예산 개념의 유래**
예산(Budget)은 영국 재무상이 매년 의회에 가지고 다니던 가죽 주머니(Bougette)에서 유래된 것으로 그 가죽 주머니에서 재정 서류를 꺼냈다는 데서 기원합니다.

**법률과 예산의 구속력 차이**
· **법률:** 모든 국민과 국가기관을 구속하는 것이 원칙입니다.
· **예산**
 - 세입예산: 구속력이 없습니다.
 - 세출예산: 국민에 대한 구속력은 없고, 국가기관에 대해서만 구속력이 있습니다.

**머스그레이브의 재정의 3대 기능**
· 경제안정 기능
· 자원배분 기능: 시장실패 치유
· 소득재분배 기능

① 경제안정 기능

예산은 재정정책의 도구로서 경제안정화(Stabilizer)에 기여하는 전략적 기능을 수행한다.

② 자원배분 기능

예산은 희소한 자원을 효율적으로 배분하는 기능을 하며, 비효율적인 자원배분에 의하여 발생한 시장실패를 치유하는 역할을 수행한다.

③ 소득재분배 기능

예산은 세입에 있어서는 누진소득세, 세출에 있어서는 사회보장적 지출 등을 통하여 소득재분배 기능을 수행한다.

④ 경제성장 촉진 기능

경제발전의 추진과정에서 예산에 의한 경제성장 촉진 기능이 매우 중시된다. 경제성장 기능은 케인스(Keynes)가 강조한 이론이다.

## (4) 행정적 기능(Schick)

쉬크(Schick)는 「예산개혁단계론(1966)」에서 예산에는 3가지 행정적 기능(통제·관리·계획 기능)이 공존하고 있다고 보았다. 1970년대 석유파동을 계기로 국가가 재정위기에 처하자 감축 기능이 중시되었다.

① 통제 기능(1920~30년대)

재정민주주의를 실현하려는 것으로서 의회가 정부의 재정활동에 대하여 행사하는 민주적 통제 수단으로서의 전통적 기능을 말한다.

② 관리 기능(1950년대)

행정부가 가능 자원을 효과적으로 동원하여 최대의 경제성·효율성을 고려하면서 이를 관리하는 기능을 말한다.

③ 계획 기능(1960년대 이후)

일정액의 예산을 지출하여 최대의 효과를 얻는 것이 주목적인 기능으로서, 장기적 목표를 설정하고 이를 단기적 예산과 연계시키는 계획예산(PPBS)에서 강조된 효과성 중심의 기능이다.

④ 감축 기능(1970년대 말 이후)

자원난 시대에 들어와 사업의 우선순위에 따라 원점에서 예산을 배분하려는 감축 기능이 강조되었는데, 영기준예산(ZBB)에서 강조된 것이다.

# 3. 예산원칙

## (1) 전통적 예산원칙

① 전통적(고전적) 예산원칙은 '입법부 우위의 예산원칙으로서 통제 중심적 예산원칙'이다.

② 전통적 예산원칙은 정부의 기능이 단순하고 예산의 규모가 작았던 입법국가 시대에 적용되는 것으로, 노이마르크(Neumark)와 선델슨(Sundelson)이 주장하였다.



**케인스가 강조한 기능**

케인스는 경제성장 기능을 강조하였습니다.

**예산의 행정적 기능과 예산제도**

- **통제기능**: 품목별예산제도(LIBS)
- **관리기능**: 성과주의예산(PBS)
- **계획기능**: 계획예산(PPBS)
- **감축기능**: 영기준예산(ZBB)
- **최근의 경향**
  - 신성과주의예산: 성과 지향
  - 주민참여예산: 참여 지향

③ 전통적 예산원칙 내용



| 공개성 원칙 | • 예산의 편성·심의·집행 등에 관한 정보를 공개해야 함<br>• 의회가 예산의 총액만 승인해주는 신임예산, 우리나라의 경우 국정원의 예산은 공개하지 않음 |
|---|---|
| 명료성 원칙 | • 예산은 모든 국민이 이해할 수 있도록 편성되어야 함<br>• 예외: 총괄예산, 총액계상예산 |
| 엄밀성(정확성) 원칙 | • 예산은 계획한 대로 정확히 지출하여 가급적 결산과 일치해야 함 |
| 완전성 원칙 (예산총계주의) | • 예산에는 모든 세입·세출이 완전히 계상되어야 한다는 것으로, 예컨대 징수 비용을 제외한 순수입(순계예산)만을 세입예산에 반영시켜서는 안 됨<br>• 예외: 순계예산, 현물출자, 외국차관의 전대 |
| 통일성 원칙 | • 특정 수입과 특정 지출이 연계되어서는 안 되며, 국가의 모든 수입은 일단 국고에 편입되고 여기서부터 모든 지출이 이루어져야 함<br>• 예외: 특별회계예산, 목적세, 수입대체경비 |
| 사전의결 원칙 | • 예산은 집행이 이루어지기 전에 입법부에 제출되고 심의·의결되어야 함<br>• 예외: 준예산, 예비비 지출, 사고이월, 전용 |
| 한정성 원칙 | • 예산은 주어진 목적, 금액, 시간에 따라 한정된 범위 내에서 집행되어야 한다는 원칙으로 세 가지 한정성으로 구분됨<br>  – 질적 한정성: 비목 외 사용금지(예외: 이용, 전용)<br>  – 양적 한정성: 금액초과 사용금지(예외: 예비비, 추경예산)<br>  – 시간적 한정성: 회계연도 독립원칙 준수(예외: 이월, 계속비) |
| 단일성 원칙 | • 예산은 가능한 한 단일의 회계 내에서 정리되어야 한다는 원칙<br>• 예외: 특별회계, 기금, 추경예산 |

④ 국가재정법상 예산총계주의 예외
- 제53조(예산총계주의 원칙의 예외) ① 각 중앙관서의 장은 용역 또는 시설을 제공하여 발생하는 수입과 관련되는 경비로서 대통령령으로 정하는 경비(이하 "수입대체경비"라 한다)의 경우 수입이 예산을 초과하거나 초과할 것이 예상되는 때에는 그 초과수입을 대통령령으로 정하는 바에 따라 그 초과수입에 직접 관련되는 경비 및 이에 수반되는 경비에 초과지출할 수 있다.
  ② 국가가 현물로 출자하는 경우와 외국차관을 도입하여 전대(轉貸)하는 경우에는 이를 세입세출예산 외로 처리할 수 있다.
  ③ 차관물자대(借款物資貸)의 경우 전년도 인출예정분의 부득이한 이월 또는 환율 및 금리의 변동으로 인하여 세입이 그 세입예산을 초과하게 되는 때에는 그 세출예산을 초과하여 지출할 수 있다.

## (2) 현대적 예산원칙 – 행정국가적 예산원칙

① 현대적 예산원칙은 '자원관리의 효율성과 계획성을 강조하는 예산제도에 적합한 예산원칙으로서 행정부 예산원칙, 관리 중심적 예산원칙'이라고도 한다. 이는 스미스(Smith)가 제창한 것으로, 예산운영상의 신축성을 부여하기 위한 관리지향의 원칙이다.

② 대두 배경
- 행정 기능이 확대·강화되고 전문성이 증대되었다.
- 정부기업과 같은 공기업의 존재로 예산 통일성의 원칙의 타당 범위가 감소하였다.
- 경제상황의 변동에 따라 수입과 지출의 조절 필요성이 제기되었다.

③ 현대적 예산원칙 내용

| | |
|---|---|
| 행정부 계획의 원칙 | 예산의 편성·기획은 행정수반의 직접적 감독 아래서 전체 사업계획과 밀접한 관련성을 가지며 이루어져야 한다는 원칙(사업계획과 예산편성 연계) |
| 행정부 책임의 원칙 | 행정수반의 지휘·감독하에 계획된 예산을 능률적으로 집행해야 할 책임을 진다는 원칙 |
| 보고의 원칙 | 예산의 편성·심의·집행 등은 정부의 각 행정기관으로부터 올라오는 보고에 기초하여 이루어져야 함<br>업무의 집행상황에 관한 최신정보가 제공되어야 한다는 원칙 |
| 다원적 절차의 원칙 | 모든 정부기관은 다양한 예산절차와 형식을 활용함으로써 효율적으로 예산을 운용해야 한다는 원칙(특별회계·기금 등 운영) |
| 적절한 수단 구비의 원칙 | 행정수반의 직접 감독하에 유능한 공무원이 배치되어 있는 예산기관이나 월별·분기별로 예산을 배정할 권한, 준비금 제도 등 적절한 행정 수단이 필요하다는 원칙 |
| 시기 신축성의 원칙 | 다루어야 할 사회·경제 상태의 변화에 신속히 대응할 수 있도록 사업계획을 실시하는 시기를 행정부가 필요에 따라 융통성 있게 조정할 수 있게 해야 한다는 원칙 |
| 행정부 재량의 원칙 | 입법부가 예산안을 심의·의결할 때 심의를 엄격히 하되 총괄적으로 하여 입법부의 정치적 방침에 위배되지 않는 한 행정부가 필요한 운용 수단을 결정할 수 있도록 재량권을 부여해야 한다는 원칙(재량범위 확대) |
| 예산기구 상호 교류의 원칙 | 예산기능은 중앙예산기관만의 기능이 아니라 행정기구 전체에 얽혀 있는 과정이므로 중앙예산기관과 각 부처 예산기관 간에는 상호교류로 능률적·적극적인 협력관계가 확립되어야 한다는 원칙 |

## (3) 「국가재정법」 제16조에 규정된 예산의 원칙

정부는 예산의 편성 및 집행에 있어서 다음의 원칙을 준수하여야 한다.

① 재정 건전성의 원칙: 정부는 재정 건전성의 확보를 위하여 최선을 다하여야 한다.

② 국민부담 최소화의 원칙: 정부는 국민부담의 최소화를 위하여 최선을 다하여야 한다.

③ 재정성과 제고의 원칙: 정부는 재정을 운용함에 있어 재정지출 및 조세지출예산서의 작성에 따른 조세지출의 성과를 제고하여야 한다.
④ 투명성과 국민참여의 원칙: 정부는 예산과정의 투명성과 예산과정에의 국민참여를 제고하기 위하여 노력하여야 한다.
⑤ 성인지(性認知) 예산의 원칙: 정부는 예산이 여성과 남성에게 미치는 효과를 평가하고, 그 결과를 정부의 예산편성에 반영하기 위하여 노력하여야 한다.
⑥ 온실가스 감축의 원칙

## 📃 시험문제 미리보기!

입법부 우위의 예산원칙으로 옳지 않은 것은?

① 예산공개의 원칙  　　　　　　　② 예산다원적 절차의 원칙
③ 예산완전성의 원칙  　　　　　　④ 예산통일성의 원칙

해설　예산다원적 절차의 원칙은 입법부 우위의 전통적 예산원칙이 아니라 행정부 우위의 현대적 예산원칙에 해당하며, 모든 정부기관은 다양한 예산절차와 형식을 활용함으로써 효율적으로 예산을 운용해야 한다는 원칙(특별회계·기금 등 운영)이다.

정답 ②



## 4. 예산과 법률의 차이

| 구분 | 예산 | 법률 |
| --- | --- | --- |
| 법적 근거 | 예산의결권: 헌법 제54조 | 법률의결권: 헌법 제53조 |
| 제출권 | • 예산안 편성 및 집행권은 정부만 보유<br>• 예산심의 시 국회는 정부 동의 없이 지출예산 각 항의 금액 증가나 신비목 설치 불가능 | • 법률안은 국회·정부 모두 제출 가능 |
| 제출기한 | 회계연도 개시 120일 전 | 제한 없음 |
| 대통령의 거부권 행사 | 불가 | 가능 |
| 의사표시의 대상 | 정부에 대한 재정권 부여의 국회의 의사표시 | 국민에 대한 국가의 의사표시 |
| 효력 | 일회계연도 ⇨ 한시적 효력 발생 | 법률은 대체로 영속적 효력 발생 |
| 효력 발생 시기 | 국회의 의결로 효력 발생 (정부는 공고만 할 뿐) | 국회의 의결 후 정부의 공포로 효력 발생 |
| 구속력 | • 정부와 국회 간 효력 발생<br>• 정부에 대한 구속 | • 국민과 국민 간 효력 발생<br>• 쌍방의 권리의무 구속 |
| 법규 변경·수정 | 예산으로 법률 개폐 불가 | 법률로써 예산 변경 불가 |

# 5. 재무행정의 조직

## (1) 중앙예산기관

'세출예산을 배분·총괄하는 기관으로서 국가의 예산정책을 입안하고 각 부처의 사업을 검토·평가하여 국가의 예산안을 편성하며, 예산이 성립된 다음에 예산을 배정하고 예산집행을 통제하는 중앙행정기관'이다. 즉, 중앙예산기관은 국가예산에 관한 기본정책의 입안, 예산편성, 집행통제와 같은 실질적 예산총괄업무를 담당한다.

## (2) 국고수지 총괄기관(수입지출 총괄기관)

'세입예산의 수입과 세출예산의 지출을 총괄하는 실무기관'을 말한다.

## (3) 중앙은행

'정부의 재정대행기관'으로서 정부의 모든 국고금의 출납업무를 대행한다.

## 02 예산 및 회계 관계 법률

출제빈도 ★

# 1. 국가재정법

## (1) 목적

이 법은 국가의 예산·기금·결산·성과관리 및 국가채무 등 재정에 관한 사항을 정함으로써 효율적이고 성과지향적이며 투명한 재정운용과 건전재정의 기틀을 확립하고 재정운용의 공공성을 증진하는 것을 목적으로 한다.

## (2) 주요 내용

| 구분 | | | 내용 |
|---|---|---|---|
| 재정 운용의 효율성 제고 | 선진 재정 운용 방식 도입 | 중·장기 재정운용계획 | • 국가재정운용계획의 수립 및 국회 제출 의무화<br>– 매년 당해 회계연도부터 5회계연도 이상의 기간에 대한 국가재정운용계획을 수립, 예산안과 함께 국회 제출 의무화<br>– 재정운용의 기본방향과 목표, 중장기 재정 전망 및 근거, 분야별 재원배분계획 및 투자방향, 조세부담률·국민부담률 전망 등 포함 |
| | | 예산 총액배분 자율편성 (Top-down) 제도 | • 각 부처는 당해 회계연도부터 5회계연도 이상의 기간에 대한 중기사업계획서를 1월 말까지 기획예산처장관에게 제출<br>• 기획예산처장관은 각 부처에 3월 31일까지 예산안편성지침 및 기금운용계획안 작성지침에 부처별 지출 한도를 포함하여 통보 가능 |
| | | 예산순기와 결산순기 조정 | • 부처별 지출 한도 설정을 위한 국가재정운용계획 수립<br>• 부처 자율편성 일정 등을 감안하여 예산순기 조정 |

| | | | |
|---|---|---|---|
| 재정<br>운용의<br>효율성<br>제고 | 선진<br>재정<br>운용<br>방식<br>도입 | 예산순기와 결산순기 조정 | • 예·결산 분리 심의를 위해 결산을 조기에 국회 제출 |
| | | 예<br>산<br>순<br>기 | 사업계획서 제출<br>(각 부처 ⇨ 기획예산처) | • 1월 말 |
| | | | 예산안 편성지침 통보<br>(기획예산처 ⇨ 각 부처) | • 3월 31일 |
| | | | 예산요구서 제출<br>(각 부처 ⇨ 기획예산처) | • 5월 31일 |
| | | | 예산안 국회 제출 | • 회계연도 120일 전까지 |
| | | 결<br>산<br>순<br>기 | 결산보고서 제출<br>(각 부처 ⇨ 재정경제부) | • 다음 연도 2월 말 |
| | | | 정부결산 제출<br>(재정경제부 ⇨ 감사원) | • 다음 연도 4월 10일 |
| | | | 결산검사 보고서 송부<br>(감사원 ⇨ 재정경제부) | • 다음 연도 5월 20일 |
| | | | 정부결산 국회 제출 | • 다음 연도 5월 31일 |
| | | 회계·기금 간 여유 재원의<br>신축적 운용 | • 회계와 기금 간, 회계 상호 간 및 기금 상호 간 여유 재원의 전입·전출 가능<br>• 단, 연금성 및 보험성 기금(국민연금, 고용보험, 산재보험, 임금채권보장기금) 등은 전입·전출 대상에서 제외 |
| | | 재정사업에 대한<br>성과관리<br>(성과계획서와 성과보고서) | • 성과계획서(재정사업 추진 시 기대 성과와 측정방법 기록) 제출<br> – 각 부처 ⇨ 기획예산처<br> – 정부 ⇨ 국회<br>• 성과보고서(재정사업 집행 시 당초 기대한 성과의 달성 여부 기록) 제출<br> – 각 부처 ⇨ 기획예산처<br> – 정부 ⇨ 국회 |
| | 성과<br>중심<br>재정<br>운용 | 예산낭비에 대한<br>대응시스템 구축 | • 언론·시민단체 등에서 제기하는 연례적·반복적 예산낭비 사례에 대한 각 부처의 시정 조치를 제도화<br>• 기획예산처장관이 각 부처 장관에게 예산낭비실태점검 및 예산낭비 방지를 위한 조치 시행 요구 가능 |
| | | 예비타당성 조사,<br>타당성재검증 제도 근거 마련 | • 법률(「국가재정법」)에 대상 사업 및 선정방식 등 규정 |
| | | 프로그램예산제도 근거 | • 예산서를 프로그램분류체계에 따라 작성<br> – 국민들이 나라 살림을 쉽게 이해하고 재정사업의 성과평가가 용이하도록 예산체계를 변경 |

| 재정<br>운용의<br>효율성<br>제고 | 성과<br>중심<br>재정<br>운용 | 프로그램예산제도 근거 | - 재정사업을 정책목표 중심으로 통·폐합하고 성과관리가 용이한 프로그램 예산체계로 개편 |
|---|---|---|---|
| | | 재정정보의 공개범위와 방법 | • 중앙정부와 지방정부의 재정정보 공개<br>• 인쇄물, 인터넷 등으로 공표 |
| 재정의<br>투명성<br>제고 | | 불법 재정지출에 대한<br>국민감시제 | • 일반 국민이 불법 재정지출에 대한 관계 부처 장관에 시정요구 가능<br>- 시정요구권의 남용 방지를 위해 증거 제출을 최소한의 필요 요건으로 명시<br>- 해당 부처 장관은 시정요구자에게 처리결과를 의무적으로 통지(해당 부처 장관은 처리 결과에 따라 예산이 절감된 경우 시정요구자에게 성과금 지급 가능) |
| 재정의<br>건전성<br>유지 | | 추가경정예산편성<br>요건 규정 | • 불가피한 세 가지 경우만 가능<br>- 전쟁이나 대규모 재해 발생<br>- 경기침체, 대량실업, 남북관계 변화, 경제협력의 필요 등 대내·외 여건의 중대한 변화 발생<br>- 법령에 의해 국가가 지급해야 하는 지출의 발생 또는 증가 |
| | | 세계잉여금 사용 순서 | • 국가채무 상환에 우선 사용 후 잔액을 추경예산 재원으로 사용 |
| | | 세계잉여금 사용 시기 | • 결산에 대한 대통령의 승인을 얻은 때부터 사용 가능 |
| | | 국가채무관리계획의 수립 및<br>국회 제출 | • 기획예산처장관은 매년 국가채무관리계획(국채·차입금 상환실적 및 상환계획, 증감전망 등을 포함)을 수립하여 의무적으로 국회에 제출 |
| | | 조세감면관리제도,<br>조세지출예산제도 | • 국세감면 한도제 도입<br>• 작성은 재정경제부장관, 국회 제출은 예산서류에 첨부 |
| | | 예비비 총액한도 제한 | • 일반회계 예산총액의 100분의 1 이내의 금액을 예비비로 세입세출예산에 계상할 수 있음<br>• 다만, 예산총칙 등에 따라 미리 사용목적을 지정해 놓은 예비비는 별도로 세입세출예산에 계상할 수 있음 |
| 기타<br>제도<br>개선 | | 독립기관의 예산 | • 정부는 독립기관의 예산편성 시 독립기관의 장의 의견을 최대한 존중(독립기관의 예산편성권은 행정부가 가짐) |
| | | 성인지(性認知)<br>예·결산 제도 및 기금 제도 | • 성인지 관점에서의 재정운용 원칙 명시<br>• 정부는 예산 및 기금이 성별에 미치는 영향을 분석하여 국회 제출 의무화 |

## 2. 정부기업예산법

### (1) 목적

정부기업별로 특별회계를 설치하고, 그 예산 등의 운용에 관한 사항을 규정함으로써
정부기업(우편사업, 우체국예금사업, 양곡관리사업 및 조달사업)의 경영을 합리화하고 운
영의 투명성을 제고함을 목적으로 한다.

### (2) 특징

① 특별회계의 설치: 정부기업을 운영하기 위하여 특별회계를 설치하고 그 세입으로
써 그 세출에 충당한다.
② 국회의 예산심의를 거쳐야 하는 특별회계이다.


## 3. 국가회계법

### (1) 의의

국가회계의 투명성과 신뢰성을 높이고, 재정에 관한 유용하고 적정한 정보를 생산·
제공하도록 하며, 국가회계의 처리기준과 재무보고서의 작성 등에 관한 사항을 정하
기 위해서「국가회계법」을 제정하였다.

### (2) 주요 내용

① 적용 범위(제3조)
「국가재정법」 제4조에 따른 **일반회계 및 특별회계**, 제5조 제1항에 따라 설치된 **기
금에 대하여 적용한다.**
② 국가회계에 관한 사무의 관장 등(제6조)
재정경제부장관은 국가회계에 관한 사무를 총괄하고, 중앙관서의 장과 기금관리
주체는 그 소관의 회계에 관한 사무를 관리한다.
③ 다른 법률과의 관계(제10조)
「국가회계법」은 일반회계·특별회계 및 기금의 회계 및 결산에 관하여 다른 법률
에 우선하여 적용한다.
④ 국가회계기준(제11조)
• 국가의 재정활동에서 발생하는 경제적 거래 등을 발생사실에 따라 **복식부기 방
식으로 회계처리**하는 데에 필요한 기준(국가회계기준)은 기획재정부령으로 정
한다.
• 국가회계기준은 회계업무 처리의 적정을 기하고 재정상태 및 재정운영의 내용
을 명백히 하기 위하여 객관성과 통일성이 확보될 수 있도록 하여야 한다.

**회계 관련 국가기관**
• 재정경제부: 국가회계 주무기관
• 감사원: 회계검사기관

출제빈도: ★☆☆

**01** 예산의 기능 중 쉬크(Schick)가 강조한 것으로 통제기능, 관리기능, 계획기능으로 구분되는 것은?

① 정치적 기능

② 경제적 기능

③ 행정적 기능

④ 법적 기능

출제빈도: ★★☆  대표출제기업: 한국남동발전

**02** 다음 중 머스그레이브(R. A. Musgrave)가 주장한 재정의 3대 기능 중 '공공재의 외부효과 및 소비의 비경합성과 비배제성에 기인한 시장실패(Market failure)를 재정을 통해서 교정하여 사회적 최적 생산과 소비수준이 이루어 지도록 한다'라는 내용과 관련성이 가장 높은 재정의 기능은?

① 소득재분배 기능

② 경제안정화 기능

③ 자원배분 기능

④ 행정적 기능

출제빈도: ★★☆  대표출제기업: 대구도시공사

**03** 입법부 우위의 예산의 원칙으로 옳지 않은 것은?

① 예산공개의 원칙

② 예산사전의결의 원칙

③ 예산한정성의 원칙

④ 행정부 예산책임의 원칙

출제빈도: ★★☆

**04** 입법부 우위의 예산원칙으로 옳지 않은 것은?

① 예산공개의 원칙

② 보고의 원칙

③ 예산완전성의 원칙

④ 예산통일성의 원칙

출제빈도: ★☆☆

**05** 스미스(Smith)가 주장한 현대적 예산원칙에 해당하지 않는 것은?

① 행정부 재량의 원칙

② 보고의 원칙

③ 적절한 수단구비의 원칙

④ 명료성의 원칙

출제빈도: ★★☆  대표출제기업: 한국보훈복지의료공단

## 06 다음의 예산원칙 중 예산은 주어진 목표 규모 시간에 따라서 집행되어야 한다는 전통적 예산원칙은?

① 단일성의 원칙  ② 한정성의 원칙

③ 공개성의 원칙  ④ 분리성의 원칙

---

### 정답 및 해설

**01** ③

쉬크는 예산의 행정적 기능을 통제기능, 관리기능, 계획기능으로 구분하였다.

**02** ③

문제에 제시된 내용은 예산의 경제적 기능의 3대 기능 중 자원배분 기능에 해당한다.

㉠ 경제안정 기능: 예산은 재정 정책의 도구로서 경제안정화(Stabilizer)에 기여하는 전략적 기능을 수행한다.

㉡ 자원배분 기능: 예산은 희소한 자원을 효율적으로 배분하는 기능을 하며 비효율적인 자원배분에 의하여 발생한 시장실패를 치유하는 역할을 수행한다.

㉢ 소득재분배 기능: 예산은 세입에 있어서는 누진소득세, 세출에 있어서는 사회보장적 지출 등을 통하여 소득재분배 기능을 수행한다.

**03** ④

입법부 우위의 예산원칙은 전통적 예산원칙을 말하며 행정부 예산책임의 원칙은 전통적 예산원칙이 아니라 행정부 우위의 현대적 예산원칙에 해당한다.

| 전통적 예산원칙 | 현대적 예산원칙 |
|---|---|
| • 공개성 원칙 | • 행정부 계획의 원칙 |
| • 명료성 원칙 | • 행정부 책임의 원칙 |
| • 엄밀성(정확성) 원칙 | • 행정부 재량의 원칙 |
| • 완전성 원칙(예산총계주의) | • 보고의 원칙 |
| • 통일성 원칙 | • 적절한 수단구비의 원칙 |
| • 사전의결 원칙 | • 다원적 절차의 원칙 |
| • 한정성 원칙 | • 시기 신축성의 원칙 |
| • 단일성 원칙 | • 예산기구 상호성의 원칙 |

**04** ②

현대적 예산원칙 중 하나인 보고의 원칙은 예산의 편성·심의·집행 등은 정부의 각 행정기관으로부터 올라오는 보고에 기초하여 이루어져야 한다는 것으로 입법부 우위의 예산원칙으로 옳지 않다.

**05** ④

명료성의 원칙은 노이마르크(Neumark)가 주장한 전통적 예산원칙으로, 예산은 모든 국민이 이해할 수 있도록 편성되어야 한다는 것이다.

오답노트

① 행정부 재량의 원칙은 입법부의 심의는 엄격해야 하나 의결은 총괄예산 정도의 대체적인 한정에 그치도록하여 입법부의 정치적 방침에 위배되지 않는 한 구체적인 사항은 행정부의 재량에 맡겨야 한다는 것이다.

② 보고의 원칙은 예산의 편성 및 심의, 집행은 정부의 각 행정기관으로부터 올라온 재정보고 및 업무보고에 근거를 두어야 한다는 것이다.

③ 적절한 수단구비의 원칙은 행정수반의 직접 감독하에 유능한 공무원이 배치되어 있는 예산기관이나 월별·분기별로 예산을 배정할 권한, 준비금 제도 등 적절한 행정수단이 필요하다는 것이다.

**06** ②

한정성의 원칙은 예산은 주어진 목표(목적 외 사용금지의 원칙), 주어진 규모(초과사용금지의 원칙), 주어진 기간(시간적 한정성)에 따라서 집행되어야 한다는 전통적 예산원칙이다.

오답노트

① 단일성의 원칙은 예산은 가능한 단일의 회계 내에서 정리되어야 한다는 것이다.

③ 공개성의 원칙은 예산의 편성·심의·집행 등에 관한 정보를 공개해야 한다는 것이다.

④ 분리성의 원칙은 전통적 예산원칙에 해당하지 않는다.

**07** 노이마르크(Neumark)가 제시한 예산의 원칙으로 옳지 않은 것은?

① 보고의 원칙　　　　　　　　　　　② 공개성의 원칙

③ 사전의결의 원칙　　　　　　　　　④ 통일성의 원칙



**08** 우리나라 「국가재정법」 제16조에 규정된 예산운용의 기본원칙이 아닌 것은?

① 재정건전성을 확보해야 한다.
② 국민 부담을 최소화해야 한다.
③ 예산 과정의 투명성과 예산 과정의 국민참여 제고에 노력해야 한다.
④ 여성과 남성에게 미치는 효과는 평가하지 않는다.



**09** 2024년 현재 「국가재정법」상의 예산에 대한 설명으로 옳지 않은 것은?

① 예산은 예산총칙·세입세출예산·계속비·명시이월비 및 국고채무부담행위를 총칭한다.
② 한 회계연도의 모든 수입을 세입으로 하고 모든 지출을 세출로 한다.
③ 행정부는 대통령의 승인을 얻은 예산안을 회계연도 개시 90일 전까지 국회에 제출하여야 한다.
④ 국가재정운용계획에는 조세부담률 및 국민부담률 전망이 포함되어야 한다.



**10** 우편사업, 우체국예금, 조달사업, 양곡관리 등과 관련된 특별회계를 설치하고 그 예산 등의 운용에 관한 사항을 규정하고 있는 법은?

① 「국가회계법」　　　　　　　　　　② 「국가재정법」

③ 「국고금관리법」　　　　　　　　　④ 「정부기업예산법」

출제빈도: ★★☆  대표출제기업: 한국중부발전

## 11 우리나라에서의 예산과 법률의 차이에 대한 설명으로 옳은 것은?

① 예산으로는 법률의 개폐가 불가능하지만, 법률로는 예산을 변경할 수 있다.

② 법률과 예산안은 정부만이 제출할 수 있다.

③ 대통령은 국회가 의결한 법률안에 대해 거부권이 있고, 국회의결 예산에 대해서는 재의요구권이 있다.

④ 일반적으로 법률은 국가기관과 국민에 대해 구속력을 갖지만, 예산은 국가기관에 대해서만 구속력을 갖는다.

---

**정답 및 해설**

**07** ①

노이마르크가 제시한 예산의 원칙은 전통적 예산원칙(고전적 예산원칙)을 하며, 보고의 원칙은 현대적 예산원칙이다.

오답노트
② 공개성의 원칙은 전통적 예산원칙으로 모든 예산은 공개되어야 한다는 것이다.
③ 사전의결의 원칙은 전통적 예산원칙으로 예산은 국회의 사전의결이 필요하다는 것이다.
④ 통일성의 원칙은 전통적 예산원칙으로, 특정수입과 특정지출이 연계되어서는 안 되며 국가의 모든 수입은 일단 국고에 편입되고 여기서부터 모든 지출이 이루어져야 한다는 것이다.

**08** ④

정부는 예산이 여성과 남성에게 미치는 효과를 평가하고 그 결과를 예산편성에 반영하기 위하여 노력하여야 한다는 성인지 예산 원칙을 「국가재정법」 제16조에서 규정하고 있으며, 「국가재정법」 제16조에서는 성인지 예산의 원칙뿐만 아니라 재정 건전성의 원칙, 국민부담 최소화의 원칙, 재정성과 제고의 원칙, 투명성과 국민참여의 원칙도 규정하고 있다.

**09** ③

행정부는 대통령의 승인을 얻은 예산안을 회계연도 개시 120일 전까지 국회에 제출하여야 한다.

오답노트
① 「국가재정법」상 예산의 종류이다.
② 「국가재정법」 제17조의 내용이다.
④ 「국가재정법」 제7조의 내용이다.

**10** ④

우편사업, 우체국예금, 조달사업, 양곡관리 등과 관련된 특별회계를 설치하고 그 예산 등의 운용에 관한 사항을 규정하고 있는 법은 「정부기업예산법」이다.

**11** ④

일반적으로 법률은 국가기관과 국민에 대해 구속력을 갖지만, 예산은 국가기관에 대해서만 구속력을 갖는다. 예산과 법률의 차이는 다음과 같다.

| 구분 | 예산 | 법률 |
|---|---|---|
| 법적 근거 | 예산의결권: 헌법 제54조 | 법률의결권: 헌법 제53조 |
| 제출권 | • 예산안 편성 및 집행권은 정부만 보유<br>• 예산심의 시 국회는 정부 동의 없이 지출예산 각 항의 금액 증가나 신비목 설치 불가능 | • 법률안은 국회·정부 모두 제출 가능 |
| 제출기한 | 회계연도 개시 120일 전 | 제한 없음 |
| 대통령의 거부권 행사 | 불가 | 가능 |
| 의사표시의 대상 | 정부에 대한 재정권 부여의 국회의 의사표시 | 국민에 대한 국가의 의사표시 |
| 효력 | 일회계연도 → 한시적 효력 발생 | 법률은 대체로 영속적 효력 발생 |
| 효력 발생 시기 | 국회의 의결로 효력 발생 (정부는 공고만 할 뿐) | 국회의 의결 후 정부의 공포로 효력 발생 |
| 구속력 | • 정부와 국회 간 효력<br>• 정부에 대한 구속 | • 국민과 국민 간 효력<br>• 국민과 정부에 대한 구속 |
| 법규 변경·수정 | 예산으로 법률 개폐 불가 | 법률로 예산 변경 불가 |

---

✓ **핵심 포인트**

| 예산의 분류 | 각 분류의 개념 |
|---|---|
| 예산의 종류 | 예산종류별 의의 및 특징 |

---

## 01 예산의 분류

출제빈도 ★

### 1. 예산 분류의 의의

#### (1) 개념

예산 분류란 예산결정 과정에 유용한 정보를 제공하기 위해 세입과 세출의 내용을 일정한 기준에 따라 체계적으로 배열하는 것을 말한다.

#### (2) 분류의 초점

| 구분 | 초점 |
|---|---|
| 기능별 분류 | 무슨 일을 하는 데 얼마를 쓰는가? |
| 조직별 분류 | 누가 얼마를 쓰는가? |
| 품목별 분류 | 무엇을 구입하는 데 얼마를 쓰는가? |
| 경제성질별 분류 | 국민경제에 미치는 영향은 무엇인가? |

### 2. 기능별 분류

#### (1) 의의

① 기능별 분류는 '정부의 주요 기능별로 예산을 분류하는 방법'이다.

② 기능별 분류는 정부활동에 대한 일반적이며 총체적인 내용을 보여 주어 일반납세자가 정부의 예산내용을 쉽게 이해할 수 있기 때문에 '**시민을 위한 분류**'라고도 부른다.

(2) 특징

① 기능별 분류는 어느 한 부처의 예산만을 포함할 수 없다.

② 예산배정이나 채무부담행위 등과는 무관하고, 세출만을 표시한다.

(3) 장단점

① 장점
  • 행정수반의 예산결정과 입법부의 예산심의를 지원
  • 국민이 정부의 예산내용을 쉽게 이해 가능
② 단점: 회계책임 확보가 곤란

## 3. 조직별 분류

(1) 의의

① 조직별 분류는 '예산 내용의 편성과 집행 책임을 담당하는 조직단위별로 예산을 분류한 것'을 말한다.

② 정부에서는 이를 소관별 분류라고 한다. 조직별 분류에서의 조직단위는 중앙행정기관의 부·처·청, 국무총리실, 감사원, 기타 행정기관과 입법부, 대법원 등이다.

(2) 장단점

① 장점: 예산의 유통구조 파악이 용이
② 단점: 경비 지출의 목적을 밝힐 수 없음

## 4. 품목별 분류(지출대상별 분류)

(1) 의의

① 품목별 분류는 세출예산의 분류 방법으로 가장 널리 사용되고 있는 방법이며, '정부가 구입하고자 하는 물품 혹은 용역의 항목별(지출대상별)로 예산을 분류하는 방법'이다.

② 행정부에 대한 입법부의 지위를 강화시키는 역할을 하고, 세출에 대한 통제를 강화하는 데 기여할 수 있다.

(2) 장단점

① 장점
  • 예산집행자의 회계책임을 명확히 함
  • 인건비가 있기 때문에 인사행정에 유용한 정보를 제공함
② 단점: 정부 지출의 전모와 지출 목적 및 사업의 우선순위 파악이 곤란

## 5. 경제성질별 분류

(1) 의의

경제성질별 분류란 예산이 '국민경제에 미치는 영향을 분석·평가하고 정부의 정책결정에 필요한 자료를 제공하기 위해 예산 항목의 경제적 성질을 기준으로 분류하는

방법'이다. 가장 전형적인 분류 방식은 예산을 경상계정과 자본계정으로 분류하는
것이다.

### (2) 장단점

① 장점: 정부 예산이 거시적인 국민경제(실업, 물가, 국제수지 등)에 미치는 영향 파악
가능
② 단점
- 소득배분에 대한 정부활동의 영향을 밝혀주지 못함
- 재정정책을 수립하는 고위직에만 유용
- 자체만으로는 완전하지 않으므로 항상 **다른 예산분류방법과 병용되어야 함**

## 6. 우리나라의 예산 분류

### (1) 실제상의 분류

소관·장·관·항·세항·목으로 구분된다.

① 세입: 소관·관·항·목으로 구분된다.
② 세출: 소관·장·관·항·세항·목으로 구분된다.

### (2) 프로그램별 분류

① 의의
- 프로그램예산제도는 '프로그램(사업)을 중심으로 예산을 편성하는 제도'이다.
여기서 **프로그램이란 동일한 정책을 수행하는 단위사업(Activity/Project)의 묶음**
**을 의미한다.**
- 프로그램예산(Program budget)은 기존의 품목별(항목별) 분류체계를 탈피하여
성과를 지향하는 프로그램 중심으로 예산을 분류·운영하는 것이라고 할 수 있다.
- 프로그램예산제도는 중앙정부는 2007년, 지방정부는 2008년부터 공식적으로
도입되었다. **지방정부에서는 프로그램예산제도를 사업예산제도라고 부른다.** 이에
따라 장·관·항으로 구분하는 지방자치단체의 세출예산을 그 내용의 기능별·
사업별 또는 성질별로 주요 항목(분야·부문·정책사업)과 세부 항목(단위사
업·세부사업·목)으로 구분하고 있다.
② 프로그램예산제도에서의 예산과목 체계
- 프로그램 중심으로 예산구조를 설계할 경우 예산과목 체계는 대폭 단순화된다.
- 종전 예산과목 체계는 '장 – 관 – 항 – 세항 – 세세항 – 목 – 세목'의 다단계의
복잡한 체계로 되어 있으나, 프로그램예산구조는 '분야 – 부문 – 프로그램 – 단
위사업 – 목 – 세목'의 단순한 체계로 구성된다.
- 기능별 분류인 '분야 – 부문', 프로그램 구조인 '프로그램 – 단위사업', 품목별
분류인 '편성비목 – 통계비목'이 예산과목 체계에 반영된다.
- 자율성과 책임성의 중심점으로서의 조직 단위를 연계하고, 별도로 운용되는 회
계 및 기금을 통합적으로 보여 주는 프로그램 예산구조의 양식이 만들어진다.

<프로그램예산제도에서의 예산과목 체계형>

| 장 | 관 | 항 | 세항 | 세세항 | 목 | 세목 |
|---|---|---|---|---|---|---|
| 분야 | 부문 | 프로그램 | 단위사업 | (세부사항) | 편성비목 | 통계비목 |
| 기능별 분류 | | 사업별 분류 | | | 품목별 분류 | |

## 02 예산의 종류

출제빈도 ★★★

### 1. 세입·세출의 성질에 따른 종류

#### (1) 일반회계예산(일반적 의미의 예산)

① 정부재정의 근간이 되는 일반회계는 '일반적 세입'으로 '일반적 지출'을 담당하는 회계이다. (예산통일의 원칙에 입각)

② 일반회계는 중앙정부의 내국세·관세 등 조세수입(90% 이상)과 차관수입·재화나 용역의 판매수입과 같은 세외수입 등을 통해 조성되고, 정부의 일반행정경비·방위비·사회개발비·지방재정교부금 등에 지출된다.

#### (2) 특별회계예산

① 의의

- 특별회계예산은 정부예산이 하나로 통일되어 계리되는 일반회계와는 달리 특정한 목적을 위한 세입과 세출을 별도로 계리하는 예산제도이다.
- 「국가재정법」상 특별회계예산을 설치하는 경우(예산통일 원칙의 예외)를 정하여 엄격하게 제한하고 있다.
  - 국가에서 특정한 사업을 운영하고자 할 때
  - 특별한 자금을 보유하여 운용하고자 할 때
  - 특정한 세입으로 특정한 세출에 충당함으로써 일반회계와 구분하여 회계처리할 필요가 있을 때

② 특징

- 예산단일 원칙과 예산통일 원칙의 예외이다.
- 특별회계는 법률에 의하여 만들어지고 운영된다.
- 특별회계는 일반회계와 함께 국가예산을 구성하여 국회의 심의를 받는다.

③ 장단점

- 장점
  - 행정기관의 재량범위를 넓혀줌으로써 능률의 증진과 경영의 합리화 추구 가능
  - 행정 기능의 전문화와 다양화에 기여
- 단점
  - 입법부의 예산통제 또는 국민의 행정통제 곤란
  - 예산팽창을 유발

**행정학 전문가의 TIP**

「국가재정법」상 회계구분과 기금

· 제4조【회계구분】
① 국가의 회계는 일반회계와 특별회계로 구분한다.
② 일반회계는 조세수입 등을 주요 세입으로 하여 국가의 일반적인 세출에 충당하기 위하여 설치한다.
③ 특별회계는 국가에서 특정한 사업을 운영하고자 할 때, 특정한 자금을 보유하여 운용하고자 할 때, 특정한 세입으로 특정한 세출에 충당함으로써 일반회계와 구분하여 회계처리할 필요가 있을 때에 법률로써 설치한다.

· 제5조【기금의 설치】
① 기금은 국가가 특정한 목적을 위하여 특정한 자금을 신축적으로 운용할 필요가 있을 때에 한하여 법률로써 설치한다.
② 제1항의 규정에 따른 기금은 세입세출예산에 의하지 아니하고 운용할 수 있다.

**(3) 일반회계와 특별회계의 관계**

일반회계와 특별회계는 상호 간에 명확하게 단절되어 있다기보다는 전출입 등을 통해 상호
교류한다.

## 2. 기금

① 기금은 국가가 특정한 목적을 위해 특정한 자금을 운용할 필요가 있을 때 **법률로 설치
되는 예산 외의 특별재원**으로, 일반회계·특별회계와 함께 '제3의 예산'이라고도 한다.
② 기금은 일반회계예산, 특별회계예산과 함께 통합예산의 구성요소가 된다.

## 3. 성립시기에 따른 종류

**(1) 본예산**

① 본예산은 당초에 국회의 의결을 거쳐 확정·성립된 예산으로, 기획재정부는 매년
다음 해의 세입과 세출을 예산으로 편성하여 다음 회계연도가 시작되기 120일 전
에 국회에 제출한다.
② 제출된 본예산은 회계연도 개시 30일 전까지 국회에서 심의·의결되어야 한다.

**(2) 수정예산 – 예산안 변경**

수정예산은 '예산안이 국회에 제출된 후 의결·성립되기 이전에 부득이한 사유로 그 내용의
일부를 수정하고자 하는 경우에 작성되는 예산'을 말한다.

**(3) 추가경정예산 – 예산 변경**

① 의의
• 추가경정예산은 '예산이 성립하고 회계연도가 개시된 후에 발생한 사유로 이미
성립된 예산에 변경을 가할 필요가 있을 때 편성되는 예산'을 말한다. 즉, 예산
안의 수정이 아니라 예산의 수정에 해당된다.
• 예산이 확정된 이후에 생긴 사유로 인하여 추가·변경된 예산을 의미한다.
② 추가경정예산안의 편성(「국가재정법」 제89조) – 재정의 건전성 확보 차원
• 정부는 다음의 어느 하나에 해당하게 되어 이미 확정된 예산에 변경을 가할 필
요가 있는 경우에는 추가경정예산안을 편성할 수 있다.
– 전쟁이나 대규모 재해가 발생한 경우
– 경기침체, 대량실업, 남북관계의 변화, 경제협력과 같은 대내·외 여건에 중
대한 변화가 발생하였거나 발생할 우려가 있는 경우
– 법령에 따라 국가가 지급하여야 하는 지출이 발생하거나 증가하는 경우
• 정부는 국회에서 추가경정예산안이 확정되기 전에 이를 미리 배정하거나 집행
할 수 없다.
③ 특징
• 추가경정예산에 대한 **편성 횟수의 제한은 없으나**, 우리나라의 경우 중앙정부는
거의 매년 1~2회 편성하고 있다. 지방정부는 보조금 등이 추가로 지급되는 경
우에 추가경정예산을 편성하기 때문에 연 3~4회까지도 편성하고 있다.
• 추가경정예산은 본예산과는 별도로 성립되지만 성립 후에는 본예산에 흡수되어 **통합
운용**된다.

**수정예산과 추가경정예산**
• 수정예산: 국회 의결 전 예산안을
변경
• 추가경정예산: 국회 의결 후 성립된
예산을 변경

**대규모 재해**
「재난 및 안전관리 기본법」 제3조에
서 정의한 자연재난과 사회재난의 발
생에 따른 피해

• 단일성의 원칙에 대한 예외이며, 마지막 추가경정예산을 최종예산이라고 한다.



## 📋 시험문제 미리보기!

예산을 성립 시기에 따라 분류한 것으로 옳은 것은?

① 일반회계, 특별회계
② 본예산, 수정예산, 추가경정예산
③ 정부출자기관예산, 정부투자기관예산
④ 잠정예산, 가예산, 준예산

해설     예산을 성립 시기에 따라 분류하면 본예산, 수정예산, 추가경정예산으로 분류된다.

오답노트
① 세입세출의 성질에 따른 분류이다.
③ 현재 사용하지 않는 명칭이다.
④ 예산 불성립 시 예산제도이다.

정답 ②

## 4. 예산 불성립 시의 예산

### (1) 준예산

① 의의
- 새로운 **회계연도가 개시될 때까지 예산이 성립되지 못한 경우**, 예산이 확정될 때까지 특정 경비에 한해 전년도 예산에 준하여 지출할 수 있도록 만든 제도이다. (사전의결 원칙의 예외)
- **2공화국 이후 현재까지 우리나라에서 채택하고 있다.**

② 지출 용도
준예산은 예산의 원칙 중 사전의결 원칙의 예외이므로 적용되는 영역이 한정되어 있다.
- 헌법이나 법률에 의하여 설치된 기관 또는 시설의 유지비·운영비(공무원 보수, 사무처리에 관한 기본경비 등)
- 법률상 지출의 의무가 있는 경비
- 이미 예산으로 승인된 사업의 계속을 위한 경비 등(헌법 제54조 제3항)

③ 중앙정부는 준예산을 한 번도 활용한 적이 없으나 지방정부는 이를 편성·활용한 적이 있다.

### (2) 각 제도의 비교

| 구분 | 기간 제한 | 국회의결 | 지출가능 항목 | 채택 시기 |
| --- | --- | --- | --- | --- |
| 준예산 | 무제한 | 불필요 | 한정적 | 현재 |
| 잠정예산 | 무제한 | 필요 | 전반적 | – |
| 가예산 | 1개월 | 필요 | 전반적 | 1공화국 |
| 답습예산 | 수개월 | 필요 | 전반적 | – |

예산은 다음 회계연도 개시일 전까지 국회의 의결이 있어야 하나 불가피한 사유로 국회가 의결하지 못해 예산이 성립되지 않는 경우도 있다. 이때를 대비하여 현재 우리나라에서 도입하고 있는 예산제도는?

① 잠정예산　　　　　　　　　　　　② 가예산

③ 수정예산　　　　　　　　　　　　④ 준예산

해설　　예산이 기간 내 성립되지 못할 경우 우리나라에서 현재 사용하고 있는 제도는 준예산이다.

정답 ④

## 5. 통합예산

### (1) 의의

① **통합예산(통합재정)은 일반회계, 특별회계, 기금을 모두 포함하는 정부의 재정활동으로**, 이를 체계적으로 분류하여 표시함으로써 재정이 국민소득, 통화, 국제수지 등의 국민경제에 미치는 효과를 파악하고자 하는 예산제도이다. 우리나라에는 1979년 IMF의 권장에 따라 도입되었다.

② IMF가 정한 국제기준에 따라 회계, 기금 간, 각급정부 간 내부거래를 상계하여 순수한 재정활동규모와 재정수지를 분석하는 것이다.

### (2) 특징

① 통합예산은 국가재정을 총체적으로 파악하기 위해 일반회계, 특별회계, 기금을 모두 포함하여 예산의 범위를 넓게 본다.

② **회계 간 전출입 등 내부거래를 공제한 예산순계 개념으로 작성된다.**

③ 통합예산은 정부재정 지출규모를 파악하는 자료로도 유용하다.

| 총지출 규모 | 수입측면: 일반예산 + 특별회계 + 기금 – 내부거래 – 보전거래 |
|---|---|
| | 지출측면: 경상지출 + 자본지출 + 융자지출 |

※ 보전거래: 국채발행, 차입, 채무상환 등 수지차 보전으로서 정부의 재정활동 결과 발생하는 금융활동으로 보아 순수재정활동만을 대상으로 하는 통합재정규모 및 수집의 집계 시 제외됨

# 6. 조세지출예산

## (1) 의의

① 조세지출예산(Tax expenditure budget)은 조세감면의 구체적 내역을 예산구조를 통해 밝히는 것을 말한다.

② 조세지출예산은 1967년 서독에서 처음 도입되었고, 미국에는 1974년에 도입되었으며, 우리나라는 중앙정부·지방정부 모두 도입되었다.

## (2) 특징

① 조세지출은 법률에 따라 집행되기 때문에 경직성이 강하다.

② 조세감면 재정정책의 효과를 판단하기 위한 기초자료가 된다.

③ 과세의 수직적·수평적 형평을 파악할 수 있기 때문에 부정한 조세지출의 폐지, 재정부담의 형평성 제고, 세수 인상을 위한 정책 판단의 자료가 된다.

# 7. 남녀평등 예산 – 성인지 예산

## (1) 의의

① 남녀평등 예산(Gender Responsive Budget)은 '남녀평등을 구현하려는 정책 의지를 예산 과정에 명시적으로 도입한 차별철폐지향적 예산'이다.

② 전제

남녀평등 예산제도는 남녀평등 구현을 중요한 원칙으로 삼는 예산으로서 세입세출예산이 **남성과 여성에게 미치는 영향은 서로 다르다고 전제**한다. 그러한 차이는 남성과 여성의 경제적·사회적 차이 때문에 빚어지는 것이라고 본다.

③ 성 인지적(주류화) 관점

- 남녀평등 예산(GRB) 내지 성인지 예산(Gender budgeting)은 성 중립적(Gender neutral) 관점이 아니라 성 주류화(Gender mainstreaming) 내지 성 인지적(Gender perspective) 관점에서 출발한다.
- 성 중립적 관점은 남녀 간의 획일적인 평등을 강조하는 소극적·기회의 공평이고, 성 인지적 관점은 **남녀 간의 적극적인 공평을 구현하려는 결과의 공평**을 말한다.
- 성인지 기금제도도 도입되어 있다.

## (2) 도입

① 외국: 남녀평등 예산제도는 호주 정부가 1984년에 처음으로 채택하였으며, 그 후 영국·독일 등 40여 개 나라에서 도입하였다.

② 우리나라: 국가재정의 기본법에 성인지 예산제도를 명문화한 것은 우리나라가 최초이다.

출제빈도: ★☆☆

**01** 우리나라 예산분류의 일반적 기준으로 옳지 않은 것은?

① 기능별 분류
② 투입별 분류
③ 조직별 분류
④ 품목별 분류

출제빈도: ★☆☆

**02** 시민을 위한 분류라고 불리는 예산분류 방식은?

① 품목별 분류
② 조직별 분류
③ 경제성질별 분류
④ 기능별 분류

출제빈도: ★☆☆

**03** 인사행정을 위하여 가장 유용한 자료를 제공해주는 예산분류 방법은 무엇인가?

① 품목별 분류
② 사업계획별 분류
③ 기능별 분류
④ 경제성질별 분류

출제빈도: ★★☆  대표출제기업: 인천교통공사

**04** 수정예산에 대해 맞는 설명은?

① 본예산과 동시에 제출한다.
② 본예산이 의결되기 전에 제출한다.
③ 예산이 입법부를 통과하여 성립한 다음에 제출한다.
④ 예산 불성립 시에 제출한다.

출제빈도: ★★☆　대표출제기업: 시설관리공단

## 05 우리나라 특별회계에 대한 설명으로 옳지 않은 것은?

① 특별회계는 법률로써 설치한다.

② 예산의 팽창을 예방할 수 있다.

③ 「국가재정법」에 규정된 개별 법률에 의하지 아니하고는 설치할 수 없다.

④ 예산의 단일성 원칙과 통일성 원칙의 예외에 해당한다.

---

### 정답 및 해설

**01** ②

우리나라 예산분류의 일반적 기준은 기능별 분류, 조직별 분류, 경제성질별 분류, 품목별 분류, 프로그램별 분류이다. 투입별 분류는 우리나라 예산분류의 일반적 기준에 해당하지 않는다.

**02** ④

기능별 분류는 정부활동에 대한 일반적이며 총체적인 내용을 보여주어 일반납세자가 정부의 예산내용을 쉽게 이해할 수 있기 때문에 '시민을 위한 분류'라고도 부른다.

**03** ①

인건비라는 독립된 품목이 있기 때문에 인사행정에 유용한 분류는 품목별 분류이다.

**04** ②

수정예산은 정부가 예산안을 국회에 제출한 후 국회가 이를 의결하기 전에 예산안의 일부를 수정하여 국회에 제출하는 예산이다.

**05** ②

특별회계는 입법부의 예산통제 또는 국민의 행정통제를 곤란하게 하여 예산의 팽창을 유발할 수 있다.

오답노트

①, ③ 특별회계는 국가에서 특정한 사업을 운영하고자 할 때, 특정한 자금을 보유하여 운용하고자 할 때, 특정한 세입으로 특정한 세출에 충당함으로써 일반회계와 구분하여 회계 처리할 필요가 있을 때 법률로써 설치하되, 규정된 법률에 의하지 아니하고는 이를 설치할 수 없다. (「국가재정법」 제4조)

④ 특별회계는 예산의 단일성 원칙과 예산의 통일성 원칙의 예외이다.

PART 5 \ 재무행정

해커스공기업 쉽게 끝내는 행정학 기본서

출제빈도: ★★☆   대표출제기업: 서울주택도시공사

**06** 조세지출예산제도에 대한 설명으로 옳지 않은 것은?

① 비과세, 감면 등의 세제혜택을 통해 포기한 액수를 조세지출이라 한다.

② 지방재정에는 지방세지출제도가 도입되지 않았다.

③ 조세지출의 내용과 규모를 주기적으로 공표해 관리하는 제도이다.

④ 조세지출예산서를 작성해 국회에 제출한다.

출제빈도: ★★★   대표출제기업: 한국농어촌공사

**07** 다음 내용의 괄호 안에 해당하는 것은?

> 최근 미국은 의회의 연방예산처리 지연으로 예산편성 및 집행에 큰 어려움을 겪으면서 행정업무가 마비되는 사태를 겪은 바
> 있다. 우리나라는 새로운 회계연도가 개시될 때까지 예산안이 국회에서 의결되지 못할 경우에 대비하여 (          ) 제도를 시
> 행하고 있다.

① 준예산                                ② 가예산

③ 수정예산                              ④ 잠정예산

출제빈도: ★★★   대표출제기업: 부산시설공단

**08** 예산의 불성립 시 대처방안에 대한 설명으로 옳지 않은 것은?

① 잠정예산은 국회의 의결이 필요하다.

② 우리나라는 가예산이 한 번도 활용된 적이 없다.

③ 준예산은 국회의결 없이 전년도에 준하여 일정 경비를 집행하는 제도이다.

④ 가예산은 사용기간이 제한된다.

출제빈도: ★★☆

**09** 준예산에 의해 지출할 수 없는 것은?

① 헌법이나 법률에 의하여 설치된 기관 또는 시설의 유지·운영비

② 초과지출을 승인한 예비비

③ 이미 예산으로 승인된 사업의 계속비

④ 공무원의 봉급이나 사무처리에 관한 기본 경비

출제빈도: ★☆☆

## 10 기획재정부에서 국가재정 규모를 파악할 때 사용하는 '중앙정부총지출' 산출 방식으로 옳은 것은?

① 일반회계 + 특별회계 + 기금

② 일반회계 + 특별회계 + 기금 − 내부거래

③ 경상지출 + 자본지출 + 융자지출

④ 경상지출 + 자본지출 + 융자지출 − 융자회수

---

### 정답 및 해설

**06** ②

중앙정부와 지방정부 모두 조세지출예산제도를 도입하고 있으며, 국세의 경우 「조세특례제한법」에서, 지방세의 경우 「지방세특례제한법」에서 규정하고 있다.

오답노트

①, ③ 조세지출은 비과세, 감면 등의 세제혜택을 통해 포기한 액수를 말하며, 조세지출예산제도는 조세감면의 구체적 내역을 예산구조를 통해 밝히는 것을 말한다.

④ 「국가재정법」에는 조세지출예산서를 국회에 제출하는 예산안에 첨부하도록 규정되어 있다.

**07** ①

제시문은 우리나라의 준예산에 대한 설명이다.

| 구분 | 기간제한 | 국회의결 | 지출가능 항목 | 채택국가 |
| --- | --- | --- | --- | --- |
| 준예산 | 무제한 | 불필요 | 한정적 | 현재 한국 |
| 잠정예산 | 무제한 | 필요 | 전반적 | 영국 |
| 가예산 | 1개월 | 필요 | 전반적 | 1공화국 한국 |
| 답습예산 | 수개월 | 필요 | 전반적 | 미국 |

**08** ②

우리나라의 경우 준예산은 1960년도 채택 이후 중앙정부에서 한 번도 활용된 적이 없지만, 가예산은 여러 번 사용되었다. 가예산은 우리나라 제1공화국 때 채택했던 제도다.

**09** ②

초과지출을 승인한 예비비는 준예산에 의해 지출할 수 없다. 준예산은 예산의 원칙 중 사전의결 원칙의 예외이므로 적용되는 영역이 ㉠ 헌법이나 법률에 의하여 설치된 기관 또는 시설의 유지비·운영비(공무원 보수, 사무처리에 관한 기본경비 등), ㉡ 법률상 지출의 의무가 있는 경비, ㉢ 이미 예산으로 승인된 사업의 계속을 위한 경비 등(헌법 제54조 제3항)으로 한정되어 있다.

**10** ③

총지출 규모의 개념은 수입 차원에서 보면 '일반회계 + 특별회계 + 기금 − 내부거래 − 보전거래'이지만, 지출 차원으로 보면 '경상지출 + 자본지출 + 융자지출'의 합을 말한다.

| 총지출 | 수입 측면 | 일반회계 + 특별회계 + 기금 − 내부거래 − 보전거래 |
| --- | --- | --- |
| | 지출 측면 | 경상지출 + 자본지출 + 융자지출 |

출제빈도: ★★★　대표출제기업: 한국중부발전

**11** 국가재정법에서 밝힌 예산원칙 중 "정부는 예산이 여성과 남성에게 미치는 효과를 평가하고, 그 결과를 정부의 예산편성에 반영하기 위하여 노력하여야 한다"는 원칙은?

① 차별금지의 원칙　　　　　　　　② 성인지 예산의 원칙

③ 양성평등의 원칙　　　　　　　　④ 모자 보호의 원칙

출제빈도: ★★☆　대표출제기업: 부산환경공단

**12** 성인지 예산(Gender budgeting)에 대한 설명으로 옳지 않은 것은?

① 예산 과정에 성 주류화(Gender mainstreaming)의 적용을 의미한다.

② 성 중립적(Gender neutral) 관점에서 출발한다.

③ 우리나라는 국가재정법에서 성인지 예산서와 결산서 작성을 의무화하였다.

④ 성 인지적 관점의 예산 운영은 새로운 재정 운영의 규범이 되고 있다.

출제빈도: ★☆☆

**13** 「국가재정법」상 추가경정예산의 편성 사유로 옳지 않은 것은?

① 전쟁이나 대규모 재해가 발생한 경우

② 교부세의 정산 등에 사용하거나 출연하고도 세계잉여금이 남은 경우

③ 법령에 따라 국가가 지급하여야 하는 지출이 발생하거나 증가하는 경우

④ 경기침체, 대량실업, 남북관계의 변화, 경제협력과 같은 대내외 여건에 중대한 변화가 발생하였거나 발생할 우려가 있는 경우

출제빈도: ★★★　대표출제기업: 대구도시철도공사

**14** 다음 중 추가경정예산에 대한 설명으로 적절한 것은?

① 동일 회계연도에는 3회 이상 편성할 수 없다.

② 국회에 제출한 예산안을 일부 수정해 다시 제출한 것이다.

③ 이미 확정적으로 성립된 예산을 변경하는 것이다.

④ 회계연도 개시 전까지 예산이 의결되지 않을 경우 편성하는 예산이다.

출제빈도: ★☆☆

## 15 우리나라에서 시행 중인 예산제도로 옳지 않은 것은?

① 가예산제도
③ 주민참여 예산제도

② 성인지 예산제도
④ 예비타당성 조사

---

### 정답 및 해설

**11 ②**
「국가재정법」은 성인지 예·결산제도를 도입하여 시행하고 있으며, 이에 따라 정부는 예산이 여성과 남성에게 미칠 영향을 미리 분석한 보고서(성인지 예산서)와 여성과 남성이 동등하게 예산의 수혜를 받고 예산이 성차별을 개선하는 방향으로 집행되었는지를 평가하는 보고서(성인지 결산서)를 작성하여야 한다.

**12 ②**
성인지 예산제도는 예산과정에서 남녀평등을 적극적으로 실현하려는 성 주류화 예산으로, 성인지 내지는 성 주류화 관점은 소극적인 성 중립적 관점을 비판하고 나온 제도이다.

오답노트
① 성인지 예산제도는 예산과정에서 남녀평등을 적극적으로 실현하려는 성 주류화 적용이다.
③ 성인지 예산서와 결산서 작성 의무화는 「국가재정법」에 명문으로 도입되어 있다.
④ 기존의 성 중립적 관점과 구별되는 새로운 재정 운영규범이다.

**13 ②**
세계잉여금은 「국가재정법」상 추가경정예산의 편성 사유에는 포함되지 않으며 「국가재정법」 제89조 【추가경정예산안의 편성】에 따라 ㉠ 전쟁이나 대규모 재해(「재난 및 안전관리 기본법」 제3조에서 정의한 자연재난과 사회재난의 발생에 따른 피해를 말한다)가 발생한 경우, ㉡ 경기침체, 대량실업, 남북관계의 변화, 경제협력과 같은 대내외 여건에 중대한 변화가 발생하였거나 발생할 우려가 있는 경우, ㉢ 법령에 따라 국가가 지급하여야 하는 지출이 발생하거나 증가하는 경우 중 어느 하나에 해당하게 되어 이미 확정된 예산에 변경을 가할 필요가 있는 경우에는 추가경정예산안을 편성할 수 있다.

**14 ③**
추가경정예산은 확정된 예산을 변경하는 것이다.

오답노트
① 추가경정예산에 대한 편성 횟수 제한 규정은 없다.
② 수정예산에 대한 설명이다.
④ 준예산에 대한 설명이다.

**15 ①**
가예산제도는 예산이 국회에서 의결되지 못하여 불성립한 경우에 최초의 1개월분을 국회의 의결로 집행할 수 있도록 한 과거 제1공화국에서 채택한 제도로, 현재 우리나라에서 시행 중인 예산제도는 아니다.

✓ **핵심 포인트**

| | |
|---|---|
| 예산편성 | 편성의 절차 |
| 예산심의 | 심의 절차 |
| 예산집행 | 신축성 유지방안과 고전적 예산원칙 예외 |
| 결산 | 결산 절차 |

## 01　예산과정의 기초
출제빈도 ★

### 1. 예산과정의 의미

① 예산과정은 행정부의 예산편성, 입법부의 예산심의, 행정부의 예산집행·결산 및 회계검사가 이루어지는 과정으로서 예산절차 또는 예산의 순기라고도 한다.

② 예산과정은 3년 주기로 이루어져 있다.

### 2. 회계연도

① **예산의 유효기간을 말하는 것으로서** 각 연도의 수지 상황을 명확하게 하고 적정한 재정 통제를 실현할 목적으로 수입과 지출을 구분·정리하기 위해 설정한 기간을 말한다.

② 우리나라를 포함한 대부분의 국가는 회계연도를 1년으로 책정하고 있다.

## 02　예산편성
출제빈도 ★★

### 1. 의의

① 예산과정의 출발점인 **예산편성**은 행정부에서 예산안을 만들어 국회에 제출할 때까지의 **활동**으로, 정부가 수행하고자 하는 계획과 사업을 재정적인 용어와 금액으로 구체화하는 과정을 말한다.

② 예산편성 과정에서는 경제적 합리성뿐만 아니라 정치적 합리성도 중요한 가치로 작용한다.

---

**🔔 행정학 전문가의 TIP**

**각국의 회계연도**
- 우리나라: 1월 1일~12월 31일
- 영국, 일본: 4월 1일~3월 31일
- 미국: 10월 1일~9월 30일

**독립기관 및 중앙관서**
「국가재정법」 제6조【독립기관 및 중앙관서】
① 이 법에서 "독립기관"이라 함은 국회·대법원·헌법재판소 및 중앙선거관리위원회를 말한다.

**독립기관의 예산편성(행정부가 편성)**
「국가재정법」 제40조【독립기관의 예산】
① 정부는 독립기관의 예산을 편성함에 있어 당해 독립기관의 장의 의견을 최대한 존중하여야 하며, 국가재정상황 등에 따라 조정이 필요한 때에는 당해 독립기관의 장과 미리 협의하여야 한다.
② 정부는 제1항의 규정에 따른 협의에도 불구하고 독립기관의 세출예산요구액을 감액하고자 할 때에는 국무회의에서 당해 독립기관의 장의 의견을 구하여야 하며, 정부가 독립기관의 세출예산요구액을 감액한 때에는 그 규모 및 이유, 감액에 대한 독립기관의 장의 의견을 국회에 제출하여야 한다.

## 2. 우리나라의 예산편성 절차

### (1) 주요 사업계획서의 제출

① 각 중앙관서의 장은 매년 1월 말까지 다음 해에 시행하고자 하는 신규사업과 주요사업에 대한 중기사업계획서를 작성하여 기획예산처장관(중앙예산기관장)에게 제출한다. 제출된 중기사업계획서를 기획재정부장관이 국무회의에 보고한다.

② 각 부처는 총액을 함께 요구한다.

### (2) 예산편성지침의 작성과 시달

① 기획예산처장관(중앙예산기관장)은 매년 3월 31일까지 예산안 편성지침을 국무회의 심의와 대통령의 승인을 받아 각 중앙관서의 장에게 시달하여야 한다.

② 기획예산처장관은 각 중앙관서의 장에게 통보한 예산안 편성지침을 국회예산결산특별위원회에 보고해야 한다.

③ 각 부처의 예산총액이 포함되어 있다.

### (3) 예산요구서 작성과 제출

각 중앙관서는 예산편성지침을 접수하면, 예산편성지침에 따라 그 소관에 속하는 다음 연도의 세입세출예산·계속비·명시이월비 및 국고채무부담행위 요구서를 작성하여 5월 31일까지 기획재정부장관에게 제출해야 한다.

### (4) 예산사정(Review) = 예산협의

기획예산처(중앙예산기관)는 각 중앙관서로부터 예산요구서가 제출되면 여러 가지 분석과 정보를 활용하여 예산요구서를 검토하는 예산사정을 통해 정부 전체의 예산 규모 내에서 각 부처의 요구를 조정하여 예산안을 작성한다.

### (5) 정부예산안의 확정과 국회 제출

정부예산안은 국무회의의 심의를 거쳐 대통령 승인을 얻음으로써 정부예산안으로 확정된다. 확정된 정부예산안은 회계연도 개시 120일 전까지 국회에 제출된다.

---

## ▤ 시험문제 미리보기!

다음 중 우리나라 예산편성 형식의 순서로 옳은 것은?

① 세입세출예산 – 예산총칙 – 명시이월비 – 국고채무부담행위 – 계속비

② 세입세출예산 – 국고채무부담행위 – 예산총칙 – 명시이월비 – 계속비

③ 예산총칙 – 세입세출예산 – 계속비 – 명시이월비 – 국고채무부담행위

④ 예산총칙 – 계속비 – 국고채무부담행위 – 명시이월비 – 세입세출예산

해설　우리나라 예산의 편성 형식은 「국가재정법」 제19조에 따라 '예산총칙 → 세입세출예산 → 계속비 → 명시이월비 → 국고채무부담행위'의 순으로 구성되어 있다.

정답 ③

**감사원의 예산**

「국가재정법」 제41조【감사원의 예산】 정부는 감사원의 세출예산요구액을 감액하고자 할 때에는 국무회의에서 감사원장의 의견을 구하여야 한다.

**국무회의**

헌법 제88조

① 국무회의는 정부의 권한에 속하는 중요한 정책을 심의한다.

② 국무회의는 대통령·국무총리와 15인 이상 30인 이하의 국무위원으로 구성한다.

③ 대통령은 국무회의의 의장이 되고, 국무총리는 부의장이 된다.

**예산안 편성지침**

각 부처가 예산을 편성하는 데 지침이 되는 문서로서, 국민경제와 예산을 결부시키고 재정운용의 방향을 제시하는 가이드라인

**예산안 편성지침의 통보**

「국가재정법」 제29조【예산안 편성지침의 통보】

① 기획예산처장관은 국무회의의 심의를 거쳐 대통령의 승인을 얻은 다음 연도의 예산안 편성지침을 매년 3월 31일까지 각 중앙관서의 장에게 통보하여야 한다.

**예산의 구성**

| 「국가재정법」 상 예산 | 「지방재정법」 상 예산 |
| --- | --- |
| • 예산총칙<br>• 세입세출예산<br>• 계속비<br>• 명시이월비<br>• 국고채무부담행위 | • 예산총칙<br>• 세입세출예산<br>• 계속비<br>• 명시이월비<br>• 채무부담행위 |

## 3. 예산편성의 문제점

### (1) 각 부처 예산요구액의 가공성

개별 부처에서는 예산실의 심각한 삭감을 우려해 미리 부풀려서 제출하고, 예산실에서는 부풀려올 것을 대비하여 대폭 삭감하는 악순환이 반복되고 있다. 이러한 편성과정에서의 비합리성은 결산 시 예산의 불용액으로 나타난다.

### (2) 예산사정 과정의 비공개

기획예산처가 각 부처의 예산을 삭감하는 과정이 공개되지 않고, 사정의 기준을 알 수 없기 때문에 공정성에 문제가 제기된다.

### (3) 정치적 영향력 작용

정치적 변수가 강하게 작용해서 예산액 배분이 비합리적으로 이루어진다.

### (4) 미약한 민중통제

### (5) 비용·효과분석의 결여


## 03 예산심의 출제빈도 ★

## 1. 의의

① 예산심의란 입법부가 재정감독권을 행사하여 행정부가 작성한 예산을 심사하는 정치적 과정을 말한다.
② 입법부는 행정부가 제안한 사업과 그 사업을 지원하기 위한 재원에 대해 재검토하여 **예산총액을 결정할 뿐만 아니라 사업의 정당성까지도 검토하게 된다.**

## 2. 과정

### (1) 국정감사

① 국회는 국정 전반에 관하여 소관 상임위원회별로 매년 정기회 집회일 이전에 감사 시작일로부터 30일 이내의 기간을 정하여 국정감사를 실시한다. 다만, 본회의 의결로 정기회 기간에 감사를 실시할 수 있다.
② 국정감사는 예산심의와 직접적인 관련이 있지는 않으나, 국회는 국정감사를 통해 예산에 반영할 정책 자료를 획득하고 행정의 위법·부당한 사항을 사전에 파악하여 예산심의 활동에 도움을 받을 수 있기 때문에 예산심의 활동의 과정으로 볼 수 있다.

### (2) 시정연설(본회의)

회계연도 개시 120일 전까지 정부 예산안이 국회에 제출되면 대통령은 본회의에서 시정연설을 한다.

### (3) 상임위원회의 예비심사

상임위원회의 예비심사는 국회의 실질적인 예산심사의 출발점이다. 소관 부처에 대한 상임위원회의 예비심사는 일반적으로 소위원회를 구성하여 실질적 합의가 이루어진다.

### (4) 예산결산특별위원회의 종합심사

① 상임위원회의 예비심사가 끝난 예산안은 예산결산특별위원회에 회부된다. 예산결산특별위원회는 임의기구가 아닌 강제적 **특별위원회**로 상설화되었다.

② 상임위원회가 삭제·삭감한 예산을 예산결산특별위원회가 설치·증액하고자 하는 경우에는 상임위원회의 동의를 받아야 한다.

### (5) 본회의 의결

예산결산특별위원회의 종합심사가 종결되면 예산안은 본회의에 상정되고 본회의에서는 의원들의 질의와 토론을 거쳐 **회계연도 개시 30일 전까지 예산안을 최종적으로 의결·확정**한다. 본회의의 의결을 거치는 과정에서 예산안이 수정되는 경우는 거의 없다.

## 3. 우리나라 예산심의의 특징

### (1) 예산과 법률의 관계

예산은 영미국가와 달리 **법률의 형식이 아니라 의결의 형식**이다.

### (2) 예산 수정의 권한

국회는 정부의 동의 없이 정부가 제출한 예산안의 삭감·폐지는 가능하지만 증액이나 새 비목을 설치할 수는 없고, 정부제출 예산안에 대한 큰 수정은 거의 없다.

### (3) 위원회 중심의 심의

본회의보다는 위원회(예산결산특별위원회)의 역할이 매우 중요하다. 우리나라의 경우 예산결산특별위원회 등 소위원회 중심체제이지만, 국민에게 부담을 주는 주요 의안의 경우 상임위원회의 의결을 거쳐 전원위원회의 심사를 거칠 수 있도록 하고 있다.

### (4) 예산정책처의 설치

예산심의 등 재정통제를 강화하기 위하여 2003년 국회 내에 국회의장 소속으로 예산정책처를 설치하였다.

**예산결산특별위원회**

「국회법」제45조【예산결산특별위원회】

① 예산안·기금운용계획안 및 결산(세입세출결산 및 기금결산을 말한다)을 심사하기 위하여 예산결산특별위원회를 둔다.

② 예산결산특별위원회의 위원수는 50인으로 한다.

③ 예산결산특별위원회의 위원의 임기는 1년으로 한다.

**자동상정(부의)제도 및 국회의장의 회부 권한**

- **자동부의제도**: 관련위원회가 예산안 등의 심사를 매년 11월 30일까지 마치지 못한 때에는 그다음 날에 위원회에서 심사를 마치고 바로 본회의에 부의된 것으로 보는 제도입니다.

- **국회의장의 회부 권한**: 국회의장은 예산안을 소관상임위원회에 회부할 때에도 심사기간을 정할 수 있으며, 상임위원회가 이유 없이 그 기간 내에 심사를 마치지 아니한 때에는 이를 바로 예산결산특별위원회에 회부할 수 있습니다.

## 04 예산집행

## 1. 의의

예산집행이란 국가의 수입·지출을 실행하고 관리하는 모든 행위로서, 단순히 예산에 정하여진 금액을 국고에 수납하고 국고로부터 지불하는 것만을 말하는 것이 아니라 국고채무부담행위와 지출원인행위까지도 포함한다.

## 2. 목적

### (1) 예산통제

예산집행 과정에서 예산통제는 입법부의 의도를 구현하고 재정 한계를 엄수하기 위해 예산의 목적 외 사용이나 초과지출을 금지하는 것을 말한다. 예산통제 수단으로는 예산의 배정과 재배정, 기록과 보고, 정원과 보수 등의 통제, 계약의 통제, 총사업비의 관리 등이 있다.

① 예산의 배정
- 의의: 기획예산처장관이 각 중앙관서의 장에게 분기별로 집행할 수 있는 금액과 책임 소재를 명확히 하는 절차를 말한다.
- 이는 지출원인행위의 근거가 되며, 일시에 자금이 집중적으로 지출되는 것을 막는 기능을 한다.
- 예산이 배정되면 각 부처는 배정받은 예산의 범위 내에서 계약 등 지출원인행위를 하게 되며, 지출원인행위를 한 때부터 예산을 지출할 수 있는 근거가 생기게 된다.

② 예산의 재배정
- 의의: 중앙관서의 장이 배정받은 예산액의 범위 내에서 산하기관에 예산을 다시 배정해 주는 것이다.
- 목적: 중앙관서의 장으로 하여금 각 기관의 예산집행 상황을 감독·통제하고, 재정적 한도를 엄수하게 하려는 목적이다.

③ 지출원인행위 통제: 계약의 방법과 절차에 대한 규정을 마련하여 일정액 이상의 계약에 대해서는 상급기관의 승인을 얻도록 하였다.

④ 기록 및 보고 제도: 예산집행에 대한 기록 및 보고를 통해 예산집행 과정의 투명성을 확보한다.

⑤ 정원과 보수에 대한 통제: 공무원의 정원이나 보수의 증가는 기관운영비와 인건비의 증대를 초래하기 때문에 공무원의 정원과 보수를 변경할 때 행정안전부장관(정원), 인사혁신처장(보수)은 기획예산처장관과 사전 협의를 하도록 하고 있다.

⑥ 감사원의 회계감사: 감사원의 회계감사를 통해 예산집행 후 지출의 합법성에 대한 사후통제가 이루어진다.

**예산배정요구서의 제출**

「국가재정법」 제42조【예산배정요구서의 제출】
각 중앙관서의 장은 예산이 확정된 후 사업운영계획 및 이에 따른 세입세출예산·계속비와 국고채무부담행위를 포함한 예산배정요구서를 기획예산처장관에게 제출하여야 한다.

**예산의 배정**

「국가재정법」 제43조【예산의 배정】
① 기획예산처장관은 제42조의 규정에 따른 예산배정요구서에 따라 분기별 예산배정계획을 작성하여 국무회의의 심의를 거친 후 대통령의 승인을 얻어야 한다.
② 기획예산처장관은 각 중앙관서의 장에게 예산을 배정한 때에는 감사원에 통지하여야 한다.

## (2) 예산의 신축성 유지

예산의 신축성 유지란 예산성립 이후의 여건 변화에 적응하고 효율적인 예산집행을 위해 행정재량 등을 부여하여 ① 세출예산을 지출목적 이외에 사용하거나, ② 정해진 금액을 초과하여 집행하거나, ③ 회계연도를 넘겨서 사용할 수 있게 하는 것을 의미한다. 예산의 신축성을 유지하기 위한 수단으로는 총괄예산, 예산의 이용과 전용, 예비비, 예산의 이체와 이월, 계속비와 국고채무부담행위, 수입대체경비, 추가경정예산, 수입지출의 특례, 총액예산, 회계연도 개시 전 예산배정 등이 있다.

① 이용과 전용
- 예산의 이용(移用): 예산의 이용은 중앙관서의 장이 입법과목인 장·관·항 간에 상호 융통하는 것을 말한다. 예산의 이용은 입법과목에 대한 변동이기 때문에 원칙적으로 허용되지 않으나, 미리 국회의 의결을 얻었을 때에는 기획예산처장관의 승인을 얻어 이용할 수 있다.
- 예산의 전용(轉用): 예산의 전용은 행정과목인 세항·목 간에 상호 융통하는 것을 말한다. 각 중앙관서의 장은 대통령령이 정하는 바에 따라 국회의 의결 없이 기획재정부장관의 승인을 얻어 전용할 수 있다.

② 예산의 이체(移替)
- 의의: 정부조직 등에 관한 법령의 제정, 개정 또는 폐지로 인해 그 직무와 권한에 변동이 있을 때 중앙관서의 장의 요구에 의해 기획예산처장관이 예산의 책임소관을 변경시키는 것을 말한다.
- 예산의 이체는 정부조직 등에 관한 법령의 제정·개정 또는 폐지로 인하여 중앙관서의 직무와 권한에 변동이 있을 때 이루어지는 것으로, 국회의 승인을 필요로 하지 않는다.

③ 예비비
- 의의: 예비비는 '예측할 수 없는 예산 외의 지출 또는 예산 초과지출에 충당하기 위해 세입세출예산에 계상한 금액'을 말한다. 예산에 계상하지 않은 새로운 경비가 필요한 경우나 예산에 계상된 경비가 부족해 초과지출을 해야 하는 경우에 사용된다.
- 유형: 예비비는 일반적인 지출소요에 충당하는 일반예비비와 특정 목적을 위한 목적예비비로 나누어진다.
  - 일반예비비: 「국가재정법」에서는 일반회계 예산총액의 1% 이내의 금액을 예비비로 세입세출예산에 계상할 수 있다고 규정하고 있다. 이는 일반회계 예산총액의 '1% 이내'로 그 한도를 설정한 것이다.
  - 목적예비비: 특정한 용도를 정하여 배타적으로 사용할 수 있는 것(예 봉급예비비·공공요금예비비·재해대책예비비·급량비예비비·사전조사예비비 등)으로, 예산총칙 등에 따라 미리 사용목적을 지정해 놓은 예비비는 별도로 세입세출예산에 계상할 수 있다. 다만, 공무원의 보수 인상을 위한 인건비 충당을 위하여는 예비비의 사용목적을 지정할 수 없다.
- 특징(성격) – 예산 한정성·사전의결 원칙에 대한 예외
  구체적인 사용 주체·목적이 불명료하므로 예산 한정성의 원칙의 예외이며, 사용 후 사후국회승인을 요하므로 사전의결 원칙의 예외라고 할 수 있다.



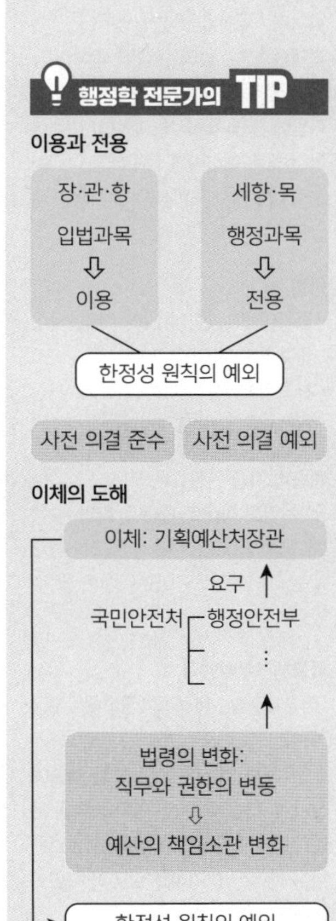

**예비비의 관리와 사용**
「국가재정법」 제51조 【예비비의 관리와 사용】
① 예비비는 기획예산처장관이 관리한다.
② 각 중앙관서의 장은 예비비의 사용이 필요한 때에는 그 이유 및 금액과 추산의 기초를 명백히 한 명세서를 작성하여 기획예산처장관에게 제출하여야 한다.
③ 기획예산처장관은 제2항의 규정에 따른 예비비 신청을 심사한 후 필요하다고 인정하는 때에는 이를 조정하고 예비비사용계획명세서를 작성한 후 국무회의의 심의를 거쳐 대통령의 승인을 얻어야 한다.

④ 예산의 이월

예산을 다음 해로 넘겨 차기 연도의 예산에서 사용하는 것으로, 회계연도 독립 원칙의 예외이다. 계속비와 예비비도 이월의 요건을 갖추면 이월이 가능하다.

⑤ 계속비

• 완성에 수년도를 요하는 공사나 제조 및 연구개발 사업의 경우 경비의 총액과 연부액을 정해 미리 국회의 의결을 얻은 범위 안에서 수년에 걸쳐 지출할 수 있도록 한 예산을 말한다. (회계연도 독립 원칙의 예외)
• 계속비는 연부액에 대해서는 매년 다시 국회의 승인을 받게 되어 있다.
• 원칙적으로 계속비의 사용기간은 5년까지로 제한되어 있으나, 국회의 의결이 있으면 연장이 가능하다.

⑥ 국고채무부담행위

• 법률에 의한 것과 세출예산금액 또는 계속비의 총액 범위 내의 것 이외에 국가가 채무를 부담하는 행위를 할 때에는 미리 예산으로서 국회의 의결을 얻어야 한다고 규정하고 있는데, 이 규정에 의해 국가가 채무를 부담하는 행위를 국고채무부담행위라고 한다.
• 국회로부터의 의결권의 범위는 채무부담 권한만을 미리 인정받은 것이며, 지출권한을 인정받은 것은 아니다.

## 시험문제 미리보기!

예산집행의 신축성 유지방안이 아닌 것은?

① 이체와 추가경정예산　　　　② 이용과 전용
③ 배정과 재배정　　　　　　　④ 계속비와 예비비

해설　배정과 재배정은 대표적인 통제방안이다.

정답 ③

# 3. 예산지출

## (1) 의의

예산지출이란 세출예산의 사용결정으로부터 부담한 채무를 이행하기 위하여 현금을 지급하기까지의 일체의 행위를 말한다.

## (2) 지출사무기관

| 재무관 | 국가의 현금지불 원인이 되는 계약체결 등 채무의 부담 결정(지출원인행위를 하는 자) |
| --- | --- |
| 지출관 | 계좌이체를 통해 국고금을 지출하는 공무원 |

※ 재무관, 지출관은 상호 겸직이 금지되어 있음

## (3) 지출의 특례

| 관서운영경비 | • 성질상 법적 절차에 따라 지출할 경우 업무수행에 지장을 가져올 우려가 있는 경비에 대하여는 필요한 자금을 지출관으로부터 교부받아 지급하게 할 수 있는 자금 |
| --- | --- |
| 개산급(槪算給) | • 이행기 도래 전에 미리 지급(여비 등)<br>• 금액 미확정, 사후정산 필요 |
| 선지급 | • 이행기 도래 전에 미리 지급(임대료 등)<br>• 금액 확정, 사후정산 불필요 |
| 과년도 지출 | • 전년도에 채무를 부담하여 지출이 확정된 금액을 해당 연도 예산으로 지출 |
| 과년도 수입<br>(수입의 특례) | • 출납기한의 마감 등으로 전년도 세입을 해당 연도 세입으로 편입 |

# 4. 구매행정

## (1) 의의

구매행정이란 행정업무 수행에 필요한 수단인 재화, 즉 소모품·비품·시설 등을 적기에 적량 매입하는 행위이다.

## (2) 집중구매제도와 분산구매제도

구매행정은 크게 집중구매제도와 분산구매제도로 구분된다.

① 집중구매제도: 중앙구매기관에서 통합적으로 재화를 구입하여 각 수요기관에 공급하는 제도이다.
② 분산구매제도: 각 행정관서에서 직접 재화를 구입하는 제도이다.



해커스공기업 쉽게 끝내는 행정학 기본서

**행정학 전문가의 TIP**

선급
• 선수금: 수입의 특례
• 선지급: 지출의 특례

**행정학 전문가의 TIP**

**국가종합전자조달시스템(나라장터)**
나라장터란 조달청이 전자정부 구현을 위한 핵심사업으로 추진한 것으로, 모든 국가조달 행정절차를 온라인으로 단일화하여 공공기관 및 조달업체에 '나라장터'라는 단일조달창구를 통한 One-stop 조달서비스를 제공하는 전자조달 서비스체제입니다.

**책임**
- 대물적 책임(X)
  위법 또는 부당한 지출이 지적되어도 취소(X), 무효화(X)
- 대인적 책임(O)
  - 형사책임(O)
  - 징계책임(O)
  - 변상책임(O) ⇨ 감사원이 담당

**예산안·결산의 회부 및 심사**
「국회법」 제84조【예산안·결산의 회부 및 심사】
① 예산안과 결산은 소관상임위원회에 회부하고, 소관상임위원회는 예비심사를 하여 그 결과를 의장에게 보고한다. 이 경우 예산안에 대하여는 본회의에서 정부의 시정연설을 듣는다.
② 의장은 예산안과 결산에 제1항의 보고서를 첨부하여 이를 예산결산특별위원회에 회부하고 그 심사가 끝난 후 본회의에 부의한다. 결산의 심사결과 위법 또는 부당한 사항이 있는 때에 국회는 본회의 의결 후 정부 또는 해당기관에 변상 및 징계조치 등 그 시정을 요구하고, 정부 또는 해당기관은 시정요구를 받은 사항을 지체 없이 처리하여 그 결과를 국회에 보고하여야 한다.
⑤ 예산결산특별위원회는 소관상임위원회의 예비심사내용을 존중하여야 하며, 소관상임위원회에서 삭감한 세출예산 각 항의 금액을 증가하게 하거나 새 비목을 설치할 경우에는 소관상임위원회의 동의를 얻어야 한다.

# 05 결산



## 1. 의의

### (1) 개념

결산은 한 회계연도에 있어 국가의 수입과 지출 실적을 확정적 계수로 표시하는 행위를 말한다.

### (2) 성격

① 예산주기의 마지막 과정

국회가 결산을 승인한다는 의미는 예산집행에 대한 최종 승인을 국민으로부터 받는다는 것을 뜻하고(재정 민주주의의 실현), 예산집행 결과가 정당한 경우 정부의 예산집행 책임을 해제하는 법적 효과를 갖는다.

② 정치적 성격

결산은 위법 또는 부당한 지출이 지적되어도 그것을 무효로 하거나 취소하는 법적 효력이 없다. 따라서 예산집행상에 있어 위법·부당한 사실이 있을 때 감사원과 국회는 정부에 정치적·도의적 책임을 추궁하므로 정치적인 성격을 갖는다.

## 2. 과정

### (1) 출납사무의 완결(결산의 전제)

① 출납정리기한

세입금의 수납 및 세출금의 지출과 지급이 완료되어야 하는 기한을 출납정리기한이라고 한다. (원칙적으로 12월 31일) 한국은행과 체신관서는 다음 연도 1월 20일로 예외가 인정된다.

② 출납기한

한 회계연도 동안의 출납에 관한 사무가 완료되어야 하는 기한을 출납기한이라고 하며, 장부정리가 마감되어야 하는 기한을 의미한다. 2월 10일까지를 출납기한으로 정하고 있다.

### (2) 결산서의 작성과 제출(결산서의 조제)

재정경제부장관은 다음 연도 4월 10일까지 총결산을 작성하여 국무회의 심의와 대통령 승인을 얻어 감사원에 제출한다.

### (3) 감사원 검사(회계검사)

감사원은 세입세출 결산서를 검사하고 그 보고서를 기획재정부장관에 5월 20일까지 송부한다. 감사원은 위법·부당한 내용을 발견해도 이를 무효 또는 취소할 수 없다.

### (4) 국회의 결산심의

정부는 감사원 검사를 거친 세입세출 결산을 5월 31일까지 국회에 제출한다. 국회에 제출된 결산서는 상임위원회의 결산예비심사와 예산결산특별위원회의 결산종합심사를 거친 후에 본회의에 보고되고 의결되면 결산이 확정·승인된다.

# 3. 세계잉여금

## (1) 개념

① 세계잉여금은 1회계연도에 수납된 세입액으로부터 지출된 세출액을 차감한 잔액으로, 결산상 잉여금이라고도 한다.

② 세계잉여금은 ㉠ 초과세입액이 있거나, ㉡ 세출에서 이월액이나 불용액이 있는 경우 발생한다.

## (2) 세계잉여금의 처리

① 일반회계 예산의 세입 부족을 보전(補塡)하기 위한 목적으로, 해당 연도에 이미 발행한 국채의 금액 범위에서는 해당 연도에 예상되는 초과 조세수입을 이용하여 국채를 우선 상환할 수 있다.

② 회계연도 세입세출의 결산상 잉여금은 교부금의 정산에 사용할 수 있다.

③ 세계잉여금은 「공적자금상환기금법」에 따른 공적자금상환기금에 우선적으로 출연하여야 한다.

④ 세계잉여금은 각 호의 채무를 상환하는 데 사용하여야 한다.

⑤ 세계잉여금은 추가경정예산안의 편성에 사용할 수 있다.

## (3) 세계잉여금의 사용 시기

세계잉여금은 결산에 대한 대통령의 승인 시점부터 사용할 수 있다.

# 4. 정부회계제도 – 현금주의와 발생주의 비교

| 구분 | 현금주의 | 발생주의 |
|---|---|---|
| 특징 | • 현금의 수납 사실을 기준으로 회계계리<br>• 형식주의<br>• 단식부기 적용 | • 자산의 변동 증감의 발생 사실에 따라 회계계리<br>• 실질주의 또는 채권채무주의<br>• 복식부기(기업회계방식) 적용 |
| 장점 | • 절차와 운용이 간편하고 이해와 통제가 용이<br>• 현금 흐름(통화부문)에 대한 재정 영향 파악이 용이 | • 비용과 편익, 부채규모 등 경영성과 파악이 용이<br>• 부채규모 파악으로 재정 건전성 확보 가능<br>• 회계상의 오류 방지 용이 |
| 단점 | • 기록된 계산의 정확성 확인이 곤란<br>• 경영성과 측정이 곤란<br>• 거래의 실질 등 미반영 | • 채권·채무 판단 및 감가상각 등에 있어 자의성이 개입될 여지가 있음<br>• 부실채권 파악이 곤란<br>• 절차가 복잡<br>• 통화부문에 대한 재정활동의 영향 파악 곤란 |



**국가회계기준**

「국가회계법」 제11조【국가회계기준】

① 국가의 재정활동에서 발생하는 경제적 거래 등을 발생 사실에 따라 복식부기 방식으로 회계처리하는 데에 필요한 기준(이하 "국가회계기준"이라 한다)은 재정경제부령으로 정한다.

② 국가회계기준은 회계업무 처리의 적정을 기하고 재정상태 및 재정운영의 내용을 명백히 하기 위하여 객관성과 통일성이 확보될 수 있도록 하여야 한다.

## 1. 의의

### (1) 개념

회계검사는 어떤 조직의 재정적 활동과 회계 기록에 관한 사실을 독립된 제3자가 체계적으로 확인하고 검토하는 행위를 말한다.

### (2) 성격

① 회계검사의 대상은 회계기록이다.
② 회계검사는 회계기록의 비판적인 정부(正否) 검증 절차이다.
③ 감사인의 의견 표명이 필요하다.

### (3) 목적

① 정부부문의 회계검사는 지출의 합법성을 중시한다.
② 재정낭비 및 비위·부정 등을 적발하고 시정한다.
③ 검사결과를 행정관리의 개선과 재정정책의 자료로 환류한다.


## 2. 회계검사의 새로운 동향

① 합법성 위주의 검사 외에 경제성·능률성·효과성 검사 등의 성과감사를 강조한다.
② 종전에는 회계감사에 국한되었지만, 최근에는 업무감사와 정책감사까지 대상을 확대하고 있다.
③ 종전에는 회계상의 책임에 한정하여 추궁하였던 것에 반해 최근에는 관리책임과 정책책임까지 포함하여 추궁한다.
④ 회계검사의 기능 면에서 종전에는 오류와 부정의 적발 기능과 회계기록의 작성 오류에 대한 비판적 기능이 위주였으나, 최근에는 회계정보를 활용한 행정관리의 개선 기능과 검사결과를 계획과 집행단계에 환류하는 환류 기능이 강조된다.

# 3. 회계검사기구 – 감사원

## (1) 감사원의 설치와 조직

① 감사원의 설치

감사원은 대통령 소속하의 헌법기관으로서 직무의 독립성이 보장된다. 감사원장의 임명에는 국회의 동의가 필요하고, 감사원장이 세입세출의 결산을 검사하여 대통령과 국회에 보고하도록 되어 있는 점은 감사원의 독립적 지위를 보여주는 것이다.

② 감사원의 조직

감사원은 원장을 포함한 7인의 감사위원으로 구성되는 합의제 의결기관이다. 사무처는 조사·확인기능을 수행하며, 감사원장의 임기는 4년이다.

## (2) 감사원의 기능

① 세입세출 결산의 확인(결산검사)
- 감사원은 국가의 세입과 세출의 결산을 매년 검사하여 대통령과 차년도 국회에 그 결과를 보고해야 할 의무가 있다. 이때의 결산검사는 국가의 세입·세출의 결산을 확인하는 합법성과 정확성 위주의 검사이다.
- 그러나 비합법적이고 부적당하더라도 무효나 취소시키는 효과는 없으며, 시정조치를 요구할 수 있을 뿐이다.

② 회계검사

국회의 재정통제 실효성을 확보하기 위해 국가 및 공공단체의 회계검사를 실시한다.

③ 직무감찰

행정기관의 사무와 그에 속하는 공무원의 직무를 감찰하는 것으로서, 행정부 소속 공무원 및 공공단체 임직원의 비위를 방지·시정하고 행정운영의 개선에 기여하는 내부통제 수단이다.

④ 기타 부수적 기능

변상 판정권, 감사·검사결과의 처리, 행정구제의 일종인 심사청구, 의견진술 기능 등을 수행한다.

**헌법 제97조**

국가의 세입·세출의 결산, 국가 및 법률이 정한 단체의 회계검사와 행정기관 및 공무원의 직무에 관한 감찰을 하기 위하여 대통령 소속하에 감사원을 둔다.

**헌법 제99조**

감사원은 세입·세출의 결산을 매년 검사하여 대통령과 차년도 국회에 그 결과를 보고하여야 한다.

출제빈도: ★☆☆

**01** 「국가재정법」에 포함되는 예산내용이 아닌 것은?

① 예산총칙
② 세입세출예산
③ 예비비
④ 국고채무부담행위

출제빈도: ★★☆

**02** 우리나라 정부의 예산편성 절차를 올바르게 나열한 것은?

<보기>

ㄱ. 예산편성지침 통보
ㄴ. 예산의 사정
ㄷ. 국무회의 심의와 대통령 승인
ㄹ. 중기사업계획서 제출
ㅁ. 예산요구서 작성 및 제출

① ㄱ - ㄹ - ㅁ - ㄴ - ㄷ
② ㄱ - ㅁ - ㄹ - ㄷ - ㄴ
③ ㄹ - ㄱ - ㅁ - ㄴ - ㄷ
④ ㄹ - ㄴ - ㄱ - ㅁ - ㄷ

출제빈도: ★☆☆

**03** 예산 과정에 대한 설명으로 잘못된 것은?

① 예산 과정은 전문적 그리고 정치적 과정이다.
② 예산 과정은 2년 주기로 순환한다.
③ 예산의 유효기간을 회계연도라 한다.
④ 예산 과정은 자원의 배분 과정이라고 할 수 있다.

출제빈도: ★☆☆

**04** 행정 각 부처에서 제시한 예산계획서를 기획재정부에 송부하고 기획예산처에서 검토하는 중에 문제가 있는 경우 행정 각 부의 예산담당관을 불러 질의하는 절차는?

① 예산협의
② 예산심의
③ 예비심사
④ 부처심사

출제빈도: ★★☆  대표출제기업: 한국중부발전

## 05 다음 중 예산심의 절차에 있어서 가장 먼저 이루어지는 것은?

① 예비심사

② 시정연설

③ 종합심사

④ 본회의 의결

---

### 정답 및 해설

**01** ③

예산의 형식은 예산총칙, 세입세출예산, 계속비, 명시이월비, 국고채
무부담행위로 구성되어 있다.

**02** ③

우리나라 예산편성 절차는 '(ㄹ) 중기사업계획서의 제출 → (ㄱ) 예산
편성지침 통보 → (ㅁ) 예산요구서의 작성·제출 → (ㄴ) 예산의 사정
→ (ㄷ) 국무회의 심의와 대통령 승인' 순으로 진행된다.

**03** ②

예산과정은 ⊙ 편성, 심의의결(1년), ⓛ 집행(1년), ⓒ 결산(1년)의
3년 주기 과정이다.

**04** ①

행정 각 부처에서 제시한 예산계획서를 기획예산처에 송부하고 기획
재정부에서 검토하는 중에 문제가 있는 경우 행정 각 부의 예산담당
관을 불러 질의하는 절차는 예산협의(=예산사정, review)이다. 기획
예산처(중앙예산기관)는 각 중앙관서로부터 예산요구서가 제출되면 여
러 가지 분석과 정보를 활용하여 예산요구서를 검토하는 예산사정을 통
해 정부 전체의 예산규모 내에서 각 부처의 요구를 조정하여 예산안을 작
성한다.

**05** ②

주어진 지문 중에서는 시정연설이 가장 먼저 이루어지며, 예산심의
는 국정감사 → 시장연설 → 상임위원회 예비심사 → 예산결산특별
위원회 종합심사 → 본회의 의결로 이루어진다.

**06** 다음 중 예산안의 입법부 심의 기한은 언제까지인가?

① 회계 연도 개시 30일 전까지
② 회계 연도 개시 60일 전까지
③ 회계 연도 개시 90일 전까지
④ 회계 연도 개시 120일 전까지



**07** 예산심의에 대한 설명으로 옳지 않은 것은?

① 정부는 회계연도마다 예산안을 편성하여 회계연도 개시 120일 전까지 국회에 제출하고 국회는 회계연도 개시 30일 전까지 이를 의결하여야 한다.
② 예산심의절차는 상임위원회의 예비심사 – 예산결산특별위원회의 종합심사의 2단계로 이루어진다.
③ 한 회계연도를 넘어 계속하여 지출할 필요가 있을 때에는 정부는 연한을 정하여 계속비로서 국회의 의결을 얻어야 한다.
④ 예비비는 총액으로 국회의 의결을 얻어야 하며 예비비의 지출은 차기 국회의 승인을 얻어야 한다.



**08** 예산심의에 대한 설명으로 옳지 않은 것은?

① 예산심의는 사업 및 사업 수준에 대한 것과 예산 총액에 대한 것으로 나눠볼 수 있다.
② 재정민주주의를 실현하는 과정이다.
③ 예산결산특별위원회의 예비심사 후 상임위원회의 종합심사와 본회의 의결을 거쳐 예산안을 확정한다.
④ 구체적인 정책결정의 기능으로 이해할 수 있다.



**09** 우리나라의 예산심의에 대한 설명으로 옳지 않은 것은?

① 예산은 본회의 중심이 아니라 상임위와 예결위 중심으로 심의된다.
② 우리나라는 미국과 같이 예산의 형식으로 통과돼 법률보다 하위의 효력을 갖는다.
③ 국회는 정부의 동의 없이 새로운 비목을 설치하지 못한다.
④ 예결위의 심의 과정은 예산조정의 정치적 성격이 강하게 반영되는 특징이 있다.

## 10 예산집행의 신축성을 확보하기 위한 제도로 옳지 않은 것은?

① 예산의 이월                  ② 예산의 이용

③ 예산의 전용                  ④ 예산의 재배정

---

### 정답 및 해설

**06 ①**

입법부는 예산안을 회계 연도 개시 30일 전까지 의결해야 한다. 만약 새 회계 연도 개시 전까지 예산안을 의결하지 못하는 경우에는 준예산에 의해 예산을 집행한다.

**07 ②**

우리나라의 예산심의절차는 '국정감사 → 시정연설 및 제안설명 → 상임위원회의 예비심사 → 예산결산특별위원회의 종합심사 → 본회의의 의결'의 5단계로 이루어진다.

오답노트

① 「국가재정법」상 정부는 예산안을 회계연도 개시 120일 전까지 국회에 제출하고, 국회는 회계연도 개시 30일 전까지 예산안을 의결하여야 한다.

③ 한 회계연도를 넘어 계속하여 지출할 필요가 있을 때에는 정부는 연한을 정하여 계속비로서 국회의 의결을 얻어야 한다. (헌법 제55조 제1항)

④ 예비비는 총액으로 국회의 의결을 얻어야 하며 예비비의 지출은 차기 국회의 승인을 얻어야 한다. (헌법 제55조 제2항)

**08 ③**

예산심의는 '상임위원회의 예비심사 → 예산결산특별위원회의 종합심사 → 본회의 의결'로 진행된다.

**09 ②**

우리나라는 예산의 형식으로 의결되지만 미국은 법률의 형식으로 의결된다.

오답노트

① 우리나라 예산심의는 상임위 예비심사와 예결위 종합심사로 이루어지며 본회의 심의는 형식적이다.

③ 국회는 삭제나 삭감은 자유롭게 하지만 설치나 증액은 행정부의 동의를 받아야 한다.

④ 경제적 합리성보다는 정치성이 지나치게 강하다.

**10 ④**

예산의 배정과 재배정은 대표적인 예산집행의 통제방안이다.

| 신축성 유지방안 | 이용, 전용, 이체, 이월, 계속비, 예비비, 국고채무부담행위, 수입대체경비 등 |
|---|---|
| 통제의 방안 | 예산의 배정과 재배정, 정원 및 보수의 통제, 지출원인행위의 통제, 회계기록 및 보고제도, 국고채무부담행위의 통제, 지방재정 진단제도, 예산안편성지침 시달, 총사업비 관리, 예비타당성조사 등 |

---

출제빈도: ★★☆　대표출제기업: 한국마사회

**11**　예산 통일성 원칙의 예외에 해당하지 않는 것은?

① 특별회계　　　　　　　　　　② 기금

③ 추가경정예산　　　　　　　　④ 수입대체경비

---

출제빈도: ★★★　대표출제기업: 한국중부발전

**12**　국회가 승인한 예산 범위 내에서 사업을 수행하고 정해진 재정 한계를 준수하도록 하는 예산통제 방법과 관련성이 가장 적은 것은?

① 예산의 배정　　　　　　　　② 기록과 보고

③ 정원과 보수의 통제　　　　④ 이체와 이월

---

출제빈도: ★☆☆

**13**　행정과목에 해당하는 것은?

① 장　　　　　　　　　　　　② 항

③ 관　　　　　　　　　　　　④ 목

## 14  예산의 이용에 대한 설명으로 가장 옳지 않은 것은?

① 입법과목 간의 상호융통을 의미한다.

② 예산집행의 신축성 유지방안이다.

③ 사전의결 원칙의 예외이다.

④ 전용과 함께 한정성의 원칙의 예외이다.

---

**정답 및 해설**

**11** ③

추가경정예산은 단일성 원칙의 예외이다.

[오답노트]

①, ②, ④ 통일성 원칙의 예외로는 특별회계예산, 기금, 수입대체경
비, 목적세가 해당된다.

**12** ④

이체와 이월은 예산에 신축성을 부여하기 위한 방안이다.

**13** ④

장·관·항은 입법과목, 세항·목은 행정과목에 속한다.

**14** ③

예산의 이용은 전용과 함께 한정성 원칙의 예외로 예산집행의 신축
성 유지방안이다. 이용은 국회의 승인을 요하므로 사전의결 원칙에
해당하며, 전용은 국회의 승인을 요하지 않으므로 사전의결 원칙의
예외이다.

출제빈도: ★☆☆

## 15 지출원인행위를 담당하는 공무원은?

① 재무관  
③ 지출관

② 수입징수관  
④ 출납공무원

출제빈도: ★☆☆

## 16 결산의 절차 중 출납기한이란 언제를 의미하는가?

① 12월 말  
③ 2월 10일

② 2월 말  
④ 3월 10일

출제빈도: ★☆☆　대표출제기업: 한국농어촌공사

## 17 발생주의 회계에 대한 설명으로 옳지 않은 것은?

① 오류 발견과 자기검증 기능이 있다.  
② 자산이나 부채를 정확하게 인식한다.  
③ 미수수익이나 미지급비용이 자산이나 부채로 인식된다.  
④ 회계처리과정에서 주관이 개입되지 않는다.

출제빈도: ★☆☆

## 18 현행 「국가재정법」상 예산일정 및 운용에 대한 설명으로 옳지 않은 것은?

① 정부는 다음 연도 예산안을 회계연도 개시 120일 전까지 국회에 제출하여야 한다.

② 정부의 동의 없이도 국회는 예산을 증액할 수 있다.

③ 성인지 예산제도를 도입하고 있다.

④ 정부는 결산보고서를 다음 연도 5월 31일까지 국회로 제출해야 한다.

---

**정답 및 해설**

**15** ①
지출원인행위를 담당하는 공무원은 재무관이다.

오답노트
③ 지출관은 지출을 담당하는 공무원이다.

**16** ③
출납기한은 수입과 지출사무의 완결을 하여 전년도의 세입세출을 마감하는 것으로 다음 연도 2월 10일이다.

**17** ④
발생주의는 자산평가나 감가상각 시 회계공무원의 주관이 개입되므로 현금주의에 비하여 회계처리의 객관성이 부족하다.

오답노트
①, ② 발생주의 회계제도는 차변과 대변으로 나누어 기록하는 이중적 회계 작성으로 비용과 수익·부채규모 등 경영성과 파악이 용이하고, 회계상 오류방지가 용이하다.
③ 미지급비용이나 미수수익은 현금주의에서는 인식되지 않지만 발생주의에서는 각각 부채와 자산으로 인식한다.

**18** ②
국회는 정부의 동의 없이 예산을 증액하거나 새로운 비목을 설치하지 못한다.

---

✓ **핵심 포인트**

| | |
|---|---|
| 예산결정이론의 동향 | 합리주의 예산제도(PPBS, ZBB)와 점증주의 예산제도(LIBS, PBS) |
| 예산제도의 기능과 발달 | 각 예산제도의 지향점, LIBS(통제) - PBS(관리) - PPBS(계획) - ZBB(감축) - 신성과주의(성과) |

## 01 예산결정이론의 동향

출제빈도 ★★

### 1. 의의

① 예산결정이론은 예산 배분을 둘러싼 기준과 유형에 관한 이론을 말하는 것으로, "어떤 근거로 X 달러를 B 사업 대신 A 사업에 배분하도록 결정하는가?"의 물음(Key's Question)에 대한 설명 방식이 다양한 예산결정이론으로 발전되었다.

② 예산결정이론의 구분
- 경제 논리에 따른 경제적 합리성을 강조하여 예산을 합리적 의사결정의 결과로 보는 합리주의 모형(Schick, Lewis)
- 정치 논리에 따른 정치적 합리성을 강조하여 예산을 정치적 타협과 조정의 결과로 보는 점증주의 모형(Wildavsky)

### 2. 합리주의모형(총체주의)

① 합리주의 예산결정모형은 합리적·분석적 의사결정 단계를 거쳐 비용과 효용의 측면에서 프로그램이나 정책대안을 체계적으로 검토하여 예산을 배분하는 것을 말한다. 합리주의모형은 예산의 결정자인 인간을 전지전능한 합리적 경제인으로 가정하여 규범적·이상적·과학적·경제적 합리성을 추구한다.

② 계획예산제도(PPBS), 영기준예산제도(ZBB) 등이 합리주의 예산결정모형에 속한다.

### 3. 점증주의모형

① 점증주의 예산결정모형은 해당 연도의 예산액을 기준으로 거기에 점차적으로 증감하여 다음 연도의 예산액을 결정하는 것을 말한다. 점증주의모형에서는 경제적 합리성보다는 정치·사회적 지지를 얻을 수 있는 정치적 합리성을 추구한다.

② 점증주의 예산결정은 린드블룸(Lindblom)과 윌다브스키(Wildavsky)에 의하여 발달했고, 품목별예산제도(LIBS)·성과주의예산제도(PBS) 등이 대표적인 점증주의 예산제도이다.

## 4. 다중합리성모형

① 서메이어(Thumaier)와 윌로우비(Willoughby)가 제시한 이론으로, 예산과정과 정책과정 간 연계점의 인식 틀을 제공하기 위해 킹던(Kingdon)의 정책결정모형과 루빈(Rubin)의 실시간 예산운영모형을 통합하고자 하였다.
② 다중합리성모형은 정책결정과 예산결정이 상호 영향력을 행사함을 설명하며, **중앙예산실 분석가들이 거시적 예산결정과 미시적 예산결정의 연계 역할을 수행함을 강조**한다.
③ 서메이어와 윌로우비의 다중합리성모형에 따르면 복수의 합리성 기준이 중앙예산실의 예산분석가들에게 어떤 영향을 미치는지를 **미시적**으로 분석하였다.

## 5. 자원의 희소성과 예산제도

### (1) 의의

희소성은 '사람의 욕구는 무한한 반면에 그것을 충족시켜 줄 수 있는 재화(자원)는 한정되어 있는 것'을 말한다. 공공부문의 희소성은 공공자원을 사용할 수 있는 제약 상태를 반영한 개념이다.

### (2) 희소성의 유형

| 구분 | 희소성의 상태 | | 예산의 중점 |
|---|---|---|---|
| 완화된 희소성 | 계속사업 | O | • 사업개발에 역점<br>• 예산제도로 PPBS 도입 |
| | 계속사업 증가분 | O | |
| | 신규사업 | O | |
| 만성적 희소성 | 계속사업 | O | • 신규사업의 분석과 평가는 소홀<br>• 지출통제보다는 관리개선에 역점<br>• 만성적 희소성의 인식이 확산되면 ZBB를 고려 |
| | 계속사업 증가분 | O | |
| | 신규사업 | X | |
| 급성 희소성 | 계속사업 | O | • 비용절감을 위해 관리상의 효율 강조<br>• 예산기획 활동은 중단<br>• 단기적, 임기응변적 예산편성에 몰두 |
| | 계속사업 증가분 | X | |
| | 신규사업 | X | |
| 총체적 희소성 | 계속사업 | X | • 비현실적인 계획, 부정확한 상태로 인한 회피형 예산편성<br>• 예산통제 및 관리는 무의미하며 허위적 회계 처리<br>• 돈의 흐름에 따른 반복적 예산편성 |
| | 계속사업 증가분 | X | |
| | 신규사업 | X | |

**킹던의 정책결정모형**
킹던은 문제의 흐름·정책대안의 흐름·정치의 흐름이 각각 독자적으로 흐르다가 합쳐질 때, 점증적 변화와는 다른 큰 변동이 나타난다고 보았습니다.

**루빈의 실시간 예산운영모형**
성격이 다르지만 상호 연결된 세입, 세출, 균형, 집행, 과정의 다섯 가지 의사결정 흐름이 통합되면서 초래되는 의사결정모형을 의미합니다.

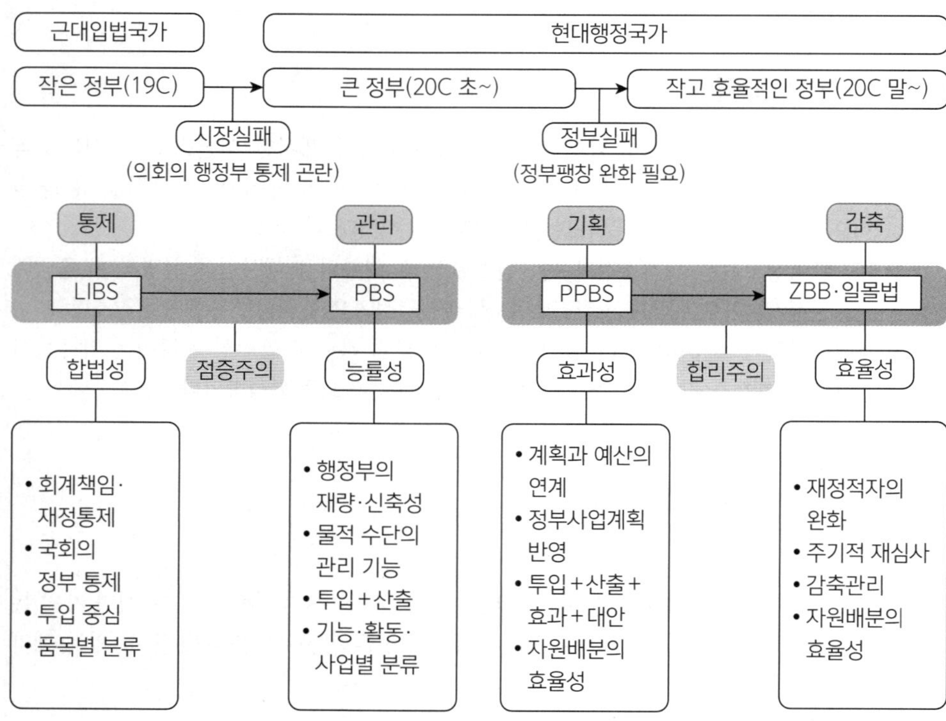


## 1. 품목별예산제도

### (1) 의의

① 품목별예산제도(LIBS: Line Item Budgeting System)는 예산을 '지출대상(품목)별로 분류하여 편성'하는 제도이다.

② 예산액을 지출대상별로 한계를 명확히 정하여 배정함으로써 관료의 권한과 재량을 제한하는 통제지향적 예산제도이다. (재정통제라는 전통적 예산원칙에 가장 충실한 제도)

### (2) 특징

통제지향적이고 점증적인 예산제도이다.

### (3) 장단점

① 장점

- 예산과목의 최종단계인 '목' 중심으로 예산액이 배분되기 때문에 **회계책임과 예산통제**를 용이하게 하고, 예산의 남용을 방지할 수 있다.
- **운영방법이 비교적 간단하다.**
- 정원의 변동이 명백히 표시되어 있어서 정부운영에 필요한 정확한 인력자료와 보수(인건비)에 관한 정확한 정보와 자료를 얻어 활용할 수 있기 때문에 **인사행정에 유용한 자료를 제공한다.**

---

② 단점

- 정부사업의 성격을 알지 못하고, 사업성과와 정부 생산성을 평가하기 어렵다.
- 서비스의 산출이 아닌 투입요소에 초점을 맞춰 지출의 목적을 알 수 없다.

## 2. 성과주의예산제도

### (1) 개념

성과주의예산제도(PBS: Performance Budgeting System)는 산출(Output)을 중심으로 예산을 편성하는 것으로, 정부의 기능·활동 및 사업에 따라 예산을 편성하고 관리하는 제도를 말한다.

### (2) 특징

① 관리지향적 예산제도: 각각의 사업을 계량화하여 표시하고 원가에 기하여 과학적·합리적으로 예산을 편성하며, 그 집행 성과를 측정하고 분석·평가하여 효과적으로 재정을 통제하고자 한다.
② 성과주의 예산에서는 예산의 배정 과정에서 필요 사업량이 제시되기 때문에 예산과 사업을 연계시킬 수 있다.

### (3) 장단점

① 장점

- 의회와 국민의 이해 증진: 예산이 사업별·활동별로 편성됨으로써 정부가 무엇을 하는지, 즉 정부사업의 성격에 대해 국민과 의회가 이해하기 쉽다는 장점이 있다.
- 성과관리 및 환류의 강화: 투입과 산출을 비교·평가하여 성과관리가 가능하고 환류 기능을 강화시킨다.
- 효율적인 관리 수단 제공: 성과 기준에 따른 정기적 보고체계를 확립하여 사업의 진척 상태를 파악하므로 **행정기관의 관리층에게 효과적인 관리 수단을 제공할 수 있다.**

② 단점

- 업무 측정단위 선정의 어려움: 정부가 수행하는 사업이나 활동에는 업무단위를 확인할 수 없는 분야가 많다.
- 단위원가 계산의 어려움: 정부사업이나 활동을 단위별로 구분하여 원가 계산을 하는 것이 쉽지 않다.
- 개별적인 단위사업 중심: 구체적이고 개별적인 단위사업만 나타나 있어 계획예산제도(PPBS)에 비하여 전반적인 목표의식이 부족하고, 장기계획과의 연계보다는 단위사업만 중시한다.
- 입법부 예산통제 곤란: 품목이 아닌 사업에 중점을 두므로 **입법부의 예산통제가 곤란하고 회계책임의 한계가 모호하여 공급 관리가 곤란해진다.**

## 3. 계획예산제도

### (1) 개념

계획예산제도(PPBS: Planning&Programming Budgeting System)란 장기적인 계획(Planning)과 단기적인 예산편성(Budgeting)을 프로그램 작성(Programming)

을 통해 유기적으로 연계함으로써 의사결정과 자원배분의 합리성을 이룩하고자 하는 예산제도이다.

### (2) 발달 과정

① 1961년 맥나마라(McNamara) 국방장관은 국방성에 계획예산제도를 도입하였다.
② 1965년 존슨(Johnson) 대통령에 의해 연방정부 기관에 계획예산이 도입되었으나, 1971년에 공식적으로 중단되었다.

### (3) 장단점

① 장점
- 의사결정의 일원화: 예산과 기획에 관한 의사결정을 일원화시킴으로써 의사결정자가 보다 합리적인 결정을 내릴 수 있도록 한다.
- 자원배분의 합리화: 장기적 시계하에서 목표·사업·대안·비용·효과 등을 고려하고, 분석적 기법을 활용하여 동일비용으로 최대효과 또는 동일효과를 최소비용으로 달성하게 하는 최적의 대안을 선택한다.
- 계획과 예산의 유기적 연계: 프로그램을 이용하여 장기적인 계획과 연차별 예산을 유기적으로 연계시킨다.

② 단점
- 환산작업 및 성과계량화의 곤란: 행정문제는 환산작업(수작업·계량화)이 곤란하고, 성과계량화도 어렵다.
- 명확한 목표설정의 곤란: 행정목표의 무형성과 다양한 참여자의 이해대립으로 인해 목표를 정확하게 제시하기 어렵다.
- 입법부 지위 약화 가능성: 관리와 통제 기능은 경시되므로 입법부의 심의 기능이 약화된다.
- 계획의 경직성: 장기계획에 구속되기 때문에 상황 변화에 대한 적응력이 떨어진다.

## 4. 목표관리제

관리도구로서 목표관리(MBO: Management By Objective)는 예산과 간접적으로 연결되어 있다. 성과주의예산, 계획예산 등은 자원배분을 주된 기능으로 삼고 있는 데 비해 목표관리는 자원배분보다는 진행 중인 사업의 모니터링을 위한 관리도구로서 예산의 집행과 더 밀접한 관련이 있다.

## 5. 영기준예산제도

### (1) 의의

① 개념
- 영기준예산제도(ZBB: Zero-Base Budget)란 과거의 관행을 전혀 참조하지 않고(Zero base 상태에서) 목적과 방법·자원에 대한 근본적인 재평가를 바탕으로 각 사업과 계획에 대한 우선순위를 부여하고, 우선순위가 높은 사업과 활동을 선택하여 예산을 편성하는 제도를 말한다.
- 경제적 합리성을 제도화하여 점증주의를 극복하기 위한 제도라 할 수 있다.

② 도입배경 및 과정

1970년대 자원난 시대에 접어들어 정부 기능의 확대에 의하여 재정적자가 일상화되고 납세자의 저항이 커지자 자원배분의 효율을 높이기 위해 PPBS와 MBO를 감축관리와 적절히 혼합한 영기준예산이 도입되었다. 카터(Carter) 행정부는 1979년 연방 정부예산에 영기준예산을 도입했다.

## (2) 일몰법과 비교

영기준예산제도는 매년 반복되는 단기적 예산심사이기 때문에 장기적인 시야가 결여되므로 일몰법에 의해 이를 보완할 수 있다. 또한 일몰법에 의한 사업의 장기적 권한 부여에 있어 자원·실질목표·사업의 성질·예산 결과를 영기준예산제도 방법으로 파악할 수 있다.

| 구분 | | 일몰법 | 영기준예산제도(ZBB) |
|---|---|---|---|
| 공통점 | | • 모든 사업의 지속 여부를 결정하기 위한 재심사<br>• 기득권 의식을 없애고 자원의 합리적 배분<br>• 자원난 시대에 대비하는 감축관리의 일환 | |
| 차이점 | 성격 | 법률 | 예산제도 |
| | 과정 | 예산 심의·통제를 위한 입법과정 | 예산편성에 관련된 행정과정 |
| | 주기 | 3~7년의 장기 | 매년 |
| | 계층 | 최상위 계층의 주요정책 심사 | 중·하위 계층 포함 |
| | 심사 범위 | 최상위 정책 | 모든 정책 |

## (3) 장단점

① 장점

- 예산절감을 통한 자원난 극복에 기여: 우선순위가 낮은 사업의 폐지를 통해서 조세 부담의 증가를 방지하고, 예산절감을 통한 자원난 극복에 기여한다.
- 재정 탄력성 확보: ZBB는 계속해서 사업활동의 우선순위를 평가하여 순위가 낮은 것은 신속하고 융통성 있게 배제함으로써 재정의 경직화를 타파하는 데 도움을 준다.
- 각 수준의 관리자의 참여 확대: 상향적인 의사결정을 택함으로써 모든 수준의 관리자들이 참여하고, 그렇게 함으로써 관리자들이 자기 업무를 개선하여 경제성을 추구하도록 동기를 부여한다.

② 단점

- 업무량 폭주에 따른 과도한 부담: 분석·평가·서류작업 등에 투입하는 시간과 노력의 부담이 과중하다.
- 우선순위 결정의 곤란(적용상의 한계): 가치판단이 개입되는 영역에 적용하기 곤란하고 기준이 모호하여 분석 및 우선순위의 결정이 곤란하다.
- 사업축소·폐지 곤란: 사업의 축소·폐지에 대한 관료들의 반발로 인해 영기준예산을 전반적으로 적용하기 어렵다.
- 새로운 프로그램 개발 곤란: 계속사업의 분석에 치중한 나머지 신규사업에 대해 상대적으로 소홀하기 쉽다.

> 다음 중 예산제도의 변천과정으로 옳은 것은?
>
> ① 품목별예산 → 성과주의예산 → 계획예산 → 영기준예산
>
> ② 성과주의예산 → 품목별예산 → 계획예산 → 영기준예산
>
> ③ 품목별예산 → 계획예산 → 영기준예산 → 성과주의예산
>
> ④ 영기준예산 → 성과주의예산 → 품목별예산 → 계획예산
>
> 해설　'품목별예산 → 성과주의예산 → 계획예산 → 영기준예산' 순으로 예산제도는 변화했다.
>
> 정답 ①

## 6. 자본예산제도 – 전략 투자를 위한 장치

### (1) 의의

① 자본예산제도(CBS: Capital Budgeting System)는 예산을 단기적인 경상적 계정과 장기적인 자본적 계정으로 구분하고 경상지출은 경상적 수입에 의하여 충당하며 균형이 되어야 하나, 자본적 지출은 그 대부분을 공채의 발행에 의하여 충당하는 복식예산(Double budget)을 말한다.

② 자본예산은 공채를 발행하여 불경기를 극복하려는 적극적 재정 수단으로서 시장실패를 극복하기 위해 등장한 행정국가의 재정적 산물이다.

### (2) 전개

① 스웨덴(중앙정부)

- 자본예산제도가 최초 도입된 스웨덴은 1930년대의 경제대공황에 대처하기 위해 뮈르달(Myrdal)의 제안에 의해 중앙정부에서 1937년에 채택하였다.
- 스웨덴 자본예산제도의 특징은 불경기나 실업을 타개할 목적으로 순환적(주기적) 균형예산에 입각하여 건전 테두리 안에서 예산의 경제안정화 기능을 수행하도록 하여 자본지출을 정당화한다는 것이다.

② 미국(지방정부)

자본예산제도를 통해 재원의 한정에 따른 세율인상에 대한 조세저항을 회피하고 수익자 부담의 원칙(세대 간 형평)을 도모한다.

### (3) 장단점

① 장점

- 불경기 극복에 이용: 지역개발을 위한 자본을 축적하거나 불황기에 적자예산에 의해 유효수요 증대 수단으로 활용되어 경기변동 조절에 도움을 준다.
- 예산운영의 합리화: 자본적 지출이 경상적 지출과 구분되므로 자본지출에 대해 보다 엄격히 심사 및 분석을 할 수 있고, 정부의 순자산 상태 변동 파악이 용이하여 예산운영을 합리화할 수 있다.

② 단점

- 정치적 이용(적자재정 은폐 수단): 경상예산의 불균형을 은폐하기 위해 경상예산에 속하는 각 항목을 자본예산으로 이전하거나 포함시켜 적자재정의 은폐 수단으로 이용될 수 있다.
- 경제안정 위협(인플레이션 조장 가능): 부채동원·채권발행 등에 의하여 적자예산편성에 치중하고, 인플레이션을 가속화시켜 경제안정을 해치기 쉽다.

### (4) 예산제도의 비교

| 구분 | 품목별예산<br>(LIBS) | 성과주의예산<br>(PBS) | 계획예산<br>(PPBS) | 목표관리<br>(MBO) | 영기준예산<br>(ZBB) |
|---|---|---|---|---|---|
| 시대 | 1920~30 | 1950~60 | 1965~71 | 1973~79 | 1979 |
| 활용<br>대통령 | – | 트루먼<br>(Truman) | 존슨<br>(Johnson) | 닉슨<br>(Nixon) | 카터<br>(Carter) |
| 정향 | 통제 | 관리 | 기획 | 관리 | 의사결정: 감축<br>(우선순위) |
| 주요<br>정보 | 지출대상 | 부처 활동 | 부처 목표 | 사업계획의<br>효과성 | 사업, 단위<br>조직목표 |

## 7. 최근의 예산제도 개혁

### (1) 신성과주의예산제도

산출이나 결과 중심의 예산이면서 국정 전반의 성과관리 체계를 강조하여 자율과 책임의 조화를 도모하고자 하는 예산제도이다.

### (2) 지출통제예산제도(Expenditure Control Budget)

지출통제예산제도란 '중앙예산기관이 예산의 총액만 정해주면 각 부처가 그 범위 내에서 구체적 항목에 대한 지출을 재량적으로 집행하는 예산제도'로서, 지출항목을 없애고 지출을 총액으로만 통제하는 제도라고 할 수 있다.

## 8. 우리나라의 재정개혁

### (1) 예비타당성 조사

① 의의

- 「국가재정법」에서는 일정규모 이상의 대규모 사업에 대한 기획예산처장관의 예비타당성 조사를 의무화하고 있다.
- 각 사업부처가 시행하는 타당성 조사가 기술적 타당성 측면에서 당해 사업만을 대상으로 하는 것인 데 반해, 예비타당성 조사는 낭비적 지출을 사전에 억제하기 위하여 경제적 타당성 측면에서 당해 사업뿐만 아니라 국가재정 전반에 걸쳐 기획재정부가 수행하는 조사제도이다.

② 예비타당성 조사와 타당성 조사의 비교(윤영진)

| 구분 | 예비타당성 조사 | 타당성 조사 |
| --- | --- | --- |
| 조사주체 및 관계법령 | • 기획예산처<br>• 「국가재정법 시행령」 | • 국토교통부 등 사업기관<br>• 「건설기술 진흥법 시행령」 및 「국가통합교통체계효율화법」에 의한 투자평가지침 |
| 조사대상 | • 총사업비 500억 원 이상 대규모 건설사업<br>• 국고지원 300억 원 이상 민자 및 지방자치단체 사업 | • 예비타당성 조사 결과 경제성이 있는 사업<br>• 총사업비 100~500억 원 공공교통시설개발사업(도로·철도·항만 등) |

③ 예비타당성 조사와 타당성 조사의 내용

| 구분 | 예비타당성 조사 | 타당성 조사 |
| --- | --- | --- |
| 경제성 분석 | • 본격적인 타당성 조사 필요성 여부를 판단하기 위한 개략적인 수준에서 조사<br>• 수요 및 편익 추정<br>• 비용 추정<br>• 경제·재무성 평가<br>• 민감도 분석 | 실제 사업 착수를 위해 더욱 정밀하고 세부적인 수준에서 조사 |
| 정책성 분석 | • 경제성 분석 이외에 국민경제적·정책적 차원에서 고려되어야 할 사항들을 분석<br>• 지역경제 파급 효과<br>• 지역균형개발<br>• 상위계획과 연관성<br>• 국고지원의 적합성<br>• 재원조달 가능성<br>• 환경성, 추진 의지 등 | 검토 대상이 아니며, 다만 환경성 등 실제 사업의 추진과 관련된 일부 항목에 대해서는 면밀 조사 |
| 기술성 분석 | 검토 대상이 아니며, 필요시 전문가 자문 등으로 대체 | • 토질조사, 공법분석 등 다각적인 기술성 분석<br>• 입지·공법 분석<br>• 현장여건 실사 |



**예산감시 운동**
- **황금양털상**: 미국 프록시 마이어 상원의원이 제정한 것으로, 낭비가 가장 심한 정부기관과 사업에 상을 수여
- **밑 빠진 독상**: 한국의 함께 하는 시민행동이라는 단체가 낭비사례 기관에 수여하는 상
- **꿀꿀이상**: 미국의 예산감시 단체가 낭비사례에 수여하는 상
- **적자시계**: 독일 납세자 연맹 건물 입구에 독일 연방의 부채 규모를 실시간으로 보여주는 기계

## (2) 회계 · 기금 간 여유재원의 전입 · 전출

정부는 국가재정의 효율적 운용을 위하여 필요한 경우에는 다른 법률의 규정에도 불구하고 회계 및 기금의 목적 수행에 지장을 초래하지 아니하는 범위 안에서 회계와 기금 간 또는 회계 및 기금 상호 간에 여유재원을 전입 또는 전출하여 통합적으로 활용할 수 있다.

## (3) 주민참여예산제도

① 지방자치단체의 장은 대통령령으로 정하는 바에 따라 지방예산 편성 등 예산과정(「지방자치법」 제47조에 따른 지방의회의 의결사항은 제외한다. 이하 이 조에서 같다)에 주민이 참여할 수 있는 제도(이하 이 조에서 "주민참여예산제도"라 한다)

를 마련하여 시행하여야 한다. ⇨ 제도 운용이 법적 제도화되었다.

② 지방자치단체의 장은 ①에 따라 예산편성 과정에 참여한 주민의 의견을 수렴하여 그 의견서를 지방의회에 제출하는 예산안에 첨부하여야 한다.

③ 주민참여의 방법(「지방재정법 시행령」 제46조)

- 주요사업에 대한 공청회 또는 간담회
- 주요사업에 대한 서면 또는 인터넷 설문조사
- 사업공모
- 그밖에 주민의견 수렴에 적합하다고 인정하여 조례로 정하는 방법
  지방자치단체의 장은 규정에 의하여 수렴된 주민의견을 검토하고 그 결과를 예산과정에 반영할 수 있다.
  ⇨ 주민의 의견은 참고사항이며, 법적의무로 반영하는 것은 아니다.

④ 목적과 특징

- 주민자치의 구현 및 재정 민주주의를 실현한다.
- 관료와 지방의회 중심의 기존 예산 방식의 한계를 극복하기 위해 주민이 직접 참여한다.

⑤ 도입 과정

- 2004년 광주광역시 북구에서 우리나라 최초로 도입한 이래 여러 기초단체로 확대되었으며, 2011년에는 제도의 운용이 의무화되었다. (「지방재정법」)
- 브라질 알레그레시가 세계 최초로 도입하였다.

## (4) 국민참여예산제도 – 법적근거

① 국가재정법 16조(투명성과 국민참여의 원칙)

② 국가재정법 시행령 7조의 2

- 정부는 법 16조 4호에 따라 예산과정의 투명성과 국민참여를 제고하기 위하여 필요한 시책을 시행하여야 한다. ⇨ 법적의무
- 정부는 예산과정에의 국민참여를 통하여 수렴된 의견을 검토하여야 하며, 그 결과를 예산편성 시 반영할 수 있다.
- 정부는 제2항에 따른 의견수렴을 촉진하기 위하여 국민으로 구성된 참여단을 운영할 수 있다.
- 제1항에 따른 시책의 마련을 위하여 필요한 구체적인 사항은 기획예산처장관이 정한다.

출제빈도: ★☆☆

**01** 다음 중 예산의 정치과정을 강조하고 특히 예산의 점증모형의 실증적 자료를 제시한 학자는 누구인가?

① Charles E. Lindblom  
③ Thomas Lynch  
② Herbert A. Simon  
④ Aaron Wildavsky

출제빈도: ★★☆  대표출제기업: 한국중부발전

**02** 다음 중 미국 예산제도의 변천순서를 나열한 것으로 옳은 것은?

<보기>

ㄱ. 품목별예산  
ㄷ. 계획예산  
ㅁ. 성과주의예산  
ㄴ. 영기준예산  
ㄹ. 신성과주의예산

① ㄱ - ㄴ - ㄷ - ㅁ - ㄹ  
③ ㄱ - ㅁ - ㄷ - ㄴ - ㄹ  
② ㄱ - ㄷ - ㄴ - ㅁ - ㄹ  
④ ㄱ - ㅁ - ㄷ - ㄹ - ㄴ

출제빈도: ★☆☆  대표출제기업: 한국농어촌공사

**03** 예산제도에 대한 설명으로 옳지 않은 것은?

① 목표관리는 단기적 목표에 치중한다.  
② 통제지향적 예산제도는 하향적 의사결정구조를 가지며 활동의 정보에 초점을 둔다.  
③ 계획예산제도는 장기적인 계획에 치중하기 때문에 정책결정권이 고위층에 있다.  
④ 성과주의예산제도에서는 예산과 사업을 연계시킬 수 있다.

출제빈도: ★★☆  대표출제기업: 시설관리공단

**04** 예산제도에 대한 설명으로 옳지 않은 것은?

① 계획예산제도의 예산결정의 접근방법은 점증주의에 입각한다.  
② 성과주의예산제도는 자원배분의 효율성을 중시한다.  
③ 영기준예산제도는 자원난의 극복에 도움을 준다.  
④ 품목별예산제도는 재정통제가 용이하고 행정부의 재량의 여지를 축소하여 상대적인 입법권 강화를 유도할 수 있다.

PART 5 \ 재무행정론

해커스공기업 쉽게 끝내는 행정학 기본서

출제빈도: ★ ☆ ☆

## 05  예산제도에 대한 설명으로 옳지 않은 것은?

① 품목별예산제도는 정부가 예산을 통해 의도하는 지출의 전체적인 성과를 알 수 없다.

② 목표관리제는 감축관리를 추진할 때 그 의미가 특히 부각된다.

③ 계획예산제도의 핵심요소는 장기적인 기획의 수립과 단기적인 예산의 편성을 프로그램 작성을 통하여 유기적으로 연결시키는 프로그램 예산형식을 따른다는 것이다.

④ 성과주의예산제도에서 재원들은 거리 청소, 노면 보수와 같은 활동단위를 중심으로 배분된다.

---

### 정답 및 해설

**01** ④

월다브스키(Wildavsky)는 대표적인 점증주의자로 정치과정을 통한 예산결정은 점증적일 수밖에 없다고 하였다.

**02** ③

미국 예산제도는 'ㄱ. 품목별예산(1920년대) → ㅁ. 성과주의예산 (1940~50년대) → ㄷ. 계획예산(1960~70년대) → ㄴ. 영기준예산 (1970년대) → ㄹ. 신성과주의예산(1980~90년대)' 순으로 발달하였다.

**03** ②

통제지향적 예산제도인 품목별예산제도(LIBS)는 상향적 의사결정구조를 가진다.

오답노트

① 목표관리(MBO)는 단기적 목표를 설정한다.

③ 계획예산제도(PPBS)는 장기적 계획과 단년도 예산을 일치시키고자하는 예산제도로 집권성을 가진다.

④ 성과주의예산제도(PBS: Performance Budgeting System)는 산출(Output)을 중심으로 예산을 편성하는 것으로, 정부의 기능·활동 및 사업에 따라 예산을 편성하고 관리하는 제도를 말한다.

**04** ①

품목별예산제도(LIBS)와 성과주의예산제도(PBS)는 점증주의적 예산제도이나, 계획예산제도(PPBS)와 영기준예산제도(ZBB)는 합리주의적 예산제도이다.

오답노트

② 성과주의예산제도(PBS)는 업무단위의 선정과 단위원가의 과학적 계산에 의해 합리적이고 효율적인 자원배분을 도모할 수 있다.

③ 영기준예산제도(ZBB)는 우선순위가 낮은 사업의 폐지를 통해 조세 부담의 증가를 방지하고, 예산절감을 통해 자원난 극복에 기여한다.

④ 품목별예산제도는 예산과목의 최종단계인 '목'을 중심으로 예산액이 배분되기 때문에 회계책임과 예산통제를 용이하게 하고, 예산의 남용을 방지할 수 있다.

**05** ②

감축관리를 추진할 때 특히 그 의미가 부각되는 예산제도는 영기준예산제도(ZBB)이다. 목표관리제도(MBO)는 설정된 목표를 효율적으로 달성하기 위한 관리기법의 하나로 목표를 설정하고 목표에 의한 관리를 중시한다.

오답노트

① 품목별예산제도(LIBS)는 지출 항목이 너무 엄격히 분류되어 정부기능과 정부사업의 전반적인 정보를 확인할 수 없다.

③ 계획예산제도(PPBS)는 프로그램을 이용하여 장기적인 계획과 연차별 예산을 유기적으로 연계시킨다.

④ 성과주의예산제도(PBS)는 사업마다 업무 측정단위를 선정하여 업무를 양적으로 표시하고, 하나의 업무 측정단위에 대한 원가를 계산하여 예산액을 산출한다.

## 06 계획예산제도의 특징으로 옳지 않은 것은?

① 정치적 합리성보다는 경제적 합리성을 더 중시한다.
② 모든 조직 구성원들이 진지하게 참여한다.
③ 정책 또는 프로그램별로 자원배분이 이루어진다.
④ 피드백이 이루어진다.



## 07 영기준예산(ZBB)과 일몰법(SSL)에 대한 내용으로 옳지 않은 것은?

① ZBB는 심사기준이 장기적이고 SSL은 단기적이다.
② ZBB는 행정부의 예산편성과정이고 SSL은 입법부의 예산심의과정이다.
③ ZBB는 모든 정책이 심사대상이고 SSL은 최상위 정책이 심사대상이다.
④ ZBB와 SSL은 모두 감축관리를 중시한다.



## 08 다음 중 자본예산제도의 특징으로 가장 옳지 않은 것은?

① 재정안정화 효과 증진　　　　　　② 중장기 예산운용 가능
③ 부채의 정당화　　　　　　　　　　④ 예산의 적자재정 편성



## 09 예비타당성 조사의 분석 내용을 경제성 분석과 정책성 분석으로 구분할 때, 다음 중 경제성 분석에 해당하는 것은?

① 상위계획과의 연관성　　　　　　② 지역경제에서의 파급효과
③ 사업추진 의지　　　　　　　　　④ 민감도 분석

출제빈도: ★ ☆ ☆

## 10 시민단체 예산감시활동과 관련되지 않은 것은?

① 황금양털상      ② 빅브라더상

③ 적자시계      ④ 꿀꿀이상

---

**정답 및 해설**

**06** ②

계획예산제도(PPBS)는 집권적으로 운영되므로 참여가 제한된다.

**오답노트**

① 합리모형예산제도로 경제적 합리성을 추구한다.

③ 부서별 자원배분이 아닌 부서의 경계를 초월한 정책 또는 프로그램별로 자원배분이 이루어진다.

④ 목표달성을 위한 대안사업을 분석할 때 환류가 이루어진다.

**07** ①

영기준예산(ZBB)은 심사기준이 단기적이고 일몰법(SSL)은 장기적이다. 일몰법과 영기준예산제도의 공통점과 차이점은 다음과 같다.

| 구분 | | 일몰법 | 영기준예산제도 |
|---|---|---|---|
| 공통점 | | • 모든 사업의 지속 여부를 결정하기 위한 재심사<br>• 기득권 의식을 없애고 자원의 합리적 배분<br>• 자원난 시대에 대비하는 감축관리의 일환 | |
| 차이점 | 성격 | 법률 | 예산제도 |
| | 과정 | 예산 심의·통제를 위한 입법과정 | 예산편성에 관련된 행정과정 |
| | 주기 | 3~7년의 장기 | 매년 |
| | 계층 | 최상위 계층의 주요정책 심사 | 중·하위 계층 포함 |
| | 심사 범위 | 최상위 정책 | 모든 정책 |

**08** ①

자본예산제도는 불황 시 실업을 극복하기 위해 정부가 지출을 확대하는 것이므로 경기를 과열시킴에 따라 경제안정을 해치고 인플레이션을 유발할 수 있다.

**오답노트**

② 자본예산 균형의 개념은 주기적인 경기변동에 의한 장기적인 안목에서 이해되어야 한다는 주기적 균형의 원칙에 입각한 것이므로 중장기 예산운용이 가능하다.

③, ④ 공채 발행으로 부채를 진다해도 부채인 차입금이 자산취득을 위한 투자로 지출된다면 결과적으로 재정 건전성 요구에 배치되는 것은 아니다.

**09** ④

예비타당성 조사는 경제성 분석과 정책적 분석으로 구분하며 경제성 분석에서는 비용편익분석과 민감도분석 등을 한다.

| 경제성 분석 | 정책적 분석 |
|---|---|
| • 본격적인 타당성 조사 필요성 여부를 판단하기 위한 개략적인 수준에서 조사<br>• 수요 및 편익 추정<br>• 비용 추정<br>• 경제·재무성 평가<br>• 민감도 분석 | • 경제성 분석 이외에 국민경제적·정책적 차원에서 고려되어야 할 사항들을 분석<br>• 지역경제 파급 효과<br>• 지역균형개발<br>• 상위계획과 연관성<br>• 국고지원의 적합성<br>• 재원조달 가능성<br>• 환경성, 추진 의지 등 |

**10** ②

빅브라더상은 개인의 프라이버시 보호를 위해 제정된 상으로 예산감시운동에는 황금양털상, 적자시계, 꿀꿀이상, 밑 빠진 독상이 있다.

• 황금양털상: 미국 프록시 마이어 상원의원이 제정한 것으로, 낭비가 가장 심한 정부기관과 사업에 수여하는 상

• 적자시계: 독일 납세자 연맹 건물 입구에 독일 연방의 부채 규모를 실시간으로 보여주는 기계

• 꿀꿀이상: 미국의 예산감시 단체가 낭비사례에 수여하는 상

• 밑 빠진 독상: 한국의 함께 하는 시민행동이라는 단체가 낭비사례 기관에 수여하는 상

## 출제비중 & 출제기업

2023년~2024년 필기시험 기준으로 한국남부발전, 한국동서발전 등의 기업에서 출제하고 있습니다.

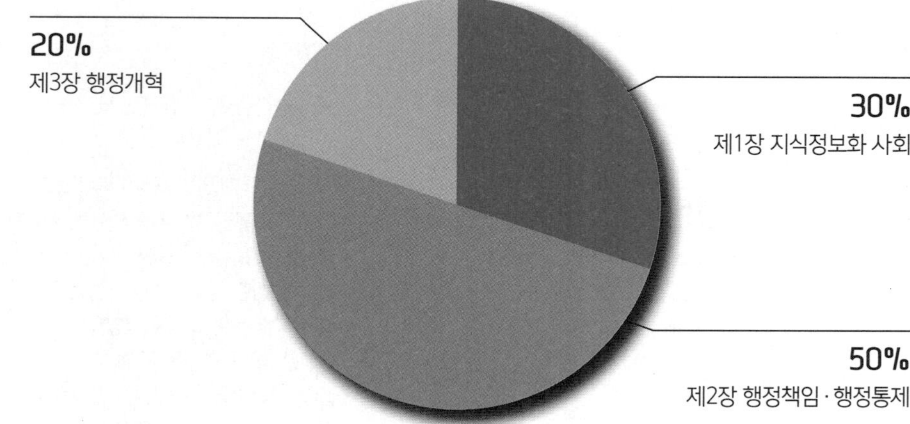

# PART 6

# 지식정보화 사회와 환류론

| | |
|---|---|
| 지식정보화 사회의 의의 | 다양한 용어의 기초 개념 |
| 행정정보체계와 행정정보화 | 조직구조 변화와 전문가시스템(ES) 개념 |
| 전자정부 | 전자정부의 긍정적·부정적 개념, 4차산업혁명 |
| 지식행정론 | 지식행정관리특징 |

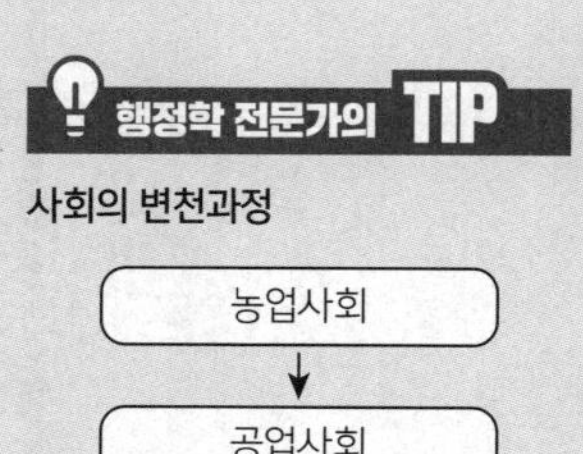


## 01 지식정보화 사회의 의의

출제빈도 ★

### 1. 지식정보사회의 의미

농업사회와 공업사회에 이어 대두되고 있는 지식정보사회란, '지식과 정보가 물질이나 에너지 못지않게 중요한 자원으로 활용되는 사회'이다.

### 2. 지식정보화 사회의 다양한 용어

| | |
|---|---|
| 전자자료교환<br>(EDI: Electronic Data Interchange) | • 서로 다른 조직 간에 정형화된 표준양식을 이용하여 컴퓨터에서 컴퓨터로 자료를 전송하는 행정상 거래 또는 정보교환방법으로, 전자결재를 가능하게 함 |
| 고객관계관리<br>(CRM: Customer Relationship Management) | • 고객정보를 바탕으로 업무 프로세스, 조직, 인력을 정비하고 운용하는 전략 |
| 스마트카드<br>(Smart Card) | • 전자주민카드 |
| 키오스크(Kiosk) | • 무인행정 서비스 체제 |
| 데이터마이닝<br>(Data Mining) | • 각 데이터 간의 상관관계를 인공지능을 통해 자동적으로 알려주는 기법으로서 과거에는 알지 못했지만 축적된 데이터 속에서 유도된 새로운 데이터 모델을 발견하여 새로운 전략적 정보를 추출해내는 정보 추출 및 지식 발견 기법<br>• 데이터마이닝은 형식지에 해당 |

| 인트라넷(Intranet) | • 오늘날 기업 내에서 인사관리 등에 가장 많이 사용하는 정보공유수단 |
| --- | --- |
| 엑스트라넷(Extranet) | • 인트라넷의 정보를 외부인에게 부분적으로 개방한 정보망 |
| 그룹웨어(Groupware) | • 인트라넷과 더불어 기업 내에서 지식을 공유하고 전파하는 데 사용되는 정보기술 시스템 |

## 02 행정정보체계와 행정정보화

출제빈도 ★

## 1. 행정정보체계

### (1) 의의

행정정보체계란 '공공조직의 업무수행, 관리, 정책 기능을 효율적으로 지원하기 위해 설계·구축된 물리적 요소와 제반 절차의 집합으로서, 종합적인 인간 – 기계통합시스템'이라 할 수 있다. 즉, 행정정보체계란 공공부문에 적용된 관리정보체계(MIS)라 할 수 있다.

### (2) 구조

행정정보체계는 조직의 계층에 따라 필요한 정보를 제공하기 위하여 전산자료처리시스템(EDPS: Electronic Data Processing System), 관리정보시스템(MIS: Management Information System), 의사결정지원시스템(DSS: Decision Support System), 중역정보시스템(EIS: Executive Information System), 전문가시스템(ES: Expert System) 등으로 하나의 계층제적 구조를 이룬다.

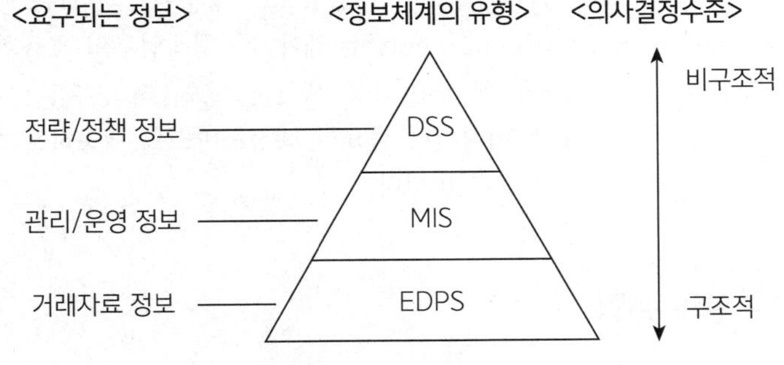



**행정학 전문가의 TIP**

**ES와 DSS 비교**

| ES | DSS |
| --- | --- |
| • 인공지능의 한 응용분야<br>• 특정 전문분야에 대한 전문가의 지식과 경험을 체계화하여 컴퓨터에 미리 기억시켜 둠으로써 의사결정자가 전문가를 만나지 않고도 이를 활용하는 휴리스틱한 컴퓨터 장치 | • 컴퓨터와의 대화식 시스템<br>• 비구조적인 상위관리층의 비정형적이고 전략적인 문제의 해결과 의사결정을 하는 데 필요한 정보 제공 |

## 2. 행정정보화가 조직구조의 형태에 미치는 영향 – 레비트(Leavitt)와 휘슬러(Whisler)의 모형

정보화에 따라 관리자의 의사결정이 많이 자동화되는데, 특히 중간관리자층의 의사결정은 주로 구조적·반복적·일상적 성격이 농후하다는 전제에서 그들의 의사결정이 점차적으로 컴퓨터에 의해 자동처리될 것으로 보고 있다. 이에 따라 중간관리자층이 조직 내에서 차지하는 비중이 상대적으로 줄기 때문에 조직구조가 전통적인 피라미드 형태에서 '종(Bell) 위에 럭비공을 올려놓은 것과 같은 형태'로 변화할 것으로 예측하고 있다.

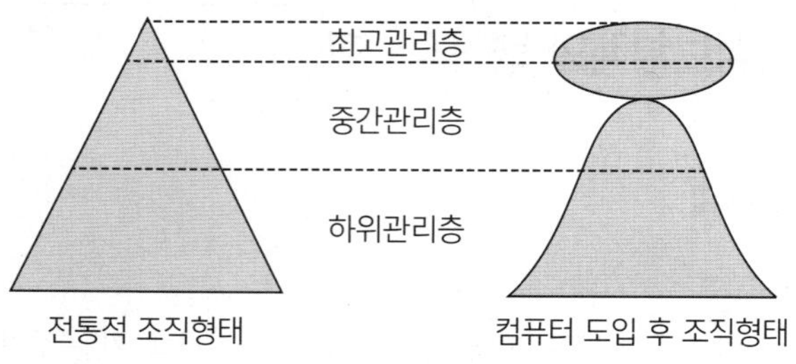


<레비트 – 휘슬러 모형>

---



## 03 전자정부론

출제빈도 ★

## 1. 전자정부(Electronic Government)의 개념

① 전자정부란 정보사회형 정부 개념으로, 미국의 클린턴(Clinton) 행정부가 정보기술을 활용한 정부혁신 전략으로 추진하면서 등장한 개념이다.

② 전자정부는 정보인프라와 정보기술 활용으로 행정활동의 모든 과정을 혁신(BPR: Business Process Reengineering)하여, ㉠ 행정업무의 효율화와 정책결정의 합리화를 통해 효율적으로 행정서비스를 생산하고(효율적 정부), ㉡ 정부와 시민이 IT 기반에 연결되어 언제·어디서나 필요한 행정서비스를 제공하는 고객지향적 정부이며, 투명하게 열린 정부를 의미한다.

## 2. 전자정부의 유형

### (1) 능률형 전자정부

① 정부 자체의 혁신과 정보기술의 활용으로 정부부문의 효율성을 제고하는 것이 목적인 전자정부를 말한다.

② EDI(Electronic Data Interchange, 전자 데이터 교환), BPR, 정보공유 등이 중요하다.

### (2) 서비스형 전자정부

① 효율성 제고를 넘어 정보부문의 향상된 정보능력을 민간과 공유하는 가운데 행정정보가 국민의 생활에 얼마나 기여할 수 있는가에 목적이 있다.

② 전자납세, 전자조달 등 서비스의 혁신이 해당된다.

---

### (3) 민주형 전자정부

① 국민의 정부에 대한 높은 신뢰에 의해서 발전 가능하며 이러한 신뢰구축을 위해 정책결정 과정에 국민이 직접 참여하도록 행정부문의 정부 공간 확대를 중요하게 생각한다.

② 정보의 전자적 공개, 전자투표, 전자거버넌스 등을 통해 이루어진다.

## 3. 전자정부 운영의 원칙

### (1) 대민서비스의 전자화 및 국민편익의 증진

대민서비스를 전자화하여 민원인의 업무처리 과정에 시간과 노력이 최소화되도록 한다.

### (2) 행정업무의 혁신 및 효율성의 향상

업무처리 과정을 전자적 처리에 적합하도록 혁신하여 생산성을 향상시킨다.

### (3) 정보 시스템의 안정성과 신뢰성 확보

보안 시스템을 철저히 하여 정보 시스템의 안전성과 신뢰성을 확보한다.

### (4) 개인정보 및 사생활의 보호

개인정보는 법령에서 정한 경우를 제외하고는 당사자의 의사에 반하여 사용되어서는 아니 되며 개인의 사생활을 보장해야 한다.

### (5) 행정정보의 공개 및 공동이용의 확대

행정정보는 인터넷을 통하여 적극 공개하고 행정기관은 행정정보를 다른 기관과 공동으로 이용한다.

### (6) 중복 투자의 방지 및 상호 운용성 증진

부처 간 소프트웨어 중복 개발을 방지하고 비용 절감을 위해 상호 운용한다.

### (7) 정보기술아키텍쳐[1]를 기반으로 하는 전자정부 구현과 운영

① 행정기관 등은 전자정부의 구현과 운영 및 발전을 추진할 때 정보기술아키텍쳐를 기반으로 하여야 한다.

② 정보기술아키텍쳐는 일정한 기준과 절차에 따라 업무·응용·데이터·기술 보안 등 조직 전체의 정보화 구성요소들을 통합적으로 분석한 뒤, 이들 간의 관계를 구조적으로 정리한 체계 및 이를 바탕으로 정보시스템을 효율적으로 구성하기 위한 방법이다.

### (8) 행정기관 확인의 원칙

행정기관이 전자적으로 확인할 수 있는 사항은 민원인에게 제출하도록 요구하여서는 아니 된다.



**정보의 공동이용**

| 장점 | 단점 |
| --- | --- |
| 행정기관 확인의 원칙 | 정보의 그레샴 법칙 |

정보의 공동이용 시 나타나는 그레샴의 법칙을 경계해야 합니다. 그레샴의 법칙이란 공개되는 공적정보 시스템에는 상대적으로 가치가 적은 정보가 축적되는 반면 사적정보체계에는 가치가 있는 정보가 축적되는 병리현상입니다.

**1) 정보기술아키텍쳐**

「전자정부법」에 명시되어 있으며, 정보자원 간의 관계를 연결·정리한 설계도

# 4. 정보화의 긍정적 측면과 부정적 측면

## (1) 긍정적 측면

① 모자이크 민주주의

소수자나 약자 등 구성원 개개인의 의견과 참여가 중시되는 민주주의

② 모뎀 민주주의

전자정부 + 민주주의 = 정보 민주주의 = 모뎀 민주주의

## (2) 부정적 측면

① 전자 전제주의(Telefascism)

정보를 정부나 상급 기관이 독점하면 오히려 집권화나 계층 구조의 강화, 감시 강화, 프라이버시 침해 등의 폐해가 발생

② 팬옵티콘(Panopticon)

- 팬옵티콘의 어원은 그리스어로 '모두'를 뜻하는 'Pan'과 '본다'를 뜻하는 'Opticon'을 합성한 것으로 벤담이 소수의 감시자가 모든 수용자를 효과적으로 감시할 수 있는 형태의 감옥을 제안하면서 이 말을 창안
- 정보를 장악한 소수가 다수를 효과적으로 통제하는 정보화의 역기능

③ 정보화 역기능의 종류

| | |
|---|---|
| 인포데믹스<br>(Infordemics) | 정보(Information)와 전염병(Epidemics)의 합성어로, 정보 확산으로 인한 부작용으로 추측이나 뜬소문이 덧붙여진 부정확한 정보가 인터넷이나 휴대전화를 통해 전염병처럼 빠르게 전파됨으로써 개인의 사생활 침해는 물론 경제, 정치, 안보 등에 치명적인 영향을 미치는 것 |
| 집단극화<br>(Group polarization) | 집단의 의사결정이 개인의 의사결정보다 더 극단적인 방향으로 이행하는 현상인데 인터넷 공간에서는 정치적·이기적 극단주의자들에 의하여 네티즌들이 쉽게 동원·조작됨으로써 집단극화의 가능성을 높이게 됨 |
| 선택적 정보접촉<br>(Selective exposure to information) | 정보의 범람 속에서 유리한 정보만을 선별적으로 취하는 행태 |
| 정보격차<br>(Digital divide) | 인터넷을 이용하는 사람과 그렇지 않은 사람들 간에 정보접근 능력의 차이로 인하여 발생하는 혜택의 격차 |

# 5. 보편적 서비스

## (1) 의의

정보격차를 완화하기 위한 보편적 서비스는 누구나, 언제나, 어디서나, 저렴하게 정보를 접속·이용 가능하도록 하는 것을 기본속성으로 한다.

## (2) 보편적 서비스 정책의 내용 – 정보격차 해소

① 접근성: 장소, 소득, 신체조건 등에 상관없이 접근 가능
② 활용 가능성: 누구든지 활용 가능(시각 장애인)
③ 훈련과 지원: 교육으로 인터넷 활용 능력 배양
④ 유의미한 목적성: 개인적, 사회적 의미
  • 국민, 고객 O
  • 국가, 정부 X
⑤ 요금의 저렴성: 경제적 이유로 인한 이용 배제 방지

| 산업 사회 | 정보화 사회 |
|---|---|
| 시장실패 | 마타이(마태) 효과[2] |
| ⇩ | ⇩ |
| 부의 불평등 | 정보 격차 |
| ⇩ | ⇩ |
| 소득 재분배 | 보편적 서비스: 정부가 구축 |

2) 마타이(마태) 효과

정보화 사회에서는 정보의 부익부 빈익빈 현상을 초래한다는 이론

# 6. 정부운영 패러다임의 변화

## (1) 전자정부의 변천 패러다임

| 구분 | Government 1.0 | Government 2.0 | Government 3.0 (u-Government) |
|---|---|---|---|
| 시기 | 1995~2000년 | 2005~2010년 | 2015~2020년 |
| 개념 | 유선 인터넷 기반 전자정부 | 무선 모바일 기반 전자정부 | 유무선 모바일 통합 전자정부 |
| 접근성 | 정부 중심<br>First stop shop<br>(단일 접속창구) | 시민 중심<br>One stop shop<br>(정부서비스 중개기관을 통해서도 접속) | 개인 중심<br>My Government |
| 서비스 | • 일방향 정보 제공<br>• 제한적 정보 제공<br>• 서비스의 시공간 제약<br>• 공급 위주 서비스<br>• 서비스의 전자화 | • 양방향 정보 제공<br>• 정보 공개 확대<br>• 모바일 서비스<br>• One stop service | • 개인별 맞춤정보 제공<br>• 실시간 정보 공개<br>• 중단 없는 서비스<br>• 서비스의 지능화 |

전자적참여단계(UN 기준)
1. 전자정보화단계
   전자적 채널을 통해 국민에게 정보를 공개한 단계입니다.
2. 전자자문단계
   시민과 선거직 공무원 간의 상호 의사소통과 환류가 이루어지는 단계입니다.
3. 전자결정단계
   시민의 의견이 정부의 정책과정에 반영되는 단계입니다.

## (2) 스마트 정부

① 의의: 빅데이터 활용을 통해 사회현상에 관한 새로운 법칙을 발견하여 미래예측 변화 추이·위험 징후 등에 선제적으로 대응하고, 각각의 개별적인 시민 요구에 선제적으로 서비스를 제공하는 전자정부이다.

② 기존 전자정부와 스마트 정부의 비교

| 구분 | | 기존 전자정부(~2010) | 스마트 정부(2011~) |
|---|---|---|---|
| 국민 | 접근방법 | • PC만 가능 | • 스마트폰, 태블릿 PC, 스마트 TV 등 다매체 활용 |
| | 서비스 | • 공급자 중심의 획일적 서비스 | • 개인별 맞춤형 통합 서비스<br>• 개방을 통해 국민이 직접 원하는 서비스 개발·제공 |
| | 민원 신청 | • 개별 신청<br>• 동일서류도 복수제출 | • 1회 신청으로 연관 민원 일괄 처리 |
| | 수혜 방식 | • 국민이 직접 자격 증명 신청 | • 정부가 자격 요건 확인·지원 |
| 공무원 | 근무위치 | • 지정 사무실(PC) | • 시간·위치 무관(스마트 워크센터 또는 모바일오피스) |
| | 위기 | • 사후 복구(재난) | • 사전 예방 및 예측 |

## (3) 지능형 전자정부

① 개념: '지능형 전자정부'란 인공지능, 빅데이터, 사물인터넷 등 지능정보기술을 활용하여 국민 중심으로 정부서비스를 최적화하고 스스로 일하는 방식을 혁신하며 국민과 함께 국정 운영을 실현함으로써 안전하고 편안한 상생의 사회를 만드는 디지털 신정부를 의미한다.

② 지능형 전자정부는 두 가지 측면에서 기존 전자정부와 차별화된다.
 • 첫째, 시스템 측면에서 제4차 산업혁명의 기반이 되는 인공지능, 빅데이터 등의 최첨단 기술을 활용한 차세대 전자정부 플랫폼 구축을 의미한다,
 • 둘째, 국정 운영 측면에서 신기술과 인간의 창의성을 접목하여 국민이 감동하는 서비스를 제공하고 국민과 함께하는 현명한 국정 운영을 지원하는 정부를 의미한다.

③ 구체적 구별

| 구분 | 전자정부 | 지능형 정부 |
|---|---|---|
| 정책결정 | 정부 주도 | 국민 주도 |
| 행정업무 | 행정 현장: 단순 업무 처리중심 | 행정 현장: 복합문제 해결 가능 |
| 서비스 내용 | 생애주기별 맞춤형 | 일상틈새+생애주기별 비서형 |
| 서비스 전달 방식 | 온라인+모바일 채널 | 수요 기본 온·오프라인 멀티채널 |

## (4) 빅데이터

① 구성

- 데이터마이닝: 인공지능 기법 등의 활용을 통해 방대한 양의 데이터로부터 유용한 정보를 추출해내는 지식발견 기법
- 텍스트마이닝: 텍스트로부터 유용한 정보를 추출해내는 지식발견 기법
- 오피니언마이닝: 다양하고 방대한 의견으로부터 유용한 정보를 추출해내는 지식발견 기법

② 특성(3V)

- 방대한 규모(Volume)
- 빠른 속도(Velocity)
- 다양한 형태(Variety): 수치화된 데이터, 문자 또는 영상 데이터 등 대규모 데이터

③ 전제 조건

개인정보 보호제도가 선행되어야 한다.

## (5) 4차산업혁명

<table>
<tr><td colspan="2">의의</td><td>3차산업혁명을 기반으로 물리적, 가상적, 생물학적 영역의 융합을 통해 사이버 물리시스템을 구축</td></tr>
<tr><td rowspan="3">특징</td><td>초연결성</td><td>사람 – 사람, 사물 – 사물, 사람 – 사물 등 인간생활의 모든 영역을 연결 ⑩ 사물인터넷 IoT</td></tr>
<tr><td>초지능성</td><td>방대한 빅데이터 분석으로 인간생활의 패턴 파악</td></tr>
<tr><td>초예측성</td><td>초연결성·초지능성을 토대로 미래를 정확히 예측</td></tr>
<tr><td colspan="2">3차산업혁명과의 차이</td><td>3차산업혁명의 연장선상에 있지만 기술발전의 속도와 범위, 시스템적 충격이라는 측면에서 3차산업혁명과 비교할 수 없는 전반적인 문화혁명</td></tr>
</table>

### ▤ 시험문제 미리보기!

다음 중 기존 데이터와 비교할 때 빅데이터의 주요 특징이 아닌 것은?

① 속도(Velocity)   ② 다양성(Variety)

③ 크기(Volume)   ④ 수동성(Passivity)

해설   빅데이터의 3대 특징은 3V로, 속도, 다양성, 크기를 의미한다.

정답 ④

# 1. 지식의 의의 및 유형

## (1) 지식의 의의

지식이란 자료가 분석 과정과 의미 파악을 통해 정보로 산출된 후 일정한 규칙이나 파일을 통해서 데이터베이스화되어 가치평가가 이루어지게 되는데, 이 중 가치 있다고 판단되는 것이다.

## (2) 지식의 유형

① 암묵지(暗默知; Tacit knowledge)

말이나 문서 등으로 형태화가 어려운 주관적이고 내면화된 지식이다.

  예 축구선수의 오랜 경험으로 인한 감, 자전거 타기, 음식 맛이나 장인들의 도자기 제작에 대한 말로 표현하기 어려운 Know-how 등

② 형식지(形式知; Explicit knowledge)

말이나 문서 등으로 표현(언어화·형식화)될 수 있는 객관적인 지식으로, 정보시스템을 통해 임의의 형태로 전달 가능하다.

  예 사용설명서(Manual), 신청서 작성 양식 견본, 데이터마이닝 등

# 2. 기존 행정관리와 지식행정관리의 비교

| 구분 | 기존 행정관리 | 지식행정관리 |
|---|---|---|
| 지식 공유 | 지식의 파편화 | 공유를 통한 지식가치의 확대재생산 |
| 지식 소유 | 지식의 개인 사유화 | 지식의 조직 **공동재산화** |
| 지식 활용 | 중복 활용 | 지식의 **공동활용**을 통한 조직의 업무능력 향상 |
| 조직 성격 | 계층제 | **학습조직** 기반 구축 |
| 구성원 능력 | 조직구성원의 기량 및 경험이 일과성으로 소모 | 개인의 전문적 자질 향상 |
| 의사소통 | 계층제적 구조에 의한 의사소통의 공식화 | 다양한 채널에 의한 **의사소통의 활성화** |

다음 중 지식관리의 기대효과로 옳지 않은 것은?

① 개인의 전문적 자질 향상

② 정보·지식의 중복 활용

③ 학습조직의 기반 구축

④ 공유를 통한 지식가치 향상 및 확대 재생산

해설　정보·지식의 중복 활용은 지식관리의 기대효과가 아닌 기존의 전통적 행정관리의 특징이다.

정답 ②

출제빈도: ★☆☆

**01** 정보를 공유하는 수단으로서 기업 내에서 인사관리 등에 가장 많이 사용하는 것은?

① 지식관리시스템        ② 엑스트라넷

③ 인트라넷        ④ 인터넷

출제빈도: ★☆☆

**02** 다음이 설명하는 기법은 무엇인가?

> 각 데이터 간의 상관관계를 인공지능기법으로 자동적으로 알려주는 기법으로서 과거에는 알지 못했지만 축적된 데이터 속에서 유도된 새로운 데이터 모델을 발견하여 새로운 전략적 정보를 추출해내는 정보추출 및 지식발견기법이다.

① 데이터베이스        ② 데이터 마트

③ 데이터마이닝        ④ 데이터 웨어하우스

출제빈도: ★☆☆

**03** 서로 다른 조직 간에 약속된 포맷을 사용하여 컴퓨터와 컴퓨터 간에 행정상의 거래를 행하는 것은?

① 행정정보 공동 활용        ② 전자문서교환

③ 전자민원처리        ④ 전자정보공개

출제빈도: ★☆☆

## 04 UN에서 본 전자 거버넌스로서 전자적 참여의 형태가 진화하는 단계로 옳은 것은?

① 전자정보화 → 전자자문 → 전자결정
② 전자문서화 → 전자결정 → 전자자문
③ 전자자문 → 전자문서화 → 전자결정
④ 전자정보화 → 전자결정 → 전자문서화

출제빈도: ★☆☆

## 05 기존 전자정부 대비 지능형 정부의 특징에 대한 설명으로 가장 옳지 않은 것은?

① 국민 주도로 정책결정이 이루어진다.
② 현장 행정에서 복합문제의 해결이 가능하다.
③ 생애주기별 맞춤형 서비스를 제공한다.
④ 서비스 전달방식은 수요기반 온·오프라인 멀티채널이다.

PART 6 \ 지식정보화 사회와 한국사<br>해커스공기업 쉽게 끝내는 행정학 기본서

### 정답 및 해설

**01** ③
인트라넷은 회사나 학교와 같은 조직 내부에서만 사용하는 근거리 통신망이다.

| 인트라넷 (Intranet) | 오늘날 기업 내에서 인사관리 등에 가장 많이 사용하는 정보공유수단 |
| --- | --- |
| 엑스트라넷 (Extranet) | 인트라넷의 정보를 외부인에게 부분적으로 개방한 정보망 |

**02** ③
데이터마이닝(Data Mining)에 대한 설명이다.

**03** ②
다른 조직 간에 정형화된 표준양식(약속된 포맷)을 사용하여 컴퓨터 간 행정상의 거래를 행하는 것은 전자문서교환(EDI: Electronic Data Interchange)이다.

**04** ①
전자거버넌스(E-governance)란 전자정부를 활용하여 거버넌스를 구현하는 것으로, '전자정보화(E-information) → 전자자문 (E-consulting) → 전자결정(E-decision)' 순으로 발전하고 있다.

**05** ③
생애주기별 맞춤형 서비스를 제공하는 게 아니라 일상틈새+생애주기별 비서형을 추구한다.

출제빈도: ★★☆

**06** 다음 중 지식행정관리의 기대효과로 가장 옳지 않은 것은?

① 조직구성원의 전문적 자질 향상
② 지식공유를 통한 지식가치의 확대 재생산
③ 학습조직 기반 구축
④ 지식의 개인 사유화 촉진

출제빈도: ★☆☆

**07** 지식행정의 효과로 옳지 않은 것은?

① 지식공유를 통한 지식가치의 향상
② 조직의 업무능력 향상
③ 개인의 전문적 자질 향상
④ 계층제적 조직구조의 강화

출제빈도: ★☆☆

## 08 정보화 사회에서는 지식관리가 중요한데, 다음 중 암묵지(Tacit knowledge)의 기제로 옳지 않은 것은?

① 데이터마이닝(Data Mining)

② 대화

③ 학습공동체

④ 역사와 이야기 학습

---

### 정답 및 해설

**06** ④

지식행정관리에서는 지식의 개인 사유화가 아니라 공유화를 강조한다. 기존의 행정관리와 지식행정관리를 비교하면 다음과 같다.

| 구분 | 기존 행정관리 | 지식행정관리 |
| --- | --- | --- |
| 지식 공유 | 지식의 파편화 | 공유를 통한 지식가치의 확대재생산 |
| 지식 소유 | 지식의 개인 사유화 | 지식의 조직 공동재산화 |
| 지식 활용 | 중복활용 | 지식의 공동활용을 통한 조직의 업무능력 향상 |
| 조직 성격 | 계층제 | 학습조직 기반 구축 |
| 구성원 능력 | 조직구성원의 기량 및 경험이 일과성으로 소모 | 개인의 전문적 자질 향상 |
| 의사소통 | 계층제적 구조에 의한 의사소통의 공식화 | 다양한 채널에 의한 의사소통의 활성화 |

**07** ④

지식행정관리에서는 학습조직을 기반으로 한 탈관료제적 조직이 선호되며, 계층제적 조직구조는 기존의 관료제적 행정관리의 성격이다.

**08** ①

데이터마이닝은 형식지이다.

✓ **핵심 포인트**

| | |
|---|---|
| 행정책임 | 내재적 책임과 외재적 책임 |
| 행정통제 | 내부통제와 외부통제 |

## 01 행정책임

출제빈도 ★

## 1. 개념 및 필요성

### (1) 개념

① 행정책임의 의의

일반적으로 행정책임이란 '행정관료가 직무를 수행함에 있어서 국민에 대한 공복으로서 도덕적 · 법률적 규범에 따라 행동해야 하는 국민에 대한 의무'라 할 수 있다.

② 행정책임의 기준

- 명문규정이 있는 경우(강제적 · 법령적 기준): 법률, 명령, 규칙, 행정목표
- 명문규정이 없는 경우(자율적 · 추상적 기준): 공익, 행정이념, 공직윤리, 여론, 조직목표와 정책 · 사업계획, 국민 및 수익자 집단 · 고객의 요구

### (2) 필요성

① 행정권의 강화와 집중

적절한 민주통제가 수반되지 않는 행정권의 강화로 부패 가능성이 커졌다.

② 현대행정의 전문화와 재량권의 증대

행정의 전문화와 재량권의 증대로 공직부패의 가능성이 증대되고 있다.

③ 행정책임의 필요성

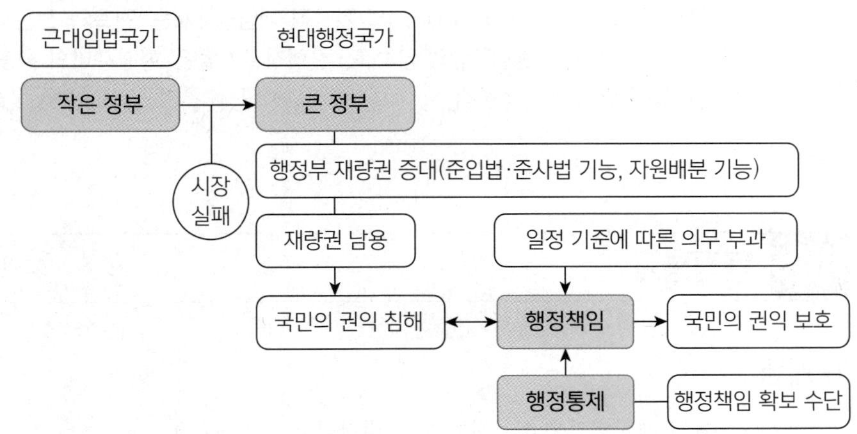


## (3) 특징

① 행정상의 책임은 행정상의 일정한 **의무를 전제로 발생한다.**
② 일정한 **재량권의 여지가 있을 때 발생한다.** 재량권이 없으면 남용의 위험도 없으며, 책임을 물을 이유도 없다.
③ 개인적 요구보다 공익적 요구에 반응하는 것이다.
④ **결과에 대한 책임과 과정에 대한 책임을 포함한다.** 1차적 책임은 결과에 대해 발생한다.
⑤ 책임 확보를 위해 행정통제가 이루어진다.
⑥ 행정책임은 대물적 관계가 아닌 대인적 관계에서 나타난다.
⑦ 행정책임 기준의 유동성
**입법국가에서는 외재적 책임이 강조되었고, 행정국가 시대에서는 내재적 책임이 강조되**고 있다.

# 2. 종류

## (1) 제도적 책임성 또는 객관적 책임성(Accountability) – 외재적 책임

① 공식적·법적 책임
대의제 원리하에서 법률로 나타나는 의회의 의사나 계층제상 최고관리자의 지시 등 관료가 외부의 요구에 대해 지는 공식적 책임 및 법적 책임이다.
② 객관적 책임성의 확보 방안
공식적인 행정통제 기제의 강화를 주장한다. 대표적으로 윌슨(Wilson)은 권한의 집중에 의한 계층제적 통제를 주장하였으며, **파이너(Finer)는 '국민과 국민이 선출한 대의기관에 의한 직접적 통제'라는 정치적 통제를 주장하였다.**

## (2) 자율적 책임성 또는 주관적 책임성(Responsibility) – 내재적 책임

① 현대행정에서는 복잡성 및 전문기술성의 증대에 따라 객관적 책임성의 실효성이 약화되면서 이에 대한 방안으로 강조되고 있다.
② 관료들이 국민에 대한 수임자·공복으로서 스스로 내면의 가치와 기준에 따라 자발적으로 내부적인 유도에 의해 책임감을 느끼고 행동하는 것이다.

③ 주관적 책임성의 확보 방안

대표적으로 프리드리히(Friedrich)의 기능적 책임성에서는 '관료의 전문적 지식'과 '국민적 정서'에 의한 행정책임의 담보를, 신행정론자들은 행정윤리의 확립을 통한 행정책임의 담보를 강조한다.



**행정통제의 원칙**

- **예외성**: 통제의 효율성을 위해 일상적인 것보다는 예외적인 사항만을 통제함
- **적량성**: 지나친 통제는 관료의 사기를 위축시키므로 과다통제나 과소통제를 피하고, 통제비용과 효과를 적정하게 비교형량하여 통제함
- **적응성**: 예측하지 못했던 사태에 신축적으로 대응하여 통제함
- **즉시성**: 기준에 일탈된 내용은 바로 통제되어야 하며, 신속히 시행되어야 함
- **일치성**: 행위자의 권한과 책임이 일치하도록 통제하여야 함
- **비교성**: 통제에 요구되는 기준과 실제 행동이나 성과를 비교하여 통제하여야 함
- **이해가능성(명확성)**: 통제의 목적이나 기준을 명확하게 인식하여야 함
- **지속성**: 일회성 통제(불조심 강조기간이나 음주운전 집중단속기간 등)는 통제에 대한 면역성과 불감증만 높여줄 뿐 효과가 없음

## 02 행정통제

출제빈도 ★★

## 1. 개념

① 행정통제란 행정책임을 확보하기 위한 수단이다.
② 행정통제는 기본적으로 관료들이 자발적으로 행정책임을 구현할 것이라고 기대하기 어렵기 때문에 보다 분명한 행정책임의 확보를 위해 요구되는 것이다.

## 2. 옴부즈만(Ombudsman)에 의한 외부통제

| 구분 | | 스웨덴의 옴부즈만 | 우리나라의 국민권익위원회 |
|---|---|---|---|
| 차이점 | 조직 소속 | 의회 소속 | 행정부 소속(국무총리 소속) |
| | 통제 유형 | 외부통제 | 내부통제 |
| | 직무상 독립성 | 있음 | 합의제 방식으로 독립성을 가지지만 미흡 |
| | 법적 근거 | 헌법상 기관<br>(헌법에 설치하도록 규정됨) | 법률상 기관(「부패방지 및 국민권익위원회의 설치와 운영에 관한 법률」) |
| | 조사 방식 | • 원칙인 신청에 의한 조사도 가능<br>• 예외적인 직권 조사도 가능 | • 원칙인 신청에 의한 조사만 가능<br>• 예외적인 직권 조사는 인정 안 됨 |
| 유사점 | 통제 방식 | 공식적 통제 | |
| | 조사 사항 | 위법(합법성 심사)한 사항 + 부당(합목적성 심사)한 사항 | |
| | 조사 결과의 처리 | • 법원에 의한 것보다는 신속하고 저렴한 비용으로 처리할 수 있음<br>• 직접적 통제권은 없고 간접적 통제권만 지님<br>⇨ 이빨 없는 감시견(Watchdog without teeth: toothless watchdog)<br>• 시정·개선 조치 및 징계의 권고나 요구만 가능<br>⇨ 직접 시정·개선 조치를 하지 못함(취소·무효·철회권 없음) | |

## 3. 외부통제와 내부통제

| | | | |
|---|---|---|---|
| 외부통제<br>(민주통제,<br>타율통제) | 공식통제 | 입법통제 | • 법률제정, 예산의결, 국정조사·감사, 탄핵소추, 결산 승인, 해임건의, 임명동의권, 인사청문회 |
| | | 사법통제 | • 법원의 행정소송, 명령·규칙 위헌심사, 헌법재판소의 헌법소원심판·탄핵심판 |
| | | 옴부즈만 | • 위법·부당한 사항에 대한 신속·저렴한 해결, 간접적 통제권만 가짐 |
| | 비공식통제 | | 민중통제: 선거, 투표, 정당, 이익집단, NGO, 언론, 여론, 정책공동체 |
| 내부통제<br>(관리통제,<br>자율통제) | 공식통제 | 통제주체별 | • 행정수반(대통령), 감사기관(감사원 – 결산검사), 행정심판위원회(행정심판), 감독기관, 감독자(헤드십)<br>• 교차행정조직에 의한 통제: 인사혁신처(인사권), 기획예산처(예산권), 국무총리실(심사평가) |
| | | 통제대상별 | • 운영통제, 감찰통제, 정책·기획통제, 요소별 통제(법제, 정원·인사, 회계, 물자 통제), 절차통제(보고·지시) |
| | 비공식통제 | | 공직윤리(행정윤리), 직업윤리, 기능적·전문적 책임, 비공식조직, 공무원단체, 대표관료제, 내부고발 |

**행정통제 방법의 구분**

행정통제의 방법은 통제자가 행정조직 내부에 위치하는가 외부에 위치하는가에 따라 내부통제와 외부통제로 구분하고, 통제방법의 제도화에 따라 공식통제와 비공식통제로 구분합니다.

출제빈도: ★★☆   대표출제기업: 한국남부발전

**01** 행정에 대한 외부통제와 관련이 적은 것은?

① 언론에 의한 통제

② 대표관료제에 의한 통제

③ 입법부에 의한 통제

④ 사법부에 의한 통제

출제빈도: ★★☆   대표출제기업: 부산환경공단

**02** 다음 <보기>에서 행정통제 중 내부통제에 해당하는 것만을 모두 고른 것은?

<보기>

ㄱ. 입법부에 의한 통제

ㄴ. 사법부에 의한 통제

ㄷ. 감사원에 의한 통제

ㄹ. 시민에 의한 통제

ㅁ. 공무원으로서의 직업윤리에 의한 통제

① ㄱ, ㄴ

② ㄴ, ㄷ

③ ㄷ, ㅁ

④ ㄹ, ㅁ

출제빈도: ★ ☆ ☆　　대표출제기업: 대구도시철도공사

## 03 스웨덴의 옴부즈만 제도에 대한 설명으로 옳지 않은 것은?

① 옴부즈만은 내부통제이다.

② 직무수행에 있어서 독립성이 보장된다.

③ 시민의 권리구제 신청 없이도 직권조사를 할 수 있다.

④ 법원과 달리 신속히 처리되며 비용이 저렴하다.

PART 6 지식정보화 사회와 행류로<br>해커스공기업 쉽게 끝내는 행정학 기본서

---

**정답 및 해설**

**01** ②
대표관료제는 내부통제이고 나머지는 외부통제이다.

**02** ③
ㄷ. 감사원에 의한 통제 - 내부통제
ㅁ. 공무원으로서의 직업윤리에 의한 통제 - 내부통제

오답노트
ㄱ, ㄴ, ㄹ은 외부통제에 해당한다.

**03** ①
스웨덴의 옴부즈만(Ombudsman)은 입법부 소속의 공무원이며, 입법부에서 선출되므로 외부통제에 해당한다.

오답노트
② 옴부즈만은 입법부 소속이지만 직무수행의 독립성이 보장되어 있다.

③ 옴부즈만 제도는 신청에 의한 조사가 일반적이나 신청이 없어도 직권조사를 할 수 있다. 그러나 우리나라의 국민권익위원회는 신청에 의한 조사만 가능하다.

④ 옴부즈만 제도는 법원의 재판에 비하여 시간과 비용을 절약할 수 있다.

| 의의 | 개념 |
|---|---|
| 접근방법 | 구조적 접근법과 행태적 접근법 개념 |

## 01 의의
출제빈도 ★

① 행정개혁(Administrative reform)이란 행정체제를 어떤 하나의 상태에서 그보다 나은 다른 하나의 상태로 변동시키는 것을 의미한다.
② 즉, 행정의 기구, 관리기법, 기술, 행정인의 능력과 가치관 및 태도를 의도적·계획적으로 변화시켜 행정체제의 바람직한 변동을 추구하는 활동이나 과정인 것이다.

## 02 접근방법
출제빈도 ★

### 1. 구조적 접근방법(Structural approach)

#### (1) 의의

구조적 접근방법은 원칙적으로 행정체제의 구조적 설계를 개선함으로써 행정개혁의 목표를 달성하려는 접근방법을 의미한다.

#### (2) 특징

구조적 접근방법의 구체적 개선 대상(주요 관심사)은 기능 중복의 제거, 분권화의 확대, 통솔범위의 재조정, 권한배분의 수정, 책임의 재규정, 의사전달 체계(명령계통)의 수정, 통제절차의 개선 등이다. 이는 원리 전략과 분권화 전략으로 세분할 수 있다.

① 원리 전략: 최적 구조가 최적 수행을 초래한다는 조직의 건전 원칙에 의거하여 기능 중복의 제거, 책임의 재규정, 조정 및 통제 절차의 개선, 표준적 절차의 간소화 등을 강조한다.
② 분권화 전략: 구조의 분권화에 의해 조직을 개선하려는 것으로서 공식적 조직뿐만 아니라 관리자의 행태와 의사결정까지도 포함하는 종합적인 성격을 지니고 있다.

## 2. 과정적(관리·기술적) 접근방법(Process approach)

### (1) 의의

과정적 접근방법은 행정체제 내의 과정 또는 일의 흐름 그리고 거기에 결부된 기술을 개선하려는 접근방법이다.

### (2) 특징

과학적 관리법을 이론적 배경으로 하여 문서의 처리절차, 업무량 측정, 정원관리, 사무실 배치, 행정사무의 기계화, 자동화, 새로운 행정기술·장비를 도입하거나 관리과학, OR, 체제분석, 컴퓨터(EDPS, MIS) 등의 계량화 기법을 활용하는 것을 말한다.

## 3. 행태적 접근방법(Behavioral approach)

### (1) 의의

① 행태적 접근방법은 조직발전(OD) 혹은 인간중심적 접근방법이라고도 한다.
② 행태과학의 지식과 기법을 활용하여 조직의 목표에 개인의 성장의욕을 결부시킴으로써 조직을 개혁하려는 접근방법이다.

### (2) 특징

조직발전이론, 소집단이론·집단동태이론에 속하는 방법들이 개선전략이 될 수 있다. 감수성훈련, 태도조사 등이 이에 해당하며 상향적·자발적 성격을 띤다.

## 4. 종합적 접근방법(Integrated approach)

### (1) 의의

종합적 접근방법은 어느 경우든지 하나의 접근방법으로 하나의 행정개혁 전반을 다루기는 어려우므로, 외적인 환경에 따라 담당자가 개방체제 관념에 입각하여 개혁대상의 구성요소들을 보다 포괄적으로 관찰하고 여러 가지 분화된 접근방법들을 통합하여 해결방안을 탐색하려는 접근방법이다.

### (2) 특징

구조, 과정, 인간, 문화, 산출 등을 대상으로 관련되는 접근방법을 적절히 혼합하여 행정의 목표를 수행하면 충분하다는 입장이다.

출제빈도: ★☆☆

**01**　**다음 중 행정개혁을 위한 접근방법이 다른 것은?**

① 분권화 확대　　　　　　　　　② 조직 내 운영과정의 개선

③ 기능 중복의 제거　　　　　　　④ 표준적 절차의 간소화

출제빈도: ★☆☆　대표출제기업: 한국동서발전

## 02　다음의 행정개혁 방식은?

> 기능중복의 제거, 책임의 재규정, 조정 및 통제 절차의 개선, 표준적 절차의 간소화 등을 강조한다.

① 구조적 접근법　　　　　　　　　② 과정적 접근법
③ 행태적 접근법　　　　　　　　　④ 종합적 접근법

---

**정답 및 해설**

**01** ②
　　조직 내 운영과정의 개선은 관리기술적 접근법이고, 나머지는 구조
　　적 접근법이다. 행정개혁을 위한 접근방법에는 구조적 접근, 관리기
　　술적 접근, 인간관계론적 접근, 종합적 접근으로 나눌 수 있다.

**02** ①
　　제시문에서는 구조적 접근법을 설명하고 있다.

## 출제비중 & 출제기업

2023년~2024년 필기시험 기준으로 국민체육진흥공단, 인천교통공사, 한국농어촌공사, 한국마사회 등의 기업에서 출제하고 있습니다.

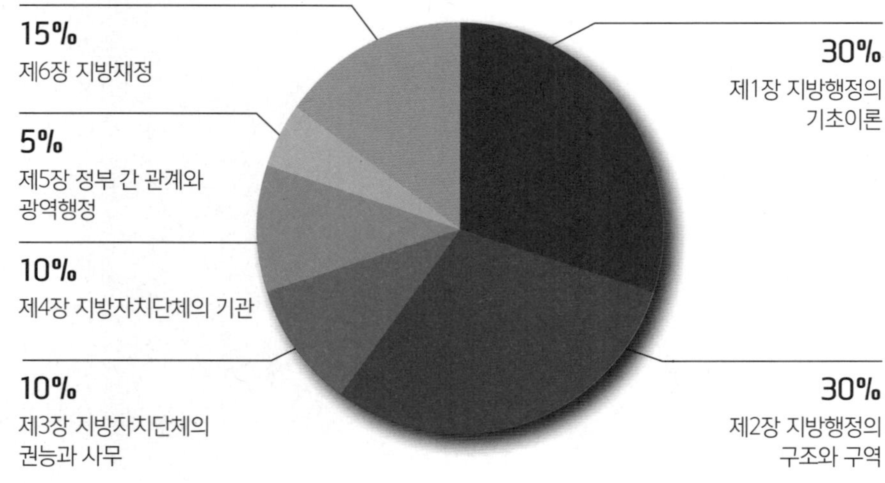

# PART 7

# 지방행정론

✔**핵심 포인트**

| | |
|---|---|
| 지방행정의 기초 | 지방자치 3대 요소, 주민자치와 단체자치 비교 |
| 중앙집권과 지방분권 | 신중앙집권 성격 |

## 01 지방행정의 기초

출제빈도 ★★★

### 1. 지방자치의 본질

#### (1) 지방자치의 개념

① 일정한 지역의 주민들이 지방자치단체를 형성하여 그 지역의 공동문제를 자기부담과 책임하에 스스로 또는 대표기관을 통하여 처리하는 활동 과정이다.
② 민주주의 실현, 지방분권 및 자기 책임성을 그 개념요소로 한다.

#### (2) 지방자치의 구성요소

| | |
|---|---|
| 구성 요소 | • 구역<br>• 자치권<br>• 주민<br>• 사무<br>• 자치기관<br>• 자주재원 등 |
| 3대 요소 | • 구역<br>• 자치권<br>• 주민 |
| 자치권 | • 자치입법권<br>• 자치행정권<br>• 자치조직권<br>• 자치재정권 |

다음 중 지방자치의 3대 요소가 아닌 것은?

① 주민
② 구역
③ 자치권
④ 지방자치단체장의 직선

해설　지방자치의 3대 요소는 ① 주민, ② 구역, ③ 자치권이다.

정답 ④

## 2. 지방행정의 속성

### (1) 지역행정

국가행정이 전국을 단위로 통일적·일원적으로 실시된다면, 지방행정은 국가 내의 특정 지역 또는 일정한 지방을 단위로 개별적·다원적으로 실시되는 행정이다.

### (2) 생활행정

지방행정은 지역주민들의 일상생활과 관련된 구체적·개별적 활동이다.

### (3) 대화행정(일선행정)

지방행정은 중앙행정과는 달리 주민과 직접 접촉하여 그들과의 대화를 통하여 수행하는 행정이다.

### (4) 종합행정

① 지방자치단체의 행정은 그 지역 안에서 일어나는 모든 행정수요에 대응하여 포괄적으로 문제를 해결하는 종합행정이다.
② 전문화된 중앙 각 부처의 행정은 지방자치단체에 집결되어 종합화된다.
　⇨ 국가행정은 고도의 전문성을 특징으로 하는 부문행정이다.

### (5) 자치행정

지방행정을 '일정한 지역을 기초로 하는 단체가 그 지역 내의 사무를 그 지역주민의 의사에 따라 자주재원을 가지고 스스로 또는 대표자를 통하여 처리하는 행정'으로 파악할 때 그것은 자치행정을 의미한다.

### (6) 비권력적 행정

지방행정은 주민생활의 편익 도모, 서비스의 제공, 복지증진과 같은 비권력적 행정의 분야가 많은 것이 특징이다.

# 3. 지방자치의 유형

## (1) 발생론적 구별

① 주민자치 – 영미계통의 순수한 지방자치 유형
- 의의
  - 주민자치에서는 국가의 통치구조가 민주주의에 입각한 지방자치를 기초로 하고 있고, 국가 이전에 지역공동체 생활이 선행하였다는 점을 중시한다.
  - 주민의 참여를 통해서 자치사무를 처리한다는 측면에서 지방자치의 의의를 찾는 것이 주민자치이다.
- 특징
  - 주민자치는 자치단체와 주민과의 관계에 중점을 두는 제도로서 민주주의의 원리를 표현하는 지방자치의 사상이다.
  - 주민자치는 지방행정에 대한 주민 참여를 핵심으로 하는 것으로서 정치적 의미의 자치라고 할 수 있다.

② 단체자치 – 대륙계 국가들이 갖는 유형
- 의의
  - 단체자치는 '국가와 별개의 법인격을 가진 지방자치단체가 국가로부터 상대적으로 독립된 지위와 권한을 부여받아 일정한 범위 내에서 중앙의 통제를 받지 않고 독자적으로 행정사무를 처리하는 제도'를 말한다.
  - 국가가 국권(國權)을 가지고 있는 것과 같이 지방자치단체도 국가에서 독립된 공법인으로서 자치권을 가지고 있으며, 이를 토대로 지방자치단체가 자주적으로 그 의사를 결정하고 그것을 실현하는 형태의 자치를 단체자치라고 한다.
- 특징
  - 단체자치는 지방자치단체와 중앙정부와의 관계에 중점을 두는 자치제도로서 고유사무와 위임사무를 엄격히 구분한다.
  - 단체자치는 법률적 의미의 자치 개념으로 파악되고 있다. 법률적 의미의 자치란 국가에 대한 자치단체의 법적 독립성을 의미한다.

## (2) 주민자치와 단체자치의 비교

| 구분 | 주민자치 | 단체자치 |
|---|---|---|
| 자치의 의미 | • 정치적 의미<br>• 민주주의 사상 | • 법률적 의미<br>• 지방분권 사상 |
| 자치권의 인식 | 자연법상의 천부적 권리<br>(고유권설 = 지방권설) | 실정법상 국가에 의해 주어진 권리<br>(전래설 = 국권설) |
| 자치의 중점 | 지방자치단체와 주민과의 관계 | 지방자치단체와 국가와의 관계 |
| 자치의 범위 | 광범위 | 협소 |
| 권한배분의 방식 | 개별적 지정주의[1] | 포괄적 위임주의[2] |
| 중앙통제의 방식 | 입법적·사법적 통제 | 행정적 통제 |
| 지방정부의 형태 | • 기관통합형<br>• 의결기관 우월주의 | • 기관대립형<br>• 집행기관 우월주의 |

**1) 개별적 지정주의**

사무를 지방자치단체별·사무종목별로 개별적으로 일일이 법률로 지정하여 배분하는 방식을 말하며 사무의 구분은 명확하나 융통성이 없음

**2) 포괄적 위임주의**

사무를 지방자치단체의 특성 구별 없이 포괄적으로 일괄해서 규정하는 방식을 말하며, 사무의 구분이 불명확함

| 사무 구분 | 자치사무와 국가위임사무 비구분<br>(위임사무 부존재) | 자치사무와 국가위임사무 구분 |
| --- | --- | --- |
| 조세제도 | 독립세주의 | 부가세주의 |
| 중앙과 지방 관계 | 기능적 협력 관계 | 권력적 감독 관계 |
| 위법행위 통제 | 사법재판소 | 행정재판소 |
| 자치단체의 성격 | 단일적 성격<br>(지방정부) | 이중적 성격(자치단체인 동시에<br>국가의 하급기관) |
| 주요 국가 | 영국, 미국 등 | 독일, 프랑스 등 대륙계 국가 |

## 📋 시험문제 미리보기!

**다음 중 주민자치와 단체자치의 차이에 대한 설명으로 옳지 않은 것은?**

① 자치권 인식: 주민자치는 전래권으로, 단체자치는 고유권으로 간주한다.

② 자치의 중점: 주민자치는 주민의 참여를, 단체자치는 중앙정부로부터의 독립을 강조한다.

③ 권한 부여: 주민자치는 개별적 지정주의이고, 단체자치는 포괄적 위임주의이다.

④ 사무 구분: 주민자치는 자치사무와 위임사무의 구별이 없고, 단체자치는 자치사무와 위임사무를 엄격하게 구분한다.

해설    주민자치는 자치권을 고유권으로 보며, 단체자치는 자치권을 전래권으로 본다.

정답 ①

## 1. 중앙집권과 지방분권의 개념

### (1) 중앙집권

지방행정에 대한 통치권과 의사결정권이 중앙정부에 집중되어 지방자치단체의 자주성·독립성이 제약되어 있는 현상을 의미한다.

### (2) 지방분권

지방행정에 대한 통치권과 의사결정권이 지방자치단체에 분산되어 지방자치단체의 자주성·독립성이 보장되어 있는 현상을 의미한다.

## 2. 중앙집권과 지방분권의 장점

일반적으로 중앙집권은 전국적인 통일성과 능률성을 도모하는 데 비해, 지방분권은 지역성과 민주성을 중시한다.

| 중앙집권의 장점 | 지방분권의 장점 |
| --- | --- |
| • 행정의 통일성·일관성·안정성 확보<br>• 행정관리의 전문화<br>• 비상사태나 위기발생 시 신속한 대처<br>• 경제적 능률성 제고<br>• 전국적·광역적인 대규모 사업의 추진 | • 지역실정과 특수성에 적합한 행정 수행<br>• 행정의 책임성 제고<br>• 주민 참여의 확대와 행정의 민주화 구현 |

## 3. 지방자치의 현대적 경향

### (1) 신중앙집권(New centralization)

① 의의

신중앙집권화는 지방분권·지방자치를 부정하는 과거 군주국가시대의 절대적 중앙집권의 부활이나 지방자치를 불신하는 것이 아니라, 상황의 변화에 따른 권력의 재조정 차원에서의 권력의 초점(Focus)이 지방정부에서 중앙정부로 이동한 것을 의미한다.

② 성격

- 신중앙집권화는 권력적 집권이 아니라 기술적·지시적·협동적 집권이다.
- 권력은 분산하되 지식과 기술은 집중하는 것이다. (Mill)
- 행정의 능률화와 민주화를 조화시키기 위한 신중앙집권화에 바탕을 둔 집권이다.

### (2) 신지방분권(New decentralization)

지방정부의 자율성 강화와 함께 국가에 협력하여 중앙과 지방 사이에 기능을 분담한다는 새로운 관점을 함축한다.

---

**정부별 지방분권추진기구**

| 정권 | 법률 | 추진기구 |
| --- | --- | --- |
| 김대중 | 중앙행정권한의 지방이양촉진에 관한 법률 (1999) | 지방이양추진위원회 |
| 노무현 | 지방분권특별법 (2004) | 정부혁신 지방분권위원회 |
| 이명박 | • 지방분권촉진에 관한 특별법(2008)<br>• 지방행정체제 개편에 관한 특별법 (2010) | • 지방분권촉진위원회<br>• 지방행정체제 개편 추진위원회 |
| 박근혜 | 지방분권 및 지방행정체제 개편에 관한 특별법(2013) | 대통령소속의 지방자치발전위원회 |
| 문재인 | 지방자치분권 및 지방행정체제 개편에 관한 특별법 | 대통령소속의 자치분권위원회 |
| 윤석열 | 지방자치분권 및 지역균형 발전에 관한 특별법 | 대통령소속의 지방시대위원회 |
| 이재명 | 지방자치분권 및 지역균형 발전에 관한 특별법 | 대통령소속의 지방시대위원회 |

## (3) 신중앙집권과 신지방분권의 비교

| 구분 | 신중앙집권 | 신지방분권 |
| --- | --- | --- |
| 개념 | 지방자치를 발전시켜온 영미 등에서 행정국가화, 광역화, 국제화 등으로 중앙집권이 새롭게 일어나는 현상 | 중앙집권적 성향이 강했던 대륙의 프랑스 등에서 정보화, 국제화, 도시화, 지역불균형화 등으로 1980년대 이후 나타난 지방분권화 경향 |
| 촉진요인 | • 행정사무의 양적 증가와 질적 변화<br>• 과학 기술과 교통·통신 기술의 발달<br>• 중앙재정에의 의존<br>• 국민 생활권의 확대와 경제규제의 필요성<br>• 국민적 최저수준 유지 필요성 | • 중앙집권화의 폐해로 나타난 지역 간 불균형<br>• 도시화의 진전<br>• 정보화의 확산<br>• 국제화, 세계화의 추세로 인한 활동 영역의 확대 |
| 특징과 이념 | • 능률성과 민주성의 조화<br>• 비권력적 집권(지식, 기술 등의 집중)<br>• 협력적 집권, 수평적 집권, 기능적 집권 | • 능률성과 민주성의 조화<br>• 국가와 자치단체 간의 관계: 병렬적 관계<br>• 상대적·참여적·협조적·적극적 분권<br>• 기본정책 결정, 지방은 집행<br>• 국가의 사전적·권력적 관여 배제, 지시적·사후적 관여만 함 |

**01** 다음 중 주민자치의 내용으로 옳지 않은 것은?

① 위임사무와 자치사무를 구분한다.
② 자치단체와 주민과의 관계에 중점을 둔다.
③ 개별적 수권주의를 취한다.
④ 지방자치와 민주주의의 상관관계를 인정한다.



**02** 다음 <보기>에서 주민자치에 대한 설명으로 옳은 것만을 모두 고르면?

<보기>

| | |
|---|---|
| ㄱ. 정치적 의미의 자치이다. | ㄴ. 포괄적 위임주의이다. |
| ㄷ. 독립세주의이다. | ㄹ. 영미계 국가에서 발달하였다. |

① ㄱ, ㄴ
② ㄴ, ㄷ
③ ㄱ, ㄷ, ㄹ
④ ㄴ, ㄷ, ㄹ

출제빈도: ★ ☆ ☆

## 03 신중앙집권화에 대한 설명으로 옳지 않은 것은?

① 분권화의 필요성이 약화되면서 등장하였다.

② 영국과 미국을 중심으로 등장하였다.

③ 중앙정부와 지방정부의 기능적 협력을 추구한다.

④ 민주화와 능률화의 조화를 도모하였다.

---

정답 및 해설

**01** ①

주민자치는 지방자치단체의 단일적 성격만을 인정하기 때문에 사무를 구별하지 않고, 단체자치가 이중적 성격을 인정하기 때문에 사무를 구별한다.

오답노트

② 주민자치는 주민과 자치단체와의 관계를 중시하고, 단체자치는 중앙정부와 지방정부와의 관계를 중시한다.

③ 주민자치가 개별적 수권, 단체자치가 포괄적 수권이다.

④ 민주주의와 지방자치의 상관관계를 강조하는 자치방식은 주민자치이다.

**02** ③

포괄적 위임주의만 단체자치에 해당하며, 나머지는 주민자치에 해당하는 설명이다.

**03** ①

신중앙집권화는 분권화의 필요성이 약화되면서 등장한 현상이 아니라, 행정 기능의 확대·강화에 따라 중앙정부의 권한이 현저하게 강화되는 새로운 경향을 의미한다.

오답노트

②, ④ 신중앙집권화는 영미계 국가에서 민주성과 능률성 조화의 원리에 입각하여 중앙정부의 권한이 강화되는 경향을 말한다.

③ 신중앙집권화는 권력적 집권이 아니라 기술적·지시적·협동적 집권이다.

---



| | |
|---|---|
| **지방자치단체의 기초** | 광역자치단체와 기초자치단체 |
| **특별지방행정기관** | 예 세무서, 지방출입국관리사무소 등 |
| **주민** | 직접참정 방식의 기본내용 |

## 01 지방자치단체의 기초

출제빈도 ★

### 1. 지방자치단체의 의의

지방자치단체란 '국가 내의 일정한 지역을 관할구역으로 하여 그 주민들에 의해 선출된 기관이 국가로부터 상대적으로 독립된 지위에서 주민의 복리에 관한 사무를 자주적으로 하는 법인격이 있는 공공단체'를 말한다.

### 2. 지방자치단체의 종류 – 일반지방자치단체와 특별지방자치단체

#### (1) 일반지방자치단체

일반지방자치단체는 그 존립 목적·조직·권능 등에 있어서 일반적·종합적 성격을 가지며, 전국적·보편적으로 존재하고 있는 자치단체를 의미한다.

① 광역자치단체 – 특별시와 광역시, 도, 특별자치시, 특별자치도

광역자치단체는 모두 정부 직할 자치단체로서 원칙적으로 법적 지위는 동일하나, 서울특별시의 경우에는 「서울특별시 행정특례에 관한 법률」에 의해 일부 특례를 인정받고 있다.

② 기초자치단체 – 시·군 및 자치구

- 자치구란 특별시와 광역시에 설치된 구(區)를 의미하며, 인구 50만 명 이상의 시에 설치된 구(일반구)는 자치구가 아닌 행정구이다. 따라서 자치구청장은 그 신분이 지방자치단체장으로 지방 정무직인 데 비해, 일반구의 구청장은 일반직(지방직)공무원이다. 읍·면·동장도 지방직공무원으로, 시장·군수·구청장이 임명한다.
- 제주특별자치도와 세종특별자치시에는 기초자치단체를 특별법상 둘 수 없다.

## (2) 특별지방자치단체

제199조【설치】① 2개 이상의 지방자치단체가 공동으로 특정한 목적을 위하여 광역적으로 사무를 처리할 필요가 있을 때에는 특별지방자치단체를 설치할 수 있다. 이 경우 특별지방자치단체를 구성하는 지방자치단체(이하 "구성 지방자치단체"라 한다)는 상호 협의에 따른 규약을 정하여 구성 지방자치단체의 지방의회 의결을 거쳐 행정안전부장관의 승인을 받아야 한다. 법인이다.

규약을 정하여 지방의회의 의결을 거쳐 행정안전부장관의 승인

제205조【집행기관의 조직 등】① 특별지방자치단체의 장은 규약으로 정하는 바에 따라 특별지방자치단체의 의회에서 선출한다.
② 구성 지방자치단체의 장은 제109조에도 불구하고 특별지방자치단체의 장을 겸할 수 있다.
③ 특별지방자치단체의 의회 및 집행기관의 직원은 규약으로 정하는 바에 따라 특별지방자치단체 소속인 지방공무원과 구성 지방자치단체의 지방공무원 중에서 파견된 사람으로 구성한다.

제204조【의회의 조직 등】① 특별지방자치단체의 의회는 규약으로 정하는 바에 따라 구성 지방자치단체의 의회 의원으로 구성한다.
② 제1항의 지방의회의원은 제43조 제1항에도 불구하고 특별지방자치단체의 의회 의원을 겸할 수 있다.
③ 특별지방자치단체의 의회가 의결하여야 할 안건 중 대통령령으로 정하는 중요한 사항에 대해서는 특별지방자치단체의 장에게 미리 통지하고, 특별지방자치단체의 장은 그 내용을 구성 지방자치단체의 장에게 통지하여야 한다. 그 의결의 결과에 대해서도 또한 같다.

시행령 126조【특별지방자치단체 의회의 중요 의결사항】법 제204조 제3항 전단에서 "대통령령으로 정하는 중요한 사항"이란 다음 각 호의 사항을 말한다.
  1. 조례의 제정과 개정·폐지
  2. 예산의 심의·확정
  3. 결산의 승인
  4. 그밖에 특별지방자치단체의 운영에 관한 사항으로서 규약으로 정하는 중요한 사항
    • 특별지방자치단체의회
    • 특별지방자치단체장(집행기관)
    *특별자치단체장: 의회에서 선출(구성 단체장이 겸직 가능)

## 3. 우리나라 지방자치단체의 종류

| 구분 | | 지방자치단체 | 지방행정기관(일선기관) |
|---|---|---|---|
| 유형<br>(목적별) | 보통<br>(일반) | **[보통 지방자치단체]**<br>① 광역(상급·2차)자치단체<br>　- 특별시, 광역시(6개), 도(6개),<br>　특별자치도(제주, 강원, 전북),<br>　특별자치시<br>② 기초(하급·1차)자치단체<br>　- 시, 군, 자치구(광역시·특별시에<br>　설치) | **[보통 지방행정기관]**<br>국가의 지방행정기관으로서 광역시·<br>특별시·도, 시·군·자치구 및 행정구<br>( = 일반구, 인구 50만 명 이상의 시에<br>설치)·읍·면·동·리<br>※ 우리나라는 단체자치형으로 위임사<br>　무를 수행할 경우 일반지방자치단<br>　체는 지방행정기관의 성격도 지님 |
| | 특별 | **[특별지방자치단체]**<br>「지방자치법」 12장상의 특별지방자<br>치단체 | **[특별지방행정기관]**<br>세무서, 지방출입국관리사무소 등 |
| **특성** | | 자치권, 법인격(당사자 능력) 있음 | 자치권, 법인격(당사자 능력) 없음 |

**특별시·광역시**
- **특별시**: 서울특별시
- **광역시**: 인천, 대전, 광주, 부산, 울산, 대구

### 시험문제 미리보기!

**다음 중 지방자치단체가 아닌 것은?**

① 제주특별자치도　　　　　　② 대전광역시 유성구
③ 경기도 수원시 팔달구　　　④ 전라남도 곡성군

해설　지방자치단체는 특별시, 광역시, 특별자치시, 도, 특별자치도인 광역자치단체와 시, 군, 구인 기초
　　　자치단체의 두 가지 종류로 구분한다. 지방자치단체인 구(자치구)는 특별시와 광역시의 관할구역
　　　안의 구만을 말하며, 특별시 또는 광역시가 아닌 인구 50만 이상의 시에는 자치구가 아닌 구(행정
　　　구)를 둘 수 있다. 따라서 경기도 수원시 팔달구는 행정구에 해당하며, 자치구가 아니다.

　　　[오답노트]
　　　① 제주특별자치도는 광역자치단체, ② 대전광역시 유성구는 기초자치단체, ④ 전라남도 곡성군
　　　은 기초자치단체이다.

정답 ③

# 02 특별지방행정기관(일선기관)

## 1. 개념

국가의 특정한 중앙행정기관에 소속되어 당해 관할구역 내에서 시행되는 소속중앙행정기관의 권한에 속하는 행정사무를 관장하는 국가의 지방행정기관이다.

## 2. 필요성(기능)과 문제점

### (1) 필요성(기능)

① 중앙행정기관의 관장 업무 중 전국적으로 통일적인 업무 집행이 필요한 경우
② 중앙정부나 인접지역과의 협력이 가능하고 광역행정의 수단으로 활용 가능
③ 기타 행정의 전문성 제고, 국가의 관리와 감독의 용이, 공공서비스 제공의 형평성 제고 등

### (2) 문제점

① 행정의 민주성 및 책임성 저해
   지방자치단체에 대해서는 주민들의 참여와 통제에 의하여 책임성과 대응성을 확보할 수 있지만, 특별지방행정기관에 대해서는 주민에 의한 통제와 책임확보가 어렵다.
② 중앙통제의 강화와 자치행정(자율성)의 저해
   중앙부서에서는 지방자치단체에서 처리할 수 있는 사무에 대해서도 자신들의 특별지방행정기관(일선기관)을 통해 집행할 가능성이 높기 때문에 특별지방행정기관은 지방분권의 관점에서 볼 때 지방자치단체의 권한과 책임성을 저해하는 요인이 될 수 있다.
③ 유사·중복 업무로 인한 비효율성
   특별지방행정기관과 지방자치단체 간의 기능이 중복되어 인력과 예산이 낭비됨으로써 지방행정의 비효율성이 초래될 수 있다.
④ 고객의 혼란과 불편
   특별지방행정기관과 자치단체 간의 이원적 업무수행으로 인해 주민들에게 혼란과 불편을 초래하고, 그 관할범위가 지나치게 넓어 현지성이 떨어지기도 한다.
⑤ 종합행정의 저해
   특별지방행정기관은 분야별로 별도로 설치되어 있어 주민에 대한 종합적인 행정서비스를 저해한다.
⑥ 단체자치체제상 부적합
   우리나라는 자치단체가 국가의 위임사무를 처리하는 단체자치국가의 전통을 가지고 있으면서도, 영미계의 주민자치에서 운용되는 특별지방행정기관(일선기관)을 다수 설치하고 있다.

## 1. 주민의 의의

① 주민은 지방자치단체의 인적 구성요소로서, 피치자인 동시에 지방자치단체의 조직·운영에 참여하는 주권자를 의미한다.
② 주민은 국적이나 성, 연령, 행위능력, 자연인·법인 여부를 가리지 않고 지방자치단체에 주소를 가지고 있으면 모두 포함된다.

## 2. 주민의 직접참정 방식

### (1) 직접참정제도의 의의

주민이 행정에 참여하는 방법에는 간접참정 방식과 직접참정 방식이 있다.

① 간접참정 방식
주민이 대표를 선출하여 자치업무를 수행한다.
② 직접참정 방식
주민 스스로 직접 정치행정 과정에 참여하여 의사를 표현하고 그러한 자주적 의사에 따라 자치업무를 수행하는 방식을 의미한다.

### (2) 우리나라의 직접참정제도

조례 제정 및 개폐 청구제도, 주민투표제도, 주민감사청구제도, 주민소송제도, 주민소환제도 등이 있다.

## 3. 조례 제정 및 개폐 청구제도(주민발안)

### (1) 의의

조례 제정 및 개폐 청구제도란 일정 주민 수 이상의 연서로 당해 지방의회에 청구할 수 있는 제도이다.

### (2) 「지방자치법」 제15조 규정 - 조례 제정 및 개폐 청구제도(주민발안)

| 구분 | 종전(지방자치법) | 개정(주민조례발안에 관한 법률) |
|---|---|---|
| 청구연령 | 19세 | 18세 |
| 청구대상 | 지방자치단체장에게 청구 | 지방의회에 청구 |
| 청구요건 | ① 광역단체 및 50만 이상 대도시: 1/100~1/70<br>② 기타 시·군 및 자치구: 1/50 이상 1/20 이하 | ① 특별시와 인구 800만 이상의 광역단체: 1/200<br>② 100만~800만 광역단체: 1/150<br>③ 50만~100만 기초단체: 1/100<br>④ 10만~50만 기초단체: 1/70<br>⑤ 5만~10만 기초단체: 1/50<br>⑥ 5만 미만 기초단체: 1/20 |

---



**우리나라의 주민직접참여제도**
- 주민조례개폐청구(1999)
- 주민감사청구제도(1999)
- 주민투표제도(2004)
- 주민소송제도(2006)
- 주민소환제도(2007)

**간접참여**
위원회 등을 매개로 참여하는 것도 간접참여에 해당합니다.

**「지방자치법」 제19조【조례의 제정과 개정·폐지 청구】**
① 주민은 지방자치단체의 조례를 제정하거나 개정하거나 폐지할 것을 청구할 수 있다.
② 조례의 제정·개정 또는 폐지 청구의 청구권자·청구대상·청구요건 및 절차 등에 관한 사항은 따로 법률로 정한다.

<table>
<tr><td>처리시한</td><td>단체장은 수리한 날부터 60일 이내에 지방의회에 제출</td><td>지방의회는 조례청구안이 수리된 날부터 1년 이내에 의결</td></tr>
</table>

# 4. 주민투표제도

## (1) 의의

① 개념
- 주민투표제도는 '중요사항에 대하여 유권자의 투표에 의하여 그 승인을 얻도록 하는 것'을 말한다.
- 우리나라는 「주민투표법」 제정으로 주민투표제도가 도입·시행되고 있다.

② 법적 근거
- 「지방자치법」(제18조): 지방자치단체의 장은 주민에게 과도한 부담을 주거나 중대한 영향을 미치는 지방자치단체의 주요 결정사항 등에 대하여 주민투표에 부칠 수 있다.
- 「주민투표법」: 주민투표의 대상·발의자·발의요건, 그 밖에 투표절차 등에 필요한 사항을 규정하고 있다.

## (2) 「주민투표법」의 주요 내용

① 주민투표권자

18세 이상의 주민 중 투표인명부 작성기준일 현재 다음의 어느 하나에 해당하는 사람에게는 주민투표권이 있다. 다만, 「공직선거법」에 따라 선거권이 없는 사람에게는 주민투표권이 없다.
- 그 지방자치단체의 관할구역에 주민등록이 되어 있는 사람
- 출입국관리 관계 법령에 따라 대한민국에 계속 거주할 수 있는 자격을 갖춘 외국인으로서 지방자치단체의 조례로 정한 사람

② 주민투표의 대상

주민에게 과도한 부담을 주거나 중대한 영향을 미치는 지방자치단체의 주요결정사항은 주민투표에 부칠 수 있다.

③ 주민투표의 확정
- 주민투표에 부쳐진 사항은 주민투표권자 1/4 이상의 투표와 유효투표수 과반수의 득표로 확정하며, 지방자치단체는 확정된 내용에 따라 행정·재정상의 조치를 해야 한다.
- 지방자치단체의 장 및 지방의회는 주민투표 결과 확정된 사항에 대하여 2년 이내에는 이를 변경하거나 새로운 결정을 할 수 없다.

## 5. 주민감사청구제도

| | |
|---|---|
| 청구주체 | 지방자치단체의 18세 이상 주민으로 광역시 · 특별시 · 도는 300명, 50만 이상 대도시는 200명, 시 · 군 · 자치구는 150명을 초과하지 않는 범위 내에서 당해 자치단체의 조례로 정하는 수 이상의 연서 |
| 청구객체 | • 특별시 · 광역시 · 도 → 주무부서 장관<br>• 시 · 군 · 자치구 → 특별시장 · 광역시장 · 도지사 |
| 청구사안 | 당해 자치단체와 그 장의 권한에 속하는 사무의 처리가 법령에 위반되거나 공익을 현저히 해하는 경우 |
| 청구제외 사항 | • 수사나 재판에 관여하게 되는 사항<br>• 개인의 사생활 침해의 우려가 있는 사항<br>• 다른 기관에서 감사하였거나 감사 중인 사항(단, 다른 기관에서 감사한 사항이라도 새로운 사항이 발견되거나 중요사항이 감사에서 누락된 경우나 주민소송 대상이 되는 경우 청구 가능)<br>• 동일한 사항에 대해 제13조의5 제2항(주민소송 방식)의 어느 하나에 해당하는 소송이 계속 중이거나 그 판결이 확정된 사항<br>• 청구 대상이 되는 사무의 처리가 있었던 날 또는 종료된 날부터 3년 경과 시 감사청구 못함 |

## 6. 주민소송제도(납세자소송)

주민소송제도(납세자소송)는 지방재정을 대상으로 한다.

### (1) 의의

공금의 지출에 관한 사항, 재산의 취득 · 관리 · 처분에 관한 사항, 당해 지방자치단체를 당사자로 하는 매매 · 임차 · 도급 그 밖의 계약 체결 · 이행에 관한 사항 또는 지방세 · 사용료 · 수수료 · 과태료 등 공금의 부과 · 징수의 해태에 관한 사항을 감사청구한 주민은 감사 결과 등에 불복이 있는 경우에는 그 감사청구한 사항과 관련있는 위법한 행위나 해태사실에 대하여 당해 지방자치단체의 장을 상대방으로 주민소송을 제기할 수 있다.

### (2) 소송의 제한과 소송 절차의 수계

주민소송의 남발을 방지하기 위하여 주민소송이 계속 중인 때에는 동일한 사항에 대하여 다른 주민이 별도의 소송을 제기하지 못하도록 하고, 소송을 제기한 주민이 사망하거나 주민의 자격을 상실한 때에는 다른 주민이 6월 이내에 소송 절차를 수계(受繼)할 수 있다.

### (3) 우리나라 주민소송제도의 문제점

① 감사청구 전치주의

먼저 주민의 집단서명을 받아 주민감사를 청구하지 않으면 직접 주민소송을 할 수 없도록 하고 있다.

② 간접소송

①의 절차를 거친 뒤에도 비리의 당사자(비리공직자 또는 위법·부당한 행위로 예산을 낭비한 업체 등)를 상대로 직접 주민소송을 하지 못하게 하고, 지방자치단체로 하여금 비리의 당사자에게 부당이득반환을 요구하는 소송을 진행할 것을 강제하는 판결을 구하는 소송, 즉 간접소송만 가능하도록 하고 있다.

## 7. 주민소환제도

### (1) 목적

지방자치에 관한 주민의 직접참여를 확대하고 지방행정의 민주성과 책임성을 제고함을 목적으로 한다.

### (2) 주민소환의 대상자 및 요건

| 구분 | 요건 |
| --- | --- |
| 특별시장·광역시장·도지사·교육감 | 당해 지방자치단체의 주민소환투표청구권자 총수의 100분의 10 이상 |
| 시장·군수·자치구의 구청장 | 당해 지방자치단체의 주민소환투표청구권자 총수의 100분의 15 이상 |
| 지역선거구 시·도의회의원 및 지역선거구자치구·시·군의회의원 | 당해 지방의회의원의 선거구 안의 주민소환투표청구권자 총수의 100분의 20 이상(비례대표의원은 제외) |

### (3) 주민소환투표의 청구 제한기간

다음의 어느 하나에 해당하는 때에는 주민소환투표의 실시를 청구할 수 없다.

① 선출직 지방공직자의 임기개시일부터 1년이 경과하지 아니한 때
② 선출직 지방공직자의 임기만료일부터 1년 미만일 때
③ 해당 선출직 지방공직자에 대한 주민소환투표를 실시한 날부터 1년 이내인 때

### (4) 주민소환투표 결과의 확정

① 주민소환투표권자 총수의 1/3 이상의 투표와 유효투표 총수 과반수의 찬성으로 확정된다.
② 전체 주민소환투표자의 수가 주민소환투표권자 총수의 1/3에 미달하는 때에는 개표를 하지 아니한다.

### (5) 주민소환투표의 효력

① 주민소환이 확정된 때에는 주민소환투표 대상자는 그 결과가 공표된 시점부터 그 직을 상실한다.
② 그 직을 상실한 자는 그로 인하여 실시하는 「주민소환에 관한 법률」 또는 「공직선거법」에 의한 해당 보궐선거에 후보자로 등록할 수 없다.

**「주민소환에 관한 법률」 제3조【주민소환투표권】**

- ① 제4조 제1항의 규정에 의한 주민소환투표인명부 작성기준일 현재 다음 각 호의 어느 하나에 해당하는 자는 주민소환투표권이 있다.
  1. 19세 이상의 주민으로서 당해 지방자치단체 관할구역에 주민등록이 되어 있는 자(「공직선거법」 제18조의 규정에 의하여 선거권이 없는 자를 제외한다)
  2. 19세 이상의 외국인으로서 「출입국관리법」 제10조의 규정에 따른 영주의 체류자격 취득일 후 3년이 경과한 자 중 같은 법 제34조의 규정에 따라 당해 지방자치단체 관할구역의 외국인등록대장에 등재된 자
- ② 주민소환투표권자의 연령은 주민소환투표일 현재를 기준으로 계산한다.
- 참고: 주민소환은 19세를 유지하고 있음

# 8. 아른슈타인(Arnstein)의 주민참여 8단계

| | |
|---|---|
| **실질적 참여 (주민권력)** | ⑧ 주민통제(Citizen control) – 8단계: 주민이 정부의 진정한 주인으로 모든 결정을 주도 |
| | ⑦ 권한위임(Delegated power) – 7단계: 동반자 관계를 넘어 주민이 결정을 주도 |
| | ⑥ 협력(Partnership) – 6단계: 결정권의 소재에 대한 합의와 정책결정을 공동으로 하기 위한 공동위원회 등 제도적인 틀이 마련 |
| **명목적 참여** | ⑤ 유화(Placation) – 5단계: 참여가 이루어지는 듯 하나 실질적으로는 의사결정에 영향을 미치지 못함<br>예 위원회를 만들어 결정하게 하나, 이를 받아들이는 권한은 지방정부가 보유함 |
| | ④ 상담·의견수렴(Consultation) – 4단계: 정부가 보다 적극적으로 주민의 의견 청취<br>예 공청회나 설문조사를 통해 의견청취만 함 |
| | ③ 정보제공(Informing) – 3단계: 지방정부가 지역주민에게 정보를 일방적으로 제공 (양방향 의사소통이나 협상 불허) |
| **비참여** | ② 치료(Therapy) – 2단계: 참여라는 이름 아래 주민들의 태도나 행태 교정 |
| | ① 조작(Manipulation) – 1단계: 주민이 지방정부의 활동에 관심을 두지 않은 상태에서 공공부문이 주도적으로 주민을 접촉<br>예 주민자문위원회를 설치하여 주민 대표들을 가르치고 설득, 도장 찍는 역할 |

출제빈도: ★☆☆

**01** 다음 지방행정기관 가운데 성격이 다른 것은?

① 제주특별자치도 제주시

② 경상남도 창원시

③ 부산광역시 기장군

④ 경기도 과천시

출제빈도: ★☆☆

**02** 특별지방행정기관의 설치에 따른 문제점으로 옳지 않은 것은?

① 국가적 업무의 표준적 수행 방해

② 지역 종합행정 수행에 대한 장애

③ 업무의 중복적인 추진

④ 지방자치단체와 업무 마찰 발생

출제빈도: ★★☆   대표출제기업: 인천교통공사

**03** 다음 중 주민의 직접적 지방행정 참여제도와 가장 거리가 먼 것은?

① 주민소환제도

② 주민감사청구제도

③ 주민협의회제도

④ 주민참여예산제도

## 04 우리나라의 지방자치계층에 대한 설명으로 옳지 않은 것은?

① 자치계층으로 군을 두고 있는 광역시가 있다.

② 세종특별자치시의 관할구역으로 자치구를 둘 수 있다.

③ 자치계층은 주민공동체의 정책결정 및 집행의 단위로서 정치적 민주성 가치가 중요시된다.

④ 제주특별자치도는 자치계층 측면에서 단층제로 운영되고 있다.



---

### 정답 및 해설

**01** ①
제주특별자치도 제주시는 자치시가 아니라 행정시로서 시장은 도지
사가 임명한다. 제주특별자치도는 특별법상 기초자치단체를 둘 수가
없다.

오답노트
②, ③, ④는 기초자치단체이다.

**02** ①
국가 업무의 표준적 수행은 특별지방행정기관 설치의 장점 중 하나
이다. 특별지방행정기관은 국가의 하부행정기관으로서 전국적·통일
적 업무를 수행하는 장점이 있으나 지방자치단체의 종합행정을 저
해, 지자체와 업무 중복으로 발생, 비효율, 업무수행 시 지자체와의
갈등을 유발하기도 한다.

**03** ③
각종 위원회, 주민협의회 등은 간접적 참여방식에 해당한다.

오답노트
① 주민소환제도, ② 주민감사청구제도, ④ 주민참여예산제도 등은
직접적 참여방식에 해당한다.

**04** ②
서울특별시와 광역시에만 자치구를 둘 수 있으며, 세종특별자치시에
는 자치구를 둘 수 없다.

오답노트
① 인천광역시 강화군, 울산광역시 울주군, 부산광역시 기장군 등이
있다.
③ 자치계층의 의의이다.
④ 제주특별자치도의 자치계층은 단층제이다.

출제빈도: ★★☆   대표출제기업: 국민체육진흥공단

**05** 주민소환제에 대한 설명으로 옳은 것은?

① 주민은 지방자치단체의 장 및 비례대표를 포함한 지방의회의원을 소환할 권리를 가진다.
② 선출직 지방공직자의 임기만료일로부터 1년 미만일 때에는 주민소환투표의 실시를 청구할 수 없다.
③ 주민소환은 주민소환투표권자 총수의 2분의 1 이상의 투표자와 유효 투표 총수 과반수의 찬성으로 확정된다.
④ 지방행정의 민주성과 책임성을 제고할 목적으로 도입한 주민 간접참여 방식의 제도이다.

출제빈도: ★★☆

**06** 「지방자치법」에서 정한 주민참여의 방식으로 옳지 않은 것은?

① 주민의 조례제정청구　　　　　　② 주민의 감사청구
③ 주민총회　　　　　　　　　　　　④ 주민소송

## 07 주민참여제도 중 지방자치 실시 이후에 가장 먼저 도입된 것은?

① 주민소환제  ② 조례제정개폐청구제
③ 주민투표제  ④ 주민소송제

---



**05** ②
선출직 지방공직자의 임기만료일로부터 1년 미만일 때는 주민소환
투표의 실시를 청구할 수 없다.

**오답노트**
① 주민소환 대상에서 비례대표의원은 제외된다.
③ 주민소환은 주민소환투표권자 총수의 3분의 1 이상의 투표자와
  유효 투표 총수 과반의 찬성으로 확정된다.
④ 주민소환제는 지방행정의 민주성과 책임성을 제고할 목적으로 도
  입한 주민 직접참여 방식의 제도이다.

**06** ③
우리나라 「지방자치법」에는 주민총회가 규정되어 있지 않으며, 조례
개폐청구제도, 주민감사청구제도, 주민투표제도, 주민소송제도, 주민
소환제도가 규정되어 있다.

**07** ②
주민조례개폐청구제도는 1999년 가장 먼저 도입되었다.

**오답노트**
① 주민소환제는 2007년에 도입되었다.
③ 주민투표제는 2004년에 도입되었다.
④ 주민소송제는 2006년에 도입되었다.

| | |
|---|---|
| **지방자치단체 자치권** | 자치권 종류, 조례와 규칙 |
| **지방자치단체 사무** | 자치, 단체, 기관위임사무 구별 |
| **기능배분** | 기초우선의 원칙 |

## 01 지방자치단체의 자치권

출제빈도 ★

## 1. 자치입법권

① 자치입법권이란 지방자치단체가 그 자치권에 근거하여 당해 관할구역 내에서 적용될 자치법규를 정립할 수 있는 권능을 의미한다. 현행법상 자치법규에는 '조례'와 '규칙'이 있다.
② 조례와 규칙 간의 관계

| 구분 | 조례 | 규칙 |
|---|---|---|
| 의의 | • 지방의회가 헌법과 법률의 범위 내에서 제정한 자치법규 | • 지방자치단체장, 기타 집행기관이 법령 또는 조례의 범위 내에서 그 권한에 속하는 사무에 관하여 제정하는 자치법규 |
| 제정 권자 | • 지방의회 | • 지방자치단체장, 기타 집행기관, 교육감(교육·학예 분야) |
| 사무 범위 | • 자치사무, 단체위임사무에 대하여 규정 가능<br>• 기관위임사무는 원칙적으로 규정 못함 (집행기관에게 위임된 사무이므로 의결기관인 지방의회는 관여할 수 없는 것이 원칙) | • 자치사무, 단체위임사무, 기관위임사무를 불문하고 지방자치단체의 장의 권한에 속하는 모든 사항에 관하여 제정 가능 |
| 제정 범위 | • 법령의 범위 내(법령에 위반되지 않는 범위 내) | • 법령과 조례의 범위 내 |
| 한계 | • 상급자치단체 조례를 위반할 수 없음<br>• 기초자치단체 조례는 광역자치단체의 조례·규칙을 위반해서는 안 됨 | • 제정을 위임한 조례를 위반할 수 없음<br>• 기초자치단체 규칙은 광역자치단체의 조례·규칙을 위반해서는 안 됨 |

---



**조례**

「지방자치법」 제22조【조례】
지방자치단체는 법령의 범위 안에서 그 사무에 관하여 조례를 제정할 수 있다. 다만, 주민의 권리 제한 또는 의무 부과에 관한 사항이나 벌칙을 정할 때에는 법률의 위임이 있어야 한다.

**조례위반에 대한 과태료**

「지방자치법」 제27조【조례위반에 대한 과태료】
① 지방자치단체는 조례를 위반한 행위에 대하여 조례로써 1천만 원 이하의 과태료를 정할 수 있다.

**벌칙**

형벌이 아닌 행정벌(천만 원 이하의 과태료)만 부과할 수 있습니다.

| 양자 간 효력 | • 조례와 규칙은 형식적 효력상 대등하나, 다음과 같은 예외가 있음<br>- 조례로 정할 사항을 규칙으로 정하거나 규칙으로 정할 사항을 조례로 정하는 경우 무효<br>- 규율사항 구분 불명확 시 어느 것으로든 규율이 가능하지만, 양자에 공동으로 적용되는 사항이면 조례가 규칙보다 우선 적용되고 효력을 가짐 |
| --- | --- |

## 2. 자치조직권

자치조직권이란 지방자치단체가 그 권한에 속하는 사무를 수행하기 위해 필요한 조직을 자주적으로 설치·관리할 수 있는 권능을 의미한다.

## 3. 자치재정권

자치재정권이란 지방자치단체가 그 사업 처리에 필요한 경비에 충당한 재원을 자주적으로 조달하고, 이를 자유로운 의사와 판단에 의하여 사용할 수 있는 권능을 의미한다.

## 4. 자치행정권

자치행정권이란 지방자치단체가 자기의 독자적 사무를 원칙적으로 국가의 간섭을 받지 아니하고 자주적으로 처리할 수 있는 권능을 의미한다.

### 📄 시험문제 미리보기!

**다음 지방자치단체의 자치권 중 우리나라에서 인정하지 않는 것은?** (지방행정 – 자치권)

① 자치행정권  ② 자치입법권

③ 자치재정권  ④ 자치사법권

해설    우리나라의 경우 지방자치단체의 자치사법권은 인정하지 않으며, 자치입법권, 자치행정권, 자치조직권, 자치재정권을 인정하고 있다.

정답 ④

## 02 지방자치단체의 사무    출제빈도 ★★

## 1. 의의

지방자치단체가 그 목적을 수행하기 위하여 당연히 처리해야 할 공공행정사무로, 우리나라의 「지방자치법」은 '그 관할구역의 자치사무와 법령에 의하여 지방자치단체에 속하는 사무'로 규정하여 자치사무와 단체위임사무로 한정하고 있다.

# 2. 유형

## (1) 자치사무

### ① 개념

자치사무란 지방자치단체가 자치권에 근거하여 지역주민의 공공복리를 위해 자기의사와 책임하에 처리하는 자치단체의 본래적 사무로서 고유사무를 뜻한다.

### ② 특성

- 자치사무에 대한 국가 또는 상급기관의 감독은 원칙적으로 배제되며, 사후적 위법성 감독에 그친다.
- 소요경비는 원칙적으로 당해 지방자치단체가 부담한다.

## (2) 단체위임사무

### ① 개념

단체위임사무는 법령의 위임에 의해 지방자치단체에 속하는 사무이다.

### ② 특성

- 그 사무가 국가와 자치단체 상호 간에 이해관계가 있거나, 국가 스스로 행해야 할 사무인 경우에는 국가가 경비의 전부 또는 일부를 부담하여야 한다.
- 지방의회의 관여가 인정된다.

## (3) 기관위임사무

### ① 개념

- 기관위임사무란 국가 또는 상급자치단체가 자신의 사무를 직접 처리하지 않고 지방자치단체의 장에게 위임하여 처리하게 하는 사무이다.
- 기관위임사무는 위임한 법령에 의하여 내용이 정해지며, 포괄적 수권주의에 따라 개별 법령의 근거를 필요로 하지 않는다.

### ② 특성

- 기관위임사무는 지방적 이해관계가 없는 국가사무이다.
- 수임 주체는 지방자치단체가 아닌 그 집행기관이므로 지방의회는 원칙적으로 관여할 수 없다.

## (4) 자치사무, 단체위임사무, 기관위임사무의 비교

| 구분 | 자치사무(고유사무) | 단체위임사무 | 기관위임사무 |
|---|---|---|---|
| 의의 | 주민의 복리증진, 자치단체 존립과 관련된 본래적 사무 | 국가나 타지방자치단체가 지방자치단체에게 개별 법령에 의해 위임한 사무 | 국가나 상급지방정부가 지방자치단체장 또는 집행기관에게 위임한 사무 |
| 예 | 쓰레기 처리, 학교, 공원 등 | 보건, 재난구호, 징수 | 직업면허, 근로기준 설정 |
| 사무 성질 | 지방적 이해를 갖는 사무 | 지방 + 국가적 이해관계 (개별적인 법적 근거 필요) | 국가적 이해관계(상급기관에서 하급기관으로) |
| 경비 부담 | 지방자치단체가 부담 | 일부 국가가 부담 | 전액 국가가 보조 |
| 배상 책임 | 지방 책임 | 국가 · 지방 공동책임 | 국가 책임 |

**우리나라의 사무구분**

우리나라는 중앙과 지방 간의 사무구분은 포괄적 예시주의를 택하고 있습니다.

| 지방의회의<br>관여 | 가능 | 가능 | 원칙적으로 불가능 |
|---|---|---|---|
| 중앙정부의<br>감독과 통제의<br>범위 | 사후적 위법성만 통제 | 사후적으로 위법[1] · 부당[2]<br>도 통제 | 사전(예방), 사후(교정)<br>통제 모두 가능 |



## 03 기능(사무)배분　　　　　　출제빈도 ★

### 1. 의의

① 정부 간 기능배분이란 주민의 복리를 극대화하고 국가 전체의 균형적 발전을 도모하기 위하여 각종 행정기능의 처리 권한 및 책임을 중앙정부와 각급 지방자치단체 간에 배분하는 것을 말한다.

② 기능배분은 고정된 것이 아니라, 각 국가가 처한 정치적·행정적 환경이나 시대적 상황에 따라 변하는 유동적인 성격을 가진다.

### 2. 기초자치단체 우선의 원칙

① 주민생활에 밀착된 사무는 주민에 보다 가까운 최저단계의 행정기관에 배분한다.

② 광역과 기초 간의 사무배분은 외부효과·규모의 경제·분쟁 가능성·접근 가능성을 고려하여 결정하되, 경합 시에는 기초자치단체에 우선 배분되어야 한다는 원칙이다.

③ 일종의 보충성의 원칙이다.

### 3. 「지방자치법」 제11조 【사무배분의 기본원칙】

① 국가는 지방자치단체가 사무를 종합적·자율적으로 수행할 수 있도록 국가와 지방자치단체 간 또는 지방자치단체 상호 간의 사무를 주민의 편익증진, 집행의 효과 등을 고려하여 서로 중복되지 아니하도록 배분하여야 한다.

② 국가는 제1항에 따라 사무를 배분하는 경우 지역주민생활과 밀접한 관련이 있는 사무는 원칙적으로 시·군 및 자치구의 사무로, 시·군 및 자치구가 처리하기 어려운 사무는 시·도의 사무로, 시·도가 처리하기 어려운 사무는 국가의 사무로 각각 배분하여야 한다.

③ 국가가 지방자치단체에 사무를 배분하거나 지방자치단체가 사무를 다른 지방자치단체에 재배분할 때에는 사무를 배분받거나 재배분받는 지방자치단체가 그 사무를 자기의 책임하에 종합적으로 처리할 수 있도록 관련 사무를 포괄적으로 배분하여야 한다.

출제빈도: ★☆☆

**01  우리나라 지방자치단체에 대한 설명으로 옳지 않은 것은?**

① 보충성의 원칙에 따라 중앙정부가 처리하기 곤란한 사무는 지방자치단체가 보충적으로 처리해야 한다.
② 지방의회는 조례제정권을 가진다.
③ 자치단체장은 규칙제정권을 가진다.
④ 지방의회 의원의 임기는 4년이다.

출제빈도: ★☆☆

**02  조례제정권에 관한 설명으로 잘못된 것은?**

① 법령의 범위 내에서 제정해야 한다.
② 권리를 제한하거나 의무를 부과한 조례제정에는 법률의 위임이 있어야 한다.
③ 조례로서 벌칙을 규정하고자 할 때는 법률의 위임이 필요하다.
④ 기관위임사무에 대해서는 조례 규정이 가능하다.

출제빈도: ★☆☆

**03  조례로서 조례위반자에게 부과할 수 있는 과태료의 범위는?**

① 200만 원 이하                    ② 1천만 원 이하
③ 1500만 원 이하                   ④ 3천만 원 이하

## 04 우리나라 지방자치단체의 사무 구분에 대한 설명으로 옳은 것은?

① 자치사무와 단체위임사무는 자치단체가 전액 경비를 부담하며 기관위임사무는 원칙적으로 자치단체와 위임기관이 공동으로 부담한다.

② 단체위임사무는 법령에 의해 하급 자치단체장에게 위임된 사무이며 기관위임사무는 법령에 의해 국가 또는 다른 자치단체로부터 위임된 사무이다.

③ 자치사무와 단체위임사무의 처리를 위해 자치단체는 조례를 제정하는 것이 가능한데, 기관위임사무는 원칙적으로 조례제정 대상이 아니다.

④ 자치사무는 지방의회의 관여 대상이지만 단체위임사무와 기관위임사무는 관여 대상이 아니다.

---

**정답 및 해설**

**01** ①
보충성의 원칙은 중앙정부는 지방정부가 감당하기 힘든 업무에 대해 보충적으로 기능을 담당해야 한다는 의미이다. 즉 지방정부가 먼저 업무를 처리하고, 지방정부가 처리 곤란한 업무는 중앙정부의 업무가 된다.

오답노트
②, ③ 지방의회는 조례, 지자체장은 규칙제정권을 갖는다.
④ 지자체장과 지방의회 의원의 임기는 4년이다.

**02** ④
기관위임사무는 집행기관에 위임한 사무이기 때문에 의결기관인 지방의회가 제정하는 조례로 규정할 수 없다.

오답노트
①, ②, ③ 조례는 법령의 범위 내에서 제정하는 것이 원칙이지만 권리를 제한하거나, 의무를 부과하거나, 조례로서 벌칙을 규정할 때는 법률의 위임이 있어야 한다.

**03** ②
조례로서 조례위반자에게 1천만 원 이하의 과태료를 부과할 수 있다.

**04** ③
기관위임사무는 지방의회가 관여할 수 없으므로 조례제정 대상이 아니다.

오답노트
① 원칙적으로 자치사무 처리에 소요되는 경비는 자치단체가 전액 부담하고, 단체위임사무 처리에 소요되는 경비는 국가와 해당 자치단체가 분담하며, 기관위임사무는 국가가 경비의 전액을 부담한다.
② 단체위임사무는 법령에 의해 국가 또는 다른 자치단체로부터 해당 자치단체 자체에 위임된 사무이며, 기관위임사무는 법령에 의해 하급 자치단체장에게 위임된 사무이다.
④ 자치사무와 단체위임사무는 지방의회의 관여 대상이지만 기관위임사무는 관여 대상이 아니다.

## 01 지방자치단체의 기관 구성

출제빈도 ★

### 1. 의의

자치단체의 기관 구성 형태는 의결기관과 집행기관의 조직 양태에 따라 크게 기관통합형, 기관대립형으로 분류된다.

### 2. 기관통합형(기관단일형)

#### (1) 의의

기관통합형은 권력집중주의에 입각하여 자치단체의 의결 기능과 집행 기능을 단일 기관인 지방의회에 귀속시키는 형태이다. 의결기관과 집행기관이 구분되지 않거나 유기적인 협조를 중시하는 내각제 방식이다.

#### (2) 장단점

| 장점 | 단점 |
|---|---|
| • 권한과 책임이 의회에 집중되어 민주정치와 책임행정 구현 용이<br>• 대립의 소지가 없어 지방행정의 안정성과 능률성 확보<br>• 다수 의원의 참여에 따른 신중하고 공정한 자치행정 수행<br>• 소규모의 기초자치단체에 적합<br>• 미국 위원회의 경우 소수의 위원으로 운영되므로 예산절감 및 신속하고 탄력적인 행정집행 도모 | • 단일기관에 의한 권력행사로 견제와 균형이 상실되어 권력 남용 용이<br>• 의원이 행정을 하게 되므로 행정의 전문화를 저해할 가능성<br>• 의원들 간의 행정 분담으로 행정의 통일성과 종합성 저해<br>• 위원회형의 경우 다양한 이익을 대표하기에는 부적합<br>• 지방행정에 정치적 요인이 개입될 우려 |

# 3. 기관대립형(기관분리형)

## (1) 의의

기관대립형은 권력분립주의 원칙에 따라 자치단체의 의결 기능과 집행 기능을 각각 다른 기관에 분담시키고, 이들 상호 간의 견제와 균형을 통하여 자치행정을 수행해 나가는 대통령제적 방식이다.

## (2) 장단점

| 장점 | 단점 |
| --- | --- |
| • 의결기관과 집행기관을 다 같이 주민직선에 의하여 선출함으로써 실질적인 주민통제 가능<br>• 시장의 임기가 보장됨으로써 강력한 행정시책을 추진<br>• 견제와 균형의 원리에 따라 운영되기 때문에 권력의 전횡이나 부패를 방지하고 비판과 감시가 용이<br>• 자치단체장은 주민의 선임에 기초하여 행정을 수행하기 때문에 자치행정에 민의를 반영하기가 용이 | • 자치단체장은 연임하기 위해서 인기에 영합하는 행정집행을 함으로써 행정의 능률성이나 공평성을 희생할 가능성이 높음<br>• 반드시 행정능력을 갖춘 인사가 단체장으로 선출되는 것은 아니기에 효율적인 행정을 기대하기 곤란<br>• 의결기관과 집행기관 사이에 갈등이나 알력이 발생할 경우 자칫 지방행정의 마비를 초래할 우려 |

# 02 집행기관  출제빈도 ★

## 1. 우리나라에서의 집행기관

현행 「지방자치법」은 집행기관으로 자치단체장을 두고, 별도로 시·도에 교육감을 두어 하나의 지방자치단체 안에 두 계통의 집행기관을 병립시키고 있다.

## 2. 행정기구

① 자치단체의 행정사무를 분장하기 위하여 필요한 행정기구를 둘 수 있다.
② 보조기관과 행정기구

| 보조기관 | • 부단체장, 행정기구, 소속공무원 |
| --- | --- |
| 소속 행정기관 | • 직속기관(교육소방기관, 교육훈련기관, 보건진료기관, 시험연구기관, 중소기업지도기관 등)<br>• 사업소(특정 업무를 수행하는 특별행정기관)<br>• 출장소(자치단체장의 권한을 지역적으로 분담하는 일반행정기관)<br>• 합의제 행정기관[선거관리위원회, 인사위원회(「지방공무원법」 제8조 근거)], 소청심사위원회(「지방자치법」 제13·20조 근거 등) |
| 하부 행정기관 | • 행정구청장, 읍장, 면장, 동장(일반직 지방공무원 신분, 당해 자치단체장이 임명) |

**행정기구와 공무원**

「지방자치법」 제125조 【행정기구와 공무원】

① 지방자치단체는 그 사무를 분장하기 위하여 필요한 행정기구와 지방공무원을 둔다.

② 제1항에 따른 행정기구의 설치와 지방공무원의 정원은 인건비 등 대통령령으로 정하는 기준에 따라 그 지방자치단체의 조례로 정한다.

# 1. 의의

## (1) 개념

지방의회는 지방자치단체의 최고의사결정기관으로서 주민에 의해 선출된 의원을 구성원으로 하여 성립하는 합의제 의결기관이다.

## (2) 지위

① 헌법상의 기관

헌법 제118조는 '지방자치단체에 의회를 두고, 지방의회의 조직·권한·의원의 선거에 관한 사항은 법률로 정한다'고 하여 헌법기관임을 천명하고 있다.

② 주민대표기관

지방의회는 주민의 투표에 의하여 선출된 의원으로 구성된다.

③ 의사결정기관

지방의회는 지방행정 사무를 독자적으로 결정하고, 법령의 범위 안에서 지방자치단체의 의사를 스스로 결정하는 의결기관이자 주요 정책기관으로서의 지위를 갖는다.

# 2. 권한(기능)

## (1) 의결권

「지방자치법」 제47조는 '지방의회는 다음 사항을 의결한다'고 규정하여 이에 열거된 사항은 반드시 의결하여야 하는 제한적 열거주의를 채택하고 있다.

① 조례의 제정 및 개폐

② 예산의 심의·확정(시·도는 회계연도 개시 15일 전까지, 시·군 및 자치구에서는 10일 전까지 예산을 확정한다. 반면, 국회는 회계연도 개시 30일 전까지이다), 결산의 승인

③ 법령에 규정된 것을 제외한 사용료·수수료·분담금·지방세 또는 가입금의 부과와 징수

④ 기금의 설치·운용

⑤ 대통령령으로 정하는 중요 재산의 취득·처분 및 공공시설의 설치·처분

⑥ 법령과 조례에 규정된 것을 제외한 예산 외 의무 부담이나 권리의 포기

⑦ 청원의 수리와 처리

⑧ 외국 지방자치단체와의 교류협력에 관한 사항

⑨ 기타 법령에 의하여 그 권한에 속하는 사항 등

## (2) 행정감시권

의회의 감시권은 집행기관과 장에 대한 독주를 방지하고 적정한 행정운영을 유도하여 의회의 의결권 행사를 보완하는 데 있다. 서류제출 요구권, 행정사무 처리상황의 보고와 질문응답권, 행정사무 감사권 및 조사권 등이 있다.

---

**행정학 전문가의 TIP**

**지방자치**

• 헌법 제117조

① 지방자치단체는 주민의 복리에 관한 사무를 처리하고 재산을 관리하며, 법령의 범위 안에서 자치에 관한 규정을 제정할 수 있다.

② 지방자치단체의 종류는 법률로 정한다.

• 헌법 제118조

① 지방자치단체에 의회를 둔다.

② 지방의회의 조직·권한·의원선거와 지방자치단체의 장의 선임방법 기타 지방자치단체의 조직과 운영에 관한 사항은 법률로 정한다.

---

**행정학 전문가의 TIP**

**행정사무 감사권 및 조사권**

「지방자치법」 제49조【행정사무 감사권 및 조사권】

① 지방의회는 매년 1회 그 지방자치단체의 사무에 대하여 시·도에서는 14일의 범위에서, 시·군 및 자치구에서는 9일의 범위에서 감사를 실시하고, 지방자치단체의 사무 중 특정 사안에 관하여 본회의 의결로 본회의나 위원회에서 조사하게 할 수 있다.

② 제1항의 조사를 발의할 때에는 이유를 밝힌 서면으로 하여야 하며, 재적의원 3분의 1 이상의 연서가 있어야 한다.

### (3) 선거권

지방의회는 의장·부의장·임시의장의 선거, 위원회의원의 선거, 검사위원의 선거 등에 관한 선거권을 가진다.

### (4) 청원수리권

① 지방의회에 접수된 청원을 심사하여 채택한 청원으로서 자치단체장이 처리함이 타당하다고 인정된 때에는 의견서를 첨부하여 자치단체장에게 이송하여야 한다.
② 지방의회에 청원하고자 하는 주민은 지방의회 의원의 소개로 할 수 있다.
③ 청원자의 성명 및 주소를 기재하고 서명·날인해야 한다.

### (5) 의견표명권

지방의회는 주민의 대표기관이므로, 당해 자치단체와 관련된 사항에 대해서는 의견을 표명할 수 있다.
예 자치단체의 폐치·분합 또는 그 명칭 또는 구역변경 등

## 3. 지방자치단체장과 지방의회 의원

| 구분 | 임기 | 공직 분류 | 연임 제한 | 보수 | 영리행위 제한 | 겸직 금지 규정 | 선거에의 정당 참여 |
|---|---|---|---|---|---|---|---|
| 지방자치 단체장 | 4년 | 정무직 지방 공무원 | 있음 (3회) | 유급직 | 있음 | 있음 | 인정 |
| 지방의회 의원 | | | 없음 | | 있음 (제한적) | | |

## 1. 우리나라의 지방의회와 집행기관 관계의 특징

### (1) 우리나라의 의회해산권과 불신임권

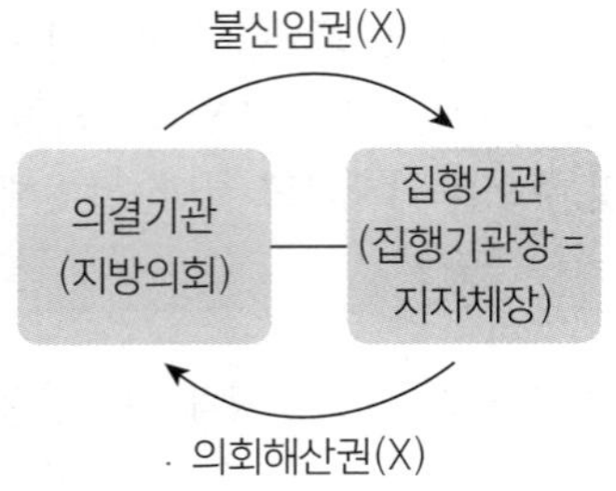


우리나라는 의회해산권과 불신임권을 모두 인정하지 않고 있다.

### (2) 의장불신임의 의결 –「지방자치법」제55조【의장불신임의 의결】

① 지방의회의 의장이나 부의장이 법령을 위반하거나 정당한 사유 없이 직무를 수행하지 아니하면 지방의회는 불신임을 의결할 수 있다.
② 제1항의 불신임의결은 재적의원 4분의 1 이상의 발의와 재적의원 과반수의 찬성으로 행한다.
③ 제2항의 불신임의결이 있으면 의장이나 부의장은 그 직에서 해임된다.

## 2. 특수한 견제수단

양 기관 간에 심각한 대립·갈등이 발생한 경우 해결을 위한 수단 및 비상시의 특수 견제수단으로 자치단체장의 재의요구권 및 제소권, 선결처분권 등을 인정하고 있다.

### (1) 재의요구권

자치단체장이 지방의회 의결에 대해 이의가 있는 경우에 이의 수리 또는 공포를 거부하고 의회에 반송하여 이를 다르게 의결해 줄 것을 요구하는 권한이다.

| 구분<br>종류 | 재의 조건 | 요구 기간 | 재의결<br>정족수 | 재의결<br>효과 |
|---|---|---|---|---|
| 일반의결 | 월권·위법 또는 현저히 공익을 해한다고 인정될 때 | 20일<br>이내 | 재적의원<br>과반수<br>출석과<br>출석의원<br>2/3 이상<br>찬성 | 확정적 |
| 경비의결 | 집행 불가능한 경비 포함 또는 지방자치단체의 필수부담 경비와 재해 응급복구 경비 삭감의결 때 | | | |
| 조례제정 | 이의가 있는 때 | | | |
| 감독관청의 요구 | 위법 또는 현저히 부당하다고 인정될 때 (시·도에 대하여는 주무부장관이, 시·군 및 자치구에 대하여는 시·도지사가 재의를 요구) | | | |

**재의요구권**
• 지방의회는 의결 후 5일 이내에 지방자치단체장에게 이송합니다.
• 지방자치단체장은 20일 이내 재의요구를 할 수 있습니다.

## (2) 제소권

지방자치단체의 장은 재의결된 사항이 법령에 위반된다고 판단되는 때에는 재의결된 날부터 20일 이내에 대법원에 소를 제기할 수 있다. 이 경우 필요하다고 인정되는 때에는 그 의결의 집행을 정지하게 하는 집행정지 결정을 신청할 수 있다.

## (3) 자치단체장의 선결처분권(일반 사항의 경우)

① 지방자치단체의 장은 지방의회가 성립되지 아니한 때와 지방의회의 의결사항 중 주민의 생명과 재산보호를 위하여 긴급하게 필요한 사항으로서 지방의회를 소집할 시간적 여유가 없거나 지방의회에서 의결이 지체되어 의결되지 아니한 때에는 행정·재정상의 선결처분을 할 수 있다.

② 선결처분은 지체 없이 지방의회에 보고하여 승인을 얻어야 한다.

③ 지방의회에서 승인을 얻지 못한 때에는 그 선결처분은 그때부터 효력을 상실한다.

출제빈도: ★☆☆

**01  우리나라 지방자치제에 대한 설명으로 옳지 않은 것은?**

① 지방자치단체와 지방의회는 기관대립형이다.

② 지방자치단체는 법인으로 한다.

③ 주민투표제, 주민감사청구제, 주민소환제를 실시하고 있다.

④ 자치입법권, 자치조직권, 자치재정권, 자치사법권을 인정하고 있다.

출제빈도: ★★☆  대표출제기업: 부산시설공단

**02  지방의회의 권한이 아닌 것은?**

① 행정사무 조사권                    ② 조례제정권

③ 예산 편성권                        ④ 청원처리권

출제빈도: ★☆☆

## 03 지방의회가 지방자치단체에 대하여 행사할 수 있는 권한으로 옳지 않은 것은?

① 예산 불성립 시 예산집행
② 선결처분의 사후승인
③ 행정사무의 감사·조사
④ 청원서의 이송·보고요구

---

**정답 및 해설**

**01** ④
자치사법권은 인정되지 않는다.

오답노트
① 지방자치단체와 지방의회는 기관대립형이다.
② 지방자치단체는 공법인으로 법인격이 있다.
③ 직접민주적 요소로 주민투표제, 주민감사청구제, 주민소환제를 도입하고 있다.

**02** ③
지방자치단체의 예산 편성권은 집행조직이 가지며 지방의회는 심의, 의결권을 갖는다.

**03** ①
지방정부에서 예산 불성립 시 준예산 집행은 지방자치단체장의 권한 이다.

오답노트
② 선결처분은 지방자치단체장의 권한이지만, 선결처분의 사후승인 은 지방의회의 권한이다.
③ 행정감시권으로서 행정사무감사권, 행정사무조사권은 지방의회 의 권한이다.
④ 청원수리처리권, 청원의 이송과 처리보고 등은 지방의회의 권한 이다.

| 정부 간 관계 | 라이트 모형 3가지 |
|---|---|
| 정부 간 갈등조정 | 지방자치단체 분쟁조정위원회, 행정협의조정위원회 |
| 광역행정 | 통합 방식, 지방자치법상 4가지 방식 |

## 01 정부 간 관계(Inter-Governmental Relation) 출제빈도 ★

### 1. 의의

정부 간 관계는 중앙정부와 지방정부 간의 상호관계인 수직적 관계와 상호 대등관계에 있는 정부단위 간의 수평적 관계가 포함된다.

### 2. 라이트(Wright)의 정부 간 관계 모형

라이트는 미국연방제하의 정부 간 관계를 선임(Designation)·관계(Relation)·권위(Authority)라는 세 가지 기준에 의해 분류하였다.

| | |
|---|---|
| 협조권위형<br>(분리형) | • 연방정부와 주정부는 명확한 분리하에 상호독립적·완전자치적으로 운영되고 지방정부는 주정부에 종속된 이원적 관계<br>• 연방정부와 주정부는 상호경쟁적 관계<br>• Home rule의 원칙[1]과 관련됨 |
| 포괄권위형<br>(포함형) | • 연방정부가 주정부와 지방정부를 완전히 포괄하는 종속관계<br>• 강력한 계층제적 통제<br>• 게임이론<br>• 딜런의 법칙[2]과 관련됨 |
| 중첩권위형<br>(중첩형) | • 연방정부와 주 및 지방정부가 각자 고유한 영역을 가지면서 동시에 동일한 관심과 책임영역을 지니는 상호의존적 관계<br>• 정부 기능의 연방·주·지방정부에 의해 동시적 작용<br>• 자치권과 재량권의 제한적 분산<br>• 협상·교환관계(재정적 상호협조와 경쟁관계) |

**1) Home rule의 원칙**

지방정부에 자치권이 광범위하게 인정되는 제도로서, 지방정부의 권한이 아니라고 명백하게 부정되지 않으면 지방정부가 그 권한을 보유한다고 해석

**2) 딜런의 법칙**

중앙 위주의 하향적·집권적 원칙으로, 주의회가 명백하게 부여하지 않은 권한은 지방정부가 그것을 보유할 수 없다고 해석

## 1. 행정안전부장관 및 시·도지사의 분쟁 조정
### – 시·도 간 분쟁, 시·도를 달리하는 시·군·구 간 분쟁

① 지방자치단체 상호 간 또는 지방자치단체의 장 상호 간 사무를 처리함에 있어서 분쟁이 있는 때에는 다른 법률에 특별한 규정이 없는 한 행정안전부장관 또는 시·도지사가 당사자의 신청에 의하여 이를 조정할 수 있으며, 그 분쟁이 공익을 현저히 저해하여 조속한 조정이 필요하다고 인정되는 경우에는 직권으로 이를 조정할 수 있다. 이 경우에는 그 취지를 미리 당사자에게 통보하여야 한다.

② 행정안전부장관 또는 시·도지사가 분쟁을 조정하고자 할 때에는 관계중앙행정기관의 장과의 협의를 거쳐 지방자치단체 중앙분쟁조정위원회 또는 지방자치단체 지방분쟁조정위원회의 의결에 따라 조정하여야 한다.

③ 행정안전부장관 또는 시·도지사는 조정을 결정한 때에는 이를 서면으로 지체 없이 관계지방자치단체의 장에게 통보하여야 하며, 통보를 받은 지방자치단체의 장은 그 조정결정사항을 이행하여야 한다. 조정결정사항이 성실히 이행되지 아니한 때에는 당해 지방자치단체에 대하여 직무상 이행명령과 대집행을 행할 수 있다(실질적 구속력이 있다).

## 2. 중앙행정기관과 지방자치단체 간 협의조정

① 중앙행정기관의 장과 지방자치단체의 장이 사무를 처리할 때 의견을 달리하는 경우 이를 협의·조정하기 위하여 국무총리 소속으로 행정협의회조정위원회를 둔다. (「지방자치법」 제168조)

② 행정협의조정위원회는 위원장 1명을 포함하여 13명 이내의 위원으로 구성한다.

③ 행정협의조정위원회는 재적위원 과반수의 출석으로 개의하고, 출석위원 2/3 이상의 찬성으로 의결한다.

④ 관계 중앙행정기관의 장과 지방자치단체의 장은 그 협의·조정 결정사항을 이행하여야 한다. 하지만 대집행권 등이 규정되지 않아 실질적인 구속력은 없다고 평가되고 있다.

**행정학 전문가의 TIP**

자치단체분쟁조정위원회와 행정협의조정위원회의 비교

| 구분 | 자치단체분쟁 조정위원회 | 행정협의조정 위원회 |
|---|---|---|
| 소속 | 행정안전부 장관, 시·도지사 | 국무총리 |
| 기능 | 자치단체 간 분쟁 조정 | 중앙과 지방 간 분쟁 조정 |
| 신청 | 신청 또는 직권 | 신청 |
| 효력 | 실질적 구속력 있음 | 실질적 구속력 없음 |

## 1. 의의

기존의 행정구역 또는 지방자치단체의 구역을 초월해서 발생하는 여러 가지 행정수요를 둘 이상의 지방정부 상호 간의 협력을 통하여 통일적·종합적이고 현지성에 맞게 계획적으로 처리함으로써 행정의 **능률성, 경제성, 합목적성**을 확보하기 위한 지방행정의 양식이다.

## 2. 방식

### (1) 공동처리방식

공동처리방식은 '둘 이상의 지방자치단체 또는 지방행정기관이 상호협력관계를 형성하여 광역적 행정사무를 공동으로 처리하는 방식'을 말한다.

### (2) 연합방식(Federation)

연합방식은 '둘 이상의 지방자치단체가 독립적인 법인격을 그대로 유지하면서 특별자치단체인 별도의 연합단체(광역행정기관)를 설치하여 일체의 광역행정 사무를 처리하도록 하는 방식'을 말한다.

### (3) 통합방식

① '일정한 광역권 내의 여러 자치단체를 통합하여 단일의 정부를 설립하는 방식'이다.
② 각 지방정부의 개별적 특수성이 무시된 채 중앙집권화가 촉진되고 주민참여가 어려워질 수 있다. 발전도상국에서 많이 사용하는 방식이다.

### (4) 특별구역방식 – 특별구(特別區)

① '특정한 광역행정 사무를 처리하기 위하여 일반행정구역이나 자치구역과는 별도로 특별구역을 설정하는 방식'을 의미한다. 지역상의 자치가 아니라 기능상의 자치라고 할 수 있다.
② 우리나라의 교육구나 관광특구 등이 이에 해당한다.

### (5) 「지방자치법」상 4가지 광역행정방식

① 행정협의회
지방자치단체는 2개 이상의 지방자치단체에 관련된 사무의 일부를 공동으로 처리하기 위하여 관계 지방자치단체 간의 행정협의회를 구성할 수 있다. 이 경우 지방자치단체의 장은 시·도가 그 구성원인 경우에는 행정안전부장관과 관계 중앙행정기관의 장에게, 시·군 또는 자치구가 구성원인 경우에는 시·도지사에게 이를 보고하여야 한다. 행정안전부장관이나 시·도지사는 공익상 필요하다면 관계 지방자치단체에 대하여 협의회를 구성하도록 권고할 수 있다.

② 지방자치단체조합
- 의의
  - 지방자치단체조합은 '2개 이상의 지방자치단체가 사무의 일부나 둘 이상의 사무를 공동으로 처리하기 위해 합의에 따라 규약을 정하고 설치하는 법인체, 즉 법인격을 지닌 공공기관'을 말한다.
  - 우리나라의 경우 '하나 또는 둘 이상의 사무'에 관한 조합을 규정함으로써 일부사무조합과 복합사무조합만 인정하고 전부사무조합은 인정하고 있지 않다.
- 권한: 사무조합은 고유의 직원을 두고 지방채 발행 및 독자적인 재산을 보유할 수 있으나, 주민이 구성원이 아니고 관련 지방자치단체가 구성원이기 때문에 해당 자치단체에 대하여 직원파견 및 비용부담을 요구할 수는 있어도 주민의 청구권이나 주민에 대한 과세권은 없다.
- 설립
  - 2개 이상의 지방자치단체가 하나 또는 둘 이상의 사무를 공동으로 처리할 필요가 있을 때에는 규약을 정하는 당해 지방의회의 의결을 거쳐 시·도는 행정안전부장관의, 시·군 및 자치구는 시·도지사의 승인을 얻어 지방자치단체조합을 설립할 수 있다.
  - 다만, 조합의 구성원인 시·군 및 자치구가 2개 이상의 시·도에 걸치는 조합은 행정안전부장관의 승인을 얻어야 한다.

③ 자치단체장 등의 협의체

자치단체장 또는 지방의회 의장은 상호 간의 교류와 협력을 증진하고 공동의 문제를 협의하기 위하여 시·도지사, 시·도의회의 의장, 시장·군수·자치구의 구청장, 시·군·자치구의회의 의장으로 각각 전국적 협의체를 설립할 수 있으며, 전국적 협의체가 모두 참가하는 지방자치단체 연합체를 설립할 수 있다.

④ 사무위탁

지방자치단체나 그 장은 소관사무의 일부를 다른 지방자치단체나 그 장에게 위탁하여 처리하게 할 수 있다.

출제빈도: ★☆☆　대표출제기업: 대구도시철도공사

**01** 다음 중 라이트(Wright)의 정부 간 관계 모형 중 가장 이상적 모형으로 제시된 것은?

① 중첩권위형　　　　　　　　　　② 동반자모형

③ 분리권위형　　　　　　　　　　④ 포괄권위형

출제빈도: ★☆☆

**02** 중앙행정기관의 장과 지방자치단체의 장이 사무를 처리할 때 의견을 달리하는 경우, 이를 협의·조정하기 위하여 설치하는 기구는?

① 행정협의조정위원회　　　　　　② 중앙분쟁조정위원회

③ 지방분쟁조정위원회　　　　　　④ 행정협의회

출제빈도: ★☆☆

**03** 광역행정방식 중 '일정한 광역권 내의 여러 자치단체를 통합하여 단일의 정부를 설립하는 방식'에 해당하는 것은?

① 공동처리 방식

② 연합 방식

③ 통합 방식

④ 특별구 방식

---

정답 및 해설

**01** ①

라이트는 중앙정부와 지방정부 간의 관계모형으로 분리권위형, 중첩권위형, 포괄권위형을 제시하였으며, 그중 중첩권위형을 중앙정부와 지방정부가 상호의존하는 가장 이상적 모형으로 제시하였다.

**02** ①

중앙과 지방 간 협의·조정은 국무총리실 행정협의조정위원회가 담당한다.

오답노트

② 중앙분쟁조정위원회는 광역단체 간, 광역단체와 기초단체 간 또는 시·도를 달리하는 기초단체 간 분쟁조정을 위해 행정안전부장관하에 설치된 기구이다.

③ 지방분쟁조정위원회는 동일한 시·도 내의 기초단체 간 분쟁조정을 위해 시·도지사하에 설치된 기구이다.

④ 행정협의회는 분쟁조정기구가 아니라 둘 이상의 자치단체에 관련된 사무의 일부를 공동으로 처리하기 위해 설치되는 광역행정기구이다.

**03** ③

제시문은 통합 방식을 설명하고 있다.

| | |
|---|---|
| 지방재정 구조 | 지방세 중 보통세(9) 목적세(2), 지방교부세 4가지 종류 |
| 지방자치단체의 재정 건전성 | 재정자립도의 개념, 재정자주도의 개념 |
| 지방공기업 | 지방공기업의 유형 |

## 01 지방재정의 의의

출제빈도 ★

### 1. 개념

지방재정이란 지방자치단체의 존립 목적을 달성하기 위하여 필요한 재원을 조달하고 관리하는 활동으로, 자치단체가 행하는 예산·결산·회계 및 기타 재화에 관한 활동을 의미한다(지방자치를 실현하게 하는 필수 조건).

### 2. 특성

#### (1) 지방재정의 자주성

지방재정은 스스로 지방세를 부과·징수하여 예산을 편성하고 주민에 봉사하는 재정 자주성을 근본으로 하고 있다.

#### (2) 지방재정의 제약성(타율성)

지방재정의 자주성은 국가에 의해 한정된 범위에서 인정된다. 지방세의 종목과 세율은 법률로 결정되며, 대부분의 사용료와 수수료가 정부 방침에 의해 통제된다. 자주재원 외에 국가로부터 지원을 받는 의존재원이 있다.

#### (3) 지방재정의 응익성(應益成)

일반적으로 ① 국가의 재정은 소득이나 능력의 크기에 따라 재정부담을 지우는 응능주의(應能主義)인 데 비하여, ② 지방재정은 수익자가 명확하고 한정적이므로 이익의 대가만큼 비용 부담을 지우는 수익자 부담주의로서 응익성이 강조된다.

### (4) 지방재정의 불균형성·다양성

지역별 자원의 분포나 개발의 정도 등에 따라 지역 발전과 소득의 격차가 나게 된다. 이에 따라 재정 규모나 세입과 세출의 비중, 재정능력과 자립도 등 자치단체마다 그 특성이 다양하다.

## 02 지방재정의 구조　　　　　　출제빈도 ★★

## 1. 지방재정의 세입

각급 지방자치단체는 원활한 경비지출 활동을 위하여 지속적인 재원 확보의 노력을 하게 된다. 이러한 지급재원이 지방수입이며, 지방수입을 회계연도별로 구분하여 1회계연도에 소요되는 모든 재원을 지방세입이라 한다.

## 2. 자주재원

### (1) 지방세

① 개념

지방자치단체가 그 기능을 수행하는 데 필요한 일반적 경비를 조달하기 위하여 당해 구역 내의 주민으로부터 반대 급부 없이 강제적으로 부과·징수하는 조세이다.

② 지방세의 원칙

조세의 일반원칙 외에도 지방세의 고유한 원칙들이 있다.

| | |
|---|---|
| 재정<br>수입의<br>측면 | • 충분성의 원칙: 지방재정 수요를 충족시키는 데 충분한 수입을 가져올 것<br>• 보편성의 원칙: 각 자치단체의 수입이 보편적으로 존재할 것<br>• 정착성(국지성, 지역성)의 원칙: 세원은 가급적 이동이 적고 일정한 지역 내에 정착되어 있을 것<br>• 신장성의 원칙: 자치단체의 발전에 따라 자치단체의 수입도 증가될 것<br>• 안정성의 원칙: 세수의 안정적 확보<br>• 신축성(탄력성)의 원칙: 자치단체의 특성에 따라 탄력적으로 운영될 것 |
| 주민<br>부담의<br>측면 | • 부담분임의 원칙: 전 주민이 지방세를 부담할 것<br>• 응익성의 원칙: 조세부담의 배분은 공공서비스로부터의 편익을 근거로 할 것<br>• 효율성의 원칙<br>• 부담보편(평등성)의 원칙: 평등하고 동등한 과세 |
| 과세<br>행정의<br>측면 | • 자주성의 원칙<br>• 편의 및 최소비용의 원칙: 징세가 간편하고 경비가 적게 들 것<br>• 확실성의 원칙: 징세가 확실히 시행될 것 |

③ 우리나라의 지방세 체계

현행 지방세는 보통세 9개와 목적세 2개의 총 11세목으로 구성되어 있으며, 과세주체에 따라 특별시세·광역시세, 도세 및 시·군·자치구세로 구분하고 있다.

**행정학 전문가의 TIP**

**탄력세율 적용**
- 대통령령: 담배소비세, 자동차세(주행분)
- 조례: 취득세, 등록면허세(등록분), 재산세, 자동차세(소유분), 주민세, 지방소득세, 지방교육세, 지역자원시설세
- 비적용: 레저세, 지방소비세, 등록면허세(면허분)

**지방소비세**
내국세인 부가가치세의 $\frac{253}{1000}$ 을 지방소비세로 전환합니다.

**서울특별시 재산세 공동과세제도**
- 특별시: 50% 과세
- 자치구: 50% 과세
- 특별시가 과세하는 50%는 25개 자치구에 균등 배분합니다.

- 지방세 체계(11종)

| 구분 | 도세 | 시·군세 | 특별시·광역시세 | 자치구세 |
|---|---|---|---|---|
| 보통세 | 취득세<br>등록면허세<br>레저세<br>지방소비세 | 주민세<br>재산세<br>자동차세<br>담배소비세<br>지방소득세 | 취득세<br>주민세<br>자동차세<br>담배소비세<br>레저세<br>지방소비세<br>지방소득세 | 등록면허세<br>재산세 |
| 목적세 | 지방교육세<br>지역자원시설세 | – | 지방교육세<br>지역자원시설세 | – |

- 국세 체계(13종)

| 내국세 | 직접세 | 소득세, 법인세, 상속세와 증여세, 종합부동산세 |
|---|---|---|
| | 간접세 | 부가가치세, 개별소비세, 주세, 인지세, 증권거래세 |
| 목적세 | | 교육세, 교통·에너지·환경세, 농어촌특별세 |

## (2) 세외수입

① 개념

세외수입은 일반적으로 지방자치단체의 자체수입 중에서 지방세수입을 제외한 나머지 수입을 지칭하는 것이다.

② 종류

- 현행 세외수입은 회계성질별로 일반회계 세외수입과 특별회계 세외수입으로 구분하고 있다. 일반회계에는 경상적 수입과 임시적 수입이 있고, 특별회계에는 사업수입과 사업 외 수입이 있다.
- 실질상 세외수입과 명목상 세외수입으로 나누면 다음과 같다.

| 구분 | | 종류 |
|---|---|---|
| 실질상<br>세외수입 | 경상적 수입 | 사용료수입, 수수료수입, 재산임대수입, 사업장수입, 징수교부금, 이자수입 |
| | 사업수입 | 상수도, 지하철, 주택, 공영개발, 하수도, 기타 특별회계 |
| 명목상<br>세외수입 | 임시적 수입 | 재산매각수입, 융자금회수, 이월금, 기부금, 융자금, 전입금, 부담금, 잡수입, 과년도수입 |
| | 사업 외 수입 | 이월금, 융자금, 전입금, 잡수입, 과년도수입 |

## (3) 지방채

① 개념

지방자치단체가 부족한 재원을 보전하기 위하여 외부로부터 조달하는 차입금으로서 상환이 복수의 회계연도에 걸쳐서 이루어지며 증서 차입 또는 증권 발행의 형식을 취하는 채무이다.

② 「지방재정법」 제11조상 지방채 발행

- 원칙: 지방의회 의결로 발행
- 예외: 행정안전부장관 사전 승인 + 지방의회 의결
  - 외채발행
  - 지방자치단체조합이 지방채를 발행할 경우
  - 한도초과
- 지방재정법 제11조【지방채의 발행】
  ② 지방자치단체의 장은 제1항에 따라 지방채를 발행하려면 재정 상황 및 채무 규모 등을 고려하여 대통령령으로 정하는 지방채 발행 한도액의 범위에서 지방의회의 의결을 얻어야 한다. 다만, 지방채 발행 한도액 범위더라도 외채를 발행하는 경우에는 지방의회의 의결을 거치기 전에 행정안전부장관의 승인을 받아야 한다.
  ③ 지방자치단체의 장은 제2항에도 불구하고 대통령령으로 정하는 바에 따라 행정안전부장관과 협의한 경우에는 그 협의한 범위에서 지방의회의 의결을 얻어 제2항에 따른 지방채 발행 한도액의 범위를 초과하여 지방채를 발행할 수 있다. 다만, 재정책임성 강화를 위하여 재정위험수준, 재정 상황 및 채무 규모 등을 고려하여 대통령령으로 정하는 범위를 초과하는 지방채를 발행하는 경우에는 행정안전부장관의 승인을 받은 후 지방의회의 의결을 받아야 한다.

## 시험문제 미리보기!

> **다음 중 지방세로 옳지 않은 것은?**
>
> ① 자동차세
>
> ② 재산세
>
> ③ 등록면허세
>
> ④ 교육세
>
> 해설  지방교육세는 목적세로서의 지방세이지만, 교육세는 지방세가 아니라 국세인 목적세이다.
>
> 정답 ④

## 3. 지방재정조정제도(의존재원)

### (1) 의의

지방재정조정제도는 지방자치단체에게 기능 수행에 필요한 자체재원의 부족분을 보충하여 각 자치단체 간 재정적 불균형을 조정해 주는 제도이다. (지방교부세, 국고보조금)

**행정학 전문가의 TIP**

**지방채의 발행**

「지방재정법」 제11조【지방채의 발행】

① 지방자치단체의 장은 다음 각 호를 위한 자금 조달에 필요할 때에는 지방채를 발행할 수 있다. 다만, 제5호 및 제6호는 교육감이 발행하는 경우에 한한다.

1. 공유재산의 조성 등 소관 재정투자사업과 그에 직접적으로 수반되는 경비의 충당
2. 재해예방 및 복구사업
3. 천재지변으로 발생한 예측할 수 없었던 세입결함의 보전
4. 지방채의 차환
5. 「지방교육재정교부금법」 제9조 제3항에 따른 교부금 차액의 보전
6. 명예퇴직(「교육공무원법」 제36조 및 「사립학교법」 제60조의3에 따른 명예퇴직을 말한다. 이하 같다) 신청자가 직전 3개 연도 평균 명예퇴직자의 100분의 120을 초과하는 경우 추가로 발생하는 명예퇴직 비용의 충당

## (2) 지방교부세

### ① 의의

- 지방교부세는 지방자치단체 간의 재정적 불균형을 시정(수평적 재정조정제도에 해당)하고, 전국적인 최저생활을 확보하기 위하여 지방자치단체의 재정수요에 필요한 부족재원을 보전할 목적으로 국가가 지방자치단체에 교부하는 재원이다.
- 지방교부세는 지방자치단체의 일반재원 성격(보통교부세, 부동산교부세)으로 자치단체의 재정 자율성을 제고하는 기능을 한다.

### ② 재원

지방교부세액의 총액은 내국세 총액의 19.24%에 해당하는 금액과 종합부동산세 총액 및 담배에 부과되는 개별소비세의 45/100이다.

### ③ 종류

- 보통교부세
  - 개념: 지방자치단체가 기본적인 행정수요 유지를 위해 용도를 제한하지 않고 자주적으로 사용할 수 있는 일반재원이다.
  - 산정 기준: 기준 재정수입액이 기준 재정수요액에 미달한 경우에 지급한다.
  - 지급 방식: 행정안전부장관이 분기별로 교부한다.
- 특별교부세
  - 개념: 보통교부세의 획일적인 산정으로 포착할 수 없는 특별한 재정수요(例 재해대책수요, 재정보전수요, 지역개발수요 등)를 보완하는 방법이다.
  - 연중 수시로 교부할 수 있으며, 그 교부에 있어서는 조건을 붙이거나 용도를 제한하게 된다.
  - 지급 방식: 행정안전부장관이 사유발생 시 일정한 기준에 따라 지급한다.
- 소방안전교부세
  - 개념: 재난 및 안전관리를 위한 특별한 재정수요 발생 시 교부한다.
  - 재원: 담배에 부과되는 개별소비세 총액의 45/100이다.
  - 교부권자: 행정안전부장관이 교부한다.
- 부동산교부세: 부동산세제 개편으로 증가하는 종합부동산세 세수 전액을 자치단체의 재산세 및 거래세의 세수감소분 보전과 지방재정 확충 재원으로 활용하기 위해 종합부동산세를 재원으로 한다.

## (3) 국고보조금

### ① 개념

국가가 시책상 또는 자치단체의 재정 사정상 필요하다고 인정될 때 그 자치단체의 행정 수행에 소요되는 경비의 일부 또는 전부를 충당하기 위하여 용도를 지정하여 교부하는 자금이다.

### ② 지방교부세와 국고보조금의 비교

| 구분 | 지방교부세 | 국고보조금 |
| --- | --- | --- |
| 용도 | • 기본 행정수요 경비에 충당 | • 국가시책 및 목적사업 경비 |
| 근거 | •「지방교부세법」 | •「보조금 관리에 관한 법률」 |

| 재원 | • 내국세의 19.24%와 종합부동산세 총액<br>• 담배에 부과되는 개별소비세 총액의 45/100 | • 국가의 일반회계 또는 특별회계 예산 |
|---|---|---|
| 성격 | • 일반재원, 의존재원(공유적 독립재원) | • 특정재원, 의존재원 |
| 비도 제한 | • 제한 없음(일부는 예외)<br>• 재량성 많음 | • 엄격(사업별 용도 지정)<br>• 재량성이 거의 없음 |
| 배정 방식 | • 재정부족액(법정 기준) | • 국가시책 및 계획과 정책적 고려 |
| 기능 | • 재정 형평화 | • 자원배분 기능 |
| 지방비 부담 | • 없음(정액보조) | • 있음(대부분 정률보조) |

## (4) 지방재정의 세입

| 일반<br>세입<br>(일반<br>회계<br>세입) | 자주<br>재원 | 지방세 | • 보통세와 목적세<br>• 특별시·광역시세, 도세, 시·군세, 자치구세 | | 일반<br>재원 |
|---|---|---|---|---|---|
| | | 세외<br>수입 | • 사용료, 수수료, 예금이자, 재산임대수입, 징수교부금, 사업장수입 | 경상적<br>세외수입 | |
| | | | • 재산매각수입, 융자금회수, 잡수입, 과년도수입, 이월금, 전입금, 기부금, 부담금 | 임시적<br>세외수입 | |
| | 의존<br>재원 | 지방<br>교부세 | **[보통교부세]**<br>재정력 지수(기준재정수입액/기준재정수요액)가 1 이하인 자치단체에 교부 | | 특정<br>재원 |
| | | | **[부동산 교부세]**<br>종합부동산세 전액을 교부 | | |
| | | | **[특별교부세]**<br>기준재정수요액으로는 산정할 수 없는 특별한 재정수요 발생 시 교부 | | |
| | | | **[소방안전교부세]**<br>• 재난 및 안전관리를 위한 특별한 재정수요 발생 시 교부<br>• 재원은 담배에 부과되는 개별소비세 총액의 45/100 + 정산액 | | |
| | | 국고<br>보조금 | • 교부금, 부담금, 장려적 보조금 | | |
| 공익세입(특별회계세입) | | | • 교육특별회계, 기업특별회계, 기타특별회계 | | |

## (5) 기초자치단체에 대한 광역자치단체의 재정조정제도 – 기초의 일반재원

① 시·군 조정교부금

시·도지사(특별시장 제외)가 시·군에서 징수하는 광역시세·도세의 일부를 시·군의 재정으로 보전해주는 제도이다.

② 자치구 조정교부금

광역시나 특별시가 관내 자치구에 대해서는 시세 수입 중의 일정액을 확보하여
관내 자치구 상호 간의 재원을 조정하는 제도이다.

### 시험문제 미리보기!

다음 중 성격이 다른 지방재원은?

① 세외수입                         ② 지방교부세

③ 국고보조금                       ④ 조정교부금

해설    세외수입은 자주재원이며 나머지는 의존재원이다.

정답 ①

## 03  지방자치단체의 재정 건전성

출제빈도 ★★

## 1. 지방재정자립도

### (1) 개념

지방재정자립도란 지방자치단체의 일반회계예산에서 자주재원이 차지하는 비율이다.

### (2) 산출 방식

① 우리나라는 일반회계를 산정 기준으로 하고 있다.

② 산정공식

$$\frac{\text{자주재원}}{\text{자치단체 예산규모}} \times 100(\%)$$

- 자주재원: 지방세 + 세외수입
- 자치단체 예산규모: 자주재원 + 의존재원(지방교부세, 국고보조금, 조정교부금) + 지방채

### (3) 문제점

① 재정 규모와의 무관

재정 규모가 작아 자치단체에 부과된 기능을 제대로 수행할 수 없는 경우에 단지
재정자립도가 높다고 하여 재정 상태가 건전하다고 평가할 수는 없다.

② 세출 구조의 불고려

재정자립도는 자치단체의 세입 구조만을 고려하고 있어 세출 구조에서의 투자적
경비비율 등에 의해서 결정되는 실질적인 재정력을 나타내는 데 한계가 있다.

③ 지방교부세 효과의 미고려

지방교부세 수입은 상환을 요하지 않는 수입으로 자치단체의 재정력을 향상시키는 데 크게 기여하나, 재정자립도는 악화시키게 된다.

④ 기타 문제점

특별회계를 제외하고 있는 점, 기능 및 재원배분의 측면을 고려하지 않는 점 등을 들 수 있다.

## 2. 재정력지수

### (1) 개념

재정력지수란 '기준재정수입액/기준재정수요액'으로, 지수가 클수록 재정력이 좋다.

### (2) 용도

보통교부세의 교부 여부의 판단 기준이다.

## 3. 재정자주도

### (1) 개념

재정자주도란 일반회계 재정수입 중 특정 목적이 정해지지 않는 일반재원의 비중을 말한다.

### (2) 산출 방식

아래 ① 공식 1, ② 공식 2는 그 내용이 같다고 보면 된다. 조정교부금은 광역자치단체가 기초자치단체에 교부하는 자금이기 때문에 광역자치단체의 수입에는 없는 항목이다. 따라서 재정자주도를 계산할 때 ② 공식 2로 계산하되, 조정교부금 수입이 없는 경우 ① 공식 1로 계산한다고 보면 된다.

① 공식 1 – 광역자치단체

$$\frac{\text{지방세} + \text{세외수입} + \text{지방교부세}}{\text{자치단체 예산규모}} \times 100(\%)$$

② 공식 2 – 기초자치단체

$$\frac{\text{지방세} + \text{세외수입} + \text{지방교부세} + \text{조정교부금}}{\text{자치단체 예산규모}} \times 100(\%)$$

### (3) 용도

자치단체의 차등보조율 및 기준 부담의 적용 기준으로 활용하는데, 최근 지방자치단체에서는 재정자립도보다 재원활용 능력을 표시할 수 있는 지표로서 재정자주도에 집중하는 경향이 있다.

## 4. 지방공기업(「지방공기업법」)

### (1) 개념 및 목적

지방자치단체가 직접 설치·경영하거나 법인을 설립하여 경영하는 기업을 말하며, 그 경영을 합리화함으로써 지방자치의 발전과 주민복리의 증진에 이바지함을 목적으로 한다.

### (2) 적용 범위

① 수도사업(마을 상수도사업 제외)
② 공업용 수도사업
③ 궤도사업(도시철도사업 포함)
④ 자동차운송사업
⑤ 지방도로사업(유료도로사업만 해당)
⑥ 하수도사업
⑦ 주택사업
⑧ 토지개발사업
⑨ 주택(대통령령으로 정하는 공공복리시설 포함)·토지 또는 공용·공공용건축물의 관리 등의 수탁

### (3) 유형

① 지방직영기업 – 구성원은 공무원이다.
  • 지방자치단체는 지방직영기업을 설치·경영하려는 경우에는 그 설치운영의 기본사항을 조례로 정하여야 한다. (법 제5조)
  • 지방직영기업에 대하여는 이 법에서 규정한 사항을 제외하고는 「지방자치법」, 「지방재정법」 그 밖의 관계 법령을 적용한다. (법 제6조)
  • 지방자치단체는 해당하는 사업마다 **특별회계**를 설치하여야 한다. (법 제13조)
  • 지방직영기업의 특별회계에서 해당 기업의 경비는 해당 기업의 수입으로 충당하여야 한다. (독립채산체, 법 제14조)
② 지방공사
  • 지방자치단체는 공사를 설립하려는 경우, 그 설립 업무 및 운영에 관한 기본적인 사항을 조례로 정하여야 한다. (법 제49조)
  • 공사의 자본금은 그 전액을 지방자치단체가 현금 또는 현물로 출자한다. 위의 경우에도 불구하고 공사의 운영을 위하여 필요한 경우에는 **자본금의 2분의 1을 넘지 아니하는 범위**에서 지방자치단체 외의 자(외국인 및 외국법인을 포함한다)로 하여금 공사에 출자하게 할 수 있다. (법 제53조)
③ 지방공단
  지방자치단체는 사업을 효율적으로 수행하기 위하여 필요한 경우에는 지방공단을 설립할 수 있다. (법 제76조)

## (4) 경영평가 및 지도

**행정안전부장관**은 지방공기업의 경영 기본원칙을 고려하여 대통령령으로 정하는 바에 따라 지방공기업에 대한 **경영평가**를 하고, 그 결과에 따라 필요한 조치를 하여야 한다. 다만 행정안전부장관이 필요하다고 인정하는 경우에는 지방자치단체의 장으로 하여금 경영평가를 하게 할 수 있다. (법 제78조)

| | | |
|---|---|---|
| 지방직영기업<br>(조례로 설립) | | • 자치단체가 직접 경영<br>• 행정기관이며 구성원은 공무원 신분 |
| 간접경영<br>(법인) | 지방공사<br>(조례로 설립) | • 자치단체가 전액 또는 50% 이상 출자(외국인 포함, 민간 출자 허용: 50% 미만)<br>• 행정기관이 아님, 직원도 공무원 신분 아님 |
| | 지방공단<br>(조례로 설립) | • 전액 자치단체가 출자(민간 출자 불용)<br>• 행정기관이 아님, 직원도 공무원 신분이 아님 |

출제빈도: ★☆☆

**01** 지방세의 원칙 중 동등한 지위에 있는 자에게 동등하게 과세하고 조세감면의 폭이 너무 넓으면 안 된다는 원칙은?

① 부담분임의 원칙

② 응익성의 원칙

③ 지역성의 원칙

④ 부담보편의 원칙

출제빈도: ★☆☆

**02** 국가가 지방자치단체에게 특별한 용도를 제한하지 않고 지급하는 지방재정조정제도는?

① 지방교부세

② 지방세

③ 세외수입

④ 국고보조금

출제빈도: ★★☆　대표출제기업: 한국농어촌공사

**03** 지방재정조정제도 중 지방교부세의 종류가 아닌 것은?

① 소방안전교부세

② 보통교부세

③ 교통안전교부세

④ 부동산교부세

## 04 지방재정조정제도에서 재원의 배분 주체가 다른 하나는?

① 보통교부세
② 소방안전교부세
③ 특별교부세
④ 조정교부금

---

정답 및 해설

**01** ④

지방세의 원칙 중 동등한 지위에 있는 자에게 동등하게 과세하고 조세감면의 폭이 너무 넓으면 안 된다는 원칙은 부담보편의 원칙이다.

오답노트

① 부담분임의 원칙은 전 주민이 널리 지방세를 부담할 것, 즉 주민자치의 관점에서 지방자치단체의 구역 안에 거주하는 주민이 자치단체의 행정활동에 소요되는 비용부담을 널리 분담하여야 한다는 것을 말한다.

② 응익성(應益性)의 원칙은 해당 지방자치단체의 서비스 제공을 통해 지역주민이 이익을 향유할 경우 일정액의 경비를 부담시킨다는 것을 말한다.

③ 지역성(地域性)의 원칙은 과세객체가 자치단체 간 이동이 적고, 관할구역 내에 정착되어 있어야 한다는 것을 말한다.

**02** ①

국가가 지방자치단체에게 지급하는 점에서는 의존재원이고 특별한 용도가 제한되지 않는다는 점에서는 일반재원으로, 의존재원이면서 일반재원인 것은 지방교부세이다.

오답노트

②, ③ 지방세와 세외수입은 자주재원이다.

④ 국고보조금은 용도를 정하여 지원되는 특정재원이다.

**03** ③

「지방교부세법」에 규정되어 있는 지방재정조정제도는 보통교부세, 특별교부세, 소방안전교부세, 부동산교부세 4가지가 있다.

**04** ④

조정교부금은 특별시, 광역시의 재정조정제도이며 나머지는 행정안전부가 지방교부세법을 통해 배분한다.

출제빈도: ★☆☆

**05** 지방교부세제도에 규정되어 있는 기준재정수요액 대비 기준재정수입액의 비율로 측정되는 것은?

① 지방재정자립도
② 재정자주도
③ 재정력지수
④ 지방재정력

출제빈도: ★☆☆

**06** 지방재정의 세입항목 중 자주재원에 해당하는 것은?

① 지방교부세
② 재산임대수입
③ 부동산교부세
④ 국고보조금

출제빈도: ★☆☆

**07** 지방세 원칙 중 하나인 부담분임의 원칙을 가장 잘 충족시키고 있는 것은?

① 주민세
② 재산세
③ 레저세
④ 담배소비세

출제빈도: ★☆☆   대표출제기업: 한국농어촌공사

## 08 지방자치단체가 차량을 구입하는 주민이나 인허가를 받는 사업자들에게 강제로 구매하도록 하는 채권은?

① 공모공채
② 매출공채
③ 교부공채
④ 분할상환공채

---

### 정답 및 해설

**05** ③
재정력지수가 기준재정수요액 대비 기준재정수입액의 비율로 측정된다.

오답노트
① 지방재정자립도는 지방자치단체의 일반회계예산에서 자주재원이 차지하는 비율을 말한다.
② 재정자주도는 일반회계 재정수입 중 특정목적이 정해지지 않은 일반재원의 비중을 말한다.
④ 지방재정력은 자치단체의 총재정 규모로서 자주재원과 의존재원을 합한 산술적인 수치를 말한다.

**06** ②
재산임대수입만 자주재원이다. 자주재원은 자치단체가 자체적으로 조달 가능한 재원으로 지방세와 세외수입이 해당하며, 재산임대수입은 경상적 세외수입에 해당한다.

오답노트
①, ③, ④는 의존재원에 해당한다.

**07** ①
부담분임의 원칙이란 공공서비스의 혜택을 받는 구성원들이 관련 경비를 분담해서 부담하는 것을 의미하며, 부담분임을 가장 준수하는 지방세는 주민세이다.

**08** ②
매출공채는 지방자치단체가 차량을 구입하는 주민이나 인허가를 받는 사업자들에게 강제로 구매하도록 하는 채권으로, 우리나라 지방채 발행의 대부분을 차지하는 방식이다.

오답노트
① 공모공채는 채권시장에 공모해 발행하는 지방채이다.
③ 교부공채는 지방자치단체가 공사 대금을 지불할 때, 현금 대신 발행하는 지방채이다.
④ 분할상환공채는 상환 만기의 자금 압박을 줄이기 위해 매년 분할하여 상환할 수 있는 지방채이다.

### ❗ 기출동형모의고사 3회독 가이드

① 해커스ONE 애플리케이션의 모바일 타이머를 이용하여 1회분당 50문항을 60분 안에 풀어보세요.

② 문제를 풀 때는 문제지에 풀지 말고 교재 맨 뒤에 수록된 회독용 답안지를 절취하여 답안지에 정답을 체크하고 채점해보세요. 채점할 때는 p.584의 '바로 채점 및 성적 분석 서비스' QR코드를 스캔하여 응시인원 대비 본인의 성적 위치를 확인할 수 있습니다.

③ 채점 후에는 회독용 답안지의 각 회차에 대하여 정확하게 맞은 문제[O], 찍었는데 맞은 문제[△], 틀린 문제[X] 개수를 표시해보세요.

④ 찍었는데 맞았거나 틀린 문제는 해설의 출제포인트를 활용하여 이론을 복습하세요.

⑤ 이 과정을 3번 반복하면 공기업 행정학을 모두 내 것으로 만들 수 있습니다.

해커스공기업 쉽게 끝내는 행정학 기본서

# 기출동형모의고사

- 제1회 기출동형모의고사
- 제2회 기출동형모의고사
- 제3회 기출동형모의고사 고난도
- 정답 및 해설
- 회독용 답안지

**01** 행정과 경영에 관한 설명 중 가장 적절한 것은?

① 행정과 경영은 모두 관료제적 성격을 가지고 있다는 관점에서 볼 때는 유사하다.
② 행정은 공익을 추구하기 때문에 경영보다 법적규제를 적게 받는다.
③ 경영은 행정보다 더 강한 권력수단을 갖는다.
④ 행정과 경영은 정치적 영향의 정도에서 유사성을 가진다.

**02** 시장실패에 대한 설명 중 옳지 않은 것은?

① 독점이나 과점 등 불완전경쟁은 시장실패의 원인이다.
② 외부효과를 유발하는 기업에게 보조금을 지급하여 사회적으로 최적의 생산량을 생산하도록 유도한다.
③ 공공조직의 내부성(internalities)은 시장실패의 원인이다.
④ 코우즈(R.Coase)는 소유권을 명확하게 확립하는 것이 부정적 외부효과를 줄이는 방법이라고 주장했다.

**03** 시장실패와 정부실패에 관한 설명 중 옳은 것은?

① 공공재의 존재에 의해서 발생하는 시장실패는 공적공급의 방식으로 해결하는 것이 적합하다.
② 신공공관리적 개혁은 경제적 효율성과 민주주의 책임성을 제고한다.
③ 정부실패가 발생할 경우 정부의 대응방식은 공적공급, 보조금 지급, 법적 권위에 기초한 정부규제 등이 있다.
④ 공공조직의 내부성(internalities)은 시장실패의 원인이다.

**04** 다음 중 정부규제와 관련된 설명으로 가장 옳지 않은 것은?

① 경제적 규제에서는 피규제산업에 의한 규제기관의 포획 현상이 나타날 수 있다.
② 기업가적 정치는 환경오염규제 사례처럼 오염 업체에게는 비용이 좁게 집중되지만 일반시민들에게는 편익이 넓게 분산된다.
③ 정부규제를 포지티브(Positive) 규제와 네거티브(Negative) 규제로 구분할 경우, 포지티브 규제는 네거티브 규제에 비해 규제대상기관의 자율성이 크다.
④ 규제개혁은 '규제완화 → 규제품질관리 → 규제관리' 등의 단계로 진행되는 것이 일반적이다.

**05** 행정에 있어서 가외성(redundancy)에 관한 설명 중 가장 적절하지 않은 것은?

① 란다우(M. Landau)는 권력분립 및 연방주의를 가외성의 현상으로 보았다.
② 조직 내외에서 가외성은 기능상 충돌의 가능성을 유발한다.
③ 정보체제의 안전성을 증진시키기 위해서는 초과분의 정보채널 등 가외적 조직설계가 필요하다.
④ 불확실성이 커질수록 가외성의 필요성은 줄어든다.

**06** 사회적 자본(social capital)에 관한 설명 중 가장 적절한 것은?

① 사회적 자본은 동조성(conformity)을 요구하면서 개인의 행동이나 사적 선택을 촉진시킨다.
② 사회적 자본은 경제적 자본에 비해 형성 과정이 불투명하고 불확실하다.
③ 사회적 자본이 형성된 지역사회에서 다양성은 갈등의 원천이 된다.
④ 사회적 자본은 거래비용을 증가시킨다.

**07** 공익의 특징과 거리가 먼 것은?

① 공익은 평등·정의·공정성·복지·인간존중 등과 같은 사회의 일반적인 기본적 가치를 의미한다.
② 과정설에서는 사익을 초월하는 공익의 실체는 있을 수 없다고 본다.
③ 공익개념은 포괄적·상대적·동태적인 불확정적 개념이 아니라 절대적·확정적·정태적 개념이다.
④ 실체설은 공익을 사익을 초월한 실체적·규범적·도덕적 개념으로 파악한다.

**08** 다음 중 뉴거버넌스(New Governance)에 대한 설명으로 가장 옳지 않은 것은?

① 정치·행정이원론의 성격이 강하고 결과에 근거한 관리를 중요시한다.
② 분석단위로 조직 간 연구를 강조한다.
③ 정부만이 공공서비스를 독점적으로 생산하고 공급한다고 보지 않는다.
④ 국민을 고객으로만 보는 것을 넘어 시민으로 본다.

**09** 인간관계론이 행정에 미친 영향으로 볼 수 없는 것은?

① 행정의 전문화·과학화·객관화에 기여하였다.
② 행정관리의 민주화·인간화에 기여하였다.
③ 인사행정에 있어 인사상담제도와 제안제도 등의 도입에 기여하였다.
④ 행정조직 내에서의 비공식조직을 중시하였다.

**10** 다음 중 공공선택론(public choice theory)에 관한 내용으로 가장 옳지 않은 것은?

① 공공선택론은 Buchanan, Niskanen 등 경제학자들이 발전시켰다.
② 공공선택론에서 분석의 단위는 개인이며, 개인은 이기적이며 합리적인 경제인이다.
③ 공공선택론은 시민의 선호에 부응할 수 있는 분권화된 탈관료제조직을 선호한다.
④ 공공선택론은 공평한 재원의 배분을 강조한 나머지 행정의 효율성을 무시한다.

**11** 행정이론에 대한 설명 중 옳지 않은 것은?

① 신공공관리론에 따른 행정개혁의 방향은 정책결정과 집행의 분리를 전제로 한다.

② 포스트모더니즘은 합리성을 바탕으로 고객중심의 행정을 추구한다.

③ 좋은 거버넌스(good governance)는 신공공관리와 자유민주주의의 결합이다.

④ 행태론은 '사실'과 '가치'에 대한 이분법을 시도하였다.

**12** 정책의 유형별 사례를 연결한 것으로 옳은 것은?

① 상징정책 - 기초생활보장법
② 규제정책 - 국공립교육서비스
③ 재분배정책 - 식품 및 환경규제
④ 구성정책 - 국회의원 선거구 조정

**13** 정책의제의 형성과정에 관한 설명 중 가장 적절하지 않은 것은?

① 내부접근형은 불평등한 사회에서 나타나며 공중의제 형성을 위하여 정부가 행정 PR을 한다.

② 외부주도형은 이익집단이 발달하고 정부가 외부의 요구에 민감하게 반응하는 정치체제에서 주로 나타난다.

③ 동원형은 정부 지도자들이 대중들의 지지를 확보하기 위하여 공공관계 캠페인(public relations campaign)을 벌인다.

④ 동원형은 정부의 힘이 강하고 민간부문의 힘이 취약한 후진국에서 많이 나타난다.

**14** 균형성과표(BSC)에 대한 설명으로 옳지 않은 것은?

① 조직의 장기적 전략 목표와 단기적 활동을 연결할 수 있게 한다.

② 재무적 성과지표와 비재무적 성과지표를 통한 균형적인 성과관리 도구라고 할 수 있다.

③ 재무적 정보 외에 고객, 내부 절차, 학습과 성장 등 조직 운영에 필요한 관점을 추가한 것이다.

④ 고객 관점에서의 성과지표는 시민참여, 적법절차, 내부 직원의 만족도, 정책 순응도, 공개 등이 있다.

**15** 「정부업무평가 기본법」상 정부업무 평가제도에 대한 설명으로 옳지 않은 것은?

① 중앙행정기관의 장은 그 소속기관의 정책 등을 포함하여 자체평가를 실시하여야 한다.

② 지방자치단체의 자체평가위원회는 평가의 공정성과 객관성을 담보하기 위하여 3분의 2 이상의 민간위원으로 구성되어야 한다.

③ 행정안전부장관은 지방자치단체에 대한 합동평가를 효율적으로 추진하기 위하여 행정안전부장관 소속하에 지방자치단체합동평가위원회를 설치·운영 할 수 있다.

④ 공공기관의 경우 자체평가를 원칙으로 한다.

**16** 바흐라흐와 바라츠(P. Bachrach & M. S. Baratz)의 무의사결정(non-decision making)을 추진하는 수단이나 방법으로 옳지 않은 것은?

① 정치체제의 규범, 규칙, 절차 등을 수정·보완한다.

② 지배적 규범이나 절차를 강조하여 변화를 위한 주장을 꺾는 방법을 사용한다.

③ 변화의 주창자에 대해서 현재 부여되고 있는 혜택을 박탈한다.

④ 고문이나 테러 등의 방식은 사용하지 않는다.

**17** 정부에서 관리하는 국민주택기금을 이용해 어느 건설회사가 영세민 임대아파트를 지어 공급했다면 다음 중 어느 정책에 해당하는가?

<보기>
| | |
|---|---|
| ㄱ. 규제정책 | ㄴ. 구성정책 |
| ㄷ. 분배정책 | ㄹ. 재분배정책 |

① ㄷ  　　　　　② ㄴ, ㄹ
③ ㄷ, ㄹ  　　　　④ ㄱ, ㄷ, ㄹ

**18** 정책네트워크모형에 대한 설명으로 옳지 않은 것은?

① 이슈네트워크는 비교적 폐쇄적이고 안정적인 반면 정책공동체는 개방적이고 유동적이다.
② 헤클로(Heclo)는 하위정부(sub-government)모형은 이익집단이 늘어나고 다원화됨에 따라 적용의 한계가 있다고 지적한다.
③ 정책과정에 대한 국가중심 접근방법과 사회중심 접근방법이라는 이분법적 논리를 극복하고 있다.
④ 사회학이나 문화인류학의 연구에서 이용되었던 분석방법을 정책과정 연구에 적용하였다.

**19** 대중이 이용하는 시설의 갑작스러운 붕괴사고로 많은 희생자가 발생한 이후 정부는 다중시설에 강화된 안전관리 조치를 실행했다. 이와 같은 상황을 설명하기에 가장 적합한 이론은?

① 최적모형  　　　② 만족모형
③ 쓰레기통모형  　④ 사이버네틱스모형

**20** 변혁적(transformational) 리더십에 대한 설명으로 옳은 것은?

① 적응보다 조직의 안정을 강조한다.
② 기계적 조직체계에 적합하며, 개인적 배려는 하지 않는다.
③ 부하에게 새로운 비전을 제시하며, 지적 자극을 통한 동기부여를 강조한다.
④ 리더와 부하의 관계를 경제적 교환관계로 인식하고, 보상에 관심을 둔다.

**21** 다음 중 고전적 조직이론(classic organization theory)의 특징에 대한 설명으로 가장 옳지 않은 것은?

① 환경을 고려하지 않는 조직관에 입각하고 있다.
② 공조직과 사조직은 다르다는 공사행정이원론에 입각하고 있다.
③ 공식적인 조직구조를 강조한다.
④ 과학적 관리론과 밀접한 관련을 가지고 있다.

**22** 아래 내용이 설명하는 조정기제는?

- 좀 더 강한 수평연결 장치로서 수평적 조정을 담당할 정규직위를 두는 방식이다.
- 부서 내에 위치하는 연락담당자와는 달리 부서들 밖에 위치하여 여러 부서 간의 조정을 책임진다.
- 이 조정자는 특별한 인간관계 기술이 요구되며, 상호조정을 위해서 전문지식과 설득력이 요구된다.

① 임시작업단  　　② 프로젝트 매니저
③ 프로젝트 팀  　　④ 직접접촉

**23** 허즈버그(Herzberg)의 욕구총족요인 이원론에 대한 설명으로 가장 거리가 먼 것은?

① 조직 구성원에게 만족을 주는 요인과 불만족을 주는 요인은 상호독립적이다.

② 동기요인이 없을 경우, 구성원에게 불만족을 초래하지만 이것이 잘 갖추어졌다고 직무수행동기를 유발하는 것은 아니다.

③ 환경에 관한 것으로 직무에 불만족을 느끼게 하거나 혹은 예방하는 데 작용하는 요인을 위생요인이라고 한다.

④ 만족의 반대는 불만족이 아니라 만족이 없는 상태이다.

**24** 목표관리(MBO)에 관한 설명으로 가장 옳은 것은?

① 장기적이고 거시적인 관점에서 목표 성취여부를 보여줄 수 있다.

② 목표달성 이후에 얻어지는 기대효과를 평가할 수 있다.

③ 구성원의 참여와 환류를 중시한다.

④ 목표관리제는 도로 건설의 경우 주민의 교통편의성을 평가한다.

**25** 베버(M. Weber)의 관료제 이론에 대한 설명으로 옳지 않은 것은?

① 관료제 모형은 '전문화로 인한 무능(Trained in-capacity)' 등 역기능을 초래할 수도 있다.

② 이상적인 관료제는 비정의성(Impersonality)에 따라 움직인다.

③ 직위의 권한과 관할범위는 법규에 의하여 규정된다.

④ 다양한 외부 환경의 변화에 민감하게 대응한다.

**26** 우리나라의 책임운영기관에 대한 설명으로 옳지 않은 것은?

① 정책결정과 정책집행을 분리하여 집행기능 중심의 조직이다.

② 일반행정기관에 비해 인사와 예산부문에서 자율성이 확대되는 반면 운영성과에 대해 인센티브와 벌칙이 주어지는 새로운 형태의 정부기관이다.

③ 기획예산처장관은 행정안전부 및 해당 중앙행정기관의 장과 협의하여 책임운영기관을 설치할 수 있다.

④ 책임운영기관은 내부시장화된 조직이다.

**27** 조직구조형성의 기본원리에 대한 설명 중 부적합한 것은?

① 규모가 클수록 조직의 공식화 수준이 높아진다.

② 환경의 격동성이 높을수록 집권화된 조직이 효율적이다.

③ 비일상적인 기술일수록 복잡성은 높다.

④ 일상적 기술일수록 공식화가 높다.

**28** 조직관리에서 수평적 연결을 위한 조정기제가 아닌 것은?

① 정보시스템
② 규칙과 계획
③ 프로젝트 매니저
④ 임시작업단(Task Force)

**29** 지식정보화 시대에 필요한 학습조직의 특징에 대한 설명으로 옳은 것은?

① 조직 능력보다는 개인 능력을 제고하는 데 초점을 맞춘다.
② 엄격하게 구분된 부서 간의 경쟁을 통한 학습 가능성이 강조된다.
③ 학습조직 활성화에 리더의 역할이 상대적으로 중요하지 않다.
④ 부분보다 전체를 중시하고 의사소통을 원활하게 하는 공동체문화를 강조한다.

**30** 동기이론과 관련한 설명으로 가장 옳은 것은?

① 기대이론에 의하면 인간은 자신의 투입에 대한 산출의 비율보다 비교대상의 투입에 대한 산출의 비율이 크거나 작다고 지각하면 이에 따른 긴장을 해소하기 위한 방향으로 동기가 유발된다.
② 맥클리랜드(McClelland)는 개인의 행동을 동기화시키는 잠재력을 지니고 있는 욕구는 학습되는 것이므로 개인마다 욕구의 계층에 차이가 있다고 주장했다.
③ 앨더퍼(C. Alderfer)의 ERG(Existence, Relatedness, Growth) 이론에서 성장욕구에는 매슬로우(A. Maslow)의 애정(Love)욕구가 포함된다.
④ 허즈버그(F. Herzberg)의 동기요인은 책임감, 정책과 행정, 업무조건, 인정감 등으로 구성되어 있다.

**31** 다음 중 직위분류제에 대한 설명으로 가장 옳지 않은 것은?

① 보수체계는 직무분석을 통해 결정된다.
② 동일 직렬 내에서 담당 전문분야가 동일한 직무의 군을 의미하는 직류를 두고 있다.
③ 전문성 확보는 계급제보다 유리하다.
④ 직무의 성질·내용에 따라 공직을 분류하므로 채용·승진 등 인사배치를 위한 합리적 기준을 제공해 준다.

**32** 다음 중 대표관료제에 대한 설명으로 가장 옳지 않은 것은?

① 임용 이후의 재사회화를 간과한다는 비판을 받는다.
② 자유주의 이념을 구현하기 위한 인사제도이다.
③ 공무원의 정치적 중립을 저해하는 경향이 있다.
④ 다양한 계층을 공직에 입문시켜 공직구성의 다양성을 촉진시킨다.

**33** 직무의 종류와 성질은 상이하나 곤란성·책임도가 유사하여 동일 보수를 줄 수 있는 여러 직위의 집합을 무엇이라고 하는가?

① 직급　　　　　　　② 직렬
③ 계급　　　　　　　④ 등급

**34** 행정부패에 대한 설명으로 옳지 않은 것은?

① 기능주의에서는 국가가 발전한 후에는 부패가 자동적으로 사라진다고 본다.

② 내부고발은 익명으로 이루어져야 한다.

③ 과도한 선물의 수수와 같이 공무원 윤리강령에 규정될 수는 있지만, 법률로 규정하는 것에 대하여 논란이 있는 경우는 회색부패에 해당된다.

④ 부패 척결은 공직윤리를 확립하기 위한 소극적 측면이다.

**35** 배치전환에 대한 설명으로 옳지 않은 것은?

① 전직과 전보는 동일한 계급 또는 동일한 직급 간의 수평적 이동을 말한다.

② 전보는 동일한 직급·직렬 내에서 계급의 변동 없이 직위만 변동되는 것을 말한다.

③ 전직은 직급은 동일하나 직렬이 다른 직위로 이동하는 것으로 전직시험에 합격한 후에 가능하다.

④ 전입은 국회·법원·헌법재판소·선거관리위원회 및 행정부 간에 타 소속공무원을 영입하여 전과 동일한 계급의 직위에 배치하는 것으로 전입시험을 거치지 않아도 된다.

**36** 계급제와 직위분류제에 관한 설명으로 옳지 않은 것은?

① 계급제 하에서는 인적자원 활용의 수평적 융통성은 높으나 수직적 융통성은 낮은 편이다.

② 직위분류제는 조직계획의 단기적 합리성을 확보할 수 있다.

③ 계급제에 비해 직위분류제는 공무원의 신분을 강하게 보장하는 경향이 있는 제도이다.

④ 계급제에서는 공무원 간의 유대의식이 높아 행정의 능률성을 제고할 수 있다.

**37** 다음 중 적극적 인사행정과 가장 관련이 적은 것은?

① 공직의 사회적 평가를 향상시켜 유능한 인재를 적극적으로 모집한다.

② 인사권의 분권화로 부처인사기관의 자율성을 향상시킨다.

③ 공무원단체 활동을 금지한다.

④ 고위직에 정치적 임명을 허용한다.

**38** 근무성적평정의 방법 중 도표식평정척도법의 장점에 해당하지 않는 것은?

① 한 번에 많은 직원을 대상으로 평정할 수 있다.

② 평정오류인 연쇄효과(Halo effect)를 방지할 수 있다.

③ 평정결과를 숫자화·계량화하므로 조정이 용이하다.

④ 평정이 간단하고 이를 상벌의 목적에 이용하기에 편리하다.

**39** 다음 중 자본예산에 대한 설명으로 옳은 것은?

① 경제적 불황기 내지 공황기에 적자예산을 편성하여 유효수요와 고용을 증대시킴으로써 불황을 극복하는 유용한 수단이 될 수 있다.

② 경상적 지출에 대한 심도 있는 분석에 유리하다.

③ 유효수요 창출에 적절하지 않다.

④ 인플레이션(Inflation)을 예방한다.

**40** 국회의 의결을 필요로 하지 않는 것은?

① 책임운영기관 특별회계

② 명시이월

③ 국고채무부담행위

④ 공기업예산

**41** 예산집행의 신축성을 보장하기 위한 제도에 관한 설명 중 가장 적절하지 않은 것은?

① 예측할 수 없는 예산 외 지출 또는 예산초과지출에 충당하기 위해 예비비를 둔다.

② 사고이월은 불가피한 사유로 이월한 것이므로 국회 승인이 불필요하지만, 사고이월한 경비는 다시 다음 연도에 재차 사고이월 할 수 없다.

③ 예산의 전용(轉用)은 행정 과목 간의 융통을 뜻하며, 이용(移用)은 입법 과목 간의 융통을 뜻한다.

④ 예산의 이체는 정부조직 등에 관한 법령의 제정·개정·폐지로 인하여 중앙관서의 직무와 권한에 변동이 있을 때 이루어지는 것으로 국회의 승인을 얻은 후 기획재정부장관이 한다.

**42** 추가경정예산에 관한 설명 중 가장 적절한 것은?

① 예산안이 제출된 이후 국회의결 이전에 예산안을 변경하는 것이다.

② 예산운용의 건전성을 확보하기 위하여 「국가재정법」에서 그 편성 사유를 제한하고 있다.

③ 예산심의가 종료된 후 발생한 변화에 대처하기 위하여 편성횟수에 제한이 있다.

④ 국회에서 확정되기 전에 정부가 미리 배정하거나 집행할 수 있다.

**43** 국가재정에 관한 설명 중 옳지 않은 것은?

① 국가회계법은 일반회계 및 특별회계에 적용하고, 기금은 별도의 규정에 따른다.

② 회계기금 간 여유재원의 전입과 전출을 인정한다.

③ 국가의 재정활동에서 발생하는 경제적 거래 등을 발생사실에 따라 복식부기 방식으로 회계처리한다.

④ 재정활동에 대한 성과관리체계를 구축한다.

**44** 우리나라의 예산제도에 대한 설명으로 옳은 것은?

① 행정부는 회계연도 개시 90일 전까지 다음 연도의
　 예산안을 국회에 제출하여야 한다.
② 국회에 제출되는 예산안은 일반회계, 특별회계 및
　 공기업 예산을 의미한다.
③ 국회가 회계연도 개시 30일 전까지 다음 연도의 예
　 산을 확정하지 못하면, 정부는 준예산을 편성하여
　 집행한다.
④ 기금운용계획안은 국회의 심의절차를 거쳐야 한다.

**45** 다음 중 전자정부 3.0에 대한 설명으로 옳지 않은
것은?

① 개인별 맞춤정보서비스를 제공한다.
② 중단없는 서비스를 제공한다.
③ 양방향의 정보제공을 추구한다.
④ 유무선 모바일 통합전자정부를 추구한다.

**46** 전자정부의 부정적 효과와 연관된 개념으로 정보를
장악한 소수가 다수를 감시·통제하는 것을 뜻하는
것은?

① 모자이크 민주주의(Mosaic democracy)
② 전자 팬옵티콘(Electronic panopticon)
③ 정보격차(Digital divide)
④ 보편적 정책

**47** 옴부즈만제도에 관한 설명으로 옳지 않은 것은?

① 옴부즈만은 시민의 신청이나 그 자신의 직권에 의
　 해서 조사권을 발동할 수 있다.
② 옴부즈만의 사건취급은 직접적이며 비공식적일 뿐
　 만 아니라 저렴한 비용으로 신속하게 이루어진다.
③ 옴부즈만은 행정행위의 합법성 여부에 대해서만
　 시민의 불평을 조사·처리할 수 있고 합목적성의
　 문제에 대해서는 조사·처리할 수 없다.
④ 옴부즈만은 위법·부당한 행정행위나 결정에 대해
　 서 이를 무효화하거나 취소시킬 수 있는 권한이 없다.

**48** 전자정부의 특징과 가장 거리가 먼 것은?

① 행정정보가 공개되어 시민참여를 확대시킬 수 있다.

② 누구든지 필요한 행정서비스를 손쉽게 제공받을 수 있다.

③ 행정의 투명성과 민주성은 확보할 수 있지만 행정의 비능률을 초래한다.

④ 정보의 공동이용으로 언제 어디서나 행정서비스를 제공받을 수 있으며, 정보격차의 해소에 기여한다.

**49** 우리나라 지방자치제도에 관한 설명으로 옳은 것은?

① 시·도를 달리하는 시·군·구 간의 자치단체 조합의 설치는 지방의회 의결을 거쳐 시·도지사의 승인을 받아야 한다.

② 지방자치단체는 법인격을 가지고 있다.

③ 지방자치단체는 조례로 정하는 바에 따라 지방세를 부과·징수할 수 있다.

④ 중앙행정기관장과 지방자치단체의 장이 의견을 달리하는 사무처리의 조정을 위해 행정안전부장관 소속하에 협의조정기구를 둘 수 있다.

**50** 다음 중 우리나라 지방자치에 대한 설명으로 옳은 것은?

① 자치사법권이 부여되어 있다.

② 자치재정권의 경우 조례를 통한 독립적인 지방세 목은 설치할 수 있다.

③ 기준인건비제도로 정원관리 등에서 자율성을 가지게 되었다.

④ 지방자치단체 기관구성은 기관통합형이다.

정답 및 해설 p.584

**01** 행정과 경영에 대한 설명으로 옳지 않은 것은?

① 행정은 경영보다 엄격한 법적 규제를 받는다.

② 정부부문 – 준정부부문 – 비영리민간부문 – 영리민간부문으로 구성된, 행정서비스생산을 위한 연계망(Network)을 강조하는 Governance론이 대두되고 있다.

③ 오늘날 공사행정의 구별은 상대적·양적 차이가 아니라, 절대적·질적 차이에 근거한다고 본다.

④ 인간의 합리적 집단행동이라는 점에서, 행정과 경영은 동일하다.

**02** 민영화의 유형에 관한 설명으로 가장 옳지 않은 것은?

① 전자 바우처(Vouchers) 방식은 개별적인 바우처 사용행태를 분석하여 실제 이용자의 실시간 모니터링이 가능하다.

② 보조금 방식은 공공서비스가 기술적으로 복잡하여 예측하기 어렵고 서비스 목표달성의 방법을 정확히 알 수 없는 경우 주로 이용하는 방식이다.

③ 자조활동이란 공공서비스의 수혜자와 제공자가 같은 집단에 소속되어 서로 돕는 방식이다.

④ 민영화는 효율성과 책임성은 확보할 수 있지만 형평성이 저해된다는 문제점이 있다.

**03** 공공서비스에 관한 설명으로 옳지 않은 것은?

① 공공재는 비경합성과 비배제성의 특징 때문에 무임승차의 문제를 야기시키므로 공공부문에서 공급해야 한다.

② 공유재는 대가를 지불하지 않는 사람들의 이용을 배제하기 어렵다는 문제가 있다.

③ 치안의 경우 경합성은 있지만 배제가 불가능한 서비스로서 대표적인 공유재에 해당한다.

④ 의료·교육 등의 가치재는 민간재이지만, 정부가 개입할 수도 있다.

**04** 윌슨(Wilson)의 규제정치 모형에 관한 설명 중 옳은 것으로만 짝지어진 것은?

<보기>

ㄱ. 환경규제 완화 상황인 경우에는 비용이 넓게 분산되고 감지된 편익이 좁게 집중되는 고객정치의 상황이 된다.

ㄴ. 규제의 편익은 다수에게 분산되어 작게 느껴지고 비용은 소수에게 집중되어 크게 느껴지는 것은 기업가적 정치(운동가적 정치) 모형에 해당한다.

ㄷ. 대중정치는 한·약분쟁의 경우처럼 쌍방이 모두 조직적인 힘을 바탕으로 이익 확보를 위해 첨예하게 대립하는 정치상황이다.

ㄹ. 환경오염규제는 이익집단정치 모형에 속하는 사례라고 할 수 있다.

① ㄱ, ㄴ      ② ㄱ, ㄷ

③ ㄴ, ㄹ      ④ ㄷ, ㄹ

**05** 행정가치에 대한 설명으로 옳지 않은 것은?

① Simon이 주장하는 실질적 합리성은 목표에 비추어 적합한 행동이 선택되는 정도를 의미한다.

② 대표관료제는 수직적 형평성을 확보하기 위함이다.

③ 롤스(J. Rawls)의 정의론은 자유와 평등의 조화를 추구하는 중도적 입장을 취하고 있다.

④ 롤스가 정의론에서 제시한 '기본적 자유의 평등원리'는 개개인의 권리가 다른 사람의 유사한 자유와 상충되더라도 최대한의 기본적 자유가 인정되어야 한다는 것이다.


**06** 과학적 관리론이 행정학에 미친 영향이 아닌 것은?

① 공직분류에 있어서 계급제의 확립에 이론적 기초를 제시하였다.

② 행정의 과학화와 능률향상운동을 촉진시키는 계기가 되었다.

③ 정치·행정이원론, 능률주의 행정학의 성립에 기여하였다.

④ 행정을 관리현상으로 인식함으로써 고전적 행정이론의 확립에 기여하였다.


**07** 다음은 행정학의 접근방법에 대한 내용들이다. 가장 옳지 않은 것은?

① 행태론은 가설검증을 위해 현상들을 경험적으로 관찰하여야 하고, 관찰할 수 없는 현상은 연구대상에서 제외한다.

② 생태론은 선진국의 행정현상을 설명하는 데 크게 기여했으며, 행정의 보편적 이론보다는 중범위이론의 구축에 자극을 주어 행정학의 과학화에 기여하였다.

③ 과학적 관리론은 행정학의 기본가치로서 능률성을 강조하였다.

④ 공공선택론은 비시장적 의사결정, 즉 정치적 문제에 대한 경제학적인 연구이다.


**08** 신제도주의 행정학에 관한 설명으로 옳지 않은 것은?

① 역사적 신제도주의는 역사적 과정과 경로의존성을 중시한다.

② 역사적 신제도주의에서 개인의 선호는 내생적으로 본다.

③ 사회학적 신제도주의는 사회적 동형화를 중시한다.

④ 사회학적 신제도주의의 접근법은 방법론적 전체주의와 연역적 접근법이 사용된다.


**09** 행정학의 방법론 중 행태주의(Behavioralism)의 특징과 가장 거리가 먼 내용은?

① 행태주의는 행정현상에서 일반법칙을 정립하고자 하는 이론이다.

② 인식론적 근거로서 논리실증주의를 신봉하므로 사회현상도 자연과학과 마찬가지로 엄밀한 과학적 연구가 가능하다고 본다.

③ 지식인은 사회문제를 해결하는 데 자신의 지식을 적극적으로 활용해야 한다.

④ 연구에서 가치와 사실을 명백히 구분하고 가치문제를 행정학 연구대상에서 제외한다.


**10** 시장실패의 원인과 그에 따른 정부의 대응 방식이 부적절한 것은?

① 공공재의 존재 – 정부규제

② 외부효과의 발생 – 공적 유도(보조금)

③ 자연독점 – 공적 공급(조직)

④ 정보의 비대칭성 – 정부규제

**11** 다음 중 신국정관리론(New Governance)에 대한 설명으로 가장 옳지 않은 것은?

① 정치·행정이원론의 성격이 강하고 결과에 대한 책임을 강조한다.
② 정책과정에서 정부와 민간부문 및 비영리부문 간의 네트워크를 활용한다.
③ 분석단위로 조직 간 관계의 연구를 강조한다.
④ 국민을 고객으로 보지 않고 시민으로 본다.

**12** 다음 중 행정과 경영의 관계에 대한 설명으로 옳지 않은 것은?

① 행정과 경영은 모든 국민에게 평등하게 대우한다는 점에서 유사성을 갖는다.
② 정치·행정이원론은 행정과 경영의 유사성을 강조하며, 행정의 과학화를 추구하는 입장이다.
③ 행정은 경영보다 엄격한 법적 규제를 받는다.
④ 합리적이고 집단적인 협동행위는 행정과 경영에서 공통적으로 나타난다.

**13** 정책결정 모형에 관한 설명으로 <보기>에서 옳은 것을 모두 고른 것은?

<보기>
ㄱ. 점증모형은 집단의 합의를 중시하는 특징이 있다.
ㄴ. 만족모형은 모든 대안을 탐색 후 만족스러운 대안을 선택한다.
ㄷ. 회사모형은 표준운영절차(SOP: Standard Operation Procedure)를 활용한다.
ㄹ. 사이버네틱스모형은 조직화된 무질서 상태의 의사결정모형이다.

① ㄱ, ㄷ
② ㄱ, ㄹ
③ ㄴ, ㄷ
④ ㄷ, ㄹ

**14** 관련자들이 서면으로 대안에 대한 아이디어를 제출하도록 하고, 모든 아이디어가 제시된 이후 제한된 토의를 거쳐 투표로 의사결정을 하는 집단의사결정 기법은?

① 델파이 기법(Delphi method)
② 브레인스토밍(Brainstorming)
③ 지명반론자 기법(Devil's advocate method)
④ 명목집단 기법(Nominal group method)

**15** 쓰레기통모형에 대한 설명으로 옳지 않은 것은?

① 조직화된 무정부 상태에서 응집성이 매우 약한 조직이 어떤 의사결정형태를 나타내는가에 분석의 초점을 둔다.
② Cohen, March, Olsen 등이 제시한 모형으로 대학을 좋은 예로 들고 있다.
③ 의사결정에 참여하는 사람들은 무엇이 바람직한 것인가에 대해서 합의를 하고, 개인의 차원에서도 무엇이 좋은 것인가를 알고 참여한다.
④ 목표와 수단 사이에 존재하는 인과관계의 기술이 불명확하다.

**16** 정책결정 과정 및 정책결정의 권력 모형에 관한 다음의 설명으로 옳은 것은 모두 몇 개인가?

<보기>
ㄱ. Hunter의 명성접근법은 엘리트 이론의 논거 중 하나이다.
ㄴ. 이슈네트워크 모형에서는 국가와 이익집단을 포함한 다양한 행위자 간의 상호작용이 이슈를 통하여 매우 안정적이고 협력적으로 이루어진다.
ㄷ. 공공이익집단론은 공익을 주장하는 집단의 이익이 우선시된다는 것을 핵심개념으로 한다.
ㄹ. 신다원주의는 정부의 능동적·전문적 지위로 인한 정경유착의 가능성을 인정한다.

① 1개
② 2개
③ 3개
④ 4개

**17** 나카무라와 스몰우드(R. T. Nakamura & F. Smallwood)가 제시한 정책집행의 유형 중 다음은 어느 유형의 특징에 해당되는가?

> - 정책집행자는 자신들의 정책목표를 설정하고, 정책결정자로 하여금 이들의 목표를 채택하도록 모든 힘을 동원해서 설득한다.
> - 정책집행자는 자신들의 목표 성취에 필요한 수단들을 정책결정자와 협상을 통해서 확보한다.
> - 정책집행자는 자신들의 정책목표들을 성실하게 성취하려고 한다.

① 지시적 위임자형    ② 협상자형
③ 재량적 실험가형    ④ 관료적 기업가형

**18** 다음 중 정책결정모형에 대한 설명으로 가장 옳지 않은 것은?

① 점증주의는 현실에서 이루어지는 정책결정의 실상을 비교적 정확하게 기술하고 있다.
② 사이버네틱스(Cybernetics)모형은 적응적 의사결정을 설명하는 데에 활용된다.
③ 최적모형(Optimal model)은 기존의 계량적 분석뿐만 아니라 직관적 판단에 의한 결정도 중요시한다.
④ 합리모형에서 가정하는 의사결정자는 합리성을 제약받는 행정인이고, 만족모형에서 가정하는 의사결정자는 경제인이다.

**19** 정부업무평가 제도에 대한 설명으로 가장 옳지 않은 것은?

① 국무총리는 중앙행정기관의 자체평가결과를 확인·점검 후 평가의 객관성·신뢰성에 문제가 있어 다시 평가할 필요가 있다고 판단되는 때에는 정부업무평가위원회의 심의·의결을 거쳐 재평가를 실시하여야 한다.
② 지방자치단체가 위임받은 국가사무에 대해 행정안전부장관이 관계중앙행정기관의 장과 합동평가를 실시할 수 있다.
③ 정부업무평가 중 특정평가는 국무총리가 중앙행정기관을 대상으로 정책을 평가하는 것을 의미한다.
④ 공공기관의 경우 기관의 특수성과 전문성을 고려하고 평가의 객관성 및 공정성을 확보하기 위하여 공공기관 외부의 기관이 평가하여야 한다.

**20** 정책결정의 이론모형 중 최적모형에 대한 설명이 아닌 것은?

① 정책결정과정에서 가치의 존재를 중요시하고, 초합리적 요소들의 중요성을 강조하였다.
② 정책집행 후의 평가와 피드백을 공식적 정책결정과정의 한 단계로 포함시켰다.
③ Dror의 최적모형은 계량적 측면과 질적인 측면을 구분하여 검토하고 이들을 결합시키는 질적모형이다.
④ 자원이나 시간의 제약, 불확실한 상황, 선례가 없는 경우에 적용하는 데 한계가 있다.

**21** 다음 중 동기부여 이론에 대한 설명으로 가장 옳지 않은 것은?

① 허즈버그(Herzberg)의 욕구충족요인 이원론에서 불만요인은 개인의 불만족을 방지하는 효과를 가져오는 요인으로서, 충족되면 만족감을 갖게 되어 동기가 유발된다.

② 앨더퍼(Alderfer)는 ERG 이론에서 매슬로우의 욕구 5단계를 줄여서 생존욕구, 대인관계 욕구, 성장욕구의 세 단계를 제시하였다.

③ 매슬로우(A. H. Maslow)의 5단계의 욕구 체계 중 가장 하위의 욕구는 생리적 욕구이다.

④ 욕구는 학습되는 것이므로 개인마다 욕구 계층에 차이가 있고, 학습된 욕구들은 성취, 권력, 친교 욕구 등으로 구분할 수 있다고 주장한 학자는 맥클리랜드(McClelland)이다.

**22** 브룸(V. H. Vroom)의 기대이론에 관한 설명으로 옳지 않은 것은?

① 일정한 노력을 하면 근무 성과를 가져올 수 있으리라는 인간의 주관적인 확률과 관련된 믿음을 기대감(Expectancy)이라고 한다.

② 다른 사람과 비교하여 불평등을 지각하면 동기부여가 된다고 본다.

③ 어떤 특정한 수준의 성과를 달성하면 바람직한 보상이 주어지리라는 주관적 믿음의 정도를 수단성(Instrumentality)이라고 한다.

④ 어느 개인이 원하는 특정한 보상에 대한 선호의 강도를 유의성(Valence)이라고 한다.

**23** 다음 중 조직의 사활이 환경에 의해 좌우되거나 결정된다는 환경결정론에 해당하는 것으로만 묶인 것은?

<보기>

| | |
|---|---|
| ㄱ. 거래비용이론 | ㄴ. 자원의존이론 |
| ㄷ. 전략적 선택이론 | ㄹ. 조직군 생태학이론 |
| ㅁ. 상황이론 | ㅂ. 공동체 생태학이론 |

① ㄱ, ㄴ, ㅂ  ② ㄱ, ㄹ, ㅁ
③ ㄴ, ㄷ, ㅂ  ④ ㄷ, ㄹ, ㅁ

**24** 관료제의 병리현상에 대한 설명으로 잘못된 것은?

① 동조과잉이란 관료가 목표가 아닌 수단인 규칙·절차에 지나치게 영합·동조하는 경향을 말한다.

② 할거주의란 관료는 자기가 소속한 조직 단위나 기관에만 관심과 충성심을 가질 뿐, 다른 부서에 대한 배려를 하지 않아 조정·협조가 잘 되지 않는 현상을 말한다.

③ 무사안일주의란 관료들이 적극적으로 새로운 일, 조언, 결정 등을 하려고 하지 않고 선례에 따르거나 상관의 지시·명령에 맹목적으로 복종하여 책임을 회피하는 소극적 행동을 의미한다.

④ 피터(Peter)의 원리란 관료제 조직의 구성원들은 주어진 일정한 업무를 매일 반복적·기계적으로 처리하기 때문에 무감정화, 권태감, 시야협소화, 기계의 부속품화가 되어 인간으로서의 인격을 상실하게 되는 현상을 말한다.

**25** 외부환경의 불확실성에 대응하는 조직구조상의 특징에 따라 기계적 조직과 유기적 조직으로 구분하는 경우에, 기계적 조직의 특성에 해당하는 것만을 모두 고른 것은?

<보기>
ㄱ. 좁은 직무범위
ㄴ. 넓은 직무범위
ㄷ. 적은 규칙과 절차
ㄹ. 모호한 책임관계
ㅁ. 비공식적이고 인간적인 대면관계
ㅂ. 표준 운영절차
ㅅ. 분명한 책임관계
ㅇ. 계층제

① ㄱ, ㄷ, ㄹ, ㅂ
② ㄱ, ㅂ, ㅅ, ㅇ
③ ㄴ, ㄷ, ㅅ, ㅇ
④ ㄴ, ㅁ, ㅂ, ㅅ

**26** 위원회(Committee)조직의 장점으로 보기 어려운 것은?

① 결정의 안정성과 지속성을 확보할 수 있다.
② 이견의 조정을 촉진한다.
③ 결정의 신중성을 확보할 수 있다.
④ 의사결정 과정이 신속하다.

**27** 다음 중 우리나라 책임운영기관에 대한 설명으로 옳지 않은 것은?

① 책임운영기관은 중앙행정기관장이 법률로 설치한다.
② 책임운영기관은 집행기능 중심의 조직이다.
③ 행정안전부장관 소속 하에 '책임운영기관운영위원회'를 둔다.
④ 책임운영기관은 공공성이 강하고 성과관리가 용이한 분야에 적용할 필요가 있다.

**28** 목표관리(MBO)에 관한 설명으로 가장 옳은 것은?

① 장기적인 관점에서 거시적인 목표를 추구한다.
② 업무환경이 가변적이고 불확실성이 클 때 적용가능성이 높다.
③ 조직단위 또는 개인의 활동에 이르기까지 조직의 하부층과 상부층이 다 같이 참여하여 공동으로 목표를 결정한다.
④ 도시순환도로 건설 사업의 경우, 목표관리제는 주민의 교통소통의 만족감을 목표로 설정한다.

**29** 엽관주의와 실적주의에 대한 설명으로 옳은 것은?

① 엽관주의는 개인의 능력, 적성, 기술을 공직 임용 기준으로 한다.
② 엽관주의는 정치지도자의 국정 지도력을 약화한다.
③ 실적주의는 국민에 대한 관료의 대응성을 높인다.
④ 실적주의는 공직 임용에 대한 기회의 균등을 보장한다.

**30** 대표관료제에 대한 설명으로 옳지 못한 것은?

① 대표관료제는 내부통제의 한 방안이다.
② 초기 실적주의의 도입은 대표관료제를 실현하기 위한 것이다.
③ 모든 사회집단의 실질적 기회균등을 적극적으로 보장하는 데 기여한다.
④ 피동적 대표가 능동적 대표를 확보할 수 있다는 것을 전제로 한다.

**31** 선발시험의 효용성 기준에 관한 설명으로 옳지 않은 것은?

① 시험문제가 지나치게 어려워 대부분 수험생들의 성적이 거의 50점 이하로 분포되어 우수한 사람과 열등한 사람을 구별하기가 어려웠다면 타당성이 낮다고 말할 수 있다.

② 동일한 시험을 동일 집단에 시간을 달리하여 두 번 실시하여 성적을 비교한 결과 비슷한 분포를 이루는 것으로 나타났다면 시험의 신뢰도가 높다고 본다.

③ 주관식 문제의 시험에서 채점위원 A 교수의 채점 점수와 다른 채점위원 B 교수의 채점 점수가 상당한 차이를 보였다면 시험의 객관도가 낮다고 여겨진다.

④ 우수한 성적을 받고 합격한 사람들이 실제 임용 후에도 일을 잘 하는 것으로 조사되었다면 시험의 기준타당성이 높다고 본다.

**32** 「국가공무원법」상 공무원의 징계에 관한 설명으로 옳지 않은 것은?

① 감봉은 1개월 이상 3개월 이하의 기간 동안 보수의 3분의 1을 감하는 처분을 말한다.

② 정직은 1개월 이상 3개월 이하의 기간 동안 공무원의 신분은 보유하나, 직무수행이 정지되고 그 기간 중 보수의 3분의 2를 감하는 처분을 말한다.

③ 강등은 1계급 아래로 직급을 내리고 공무원의 신분은 보유하나, 3개월간 직무에 종사하지 못하고 그 기간 중 보수의 전액을 감하는 처분을 말한다.

④ 해임은 강제퇴직의 한 유형이며 3년간 공무원 재임용 결격사유이다.

**33** 공공부문에 임금피크제를 도입했을 때 기대되는 효과로 올바르지 않은 것은?

① 조직의 신진대사 촉진과 신규채용 확대효과
② 정부 재정부담 경감
③ 적극적인 성과급 제도의 보급
④ 정년연장 및 고용안정 효과

**34** 고위공무원단 제도에 대한 설명으로 옳지 않은 것은?

① 역량 중심의 인사관리
② 계급 중심의 인사관리
③ 성과와 책임 중심의 인사관리
④ 개방과 경쟁 중심의 인사관리

**35** 예산의 종류에 대한 설명 중 올바른 것은?

① 추가경정예산이란 예산심의가 종료된 후 발생한 변화에 대처하기 위하여 연 1회 편성하는 예산이다.

② 성인지예산제도(남녀평등예산)는 세입·세출예산이 남성과 여성에게 미치는 영향은 다르지 않다는 전제의 제도이다.

③ 수정예산은 예산이 국회를 통과하여 확정(성립)된 후에 생긴 사유로 인하여 추가·변경된 예산이다.

④ 준예산은 새로운 회계연도가 개시될 때까지 예산이 성립되지 못할 경우 의회승인 없이 특정경비를 전년도에 준하여 지출할 수 있도록 하는 제도이다.

**36** 다음 중 예산에 대한 설명으로 옳지 않은 것은?

① 국가가 특정한 목적을 위하여 특정한 자금을 신축적으로 운용할 필요가 있을 때에 법률로써 설치하는 기금은, 세입세출예산에 의하지 아니하고 운용할 수 있다.

② 조세지출이란 정부가 받아야 할 세금을 받지 않고 포기한 액수를 의미한다.

③ 계속비는 세출예산 중 미지출액을 당해 연도를 넘겨 다음 연도에 계속적으로 사용하는 것을 말한다.

④ 정부는 국회에 제출된 예산안의 일부를 부득이한 사유로 수정해야 하는 경우 국무회의의 심의를 거쳐 대통령의 승인을 얻은 수정예산안을 국회에 제출할 수 있다.

**37** 다음은 「국가재정법」상 예비타당성조사에 대한 내용이다. (가)와 (나)에 들어갈 숫자로 옳은 것은?

기획예산처장관은 총사업비가 (가)억 원 이상이고 국가의 재정지원 규모가 (나)억 원 이상인 신규 사업으로서 건설공사가 포함된 사업 등에 대한 예산을 편성하기 위하여 미리 예비타당성조사를 실시하고, 그 결과를 요약하여 국회소관 상임위원회와 예산결산특별위원회에 제출하여야 한다.

| (가) | (나) |
|------|------|
| ① 300 | 100 |
| ② 300 | 200 |
| ③ 500 | 250 |
| ④ 500 | 300 |

**38** 예산의 경제성질별 분류의 특징이 아닌 것은?

① 예산의 경제적 효과를 파악하기 위한 정보를 제공해 준다.

② 구체적인 사업을 실제로 집행하는 실무자들에게 많은 도움을 준다.

③ 정부예산이 국민경제에 미치는 영향을 파악하기 위한 분류방법이다.

④ 경제성질별 분류는 다른 방법과 분리하여 사용할 수 없기 때문에 항상 다른 분류 방법과 병행해서 사용되어야 한다.

**39** 특별회계에 대한 설명으로 옳은 것은?

① 특별회계의 세입은 주로 조세수입으로 이루어진다.

② 특별회계는 세입세출 예산에 의하지 아니하고 운용할 수 있다.

③ 특별회계는 일반회계와는 달리 입법부의 심의를 받지 않는다.

④ 특별회계에서 발생한 잉여금은 일반회계로 전입시킬 수 있다.

**40** 예비비제도에 대한 다음 설명 중 옳지 않은 것은?

① 예비비는 한정성 원칙의 예외이다.

② 예비비는 기획예산처장관이 관리한다.

③ 봉급, 급량비 등 예측 가능한 항목은 예비비의 지출대상에서 제외한다.

④ 국회, 법원 등은 예비비와 별도로 예비금이라는 항목을 운용할 수 있다.

**41** 옴부즈만 제도와 관련된 설명으로 옳지 않은 것은?

① 옴부즈만 제도는 기존의 행정 결정을 무효·취소시
킬 수 없다.

② 옴부즈만은 행정 행위의 합법성을 다룰 수 있을 뿐
이며, 합목적성은 다루지 못한다.

③ 국민권익위원회 위원장과 위원의 임기는 각각 3년
으로 하되, 1차에 한하여 연임할 수 있다.

④ 지방자치단체는 고충민원을 처리하기 위해 시민고
충처리위원회를 둘 수 있다.


**42** 행정개혁의 접근방법에 대한 설명으로 옳지 않은
것은?

① 구조적 접근방법은 행정활동의 목표를 개선하고
서비스의 양과 질을 개선하려는 접근방법으로 분권
화의 확대, 권한 재조정, 명령계통 수정 등에 관심
을 갖는다.

② 과정적 접근방법은 행정체제의 과정 또는 일의 흐
름을 개선하려는 접근방법이다.

③ 행태적 접근방법은 구조와 기술을 개선시키는 접
근방법이다.

④ 종합적 접근방법은 구조와 인간, 환경의 문제를 체
제로 파악하고 상호관련성을 고려하는 접근방법이다.


**43** 다음 중 조례와 규칙에 대한 설명으로 옳지 않은 것은?

① 조례안이 지방의회에서 의결되면 의장은 의결된
날부터 5일 이내에 그 지방자치단체의 장에게 이를
이송하여야 한다.

② 조례를 정할 때, 주민의 권리제한에 관한 사항은
법률의 위임이 있어야 한다.

③ 지방자치단체는 법령이나 상급 지방자치단체의 조
례를 위반하여 그 사무를 처리할 수 없다.

④ 지방자치단체 조례로 기관위임사무를 규정할 수
있다.


**44** 다음 중 신행정론에 대한 내용으로 옳은 것만을 고른
것은?

<보기>
ㄱ. 집권화된 계층적 조직을 강조한다.
ㄴ. 추구하는 이념으로서 사회적 형평성을 중시한다.
ㄷ. 논리실증주의를 신봉한다.
ㄹ. 왈도(Waldo) 등이 주도하였다.
ㅁ. 신공공관리론에 대해 비판하였다.
ㅂ. 고객인 국민의 요구를 중시하는 행정을 강조하고
   시민 참여의 확대를 주장하였다.

① ㄱ, ㄴ, ㄷ  　　　　② ㄴ, ㄹ, ㅁ
③ ㄴ, ㄹ, ㅂ  　　　　④ ㄷ, ㅁ, ㅂ


**45** 무의사결정론에 대한 설명으로 옳지 않은 것은?

① 엘리트들에게 안전한 이슈만을 논의하고 불리한
문제는 거론조차 못하게 봉쇄하는 것을 의미한다.

② 정책문제의 채택 과정에서 엘리트가 권력을 비밀
리에 행사하는 것을 의미한다.

③ 무의사결정론은 정치 권력이 두 얼굴을 가지고 있
다고 주장한다.

④ 바흐라흐와 바라츠(Bachrach & Baratz)는 무의
사결정은 정책 과정에서 정책의제설정 과정에서만
나타난다고 주장하였다.

**46** 총체적 품질관리(TQM)에 대한 설명으로 옳지 않은 것은?

① 고객이 품질의 최종적 점검자이다.

② 사후적 통제보다 사전적 통제를 강조한다.

③ 행정관리에 있어 과정보다는 결과에 초점을 둔다.

④ 팀워크를 강조하며, 집권적 구조보다는 분권적 구조를 선호한다.


**47** 행정통제에 대한 설명으로 옳지 않은 것은?

① 행정통제에 있어서 가장 이상적인 것은 행정인이 스스로 직업윤리를 확립하고 그 기준에 의하여 자기를 규제하는 자율적 통제이다.

② 감사원에 의한 통제는 내부통제이다.

③ 옴부즈만에 의한 통제는 외부통제이다.

④ 행정이 고도의 전문성과 복잡성을 지니게 된 현대 행정국가에서는 내부통제만으로는 통제의 효과를 제대로 기하기 어려워 외부통제의 중요성이 한층 더 강조되고 있다.


**48** 기존 전자정부와 비교한 스마트 전자정부의 특징으로 옳지 않은 것은?

① 스마트 정부는 신속하고도 효율적인 사후 수습을 강조한다.

② 유연성·창의성·인간 중심 가치가 중시되는 사회이다.

③ 국민이 직접 자격 증명을 신청하는 것이 아니라 정부가 자격 요건을 확인·지원하는 정부이다.

④ 1회 신청으로 연관 민원이 일괄처리된다.


**49** 기관위임사무에 대한 설명으로 옳지 않은 것은?

① 지방의회가 관여할 수 있어 조례로 처리할 수 있다.

② 사무 처리에 소요되는 경비는 그 전액을 위임기관이 부담하는 것이 원칙이다.

③ 사무에 대한 감독은 사전적·교정적·예방적 감독까지 허용된다.

④ 지방적 이해관계보다는 전국적 이해관계가 큰 사무이다.


**50** 지방자치의 유형 중 단체자치에 대한 설명으로 옳지 않은 것은?

① 중앙정부와 지방정부와의 관계보다는 지방정부와 주민과의 관계를 중시한다.

② 국가사무와 자치사무가 엄격히 구별된다.

③ 자치권의 범위는 포괄적 수권주의에 의한다.

④ 자치의 의미를 법률적 의미로 본다.

정답 및 해설 p.594

**01** 정책내용을 수정·변경하며, 정책의 중단·축소·유지·확대 여부의 결정에 도움을 주는 정책평가로 옳은 것은?

① 총괄평가
② 과정평가
③ 메타평가
④ 평가성 검토

**02** 다음 중 외부통제이면서 비공식통제에 해당하는 것을 모두 고르면?

<보기>

ㄱ. 옴부즈만에 의한 통제
ㄴ. 행정윤리의 확립
ㄷ. 대표관료제
ㄹ. 민중통제
ㅁ. 이익집단에 의한 통제
ㅂ. 정당에 의한 통제

① ㄱ, ㄴ, ㄹ
② ㄱ, ㄷ, ㅂ
③ ㄴ, ㄷ, ㅁ
④ ㄹ, ㅁ, ㅂ

**03** 조직을 주요 목적 또는 기능에 따라 편성할 경우의 이점으로 옳지 않은 것은?

① 책임의 소재가 분명하다.
② 업무의 일괄처리·통합적 해결이 가능하다.
③ 정부기능에 대한 국민의 이해가 용이하다.
④ 최신의 기술이나 전문가의 활용이 용이하다.

**04** 공행정과 사행정의 차이점에 대한 설명으로 옳지 않은 것은?

① 공행정은 공익을 최고의 가치로 삼는다.
② 공행정은 본질적으로 정치성을 내포하고 있다.
③ 공행정은 관료제의 성격을 지니고 있다.
④ 공행정은 모든 국민을 평등하게 대우하여야 한다.

**05** 강력한 이해대립과 갈등을 가장 크게 야기시키는 정책 유형으로 옳은 것은?

① 분배정책　　　　　② 추출정책
③ 규제정책　　　　　④ 재분배정책

**06** 전략적 관리에 대한 설명으로 옳지 않은 것은?

① 조직이 단기적 안목으로 환경변화에 대응할 수 있게 한다.
② 환경뿐만 아니라 조직 자체의 역량 분석을 중시한다.
③ 전략추진을 위한 조직활동의 통합을 강조한다.
④ 개방체제하에서 환경과의 관계를 중시하는 변혁적·탈관료적 관리전략이다.

**07** 예산주기에 비추어 볼 때 2024년도에 볼 수 없는 예산과정은?

① 국방부의 2025년도 예산에 대한 예산요구서 작성
② 기획예산처의 2024년도 예산에 대한 예산 배정
③ 대통령의 2025년도 예산안에 대한 국회 시정연설
④ 감사원의 2024년도 예산에 대한 결산검사보고서 작성

**08** 정부관에 대한 일반적인 설명으로 옳은 것은?

① 보수주의자는 적극적 자유를 강조하고, 진보주의자는 소극적 자유를 강조한다.
② 진보주의자는 소득재분배정책을 옹호한다.
③ 신자유주의가 등장하면서 정부 개입을 찬성하는 큰 정부로의 전환이 이루어졌다.
④ 1930년대 대공황을 겪으면서 작은 정부가 중시되었다.

**09** 정부가 민간위탁(Out-sourcing)하기 어려운 것은?

① 세금, 수수료 등 공과금 수납 업무
② 통계, 조사, 연구 등 전문성이 높은 업무
③ 출판, 인쇄, 급식 등 단순관리 업무
④ 사법서비스, 특허심사 등 공정성이 필요한 업무

**10** 평가의 타당성을 저해하는 요인에 관한 설명으로 옳지 않은 것은?

① 역사적 요소(History) – 연구기간 동안에 일어난 사건의 영향으로 측정이 부정확해지는 것을 의미한다.
② 측정요소(Testing) – 실험 직전의 측정 결과를 토대로 집단을 구성할 때, 평소와 달리 특별히 좋거나 나쁜 행태 또는 결과 때문에 선발된 사람들이 있을 수 있다. 이런 사람들이 실험이 진행되는 동안 원래의 상태로 돌아가게 되면 측정이 왜곡된다.
③ 실험조작의 반응효과(Reactive Arrangement, Hawthorne Effect) – 인위적인 실험환경에서 얻은 결과를 일반화하기 어려운 현상을 의미한다.
④ 실험조작과 측정의 상호작용(Interaction of Testing and Experiment) – 실험 측정이 피조사자의 실험조작에 대한 감각에 영향을 주어 측정 결과를 왜곡하는 현상을 말한다.

**11** 도표식 평정척도법에 대한 설명으로 가장 옳지 않은 것은?

① 등급의 비교 기준을 명확히 할 수 있다.
② 상벌 목적에 이용하는 데 효과적이다.
③ 관대화 경향 효과를 피하기 어렵다.
④ 평정표의 작성과 평정이 용이하다.

**12** 예산의 이용, 예비비, 계속비는 공통적으로 어떤 예산의 원칙에 대한 예외인가?

① 통일성의 원칙
② 한정성의 원칙
③ 단일성의 원칙
④ 포괄성의 원칙

**13** 행정학의 주요 접근방법에 대한 설명으로 가장 옳은 것은?

① 신공공관리론에서는 사회적 요구에 대한 능동적 대처를 위해 구조적 통합을 통한 분절화의 축소를 지향하고 있다.
② 행태주의 접근방법은 정치와 행정현상에서 개별국가의 특수성을 중시하였다.
③ 후기행태주의는 가치중립적인 과학적 연구를 중요시하여 정책학의 발전에 견인차 역할을 하였다.
④ 공공선택론은 시민의 선호에 부응할 수 있는 분권화된 탈관료제 조직을 선호한다.

**14** 다음에서 검증하고자 하는 선발시험의 효용적 기준으로 가장 적절한 것은?

> 정부는 2019년도 국가직 7·9급 공개경쟁채용시험을 통해 채용된 직원들의 시험 성적을 2021년까지의 평균적인 근무성적과 비교해보려고 한다.

① 신뢰성
② 실용성
③ 능률성
④ 타당성

**15** 지식정부 공공행정의 기대효과로 보기 어려운 것은?

① 지식의 조직 공동재산화
② 학습조직 기반구축
③ 의사소통의 활성화
④ 정보와 지식의 중복활용

**16** 연관된 다른 사건이 일어났느냐 일어나지 않았느냐에 기초하여 미래의 어떤 사건이 일어날 확률에 대해 식견 있는 판단을 이끌어내는 직관적인 집단의사결정기법은?

① 델파이 기법(Delphi Method)
② 브레인스토밍(Brainstorming)
③ 교차영향분석(Cross−Impact Analysis)
④ 명목집단 기법(Nominal Group Technique)

**17** 다음 준정부기관 중 위탁집행형 기관이 아닌 것은?

① 한국농어촌공사　　② 한국산업인력공단
③ 한국환경공단　　　④ 예금보험공사

**18** 동기요인 이론에 대한 설명으로 옳지 않은 것은?

① 아담스(Adams)의 공정성 이론에 따르면 공정하다고 인식할 때 동기가 유발된다.
② 맥클리랜드(McClelland)의 성취동기이론에 따르면 개인들의 욕구가 학습을 통해 개발될 수 있다.
③ 브룸(Vroom)의 기대이론에서 기대감은 특정 결과는 특정한 노력으로 인해 나타날 수 있다는 가능성에 대한 개인의 신념으로 통상 주관적 확률로 표시된다.
④ 앨더퍼(Alderfer)의 ERG 이론에 따르면 상위욕구 충족이 좌절되면 하위욕구를 충족시키고자 할 수 있다.

**19** 민영화의 유형에 대한 설명으로 가장 옳지 않은 것은?

① 전자 바우처(Vouchers) 방식은 개별적인 바우처 사용 행태를 분석하여 실제 이용자의 실시간 모니터링이 가능하다.
② 면허 방식에서는 시민이 서비스 제공자에게 비용을 지불한다.
③ 자조활동이란 공공서비스의 수혜자와 제공자가 같은 집단에 소속되어 서로 돕는 방식이다.
④ 민영화는 효율성과 책임성을 확보할 수 있지만 형평성이 저해된다는 문제점이 있다.

**20** 티부모형(Tiebout model)의 기본가정에 해당하지 않는 것은?

① 지방정부가 공급하는 지방공공재는 외부효과가 발생해야 한다.
② 지방공공재를 생산하는 데 규모의 경제가 발생하지 않아야 한다.
③ 모든 소비자들이 자신이 선호하는 지역으로 완전히 자유롭게 이동할 수 있어야 한다.
④ 티부모형은 지방자치의 효율성을 설명하는 이론이다.

**21** 정책의제설정 모형에 대한 설명으로 옳지 않은 것은?

① 내부접근형은 정책의제가 형성된 후 행정 PR 등을 통해서 공중의제화 전략을 실시한다.
② 동원형은 국가가 주도하는 의제설정 모형으로 주로 후진국에서 나타난다.
③ 외부주도형은 허쉬만(Hirschman)이 말하는 '강요된 정책문제'에 해당된다.
④ 굳히기형은 민간집단의 광범위한 지지가 형성된 이슈에 대하여 정책결정자가 지지의 공고화(Consolidation)를 추진한다.

**22** 공무원 부패에 대한 체제론적 접근방법의 설명으로 옳은 것은?

① 부패의 원인을 부패를 저지르는 관료 개인의 윤리의식과 자질의 탓으로 본다.
② 부패는 하나의 변수가 아니라 다양한 요인에 의해 복합적으로 나타난다.
③ 법과 제도상의 결함이나 운영의 미숙 등이 부정부패의 원인으로 작용한다고 본다.
④ 특정한 지배적 관습이나 경험적 습성과 같은 것이 부패를 조장한다.

**23** 합리적 행동이 항상 최적의 결과를 가져다주지는 않는다는 것을 지적하고 있는 이론으로, 개인적 합리성의 추구가 사회적 합리성을 저해할 수 있는 상황을 설명하는 이론은?

① 파레토 최적　　　② 공유지의 비극
③ 공공선택론　　　④ 불가능성의 정리

**24** 조직의 효과성을 파악하기 위한 접근방법 중 경쟁적 가치접근법에 대한 설명으로 옳은 것은?

① 효과성 평가에 단일 척도의 중요성을 강조한다.
② 개방체제모형은 자원획득을 중요한 기준으로 삼는다.
③ 인간관계모형은 내부적 관리와 통제를 지향하는 조직에 적합하다.
④ 내부적 과정모형은 전략적 기획과 목표설정에 초점을 맞춘다.

**25** 「부정청탁 및 금품 등 수수의 금지에 관한 법률」의 규정내용으로 옳지 않은 것은?

① 식사, 다과, 음료 등은 5만 원 이내에서 허용하고 있다.
② 경조사비는 원칙적으로 5만 원 이내로 하고 있으며, 화환·조화는 10만 원 이내도 허용하고 있다.
③ 선물은 5만 원 이내에서만 허용하고 있다.
④ 행위자를 벌하는 외에 그 법인·단체 또는 개인에게도 벌금 또는 과태료를 과할 수 있는 양벌규정을 두고 있다.

**26** 공무원 연금제도에 대한 설명으로 옳지 않은 것은?

① 국무총리는 「공무원연금법」의 적용대상이다.
② 연금수급요건은 20년 이상 근무한 후 퇴직한 공무원이다.
③ 최근 법 개정으로 기여율이 인상되었다.
④ 연금지급개시 연령은 65세로 연장되었다.

**27** 파킨슨(Parkinson)의 법칙과 관계가 가장 적은 것은?

① 공무원의 수는 업무량에 관계없이 증가한다.
② 파킨슨이 실제 측정한 바에 의하면 공무원 수는 매년 일정 비율로 증가했다.
③ 심리적 요인을 경시했다는 비판을 받는다.
④ 새로운 행정수요에 상관없이 정부규모는 확장된다.

**28** 잠재이익집단론에 대한 설명으로 옳은 것은?

① 결정자는 말없는 이익집단의 이익을 염두에 두므로 활동적 소수(Active Minority)에 의한 특수이익만을 추구하기 곤란하다는 이론이다.
② 이익집단 구성원은 여러 집단에 중복 소속되어 있어 특수이익의 극대화가 곤란하다는 이론이다.
③ 특수이익보다는 공익에 가까운 주장을 하는 이익집단의 이익이 정책에 반영될 것이라는 이론이다.
④ 조직화되지 못한 다수의 침묵적인 집단의 이익은 반영이 곤란하다는 이론이다.

**29** 다음 <보기>에서 현 정부의 행정 각부 장관과 그 소속 행정기관 연결이 옳게 짝지어진 것을 고르면?

<보기>
ㄱ. 행정안전부장관: 소방청
ㄴ. 기후에너지환경부장관: 기상청
ㄷ. 교육부장관: 지방교육청
ㄹ. 산업통상부장관: 국가데이터처

① ㄱ, ㄴ  ② ㄱ, ㄹ
③ ㄴ, ㄷ  ④ ㄴ, ㄹ

**30** 오스본(D. Osborne)과 개블러(T. Gaebler)의 『정부재창조론(Reinventing Government)』에서 제시된 '기업가적 정부 운영의 10대 원리'와 가장 관련이 없는 것은?

① 기업가적 정부는 서비스 공급자보다는 촉매작용자, 중개자, 그리고 촉진자 역할을 수행해야 한다.
② 경쟁 원리의 도입을 통해 행정서비스 공급의 경쟁력을 제고해야 한다.
③ 업무 성과를 제고하기 위해서는 투입이 아니라 산출이나 결과를 기준으로 자원을 배분해야 한다.
④ 수입 확보 위주의 정부 운영 방식에서 탈피하여 예산지출의 개념을 활성화하는 것이 필요하다.

**31** 우리나라 인사제도에 대한 설명으로 옳지 않은 것은?

① 공무원 징계의 소멸시효는 모두 3년으로 통합되었다.
② 행정안전부차관은 공직 분류상 정무직공무원에 해당한다.
③ 고위공무원단 개방형 직위는 20% 이내에서 지정된다.
④ 고위공무원단에 속하는 일반직공무원의 경우 소속 장관은 해당 기관에 소속되지 아니한 공무원에 대하여 임용 제청을 할 수 있다.

**32** 전자정부의 역기능에 해당하는 것을 <보기>에서 모두 고른 것은?

<보기>
ㄱ. 인포데믹스(Infodemics)
ㄴ. 모자이크 민주주의
ㄷ. 선택적 정보 접촉(Selective exposure to information)
ㄹ. 모뎀 민주주의

① ㄱ, ㄴ  ② ㄱ, ㄷ
③ ㄱ, ㄴ, ㄹ  ④ ㄱ, ㄹ

**33** 작은 정부와 큰 정부에 대한 설명으로 가장 옳지 않은 것은?

① 큰 정부는 케인즈주의에 사상적 기반을 두고 있으며, 시장실패에 대한 정부의 적극적 역할을 강조한다.
② 정부실패에 대한 대응으로 나타난 작은 정부는 규제완화를 주장한다.
③ 경제공황을 극복하기 위한 루즈벨트의 뉴딜정책은 큰 정부가 탄생하는 데 결정적인 영향을 주었다.
④ 하이예크는 자신의 저서 『노예로의 길』에서 정부개입을 찬성하고 큰 정부를 주장한다.

**34** 다음 중 감사원의 기능으로 옳지 않은 것은?

① 감사원은 국가의 세입과 세출의 결산을 해마다 검사하여 확인하고 그 결과를 대통령과 다음연도 국회에 보고한다.

② 행정기관 등의 사무와 그 소속 직원의 직무에 관한 감찰을 한다.

③ 공직자의 재산등록과 관련된 업무를 수행한다.

④ 국가기관 등의 회계를 검사한다.

**35** 다음 중 동기부여이론에 대한 설명으로 가장 옳지 않은 것은?

① 허즈버그(Herzberg)의 욕구충족요인 이원론에서 불만요인은 개인의 불만족을 방지하는 효과를 가져 오는 요인으로서, 충족되면 만족감을 갖게 되어 동기가 유발된다.

② 앨더퍼(Alderfer)는 ERG 이론에서 매슬로우(Maslow)의 욕구 5단계를 줄여 생존 욕구, 대인관계 욕구, 성장 욕구의 세 단계를 제시하였다.

③ 핵맨과 올드햄(Hackman & Oldham)의 직무특성이론에 의하면 직무특성을 결정하는 변수로 기술다양성, 직무정체성, 직무중요성, 자율성, 환류를 들고 있다.

④ 애덤스(Adams)의 형평성이론에서는 자신의 노력과 그 결과로 얻어지는 보상과의 관계를 다른 사람의 것과 비교하여 불평등을 지각할 때 동기부여된다고 보았다.

**36** 자동부의제도란 관련 위원회가 예산안 등의 심사를 매년 (        )까지 마치지 못한 때에는 그 다음 날 위원회에서 심사를 마치고 바로 본회의에 부의된 것으로 보는 제도이다. 괄호 안에 들어갈 날짜로 옳은 것은?

① 회계연도 개시 30일 전

② 회계연도 개시일

③ 11월 30일

④ 12월 1일

**37** 구성원에 대한 동기부여는 미충족 시 불만이 제기되는 요인(불만요인)의 충족과 함께 적극적으로 동기를 자극하는 요인(동기요인)이 동시에 충족되었을 때 가능하다고 주장한 학자로 옳은 것은?

① F. Herzberg

② C. Argyris

③ A. H. Maslow

④ V. H. Vroom

**38** 우리나라 공직자윤리법에 규정된 내용에 해당하지 않는 것은?

① 주식백지신탁

② 퇴직공직자의 취업제한

③ 선물신고

④ 상벌사항 공개

**39** 우리나라 정부조직에 대한 설명으로 옳지 않은 것은?

① 국무총리는 국무회의의 부의장이다.
② 국가보훈부 장관과 차관은 정무직이다.
③ 경찰청장은 특정직공무원이다.
④ 검찰총장은 정무직공무원이다.

**40** 다음의 설명으로 옳지 않은 것은?

① 행정관리설은 정치행정이원론이다.
② 신공공관리론은 작고 효율적인 정부의 구축을 중시한다.
③ 블랙스버그 선언은 1980년대 전후 관료후려치기를 극복하는 행정의 위상정립을 중시하였고, 정치행정일원론의 시각을 지닌다.
④ 신제도주의는 기존의 행태주의가 시대별 정책적 차이나 다양성을 설명하지 못하는 한계를 가지고 있다는 점에 주목한다.

**41** 이스턴(Easton)의 투입-산출 모형에서 정치체제에 대한 투입에는 '요구'와 '지지'가 있다. 정치체제의 산출물로서 정책도 이에 따라 '요구대응정책'과 '지지획득정책'으로 나눌 수 있는데, 다음의 정책유형들 가운데 지지획득정책과 관련이 없는 것은?

① 배분정책　　　　② 상징정책
③ 추출정책　　　　④ 징병정책

**42** 디마지오(DiMaggio)와 포웰(Powell)은 조직의 구조와 형태를 설명함에 있어서 문화적 영향력에 주목하여 "관료제를 포함한 그 어떤 조직변화도 합리성이나 효율성 증진과는 무관하며, 동형화의 결과로 나타난다."고 보았다. 이들이 제시한 동형화의 유형 중 주로 전문가 직업사회 회원들의 전문화 과정에서 나타나는 동형화로 옳은 것은?

① 규범적 동형화　　　② 억압적 동형화
③ 모방적 동형화　　　④ 자발적 동형화

**43** 우리나라 정부예산의 과목구조에 대한 설명으로 옳은 것은?

① 우리나라 예산은 소관별로 구분된 후 목별로 분류되고, 마지막으로 기능을 중심으로 분류된다.
② 동일목표를 가진 단위사업의 묶음을 프로그램이라 한다.
③ 기능을 중심으로 장은 부문, 관은 분야, 항은 프로그램, 세항은 단위사업을 의미한다.
④ 목 사이의 상호융통(전용)은 국회의 의결을 받고 가능하다.

**44** 정책분석과 체제분석의 차이점으로 옳지 않은 것은?

① 체제분석은 사실문제를 대상으로 하나 정책분석은 가치문제도 탐색한다.
② 체제분석은 경제적·정치적 요소를 모두 고려하나 정책분석은 경제적 요소만 고려한다.
③ 체제분석은 계량적 분석에 치중하나 정책분석은 질적 분석을 중요시한다.
④ 체제분석은 자원배분의 효율성을 강조하나 정책분석은 사회적 배분을 고려한다.

**45** 지방자치단체의 경계 및 명칭 변경 또는 폐치·분합에 대한 설명으로 옳지 않은 것은?

① 지방자치단체의 통폐합은 법률에 의한다.
② 시·군 및 자치구의 관할구역 경계 변경은 대통령령으로 정한다.
③ 읍·면·동의 명칭과 구역을 변경하거나 폐치·분합할 때에는 법률에 의한다.
④ 지방자치단체 사무소의 소재를 변경할 때는 당해 지방의회 재적의원 과반수 이상이 찬성하는 조례로 정한다.

**46** 다음은 4차 산업혁명 시대의 주요 정보기술을 설명하고 있다. 이에 해당하는 것은?

> 거래 정보의 기록을 중앙집중화된 서버나 관리 기능에 의존하지 않고, 분산원장(distributed ledger)을 기반으로 모든 참여자에게 분산된 형태로 배분함으로써, 데이터 관리의 탈집중화된 환경을 제공하는 기술이다.

① 인공지능(AI)
② 블록체인(block chain)
③ 빅데이터(big data)
④ 사물인터넷(IoT)

**47** 공공선택론(public choice theory)에 대한 설명으로 가장 옳지 않은 것은?

① 방법론적 집단주의를 지향한다.
② 정치·행정현상을 경제학적 논리를 통해 분석하고자 한다.
③ 개인 선호를 중시하여 공공서비스 관할권을 중첩시킬 수도 있다.
④ 중위투표자이론(median vote theorem)도 공공선택론의 일종이다.

**48** 4차 산업혁명에 대한 설명으로 옳지 않은 것은?

① 기술발전의 속도와 범위, 시스템적 충격이라는 측면에서 3차 산업혁명과는 비교할 수 없는 전반적인 문화 혁명이다.

② 방대한 빅데이터 분석으로 인간생활의 패턴을 파악하는 초예측성을 특성으로 한다.

③ 사이버 물리 시스템(Cyber-physical system) 혁명이라고 할 수 있다.

④ IoT, 인공지능, 빅데이터 등의 신기술을 기존 제조업과 융합해 생산능력과 효율을 극대화시킨다.

**49** 리더십 상황이론에서 중요시하는 상황적 요소로서 학자들이 흔히 주장하는 요소와 가장 관련이 없는 것은?

① 조직구성원의 심리적·업무적 성숙도

② 리더의 상황판단능력

③ 과업의 구조화 또는 비구조화의 정도

④ 리더와 부하와의 인간관계

**50** 미국에서 공무원의 정치적 활동을 가장 엄격히 규제하게 된 계기는?

① 해치 법(Hatch Act)

② 펜들턴 법(Pendleton Act)

③ 마스터맨(Masterman) 위원회의 건의

④ 휘틀리(Whitley) 협의회 연구

정답 및 해설 p.604

## 제1회 | 기출동형모의고사

p. 554

| 01 | 02 | 03 | 04 | 05 | 06 | 07 | 08 | 09 | 10 |
|---|---|---|---|---|---|---|---|---|---|
| ① | ③ | ① | ③ | ④ | ② | ③ | ① | ① | ④ |

| 11 | 12 | 13 | 14 | 15 | 16 | 17 | 18 | 19 | 20 |
|---|---|---|---|---|---|---|---|---|---|
| ② | ④ | ① | ④ | ④ | ④ | ③ | ① | ③ | ③ |

| 21 | 22 | 23 | 24 | 25 | 26 | 27 | 28 | 29 | 30 |
|---|---|---|---|---|---|---|---|---|---|
| ② | ② | ② | ③ | ④ | ③ | ② | ② | ④ | ② |

| 31 | 32 | 33 | 34 | 35 | 36 | 37 | 38 | 39 | 40 |
|---|---|---|---|---|---|---|---|---|---|
| ① | ② | ④ | ② | ④ | ③ | ③ | ② | ① | ④ |

| 41 | 42 | 43 | 44 | 45 | 46 | 47 | 48 | 49 | 50 |
|---|---|---|---|---|---|---|---|---|---|
| ④ | ② | ① | ④ | ③ | ② | ③ | ③ | ② | ③ |

## 01 행정과 경영

정답 ①

관료제적 성격은 행정과 경영의 공통점이다.

[오답노트]

② 행정은 공익을 추구하기 때문에 경영보다 법적규제를 강하게 받는다.
③ 행정은 공권력의 행사로서 경영보다 더 강한 권력수단을 갖는다.
④ 행정이 더 강한 정치적 통제를 받는다.

### 🔍 더 알아보기

행정과 경영의 차이점

| 구분 | 행정 | 경영 |
|---|---|---|
| 주체 | 정부 | 기업 |
| 목적 | 공익 | 사익 |
| 정치성 | 강함 | 약함 |
| 권력성 | 강함 | 약함 |
| 법적 제한 | 강함 | 약함 |
| 평등성 | 강함 | 약함 |
| 독점성 | 강함 | 약함 |

## 02 시장실패와 정부실패

정답 ③

공공조직의 내부성은 관료들이 공익보다는 사익을 추구하는 현상으로 시장실패가 아니라 정부실패의 요인이다.

[오답노트]

① 불완전경쟁은 독점이나 과점을 의미하며 시장실패 유형이다.
② 긍정적 외부효과를 유발하는 기업에 대해서는 과소공급을 막기 위하여 보조금을 주어야 한다.
④ 코우즈의 정리(Coase theorem)란 소유권을 명확하게 하면 시장에서 외부효과가 발생하더라도 당사자 간 자발적인 협상에 의하여 외부효과 문제가 해결될 수 있다는 이론이다.

## 03 시장실패와 정부실패

정답 ①

공공재는 공적공급( = 직접공급)이 대응방식이다.

[오답노트]

② 신공공관리적 개혁은 시장논리에 입각하여 경제적 효율성과 성과를 중시하므로 민주성과 책임성을 희생시킬 수 있다.
③ 공적공급, 보조금, 정부규제는 시장실패에의 대응책이다.
④ 공공조직의 내부성은 관료들이 공익보다는 사익을 추구하는 현상으로 시장실패가 아니라 정부실패의 요인이다.

## 04 행정국가와 정부규제　　　　　　정답 ③

포지티브 규제(원칙금지 – 예외허용)는 네거티브 규제(원칙허용 – 예외금지)에 비하여 원칙적으로는 금지하고 예외적으로만 허용하기 때문에 규제대상기관의 자율성이 낮다.


① 진입규제 등의 경제적 규제에서는 포획이나 지대추구 등의 문제가 발생한다.
② 기업가(운동가)적 정치는 환경오염규제 사례처럼 오염 업체에게는 비용이 좁게 집중되지만 일반시민들에게는 편익이 넓게 분산된다.
④ 규제개혁은 일반적으로 규제완화 → 규제품질관리 → 규제관리 순으로 진행된다. 규제완화란 규제총량을 감소시키는 것이고 규제품질관리란 개별규제의 질적관리(규제영향분석)를 말하며, 규제관리란 규제 간 상충 등을 제거하여 전체 규제체계를 거시적으로 설계하는 것을 말한다.

## 05 행정이념의 유형　　　　　　정답 ④

가외성은 불확실성을 극복하기 위한 이념이므로 불확실성이 커질수록 가외성의 필요성은 커진다.


① 분권, 법원의 삼심제도, 연방주의, 양원제 등은 가외성의 대표적 현상이다.
② 가외성은 중첩과 중복으로 인한 기능상 충돌 및 책임의 모호성을 초래할 우려가 있다.
③ 정보체제의 안전성과 정확성을 위해서는 초과분의 정보채널 등 가외적 조직설계가 필요하다.

## 06 행정이념의 유형　　　　　　정답 ②

신뢰로 대표되는 사회적 자본은 물적 자본에 비해 형성과정이 불투명하고 불확실하다.


① 사회적 자본은 동조성을 요구하면서 개인의 행동이나 사적 선택을 저해할 수 있으며, 이는 사회적 자본의 부정적 측면이다.
③ 사회적 자본이 형성된 지역사회에서 다양성은 갈등의 원천이 아니라 학습의 원천이 된다.
④ 사회적 자본은 사회 내 신뢰강화를 통해 거래비용을 감소시킨다.

## 07 행정이념의 유형　　　　　　정답 ③

공익개념은 역사적 · 시대적 상황의 변동에 따라 그 의미 · 내용이 변동되기 때문에 절대적 · 확정적 · 정태적 개념이 아니라 포괄적 · 상대적 · 동태적인 불확정적 개념이다.


② 과정설은 사익의 합을 공익으로 보기 때문에 사익을 초월하는 공익의 실체는 없다고 본다.
④ 실체설은 공익을 사익을 초월한 실체적 · 규범적 개념으로 본다.

## 08 행정학의 발달과정　　　　　　정답 ①

뉴거버넌스가 아니라 신공공관리론에 대한 설명이다. 뉴거버넌스는 상대적으로 정치 · 행정일원론에 가까우며, 시장논리에 입각하여 결과를 중시하는 신공공관리론을 비판하고, 신뢰를 통한 협력을 이끌어내는 과정을 중시한다.


② 신공공관리론이 조직 내 분석에 초점을 두는 반면 신국정관리론(뉴거버넌스)은 조직 간 연구에 초점을 둔다.
③ 협력적 네트워크를 통해 민간과 공적 문제를 함께 해결한다.
④ 국민을 국정의 객체(고객)가 아닌 주체(시민, 주인)로 인식한다.

## 09 행정학의 발달과정　　　　　　정답 ①

인간관계론이 아닌 과학적 관리론에 대한 설명이다. 인간관계론은 ㉠ 행정관리의 민주화 · 인간화에 기여, ㉡ 비공식조직 · 소집단 · Y 이론 · 사회적 능률의 중시, ㉢ 인간관계론적 인사행정(사기, 능력발전), ㉣ 행태과학의 발달에 기여하였다. 반면 과학적 관리론은 ㉠ 행정의 능률화에 기여, ㉡ 행정의 전문화 · 과학화 · 객관화에 기여, ㉢ 공식조직 · X 이론 · 경제적 요인의 중시, ㉣ 직위분류제 확립에 기여하였다.

## 10 행정학의 발달과정　　　　　　정답 ④

공공선택론은 행정의 효율성을 강조한 이론이지 공평한 재원의 배분을 강조하지는 않는다.


① 공공선택론은 경제학적 관점을 공공부문에 적용한 것이므로 주로 경제학자들에 의해서 발전되었다.
② 공공선택론은 방법론적 개체주의이며, 인간관은 이기적이고 합리적인 경제인이다.
③ 공공선택론은 전통적인 대규모 관료제보다는 시민의 선호에 부응할 수 있는 분권화된 탈관료제조직을 선호한다.

## 11 행정학의 발달과정 　　　　　정답 ②

모더니즘에 대한 설명이며, 포스트모더니즘은 합리주의, 과학주의, 특수주의, 기술주의로 대표되는 서구의 합리주의를 배격한다.

오답노트
① 신공공관리론에 따른 행정개혁의 방향은 정책결정과 집행의 분리를 전제로, 노젓기(Rowing)보다는 조타(Steering)에 집중하는 정부의 정책능력 강화를 강조한다.
③ 좋은 거버넌스는 신공공관리와 자유민주주의를 결합한 의미이다. 개도국 지배구조의 개선을 논의하는 과정에서 등장한 모형이다.
④ 행태론은 1940년대 H. Simon이 주장한 것으로 '사실'과 '가치'에 대한 이분법을 시도하였다.


## 12 정책학의 기초 　　　　　정답 ④

국회의원 선거구 조정은 로위(Lowi)의 구성정책에 해당한다.

오답노트
① 기초생활보장법은 재분배정책에 해당한다.
② 국공립교육서비스는 분배정책에 해당한다.
③ 식품 및 환경규제는 규제정책에 해당한다.


## 13 주도집단 차이에 따른 정책의제설정과정 　　　　　정답 ①

내부접근형은 불평등한 사회에서 나타나지만 공중의제 형성을 위해 정부의 행정 PR 등은 거치지 않는다.

오답노트
② 외부주도형은 정부가 외부의 요구에 민감한 선진국에서 주로 나타난다.
③ 동원형은 정부의제화한 후 구체적인 정책결정을 하면서 공중의제화 된다.
④ 동원형은 주로 후진국에 적용되는 모형이다.


## 14 균형성과관리 　　　　　정답 ④

시민참여, 적법절차, 공개 등은 내부프로세스 관점의 지표이며, 내부 직원의 직무만족도는 학습과 성장관점의 지표에 해당한다.

오답노트
①, ②, ③은 균형성과표(BSC)의 특성으로 옳은 지문이다.


## 15 정부업무평가 기본법 　　　　　정답 ④

공공기관에 대한 평가는 공공기관의 특수성·전문성을 고려하고 평가의 객관성 및 공정성을 확보하기 위하여 공공기관 외부의 기관이 실시하여야 한다.

오답노트
① 중앙행정기관의 장은 그 소속기관의 정책 등을 포함하여 자체평가를 실시하여야 한다.
② 지방자치단체의 자체평가위원회는 평가의 공정성과 객관성을 확보하기 위하여 자체평가위원의 3분의 2 이상은 민간위원으로 하여야 한다.
③ 자치단체합동평가위원회는 행정안전부장관 소속하에 설치된다.


## 16 정책의제설정의 이론적 근거 　　　　　정답 ④

무의사결정의 수단으로 고문·테러 등의 폭력적인 방법도 활용된다.

🔍 더 알아보기

무의사결정의 수단과 방법
1. 폭력
2. 권력의 행사: 폭력보다 온건한 방법으로 변화의 주창자에 대해서 현재 부여되고 있는 혜택을 박탈하거나, 새로운 이익으로서 매수하는 것이다.
3. 편견의 동원: 정치체제 내의 지배적 규범이나 절차를 강조하여 변화를 위한 주장을 꺾는 간접적 방법이다. 우리나라에서 1970년대까지 복지정책, 노동정책, 환경오염규제정책 등이 경제발전제일주의라는 정치이념에 억눌려서 정책문제화하지 못한 것이 예가 된다.
4. 편견의 수정·강화: 가장 간접적·우회적 방법으로서 정치체제의 규범, 규칙, 절차자체를 수정·보완하여 정책의 요구를 봉쇄하는 방법이다. 지속적인 경제성장의 필요성을 더욱 강조하여 경제제일주의를 강화시키는 것과 같다.


## 17 정책학의 기초 　　　　　정답 ③

국민주택기금을 나눠주는 행위는 분배정책이고, 영세민들에게 혜택이 가게 하는 주택 공급행위는 재분배정책이다.

## 18 정책네트워크 정답 ①

이슈네트워크는 개방적·유동적이지만 정책공동체는 전문가들로만 구성된 공동체이므로 비교적 폐쇄적이고 안정적인 네트워크이다.

**오답노트**

② 이슈네트워크모형은 1970년대 헤클로가 철의 삼각모형(하위정부모형)을 비판하며 제시한 개념이다.
③ 정책네크워크모형은 국가와 사회의 이분법을 극복하기 위해 도입되었다.
④ 사회학이나 문화인류학의 연구에서 이용되었던 분석방법이 정책학에 도입된 개념이다.

## 19 정책결정의 이론 모형 정답 ③

의사결정에 필요한 요소들이 독자적으로 흘러 다니다가 대형참사 같은 것이 점화계기가 되어 의사결정이 이루어지는 모형은 Cohen & March의 쓰레기통모형이나 킹던(Kingdon)의 흐름창모형이 있다.

## 20 리더십 정답 ③

변혁적 리더십의 구성요소 중 영감적 리더십과 지적 자극으로 옳은 지문이다.

**오답노트**

① 변혁적 리더십은 안정보다 변화에 적응을 중시한다.
② 기계적 조직보다 유기적 구조에 적합하며, 개인적 배려를 중시한다.
④ 경제적 교환을 통한 합리적 교환은 거래적 리더십의 특성에 해당한다.

## 21 왈도의 조직이론 분류와 과학적 관리론 정답 ②

고전적 조직이론은 행정학 성립초기의 과학적 관리론의 조직으로 공사행정일원론, 즉 정치행정이원론에 입각하고 있다.

**오답노트**

① 고전적 조직이론은 환경을 고려하지 않는 폐쇄모형적 조직관이다.
③ 고전적 조직이론은 공식적 구조와 원리를 중시한다.
④ 과학적 관리론의 조직이 고전적 조직이론에 해당한다.

## 22 고전적 조직구조의 원리 정답 ②

제시문은 수평적 조정기제로서 프로젝트 매니저에 대한 설명이다.

**오답노트**

① 임시작업단(TF: Task Force)은 특정 문제에 관련된 각 부서들의 대표로 구성된 임시위원회로서 일시적 문제에 대한 부서 간의 직접조정에 효과적이다. 일시적인 과제가 해결되면 임시작업단은 해산된다.
③ 프로젝트 팀은 가장 강력한 수평연결 장치이며, 영구적인 사업단으로서 사업 추진을 위해서 관련 부서 간에 장기간 강력한 협동을 요할 때 적합한 장치이다.
④ 직접접촉은 조직문제에 관계된 관리자와 직원이 직접 접촉하는 방식이다.

## 23 동기부여 정답 ②

동기요인이 아니라 위생요인(불만요인)에 대한 설명이다.

**🔍 더 알아보기**

허즈버그의 욕구충족요인

| 구분 | 위생요인(불만요인) | 동기요인(만족요인) |
|---|---|---|
| 성격 | 근무환경요인 또는 직무맥락 (물리적·환경적·대인적 요인) | 직무요인(사람과 직무와의 관계) |
| 예 | 정책과 관리, 임금, 지위, 안전, 감독, 기술, 작업조건, 조직의 방침과 관행, 개인 상호 간의 관계(감독자와 부하, 동료 상호 간의 관계) 등 | 성취감(자아계발), 책임감, 인정감, 안정감, 승진, 직무 그 자체에 대한 보람, 직무충실, 성장 및 발전 등 |

## 24 목표관리 정답 ③

MBO는 구성원의 참여를 통해 조직전체의 목표를 설정하고 그 목표달성을 평가하는 조직관리기법으로 참여와 환류를 강조한다.

**오답노트**

① 단기적·가시적·미시적 관점의 목표를 중시한다.
② 목표달성을 평가하지만 기대효과는 평가하지 않는다.
④ 교통편의성은 질적인 것으로, MBO는 질적 목표보다는 양적 목표를 추구한다.

관료제는 안정된 환경을 전제로 하는 조직이므로 변화에 저항한다.

오답노트

① 전문화로 인한 무능은 지나친 분업에 의한 전문화는 시야가 좁아질 수 있다는 관료제의 병리현상이다.
② 개인적 감정과 편견을 제거한 비개인화를 추구한다.
③ 법규에 의한 지배, 합법성, 법 앞의 평등을 강조한다.

## 26 책임운영기관 정답 ③

행정안전부장관은 대통령령으로 책임운영기관을 설치할 수 있다.

오답노트

① 정부기능 중 정책결정기능과 집행적·사업적 성격의 기능을 분리하여 집행기능을 책임운영기관이 전담하게 한다.
② 책임운영기관은 인사, 조직, 예산 등에 있어서 기관장에게 융통성을 부여하는 대신에 그 운영성과에 대해서 책임을 지도록 한다.
④ 수익자부담주의, 기업회계방식 등 민간경영방식이 정부 내부로 흡수된 내부시장화된 조직이다.

## 27 조직구조의 결정요인 정답 ②

환경의 격동성이 크면 분권화이다.

### 🔍 더 알아보기

조직구조의 기본변수와 상황변수의 관계

| 상황<br>변수<br><br>기본<br>변수 | 규모 | | 기술 | | 환경 | |
|---|---|---|---|---|---|---|
| | 대규모 | 소규모 | 일상적 | 비일상적 | 확실·<br>안정 | 불확실·<br>불안정 |
| 복잡성 | ↑ | ↓ | ↓ | ↑ | ↑ | ↓ |
| 공식성 | ↑ | ↓ | ↑ | ↓ | ↑ | ↓ |
| 집권성 | ↓ | ↑ | ↑ | ↓ | ↑ | ↓ |

## 28 조직구조의 원리 정답 ②

규칙과 계획은 수직적 조정기제이다.

### 🔍 더 알아보기

수직적 조정기제와 수평적 조정기제

| 수직적 조정기제 | 수평적 조정기제 |
|---|---|
| • 계층제: 수직연결 장치의 기초는 계층, 명령체계이다.<br>• 규칙과 계획: 반복적인 문제와 의사결정에 대해서는 규칙과 절차를 마련하여 상위계층과 직접적인 의사소통 없이도 부하들이 대응할 수 있게 해준다.<br>• 계층직위의 추가: 조직이 처리할 문제와 의사결정이 많아지면 계층제와 규칙과 계획의 장치로는 관리자에게 과도한 업무 부담을 주게 된다. 이 경우 수직적 계층에 직위를 추가함으로써 상관의 통솔범위를 줄이고 밀접한 의사소통과 통제를 가능하게 한다. | • 정보시스템: 부서 간에 정보를 공유할 수 있는 통합정보시스템을 통해 조직 전체의 구성원들은 정규적으로 정보를 교환할 수 있다.<br>• 직접접촉: 한 단계 높은 수평연결 장치는 조직문제에 관계된 관리자와 직원이 직접 접촉하는 방식이다.<br>• 임시작업단: 임시작업단(TF: Task Force)은 특정 문제에 관련된 각 부서들의 대표로 구성된 임시위원회로서 일시적 문제에 대한 부서 간의 직접조정에 효과적이다. |

## 29 탈관료제 정답 ④

학습조직은 조직학습을 통하여 정보를 공유하고 공동체문화를 지향한다.

오답노트

① 학습조직은 개인 능력보다는 조직학습을 통한 조직 능력의 제고에 초점을 맞춘다.
② 학습조직은 부서 간의 경계를 타파하고 협력을 유도해나가는 유기적 구조이다.
③ 학습조직에서는 리더의 역할이 중요하며 특히 비전을 제시하고 구성원들이 이를 공유하도록 유도하는 사려 깊은 리더십이 중요하다.

## 30 동기이론 정답 ②

맥클리랜드의 성취욕구이론에서는 개인의 행동을 동기화시키는 잠재력을 지니고 있는 욕구는 학습되는 것이므로 개인마다 욕구의 계층에 차이가 있다.

오답노트

① 자신의 투입에 대한 산출의 비율보다 비교대상의 투입에 대한 산출의 비율이 높거나 작다고 지각하면 이에 따른 긴장을 해소하기 위한 방향으로 동기가 유발된다는 이론은 아담스(Adams)의 형평성(공정성)이론이다.
③ 앨더퍼는 매슬로우의 욕구 5단계설을 3단계로 통합하여 제시하였으며, 매슬로우의 사회적 욕구(애정욕구)는 관계욕구(Relatedness needs)에 해당한다.

④ 책임감 및 인정감은 동기요인에 해당하나 정책과 행정, 업무조건 등은 위생요인(불만요인)에 해당한다.

## 31 직위분류제와 계급제　　　　　정답 ①

직위분류제하에서 보수체계는 직무평가를 통해 직무급 보수체계가 확립된다.

오답노트

② 직류는 동일한 직렬 내에서 담당 분야가 동일한 직무의 군을 말한다.
③ 계급제는 일반행정가를 양성하는 데 유리한 반면 직위분류제는 전문행정가를 양성하는 데 유리하다.
④ 직위분류제는 인사행정에 합리적 기준을 제시하나 융통성이 없고 계급제는 융통성이 있으나 비합리적이다.

## 32 인사행정제도의 발달　　　　　정답 ②

대표관료제는 임용의 기준이 집단에의 할당임용이므로 개인의 능력 중심의 자유주의나 개인주의를 저해한다는 비판이 있다.

오답노트

① 임용 이후의 재사회화 가능성을 고려하지 못한다는 비판을 받는다.
③ 국민전체에 대한 봉사자가 아니라 출신계층에 대한 봉사자로서의 성격이 정치적 중립을 저해한다.
④ 공직구성의 다양화를 추구한다.

## 33 직위분류제와 계급제　　　　　정답 ④

직무의 종류와 성질은 상이하나 곤란성·책임도가 유사하여 동일 보수를 줄 수 있는 여러 직급의 계층은 등급이다.

> **🔍 더 알아보기**
>
> **직위분류제의 요소**
>
> | | |
> |---|---|
> | 직위 | 1인의 공무원에게 부여할 수 있는 직무와 책임, 직위분류의 최소단위 |
> | 직급 | 직무의 종류와 책임도·곤란도가 상당히 유사한 직위의 군(群) |
> | 직렬 | 직무의 종류는 유사하나 책임도·곤란도가 상이한 직급의 군(群) |
> | 직류 | 동일한 직렬 내에서 담당분야가 동일한 직무의 군(群) |
> | 직군 | 직무의 종류가 유사한 직렬의 군(群), 직위분류의 가장 큰 단위 |
> | 등급 | 직무의 종류는 상이하나, 직무의 책임도·곤란도가 유사하여 동일한 보수를 줄 수 있는 모든 직위의 집합 |

## 34 공무원 부패　　　　　정답 ②

내부고발은 기명(= 실명)으로 이루어져야 한다.

오답노트

① 기능주의는 부패가 경제발전에 순기능적 측면도 있다고 보는 관점으로 경제가 발전하면 부패의 필요성이 없어지므로 소멸한다고 본다.
③ 과도한 선물수수처럼 일부의 사회구성원은 처벌을 원하고 일부의 사회구성원은 처벌을 원하지 않는 부패를 회색부패라 한다.
④ 소극적 측면의 공직윤리는 부정부패를 방지하는 것이고, 적극적 측면의 공직윤리는 바람직한 행정인상을 정립하는 것이므로 부패 척결은 소극적 측면의 공직윤리를 확보하는 방안이다.

## 35 배치전환　　　　　정답 ④

전입은 인사관할을 달리하는 기관 간에 공무원을 이동시켜 받아들이는 것으로 원칙적으로 전입시험을 치러야 한다.

> **🔍 더 알아보기**
>
> **배치전환**
>
> • 전직: 직급은 동일하나 직렬을 달리하는 직위로 수평적으로 이동하는 것이고, 직렬이 달라지기 때문에 원칙적으로 전직시험을 거쳐야 한다.
> • 전보: 직무의 내용이나 책임이 유사한 동일한 직급·직렬 내에서 직위만 변동되는 보직변경으로서 전보에 따르는 시험이 필요 없다.
> • 전입: 다른 인사관할의 기관 간 인사이동으로 시험이 필요하다는 것이 원칙이다. 국회, 행정부, 법원 간의 인사이동을 말한다.

## 36 직위분류제와 계급제　　　　　정답 ③

계급제는 강한 신분보장을, 직위분류제는 약한 신분보장을 전제로 하는 제도이다.

오답노트

① 계급제는 인적자원 활용의 수평적 융통성은 높으나, 계급이 사회출신 성분과 교육제도상 계층과 연관되어 있어 계급 간 승진이나 이동이 용이하지 않아 수직적 융통성은 낮은 편이다.
② 계급제가 장기적 인력계획이 가능하고 직위분류제가 단기적 계획이다.
④ 가장 강한 신분보장이 되는 계급제가 공직사회의 안정성과 유대의식이란 관점에서는 능률적이다.

## 37 인사행정제도의 발달     정답 ③

실적주의는 공무원단체(공무원 노동조합)가 공무원의 신분보장을 지나치게 강조하여 선임 위주의 인사원칙을 내세워 실적주의 인사원칙을 저해할 가능성이 있다고 여겨 일반적으로 공무원단체를 인정하지 않았다. 적극적 인사행정은 공무원단체 활동을 허용한다.

오답노트

① 적극적 인사행정은 실적주의의 소극적 모집방식에서 벗어나 공직에 유능한 인재를 채용하기 위해서 다양한 방식과 고객지향적인 모집 방식을 고려하는 것과 관련된다.
② 중앙인사기관의 집권적인 인사행정체제에서 행정수요에 부응할 수 있도록 인사권의 하위기관에 권한을 나누어주어야 한다.
④ 정책추진력의 확보를 위해서 정치적 임용을 일정부분 허용한다.

## 38 근무성적평정     정답 ②

도표식평정척도법은 근무실적·직무수행능력·직무수행태도 등의 평가요소를 미리 선정하여 놓고 요소별로 근무실적을 숫자나 문자로 표시하여 평정점수를 환산하는 방법이다. 이러한 도표식평정척도법은 연쇄효과, 집중화 경향, 관대화 경향이 나타나기 쉬운 단점을 지니고 있다.

🔍 더 알아보기

도표식평정척도법의 장단점

| 장점 | 단점 |
| --- | --- |
| • 평정표 작성과 평정이 용이하다.<br>• 평정의 결과가 점수로 환산되기 때문에 평정대상자에 대한 상대적 비교를 확실히 할 수 있어 상벌 결정의 목적으로 사용하는 데 효과적이다. | • 평정요소의 합리적 선정이 어렵고, 평정요소에 대한 등급을 정한 기준이 모호하며 자의적 해석에 의한 평가가 이루어지기 쉽다.<br>• 연쇄효과, 집중화 경향, 관대화 경향 등의 오류가 일어날 수 있다. |

## 39 예산제도의 기능과 발달     정답 ①

불황 시 고용을 확대하기 위해 도입된 예산제도가 스웨덴의 자본예산제도이다.

오답노트

② 자본예산은 경상지출과 자본지출을 구분함으로써, 자본지출에 대한 특별한 사정과 분석을 가능하게 한다.
③ 유효수요를 창출하여 경기를 회복하는 효과가 있다.
④ 자본예산은 적자예산편성에 치중하여 인플레이션을 유발하는 단점이 있다.

## 40 예산심의와 행정학 전반     정답 ④

공기업예산은 이사회의 의결로 확정된다.

오답노트

① 책임운영기관 특별회계는 정부기업예산법을 적용받는다. 따라서 국회의 의결을 요한다.
② 명시이월은 예산편성과정에서 세출예산 중 연도 내에 그 지출을 필하지 못할 것이 예측될 때에는 미리 국회의 승인을 얻어서 다음 연도에 사용할 수 있게 한 것이다.
③ 국고채무부담행위는 정부가 무책임하게 채무부담행위(지출원인행위)를 남발하는 것을 방지하기 위하여 행위 시 국회의 의결을 얻도록 하고 지출 시는 다시 국회의 의결을 얻도록 하는 제도이다.

## 41 예산집행     정답 ④

이체는 기획재정부장관이 하는 것이지만 국회의 승인이 없어도 할 수 있다.

오답노트

② 명시이월은 재이월이 가능하지만 사고이월은 재이월이 불가능하다.

## 42 예산종류     정답 ②

추경예산은 재정의 건전성을 확보하기 위하여 「국가재정법」이 편성 사유를 제한하고 있다.

오답노트

① 예산안이 제출된 이후 국회의결 이전에 기존안의 일부를 수정해 제출하는 예산은 수정예산이다.
③ 편성횟수에 제한은 없다.
④ 국회에서 예산이 확정되기 전에 정부가 예산을 미리 배정하거나 집행할 수는 없다.

🔍 더 알아보기

추가경정예산안의 편성(「국가재정법」 제89조)
정부는 다음의 어느 하나에 해당하게 되어 이미 확정된 예산에 변경을 가할 필요가 있는 경우에는 추가경정예산안을 편성할 수 있다.
1. 전쟁이나 대규모 자연재해가 발생한 경우
2. 경기침체·대량실업·남북관계의 변화·경제협력과 같은 대내외 여건에 중대한 변화가 발생하였거나 발생할 우려가 있는 경우
3. 법령에 따라 국가가 지급하여야 하는 지출이 발생하거나 증가하는 경우

## 43 예산 및 회계관계법률　　　　　　　정답 ①

「국가회계법」 제3조에 따르면 국가회계법은 일반회계 및 특별회계, 기금에 대하여 적용한다. 즉, 기금은 별도의 규정에 따르는 것이 아니라 기금도 국가회계법이 적용된다.

오답노트

② 국가재정법 제13조에 따르면 회계·기금 간 여유재원의 전입·전출을 인정한다.
③ 국가회계법 제11조에 따르면 국가의 재정활동에서 발생하는 경제적 거래 등을 발생사실에 따라 복식부기 방식으로 회계처리한다.
④ 국가재정법 제8조에 성과중심의 재정운용이 규정되어 있다.

## 44 예산과정　　　　　　　정답 ④

기금운용계획안은 예산은 아니지만 국회의 심의, 의결절차를 거쳐야 한다.

오답노트

① 회계연도 개시 120일 전까지 예산안을 국회에 제출하여야 한다.
② 국회에 제출되는 예산안은 일반회계와 특별회계를 의미하며, 공기업의 예산은 공기업 이사회가 심의, 의결한다.
③ 국회가 회계연도 개시될 때까지 다음 연도의 예산을 확정하지 못하면, 정부는 준예산을 편성하여 집행한다.

## 45 전자정부론　　　　　　　정답 ③

2.0 전자정부는 무선모바일 중심의 전자정부로서 양방향 정보제공을 중시하는 시민중심의 전자정부를 말한다.

---

### ♀ 더 알아보기

전자정부의 변천 패러다임

| 구분 | 1995~2000년 | 2005~2010년 | 2015~2020년 |
|---|---|---|---|
| | Government 1.0 | Government 2.0 | Government 3.0 (u-Government) |
| | 유선인터넷 기반 전자정부 | 무선 모바일기반 전자정부 | 유무선 모바일 통합전자 정부 |
| 접근성 | 정부 중심 | 시민 중심 | 개인 중심 |
| | First stop shop (단일 접속창구) | One stop shop (정부서비스 중개 기관을 통해서도 접속) | My Government |
| 서비스 | • 일방향 정보제공<br>• 제한적 정보제공<br>• 서비스의 시공간 제약<br>• 공급 위주 서비스<br>• 서비스의 전자화 | • 양방향 정보제공<br>• 정보 공개 확대<br>• 모바일 서비스<br>• One stop service | • 개인별 맞춤정보 제공<br>• 실시간 정보공개<br>• 중단없는 서비스<br>• 서비스의 지능화 |

## 46 전자정부론　　　　　　　정답 ②

정보의 독점으로 감시가 강화되는 전자 전제주의(Telefascism)를 의미하는 용어는 전자 팬옵티콘이다.

오답노트

① A. Toffler는 지식정보화시대 공동체의 올바른 질서를 모자이크 민주주의라고 표현하였다.
③ 정보격차는 정보를 가진 자와 그렇지 못한 자 간의 정보격차(디지털 디바이드)이다.
④ 정보격차를 해소하는 정책을 보편적 정책이라 한다.

## 47 행정책임과 통제　　　　　　　정답 ③

옴부즈만은 공무원의 위법·부당한 행위로 말미암아 권리의 침해를 받은 시민이 제기하는 민원·불평을 조사하여 관계기관에 시정을 권고함으로써 시민의 권리를 구제하는 제도이다. 이러한 옴부즈만제도는 스웨덴에서 처음 채택이 되었으며, 입법부에 소속된 공무원이지만 입법부로부터 독립된 지위와 권한을 가지고 조사활동을 벌이기 때문에 당파성이나 정치성이 없는 조사직이다. 또한, 옴부즈만은 행정행위의 합법성뿐만 아니라 합목적성의 문제에 관해서도 시민의 불평을 조사·처리할 수 있다.

**스웨덴의 옴부즈만과 우리나라의 국민권익위원회**

• 차이점

| 구분 | 스웨덴의 옴부즈만 | 우리나라의 국민권익위원회 |
|---|---|---|
| 조직 소속 | 의회 소속 | 행정부 소속(국무총리 소속) |
| 통제 유형 | 외부통제 | 내부통제 |
| 직무상 독립성 | 있음 | 합의제 방식으로 독립성을 가지지만 미흡 |
| 법적 근거 | 「헌법」상 기관(「헌법」에 설치하도록 규정됨) | 법률상 기관(「부패방지 및 국민권익위원회 설치·운영에 관한 법률」) |
| 조사 방식 | 원칙인 신청에 의한 조사도 가능하고, 예외적인 직권조사도 가능 | 원칙인 신청에 의한 조사만 가능하고, 예외적인 직권조사는 인정 안 됨 |

• 유사점

| 통제 방식 | • 공식적 통제 |
|---|---|
| 조사 사항 | • 위법(합법성 심사)한 사항 + 부당(합목적성 심사)한 사항 |
| 조사 결과의 처리 | • 법원에 의한 것보다는 신속하고 저렴한 비용으로 처리할 수 있음<br>• 직접적 통제권은 없고 간접적 통제권만 지님 → 이빨 없는 감시견(Watchdog without teeth: toothless watchdog)<br>• 시정·개선조치의 권고나 요구만 가능 → 직접 시정·개선조치를 하지 못함(취소·무효권 없음) |

## 48 전자정부     정답 ③

전자정부는 정보기술을 활용하여 행정활동의 모든 과정을 혁신시킴으로써 행정업무를 효율적으로 처리하고, 정부의 고객인 국민에 대하여 질 높은 행정서비스를 제공하는 지식정보사회형 정부를 말한다. 이러한 전자정부는 행정의 투명성과 민주성의 확보는 물론 정보기술을 활용함으로써 신속한 서비스를 제공할 수 있을 뿐만 아니라 행정개혁을 통해 비능률을 제거함으로써 행정의 능률을 향상시킬 수 있다. 따라서 전자정부는 행정의 민주성과 능률성을 조화시킬 수 있다.

## 49 지방행정론     정답 ②

우리나라 지방자치단체는 법인격을 갖는 공법인이다.

오답노트

① 시·도를 달리하는 시·군·구 간의 자치단체 조합의 설치는 지방의회 의결을 거쳐 행정안전부장관의 승인을 받아야 한다.
③ 조세법률주의상 법률이 정하는 바에 따라 지방세를 부과·징수할 수 있다.
④ 중앙행정기관장과 지방자치단체의 장이 의견을 달리하는 사무처리의 조정을 위해 국무총리 소속하에 행정협의조정위원회를 둔다.

## 50 지방자치단체 자치권     정답 ③

중앙정부가 정해주는 총액인건비 범위 안에서 조직과 정원관리가 자율적으로 이루어지는 기준인건비제도로 지방정부는 인건비 범위 내에서 정원, 기구설치, 직급 등에서 자율성을 가지게 되었다.

오답노트

① 우리나라는 자치단체에 자치사법권이 부여되어 있지 않다.
② 조세법정주의에 의해 조례로 지방세목을 설치할 수 없다.
④ 지방자치단체 기관구성은 기관대립형이다.

**ejob.Hackers.com**

취업강의 1위, **해커스잡**

| 01 | 02 | 03 | 04 | 05 | 06 | 07 | 08 | 09 | 10 |
| --- | --- | --- | --- | --- | --- | --- | --- | --- | --- |
| ③ | ④ | ③ | ① | ④ | ① | ② | ④ | ③ | ① |
| 11 | 12 | 13 | 14 | 15 | 16 | 17 | 18 | 19 | 20 |
| ① | ① | ① | ④ | ③ | ③ | ④ | ④ | ① | ④ |
| 21 | 22 | 23 | 24 | 25 | 26 | 27 | 28 | 29 | 30 |
| ① | ② | ② | ④ | ② | ④ | ① | ③ | ④ | ② |
| 31 | 32 | 33 | 34 | 35 | 36 | 37 | 38 | 39 | 40 |
| ① | ② | ③ | ② | ④ | ③ | ④ | ② | ④ | ③ |
| 41 | 42 | 43 | 44 | 45 | 46 | 47 | 48 | 49 | 50 |
| ② | ③ | ④ | ③ | ④ | ③ | ④ | ① | ① | ① |

## 01 행정과 경영     정답 ③

오늘날 공사행정의 구별은 절대적·질적 차이가 아니라, 상대적·양적 차이에 근거한다고 본다. 따라서 행정과 경영의 구별이 상대화되고 있다.

[오답노트]

① 법치행정의 원리의 측면에서, 행정은 경영보다 엄격한 법적 규제를 받는다.
② 최근에는 양자의 구별이 상대화된 Governance론이 대두되고 있다.
④ 공동 목표를 달성하기 위한 협동적인 인간의 합리적 집단행동이라는 점에서, 행정과 경영은 동일하다.

## 02 민영화     정답 ④

민영화의 폐단으로 행정의 책임성·형평성·안정성 약화 등이 있다. 민간은 유한책임을 기본으로 하기 때문에 정부가 직접 또는 공기업으로 공급할 때보다 책임성이 약화된다.

[오답노트]

① 전자 바우처(카드형태)는 바우처 사용의 실시간 모니터링으로 바우처 관리의 투명성을 확보한다.
② 공공서비스가 기술적으로 복잡한 경우 이용되는 민영화 방식은 보조금 방식이다.
③ 자조활동은 주민 스스로가 이웃끼리 서비스를 계획하고 생산, 소비하는 자급자족 활동이다.

## 03 시장실패     정답 ③

치안서비스는 대표적인 공공재로서 경합성도 띠지 않고 배제도 불가능하므로, 비배제성과 비경합성을 띤다.

[오답노트]

① 공공재는 비경합성과 비배제성의 특징 때문에 무임승차의 문제를 야기시켜 시장실패를 가져오므로 공공부문(정부)이 공급해야 할 서비스이다.
② 공유재는 비배제성으로 인하여 대가를 지불하지 않더라도 배제가 불가능하며, 경합성을 가지는 영역이다.
④ 가치재는 기본적으로 민간재이지만 일정 수준 소비하는 것이 바람직하기 때문에 정부가 개입하는 경우도 있다.

## 04 정부규제     정답 ①

ㄱ. 환경규제는 비용이 집중되고 편익이 분산되어 운동가적 정치가 된다. 그러나, 반대로 환경규제를 완화하는 정책의 경우는 규제 완화로 다수 국민은 피해를 보므로 비용(손실, 피해)은 분산되고, 소수 오염업체는 이득을 보므로 편익이 좁게 집중되는 고객정치 상황이 된다.
ㄴ. 편익은 다수에게 분산되고 비용은 소수에게 집중되는 기업가의 정치모형에 대한 옳은 설명이다.

[오답노트]

ㄷ. 비용과 편익이 모두 소수에게 집중되는 이익집단정치에 해당한다.
ㄹ. 환경오염규제는 이익집단정치가 아니라 기업가적 정치(운동가적 정치)에 해당한다.

## 05 행정이념의 유형 정답 ④

정의의 제1원리인 기본적 자유의 평등원리란 개개인의 권리는 다른 사람의 자유를 침해하지 않는 범위 안에서 최대한의 기본적 자유가 보장되어야 한다는 원리이다.

오답노트

① 사이먼은 목표에 비추어 적합한 행동이 선택되는 정도가 실질적 합리성이고, 이성적 사유과정의 합리성을 절차적 합리성이라고 하였다.
② 대표관료제는 약자에게 더 많은 공직임용기회를 부여함으로써 수직적 형평성을 확보한다.
③ 롤스의 정의론은 자유를 강조하는 보수와 평등을 강조하는 진보의 중도적 시각의 정의관이다.


## 06 행정학의 발달과정 정답 ①

공직분류에 있어서 계급제가 아니라 직위분류제의 확립에 이론적 기초를 제시하였다.


## 07 행정학의 발달과정 정답 ②

생태론은 후진국의 행정현상을 설명하는 데 크게 기여했으며, 행정의 보편적 이론보다는 중범위 이론의 구축에 자극을 주어 행정학의 과학화에 기여하였다.

오답노트

① 행태론은 관찰할 수 없는 내면적 가치현상을 연구대상에서 배제시켰다.
③ 과학적 관리론이 추구하는 행정이념은 능률성이다.
④ 공공선택론은 공공부문에 경제적인 연구방법을 적용한 비시장적 의사결정에 관한 경제학적 연구이다.


## 08 행정학의 발달과정 정답 ④

사회학적 신제도주의의 접근법은 귀납적 접근법이 사용된다.

오답노트

① 역사적 신제도주의는 제도가 역사적 경로에 의존한다고 보았다.
② 역사적 신제도주의는 선호를 내생적으로 보며, 방법론상 총체주의(전체주의)를 택한다.
③ 사회학적 신제도주의에서 조직변화는 합리성이나 효율성 증진과는 무관하며, 조직을 사회적 정당성과 더 유사해지도록 하는 과정, 즉 동형화(Isomorphism)의 결과로 나타난다고 본다.


## 09 행정학의 발달과정 정답 ③

행태론은 행정인이 사회문제를 해결하는 데 자신의 지식을 적극적으로 활용해야 한다는 행정학의 적실성을 인지하지 못하였다.

오답노트

① 행태주의는 정치와 행정현상에서 개별국가의 특수성을 인정하지 않고 보편성과 객관성을 강조하는 일반법칙을 정립하고자 하는 이론이다.
② 행태론은 논리실증주의를 철학으로 하기 때문에 자연과학의 방법론과 사회과학의 방법론은 동일하다고 보면서 사회과학에도 엄밀한 과학적 연구가 가능하다고 본다.
④ 행태론은 가치와 사실을 이분법적으로 구별하고 가치영역을 연구대상에서 제외한 가치중립이다.


## 10 시장실패 정답 ①

공공재의 존재는 정부규제가 아니라 공적 공급으로 대응하는 것이 타당하다.

> 🔍 **더 알아보기**
>
> 시장실패와 정부의 대응 방식(이종수 외 공저, 『새 행정학』)
>
> | 구분 | 공적 공급<br>(조직) | 공적 유도<br>(보조금) | 정부규제<br>(권위) |
> | --- | :---: | :---: | :---: |
> | 공공재의 존재 | O | | |
> | 외부효과의 발생 | | O | O |
> | 자연독점 | O | | O |
> | 불완전경쟁 | | | O |
> | 정보의 비대칭성 | | O | O |


## 11 행정학의 발달과정 정답 ①

뉴거버넌스(신국정관리론)가 아니라 신공공관리론에 대한 설명이다. 뉴거버넌스는 정치·행정일원론적 성격이 강하고, 시장논리에 입각하여 결과나 효율성만을 중시하는 신공공관리론에 비판적인 입장이다.

오답노트

② 뉴거버넌스(신국정관리론)는 정부에 의한 독점적 공급보다는 민관 협력적 네트워크를 기반으로 한다.
③ 분석단위에 있어서 신공공관리론은 조직 내부의 문제를 중시하지만 뉴거버넌스는 조직 간 관계(네트워크)에 중점을 둔다.
④ 뉴거버넌스는 국민을 국정의 객체(고객)가 아닌 주체(시민)로 인식한다.

## 12  행정과 경영

정답 ①

행정은 모든 국민에게 법 앞에 평등원칙이 지배하지만 경영은 고객에 따라 대우를 달리할 수 있다.

오답노트

② 행정학 성립초기와 행태론의 정치행정이원론에 대한 설명으로 맞는 지문이다.

③ 행정과 경영의 차이점이며 행정은 경영보다 엄격한 법적 규제를 받는다.

④ 목표달성을 위한 협동행위라는 점에서 행정과 경영은 유사하다.


## 13  정책결정의 이론 모형

정답 ①

ㄱ. 점증모형은 타협과 조정을 통한 동의와 합의를 중시한다.

ㄷ. 회사모형은 SOP의 발견과 그 활용이 궁극적 목표이다.

오답노트

ㄴ. 만족모형은 모든 대안이 아니라 몇 개의 대안만 순차적으로 검토 후 만족수준에서 선택한다.

ㄹ. 사이버네틱스모형은 적응적·습관적 결정이고 쓰레기통모형이 조직화된 무질서 상태의 모형이다.


## 14  합리적 정책결정과정의 단계

정답 ④

집단토론의 한 방법인 명목집단 기법은 '대안제시 → 제한된 토론 → 찬반표결'로 의사결정을 한다.

오답노트

① 델파이 기법은 미래 예측을 위해 관련 분야의 전문가들을 활용하는 방법이다.

② 브레인스토밍은 여러 사람에게 하나의 주제에 대해 아이디어를 제시하도록 해 예측하는 방법이다.

③ 지명반론자 기법은 작위적으로 특정 조직원들 또는 집단을 반론을 제기하는 집단으로 지정해 반론자 역할을 부여하고 이들이 제기하는 반론과 이에 대한 제안자의 옹호 과정을 통해 의사결정을 유도하는 기법이다.


## 15  정책결정의 이론 모형

정답 ③

쓰레기통모형은 조직화된 무정부 상태 하에서의 의사결정형태를 설명하기 위한 모형이다. 조직화된 무정부 상태는 의사결정의 여건적 상황으로, 3가지 전제조건인 ㉠ 문제성 있는 선호, ㉡ 불명확한 기술, ㉢ 유동적 참여자로 구성된다. 여기서 문제성 있는 선호란 의사결정에 참여하는 사람들은 무엇이 바람직한 것인가에 대해서 합의된 바가 없고, 개인의 차원에서도 무엇이 좋은 것인가를 모르면서 참여한다는 것이다.

오답노트

①, ② 쓰레기통 모형은 조직화된 무질서 상태에서 응집성이 매우 약한 조직이 어떤 의사결정형태를 나타내는가에 분석 초점을 둔 Cohen, March, Olsen 등이 제시한 모형으로서, 대학을 그 예로 들고 있다.

④ 조직화된 무정부 상태의 조건 중 불명확한 기술은 대안과 결과 간의 인과관계에 관한 지식과 기술이 불분명하다는 것으로, 목표를 달성하기 위한 수단을 알지 못한다는 것을 의미한다.


## 16  정책의제설정의 이론적 근거

정답 ③

ㄱ. F. Hunter의 명성접근법과 C. W. Mills의 지위접근법은 엘리트론의 논거이다.

ㄷ. 공공이익집단론은 특수이익보다는 공익에 가까운 주장을 하는 이익집단의 이익이 정책에 반영된다는 이론이다.

ㄹ. 신다원주의는 이익집단 중 기업가 집단의 특권적 지위가 현실 정책에서 나타나고 있음을 주장하며, 자본주의 국가에서는 기업 집단에 특권을 부여할 수밖에 없다고 말한다. 즉, 정부의 능동적·전문적 지위로 인한 정경유착의 가능성을 인정한다.

오답노트

ㄴ. 이슈네트워크 모형은 구성원 간 관계가 경쟁적·갈등적이며, 매우 유동적·일시적인 불안정한 관계망이다.


## 17  정책유형에 따른 정책결정자와 진행자의 관계

정답 ④

나카무라와 스몰우드는 정책집행의 유형을 정책결정자와 정책집행자 간의 관계를 중심으로 하여 고전적 기술자형, 지시적 위임자형, 협상자형, 재량적 실험가형, 관료적 기업가형으로 분류하였다. 이 중 관료적 기업가형이 정책집행자가 정책결정자의 권한을 빼앗아 강력한 권한을 갖고 정책과정의 전체를 지배하는 유형이다.

국무총리의 재평가는 임의사항이지 의무사항은 아니다. 즉, 실시하여야 한다가 아니라 실시할 수 있다는 것이다.

**오답노트**

② 지방자치단체 또는 그 장이 위임받아 처리하는 국가사무, 국고보조사업 그 밖에 대통령령이 정하는 국가의 주요시책 등에 대하여 국정의 효율적인 수행을 위하여 평가가 필요한 경우에는 행정안전부장관이 관계중앙행정기관의 장과 합동으로 평가를 실시할 수 있다.
③ 국무총리는 2 이상의 중앙행정기관 관련 시책, 주요 현안시책, 혁신관리 및 대통령령이 정하는 대상부문에 대하여 특정평가를 실시한다.
④ 공공기관에 대한 평가는 공공기관의 특수성·전문성을 고려하고 평가의 객관성 및 공정성을 확보하기 위하여 공공기관 외부의 기관이 실시하여야 한다.

**20  정책결정의 이론 모형**                              정답 ④

Dror는 최적모형은 합리성뿐만 아니라 자원이나 시간의 제약, 불확실한 상황, 선례가 없는 경우에는 정책결정자의 직관, 영감, 주관적 판단, 통찰력과 같은 초합리적 요인이 정책결정에 도움을 준다고 주장하였다.

**21  동기부여**                              정답 ①

허즈버그의 욕구충족요인 이원론은 조직구성원에게 불만을 주는 요인(불만요인)과 만족을 주는 요인(동기요인)은 상호독립되어 있다는 것을 제시한 이론이다. 허즈버그는 불만요인이 충족된다는 것은 불만족이 없는 상태이지 동기가 유발되는 것은 아니라고 한다.

**오답노트**

② 앨더퍼의 ERG 이론은 매슬로우의 5단계 욕구계층설을 수정하여 인간의 욕구를 존재, 관계, 성장의 3단계로 제시하였다.
③ 매슬로우는 욕구의 5단계를 생리적 욕구부터 – 안전욕구 – 사회적 욕구 – 존경욕구 – 자아실현욕구로 제시하였다.
④ 맥클리랜드는 인간의 동기를 상위 욕구만을 중심으로 권력욕구, 친교욕구, 성취욕구로 분류하고 개인의 행동을 동기화시키는 욕구는 개인이 사회문화와 상호작용하는 과정에서 취득되고 학습되는 것이므로 개인마다 그 계층에 있어서 차이가 있다고 주장하였다.

**22  동기부여**                              정답 ②

자기의 노력과 그 결과로 얻어지는 보상을 준거인물과 비교하여 불평등하다고 인식할 때 동기가 유발된다고 주장한 학자는 아담스(J. Adams)이다.

---



나카무라와 스몰우드의 정책집행 유형

| 구분 | 정책결정자의 역할 | 정책집행자의 역할 |
|---|---|---|
| 고전적 기술자형 | • 구체적인 목표 설정<br>• 정책집행자에게 기술적인 권한을 위임 | 정책결정자의 목표를 지지하고 그 목표를 달성하기 위한 기술적 수단을 강구 |
| 지시적 위임자형 | • 구체적인 목표를 설정<br>• 정책집행자에게 행정적 권한을 위임 | 정책결정자의 목표를 지지하며 목표달성을 위해 집행자 상호 간에 행정적 수단에 관하여 교섭을 벌임 |
| 협상자형 | • 목표를 설정<br>• 집행자와 목표 또는 목표달성을 위한 수단에 관하여 협상 | 목표달성에 필요한 수단에 관하여 정책결정자와 협상을 벌임 |
| 재량적 실험가형 | • 추상적 목표를 지지<br>• 집행자가 목표달성 수단을 구체화시킬 수 있도록 광범위한 재량권을 위임 | 정책결정자를 위해 목표와 수단을 명백히 함(재정의) |
| 관료적 기업가형 | • 집행자가 설정한 목표와 목표달성 수단을 지지 | 목표와 그 목표달성을 위한 수단을 형성시키고 정책결정자로 하여금 그 목표를 받아들이도록 설득 |

**18  정책결정의 이론 모형**                              정답 ④

만족모형에서 가정하는 의사결정자는 행정인이고, 합리모형에서 가정하는 의사결정자는 경제인이다. 만족모형이 가정하는 인간은 행정인으로서 경제인과 달리 인지능력의 한계, 상황의 불확실성이나 불충분한 정보 등으로 인하여 대안의 결과를 정확하게 예측하지 못한다고 가정한다.

**오답노트**

① 점증주의는 현실적이고 실증적인 모형이다.
② 목표가 반드시 사전에 존재하는 것으로 전제하지 않으며 일정한 중요 변수의 유지를 위한 끊임없는 적응에 초점을 둔 사이버네틱스 모형은 적응적 의사결정(습관적 의사결정)모형이다.
③ 최적모형은 정책이 경제적 합리성과 정치적 합리성의 양자택일 문제가 아니라고 보고, 합리적 요인과 초합리적 요인을 동시에 다루므로 양적인 동시에 질적인 모형(이종수 외)이라고 할 수 있다.

## 23 거시조직이론 정답 ②

ㄱ. 거래비용이론, ㄹ. 조직군 생태학이론, ㅁ. 상황이론은 조직이 환경에 의해 좌우된다는 결정론에 해당한다.

오답노트

ㄴ. 자원의존이론, ㄷ. 전략적 선택이론, ㅂ. 공동체 생태학이론은 조직에 유리하게끔 환경을 바꿀 수 있다는 자발론에 해당한다.


## 24 관료제 이론 정답 ④

피터의 원리란 계층제적 관료제 조직에서 관료들이 자기의 능력을 넘는 수준까지 승진하는 현상을 말한다. 관료제 조직의 구성원들이 주어진 일정한 업무를 매일 반복적·기계적으로 처리하기 때문에 무감정화, 권태감, 시야협소화, 기계의 부속품화가 되어 인간으로서의 인격을 상실하게 되는 현상은 인간성의 상실이다.

오답노트

① 동조과잉이란 관료가 목표달성을 위한 수단인 규칙·절차에 지나치게 영합·동조하는 경향을 보이는 것으로, 이는 목표전환 현상을 초래할 수 있으며(Merton) 부하를 통제하기 위한 규칙이 통제 위주의 관리를 가져올 수 있다(Gouldner).
② 할거주의(割據主義, 국지주의)는 관료들이 자기의 소속 기관·소속 부서에 대해서만 관심을 가짐으로써 횡적인 조정·협조가 곤란해질 수 있음을 의미한다(Selznick).
③ 무사안일주의에 따르면 관료는 계층제에 의한 지위·명령에 의존하게 되어 문제 해결에 적극적·쇄신적 태도를 갖지 못하고, 상급자의 권위나 선례에만 의존하려는 경향이 나타나기 쉽다.


## 25 조직의 유형 정답 ②

ㄱ. 좁은 직무범위, ㅂ. 표준 운영절차, ㅅ. 분명한 책임관계, ㅇ. 계층제는 기계적 구조의 특징에 해당한다.

오답노트

ㄴ. 넓은 직무범위, ㄷ. 적은 규칙과 절차, ㄹ. 모호한 책임관계, ㅁ. 비공식적이고 인간적인 대면관계는 유기적 구조의 특징에 해당한다.

---

🔍 **더 알아보기**

| 구분 | 기계적 구조 | 유기적 구조 |
|---|---|---|
| 주안점 | 예측 가능성 | 적응성 |
| 조직 특성 | • 좁은 직무범위<br>• 표준 운영절차<br>• 분명한 책임관계<br>• 계층제<br>• 공식적이고 몰인간적인 대면관계 | • 넓은 직무범위<br>• 적은 규칙과 절차<br>• 모호한 책임관계<br>• 채널의 분화<br>• 비공식적이고 인간적인 대면관계 |
| 상황 조건 | • 명확한 조직목표와 과제<br>• 분업적 과제<br>• 단순한 과제<br>• 성과측정이 가능<br>• 금전적 동기부여<br>• 권위의 정당성 확보 | • 모호한 조직목표와 과제<br>• 분업이 어려운 과제<br>• 복합적 과제<br>• 성과측정이 어려움<br>• 복합적 동기부여<br>• 도전받는 권위 |


## 26 위원회 제도 정답 ④

위원회조직이란 복수의 구성원으로 구성된 합의제 행정기관이기 때문에 의사결정과정이 신속하지 못하다는 단점이 있다.

🔍 **더 알아보기**

위원회 조직의 장점과 단점

| 장점 | 단점 |
|---|---|
| • 결정의 신중성·공정성 | • 기밀 누설 우려 |
| • 합리적이고 창의성 있는 결정 | • 경비·시간·노력의 낭비 |
| • 이견의 조정과 통합 | • 타협적 결정 |
| • 행정의 안정성·계속성의 확보 | • 책임의 분산 |


## 27 책임운영기관 정답 ①

행정안전부장관은 책임운영기관을 대통령령으로 설치한다.

오답노트

② 결정과 집행을 분리하여 책임운영기관은 집행 중심의 조직이다.
③ 책임운영기관의 존속여부 및 제도의 개선 등에 관한 중요사항을 심의하기 위하여 행정안전부장관 소속 하에 '책임운영기관운영위원회'를 둔다.
④ 책임운영기관은 성과＋자율＋책임이 조화된 성과 중심의 공공기관으로, 공공성이 강하여 민영화가 곤란하고 경쟁의 원리가 필요하거나 전문성이 요구되어 성과관리가 필요한 분야에 적용된다.

## 28  목표관리
정답 ③

목표관리(MBO: Management By Objectives)는 설정된 목표를 효율적으로 달성하기 위한 관리기법의 하나로, 상하 조직구성원의 참여 과정을 통해 조직의 목표를 설정하고 업무 수행결과를 목표에 비추어 평가·환류하여 조직의 효율성을 제고시키려는 관리방식이다.

오답노트

① MBO는 단기적·가시적·미시적 관점의 목표를 중시한다.
② MBO는 안정된 환경에 적용되므로 불확실한 환경에는 적용가능성이 낮아진다.
④ 만족감은 질적 목표이며, MBO는 질적 목표보다는 양적 목표를 추구한다.


## 29  엽관주의와 실적주의
정답 ④

실적주의는 공직 임용에 있어 기회균등을 보장한다.

오답노트

① 실적주의에 대한 설명이다.
② 엽관주의는 정치지도자들의 국정 지도력을 강화시킨다.
③ 실적주의는 엽관주의에 비해 신분보장이 강하므로 국민에 대한 관료의 대응성을 약화시킨다.


## 30  인사행정제도의 발달
정답 ②

대표관료제는 현실적으로는 실적주의의 한계에 대한 비판으로부터 출발하고 있다. 실적주의는 행정의 능률향상을 위한 형식적 기회균등을 통하여 엽관주의 병폐 극복에 주력했으나, 실질적인 대표성·형평성 등의 민주적 가치 구현에 미흡하여 관료의 대표성 제고 문제가 대두된 것이다.

오답노트

① 대표관료제는 관료제 내부에서 출신집단별 관료 상호 간 견제를 통해 내부통제를 강화한다.
③ 대표관료제는 소수집단과 소외집단에게 혜택을 부여하여 기회균등을 적극적으로 보장하고 사회적 형평성의 제고라는 민주적 이념을 실현한다.
④ 대표관료제는 이론은 소극적(피동적) 대표가 적극적(능동적) 대표로 연결되는 것을 가정하고 정부 관료들이 그 출신집단의 가치와 이익을 정책과정에 반영시킬 것이라고 주장한다.


## 31  시험
정답 ①

시험의 내용이 너무 어렵거나 너무 쉬워 합리적 우열을 구별할 수 없게 된다면 시험의 효용도 중 난이도(변별력)가 낮았다고 볼 수 있다.

오답노트

② 신뢰도를 검증하는 재시험법에 대한 내용이다.
③ 채점자를 달리 해보는 객관도 검증방법에 대한 내용이다.
④ 시험성적과 근무성적을 비교하여 기준타당도를 검증하는 방법에 대한 내용이다.


## 32  공무원의 신분보장과 징계
정답 ②

기존의 정직과 강등의 경우 보수의 3분의 2를 삭감하였으나 2016년 6월 이후부터는 전액 삭감되는 것으로 법령이 개정되었다.

> **🔍 더 알아보기**
>
> **징계의 종류**
> - 견책: 잘못된 행동에 대해 훈계하고 회개하게 하는 처분으로, 가장 가벼운 징계에 해당되지만 공식적인 징계 절차를 거쳐 처분하고 그 결과를 인사기록에 기재한다.
> - 감봉: 1개월 이상 3개월 이하의 기간 동안 보수의 3분의 1을 삭감하여 지급하는 것이다.
> - 정직: 1개월 이상 3개월 이하의 기간 동안 공무원의 신분은 보유하지만 직무에 종사할 수 없도록 하는 것이다. 또한, 정직 기간 중 보수의 전액을 삭감한다.
> - 강등: 1계급 아래로 직급을 내리고(고위공무원단에 속하는 공무원은 3급으로 임용) 3개월간 직무에 종사하지 못하며, 그 기간 중 보수의 전액을 감한다.
> - 해임: 공무원 신분을 상실하게 하는 처분이며, 해임 후 3년 내에는 공무원으로 재임용될 수 없다. 원칙은 「공무원연금법」상의 불이익은 없지만, 공금의 횡령 및 유용 등으로 해임된 경우에는 퇴직급여액의 8분의 1 내지는 4분의 1이 지급 제한된다.
> - 파면: 공무원 신분을 상실하게 하는 처분이며, 5년 내에는 공무원으로 재임용될 수 없다. 또한, 퇴직급여액의 2분의 1을 삭감하는 가장 무거운 징계이다. (재직기간이 5년 미만인 경우에는 4분의 1을 제한함)

## 33  보수관리
정답 ③

임금피크제는 임금을 생계비와 연동시킨 제도이므로 성과중심의 보수체계와는 부합되지 않는다.



① 임금피크제는 퇴직하기 전에 임금이 낮아지므로 조기퇴직을 유도하고 그만큼 조직의 신진대사가 촉진되어 신규임용이 확대된다.
② 임금피크제는 일정 재직기간 이후에는 임금을 낮추므로 인건비 부담 해소에 기여한다.
④ 연공급이 현실의 임금제도라는 점을 인정할 경우, 임금조정과 고용안정을 연계하는 임금피크제는 중고령자의 고용안정을 도모하고 정년을 연장할 수 있는 대안이 될 수 있다.

## 34  고위공무원단 제도
정답 ②

고위공무원에 대하여 계급을 폐지하고 부처와 소속 중심의 폐쇄적 인사관리를 개방하여 전 정부 차원에서 경쟁을 통해 최적임자를 선임하게 함으로써 적재적소 인사를 실현한다.



① 고위공무원단으로의 승진은 역량평가를 통하여 이루어지므로 역량 중심의 인사관리이다
③ 직무성과계약에 의한 성과관리이다.
④ 인사관리를 개방하여 경쟁을 통한 적임자를 선임한다.

## 35  예산의 종류
정답 ④

준예산은 새로운 회계연도가 개시될 때까지 예산안이 의결되지 못한 때 정부가 국회에서 예산안이 의결될 때까지 특정 목적을 위한 경비는 전년도 예산에 준하여 집행할 수 있다.



① 추가경정예산은 예산이 성립하고 회계연도가 개시된 후에 발생한 사유로(심의가 종료된 후가 아니다) 이미 성립된 예산에 변경을 가할 필요가 있을 때 편성되는 예산을 말한다. 추가경정예산에 대한 편성 횟수의 제한은 없다.
② 성인지예산제도(남녀평등예산)는 세입·세출예산이 남성과 여성에게 미치는 영향은 서로 다르다고 전제한다.
③ 수정예산은 예산안이 국회에 제출된 후 의결·성립되기 이전에 부득이한 사유로 그 내용의 일부를 수정하고자 하는 경우에 작성되는 예산을 말한다.

## 36  예산의 종류와 예산집행
정답 ③

계속비가 아니라 이월에 해당한다. 계속비는 완성에 수년도를 요하는 공사나 제조 및 연구개발사업의 경우 그 경비의 총액과 연부액(年賦額)을 정하여 미리 국회의 의결을 얻은 범위 안에서 수년도에 걸쳐 지출할 수 있는 경비를 말한다.



① 기금은 법률로 설치하고, 예산 외로 운용한다.
② '조세감면 = 조세지출'로, 조세지출이란 받아야 할 세금을 감면한 것이다.
④ 예산안을 변경하는 수정예산을 편성 시에도 국무회의 심의와 대통령 승인을 받고 국회에 제출한다.

## 37  예산제도의 기능과 발달
정답 ④

제시문은 예비타당성조사에 대한 설명으로, 총사업비가 500억 원 이상이고 국가지원 규모가 300억 원 이상인 신규 사업이 대상이 된다.

## 38  예산의 분류
정답 ②

예산의 경제성질별 분류는 정부예산이 국민경제에 미치는 영향이 막대하므로, 거시경제적 관점에서 예산을 경상계정과 자본계정으로 구분한 것이다. 이러한 예산의 경제성질별 분류는 최고관리층의 정책결정에 유용한 정보를 제공하지만, 구체적인 사업을 실제로 집행하는 실무자들에게는 큰 도움을 주지 못한다.

**🔍 더 알아보기**

경제성질별 분류의 장단점

| 장점 | 단점 |
| --- | --- |
| · 정부예산이 거시적인 국민경제 (실업, 물가, 국제수지 등)에 미치는 영향 파악이 가능 <br> · 정부거래의 경제적 효과 분석이 용이 <br> · 경제정책·재정정책 수립에 유용 <br> · 국가 간 예산경비의 비교가 가능 | · 세입·세출의 양과 구조의 변화로 인한 영향만 측정(세입·세출 이외의 요인 분석 곤란) <br> · 소득배분에 대한 정부활동의 영향을 밝혀주지 못함 <br> · 재정정책을 수립하는 고위직에만 유용 <br> · 경제성질별 분류 자체만으로는 완전하지 않으므로 항상 다른 예산분류 방법과 병용되어야 함 |

## 39 예산의 종류     정답 ④

우리나라는 회계·기금 간 여유재원의 전입·전출을 인정한다.

| 오답노트 |

① 일반회계가 주로 조세수입이며, 특별회계는 수입원이 다양하다.
② 특별회계도 세입세출 예산에 의하여 운용된다.
③ 특별회계도 입법부의 예산심의를 받는다.

## 40 예산의 집행     정답 ③

목적예비비는 특정한 용도를 정하여 배타적으로 사용할 수 있는 것(봉급예비비·공공요금예비비·재해대책예비비·급량비예비비·사전조사예비비 등)이다.

| 오답노트 |

① 예산한정성·사전의결 원칙에 대한 예외이다. 구체적인 사용주체·목적이 불명료하므로 예산한정성의 원칙의 예외를 이루고 있고, 사용 후 사후국회승인을 요하므로 사전의결원칙의 예외라고 할 수 있다.
② 예비비의 관리주체는 기획예산처장관이다.
④ 헌법상 독립기관인 국회, 법원, 헌법재판소, 중앙선거관리위원회의 소관별 지출항목에는 예비비와는 별도로 예비금이란 항목이 있다.

## 41 행정통제     정답 ②

옴부즈만은 위법(합법성 심사)한 사항과 부당(합목적성 심사)한 사항 모두를 조사대상으로 한다.

| 오답노트 |

① 옴부즈만은 시정·개선조치 및 징계의 권고나 요구만 가능하며, 직접 시정·개선조치를 하지 못한다. (무효나 취소·철회권 없음)
③ 국민권익위원회는 위원장 1명을 포함한 15명의 위원(부위원장 3명과 상임위원 3명을 포함)으로 구성한다. 위원장과 위원의 임기는 각각 3년으로 하되 1차에 한하여 연임할 수 있다.
④ 지방자치단체 및 그 소속 기관에 관한 고충민원의 처리와 행정제도의 개선 등을 위하여 각 지방자치단체에 시민고충처리위원회를 둘 수 있다.

## 42 행정개혁     정답 ③

행태적 접근방법(Behavioral Approach)은 조직발전(OD) 혹은 인간중심적 접근방법이라고도 하며, 행태과학의 지식과 기법을 활용하여 조직의 목표에 개인의 성장 의욕을 결부시킴으로써 조직을 개혁하려는 접근방법이다. 즉, 인간의 행태를 중시하기 때문에 구조와 기술을 경시한다는 비판이 있다.

| 오답노트 |

① 기능 중복의 해소, 권한과 책임의 재조정, 명령계통 수정 등의 원리전략과 분권화의 확대는 고전적인 구조 중심의 접근법에 해당한다.
② 과정적 접근방법(Process Approach)은 행정체제 내의 과정 또는 일의 흐름 그리고 거기에 결부된 기술을 개선하려는 접근방법이다.
④ 종합적 접근방법은 구조·인간·기술 등에 대한 포괄적 개혁을 중시한다.

## 43 지방자치단체의 자치권     정답 ④

조례는 지방의회가 제정하는 법이므로 집행기관에 위임한 기관위임사무에 대해서는 규율할 수 없다.

| 오답노트 |

① 조례안이 지방의회에서 의결되면 의장은 의결된 날부터 5일 이내에 그 지방자치단체의 장에게 이를 이송하여야 한다.
② 지방자치단체는 법령의 범위 안에서 그 사무에 관하여 조례를 제정할 수 있다. 다만, 주민의 권리 제한 또는 의무 부과에 관한 사항이나 벌칙을 정할 때는 법률의 위임이 있어야 한다.
③ 법령과 상급 자치단체의 조례와 규칙을 위반할 수 없다.

## 44 행정학의 발달과정     정답 ③

ㄴ. 신행정론은 사회경제적으로 불리한 위치에 있는 계층에의 우선적 배려를 통한 사회적 형평을 행정이념으로 제시한다.
ㄹ. 신행정론은 왈도 등 1968년 미노브룩(Minnowbrook) 회의에 참여하였던 젊은 학자들을 중심으로 하여 주장되었던 행정학의 새로운 경향에 관한 이론이다.
ㅂ. 신행정론은 행정권의 종국적 근원을 시민으로 보고, 고객의 참여를 강조한다.

| 오답노트 |

ㄱ. 신행정론은 계층제의 타파와 분권화된 탈관료제 모형을 주장하였다.
ㄷ. 신행정론은 행태론의 논리실증주의를 비판하고 대신 현상학의 도입을 주장하였다.
ㅁ. 신공공관리론(1980년대)은 신행정론(1970년대) 이후에 등장하였다.

## **45** 정책의제설정의 이론적 근거 정답 ④

바흐라흐와 바라츠는 무의사결정은 정책 과정 곳곳에서 일어난다고 주장하였다. 즉, 정책의제설정 과정에서뿐만 아니라 정책결정과 집행과정에서도 나타날 수 있다. 정책의제설정 과정에서는 기존 세력에 도전하는 요구는 정책문제화하지 않고 억압한다. 그리고 정책의제설정 과정에서 정책문제화를 막지 못했으면 정책결정 과정에서 정책대안의 범위나 내용을 한정·수정시켜 내용이 없고 상징에 그치는 정책대안이 채택되도록 한다. 또한, 정책집행 과정에서는 정책집행에 필요한 인적·물적자원 등을 사용하지 못하도록 집행에 필요한 예산을 없애거나 집행자를 매수하여 집행을 막아버리는 방법을 쓴다.


① 무의사결정이란 기득권 세력의 특권이나 이익 그리고 가치관이나 신념에 대한 잠재적 또는 현재적 도전을 좌절시키려는 것을 의미한다.
② 지배 엘리트의 가치나 이해에 잠재적인 도전이 될 수 있는 이슈에 대하여 그것이 일반 대중의 관심을 받기 전에 은밀하게 억압한다.
③ 바흐라흐와 바라츠는 『권력의 두 얼굴』이라는 저서에서 정치 권력의 양면성 이론을 주장하였다. 정치 권력은 정책 문제를 해결하기 위하여 형성되는 권력과, 정책의제설정 과정에서 갈등을 억압하고 갈등이 정치 과정에 진입하는 것을 방지하는 데 행사되는 보이지 않는 권력의 두 측면을 가지고 있다고 한다. 이 중에서 두 번째 권력이 무의사결정이며, 달(R. Dahl)이 간과한 부분이다.

## **46** 총체적 품질관리 정답 ③

총체적 품질관리는 고객의 기대에 부합하기 위해 과정·절차의 개선을 통하여 서비스의 질을 개선하려는 관리기법으로 결과보다는 과정에 초점을 둔다.


① 품질을 소수 전문가나 관리자가 아닌 고객이 직접 평가한다.
② 총체적 품질관리는 서비스의 질이 산출의 초기단계에 확정되므로 사전적 예방관리를 중시한다.
④ 실책이나 변화에 대한 두려움이 없는 구성원의 적극적인 참여가 중요하므로, 의사소통에 장벽이 없는 분권적·유기적 구조를 중시한다.

## **47** 행정통제 정답 ④

고도의 전문성과 복잡성을 지니게 된 현대행정국가에서는 행정에 대한 전문성이 부족한 입법통제나 민중통제와 같은 외부통제만으로는 통제의 효과성을 높일 수 없다. 따라서 행정을 수행하는 행정인 스스로에 의한 통제와 같은 내부통제의 중요성이 한층 더 강조되고 있다.


① 이상적인 통제는 스스로 자기를 규제하는 자율적 통제이다. 이상적인 통제가 현실에서 잘 지켜지지 않기 때문에 다양한 타율적 통제가 실시되는 것이다.
② 감사원은 직무상 독립기관이지만 조직상 대통령 소속이므로, 감사원에 의한 통제는 내부통제이다.
③ 스웨덴의 옴부즈만은 의회 소속이므로, 옴부즈만에 의한 통제는 외부통제이다.

## 48  전자정부

정답 ①

스마트 정부는 사후 복구가 아닌 사전 예방을 강조한다.

오답노트

② 스마트 정부는 공급자 중심의 획일적 서비스가 아니라 개인별 맞춤형 통합 서비스를 통해 유연성·창의성·인간 중심 가치가 중시되는 사회에 적용되는 새로운 전자정부다.

### 🔍 더 알아보기

기존 전자정부와 스마트 정부의 비교

| 구분 | | 기존 전자정부(~2010) | 스마트 정부(2011~) |
|---|---|---|---|
| 국민 | 접근 방법 | PC만 가능 | 스마트폰, 태블릿 PC, 스마트 TV 등 다매체 활용 |
| | 서비스 | · 공급자 중심의 획일적 서비스 | · 개인별 맞춤형 통합 서비스<br>· 개방을 통해 국민이 직접 원하는 서비스 개발·제공 |
| | 민원 신청 | · 개별 신청<br>· 동일서류도 복수제출 | · 1회 신청으로 연관 민원 일괄 처리 |
| | 수혜 방식 | 국민이 직접 자격 증명 신청 | 정부가 자격 요건 확인·지원 |
| 공무원 | 근무 위치 | 지정 사무실(PC) | 시간·위치 무관(스마트 워크센터 또는 모바일오피스) |
| | 위기 | 사후 복구(재난) | 사전 예방 및 예측 |

## 49  지방자치단체의 사무

정답 ①

기관위임사무란 법령에 의하여 국가 또는 상급자치단체로부터 지방자치단체의 집행기관에게 그 처리가 위임된 사무를 말한다. 따라서 기관위임사무의 처리에 지방의회가 관여할 수 없기 때문에 조례로 처리할 수 없고, 지방자치단체의 장이 제정하는 규칙으로 처리할 수 있다. 지방의회가 관여할 수 있는 사무는 자치사무(고유사무)와 단체위임사무이다.

## 50  지방행정의 기초

정답 ①

단체자치는 자치권이 국가로부터 전래된 것으로 보기 때문에 중앙정부와 지방정부와의 관계를 중요시한다. 지방정부와 주민과의 관계를 중시하는 것은 주민자치이다.

오답노트

② 단체자치는 지방자치단체가 지방자치단체의 성격과 국가의 하부행정기관으로서 이중적 성격을 가지므로 사무의 구별이 명확하다.
③ 단체자치가 포괄적 수권, 주민자치가 개별적 수권 방식이다.
④ 주민자치가 정치적 의미의 자치이고, 단체자치가 법률적 의미의 자치이다.

| 01 | 02 | 03 | 04 | 05 | 06 | 07 | 08 | 09 | 10 |
|---|---|---|---|---|---|---|---|---|---|
| ② | ④ | ④ | ③ | ④ | ① | ④ | ② | ④ | ② |
| 11 | 12 | 13 | 14 | 15 | 16 | 17 | 18 | 19 | 20 |
| ① | ② | ④ | ④ | ④ | ③ | ④ | ① | ④ | ① |
| 21 | 22 | 23 | 24 | 25 | 26 | 27 | 28 | 29 | 30 |
| ① | ② | ② | ② | ③ | ② | ③ | ① | ① | ④ |
| 31 | 32 | 33 | 34 | 35 | 36 | 37 | 38 | 39 | 40 |
| ① | ② | ④ | ③ | ① | ③ | ① | ④ | ④ | ③ |
| 41 | 42 | 43 | 44 | 45 | 46 | 47 | 48 | 49 | 50 |
| ① | ① | ② | ② | ③ | ② | ① | ② | ② | ① |

## 01　정책평가의 종류　　정답 ②

과정평가는 정책집행 및 활동을 분석하여 이를 근거로 보다 효율적인 집행전략을 수립하거나, 정책내용을 수정·변경하며, 정책의 중단·축소·유지·확대 여부의 결정에 도움을 준다. 또한 정책효과나 부작용 등이 발생한 경로를 밝혀서 총괄평가를 보조하는 기능을 수행한다.

오답노트

① 총괄평가(사후평가)는 정책평가의 핵심으로서, 정책이 집행되고 난 후에 정책이 사회에 미친 영향 또는 정책결과 중에서 의도한 정책효과가 정책으로 인해서 발생했는지를 판단하는 활동을 말한다.
③ 메타평가는 평가 결과를 다시 평가하는 '평가에 대한 평가'라고 할 수 있다.
④ 평가성 검토(평가성 사정)은 본격적인 평가를 하기에 앞서 효율적인 평가를 위하여 평가대상과 평가방법에 대한 전략을 마련하는 것을 말한다.

## 02　행정통제　　정답 ④

민중통제와 이익집단에 의한 통제 및 정당에 의한 통제는 외부·비공식적 통제, 옴부즈만에 의한 통제와 입법통제 및 사법통제는 외부·공식적 통제, 행정윤리의 확립과 대표관료제는 내부·비공식적 통제에 해당된다.

### 🔍 더 알아보기

행정통제

| | | |
|---|---|---|
| 외부<br>통제<br>(민주<br>통제,<br>타율<br>통제) | 공식<br>통제 | • 입법통제: 법률제정, 예산의결, 국정조사·감사, 탄핵소추, 결산승인, 해임건의, 임명동의권, 인사청문회<br>• 사법통제: 법원의 행정소송과 명령·규칙 위헌심사, 헌법재판소의 헌법소원심판과 탄핵심판<br>• 옴부즈만: 위법·부당한 사항에 대한 신속·저렴한 해결, 간접적 통제권만 가짐 |
| | 비공식<br>통제 | • 민중통제: 선거, 투표, 정당, 이익집단, NGO, 언론, 여론, 정책공동체 |
| 내부<br>통제<br>(관리<br>통제,<br>자율<br>통제) | 공식<br>통제 | • 통제주체별<br>　– 행정수반(대통령), 감사기관(감사원 – 결산검사), 행정심판위원회(행정심판), 감독기관, 감독자(헤드십)<br>　– 교차행정조직에 의한 통제: 인사혁신처(인사권), 기획재정부(예산권), 국무총리실(심사평가)<br>• 통제대상별: 운영통제, 감찰통제, 정책·기획통제, 요소별(법제, 정원·인사, 회계, 물자) 통제, 절차통제(보고·지시) |
| | 비공식<br>통제 | • 공직윤리(행정윤리), 직업윤리, 기능적·전문적 책임, 비공식조직, 공무원단체, 대표관료제, 내부고발 |

## 03 고전적 조직구조의 원리 정답 ④

조직을 주요 목적 또는 기능에 따라 편성할 경우, 일이 이루어지는 과정이 경시되기 쉬워 최신의 기술이나 전문가의 활용이 곤란하고 지나친 중앙집권화를 초래하기 쉬우며 국민과 정부 간의 접촉이 곤란할 뿐만 아니라 통제가 어려운 단점이 있다. 반면, 최신의 기술이나 전문가를 최대로 활용할 수 있는 것은 조직을 과정·절차에 따라 편성하는 경우이다.

### 🔍 더 알아보기

부처편성의 원리(부성제의 원리)

| 구분 | 목적 - 기능별 | 과정 - 절차별 | 대상 - 고객별 | 지역 - 장소별 |
| --- | --- | --- | --- | --- |
| 장점 | • 사업목적 및 기능파악이 용이<br>• 권한 및 책임한계 분명 | • 행정의 전문화 가능<br>• 최신기술의 활용 | • 해당 부처와 정부와의 접촉과 교섭이 용이<br>• 서비스의 증진 | • 지역실정 반영 가능<br>• 지역주민들의 의사 반영 |
| 단점 | • 할거주의 경향 초래 | • 전문가적 무능현상 | • 부처권한의 대립<br>• 압력단체에 의한 부당한 영향 | • 전국적인 행정의 통일성 저해 |
| 비고 | 가장 일반적 기준으로 거의 대부분 중앙기관의 편성기준 | 낮은 단계의 행정조직, 통계청, 감사원, 조달청, 예산실 등 | 국가보훈처, 보건복지부, 고용노동부, 여성부 등 | 지방자치단체, 외무부 하부기구 |

## 04 행정과 경영 정답 ③

관료제의 성격, 목적달성을 위한 수단, 협동행위, 관리기술의 적용, 의사결정 등은 공행정과 사행정의 유사점이다.

### 🔍 더 알아보기

행정과 경영의 차이점

| 구분 | 행정 | 경영 |
| --- | --- | --- |
| 주체 | 정부 | 기업 |
| 목적 | 공익 | 사익 |
| 정치성 | 강함 | 약함 |
| 권력성 | 강함 | 약함 |
| 법적 제한 | 강함 | 약함 |
| 평등성 | 강함 | 약함 |
| 독점성 | 강함 | 약함 |
| 공개성 | 강함 | 약함 |

## 05 정책의 유형 정답 ④

재분배정책은 소유권을 이전시키는 정책이기 때문에 다른 어떤 정책 유형의 경우보다 강력한 이해대립을 야기시킬 소지가 있다. 그 이유는 기존의 권력 또는 재력의 손실을 감수할 것이 노골적으로 요구되는 정책이기 때문이다.

## 06 전략적 관리 정답 ①

전략적 관리는 환경과의 관계를 중시하는 변혁적 관리이다. 이러한 전략적 관리는 격동하는 환경에 대한 조직의 대응능력을 향상시키는 체제적 접근방법이고, 조직이 장기적·포괄적 안목으로 환경변화에 대응할 수 있게 한다.

오답노트

② 전략적 관리의 주된 목적은 조직과 그 조직이 처한 환경 사이에 가장 적합한 상태를 형성하는 것으로서, 조직은 우선 장기적인 관점에서 자신의 대내적 강점 및 약점과 환경으로부터의 위협 및 기회를 분석하며, 이러한 분석에 기초하여 미래에 대비한 최적의 새로운 전략을 수립하는 것이다.
③ 부서별 활동을 분리하기보다는 미래의 목표성취를 위한 전략을 개발·선택하고, 이를 위한 주요 조직활동의 통합·연계를 중시한다.
④ 전략적 관리(Strategic Management)는 개방체제하에서 환경과의 관계를 중시하는 변혁적·탈관료적 관리전략이자 조직의 새로운 지향노선을 제시하고, 전략기술을 개발·집행하는 관리전략이다.

## 07 예산과정 정답 ④

감사원의 2024년도 결산검사보고서 작성은 회계연도가 끝난 2025년에 이루어지므로, 2024년도에는 볼 수 없다.

## 08  행정이념의 유형　　　　　　　　　　정답 ②

진보주의자는 사회적 약자들의 보호를 위한 정부의 소득재분배정책을 선호한다.



① 보수주의자는 소극적 자유를 강조하고, 진보주의자는 적극적 자유를 강조한다.
③ 정부실패 이후 신자유주의가 등장하면서 큰 정부에서 작은 정부로의 전환이 이루어졌다.
④ 1930년대 경제대공황을 겪으면서 정부의 개입을 찬성하는 큰 정부가 최선의 정부라는 신념이 중시되었다.

### 🔍 더 알아보기

보수주의와 진보주의 비교

| 구분 | 보수주의 | 진보주의 |
| --- | --- | --- |
| 추구 하는 가치 | • 소극적 자유(국가로부터의 자유) 강조<br>• 형식적 평등, 기회에서의 평등을 중시<br>• 교환적 정의 | • 적극적 자유(국가에 의한 자유)를 열렬히 옹호<br>• 실질적 평등, 결과에서의 평등을 중시<br>• 배분적 정의 |
| 인간관 | 합리적 경제인관 (이기적 인간) | 욕구, 협동, 오류 가능성의 여지가 있는 인간관 |
| 시장관 | 애덤 스미스(A. Smith)의 보이지 않는 손(가격)에 대한 믿음 – 자유시장에 대한 신념 | 효율과 공정, 번영과 진보에 대한 시장의 잠재력을 인정하되 시장의 결함과 윤리적 결여 강조 |
| 정부관 | • 최소한의 정부 – 정부불신<br>• 청교도 사상에 입각 | • 적극적인 정부 – 정부개입 중시<br>• 종교의 자유 강조 |
| 경제 정책 | • 규제완화, 세금감면, 사회복지정책의 폐지 등을 옹호<br>• 낙태 금지<br>• 공립학교에서 종교교육 찬성<br>• 총기휴대 찬성 | • 소득재분배정책, 사회보장정책, 공익 추구를 위한 정부규제 등의 정책을 옹호<br>• 낙태 찬성(정부에 의한 낙태 금지 반대)<br>• 공립학교에서 종교교육 반대<br>• 총기휴대 금지 |

## 09  민영화　　　　　　　　　　정답 ④

사법서비스, 특허심사 등 공정성이 필요한 업무는 민간위탁의 대상이 아니다.



①, ②, ③ 「행정권한의 위임 및 위탁에 관한 규정」 제11조 행정기관은 법령이 정하는 바에 따라 그 소관사무 중 조사·검사·검정·관리업무

등 국민의 권리·의무와 직접 관계되지 아니하는 ㉠ 단순사실행위인 행정작용, ㉡ 공익성보다 능률성이 현저히 요청되는 사무, ㉢ 특수한 전문지식 및 기술을 요하는 사무, ㉣ 기타 국민생활과 직결된 단순행정사무를 민간위탁할 수 있다.

## 10  정책평가의 타당성　　　　　　　　　　정답 ②

실험대상의 사람들이 실험이 진행되는 동안 원래의 상태로 돌아가게 되면 측정이 왜곡되는 현상은 회귀인공요소이다. 측정요소는 프로그램을 도입하기에 앞서 측정을 받은 것의 효과가 개개인들의 신경을 자극함으로써 프로그램을 집행한 후의 그들의 측정점수를 높이도록 할 수도 있다. 그러므로 프로그램을 집행하기 전후의 측정점수의 차이가 반드시 프로그램에서 결과한 것이라고 할 수 없으며, 오히려 프로그램을 집행하기 전에 개인들의 측정경험을 통해 얻어진 것이라고도 할 수 있다.



① 역사적 요소는 실험기간 동안에 실험자의 의도와는 관계없이 일어난 역사적 사건을 말한다. 이러한 역사요인이 작용할 경우 정책이나 실험의 정확한 효과 추정이 어려워진다.
③ 실험조작의 반응효과는 호손효과를 말하는 것으로 옳은 지문이다.
④ 실험조작과 측정의 상호작용은 ㉠ 실험 전 측정(Pretest)이 피조사자의 실험조작에 대한 감각에 영향을 줄 수 있으며, ㉡ 이렇게 하여 얻은 결과를 일반적인 모집단에도 일반화할 수 있는가가 문제될 수 있는 외적 타당도의 저해요인이다.

## 11  근무성적평정　　　　　　　　　　정답 ①

도표식 평정척도법은 평정요소에 대한 등급을 정한 기준이 모호하며, 자의적 해석에 의한 평가가 이루어지기 쉽다.



② 평정의 결과가 점수로 환산되기 때문에 평정 대상자에 대한 상대적 비교를 확실히 할 수 있어 상벌 결정의 목적으로 사용하는 데 효과적이라고 할 수 있다.
③ 연쇄효과(Halo effect), 집중화 경향, 관대화 경향 등의 오류가 일어날 수 있다.
④ 가장 많이 활용되는 근무성적평정방법으로, 평정표의 작성과 평정이 용이하다는 장점이 있다.

## 12 예산의 집행

정답 ②

이용은 질적 한정성, 예비비는 양적 한정성, 계속비는 시간적 한정성에 대한 예외로, 이들은 공통적으로 한정성의 원칙에 대한 예외이다.

> **🔍 더 알아보기**
>
> **예산 한정성의 원칙**
> 예산은 주어진 목적·금액·시간에 따라 한정된 범위 내에서 집행되어야 한다는 원칙으로, 세 가지 한정성으로 구분됨
> • 비목 외 사용 금지라는 질적 한정성 [예외] 이용, 전용
> • 금액초과 사용 금지라는 양적 한정성 [예외] 예비비, 추경예산
> • 회계연도 독립원칙 준수라는 시간적 한정성 [예외] 이월, 계속비

## 13 행정학의 발달과정

정답 ④

공공선택론은 전통적인 대규모 관료제보다는 시민의 선호에 부응할 수 있는 분권화된 탈관료제 조직을 선호한다.

[오답노트]

① 신공공관리론은 정책과 집행의 분리, 책임운영기관 등 행정의 분절화를 강조한다.
② 행태주의는 정치와 행정 현상에서 개별국가의 특수성을 인정하지 않고, 보편성과 객관성을 강조하는 일반법칙을 정립하고자 하는 이론이다.
③ 후기행태주의는 가치중립적인 과학적 연구를 기반으로 하는 행태론을 비판하고, 가치지향적이고 실천지향적인 연구를 통하여 정책과학의 발전에 견인차 역할을 하였다.

## 14 시험

정답 ④

시험성적과 근무성적을 비교하여 측정할 수 있는 시험의 효용도는 타당도이며, 시험성적을 채용 후에 근무성적과 비교하는 것은 예측적 타당도 검증에 의한 기준 타당도에 해당한다.

> **🔍 더 알아보기**
>
> **시험의 효용도**
> • 타당도: 측정하려는 것(직무수행능력)을 얼마나 정확하게 측정했는지의 정도
> • 신뢰도: 시험이 측정도구(형식, 시기 등)로서 가지는 일관성
> • 객관도: 채점의 공정성
> • 난이도: 쉬운 문제와 어려운 문제의 혼합 비율의 적정도로, 변별력을 의미
> • 실용도: 실시 비용의 저렴성 및 실시와 채점의 용이성

## 15 지식행정론

정답 ④

지식행정관리에서 지식은 조직의 공동재산이므로, 지식의 공동활용이다. 중복활용은 지식을 개인사유화로 보는 관점에서 지식을 활용하는 기존 행정관리 방식이다.

> **🔍 더 알아보기**
>
> **기존 행정관리와 지식행정관리의 비교**

| 구분 | 기존 행정관리 | 지식행정관리 |
| --- | --- | --- |
| 지식 공유 | 지식의 파편화 | 공유를 통한 지식가치의 확대재생산 |
| 지식 소유 | 지식의 개인사유화 | 지식의 조직 공동재산화 |
| 지식 활용 | 중복활용 | 지식의 공동활용을 통한 조직의 업무능력 향상 |
| 조직 성격 | 계층제 | 학습조직 기반 구축 |
| 구성원 능력 | 조직구성원의 기량 및 경험이 일과성으로 소모 | 개인의 전문적 자질 향상 |
| 의사소통 | 계층제적 구조에 의한 의사소통의 공식화 | 다양한 채널에 의한 의사소통의 활성화 |

## 16 합리적 정책결정과정의 단계

정답 ③

연관된 다른 사건이 일어났느냐 일어나지 않았느냐에 기초하여 미래의 어떤 사건이 일어날 확률에 대해 식견 있는 판단을 이끌어내는 직관적인 집단의사결정기법은 교차영향분석이다.

[오답노트]

① 델파이 기법은 미래 예측을 위해 관련 분야의 전문가들을 활용하는 방법이다.
② 브레인스토밍은 여러 사람에게 하나의 주제에 대한 아이디어를 제시하도록 하여 예측하는 방법이다.
④ 명목집단 기법은 관련자들이 서면으로 대안에 대한 아이디어를 제출하도록 하고, 모든 아이디어가 제시된 이후 제한된 토의를 거쳐 투표로 의사결정을 하는 집단의사결정기법이다.

예금보험공사는 준정부기관 중 기금관리형에 해당한다.

오답노트

① 한국농어촌공사, ② 한국산업인력공단, ③ 한국환경공단 모두 준정부기관 중 위탁집행형 기관이다.

🔍 더 알아보기

준정부기관의 유형

| 기금관리형 | 공무원연금공단, 국민연금공단, 예금보험공사, 신용보증기금 등 |
|---|---|
| 위탁집행형 | 국립공원공단, 한국산업인력공단, 대한무역투자진흥공사, 한국농어촌공사, 한국환경공단, 한국가스안전공사 등 |

## 18   동기부여        정답 ①

아담스의 형평성(공정성)이론은 개인은 준거인(능력이 비슷한 동료)과 비교하여 자신의 노력과 보상 간에 불일치(보상의 불공평성)를 지각하면, 이를 제거하는 방향으로 동기가 부여된다는 것이다.

오답노트

② 맥클리랜드의 성취동기론에 따르면 개인들의 욕구는 사회화 과정을 통한 학습을 통해 형성되므로 개인마다 욕구의 계층이 다르다고 본다.

③ 브룸의 기대이론에서 일정한 노력을 기울이면 근무 성과를 가져올 수 있으리라는 가능성에 대한 인간의 주관적인 확률과 관련된 믿음을 기대감이라 한다.

④ 앨더퍼는 상위욕구가 만족되지 않거나 좌절될 때 하위욕구를 더욱 충족시키고자 한다는 '좌절 – 퇴행 접근법'을 주장했다.

## 19   민영화        정답 ④

민영화의 폐단으로 행정의 책임성, 형평성, 안정성 약화 등이 있다. 민간은 유한책임을 기본으로 하기 때문에 정부가 직접 또는 공기업으로 공급할 때보다 책임성이 약화된다.

오답노트

① 전자 바우처(카드 형태)는 바우처 사용의 실시간 모니터링으로 바우처 관리의 투명성을 확보한다.

② 면허 방식에서 시민 또는 이용자는 서비스 제공자에게 비용을 지불하며, 서비스 수준과 질은 정부가 규제한다.

③ 자조활동은 주민 스스로가 이웃끼리 서비스를 계획하고 생산·소비하는 자급자족 활동이다.

## 20   행정학의 발달과정        정답 ①

어떤 지방정부의 지출로 발생하는 편익이 다른 지역으로 누출된다면 지역 간의 경쟁이나 소비자에 의한 지역선택은 그 의미를 상실하게 된다. 따라서 지방정부가 공급하는 지방공공재는 외부효과가 발생하지 않아야 한다.

오답노트

② 티부모형은 규모의 경제가 작용하지 않아야 한다는 것을 전제로 한다.

③ 주민의 완전한 이동가능성이란 주민이 자신의 선호에 맞는 지방정부로 자유롭게 이동할 수 있어야 한다는 것이며, 이는 이동비용이 없어야 함을 의미한다.

④ 티부는 지방자치 또는 지방분권에 의한 공공재의 배분이 중앙집권보다 효율적으로 이루어지게 된다는 것을 입증하는 모형을 제시하였다.

## 21   주도집단의 차이에 따른 정책의제설정 과정        정답 ①

내부접근형은 대중의 지지를 획득하기 위한 공중의제화 과정이 없다는 점에서 공중의제화 과정을 거치는 동원형과 다르다.

오답노트

② 동원형은 정부의 힘이 강하고 이익집단의 역할이 취약한 후진국에서 일반적으로 많이 나타난다.

③ 외부주도형은 외부집단이 주도하여 정책의제의 채택을 정부에 강요하는 경우로, 허쉬만은 이를 강요된 정책문제라고 하였다.

④ 굳히기형은 대중의 지지가 높은 것을 정책결정자가 주도하는 모형이다.

🔍 더 알아보기

메이(P. J. May)의 의제설정 모형

| 대중의 지지<br>주도자 | 높음 | 낮음 |
|---|---|---|
| 사회적 행위자들 | 외부주도형 | 내부접근형 |
| 국가 | 굳히기형 | 동원형 |

## 22   공무원 부패        정답 ②

체제론적 접근방법에서 공무원 부패는 어느 한 변수에 의해 설명되는 것이 아니라, 그 나라의 문화적 특성, 제도상의 결함, 구조상의 모순, 공무원의 부정적 행태 등 다양한 요인에 의해 복합적으로 나타난다고 본다.

오답노트

① 도덕적 접근방법, ③ 제도적 접근방법, ④ 사회문화적 접근방법에 대한 설명이다.

## 23 시장실패

정답 ②

공유지의 비극은 시장에서 사익( = 개인적 합리성)이 공익( = 사회적 합리성)으로 연결되지 않은 시장실패를 나타내는 개념이다.

오답노트

① 파레토 최적은 시장기구의 우수성을 나타내는 이론이다.
③ 공공선택론은 비시장 영역에 경제학의 방법론을 도입한 이론이다.
④ 애로우(Arrow)의 불가능성의 정리는 민주적인 정부는 합리적일 수 없다는 정부실패의 이론적 논거이다.


## 24 행정이념의 유형

정답 ②

유연하면서 외부지향적 조직인 개방체제모형에 해당하는 조직은 목표를 수행하기 위하여 환경으로부터 필요한 자원을 얼마나 잘 획득하는가에 따라 효과성이 결정된다.

오답노트

① 경쟁적 가치접근법의 본질적 초점은 효과성의 측정에서 어떠한 단일의 척도로는 모든 조직에 대해 적절히 평가할 수 없다는 것이다. 즉, 조직들마다의 중요한 관리가치나 지향이 무엇인가에 따라 성과에 대한 평가방법이 달라야 한다는 것이다.
③ 인간관계모형에 해당하는 조직은 조직 내부에 초점이 맞추어지고 유연한 인간관리를 지향하는 조직으로, 이러한 조직은 구성원의 발전을 도와줌으로써 구성원의 만족과 높은 수준의 근로의욕, 협력을 추구한다.
④ 내부적 과정모형에 해당하는 조직은 내부적 운영에서 안전성과 예측가능성을 추구하는 조직으로, 조직 내부에 초점이 맞추어지고 통제를 지향한다.

### 🔍 더 알아보기

**합리적 목표모형**

합리적 목표모형은 통제지향적이고 조직 외부에 초점이 맞추어진 조직으로, 최고관리자에 의하여 설정된 목표달성을 지향한다. 이러한 조직에서의 효과성의 측정은 목표가 달성되는 정도에 달려있다.


## 25 공직윤리

정답 ③

| 구분 | 가액 범위 |
| --- | --- |
| ① 음식물: 제공자와 공직자 등이 함께하는 식사, 다과, 주류, 음료, 그 밖에 이에 준하는 것 | • 5만 원 |
| ② 경조사비: 축의금, 조의금 등 각종 부조금과 부조금을 대신하는 화환, 조화, 그 밖에 이에 준하는 것 | • 원칙: 5만 원<br>• 예외: 화환, 조화는 10만 원 가능 |
| ③ 선물: 금전 및 ①에 따른 음식물을 제외한 일체의 물품, 그밖에 이에 준하는 것 | • 원칙: 5만 원<br>• 예외<br>　– 농·축·수산물과 화훼는 15만 원<br>　– 농·축·수산물이 50% 이상 포함된 가공물은 15만 원<br>　– 설, 추석 명절 기간에는 예외가액이 2배 인정(즉, 명절 기간에는 농·축·수산물과 화훼 30만 원, 가공물도 30만 원) |

오답노트

① 제공자와 공직자 등이 함께하는 식사, 다과, 주류, 음료, 그 밖에 이에 준하는 것은 5만 원 이내로 허용하고 있다.
② 경조사비는 원칙이 5만 원 이내이지만 화환·조화는 10만 원 이내로 허용하고 있다.
④ 제24조【양벌규정】법인 또는 단체의 대표자나 법인·단체 또는 개인의 대리인, 사용인, 그 밖의 종업원이 그 법인·단체 또는 개인의 업무에 관하여 위반행위를 하면 그 행위자를 벌하는 외에 그 법인·단체 또는 개인에게도 해당 조문의 벌금 또는 과태료를 과한다.


## 26 연금제도

정답 ②

연금수급요건은 10년 이상 근무한 후 퇴직한 공무원이다.

오답노트

① 선거로 임용되는 공무원과 군인을 제외한 공무원들은 「공무원연금법」의 적용대상이다. 따라서 국무총리나 장관도 「공무원연금법」의 적용대상이다.
③ 공무원이 부담하는 기여율은 기준소득월액의 7%에서 9%로 인상되었다.
④ 연금지급개시 연령은 임용시기 구분 없이 65세로 단계적으로 연장되었다.


## 27 정부실패

정답 ③

파킨슨의 법칙 중 부하배증의 법칙은 심리적 측면을 다루고 있다. 즉, 경쟁하는 동료보다는 지휘하는 부하를 선호한다는 것을 심리적 측면에서 설명하고 있다.

① 파킨슨의 법칙이란 공무원의 수는 업무량과 관계없이 증가한다는 법칙을 말한다.
② 파킨슨이 실제 측정한 바에 의하면, 공무원 수는 매년 평균 5.75%의 비율로 증가했다고 한다.
④ 파킨슨의 법칙은 부하배증의 법칙과 업무배증의 법칙에 의하여 새로운 행정수요에 상관없이 정부규모와 인력은 지속적으로 확장된다는 이론이다.

## 28  정책의제설정의 이론적 근거　　　정답 ①

잠재이익집단론이란 결정자는 말없는 이익집단의 이익을 염두에 두므로 활동적 소수에 의한 특수이익만을 추구하기 곤란하다는 이론이다.



②는 중복회원론, ③은 공공이익집단론, ④는 이익집단 자유주의에 대한 설명이다.

## 29  정부조직체계　　　정답 ①

ㄱ. 소방청은 행정안전부장관 소속이다.
ㄴ. 기상청은 기후에너지환경부장관 소속이다.



ㄷ. 지방교육청은 교육부의 감독을 받지만 소속은 교육부가 아닌 시도 산하이다.
ㄹ. 국가데이터처는 국무총리 소속이다.

## 30  행정학의 발달과정　　　정답 ④

기업가적 정부는 지출보다는 수익 창출을 중시한다.



①, ②, ③ 기업가적 정부에 대한 옳은 설명이다.

## 31  공무원 징계 및 인사행정론 전반　　　정답 ①

공무원 징계의 소멸시효는 모두 3년이 아니라 금품 및 향응수수, 공금의 횡령이나 유용의 경우에는 5년 등 규정이 상황별로 다르다.



② 차관은 특수경력직 중에서 정무직공무원에 해당한다.
③ 고위공무원단은 개방형 직위 20%, 공모직위 30%, 부처자율주의 50%로 지정한다.
④ 고위공무원단에 속하는 일반직공무원의 경우 소속장관은 해당 기관에 소속되지 아니한 공무원에 대해서도 임용 제청을 할 수 있다. (「국가공무원법」 제32조)

**🔍 더 알아보기**

「국가공무원법」 제83조의2 【징계 및 징계부가금 부과 사유의 시효】
① 징계의결 등의 요구는 징계 등의 사유가 발생한 날부터 3년(제78조의2 제1항 각호의 어느 하나에 해당하는 경우에는 5년)이 지나면 하지 못한다. (제78조의2 제1항: 금품 및 향응수수, 공금의 횡령, 유용의 경우 5년)

## 32  전자정부　　　정답 ②

인포데믹스, 선택적 정보 접촉은 전자정부의 역기능에, 모자이크 민주주의와 모뎀 민주주의는 전자정부의 순기능에 해당한다.

**🔍 더 알아보기**

**전자정부의 순기능과 역기능**
• 전자정부의 순기능

| 모자이크 민주주의 | 소수자나 약자 등 구성원 개개인의 의견과 참여가 중시되는 민주주의 |
|---|---|
| 모뎀 민주주의 | 전자정부 + 민주주의 = 정보민주주의 = 모뎀 민주주의 |

• 전자정부의 역기능

| 인포데믹스 | 정보(Information)와 전염병(Epidemics)의 합성어로, 정보 확산의 부작용으로 추측이나 뜬소문이 덧붙여진 부정확한 정보가 인터넷이나 휴대전화를 통해 전염병처럼 빠르게 전파됨으로써 개인의 사생활 침해는 물론 경제, 정치, 안보 등에 치명적인 영향을 미치는 것 |
|---|---|
| 집단극화 (Group polarization) | 집단의 의사결정이 개인의 의사결정보다 더 극단적인 방향으로 이행하는 현상으로 인터넷 공간에서는 정치적·이기적 극단주의자들에 의하여 네티즌들이 쉽게 동원·조작됨으로써 집단극화의 가능성을 높이게 됨 |
| 선택적 정보 접촉 | 정보의 범람 속에서 유리한 정보만을 선별적으로 취하는 행태를 의미 |
| 정보 격차 (Digital divide) | 인터넷을 이용하는 사람과 그렇지 않은 사람들 간에 정보 접근 능력의 차이로 인하여 발생하는 혜택의 격차를 의미 |

## 33  시장실패와 정부실패

정답 ④

하이예크는 자신의 저서 『노예로의 길』에서 정부개입을 반대하는 작은 정부론을 주장한다.

오답노트

① 케인즈의 유효수요이론은 시장실패에 대한 적극적 정부개입을 찬성하는 큰 정부의 논거이다.
② 작은 정부는 규제완화, 복지정책 축소 등을 주장한다.
③ 정부의 적극적 개입을 통한 뉴딜정책은 큰 정부의 탄생에 주요 역할을 하였다.

## 34  결산과 행정통제

정답 ③

공직자의 재산등록과 관련된 업무는 공직자윤리위원회가 담당한다.

오답노트

① 감사원은 국가의 세입과 세출의 결산을 매년 검사하여 대통령과 차년도 국회에 그 결과를 보고해야 할 의무가 있다.
② 직무감찰은 행정기관의 사무와 그에 속하는 공무원의 직무를 감찰하는 것으로서, 행정부 소속 공무원 및 공공단체 임직원의 비위를 방지·시정하고 행정운영의 개선에 기여하는 내부통제수단이다.
④ 감사원은 재정통제의 실효성을 확보하기 위해 국가 및 공공단체의 회계검사를 실시한다.

## 35  동기이론

정답 ①

허즈버그의 욕구충족요인이원론은 조직구성원에게 불만을 주는 요인(불만요인)과 만족을 주는 요인(동기요인)은 상호 독립되어 있다는 것을 제시한 이론으로, 허즈버그는 불만요인이 충족된다는 것은 불만족이 없는 상태가 되는 것이지, 동기가 유발되는 것은 아니라고 보았다.

오답노트

② 앨더퍼의 ERG 이론은 매슬로우의 5단계 욕구계층설을 수정하여 인간의 욕구를 존재, 관계, 성장의 3단계로 나눈다.
③ 핵맨과 올드햄의 직무특성이론은 기술다양성, 직무정체성, 직무중요성, 자율성, 환류 등의 다섯 가지 직무특성이 상호작용하면서 동기를 유발시키며, 특히 자율성과 환류가 동기부여에 많은 영향을 미친다고 주장하였다.
④ 아담스의 형평성이론은 개인은 준거인(능력이 비슷한 동료)과 비교하여 자신의 노력과 보상 간에 불일치(보상의 불공평성)를 지각하면 이를 제거하는 방향으로 동기가 부여된다는 이론이다.

## 36  예산심의

정답 ③

「국회법」상 11월 30일로 명시되어 있다.

> 🔍 **더 알아보기**
>
> 「국회법」 제85조의3(예산안 등의 본회의 자동부의 등)
> ① 위원회는 예산안, 기금운용계획안, 임대형 민자사업 한도액안(이하 "예산안 등"이라 한다)과 제4항에 따라 지정된 세입예산안 부수 법률안의 심사를 매년 11월 30일까지 마쳐야 한다.
> ② 위원회가 예산안 등과 제4항에 따라 지정된 세입예산안 부수 법률안(체계·자구 심사를 위하여 법제사법위원회에 회부된 법률안을 포함한다)에 대하여 제1항에 따른 기한까지 심사를 마치지 아니하였을 때는 그 다음 날에 위원회에서 심사를 마치고 바로 본회의에 부의된 것으로 본다. 다만, 의장이 각 교섭단체 대표의원과 합의한 경우에는 그러하지 아니하다.

## 37  동기부여

정답 ①

허즈버그(Herzberg)는 인간의 욕구를 불만과 만족이라는 이원적 구조로 파악하여 불만을 일으키는 요인(불만요인, 위생요인)과 만족을 주는 요인(만족요인, 동기부여요인)은 상호 독립적이라는 욕구충족요인 2원론을 제시하였다.

오답노트

② 아지리스(Argyris)는 인간은 미성숙에서 성숙으로 나아간다고 보고, 관리자의 역할은 구성원을 최대한 성숙 상태로 나아가게 하는 것이라고 주장하였다.
③ 매슬로우(Maslow)는 임상실험을 통해 인간이 보편적으로 지니고 있는 공통적인 욕구를 찾아내고 이를 다섯 가지 단계로 계층화하였다.
④ 브룸(Vroom)의 기대이론은 욕구충족과 직무수행 사이의 직접적이고 적극적인 상관관계에 회의를 표시하고, 욕구와 만족·동기유발 사이에 기대라는 요인을 포함시켜 동기유발의 과정에 대해 설명하고자 하는 이론이다.

## 38 공직윤리

정답 ④

상벌사항 공개는 「공직자윤리법」에 규정된 내용이 아니다.

> **🔍 더 알아보기**
>
> 「공직자윤리법」
>
> | 「공직자윤리법」 |
> | --- |
> | • 고위공직자의 재산등록 및 공개 |
> | • 외국인의 선물 신고, 등록 의무 |
> | • 퇴직공무원의 취업제한 |
> | • 주식백지신탁 의무 |
> | • 이해충돌방지 의무 |

## 39 정부조직체계와 경력직과 특수경력직

정답 ④

검찰총장은 경력직 중 특정직이다.

오답노트

① 국무총리는 국무회의 부의장이다.
② 국가보훈부 장관과 차관은 정무직이다.
③ 경찰청장은 경력직 중 특정직이다.

## 40 행정학 총설

정답 ③

블랙스버그 선언은 미국에서 1978년 고위공무원단 제도가 도입되면서 행정(행정관료)이 정치(대통령과 장관)에 예속되는 현상이 발생하자, 이를 비판하면서 1987년에 등장한 정치행정이원론에 바탕을 둔 선언이다. 즉, 이 선언은 행정관료가 대통령에게 예속되어서는 안 된다는 시각에서 나온 것으로, 행정관료는 대통령의 지시가 아니라 전문직업주의(전문적 자격, 기술기준, 직업윤리 등)에 바탕을 두고 일을 해야 한다고 주장한다.

오답노트

① 행정관리론은 엽관주의의 폐해를 극복하기 위해 정당정치와 행정이 분리되어야 한다는 정치행정이원론이다.
② 신공공관리론은 정부실패를 극복하기 위하여 작고 효율적인 정부를 중시한다.
④ 신제도주의는 제도와 역사(시대)에 대한 인식이 없는 행태주의에 대한 반발이었다.

## 41 행정학의 발달과정

정답 ①

정치체제에 대한 투입은 크게 '요구(사회문제 해결 요구)'와 '지지(인적·물적 자원의 획득, 정치체제에 대한 순응 확보)'가 있는데, 산출물인 정책도 이에 따라 '요구대응정책'과 '지지획득정책'으로 나눌 수 있다. 요구대응정책에는 규제정책과 배분정책이 해당되고, 지지획득정책에는 추출정책과 상징정책이 해당된다.

## 42 행정학의 발달과정

정답 ①

한국의 방송국 조직과 미국의 방송국 조직의 형태나 제도가 서로 유사한 것을 방송이라는 전문직업 분야에서 구성원들이 전문화를 추구하는 과정에서 발생했다고 보는 것이 '규범적 동형화'이다.

> **🔍 더 알아보기**
>
> 제도적 동형화의 3가지 차원
> • 강압적 동형화: 외부의 강압에 순응하는 과정에서 발생한다.
> • 모방적 동형화: 자발적으로 성공사례를 벤치마킹하여 모방하는 과정에서 발생하며, 이러한 모방은 능률성 제고를 직접적인 목표로 하기보다는 "성과를 향상시키기 위하여 노력하고 있다."는 인상을 환경에 심는 것을 목표로 한다.
> • 규범적 동형화: 주로 직업적 전문화 과정에서 발생하며, 이러한 제도적 동형화 과정은 내부적인 조직 효율성 증대와는 무관하게 발생한다.

## 43 예산의 분류

정답 ②

프로그램의 개념으로 옳은 지문이다.

오답노트

① 우리나라 예산은 소관별로 구분된 후 기능별로 분류되고, 마지막으로 품목을 중심으로 분류된다.
③ 프로그램예산 측면에서 볼 때 기능을 중심으로 장은 분야, 관은 부문, 항은 프로그램, 세항은 단위사업을 의미한다.
④ 목 사이의 상호융통인 전용은 행정과목 간 융통이므로, 국회의 의결 없이 기획재정부장관의 승인으로 한다.

## 44 관리과학과 체제분석 정답 ②

설명이 반대로 되어 있다. 체제분석이 경제적 요인만 고려하고, 정책분석은 경제적·정치적 요소를 모두 고려한다.

### 🔍 더 알아보기

체제분석과 정책분석의 비교

| 체제분석 | 정책분석 |
| --- | --- |
| 사실문제 중시,<br>가치선택 문제는 고려하지 않음 | 정책이 함축하는 가치문제<br>(기본가치·목적가치) 중시 |
| 자원배분의 효율성,<br>비용·편익의 비교·평가 | 비용·편익의<br>사회적 배분을 고려 |
| 경제적 합리성<br>(경제적 실현가능성, 능률성) | 경제적 합리성+정치적 요인<br>(정치적 합리성·실현가능성,<br>공평성 등도 고려) |
| 계량적 분석(BC 분석) 위주 | 계량적 분석+질적 분석 |

## 45 지방자치단체의 기초 정답 ③

일반구 및 읍·면·동은 당해 지방자치단체의 조례로 정한다.

### 🔍 더 알아보기

지방자치단체의 경계 및 명칭 변경 또는 폐치·분합

| 구분 | 광역시·특별시·도,<br>시·군·자치구 | 일반구, 읍·면·동 |
| --- | --- | --- |
| 명칭·구역 변경 | • 법률로 정하되 관할구역 경계변경과 한자명칭 변경은 대통령령으로 정함 | • 당해 자치단체의 조례로 정하고, 그 결과를 특별시장·광역시장·도지사에게 보고 |
| 폐치·분합 | • 이 경우 주민투표를 실시한 경우가 아니면, 관계 지방의회의 의견을 들어야 함 | • 행정안전부장관의 승인을 얻어 당해 자치단체의 조례로 정함 |
| 사무소 소재지 변경 | 당해 자치단체의 조례(당해 지방의회의 재적의원 과반수의 찬성 필요)로 정함 | |

## 46 4차 산업혁명 정답 ②

제시문은 블록체인(block chain)의 개념에 해당한다. 블록체인이란 거래 정보의 기록을 중앙의 서버에만 의존하지 않고 분산된 원장을 기반으로 모든 참여자에게 분산공유시킴으로써 집중화된 데이터관리의 폐단을 해소하기 위한 탈집중적 데이터관리기술이다. 모든 예측과 연결이 안전하게 거래·교환되어야 하는데 블록체인은 이러한 안전성을 보장해 주는 장치이다.

## 47 행정학의 발달과정 정답 ①

공공선택론은 방법론상 개체주의다. 개인의 행동을 기본적 분석단위로 하여, 정치·경제 및 행정현상을 분석하려 한다.

> 오답노트

② 공공선택론은 비시장적 의사결정(non-market decision-making)에 대한 경제학적 연구 또는 정치학에 경제학을 응용하는 것이다.
③ 개인의 선호에 따른 선택을 중시하며, 주민복지와 급변하는 환경에 적응할 수 있기 위해서는 의사결정센터를 다원화시키는 권한의 분산과 관할권의 중첩이 필요하다고 본다.
④ 양대정당하에서 두 정당은 집권에 필요한 과반수의 득표의 획득을 위해 중위투표자 선호에 맞춘 정강정책을 제시한다고 보는 중위투표자 정리도 공공선택론의 이론이다.

## 48 전자정부론 정답 ②

방대한 빅데이터 분석으로 인간생활의 패턴을 파악하는 것은 초지능성에 해당한다.

### 🔍 더 알아보기

4차 산업혁명
• 의의
  3차 산업혁명(지식·정보혁명)을 기반으로 물리적·가상적·생물학적 영역의 융합을 통해 사이버 물리 시스템을 구축하는 것이다.
• 특징
  - 초연결성: 사람-사람, 사물-사물, 사람-사물 등 인간생활의 모든 영역을 연결 예 사물인터넷: IoT
  - 초지능성: 방대한 빅데이터 분석으로 인간생활의 패턴 파악
  - 초예측성: 초연결성·초지능성을 토대로 미래를 정확히 예측
• 3차 산업혁명과의 차이
  3차 산업혁명의 연장선상에 있지만, 기술발전의 속도와 범위, 시스템적 충격이라는 측면에서 3차 산업혁명과는 비교할 수 없는 전반적인 문화 혁명이다.

## 49 리더십         정답 ②

상황이론은 조직이 처한 다양한 상황요인을 중시한 이론으로, 리더의 능력(상황판단능력)을 중시한 이론이 아니다.

오답노트

① 허쉬와 블랜차드(Hersey & Blanchard)가 3차원 모형(성숙도이론)에서 상황요인으로 중시한 요소이다.
③ 하우스와 에반스(House & Evans)가 경로·목표 모형에서 과업환경이라는 상황변수에서 제시한 요소이다.
④ 피들러(Fiedler)가 상황적응 모형에서 상황요인으로 제시한 요소이다. 피들러(Fiedler)는 리더와 부하와의 관계, 과업구조, 직위권력을 상황변수로 들었다.


## 50 공무원의 정치적 중립         정답 ①

미국에서는 엽관주의 폐해가 심해지자 1883년에 펜들턴 법을 제정한 이래 1939년의 제1차 해치 법과 1940년에 수정된 제2차 해치 법에 의해 공무원의 정치적 중립이 제도화되었고 공무원의 정치적 활동이 엄격히 규제되었다.

오답노트

③, ④ 대부분의 국가에서는 단결권을 인정하는 경우 단체교섭권도 인정하고 있다. 영국은 Masterman 위원회의 권고, Whitley council(1919) 활동을 중심으로 공무원의 정치적 중립을 규정하고 있다.

# 회독용 답안지

**답안지 활용 방법**

1. 회독 차수에 따라 본 답안지에 문제 풀이를 진행하시기 바랍니다.
2. 채점 시 O, △, X로 구분하여 채점하시기 바랍니다. (O: 정확하게 맞음, △: 찍었는데 맞음, X: 틀림)

회독 차수:　　　　　　진행 날짜:

## 기출동형모의고사 1회

맞힌 개수 / 전체 개수 : ＿＿＿＿ / 50　　　　O: ＿＿＿개,　△: ＿＿＿개,　X: ＿＿＿개

## 기출동형모의고사 2회

맞힌 개수 / 전체 개수 : ＿＿＿＿ / 50　　　　O: ＿＿＿개,　△: ＿＿＿개,　X: ＿＿＿개

## 기출동형모의고사 3회

맞힌 개수 / 전체 개수 : ＿＿＿＿ / 50　　　　O: ＿＿＿개,　△: ＿＿＿개,　X: ＿＿＿개

# 회독용 답안지

**답안지 활용 방법**

1. 회독 차수에 따라 본 답안지에 문제 풀이를 진행하시기 바랍니다.
2. 채점 시 O, △, X로 구분하여 채점하시기 바랍니다. (O: 정확하게 맞음, △: 찍었는데 맞음, X: 틀림)

회독 차수:      진행 날짜:

## 기출동형모의고사 1회

| 1 | ① ② ③ ④ | 11 | ① ② ③ ④ | 21 | ① ② ③ ④ | 31 | ① ② ③ ④ | 41 | ① ② ③ ④ |
| 2 | ① ② ③ ④ | 12 | ① ② ③ ④ | 22 | ① ② ③ ④ | 32 | ① ② ③ ④ | 42 | ① ② ③ ④ |
| 3 | ① ② ③ ④ | 13 | ① ② ③ ④ | 23 | ① ② ③ ④ | 33 | ① ② ③ ④ | 43 | ① ② ③ ④ |
| 4 | ① ② ③ ④ | 14 | ① ② ③ ④ | 24 | ① ② ③ ④ | 34 | ① ② ③ ④ | 44 | ① ② ③ ④ |
| 5 | ① ② ③ ④ | 15 | ① ② ③ ④ | 25 | ① ② ③ ④ | 35 | ① ② ③ ④ | 45 | ① ② ③ ④ |
| 6 | ① ② ③ ④ | 16 | ① ② ③ ④ | 26 | ① ② ③ ④ | 36 | ① ② ③ ④ | 46 | ① ② ③ ④ |
| 7 | ① ② ③ ④ | 17 | ① ② ③ ④ | 27 | ① ② ③ ④ | 37 | ① ② ③ ④ | 47 | ① ② ③ ④ |
| 8 | ① ② ③ ④ | 18 | ① ② ③ ④ | 28 | ① ② ③ ④ | 38 | ① ② ③ ④ | 48 | ① ② ③ ④ |
| 9 | ① ② ③ ④ | 19 | ① ② ③ ④ | 29 | ① ② ③ ④ | 39 | ① ② ③ ④ | 49 | ① ② ③ ④ |
| 10 | ① ② ③ ④ | 20 | ① ② ③ ④ | 30 | ① ② ③ ④ | 40 | ① ② ③ ④ | 50 | ① ② ③ ④ |

맞힌 개수 / 전체 개수 : _____ / 50      O: _____개, △: _____개, X: _____개

## 기출동형모의고사 2회

| 1 | ① ② ③ ④ | 11 | ① ② ③ ④ | 21 | ① ② ③ ④ | 31 | ① ② ③ ④ | 41 | ① ② ③ ④ |
| 2 | ① ② ③ ④ | 12 | ① ② ③ ④ | 22 | ① ② ③ ④ | 32 | ① ② ③ ④ | 42 | ① ② ③ ④ |
| 3 | ① ② ③ ④ | 13 | ① ② ③ ④ | 23 | ① ② ③ ④ | 33 | ① ② ③ ④ | 43 | ① ② ③ ④ |
| 4 | ① ② ③ ④ | 14 | ① ② ③ ④ | 24 | ① ② ③ ④ | 34 | ① ② ③ ④ | 44 | ① ② ③ ④ |
| 5 | ① ② ③ ④ | 15 | ① ② ③ ④ | 25 | ① ② ③ ④ | 35 | ① ② ③ ④ | 45 | ① ② ③ ④ |
| 6 | ① ② ③ ④ | 16 | ① ② ③ ④ | 26 | ① ② ③ ④ | 36 | ① ② ③ ④ | 46 | ① ② ③ ④ |
| 7 | ① ② ③ ④ | 17 | ① ② ③ ④ | 27 | ① ② ③ ④ | 37 | ① ② ③ ④ | 47 | ① ② ③ ④ |
| 8 | ① ② ③ ④ | 18 | ① ② ③ ④ | 28 | ① ② ③ ④ | 38 | ① ② ③ ④ | 48 | ① ② ③ ④ |
| 9 | ① ② ③ ④ | 19 | ① ② ③ ④ | 29 | ① ② ③ ④ | 39 | ① ② ③ ④ | 49 | ① ② ③ ④ |
| 10 | ① ② ③ ④ | 20 | ① ② ③ ④ | 30 | ① ② ③ ④ | 40 | ① ② ③ ④ | 50 | ① ② ③ ④ |

맞힌 개수 / 전체 개수 : _____ / 50      O: _____개, △: _____개, X: _____개

## 기출동형모의고사 3회

| 1 | ① ② ③ ④ | 11 | ① ② ③ ④ | 21 | ① ② ③ ④ | 31 | ① ② ③ ④ | 41 | ① ② ③ ④ |
| 2 | ① ② ③ ④ | 12 | ① ② ③ ④ | 22 | ① ② ③ ④ | 32 | ① ② ③ ④ | 42 | ① ② ③ ④ |
| 3 | ① ② ③ ④ | 13 | ① ② ③ ④ | 23 | ① ② ③ ④ | 33 | ① ② ③ ④ | 43 | ① ② ③ ④ |
| 4 | ① ② ③ ④ | 14 | ① ② ③ ④ | 24 | ① ② ③ ④ | 34 | ① ② ③ ④ | 44 | ① ② ③ ④ |
| 5 | ① ② ③ ④ | 15 | ① ② ③ ④ | 25 | ① ② ③ ④ | 35 | ① ② ③ ④ | 45 | ① ② ③ ④ |
| 6 | ① ② ③ ④ | 16 | ① ② ③ ④ | 26 | ① ② ③ ④ | 36 | ① ② ③ ④ | 46 | ① ② ③ ④ |
| 7 | ① ② ③ ④ | 17 | ① ② ③ ④ | 27 | ① ② ③ ④ | 37 | ① ② ③ ④ | 47 | ① ② ③ ④ |
| 8 | ① ② ③ ④ | 18 | ① ② ③ ④ | 28 | ① ② ③ ④ | 38 | ① ② ③ ④ | 48 | ① ② ③ ④ |
| 9 | ① ② ③ ④ | 19 | ① ② ③ ④ | 29 | ① ② ③ ④ | 39 | ① ② ③ ④ | 49 | ① ② ③ ④ |
| 10 | ① ② ③ ④ | 20 | ① ② ③ ④ | 30 | ① ② ③ ④ | 40 | ① ② ③ ④ | 50 | ① ② ③ ④ |

맞힌 개수 / 전체 개수 : _____ / 50      O: _____개, △: _____개, X: _____개

# 회독용 답안지

**답안지 활용 방법**

1. 회독 차수에 따라 본 답안지에 문제 풀이를 진행하시기 바랍니다.
2. 채점 시 O, △, X로 구분하여 채점하시기 바랍니다. (O: 정확하게 맞음, △: 찍었는데 맞음, X: 틀림)

회독 차수:　　　　　　진행 날짜:

## 기출동형모의고사 1회

| | | | | | | | | | | | | | | | | | | |
|---|---|---|---|---|---|---|---|---|---|---|---|---|---|---|---|---|---|---|
| 1 | ① ② ③ ④ | 11 | ① ② ③ ④ | 21 | ① ② ③ ④ | 31 | ① ② ③ ④ | 41 | ① ② ③ ④ |
| 2 | ① ② ③ ④ | 12 | ① ② ③ ④ | 22 | ① ② ③ ④ | 32 | ① ② ③ ④ | 42 | ① ② ③ ④ |
| 3 | ① ② ③ ④ | 13 | ① ② ③ ④ | 23 | ① ② ③ ④ | 33 | ① ② ③ ④ | 43 | ① ② ③ ④ |
| 4 | ① ② ③ ④ | 14 | ① ② ③ ④ | 24 | ① ② ③ ④ | 34 | ① ② ③ ④ | 44 | ① ② ③ ④ |
| 5 | ① ② ③ ④ | 15 | ① ② ③ ④ | 25 | ① ② ③ ④ | 35 | ① ② ③ ④ | 45 | ① ② ③ ④ |
| 6 | ① ② ③ ④ | 16 | ① ② ③ ④ | 26 | ① ② ③ ④ | 36 | ① ② ③ ④ | 46 | ① ② ③ ④ |
| 7 | ① ② ③ ④ | 17 | ① ② ③ ④ | 27 | ① ② ③ ④ | 37 | ① ② ③ ④ | 47 | ① ② ③ ④ |
| 8 | ① ② ③ ④ | 18 | ① ② ③ ④ | 28 | ① ② ③ ④ | 38 | ① ② ③ ④ | 48 | ① ② ③ ④ |
| 9 | ① ② ③ ④ | 19 | ① ② ③ ④ | 29 | ① ② ③ ④ | 39 | ① ② ③ ④ | 49 | ① ② ③ ④ |
| 10 | ① ② ③ ④ | 20 | ① ② ③ ④ | 30 | ① ② ③ ④ | 40 | ① ② ③ ④ | 50 | ① ② ③ ④ |

맞힌 개수 / 전체 개수 : ______ / 50　　　　O: ______개,　△: ______개,　X: ______개

## 기출동형모의고사 2회

| | | | | | | | | | | | | | | | | | | |
|---|---|---|---|---|---|---|---|---|---|---|---|---|---|---|---|---|---|---|
| 1 | ① ② ③ ④ | 11 | ① ② ③ ④ | 21 | ① ② ③ ④ | 31 | ① ② ③ ④ | 41 | ① ② ③ ④ |
| 2 | ① ② ③ ④ | 12 | ① ② ③ ④ | 22 | ① ② ③ ④ | 32 | ① ② ③ ④ | 42 | ① ② ③ ④ |
| 3 | ① ② ③ ④ | 13 | ① ② ③ ④ | 23 | ① ② ③ ④ | 33 | ① ② ③ ④ | 43 | ① ② ③ ④ |
| 4 | ① ② ③ ④ | 14 | ① ② ③ ④ | 24 | ① ② ③ ④ | 34 | ① ② ③ ④ | 44 | ① ② ③ ④ |
| 5 | ① ② ③ ④ | 15 | ① ② ③ ④ | 25 | ① ② ③ ④ | 35 | ① ② ③ ④ | 45 | ① ② ③ ④ |
| 6 | ① ② ③ ④ | 16 | ① ② ③ ④ | 26 | ① ② ③ ④ | 36 | ① ② ③ ④ | 46 | ① ② ③ ④ |
| 7 | ① ② ③ ④ | 17 | ① ② ③ ④ | 27 | ① ② ③ ④ | 37 | ① ② ③ ④ | 47 | ① ② ③ ④ |
| 8 | ① ② ③ ④ | 18 | ① ② ③ ④ | 28 | ① ② ③ ④ | 38 | ① ② ③ ④ | 48 | ① ② ③ ④ |
| 9 | ① ② ③ ④ | 19 | ① ② ③ ④ | 29 | ① ② ③ ④ | 39 | ① ② ③ ④ | 49 | ① ② ③ ④ |
| 10 | ① ② ③ ④ | 20 | ① ② ③ ④ | 30 | ① ② ③ ④ | 40 | ① ② ③ ④ | 50 | ① ② ③ ④ |

맞힌 개수 / 전체 개수 : ______ / 50　　　　O: ______개,　△: ______개,　X: ______개

## 기출동형모의고사 3회

| | | | | | | | | | | | | | | | | | | |
|---|---|---|---|---|---|---|---|---|---|---|---|---|---|---|---|---|---|---|
| 1 | ① ② ③ ④ | 11 | ① ② ③ ④ | 21 | ① ② ③ ④ | 31 | ① ② ③ ④ | 41 | ① ② ③ ④ |
| 2 | ① ② ③ ④ | 12 | ① ② ③ ④ | 22 | ① ② ③ ④ | 32 | ① ② ③ ④ | 42 | ① ② ③ ④ |
| 3 | ① ② ③ ④ | 13 | ① ② ③ ④ | 23 | ① ② ③ ④ | 33 | ① ② ③ ④ | 43 | ① ② ③ ④ |
| 4 | ① ② ③ ④ | 14 | ① ② ③ ④ | 24 | ① ② ③ ④ | 34 | ① ② ③ ④ | 44 | ① ② ③ ④ |
| 5 | ① ② ③ ④ | 15 | ① ② ③ ④ | 25 | ① ② ③ ④ | 35 | ① ② ③ ④ | 45 | ① ② ③ ④ |
| 6 | ① ② ③ ④ | 16 | ① ② ③ ④ | 26 | ① ② ③ ④ | 36 | ① ② ③ ④ | 46 | ① ② ③ ④ |
| 7 | ① ② ③ ④ | 17 | ① ② ③ ④ | 27 | ① ② ③ ④ | 37 | ① ② ③ ④ | 47 | ① ② ③ ④ |
| 8 | ① ② ③ ④ | 18 | ① ② ③ ④ | 28 | ① ② ③ ④ | 38 | ① ② ③ ④ | 48 | ① ② ③ ④ |
| 9 | ① ② ③ ④ | 19 | ① ② ③ ④ | 29 | ① ② ③ ④ | 39 | ① ② ③ ④ | 49 | ① ② ③ ④ |
| 10 | ① ② ③ ④ | 20 | ① ② ③ ④ | 30 | ① ② ③ ④ | 40 | ① ② ③ ④ | 50 | ① ② ③ ④ |

맞힌 개수 / 전체 개수 : ______ / 50　　　　O: ______개,　△: ______개,　X: ______개

# 해커스공기업

## 쉽게 끝내는

## 행정학 기본서


**개정 2판 2쇄 발행 2026년 1월 19일**
개정 2판 1쇄 발행 2025년 1월 2일

| | |
|---|---|
| **지은이** | 송상호 |
| **펴낸곳** | ㈜챔프스터디 |
| **펴낸이** | 챔프스터디 출판팀 |

| | |
|---|---|
| **주소** | 서울특별시 서초구 강남대로61길 23 ㈜챔프스터디 |
| **고객센터** | 02-537-5000 |
| **교재 관련 문의** | publishing@hackers.com |
| | 해커스잡 사이트(ejob.Hackers.com) 교재 Q&A 게시판 |
| **학원 강의 및 동영상강의** | ejob.Hackers.com |

| | |
|---|---|
| **ISBN** | 978-89-6965-572-1 (13350) |
| **Serial Number** | 02-02-01 |